안식일에서 일요일로:
초기 기독교의 일요일 준수 기원에 대한 역사적 고찰

사무엘레 바키오키 지음

이국헌 옮김

안식일에서 일요일로:
초기 기독교의 일요일 준수 기원에 대한 역사적 고찰

지은이   사무엘레 바키오키
옮긴이   이국헌
편집   김덕원, 박에녹, 이영욱

발행처   감은사
발행인   이영욱
전화   070-8614-2206
팩스   050-7091-2206
주소   서울시 강동구 암사동 아리수로 66, 401호
이메일   editor@gameun.co.kr

종이책
초판1쇄   2022.06.30.
ISBN   9791190389563
정가   33,000원

전자책
전자책1쇄 2022.06.30.
ISBN   9791190389570
정가   22,000원

From Sabbath to Sunday:
A Historical Investigation of the Rise of Sunday Observance
in Early Christianity

Samuele Bacchiocchi

빈센초 모나키노의 서문

지난 2-30년 동안 일요일 준수와 기원에 대한 문제가 초대교회를 연구하는 학생들의 관심을 끄는 힘은 결코 수그러들지 않았다. 그 이유는 두 가지 주요 원인 때문이라고 우리는 믿는다. 한편에서는 현대인들의 삶의 복잡성과 과학, 기술 및 산업의 발달로 인해 야기된 일주일 주기의 급속한 변화의 결과로 주의 날 준수를 어기는 분위기가 계속 증가되고 있어 오늘날 그리스도인들에게 일요일의 중요성에 대한 심각한 재검토가 요구되고 있기 때문이다. 일요일에 대한 건전한 신학적 재평가가 이루어지기 위해서는 그것에 대한 성서적 기초와 역사적 기원에 대한 연구가 필수적으로 요청된다. 다른 한편에서는 이 주제에 대한 많은 탁월한 연구들이 있기는 하지만, 그 연구들이 1세기의 교회에서 유대인의 안식일과는 다른 예배일이 어떻게 발생했으며, 그런 발전에 영향을 끼친 요소들이 무엇인지는 깊이 고찰해 내지는 못함으로써 주일 예배의 기원에 대한 완전히 만족스러운 해답을 제공하지는 못하고 있다.

이런 이유 때문에 사무엘레 바키오키 박사의 새로운 연구는 환영받을 만하다. 그는 이 주제에 대한 또 다른 연구를 통해 이 주제 연구에 대한 관심과 열정을 유발시켰다. 특별히 그는 일요일이 기독교 예배일로 채택되도록 영향을 끼친 신학적이고 사회적이며 정치적이고 이교 종교적인, 다양한 요소들을 비평적으로 분석하여 4세기까지의 일요일의 기원과 발전의 윤곽에 대한 내용을 완전히 제공하기 위해 노력했다. 내용의 풍부함과 정밀한 학술적 방식, 나아가 계획에서부터 완성에 이르기까지의 거대한 연구 지평 그 자체만으로도 이 연구는 추천할 만한 업적이다. 저자는 이 분야의 주제와 관련된 여러 견해들을 수집하기 위해서 다양한 분야의 역사 자료들을 섭렵했는데, 그것이 바로 이 책이 가지고 있는 독보적인 탁월함을 보여준다.

일요일 예배의 발생과 관련해서 바키오키가 주장하고 있는 이 논문을 우리는 기꺼이 추천하고자 한다. 바키오키는 일요일 예배가 유대 종교 전통에 깊이 연루된 초기 예루살렘 교회에서 발생한 것이 아니라 로마 교회 내에서 발생한 것으로 이해하고 있다. 그에 따르면 초기 기독교가 안식일을 폐지하고 주의 날로서 일요일을 예배일로 채택한 것은 기독교, 유대교, 이교적 요소들 간의 상호 작용의 결과다. 저들에게 일요일에 발생한 그리스도의 부활은 자연스럽게 매우 중요한 사건이 됐다. 저자는 구속사의 이치에 따라서 구약에 나타난 안식일의 메시아적 표상으로부터 시작하여 그리스도의 구속 사역 안에서 그것이 어떻게 이행됐는지 자세한 연구를 진행했다.

물론 저자는 그 연구를 수행하기 위해 엄격한 학술적 태도를 취하면서도 자신이 가지고 있는 심오한, 종교적이며 보편적인 관심사를 여전히 보여주고 있다. 그는 구속의 역사가 멈추지 않고 계속되고 있다는 의식과 함께 성경적 안식일에 대한 종교적 가치를 재발견했다. 이런 그의 노력은 고대의 신성한 특성으로서의 주의 날을 회복시키는 데 도움을 줄 것이다. 이것은 실제로 4세기 주교들이 이미 신자들에게 했던 권고, 곧 일요일에 외출하지 말고, 연극을 관람하지 말고, 그 대신 성찬 예식을 거들거나 자비의 행위를 수행함으로써 그날을 거룩하게 해야 한다는 권고였다(St. Ambrose, *Exam.* III, 1, 1).

1977년 6월 29일, 로마에서

빈센초 모나키노(Vincenzo Monachino), S. J.

(그레고리대학교 교회사 학과장)

옮긴이의 말(초판)

　이 책은 재림교회 역사신학자로 한 시대를 살다 간 바키오키 박사의 대표 작품이다. 이탈리아 출신인 그는 안식일 교인이 된 이래로 재림교회의 핵심 기별 중 하나인 안식일에 대한 역사신학적 탐구에 천착해 학문적으로 한평생을 살았다. 특별히 기독교 역사에서 안식일이 일요일로 변경된 역사적 맥락을 찾아내기 위해 젊은 시절을 연구에 몰두하면서 보냈다. 그가 재림교인으로서 교황청에서 운영하는 그레고리 대학교에서 박사학위를 공부한 이유는 매우 분명했다. 그는 성경에 나타난 안식일 예배가 어째서 주일 예배로 변경됐는지를 탐구하고자 했다. 그 연구를 하기에 가장 적합한 곳은 역사적으로 이러한 변화가 있던 현장인 로마였다. 그래서 재림교의 연구가인 그가 그레고리 대학교에 들어간 것이다.

　바키오키 박사의 업적은 서기 1세기부터 4세기 말까지의 자료들을 세밀하게 관찰하여 성경의 예배일이 기독교 역사 안에서 어떻게 안식일에서 주일로 바뀌게 됐는지를 찾아낸 데 있다. 역사란 기본적으로 기록된 자료에 근거해서 만들어내는 학문이기 때문에 자료의 부족은 역사 연구에 한계가 된다. 특별히 바키오키가 연구한 분야에 있어서 자료의 부족은 더 심한 편이다. 그럼에도 그 역사적 공백들을 탁월한 분석을 통해 예배일의 변경에 대한 문맥들을 예리하게 이끌어낸 그의 학문적 탁월성이 이 책에 고스란히 드러난다. 독자들은 이 위대한 연구 자료를 통해서 안식일에서 주일로 기독교 예배일이 변경된 역사를 구체적으로 통찰할 수 있게 될 것이다.

본 서적을 번역하기 시작한 것은 약 10년 전이었다. 2002년 여름 방학 내내 이 책의 본문을 번역하는 일에 몰두했다. 그렇게 노력한 결과 그해 여름에 본문 번역은 어느 정도 완료했다. 그러나 각주 부분은 손을 대지 못했었다. 당시 지도 교수로 있던 오만규 박사도 이 책의 번역의 필요성을 인지하고 각주 없이 본문만이라도 번역했으면 좋겠다고 말씀하셨다. 그러나 지금에 와서 각주 없이 본문만 번역하게 되면 정보의 절반 밖에 제공하지 못할 뿐이라는 한계를 절실히 느꼈다. 본 서적은 학문적 정확성을 요구하는 논문이기 때문에 각주가 없으면 정보를 올바로 전달할 수 없기 때문이었다. 그래서 의지를 가지고 각주 부분을 번역하고 마침내 책을 출판하게 됐다.

본 역서가 나오기까지 많은 분들의 도움을 얻었다. 우선 역사신학의 비전과 깊이를 가르쳐주신 스승 오만규 박사님의 정신적 도움이 컸다. 그리고 이 책을 읽고 함께 공부하게 될 제자들의 지대한 관심과 응원도 한몫했다. 저들의 지적 호기심이 번역에 더 집중하게 된 원동력이었음을 부인할 수 없다. 무엇보다도 각주 번역에 도움을 준 송종숙 자매와 번역 원고를 읽고 교정을 해 준 강유영 양에게 깊은 감사를 드린다. 이들의 헌신적인 노력이 있었기에 이 작업을 마무리할 수 있었다. 아울러 많은 사람들에게 이 소중한 책을 보급할 수 있도록 출판해주신 시조사 관계자들께도 진심으로 감사를 드린다. 모쪼록 이 책이 안식일 역사와 신학을 이해하고자 하는 많은 독자들에게 소중한 자료가 되기를 바란다.

2012년 2월,
봄기운이 자욱한 삼육동에서
이국헌

제1장
서론

주의 날에 대한 현재의 위기

6일 동안 일하고 하루는 예배와 휴식을 위해 보내는 일주일 주기는 히브리 역사의 유산임에도 불구하고 이제는 세계 거의 모든 곳에서 보편적인 것이 됐다. 사실, 유대인과 그리스도인들의 예배는 반복되는 일주일 주기 중 세속적인 행위를 멈춤으로 하나님께 대한 경배를 가능하게 하고, 보다 의미 있게 하는 하나의 특별한 날에 구체적으로 나타난다.

하지만 최근에 우리 사회는 기술적·상업적·과학적·우주적 성취로 말미암아 급진적인 변화를 경험했다. 아브라함 요수아 헤셸(Abraham Joshua Heschel)이 강조하는 것처럼 현대인들은 "공간의 사물들의 횡포 아래 살아가고 있다."[1] 줄어든 노동 일수로 인해 야기된 여가 시간 이용의 증가는 6일의 노동과 하루의 휴식이라는 주기뿐 아니라 심지어는 주의 날을 성스

---

1. Abraham Joshua Heschel, *The Sabbath, its Meaning for Modern Man*, 1951, 10 [=『안식』, 복있는사람, 2007]. Heschel은 "유대교는 시간의 성소를 지향하는 시간의 종교다"라며 이 개념을 강조했다.

럽게 하는 것과 같은 전통적인 종교적 가치들까지 바꾸어 놓고 있다. 따라서 오늘날 그리스도인들은 시간을 자신들에게 속한 것 중 하나로 인식하려는 유혹을 받는다. 시간은 자신의 향락을 위해 사용되는 어떤 것에 불과하다는 것이다. 생활의 변화에 따라 예배에 대한 의무는 완전히 무시되지는 않는다 할지라도 종종 중요하지 않은 것으로 쉽게 전락한다.

하나님께 예배하고 어려운 사람들에게 관대하게 도움을 베풀어 창조와 구속의 축복을 경험하기 위해 세속적인 활동을 멈추는 시간으로서 이해되는 "거룩한 안식일"이라는 성서적 개념은 기독교 사상에서 점차적으로 사라져 가고 있다. 그 결과, 경제적이고 산업적인 단체들이 산업용 공장들의 이용률을 극대화하도록 노력하는 압력을 관찰해 보기만 해도 휴식 및 순환적인 예배일과 함께 7일 주간의 패턴이 어떻게 급진적인 변화를 겪고 있는지를 이해하기는 어렵지 않다.

문제는 하나님의 "거룩한 날"에 대한 일반적인 오해로부터 조성된다. 많은 선의의 그리스도인들은 일요일 준수를 주의 거룩한 날이라기보다는 예배의 시간으로 간주한다. 많은 사람들은 그들의 예배 의무를 이행한 후에 일요일의 남은 시간들을 떳떳한 마음으로 경제적인 활동이나 오락에 종사하면서 보낸다.

어떤 사람들은 주의 날에 대한 이러한 만연된 신성모독을 염려하면서 일요일의 영적인 의미와 부합되지 않는 모든 행위들을 불법화하는 시민법을 제정하기를 강조하기도 한다.[2] 그러한 입법이 비그리스도인들에게

---

2. 일요일 제정의 역사적 발달에 관해서는 중세까지 이 발달의 기원을 추적한 H. Huber, *Geist und Buchstabe der Sonntagsruhe* (1985)를 보라. 다음 논문에도 비슷한 논의가 포함되어 있다. K. Kelly, *Forbidden Sunday and Feast-Day Occupations*, dissertation, Catholic University of America, 1943. 청교도적 관점은 J. Bohmer, *Der Christliche Sonntag nach Ursprung und Geschichte* (1951)을 보라. Ronald Goetz, "An Eschatological Manifesto," *The Christian Century* 76 (Nov. 2, 1960): 1275에서는 국

조차 받아들여질 수 있도록 하기 위해, 때때로 천연 자원들을 보호해야만
하는 절박한 필요에 호소하기도 한다. 인간과 기계들이 완전히 하루를 쉬
게 되면 우리의 에너지원과 불완전한 환경을 보호하는 것에 도움이 될 것
이라고 한다.[3] 하지만 그들이 일요일의 휴식을 장려하고자 하는 의도에도
불구하고, 사회적이고 생태적인 필요만으로는 그날에 대한 경건한 자세
를 이끌어내지는 못할 것이다.

하나님의 "거룩한 날"에 대한 성서적 의미와 경험들을 이해하도록 우
리 그리스도교 공동체들을 교육함으로 더욱 희망적인 결과들을 기대할
수 있지 않겠는가? 하지만 그렇게 하기 위해서는 우선은 일요일 준수에
대한 신학적 기반을 분명하게 진술하는 것이 절대적으로 필요하다. 일요
일을 준수해야 할 성서적이고 역사적인 이유들은 무엇인가? 이날이 유대
인의 안식일을 합법적으로 대신할 수 있는 것으로 생각될 수 있는가? 넷
째 계명이 그날의 준수를 명하는 것으로 인용될 수 있는가? 일요일은 주

가와 교회의 분리의 원리가 일요일 법의 옹호자들에 의하여 간과되고 있다고 주
장한다(참조, John Gilmary Shea, "The Observance of Sunday and Civil Laws for its
Enforcement." *The American Catholic Quarterly Review* 8, (1883): 152 이하.

3. Harold Lindsell은 1976년 5월 7일자 *Christianity Today*의 사설 "The Lord's Day and
Natural Resources"에서 일요일을 국가적 안식의 날로 제안하기에 이르렀다. 그는
일요일 준수와 에너지의 보존, 이 두 가지 목적을 달성하는 유일한 방법은 "적절한
절차를 거쳐 선정된 임원들의 입법적 명령에 의하여" 가능할 것이라고 주장했다.
안식일 엄수주의자들은 Lindsell의 제안이 미 헌법 수정 제1조 아래 미국인들에게
보장된 관리를 침범하는 것이라며 이를 반대했고, 이후 Lindsell은 같은 해 11월 5일
동일 저널의 사설에 일요일보다는 토요일이 모든 사람들을 위한 휴식의 날로 지정
되어야 한다며 이전 사설에 반대되는 제안을 내놓게 됐다. 제7일안식일예수재림교
인들은 일주일 가운데 어떤 날이든 상관없이 강제적 준수는 고난을 야기할 뿐 아니
라 일부 사람들에게는 종교적 자유를 박탈할 위험이 있다고 주장하며 후자의 제안
조차도 거절했다. (참조, Leo R. Van Dolson, "Color the Blue Laws Green," *Liberty*
72 [1977]: 30).

님께 대한 거룩한 **안식의 날**보다는 **예배의 시간**으로 간주되어야 하는가?[4]

이러한 필수적인 질문들에 대한 답을 제공하기 위해서 우선 일요일이 "언제", "어디서", "왜" 그리스도인들의 예배일이 됐는지 확인할 필요가 있다. 이 역사적 상황을 재구성하고 일요일의 기원에 영향을 끼친 주요 요소들을 확인한 후에야 비로소 일요일 준수의 유효성 및 중요성을 재평가하는 과제를 진행할 수 있을 것이다.

연구의 목적과 문제점

초기 기독교사상사에 나타난 일요일 준수의 기원과 관련된 문제는 최근에 서로 다른 종교적 신념을 가진 학자들의 관심을 유발시켜왔다. 몇몇 박사논문을 포함해 지난 20년 동안 발표된 방대한 학술적 연구들은 일요일 준수의 기원과 관련된 때와 장소, 원인들에 대한 흥미진진한 문제들에 대해 보다 더 만족스러운 해답을 발견하기 위해 발휘된 새로운 관심과 노력의 명백한 증거가 된다.[5]

---

4.   W. Rordorf는 "정확히 4세기 전까지 일요일과 관련한 발상은 Christian Sunday 안에서 그 역할이 전무했다"라고 평가한다(*Sunday, The History of the Day of Rest and Worship in the Earliest Centuries of the Christian Church*, 1968 [이후 *Sunday*로 인용], 296). 그는 일요일 안식은 일요일 예배의 기원적 혹은 필수적인 요소가 아니기에 (168), "안식의 날과 예배의 날에 관해 이 둘을 동일시하는 것이 과연 이상적 해답인가"(299)라며 의문을 제기한다. 그는 일요일에는 중점적으로 숭배적 기능을 맡기는 것이 나으며, 이러한 기능은 성만찬을 기념하기 위하여 그날의 어느 때이든 그리스도인 공동체의 모임 중에 깨닫게 될 수 있는 것이라고 설명한다.

5.   다음은 가장 최근의 중요한 연구들이다: W. Rordorf, *Sunday*; 동일 저자의 "Le Dimanche, jour du culte et jour du repos dans l'Église primitive," *Le Dimanche*, Lex Orandi 39, 1965, 91-111 (이후 "Dimanche"로 인용); *Sabbat et dimanche dans l'Église ancienne* (본문 편집본), 1972 (이후 *Sabbat*로 인용); C. S. Mosna, *Storia della*

하지만 최근의 연구들은 일요일 준수를 예루살렘의 사도적 공동체가
독점적이고 창의적으로 만들어 낸 것으로 이해하거나[6] 태양 숭배와 관련
된 "태양의 날"(*dies solis*)에 대한 이교적 풍습을 채택한 것으로 이해하고자

---

domenica dalle origini fino agli inizi del V Secolo, Analecta Gregoriana vol. 170, 1969
(이후 *Storia della domenica*로 인용); J. Daniélou, "Le dimanche comme huitiéme
jour," Le Dimanche, Lex Orandi 39, 1965, 61-89; 동일 저자의 *The Bible and the
Liturgy*, 1964, 222-286; Pacifico Massi, *La Domenica nella storia della salvezza, saggio
pastorale*, 1967 (이후 *La Domenica*로 인용); Francis A. Regan, "Dies Dominica and
Dies Solis. The Beginning of the Lord's Day in Christian Antiquity," 미출간 논문,
Catholic University of America, 1961 (이후 *Dies Dominica*로 인용); H. Riesenfeld,
"Sabbat et jour du Seigneur," *New Testament Essays*. Studies in Memory of T. W.
Manson, 1959, 210-218; 이 글은 일부 개정으로 *The Gospel Tradition: Essays by H.
Riesenfeld* (1970)에 "The Sabbath and the Lord's Day"(111-137)라는 제목의 챕터로
실려있다; C. W. Dugmore, "Lord's Day and Easter," *Neotestamentica et Patristica in
honorem sexagenarii O. Cullmann*, 1962, 272-281; Y. B. Tremel, "Du Sabbat au Jour
du Seigneur," *Lumiére et Vie* 58 (1962): 29-49; J. M. R. Tillard, "Le Dimanche, jour
d'alliance," *Sciences Religieuses* 16 (1964): 225-250; 동일 저자의 "Le Dimanche,"
La Maison-Dieu 83 (1965); Le Dimanche, Lex Orandi 39, 1965; Ph. Delhaye-J. L.
Lecat, "Dimanche et sabbat," *Mélanges de Science Religieuse* (1966): 3-14, 73-93; 동
일 저자의 "Le Dimanche," *Verbum Caro* (1966); A. Verheul, "Du Sabbat au Jour
du Seigneur," *Questions Liturgiques et paroissiales* (1970): 3-27; Pierre Grelot, "Du
Sabbat juif au dimanche chrétien," *La Maison-Dieu* 123, 124 (1975): 79-107와 14-54;
다른 연구들은 본 연구 과정에서 인용.

6. 이러한 접근은 W. Rordorf의 방법론에도 나타나는데, 일례로 그는 다음과 같이 말
한다. "이론적으로 이 문제와 관련해서는 두 가지 가능한 답이 있는데 먼저는 일요
일 준수가 기독교에서 유래됐다는 것으로 결론을 내리는 것이며, 그것이 아니라면
기독교 교회가 일요일 준수를 다른 곳으로부터 차용했다는 설득이 가능하다. 기독
교의 일요일 준수의 기원을 찾아가는 과정에서 우리는 전자 혹은 후자 중 한 가지
결론에 다다를 수밖에 없다. 기독교인들에 의해 그것이 고안된 동시에 차용되어 왔
을 수는 없기 때문이다"(*Sunday*, 180). Rordorf는 끈질기게 전자의 해답을 옹호했
지만, 그의 방법과 결론은 C. S. Mosna에게조차 비판을 받았다(각주 8번 참고). K.
Daniélou 또한 다음과 같이 설명한다: "일요일은 완벽한 기독교적 창작물이며 이는
주의 부활의 역사적 사실과 관련되어 있다"(*Bible and Liturgy*, 222, 242). 이러한 견
해는 3장, 5장, 그리고 9장에 특별히 다루어지고 있다.

하는 경향을 보여주고 있다.[7] 하지만 너무 적은 인과 요인들을 감안한 연구 조사와 결론은 분명히 일방적인 것이기에 균형 있는 것은 될 수 없다. 구도에버(J. v. Goudoever)가 깨달은 것처럼, 만일 우리가 "모든 부분의 예식들 중 영속적인 의미를 가진 것들은 그 축제의 날과 형태가 변하는 것이 불가능하다"는 것을 깨닫는다면,[8] 우리는 새로운 예배일을 위해 유대인들의 아주 오래되고, 영원한 전통인 안식일 준수를 대다수의 그리스도인들이 포기하도록 영향을 끼친 복잡하고 심오한 동기들이 있었음을 예상해야 한다. 그러므로 일요일 기원의 역사적인 과정을 재구성하고자 시도할 때, 예배일로서 일요일을 채택할 때, 크고 작은 역할을 했을 것으로 여겨지는 모든 가능한 인과 요소들, 즉 신학적·사회적·정치적·이교적 요소들에 주의를 집중해야 한다.

이 연구는 분명하게 한정할 수 있는 두 가지 목적을 가진다. 첫 번째 목적은 안식일 준수의 포기와 일요일 예배의 제도에 대한 발의와 책임을 사도들이나 심지어는 그리스도에게 돌리는 많은 학자들의 논점들을 조사하는 데 있다. 안식일에 대한 그리스도의 가르침들과 그리스도의 부활 현현 및 성만찬 예식과 예루살렘의 기독교 공동체들의 문화 등이 고려의 대상이 될 것이다. 이는 이러한 것들이 일요일 준수의 확립에 어떤 역할을 했는지를 확인하기 위함이다. 또한 우리는 일요일 예배가 예루살렘에서

---

7.   참고로 다음의 글들을 보라. H. Gunkel, *Zum religionsgechichtlichen Verständnis des Neuen Testaments*, 1910², 74-75.; A. Loisy, *Les Mystéres païens*, 1930, 223-224; *Les Évangiles synoptiques*, 1970, I, 177-178; R. L. Odom, *Sunday in Roman Paganism*, 1944; P. Cotton, *From Sabbath to Sunday*, 1933, 130-131.

8.   J. V. Goudoever, *Biblical Calendars*, 1959, 151. C. S. Cosna는 W. Rordorf가 "일요일 축제의 발흥에 대하여 유대교적 문맥으로부터 그것을 분리시키고 있을 뿐만 아니라 기타 쓸 만한 요소들을 무시한 채 과도하게 기독교적 기원을 두려고 한다"며 이를 비판했다(*Storia della domenica*, 5, 41).

사도들의 생애 동안에 기원됐는지, 아니면 그것이 다른 곳에서 좀 더 후에 시작됐는지를 확인할 것이다. 일요일 준수의 역사적 기원에 대한 이러한 확인 작업은 매우 중요한 것인데 그것은 그 기원에 대한 원인을 분석해 줄 뿐만 아니라 오늘날 그리스도인들에게 적절한 것이 무엇인지를 설명해 줄 것이기 때문이다. 만일 일요일이 실제로 주의 날이라면 모든 그리스도인뿐만 아니라 모든 인류가 그것을 알아야만 한다.

두 번째, 이 책은 반유대적 감정들, 유대인들에 대항해 취해진 로마의 억압 수단들, "태양의 날"과 관련된 일요일 예배 등과 같은 어느 정도 확실한 요소들을 평가하기 위해 고안됐으며, 다수의 그리스도인들이 안식일을 포기하고 주의 날로서 일요일을 채택하도록 영향을 끼친 확실한 기독교 신학적 동기들을 평가하기 위해 고안됐다.

그러므로 이 연구는 예배와 휴식의 날로서 일요일을 채택하도록 하는데 영향을 끼친 모든 시기와 원인에 대한 보다 정확한 상황들을 탐구하여 흐릿하게 모자이크 처리된 요소들을 재구성하려는 시도다. 이것은 더그모어(C. W. Dugmore)가 다음과 같이 제안한 것에 잘 들어맞는다. "놀랄 만한 결론들이 명확하게 입증될 수 없을지라도 때때로 대부분의 사람들에 의해 이미 지나간 일로 여겨진 것들을 다시 고려해 보는 것은 가치 있는 일이다."[9] 그것들을 다시 비평적인 조사 과정에 일임하여 이미 받아들여진 해답과 가설들을 재검토하는 것은 단순한 학문적 수행이 아니다. 오히려 그것은 진리에 대한 봉사를 수행하는 한 임무다.

우리의 연구는 초기 기독교 사상에 나타난 일요일 준수의 예전적이고 목회적인 국면들 그 자체와는 관계가 없다. 그런 문제들은 이미 최근의 연구 논문들에서 철저하게 다루어졌기 때문이다.[10] 다만 우리는 일요일

---

9. C. W. *Dugmore* (각주 7), 274.
10. 일요일 준수에 관한 목회적인 측면은 다음의 글들을 보라. V. Monachino, *La Cura*

예배의 기원에 대한 시기와 그 원인들을 확립하는 데 도움을 줄 수 있는 형식적이고 실제적인, 그리고 직접적으로 관계가 있거나 관계가 적은 본문들 역시도 검토할 것이다. 즉, 우리의 관심을 기원의 문제로 한정하고자 한다.

후대의 본문들과 관련된 몇 개의 부가적인 참고 문헌들을 제외하고, 우리가 연구할 문서들은 기독교 시대의 첫 4세기에 해당되는 것들이다. 2세기 초의 불충분한 자료들에 나타나는 동기(motivations)의 역사적 타당성을 입증하기 위해 4세기 말까지의 교부들의 증언을 연구할 것이다. 이 시기는 일요일 예배가 모호하게 시작되어 확실하게 시행되기까지의 변화를 보여주는 기간이다. 교회 기관들이 여전히 미성숙한 상태에 있던 기간이었기 때문에 연구자들이 입수할 수 있는, 그 시대의 얼마 안 되는 문서들을 후대 교회에서 확립된 기준들과 함께 읽으면 잘못된 이해에 쉽게 빠질 것이다.

그 자료들은 연대기적·역사적·지리적인 요소들을 고려함으로써 분석됐다. 중요한 구절들은 주의 깊게 연구됐는데, 이는 흔히 그 본문들의 문맥적인 문제가 무시되거나 아니면 일방적으로 해석됐기 때문이다. 이것은 부당한 인식을 만들어 내는데, 예를 들자면 화이트(N. J. White)에 의해 주장됐던 것처럼, 초기 사도 시대 이래로 일요일을 지칭하는 데 주의 날(κυριακὴ ἡμέρα)이라는 용어가 "완전하고 의문의 여지가 없이 교회에 의해

---

pastorale a Milano, Cartagine e Roma nel secolo IV, Analecta Gregoriana 41, 1947; *S. Ambrogio e la cura pastorale a Milano nel secolo IV,* 1973. C. S. Mosna, *Storia della domenica* 5장에서 동서양의 일요일의 예배와 목회적인 측면에 대해 다룬다. 일요일 안식에 대한 질문과 관련해서는 다음을 보라. H. Huber, *Spirito e lettera del riposo domenicale,* 1961; J. Duval, "La Doctrine de l'Église sur le travail dominical et son évolution," *La Maison-Dieu* 83 (1965): 106f.; L. Vereecke, "Le Repos du dimanche," *Lumiére et vie* 58 (1962): 72f.

사용됐다는 식이다.[11]

이 연구를 위해 활용된 문서들은 편지, 설교문, 논문과 같이 서로 다른 특성을 가진 것들로 이루어져 있다. 그것들의 유래와 신빙성과 정통성이 언제나 확실한 것은 아니지만 그것들이 우리가 가지고 있는 모든 자료들이기 때문에, 그것들로부터 모든 진가를 억지로라도 얻어내야만 한다. 엄정한 학문적 규범에 따라서 바나바 위서와 같은 자료들을 활용하는 것에 반대할 수 있다. 하지만 만일 기록된 문서들과 고고학적 유물들, 그리고 논쟁되지 않는 확실한 단편들만을 분석하도록 스스로를 제한한다면 자료의 부족으로 인해 진정한 진보를 이루기는 불가능할 것이다. 그러므로 그러한 제한을 염두에 두면서 교부들의 문헌과 위경적 문헌을 풍부하게 검토할 필요가 있다.

본 연구를 평신도 독자들이 쉽게 이해할 수 있도록 하기 위해 신약성경과 교부들의 텍스트들은 평판이 좋은 영역본에서 인용했다. 개정표준성서(The Revised Standard Version)가 주로 사용됐지만, 필요할 때는 네스틀레(E. Nestle)와 알란트(K. Aland)의 헬라어 본문이 삽입됐다. 특별한 관계가 있는 교부들의 본문들의 경우에 다양하게 활용 가능한 비평적 판본들이 검토됐다. 영역본이 활용될 수 없는 곳이나 혹은 그 영역본 자체가 불만족스러울 경우에는 본 저자가 직접 번역했다. 중요한 헬라어와 라틴어 단어들은 괄호 안에 첨부했다.

로르도르프(W. Rordorf)와 레건(F. A. Regan), 모스나(C. S. Mosna)의 최근 연구논문들을 빈번히 인용한 것은 그것들이 중요하기 때문이며, 그들의 결론에 몇 가지 이의를 제기할 필요성이 있기 때문이었다. 그 비평가들에 대한 분석을 마친 후에 본 연구를 가능케 했던 그 연구 가설들이 의심 없

11.　　N. J. White, *A Dictionary of the Bible*, ed. James Hastings, 1911, "Lord's Day"이라는 단어를 보라.

이 차례대로 수정되고 교정될 것이다.

이 연구는 로마에 있는 교황청 그레고리 대학교의 교회사학과에 이탈리아어로 제출된 박사 학위 논문을 정리(abridgement)한 것이다. 자료들은 실제로 집약됐고, 재정리됐다. 심혈을 기울인 이 새로운 작업을 하게 된 동기는 본 연구논문을 평신도들도 이해할 수 있기를 바라는 열망에서 유발됐다. 이 목적을 이루기 위해 종종 전문적인 질문들에 대한 논의를 각 주에 달아 놓았다.

이 연구가 일요일의 중요성을 숙고하는 데 필요한 역사적 자료를 요구하는 신학자들에게도 제공되기를 바라며, "진리"에 가까이 이르고자 하는 시도로 일요일의 기원에 대한 질문을 재검토하도록 역사가들의 관심을 유발시키는 계기가 되기를 바란다. 아울러 이 연구가 성실한 독자들로 하여금 주님의 거룩한 날의 의미를 더 깊이 이해하도록 "안식일의 주인"이신 분과의 깊은 친교를 고무시키는 계기가 되기를 바란다.

2세기 말엽에 일요일에 대한 기독교식 정의로서, 처음으로 확실하게
나타나고 있는 "주의 날"(κυριακή ἡμέρα)이라는 표현은 오직 "주님"(κύριος)께
속한 한 날을 의미한다.[1] 전통적으로 많은 그리스도인들에게 일요일이 주

---

1. "Lord-κύριος"와 "Lords-κυριακός", 두 용어의 용법에 관해서는 W. Foerster의
    TDNT III (1086-1096)을 보라. 가장 처음으로 이 용어들이 명백하게 등장한 경우
    는 출처 불명의 『베드로의 복음』이라는 책으로, 여기에는 현재 막 16:2에서 찾아
    볼 수 있는 "그 주의 첫날"(the first day of the week)에 대한 번역으로 "ἡ κυριακή-
    the Lord's day"(35; 50)가 사용되고 있다. 주후 200년경 안디옥의 Serapion이 그
    리스도 가현설을 바탕으로 한 가르침에 반박한 것으로 보아 이 복음서는 대략 2
    세기 후반의 것으로 추정된다(참조, Edgar Hennecke, *New Testament Apocrypha*, I.
    180). Eusebius (*HE* 4, 26, 2)에 따르면, 사르디스(Sardis)의 Melito (주후 190년경)
    가 "On the Lord's day-περί κυριακῆς λόγος"라는 논문을 썼다고 하나 안타깝게도
    현재는 그 제목만 남아있다. 다른 참고 자료들로는 Dionysius of Corinth (Eusebius
    로부터 인용) *HE* 4, 24, 11; Clement of Alexandria, *Stromateis* 7, 12, 76, 4; *Fragment
    7 of Irenaeus*, ANF 1, 569; Origen, *In Exodum homiliae* 7, 5; *Contra Celsum* 8, 22;
    Eusebius, *Commentaria* in Psalmos 91; *HE* 3, 25, 5; *De Solemnitate paschali* 7 등이
    있다. Tertullian, *De oratione 23*과 *De corona 3*에서 라틴어로 그와 동등한 "*dominicus
    dies*"가 사용됐다. 이는 후에 라틴어에서 일요일에 해당하는 공식적 명칭이 됐다(참
    조, *domenica, dimanche*).

님이신 그리스도의 날로서, 그분께 바쳐진 날로서 간주되어왔기 때문에, 그리스도께서 오로지 그에게만 바쳐진 새로운 예배일의 제도를 미리 고려하셨는지를 확인함으로써 일요일 준수의 역사적 기원 연구를 시작하는 것이 좋을 것이다.

복음서의 그리스도의 말씀에는 "주의 날"이라는 표현이 나오지 않는다. 하지만 공관복음(마 12:8; 막 2:28; 눅 6:5)에는 "안식일의 주인"(χύριος τοῦ σαββάτου)이라는 비슷한 어구가 나타난다. 이는 적법한 안식일 활동에 대한 바리새인들과의 논쟁 끝에 예수께서 사용하신 용어다. 많은 학자들은 예수께서 스스로 선언하신 "안식일의 주인"이라는 용어와 "주의 날"로서의 일요일 제도 사이에 인과 관계가 있음을 확립시키고자 노력했다. 예를 들어, 모스나(C. S. Mosna)는 단호하게 주장하기를 "그리스도께서는 스스로 안식일의 주인이심을 선언하심으로써 특별히 불필요한 것이 되어버린 안식일 같은 형식적인 짐으로부터 사람들을 해방시키셨다."[2] 그는 이 선언에서 그리스도께서 새로운 예배일 제정을 염두에 두셨다고 이해한다. 윌프리드 스토트(Wilfrid Stott)도 이와 비슷하게 해석하여 그리스도의 이 말씀을 일요일에 대한 암묵적인 언급으로 보았다: "그는 안식일의 주인이시며, 모든 공관복음서에서 세 번씩이나 사용된 이 표현 속에는 주의 날에 대한 숨겨진 언급이 있다. 주님으로서 그분은 자신의 날을 선택하신다."[3]

---

2. C. S. Mosna, *Storia della domenica*, 174.

3. Wilfrid Stott, "A Note on the Word KYPIAKH in Rev. 1. 10," *NTS* 12 (1965): 75; P. K. Jewett은 안식일의 주인이라는 예수의 주장은 안식일에 대한 존중과 더불어 해방을 의미하는 것이지 반드시 한 주의 첫날에 해야 하는 예배의 의무를 뜻하는 것은 아니라며 중도적 입장을 취했다. 그러나 그는 "그리스도인들이 안식일 준수를 존중하는―주님 본인에게로부터 물려받은―그 자유를 떠나서 다른 날에 예배를 드릴 수는 없었을 것이다"라고 주장했다(*The Lord's Day, A theological Guide to Christian Day of Worship*, 1972, 43; 이후 *Lord's Day*로 인용).

이러한 가설이 유효한지 평가하기 위해서 우리는 안식일에 대한 그리
스도의 기본적인 태도가 무엇인지를 판단해야만 한다. 직설적으로 말하
자면, 그리스도께서는 진정으로 안식일을 준수했는가? 아니면, 그것을 의
도적으로 파기했는가? 만일 후자라면, 우리는 말씀과 행동을 통해서 그리
스도께서 결과적으로 안식일을 대신하게 된 새로운 예배일의 기초를 놓
고자 했는지 살펴볼 필요가 있다.

양식비평가들은 이러한 연구 조사 자체를 무익한 것으로 간주하고자
하는데, 그 이유는 그리스도의 안식일에 대한 교훈과 활동에 대한 복음서
의 기록들을 믿을 만한 역사적 사건들로서가 아니라 원시 교회에 대한 후
대 교회의 고찰이 반영된 것으로 보기 때문이다. 예수께서 스스로 어떤
것을 생각하셨든지 그것을 알아내는 것은 불가능하다고 그들은 주장한
다.[4] 그러한 역사적 회의주의를 정당한 것으로 볼 수는 없는데, 특히 역사
적 예수에 대한 새로운 탐구(new quest)는 복음서 안에서 상당히 많은 양의
그리스도의 행적과 말씀을 찾으려는 이전의 방법론과 기대를 의심하는
데서 시작했다.[5] 하지만 (우리에게 받아들여지기 어렵겠지만) 복음서에 나타난 안

---

4. Rudolf Bultmann은 복음서에서 전해지는 안식일 갈등은 하나의 구전 전통을 기반
    으로 한 원시적 공동체에 의해 재현되는 모든 이상적인 상황들로 이해한다. 이와
    관련하여 *The History of the Synoptic Tradition*, ET (1963) [=『공관복음 전승사』, 대
    한기독교서회, 1970]에서 그의 고전적 논의를 찾아볼 수 있다. Bultmann 이전에
    는 다음의 글들에서 관련 내용들을 살펴볼 수 있다. K. L. Schmidt, *Der Rahmen der
    Geschichte Jesu*, 1919; M. Dibelius, *From Tradition to Gospel*, ET 1934.
5. E. Lohse는 복음서의 안식일 내용을 근래 들어 재검토하면서 Bultmann과는 상
    반되게 '로기아'(*logia*)의 상당 부분이 그리스도의 실제 말들이라고 주장한다
    ("σάββατον," *TDNT* VII, 21-30; 또한 "*Jesu Worte über den Sabbat*," *Judentum-
    Urchristentum-Kirche, Festschrift für J. Jeremias* [BZNW 26], 1960, 79-89; W. Rordorf
    는 그리스도의 생애와 관련한 실제 역사적 사건들을 위한 변론을 제시하며 Lohse
    의 연구에서 한 단계 더 나아갔다. 그는 곡물의 이삭을 뽑는 제자들의 이야기[막
    2:23]와 막 2:27, 28에 담긴 그리스도의 말씀의 역사성을 충분히 받아들일 수 있다

식일 관련 자료들이 후기 기독교 공동체의 사상을 나타낸다 할지라도, 이 점이 그것들의 역사적 가치를 감소시키지는 않는다. 그것들은 여전히 안식일에 대한 초기 교회의 태도를 연구하는 데 귀중한 자료가 된다.[6] 사실상 복음서의 저자들은 안식일에 행한 그리스도의 치료 행위와[7] 논쟁들을 기록하는 데 주의를 기울이고 많은 지면을 할애했는데(적어도 일곱 개 이상의 에피소드가 기록됨) 이는 그들이 그 책들을 기록할 시대에 안식일 문제가 얼마나 중요한 것이었는지를 보여준다.

안식일의 예표론과 메시아적 성취

그리스도의 안식일에 대한 견해를 연구하기 좋은 시작점은 아마도 누가복음 4장일 것이다. 여기에서 우리는 그가 공적 사역을 개시하면서 안식일에 나사렛의 회당에서 가르친 그리스도의 설교로부터 한 가지 인용

고 보았다). 하지만 그는 일례로 요 15:17을 예수의 실제 말로 인정하지는 않는다 (*Sunday*, 54-74; 참고, 또한 "Dimanche," 103).

6.   만일 복음서의 저자들이 이미 유대인들의 안식일보다 일요일을 준수하고 있었다면 왜 그들은 그렇게도 많이 안식일에 있었던 예수의 치유와 선언을 보도했겠는가? 예수의 안식일 사역과 가르침에 대한 그들의 염려는 그들의 일요일 준수를 의미하는 바는 아닐 것이다. L. Goppelt (*TDNT* VI, [각주 53], 19)은 "원시 공동체는 예수의 말씀에 안식일 관례의 정당성을 두었다"는 R. Bultmann의 견해에 대하여, "하지만 어떻게 그 환경이 율법에 대한 열의로 가득한 팔레스타인 사회에 의해 만들어질 수 있는가?"라고 의문을 제기하며 그의 주장을 비판했다. 유대인들의 종교적 관습에 대한 팔레스타인 교회의 충성은 제4장에서 논의될 것이다.

7.   일곱 가지의 안식일 기적은 (1) 베데스다의 병자(요 5:1-18); (2) 회당의 귀신 들린 자(막 1:21-28); (3) 베드로의 장모(막 1:29-34); (4) 손 마른 자(막 3:1-6); (5) 날 때부터 눈이 먼 자(요 9:1-41); (6) 몸이 불구인 여인(눅 13:10-17); (7) 수종병 든 사람(눅 14:1-4)이다.

문을 발견하게 된다. 누가복음에서 그리스도의 사역이 안식일에 시작했
을 뿐 아니라 "안식일이 거의 시작하게 되는 예비일"에 마쳐지고 있음은
주목할 가치가 있다(눅 23:54). 누가에 따르면 그날은 예수께서 관습적으로
지킨 날이었다(4:16). 누가는 반복적인 거부 반응을 야기시킨 예수의 안식
일 사역(4:29; 13:14, 31; 14:1-6)이 그리스도에 대한 최종적인 거절과 희생의
서막으로서 나타난다고 이야기하고 있다.

설교의 시작에 그리스도께서는 다음과 같은 이사야 61:1-2(비교, 사 58:6)
을 언급한다.

> 주의 성령이 내게 임하셨으니 이는 가난한 자에게 복음을 전하게 하시려고
> 내게 기름을 부으시고 나를 보내사 포로된 자에게 자유를, 눈 먼 자에게 다
> 시 보게 함을 전파하며 눌린 자를 자유롭게 하고 주의 은혜의 해를 전파하
> 게 하려 하심이라 하였더라(눅 4:18-19).

모든 주석가들은 그리스도께서 선포하도록 공식적으로 임명된 "주의
은혜의 해"(4:19)는 안식년(즉 일곱 번째 해), 혹은 희년(즉 일곱 번의 안식년이 지난
후 50년째 되는 해)을 언급하는 것이라는 데 실질적으로 동의한다.[8] 이러한
연례 제도들에 있어서 안식일은 히브리 사회에서 압제받던 자들을 해방
하는 날이 됐다. 땅들은 휴한지(休閑地)가 됐고, 가난한 자들과 빼앗긴 자
들, 동물들을 위해 농산물들이 자유롭게 제공됐다.[9] 노예들은 그들이 원한

---

8. 예, 다음 저자들의 누가복음 해설을 참고하라. H. Hobbs, Henry Burton, W. Robertson Nicoll, Wilfrid J. Harrington, R. C. H. Lenski, F. Godet, Alfred Loisy, M. J. Lagrange.
9. 땅과 관련한 안식일 개념은 출 23:11; 레 25:6-7; 신 24:19-22; 레 19:9-10. 예, Niels-Erik A. Andreasen은 안식년에 대한 두 가지 이유로 땅의 재생과 인간을 위한 해방을 제시했다(*The Old Testament Sabbath*, SBL Dissertation Series 7, 1972, 214).

다면 해방됐고, 동료 주민들이 진 빚들은 탕감됐다.[10] 희년은 또한 본래 주
인들에게 재산을 반환해 주도록 요구했다.[11] 그리스도께서 읽으신 이사야
본문과 안식일 제도와의 연관성은 "가난한 자, 포로된 자, 눈먼 자(혹은 갇
힌 자), 눌린 자"의 해방에 대해 말하고 있는 문맥에 의해 분명해진다.

첫 설교에서 그리스도께서 안식년의 용어들을 통해 자신의 메시아 사
명을 선언하셨다는 사실은 중요하다. 그 구절에 대해 그리스도께서는 간
단하지만 매우 적절하게 설명하셨다. "이 글이 오늘날 너희 귀에 응했느
니라"(4:21). 쥬윗(P. K. Jewett)이 적절하게 인지했듯이, "위대한 희년인 안식
일은 메시아의 오심으로 죄로부터 해방된 모든 사람들과 그분 안에서 기
업을 발견한 모든 사람들에게 현실이 됐다."[12]

우리는 다음과 같은 의문을 가질 수 있다. 그리스도께서는 왜 자신의
사명을 안식일에 약속된 해방의 성취로서 선언하셨는가? 그분께서는 안

---

10. 빚의 탕감과 관련해서는 레 15:1-6, 노예들의 해방은 출 21:2-6, 신 15:12-18을 보라.

11. 희년은 명백히 안식년의 의미를 강화하는 것이었으며, 이는 모든 소유, 특히 부동
산의 실제 주인에 대한 반환에 중점을 두고 있다(레 25:8-17, 23-55; 27:16-25; 민
36:4). 주민들의 복잡한 삶은 희년을 실행시키는 데 장애가 됐다. 그러나 안식년이
준수됐다는 암시들은 찾아볼 수 있다(렘 34:8-21; 고후 36-21장; 레 26:43). 망명 이
후의 기간에 대해서는 E. Schürer, *A History of the Jewish People in the Time of Jesus
Christ*, 1885, I. 40-45를 보라. 안식일과 안식적 희년의 관계는 다음을 참고하라.
Niels-Erik A. Andreasen (각주 9), 217-218.

12. P. K. Jewett, *The Lord's Day*, 27; W. Rordorf도 다음과 같이 비슷한 견해를 밝히
고 있다. "선지자로부터의 이러한 인용을 볼 때, 누가복음은 결과적으로 안식년
의 개시로서 예수의 오심의 관한 인상을 묘사하고 있다"(*Sunday*, 110). Wilfrid J.
Harrington 역시 "히브리인들의 삶에서 가장 반가운 축제인 이를 취하여 예수께서
는 스스로를 은나발을 들고 '주의 받아주시는 해'(the acceptable year of the Lord)를
선포하는 사제들 중 하나로 비유했다. 그는 그 기념일이 자유와 기쁨의 시대에 선
택받은 민족뿐 아니라 세상의 모든 빚진 자들과 억눌린 자들의 무수한 빚을 탕감해
주고 해방을 가져다 줄 메시아적 해의 의미를 포함하고 있다고 여기고 있었다"(*A
Commentary, The Gospel according to St. Luke*, 1967, 134)라고 평했다.

식일 제도가 실체인 그리스도 안에서 완성될 하나의 표상이었으며, 그래
서 안식일의 의무가 끝나게 됐음을 감추어진 방식으로 설명하고자 의도
하셨는가? (그렇다면 그리스도께서는 안식일을 대신할 새로운 예배일을 염두에 두셨다고
볼 수 있다.) 아니면, 그날이 자신의 구속 행위에 대한 적절한 기념물이 되도
록 하기 위해서 (단순히) 자신의 사명을 안식일과 동일시하신 것인가?

이 딜레마를 해결하기 위해 우리는 우선 안식일에 내포된 메시아의
구속 사역을 상기할 필요가 있다. 본래 안식일 제도에는 신의 복이 보증
되어 있다. "하나님께서 일곱째 날을 **복 주사**"(비교, 창 2:3; 출 20:11). 구약의
"복" 개념은 구체적으로 충만하고 풍성한 삶으로 표현된다. 창조 이야기
에서 안식일의 복(창 2:3)은 생물들의 복(1:22)과 인간의 복(1:28)에 이어 나타
난다. 그러므로 그것은 완전한 창조를 넘어서 하나님의 궁극적이고 전체
적인 복을 표현한다(1:31). 안식일을 복 주심으로 하나님께서는 인류 역사
의 전 과정을 통해 사람에게 은혜를 베푸시는 분이 되심을 약속하셨다.[13]

---

13. K. Barth는 하나님의 창조 시 안식일을 그리스도의 구속 사역의 예표와 개시로 해
   석한다(*Church Dogmatics*, ET 1956, III, 277 [= 『교회 교의학』, 대한기독교서회,
   2017]). 그러나 그의 해석은 **완벽한 창조**, 안식일의 안식, 은혜의 나팔에 그 의미
   를 투영시킴으로써, 즉 본래의 순전한 상태(*status integritatis*)를 부인함으로써 가
   능했다(*Church Dogmatics*, IV, 508). H. K. La Rondelle, *Perfection and Perfectionism*,
   1975², 81-83은 하나님의 안식일 안식에 관한 Barth의 개념에 대한 날카로운 분석
   과 더불어 그가 "그 구원론에 관한 성서적 예표론 혹은 기원론의 현실성"을 어떻
   게 받아들이고 있는지를 보여준다. G. C. Berkouwer은 안식일의 안식이 "창조와 구
   속 가운데 존재하는 밀접한 관련성을 분명하게 비추고 있다"는 것을 인정한다(*The
   Providence of God*, ET 1952, 62). 그는 "오실 주의 구원에 대한 표징이 타락 이후 안
   식일의 지속성"(위와 동일한 책, 64)에 담겨있다고 보았다(참조, 겔 20:12). 그러나
   그의 해석은 창조시 완벽한 인간의 존재론적 실재의 파괴로부터 얻어진 것은 아니
   었다. 대신 "개인의 믿음의 역동적 기능에 의해, 그리고 **죄의 공격성**과 구원-역사
   적 현실의 관점에서의 하나님의 구원하시는 은혜의 **예상하지 못한 놀라운 특성**"을
   인식함으로써 밝혀낸 것이었다(La Rondelle, 앞에서 언급한 책, 82-83; 참고, G. C.
   Berkouwer, *The Triumph of Grace in the Theology of Karl Barth*, 1956, 381-383).

구속 계획 속에 펼쳐지는 안식일의 복은 하나님의 구원하시는 행동과 보다 더 특별하게 결합된다. 예를 들어, 출애굽기에 나타난 십계명에서 야훼는 스스로를 "애굽 땅 종 됐던 집에서" 이스라엘을 인도해낸 자비로우신 구속자로서 소개하신다(출 20:2). 히브리 사회의 모든 구성원들에게 새롭게 부여된 이 자유를 확실히 보장하기 위해 안식일 계명은 모든 것, 심지어는 동물들까지도 일하지 말아야한다고 요구된다(출 20:10).

신명기판(version) 십계명에서 구속 모티프는 (출 20:1에서처럼) 모든 계명들의 서문에 나타날 뿐만 아니라(신 5:6), 안식일 계명 자체에도 분명하게 구체화되어 나타난다. 그것은 아마도 안식일 계명이 이스라엘과 이후의 모든 세대에 직접적인 관련성을 갖도록 하기 위한 것이었는데, 안식일은 (출 20:11에서처럼) 백성들의 현실적(immediate) 관심사와 관련이 없는 하나님의 과거 창조 행위에 기초한 것이 아니라 오히려 하나님의 구원하시는 행위에 기초한 것임을 안식일에 대한 이 반복된 기록으로 설명하고 있다. "너는 기억하라 네가 애굽 땅에서 종이 됐더니 너의 하나님 여호와가 강한 손과 편 팔로 너를 거기서 인도하여 내었나니 그러므로 너의 하나님 여호와가 너를 명하여 안식일을 지키라 하느니라"(신 5:15).[14]

한스 발터 볼프(Hans Walter Wolff)가 잘 설명한 것처럼, 여기에서 안식일을 준수해야 할 이유는 "이스라엘을 위해 정말 필수적인 것, 즉 야훼가 애굽에서부터 이스라엘을 구원하셨다는 단언에 있다. 매 안식일마다 이스라엘은 하나님께서 해방자시라는 것을 기억해야 한다."[15] 안식일을 통해

---

14. Henrique Renckens, *La Religion de Israel*, 1970, 225: "안식일을 지킴으로써 이스라엘 사람들은 꾸준히 야훼를 그들의 창조자이자 구원자로 기억할 수 있었다." 참고, S. R. Driver, *A Critical and Exegetical Commentary on Deuteronomy*, 1895, 85.

15. Hans Walter Wolff, "The Day of Rest in the Old Testament," *Concordia Theological Monthly* 43 (1972): 500.

출애굽의 해방을 기억하라는 요구는 이스라엘 백성들에게 있어서 안식일을 지킬 자유가 없었던 모든 사람들에게까지 안식일 휴식을 확장시키는 구체적인 경험이었다. 하지만 안식일에 쉬는 것은 단지 역사적인 출애굽 해방을 회상하도록 도와주기 위한 연상적 보조물로서만 계획된 것이 아니었다. 그것은 오히려 차일즈(Brevard S. Childs)가 언급한 것처럼, 과거의 구원 경험을 현재의 시간 속에서 경험하도록 의도된 것이었다.[16]

듀발(A. M. Dubarle)은 이 해석을 다음과 같이 확증한다. 안식일 준수를 통해서, "아빕월의 첫 시간에 성취된 구원이 안식일 시간의 전 과정 가운데 효과적으로 나타나고 실현된다. 하지만 그것은 단지 한 단순한 기념물로서 기념하는 문제가 아니라 첫 은혜를 계속해서 새롭게 함으로 나타나는 결과를 누리는 것이다."[17]

안식일은 세 가지 차원을 포함하고 있다고 말할 수 있다. 곧, 안식일은 과거, 현재, 미래의 구원에 대한 기념이 된다. 이스라엘 백성이 현재 경험하는 삶의 고난에서 매주 해방되는 것은 미래의 메시아적 구속뿐 아니라 과거 유월절 해방의 전형이 된다. 이들 간의 밀접한 관계로 인해 유월절과 안식일은 모두 미래의 메시아적 구원의 상징이 된다(이스라엘 백성에게 있어서 안식일이 연례 행사인 유월절을 주간 단위로 확장한 것이듯, 후대에 일요일은 많은 그리스도인들에게 연례 행사인 부활절의 주간 단위 기념일이 됐다).

안식일의 구속적 기능은 표면적으로는 메시아의 사명에 대한 예표로 이해됐다. 히브리 사회의 모든 구성원들에게 부여된 노동과 사회적 불평등의 고난이 주간 안식일과 안식년 모두를 통하여 해방되는 것은 언젠가

16. B. S. Childs, *Memory and Tradition in Israel*, SBT 37, 1962, 50-52 = 『이스라엘에 있어서 기억과 전통』, 이컴비즈넷, 2005]
17. A. M. Dubarle, "La Signification religieuse du Sabbat dans la Bible," *Le Dimanche*, Lex Orandi 39, 1965, 46.

메시아가 백성들에게 가져다 줄 완전한 구속의 전조로서 이해됐다. 모든 민족들을 불러 모을 메시아의 시대는 "매 안식일에 모든 혈육이 이르러 내 앞에 경배하는"(사 66:23) 때로 이사야서에 묘사되고 있다. 메시아의 사명은 또한 이사야에 의해 안식년과 관련된 언어로 묘사된다(61:13; 눅 4:18-19에서 그리스도께서 자신의 취임 설교에서 적용하신 구절). 쥬윗(P. K. Jewett)은 다음과 같이 적절하게 해석했다. 하나님께서는 안식년과 희년의 구속과 회복 행위 안에서, "개개인에게 인격적 자유를 보장하고, 가난한 자들을 위해 그의 백성의 유산으로 분배된 몫을 잃지 않도록 하시는 구속자로서 다시 한번 나타나신다. 분명히 이것은 구시대적 의례(ceremonial) 개념이 아니다. 왜냐하면 하나님께서는 참으로 우리를 자유하게 하신 아들이시요 중보자이신 그리스도 안에서 당신 스스로를 구속자로 드러내셨기 때문이다."[18]

안식일에 대한 또 다른 중요한 메시아적 표상은 안식일의 안식 경험 속에서 나타날 수 있는데, 헤셸(A. J. Heschel)은 안식일의 안식을 의미하는 '메누하'(menuhah)를 "행복과 고요, 평화와 조화"로 정의했다.[19] 한 학술 논문에서 테오도르 프리드만(Theodore Friedman)은 설득력 있게 제시하기를, 안식일의 평화와 조화는 선지자들의 글과 탈무드 문학에서 일반적으로 마지막 날이나 도래할 세상으로 알려진 메시아 시대와 자주 동일시되고 있다는 것이다. 예를 들어, 그는 다음과 같이 주해한다.

"이사야는 '기쁨'(oneg)이라는 단어와 '존귀'(kaved)라는 단어를 안식일과 마지막 날(즉, 메시아 시대)을 묘사하는 데 사용한다(58:13, '안식일을 일컬어 즐거운 날이라 … 존귀한 날이라'; 66:11, '그 영광의 풍성함을 인하여 즐거워하리라'). 여기에 함축된 의미는 분명하다. 마지막 날을 특징짓는 기쁨과 즐거움이 안식일

---

18. P. K. Jewett, *Lord's Day*, 27.
19. A. J. Heschel, *The Sabbath, its Meaning for Modern Man*, 1951, 10.

을 통해 지금 바로 유효하다는 것이다."[20]

프리드만은 또한 "안식일이 도래할 세상(즉, 메시아 시대)의 삶을 예기하는 것이고, 그 삶을 미리 맛보는 것이며, 그 삶의 모본(paradigm)"이라고 가르치는 랍비의 진술들을 한 가지 유용한 예로 제시한다.[21] 안식일에 대한 다소 유사한 해석이 후기 유대 묵시문학에서 발견되는데, 거기에서 세상의 존속 기간은 각각 1,000년을 나타내는 "우주적 주간"의 여섯 시대로 계산되며, 그 마지막 때는 안식일로 이어진다. 대단히 많은 구절에서 이 종말론적 안식일은 명백하게 회복된 낙원에 선행하거나 아니면 그것과 동일시된 메시아의 날로 생각된다.[22]

히브리서 3장과 4장에 나타난 안식일의 안식(쉼/휴식) 주제는 구약성서로부터 넘겨받은 메시아 표상의 또 다른 가닥을 나타내고 있는 것 같다. 게르하르트 폰 라트(G. von Rad)는 영적이고 "완전히 개인적으로 하나님의 안식에 들어가기 위한"(시 95:11 참고) 민족적이고 정치적인 평화 개념(신 12:9; 25:19)으로부터 구약성서에서 "안식" 주제가 발전하는 것에 주목한다.[23] 나중에 살펴보겠지만, 이 개념은 히브리서에서 다시 제안되는데, 거기서 하나님의 백성들은 "믿음"으로 하나님의 "복음"(4:1-2)을 믿고(4:3), 순종하며(4:6, 11), 받아들임으로 "안식일의 안식"(4:9)에 들어오도록 초청됐

---

20. Theodore Friedman, "The Sabbath: Anticipation of Redemption," *Judaism* 16 (1967): 445.

21. 위와 동일한 책, 443, 447-449.

22. 유대교의 종말론적 문헌의 마지막 때의 안식일에 관한 다양한 해석들에 대한 간결한 토론과 관련해서는 W. Rordorf, *Sunday*, 48-51과 281-282를 참고하라.

23. G. von Rad, "There Still Remains a Rest for the People of God: An Investigation of a Biblical Conception," *The Problem of the Hexateuch and Other Essays*, 1966, 94-102. Ernst Jenni는 안식일이 이스라엘의 안식의 주제가 발전하는 데 큰 공헌을 했다고 설명한다(*Die theologische Begründung des Sabbatgebotes im Alten Testament*, ThSt 41, 1956, 282).

다.

그 저자는 여호수아가 이스라엘 백성들에게 준(4:8) 그 땅이 하나님께서 창조 이래로 백성들에게 제공하신(4:3, 4, 10) "안식일 안식"(4:9)이 아니라고 주장하면서, 가나안 땅에 들어가는 것으로서 이해된 안식일 안식의 현세적 개념(신 12:9; 25:19)을 거부한다. 하나님께서 제공하신 안식은 "오늘날"(4:7) 구원의 "복음"(4:2, 6)을 받아들임으로써 경험될 수 있다. 그리스도-사건에 대한 암시는 의심의 여지가 없다. 그분 안에 구약성서의 안식일 안식에 대한 성취가 나타나며, 그것이 오늘날 믿는 자들에 의해 경험될 수 있는 것은 그분을 통해서다.[24]

이 간결한 탐구는 구약성서의 안식일에 메시아를 암시하고 있는 표상들이 존재함을 충분하게 확인시켜준다. 이러한 사실에 비추어 볼 때 취임 설교에서 그리스도께서 안식일의 구속적 기능이 이행됐음을 주장하신 것은 더욱 중요한 의미를 가진다. 자신을 안식일과 동일시함으로써 그리스도께서는 자신의 메시아 되심을 단언하셨다. 후에 제시되겠지만, 이는 그리스도께서 특별히 안식일 봉사를 통해 자신의 메시아적 사명을 나타내신 이유를 설명해준다.[25] 일례로, 그리스도께 대한 유대 지도자들의 연합

---

24. P. Spicq는 히브리인들에게 안식일 안식의 주제는 가나안 입성이라는 이스라엘에 대한 한시적 이상임과 동시에 그리스도인들에게 있어서 구원이라는 종교적 이상의 의미를 포함하고 있음을 지적한다(*Commentaire de l'Épître aux Hebreux*, 1953, II, 102-103).

25. W. Rordorf는 "초기교회 또한 예수의 치유 사역이 사실상 진정한 의미에서 하나의 '안식일' 사역이었으며, 이는 그분 안에서, 그분의 사랑과 자비, 도우심을 통해 하나님 스스로의 구원하시는 사역의 때, 즉 메시아적 안식일의 동을 틔운 것으로 이해했다"고 인정하고 있다(*Sunday*, 71, 72). 그러나 그는 안식일의 메시아적 성취를 그리스도께서 "믿는 자들을 위하여 안식일을 대체하셨다"는 것을 의미한다고 해석한다(위와 동일한 책, 116). 그리스도께서 암시하신 것이 결코 아니라는 사실을 제외하고서라도, "왜 그리스도께서 그것을 바꾸고자 하셨겠는가"라고 물을 수 있을 것이다. 그러한 행동이 구원의 거룩한 계획 속의 **안정성**과 **계속성**을 의미하는가? 이

된 고소는 이러한 사실을 잘 이해하게끔 해주는 증거가 된다: "이는 안식일만 범할 뿐 아니라 하나님을 자기의 친아버지라 하여 자기를 하나님과 동등으로 삼으심이러라"(요 5:18). 실제 재판에서는 그리스도께 대한 고소 내용으로 안식일을 범한 것이 나타나지는 않는다. 로르도르프(W. Rordorf)가 잘 묘사한 것처럼 "그분의 대적들은 분명히 안식일을 범한 사건들에 있어서도 함축되어 있던 메시아 주장에 우선적으로 전력을 기울이고자 했다."[26]

안식일에 대한 그리스도의 태도

예수께서 안식일에 본질적으로 들어있는 메시아적 기대가 성취됐음을 주장하신 사실은 매우 중요한 문제를 야기시킨다. 즉, 예수께서는 안식일의 실제적인 준수를 어떻게 바라보고 계셨는가? 그분께서는 안식일 제도가 그를 따르는 자들에게 여전히 유효한, 의심할 수 없는 하나님의 뜻이라고 시인하셨는가? 아니면 그리스도께서는 안식일 준수의 의무가 그의 오심으로 성취됐고, 참 안식일로 대치됐다고 여기셨는가?

어떤 학자들은 그리스도께서 안식일에 대해 논쟁하시고 그날에 병을

점에서 우리는 Pacifico Massi의 다음 질문에 대해 생각해 볼 필요가 있다. "고대 경제의 기반이자 하나님께서 그리스도를 통하여 전우주적 구원을 예비하시고 수 세기 간 그분의 백성들을 교육시키신 7일 주기의 순환이 부활이라는 사건 하나로 인해 사라져버리는 것이 가능하기는 한가?"(*La Domenica*, 25). 일요일을 안식일로부터 분리된 하나의 독점적 기독교의 창작물로 만들고자 했던 Rordorf와는 달리 Massi는 일요일은 안식일의 의미와 기능의 연속이라고 주장한다. 그러나 숭배의 날이 바뀌는 것이 과연 지속성을 뜻하는 것인가?

26. W. Rordorf, *Sunday*, 67.

고치신 행위들이 안식일 계명들이 더 이상 구속력을 가지고 있지 않음을
보여주기 위해 의도하신 계획적인 도발 행위였다고 해석한다. 예를 들어,
다니엘루(J. Daniélou)는 주장하기를, 치료 사건을 통해 "그리스도께서는 상
징적인 안식일(즉, 토요일)을 대신하는 진정한 안식일(즉, 일요일)을 시작하는
것으로 나타내고 계신다는 것이다."[27] 로르도르프(W. Rordorf)도 같은 확신
으로 더더욱 강조하여 표현한다: "예수의 치료 행위로 인해 안식일 계명
이 단지 그 경험 안에 흡수되어버린 것이 아니다. 그것은 단순히 폐지됐
다."[28]

초기 교부들의 해석

안타깝게도 이러한 결론들은 그리스도께서 행하신 것이나 안식일에
대한 말씀의 분석에 기초한 것이 아니라 복음서의 안식일 자료에 대한 초
기 교부들의 해석에 따른 것이었다. 그러한 해석은 전통이자 확실한 유산
이 됐고, 그 대부분은 지금도 여전히 존재한다. 기독교 교부 저자들은 사
실상 2세기 이후부터 복음서에 언급된 "안식일 위반 사례" 목록을 기록했
다. 안식일에 대항한 강력한 경우들을 만들어 내기 위하여 새로운 목록들
이 계속해서 추가됐다.

그들은 복음서로부터 예수께서 바리새인들과의 논쟁에서 언급한 "안
식일 파기" 주장에 대한 실례들을 다루었다: 안식일에 금지된 진설병을
먹은 다윗(마 12:3; 삼상 21:1-7 비교), 안식일에 할례를 행하고(요 7:23) 희생 제사

---

27. J. Daniélou, *Bible and Liturgy*, 226.

28. W. Rordorf, *Sunday*, 70. Mosna는 중립적 입장을 취했다(*Storia della Domenica*, 175-
178). 그는 안식일 논쟁 속에서 "비록 그리스도의 행동 속에서 아직까지 명확히 드
러나지는 않지만" 당시 원시적 공동체가 안식일 규율을 찾아내려는 새로운 노력이
있었을 것이라고 보았다. W. Manson, *The Gospel of Luke*, 1955², 81과 E. Lohse, *Jesu
Worte über den Sabbat* (각주 5), 79-89도 이와 같은 입장을 밝혔다.

를 드린 제사장들(마 12:5),[29] 안식일에 사역을 중지하지 않으시는 하나님(요
5:17) 등이 그러한 실례다.[30] 이 목록은 "여리고 성벽 주위를 돌도록 이스라
엘 백성들에게 명"하여 안식일을 파기한 여호수아의 경우나[31] 안식일에
싸운 마카베오가(家) 사람들의 경우[32] 및 아마도 안식일을 준수하지 않았
을 것으로 추정되는 모세 이전에 살았던 족장들과 의인들의 경우 등과 같
은 다른 "증거들"과 함께 더 보강된다.[33]

---

29. Justin Martyr, *Dialogue* 27, 5; 29, 3; Epiphanius, *Adversus haereses* 30, 32, 10;
    Eusebius, *Commentaria in Psalmos* 91 (PG 23, 1169B); Aphrahates, *Homilia* 13, 7;
    Ps.-Athanasius, *De semente homilia* 13.

30. Justin Martyr, *Dialogue* 29, 3; 23, 3; Clement of Alexandria, *Stromateis* 6, 16, 141, 7;
    6, 16, 142, 1; Origen, *In Numeros Homiliae* 23, 4; Chrysostom, *De Christi divinitate*
    4 (PG 48, 810f); *Syriac Didascalia* 26에서 특히 더욱 극심한 논쟁이 이어진다: "만
    일 우리가 다른 6일을 위해 하루를 할 일 없이 나태하게 지내기를 바라셨다면 그분
    자신도 그분의 모든 창조물들과 게으르게 아무것도 하지 않으셨을 것이다. … 만일
    그분께서 '너희는 한가로이 있으라. 그리고 너희 자녀와 종들과 하녀, 나귀도 그리
    하라'라고 말씀하셨다면, 그분은 어떻게 바람을 일으키시어 불게 하시며 또한 그분
    의 피조물인 우리를 기르시고 먹이시며 일을 멈추지 않으시는 것인가?" (Connolly,
    236).

31. Victorinus of Pettau, *De Fabrica mundi* 6 (*ANF* VII, 342); 참고, Tertullian, *Adversus
    Judaeos* 4; 참고, also *Adversus Marcionen* 4, 17 and 2, 21.

32. Tertullian (각주 31); Victorinus (각주 31); Aphrahates, *Homilia* 13, 7; Athanasius, *De
    sabbatis et circumcisione* 3; Gregory of Nyssa, *Testimonia adversus Judaeos* 13 (PG 46,
    221). 그러나 마카베오 전쟁 초반에 독실한 유대인들은 저항도 해보지 못하고 안식
    일에 죽임을 당했다는 것을 알아야 한다(마카베오1서 2:32-38; 마카베오1서 6:11;
    Jesephus, *Antiquities*, 13, 317). 이 사건으로 안식일에도 자기 방어를 위해서라면 무
    기를 사용하는 것이 허락됐다(마카베오1서 2:39-41).

33. Justin Martyr, *Dialogue* 19, 6; 23, 3; 27, 5; 46, 2; Irenaeus, *Adversus haereses* 4, 16, 2;
    Tertullian, *Adversus Judaeos* 2; Eusebius, *HE* 1, 4, 8; *Demonstratio evangelica* 1, 6(PG
    22, 57); *Commentaria in Psalmos* 91. 모세 이전에 의로운 사람들이 안식일을 지키지
    않았다는 논쟁은 반안식일에 대한 강력한 옹호 혹은 변명을 위해 꾸며낸 것으로 보
    이는데, 왜냐하면 랍비의 전통이 하나님 자신도 안식일을 준수하셨다는 안식일의
    오랜 기원을 강조하고 있기 때문이다(창세기 랍바 11, 2와 6; 피르케 데 엘리에제르

(인정하지는 않지만) 이러한 논쟁들이 성서 해석의 건전한 기준에 기초한 것들이라고 추정할 때, 이러한 예외적인 내용들은 안식일 계명이 구속력이 있음을 확증할 뿐이 아닌가? 게다가 그리스도의 안식일뿐 아니라 안식일을 향한 그분의 태도가 무엇이었는지를 결정하기 위해 복음서에 나타난 안식일 자료를 다루는 초기 교부들의 해석을 받아들이는 사람은 또한, 일관성을 갖도록, 안식일과 전체적인 유대교 질서의 의미에 대한 부정적이고 상충되는 설명에도 동의해야 하지 않겠는가?

예를 들어, "문자적으로 안식일을 지키는 것은 결코 하나님의 명령의 목적이 아니었다"라든지[34] 유대인들은 "모세가 그것[언약]을 받자마자 완전히" 잃어버렸다는 바르나바스(Barnabas)의 주장(4:7), 로마인들의 눈에 벌받는 것으로 보이도록 하나님께서 오명의 낙인으로서 안식일을 유대인들에게 강요했다는 유스티노스(Justin)의 주장,[35] 비탄의 시간으로서 안식일이 유대인들에게 강요됐었다는 『시리아의 디다스칼리아』(Syriac Didascalia)의 개념,[36] 혹은 안식일이 타락의 결과로 도입된 것이었다는 아프라하테스 (Aphrahates)의 개념 등에 어떤 학자들이 동의하는지 찾아내는 것은 흥미로운 일이 될 것이다.[37]

---

20); 아담은 그날을 준수한 첫 번째 인간이었으며(창세기 랍바 16, 8; 피르케 데 엘리에제르 20); 아브라함과 야곱은 안식일 준수에 철저했고(바빌로니아 요마 286; 창세기 랍바 11, 8; 79, 6); 사라와 레베카는 충실하게 토요일 밤마다 초로 불을 밝혔으며(창세기 랍바 60, 15); 이집트의 속박 아래 이스라엘인들은 안식일을 준수하기 위해 파라오로부터 허락을 얻어 내기도 했다(출애굽기 랍바 7, 28; 5:18).

34. J. Daniélou, *Bible and Liturgy*, 230; 참고, *Epistle of Barnabas* 15:6-8.

35. Justin Martyr, *Dialogue* 16, 1; 19, 2-4; 21, 1;, 23, 1-2; 27, 2. Justin의 안식일에 대한 입장은 본서 제7장에서 다룬다.

36. *Syriac Didascalia* 21: "그러므로 그는 사전에 영구적으로 그들을 애도로 결속시켰으며, 그 과정에서 그들을 위해 안식일을 구별하여 정했다"(Connolly, 190).

37. Aphrahates, *Homilia* 13; 그는 안식일을 유대인들의 불성실에 대한 처벌의 개념으로 본 Justin과 다르게, 오히려 타락 이후 다만 인간과 동물들의 안식을 규제하기 위한

만일 안식일의 의미와 성격에 대한 이러한 해석들이 구약의 성서적 증거들에 의해 받아들여지지 않는다면, 그러한 주장들을 안식일에 반대하는 "증거"로 사용하는 것은 정당하지 않다. 그것들은 대부분 이러한 종류의 잘못된 가정에 기초하고 있기 때문이다. 이 연구의 후반에 우리는 2세기 초 로마인들과 유대인들 사이에, 교회와 회당 사이의 긴장을 증대시킨 다양한 조건들이 "반유대주의적 차별"을 발전시키는 데 기여했음을 주목할 것이다.

이러한 상황은 안식일 준수와 같은 유대인의 역사와 관습을 부정적으로 재해석하는 것에 표현됐다. 그러므로 우리는 복음서의 안식일에 관한 언급들을 초기 교부들의 해석에 비추어 평가할 수 없으며 오히려 오직 복음서 자체를 고찰함으로써 안식일에 대한 그리스도의 태도를 평가해야만 한다.

초기 안식일의 치료 행위

마가복음과 누가복음은 그리스도께서 처음에는 안식일 치료 행위를 특별한 경우에 국한시키셨음을 시사해준다. 그것은 분명 안식일의 의미와 준수 방법에 대한 자신의 선언이 격한 반응을 불러일으킬 것을 그리스도께서 잘 알고 있었기 때문일 것이다. 누가복음에서 그리스도께서 안식년의 성취로 당신의 메시아 되심을 최초로 선언하셨을 때(눅 4:16-21) 두 가지 치료 사건이 동시에 일어났다. 첫 번째 사건은 갈릴리의 한 도시인 가버나움에 있는 회당에서 발생했다. 이 사건은 안식일 예배 도중에 발생했는데 귀신들린 사람을 **영적으로** 치료해 준 것이었다(눅 4:31-37). 두 번째 사건은 예배가 끝난 직후 시몬의 집에서 이루어졌는데 시몬의 장모를 **육체**

하나의 제도로 보았다.

적으로 회복시킨 것이었다(눅 4:38, 39). 이 두 경우에서 그리스도께서는 절실한 필요와 사랑으로 행동하셨다. 첫 번째 실례에서 그리스도의 행동을 일으킨 원인은 사단의 권세로부터 한 사람을 해방시켜 예배의 질서를 회복시켜야 할 필요성 때문이었다. 그리스도의 이 행위 속에 이미 함축되어 있는 안식일의 구속적 기능은 그 다음의 치료 행위 안에서 보다 명백하게 나타난다. 그 두 번째 실례에서 그리스도께서는 사랑하는 제자 중 한 사람과 그의 장모를 존중함으로써 행동하신다. 이 경우에 육체적인 치료는 모든 식구들에게 안식일이 **기쁜** 날이 되게 해 주었다. 그 치료 행위가 안식일 **봉사**(service)로 바로 이끌었다는 것 또한 주목할 만한 가치가 있다: "여자가 곧 일어나 저희에게 **수종드니라**(served)"(눅 4:39).

　구속, 기쁨, 봉사로서의 안식일의 의미는 그리스도의 이러한 첫 번째 치료 행위 안에서 이미 초기 단계에 존재하며, 이후에 계속해서 나타나는 그리스도의 안식일 사역 안에서 더욱더 명확하게 드러난다. 하지만 이 초기의 단계에서 그리스도의 치료 행위의 대부분은 분명 아직 때가 되지 않은 논쟁과 거절을 피하도록 안식일이 지날 때까지 미루어졌다: "해 질 무렵에 사람들이 온갖 병자들을 데리고 나아오매 예수께서 일일이 그 위에 손을 얹으사 고치시니"(눅 4:40; 막 1:32 비교).

한쪽 손 마른 사람

　다음의 치료 사건은 세 공관복음에 모두 기록되어 있는 한쪽 손 마른 사람에 대한 것(마 12:9-21; 막 6:6-11)인데, 이 사건은 그리스도께서 안식일 개혁을 시작하신 시험 사례였다. 예수께서는 회당에서 한 손이 마비된 사람이 자신 앞에 있는 것을 발견했는데, 아마도 서기관들과 바리새인들의 한 대리인이 그곳에 데려왔을 것이다.[38] 이 사람들은 예배를 위해서가 아니라 그리스도를 감시하기 위해 회당에 왔으며, "사람들이 예수를 고발하려 하여 안식일에 그 사람을 고치시는가 주시하기" 위해 왔다(막 3:2).

마태복음에 따르면 그들은 예수께 다음과 같은 시험성 질문을 던졌다: "안식일에 병 고치는 것이 옳으니이까?"(마 12:10). 그들의 질문은 환자를 위한 진정한 염려에서 유발된 것이 아니었으며, 안식일이 치료 봉사와 어떻게 관련되어 있는지를 알고자 하는 열망에 의한 것도 아니었다. 오히려 그들은 랍비들의 궤변에 의해 예견된 모든 예외 조항들을 알고 있는 권위자요, 규례의 세목에 근거해 그리스도를 심판하고자 하는 권위자들로 거기에 있었다. 그들의 생각을 아시고 예수께서는 "그들의 마음의 완악함을 탄식"하셨다(막 3:5). 하지만 그분은 정정당당하게 도전에 직면하셨다. 우선 "일어서라"(막 3:3)고 말씀하심으로써 그 사람을 앞으로 초청하셨다. 아마도 이 단계는 병자에 대해 동정심을 일으키도록 하면서 동시에 저가 무엇을 하시려고 하는지를 모든 사람들이 알 수 있도록 계획된 것이

---

38. 바리새인들이 그리스도를 곤경에 처하게 하기 위해 그 병자를 사용했다는 것은 그들이 예루살렘에 첩자를 보낸 일이나 "곧 … 어떻게 하여 예수를 죽일까 의논"한 일에도 나타나고 있다(막 3:2, 6). 『나사렛 사람들의 복음』에는 그 병자의 상황을 더욱 긴박하게 전한다: "저는 석공으로 손으로 생계를 꾸려나가는 자이오니 원컨대 예수께서 내 건강을 회복시키시어 먹기를 위하여 구걸하는 수치를 면케 하소서"(E. Hennecke, *New Testament Apocrypha*, 1963, I, 148). 예수의 행동을 자칭 하나의 급박한 필요의 관점에서 정당화하려는 이와 같은 시도는 유대 그리스도인들이 그들의 안식일 준수에 관한 바리새인들의 속임수를 유지하려는 관심을 반영하고 있다. 이야기를 확장시켜보면 이는 안식일에 대한 긍정적 이해가 존재했다는 것을 보여주며, 이는 예수의 태도에서 비롯되고 있다고 볼 수 있다(각주 90 참고). Hennecke는 "그것이 발생한 사회들, 시리아의 유대 그리스도인들(나사렛파)은 분명히 이교는 아니었으나 『나사렛 사람들의 복음』이 우리의 이해를 돕듯 어느 정도까지는 '대교회'(the great Church)에 속해 있었고 내용이나 성격으로 볼 때 이는 마태보다 더욱 유대 그리스도인에 가까웠다"(위와 동일한 책, 146). 나사렛파에 관해서는 156-157을 참고하라.

었을 것이다. 그러고 나서 "안식일에 선을 행하는 것과 악을 행하는 것, 생명을 구하는 것과 죽이는 것 어느 것이 옳으냐?"고 율법 전문가들에게 물으셨다(막 3:4). 마태에 따르면 이 질문을 더 날카로운 핵심으로 이끌어 가기 위해 그리스도께서는 한 비유적 형태의 진술로 두 번째 질문을 추가 하셨다(그 질문은 약간 변경된 형태로 눅 14:5과 13:15에 두 차례 더 나타난다): "너희 중에 어느 사람이 양 한 마리가 있어 안식일에 구덩이에 빠졌으면 끌어내지 않겠느냐 사람이 양보다 얼마나 더 **귀하냐**!"(마 12:11, 12).[39]

이 진술들은 한 중요한 문제를 야기시킨다. 구체적인 예화를 포함한 두 번째 질문과 더불어 예를 들어, 설명했던 원칙에 대한 질문으로, 그리스도께서는 안식일 계명을 근본적으로 폐지하고자 하신 것이었는가? 혹은 그 제도가 가진 본질적인 신적 **가치**와 기능을 회복시키고자 의도하신 것이었는가? 대부분의 학자들은 전자의 견해에 동의한다. 고펠트(L. Goppelt)는 다음과 같이 단호하게 주장한다.

> 예수의 이중 질문은 안식일 계명의 마침을 명시한 것이다. 그것은 더 이상 법적 조항이 되지 않으며, 만일 이 모든 것을 포함하는 중복된 대안, 즉 생명을 구하는 것이 유효하다면 안식일은 절대적 효력을 더 이상 가지지 못한다.[40]

이 해석은 "생명을 구하는 것"이 안식일의 정신과 기능에 대조된다는 가정에 기초하고 있다. 정말 그럴 수 있는가? 그것은 아마도 안식일에 대한 일반적인 오해와 요용을 반영한 것이지, 안식일 계명의 본래 목적을

---

39. 고딕 강조는 나의 첨가.
40. L. Goppelt, *Christentum und Judentum im ersten und zweiten Jahrhundert*, 1954, 46. W. Rordorf, *Sunday*, 71에 동일하게 인용.

반영한 것은 아니다. 이 가정을 받아들이는 것은 하나님께서 안식일을 제
정하실 때 생명의 가치를 보호하시는 것에 실패하셨다는 죄책을 씌우는
것이 된다.

　　로르도르프(W. Rordorf)도 원칙과 실례에 대한 그리스도의 질문에 관련
해 추정된 "잘못된 연역적 방법"으로부터 동일한 결론을 주장한다. 그는
설명하기를, 생명을 구하는 것과 죽이는 것 중 어느 것이 옳은가에 대한
질문과 다급한 필요로 짐승을 구조하는 실례로부터 "어느 누구도 안식일
에 절대적 도움이 즉각적으로 필요하지 않은 환자에게도 해당할 만한 추
론을 합법적으로 이끌어낼 수는 없다"고 했다.[41] 이 점에 대해서 미쉬나는
명백한 입장을 취하는데, "생명이 위험에 처할 가능성이 있는 경우에는
안식일 법을 밀어놓아라"고 했다.[42] 하지만 안식일에 치료한 다른 모든 실
례들뿐만 아니라 여기 한쪽 손 마른 사람의 경우는 응급 상황에 처한 병
자에게 주어지는 도움이 결코 아니었다. 항상 만성적 질환에 처한 환자들
이었다. 그러므로 로르도르프는 결론을 내리기를 생명 구함의 원칙은 안
식일 준수와 관련된 기술적인(descriptive) 내용이 아니라, 오히려 모든 필요
에 곧바로 구원을 베푸는 메시아적 사명의 특성이라는 것이다. 그래서 이
런 "메시아적 의식"에 직면하여 "안식일 계명은 더 이상 의의가 없는 것
이 되어버렸으며 … 그것은 단순히 폐지됐다"고 했다.[43]

41.　W. Rordorf, *Sunday*, 69-70.

42.　미쉬나 요마 8, 6. 토세프타 샤바트 15, 16, I. Abrahams, *Studies in Pharisaism and the Gospels*, 1967, 129-130에서는 안식일에 대한 예수의 관점 특히 생명에 대한 경외라는 측면에서 바리새인들의 견해와 기본적으로는 비슷하다고 주장한다. C. G. Montefiore, *Rabbinical Literature and Gospel Teachings*, 1930, 243는 "예수의 말씀은 생명을 구하는 것 이상의 의미가 있다. … 우리는 마태복음에서 선을 행하라는 말씀을 자주 볼 수 있다. 그것은 랍비들에게는 그들이 받아들여 왔던 랍비식 원칙의 지나친 확대 혹은 적용이었을 것이다."

43.　W. Rordorf, *Sunday*, 70.

이런 식의 분석은 그 이야기의 몇몇 부분을 바르게 평가하지 못한 데서 기인한다. 첫째로, 그리스도를 시험하기 위해 제기된 "안식일에 병 고치는 것이 옳으니이까?"(마 12:10)라는 질문은 특별히 안식일 준수의 방법에 관한 것이었다. 둘째로, 그리스도께서 두 가지 질문의 형태(하나는 원칙을 수반하고, 다른 하나는 그것을 설명함)로 대답하신 것은 또한 안식일에 무엇을 행하는 것이 옳은 것인지를 명백하게 다루었다.

셋째로, 안식일에 "생명을 구하는 것이나 죽이는 것"(마 3:4)의 정당성에 대한 그리스도의 질문과 안식일 시간이 지난 이후로 치료 행위를 연기해도 생명을 구하거나 죽이는 것에 아무런 영향을 미치지 않는 만성적 질환자 사이의 분명히 그릇된 유추는 그리스도께서 안식일에 대해 세우신 새로운 가치에 의해 만족스럽게 설명될 수 있다. 이것은 마태에 의해 기록된 긍정적인 진술에서 명확하게 표현된다: "그러므로 안식일에 선을 행하는 것이 옳으니라"(마 12:12). 만일 안식일에 선을 행하고 생명을 구하는 것이 옳은 것이라면 그것을 행하기를 거절하는 것은 악을 행하는 것이나 혹은 생명을 죽이는 것을 의미한다. 나중에 살펴보겠지만, 이 원칙이 안식일을 지키는 두 반대 유형의 사람들에 의해 그 이야기 속에서 예증된다.

불행하게도 로르도르프는 안식일에 대한 마태의 긍정적인 해석을 자신의 연구 의도와 조화시킬 수 없었기 때문에, 마태가 "안식일을 향한 예수의 태도에 도덕적인 오해"를 일으켰다고 비난함으로 그 문제를 해결하고자 했다. 그의 주장에 따르면 이러한 오해는 "이웃 사랑에 대한 의무가 어떤 정해진 환경 속에서 안식의 날을 지키라는 명령을 대신한다"고 가정하는 데 있다.[44]

"안식일에 선을 행하는 것이 옳으니라"고 기록했을 때, 안식일에 대하

---

44. 위와 동일한 책, 68; 참고, G. D. Kilpatrick, *The Origins of the Gospel according to St. Matthew*, 1946, 116-135.

여 그리스도께서 가지고 계셨던 메시지와 의미에 대해 마태가 **정말로 오해했던 것인지** 아니면 **올바로 이해했던 것인지** 알고 싶을 것이다. 포로기 이후의 유대 사상에서 안식일을 신실하게 준수하는지를 확인하기 위해 정교한 장치가 마련됐음은 사실이다. 엄밀하고 궤변적인 많은 규칙들이[45] 안식일을 경계하기 위해 만들어졌고(랍비 요하난[Rabbi Johanan]에 따르면 1,521개의 파생 법칙들이 있었다고 한다), 그러한 규칙들은 그날에 대한 준수를 **사랑의 봉사**보다는 **율법적 의식**으로 바꾸어 버렸다. 하지만 안식일을 이 후기의 율법주의적 발전 관점에서만 보는 것은 잘못된 것이다.

"네 이웃을 사랑해야 하는 의무"는 초기 역사에서 안식일 및 이와 관련된 제도의 정수였다. 예를 들자면 안식일 계명의 다양한 내용들 속에는 안식일에 근거해 자유가 부여된 사람들에 대한 반복된 목록이 나타난다. 보통 남종, 여종, 계집종의 자식, 가축, 유하는 객 혹은 나그네가 특별히 서술됐다. 이것은 안식일이 특별히 방어 능력이 없고 가난한 사람들에게 동정을 베풀기 위해 제정됐음을 말해준다: "너는 엿새 동안에 네 일을 하고 일곱째 날에는 쉬라 네 소와 나귀가 쉴 것이며 네 여종의 자식과 나그네가 숨을 돌리리라"(출 23:12).[46]

앤드리센(Niels-Erik Andreasen)은 다음과 같이 적절하게 해석한다: "야훼 하나님께서 백성들에게 자유를 보증했을 때처럼 집주인은 수하들의 인격적 가치와 관계에 관심을 가져야 한다."[47] 안식일이 심지어는 가축들을 위한 관심 역시 보여주기 위해 고안됐다는 것은 사실 감동적이기까지 하다. 그러나 볼프(Hans Walter Wolff)가 잘 진술하고 있듯, "보다 더 감동적인 것은

45. 참고, Moore, II, 28; 후기 포로시대의 안식일 발달 과정의 간결한 논의에 관해서는 다음을 참고하라. E. Lohse, "σάββατον," *TDNT* III, 4-14.

46. 참고, 또한 출 20:10; 신 5:14.

47. Niels-Erik Andreasen, "Festival and Freedom," *Interpretation* 28 (1974): 289.

모든 종속된 노예들 중 계집종의 자녀와 나그네가 특별히 서술됐다는 것이다. 그러한 존재들은 일하도록 명령됐을 때 의지할 수단이나 보호권을 가지고 있지 않았기 때문이다."[48]

이처럼 하찮은 존재들에게 관심과 동정을 베풂으로써 하나님께 영광을 돌리는 날로서 제정된 안식일의 본질적인 중요성은 예수 시대에 거의 잊혀지고 말았다. 안식일은 인간의 필요의 외침에 반응하기보다는 의식적으로 올바르게 이행하는 것이 더 중요한 날이 됐다. 두 종류의 안식일 준수자들을 대조함으로써 우리는 이 전반적인 곡해에 대한 하나의 적절한 실례를 제공하게 된다. 한편은 그를 박해하는 자들의 "마음의 완악함을 근심"하시고 한쪽 손 마른 사람의 목숨을 **구원하기** 위해 나서는 그리스도의 편에 선 사람들이다(막 3:4-5). 다른 편은 심지어는 예배 장소에 앉아 있는 동안에도 안식일 시간의 **결점을 찾아** 예수를 **죽일 방법을 모색하고** 있는 율법의 전문가들 편에 선 사람들이다(막 3:2, 6).

이러한 상반된 태도는 안식일에 사람을 구하거나 죽이는 것 중 어느 것이 더 합법적인지 물은 예수의 질문에 대한 설명을 잘 제공해주는데, 다시 말해 안식일에 다른 사람의 육체적·영적 구원에 관심을 가지지 않은 사람은 자동적으로 파괴적인 노력과 자세를 갖게 된다는 말이다.[49]

안식일을 개혁시킨 예수 그리스도의 계획은 율법에 대한 전반적인 태도의 전후 관계 속에서 이해되어야 한다.[50] 산상설교에서 그리스도께서는

---

48. Hans Walter Wolff (각주 15), 504.

49. E. Lohmeyer, *Das Evangelium des Markus* 1951, 68-69는 마가복음 3:4의 예수의 질문을 자신을 죽이기로 결심한 대적자들의 음모에 대한 풍자적 암시로 보았다; 참고, 동일 저자의 *Das Evangelium des Matthäus*, 1956, 186.

50. W. Rordorf는 율법에 대한 그리스도의 태도에서 두 가지 역설적 원칙을 발견했다: "우선 그리스도께서는 율법을 인정하셨으며 심지어 그것을 강화시키셨고, 반면 그분의 신성한 권위로써 그분은 특히나 율법의 의식적 규제들에 대해서는 그것을 거

자신의 사명이 율법의 다양한 규범을 본래의 의도대로 다시 회복시키는 것이라고 설명한다(마 5:17, 21 이하). 계명들의 이면 속에 있는 의미들을 분명하게 하는 이 작업은 긴박한 필요가 있었는데 이는 많은 조항에서 축적된 전통과 더불어 본래의 기능이 불명료해졌기 때문이었다. 그리스도께서는 "너희가 너희 유전을 지키려고 하나님의 계명을 잘 저버리는 도다"(막 7:9)라고 지적하셨다.

예를 들어, "네 아비나 어미를 공경하라"고 명령한 다섯 번째 계명은 예수께서 지적하신 것에 따르면 **고르반**(Corban)이라는 전통에 따라서 무효화됐다는 것이다(막 7:12, 13). 이것은 분명 자신의 부모에게 제공되어야 할 봉사나 의무를 성전에 드리는 예물로 바꾸어버리는 것이었다. 안식일 계명도 예외가 아니어서 만일 무의미하고도 많은 궤변적 제한 사항으로부

스르시기를 주저하지 않으셨다"(*Sunday*, 78). 이러한 결론이 원칙적으로는 맞지만, 메시아적 권위로 그리스도께서 "단순히 무효화시키셨다"(위와 동일한 책, 70)는 의식적 규제들의 범주에 대해 안식일을 축소시키려고 한 Rordorf의 시도는 모두 정당하지 못하다. 이는 그가 안식일이 하나의 도덕적 계율이기보다 하나의 의식적인 것으로 간주됐다는 것을 증명해 보이지 못했기 때문이다. 복음서에서 나타난 안식일에 대한 예수의 태도는 그분께서 다른 아홉 계명에 나타내신 것과 다르지 않다. William Hendriksen은 그리스도께서 안식일의 진정한 의미를 일러주실 때에 나머지 아홉 개의 계명을 설명하실 때 쓰신 같은 방법을 따르셨다고 제대로 지적하고 있다. 아홉 계명을 살피고 난 후 Hendriksen은 "이제 그리스도께서 네 번째 계명의 참 의미를 드러내셨다. 비록 긴 말로 언급하지는 않으셨으나 그분이 뜻하신 바는 랍비들에 의해 추가되고, 또한 예수께서 지상에 계실 동안 필경사들과 바리새인들로 인해 퍼진 안식일에 대한 잘못된 설명들을 비난하시려는 것이었다. 그들은 다음의 진리들을 철저히 무시하거나 자신들의 가르침에 수용하려 들지 않았다. 이는 예수 그리스도의 가르침을 요약하고 있는 것이기도 하다.

　a. 불가피한 필요는 법을 알지 못한다(마 12:3-4)
　b. 모든 규칙에는 예외가 존재한다(5-6절)
　c. 자비를 베푸는 것은 언제나 옳다(7, 11절)
　d. 안식일을 포함한 모두의 통치자는 인자(the Son of Man)다(마 12:8; 참고, 6절)."

터 벗어나지 못한다면 이는 창조자요 구속자이신 분에 대한 사랑과 이웃들에 대한 사랑의 시간이 되기보다는 자기의 의를 위한 한 제도로 남아버리게 되고 마는 것이다.

장애를 겪는 여인

그리스도의 안식일 개혁의 목적에 대한 더 깊은 이해를 얻기 위해서 우리는 특별한 치료 사건들을 간략하게 살펴볼 것이다. 오직 누가복음에만 기록된 바 장애를 겪는 여인에 대한 치료는 분명히 그리스도께서 회당에서 행하신 마지막 행위였다. 유대 관원들의 거세지는 반대 때문에 그리스도께서 회당에서 안식일 봉사를 계속 이어가시는 것이 어려웠을 것이다. 손 마른 사람을 치료한 이전 사건과 비교할 때 이 사건은 상당히 진보된 면을 보여준다. 간청하지도 않은 여인에게 병으로부터 "놓였다"고 선언하심으로(눅 13:12) 자동적인 행동에 옮기시는 보다 단호한 그리스도의 태도와 회당의 지도자들을 공식적으로 꾸짖으시는 꾸지람에서 이러한 진보적 내용을 엿볼 수 있다(13:15).

유대 관원들—이 경우에는 회당장—은 또한 안식일에 치료받기를 간구하는 모든 회중을 공공연하게 정죄함으로써 회당 밖에서뿐 아니라 이제는 회당 내에서 이의를 제기한다(13:14). 마침내 안식일의 구속적 기능은 더욱 명확하게 표현된다. "놓이다"(λύειν)라는 동사는 이제 안식일의 의미를 분명하게 하기 위해 사용된다. 그 동사가 그리스도에 의해 우연히 사용됐다고 믿기는 어렵다. 왜냐하면 영어 개정표준성서(RSV) 번역본에서는 이 단어가 서로 다른 유의어인 "놓이다"(to free), "풀어내다"(to unite), "풀다"(to loose)로 각각 번역됐지만(13:12, 15, 16), 그 짧은 진술 안에서 3번이나 나타나기 때문이다.

그리스도께서는 그 여자에게 말을 건넬 때 그 단어를 처음 사용한다.

"네가 병에서 **놓였다**"(12절). 18년 동안 "꼬부라져 있던"(11절) 여자는 그리
스도께서 말씀하시자마자 "곧 펴고 하나님께 영광을 돌렸다"(13절). 회장
당의 반응은 안식일에 대해 일반적으로 곡해하는 측과 안식일을 진정한
의미를 가진 날로 회복시키려고 노력하는 그리스도 측 사이의 현저한 차
이를 명료하게 해준다. "일할 날이 엿새가 있으니 그동안에 와서 고침을
받을 것이요"라고 회당장은 공표했다(14절). 안식일을 이해할 때 사랑을 베
풀 사람보다는 순종해야 할 규칙들로 이해했던 유대 관원들에게 있어서
치료 행위는 안식일에 부적절한 노동이었다. 전인적 회복에 관심을 가진
그리스도에게 있어서 이 구속적 봉사를 완성시키기 위해 안식일보다 더
좋은 날은 없었다.

이러한 안식일의 구속적 기능을 분명하게 하기 위해 그리스도께서는
"놓이다"(to free)라는 동사를 두 번 더 사용하고 있다. 한번은 랍비들이 인
정하고 있는 사실을 언급하면서 사용한다: "외식하는 자들아! 너희가 각
각 안식일에 자기의 소나 나귀나 외양간에서 **풀어내어** 이끌고 가서 물을
먹이지 아니하느냐"(눅 13:15). 안식일에 짐승에게 물을 먹이는 것은 구덩이
에서 양을 구조하는 것처럼(마 12:11) 응급 상황에 처한 것이 아니라는 사실
에 주목해야 한다. 어떤 짐승들은 물을 먹지 않으면 무게가 줄어들어 결
과적으로 상품 가치가 떨어지기는 하지만 하루 정도는 생존할 수 있다.

사람들은 그리스도께서 왜곡된 가치관에 대해 언급하고 있었다고 생
각하기도 한다. 즉, 안식일에 동물을 방치함으로써 파생된 재정적 손실이
어떤 사람들에게는 재정적 답례를 얻기 어려운 사람들에게 필요한 것들
을 공급해주는 것보다 더 중요했다는 것이다. 이것은 아마 그리스도의 말
씀을 너무 지나치게 해석하는 것인지도 모른다. 하지만 예수께서 분명하
게 하고자 하신 것은 곧 안식일에 제공되는 기본적인 봉사는 심지어 동물
들에게까지 미친다는 것이다.

동물을 풀어 놓는 것에 대한 개념을 확립하면서 그리스도께서는 결론을 내리기 위한 수사학적인 질문의 형태 속에서 다시 그 동일한 단어를 사용한다: "그러면 18년 동안 사단에게 **매인 바** 된 이 아브라함의 딸을 안식일에 이 매임에서 **푸는 것**이 합당하지 아니하냐?"(눅 13:16). 이는 더더구나 논법(*a minore ad maius*: 중요치 않은 것으로부터 중요한 것으로 이끌고 가는 논법—역주)으로, 그리스도께서는 안식일이 어떻게 역설적으로 왜곡됐는지 보여주신다. 소나 나귀는 안식일에도 구유에서 풀어놓아질 수 있었다. 하지만 고통 중에 있는 여인은 그날에 육체적 영적 병에서부터 풀려날 수 없었다.

얼마나 왜곡된 안식일인가! 그래서 그리스도께서는 안식일을 하나님의 의도하신 목적대로 회복시키기 위해서 규범적인 전통에 대항했던 것이다. 이것과 다른 모든 실례들을 통해서 그리스도께서는 안식일 계명의 속박된 의무에 대해 문제를 제기하는 것이 아님에 주목할 필요가 있다. 오히려 그분께서는 거의 잊혀져버린 그날의 진정한 가치에 대해 논쟁하고 계신 것이다.

사단에게 매인 희생자를 안식일에 해방시키시는 그리스도의 이미지(13:16)는 자신의 사명이 "포로된 자에게 자유를 선포하는 것"이라는 선포를 상기시킨다(눅 4:18; 사 61:1-3 비교). 그러므로 안식일에 아브라함의 딸을 사단의 속박에서부터 해방시키신 것은 그날의 메시아적 표상의 성취를 나타낸다. 쥬윗은 이 점에서 통찰력 있는 해석을 제시한다.

> 예수께서 안식일에 병자를 고치시는 행위에서 우리는 사랑과 동정과 자비의 행위뿐 아니라 참된 '안식일의 행위'를 소유한다. 그 행위를 통해 구약성경의 안식일 쉼(안식)의 성취인 메시아적 안식일이 우리 세상에 들어왔음을 보여준다. 그러므로 모든 날 중 안식일은 치료를 위해 가장 적합한 날이

다.[51]

(관련 제도인 유월절의 경우에서와 같이) 그리스도께서 구약성서의 안식일 상 징론(symbology)을 성취하신 것이 쥬윗에 의해 제안된 것처럼, "그리스도인 들이 안식일에서 자유롭게 되어 첫째 날에 모임을 갖게 됐음"을 의미하는 것은 아니다.[52] 그보다는 그리스도께서 안식일의 구속적 모형론(typology)을 성취함으로 안식일을 그 실체, 즉 구속적 사명에 영원히 어울리는 기념일 로 만들었다.[53] 우리는 그리스도의 구원의 중재에 대해 증인이 된 그 여인 과 다른 사람들이 안식일을 어떻게 이해하게 됐는지 검토해볼 필요가 있 다. 누가는 기록하기를, 주께서 안식일에 구원하는 행위의 정당성을 주장 하는 것에 대해 그리스도를 "반대하는 자들은 부끄러워한" 반면에 "온 무 리는 … 기뻐했고"(13:17), 그 여자는 "하나님께 영광을 돌렸다"(13:13). 의심 할 것 없이 안식일에 그리스도의 봉사로 말미암아 축복을 경험한 여자와 무리에게는 그날이 그들의 몸과 영혼을 치료받고 사단의 속박으로부터

---

51. P. K. Jewett, *Lord's Day*, 42.
52. 위와 동일한 책, 82. Jewett은 안식일이 지닌 "구속적 연사의 영구적 해석상의 범주" 에 대해 인정하고 또한 잘 설명을 하면서도, 그는 그리스도인들이 그날을 간직할 필요만 있을 뿐, 매주 첫날 모이는 관습이 필요하다는 의견을 이어나갔다(위와 동 일한 책). 한편으로는 안식일이 신약성경에서 그리스도의 구원의 축복을 의미한다 는 것을 인정하면서, 다른 한편으로 구주를 숭배하기 위한 다른 날을 택한다는 것 이 역설적이지 않은가? 일요일 준수에 대한 성경적, 역사적 타당성에 대해 면밀히 살펴보기를 거부하는 사람들에게서는 결코 이 질문에 대한 만족스러운 답을 얻어 내지 못할 것이다.
53. Ferdinand Hahn, *The Worship of the Early Church*, 1973, 15은 이 점에 대해 "예수께 서는 안식일이 하나님의 자비의 표현이나 인간에 대한 은혜로 이해되고 있는 것을 염려하셨다. 그리하여 법과 전통의 측면에서 그분은 자신의 종말론적 행동을 통하 여 하나님의 참된 의도를 드러내셨다." 그리스도의 안식일 치유의 구속적 의미는 그분이 치료하신 자들에게 베푸신 영적 사역 가운데에서도 드러난다(참조, 막 1:25; 눅 13:16; 요 5:14; 9:35-38).

구세주의 자유 안으로 탈출한 기념일이 됐다.

중풍병자와 시각장애인

안식일과 구원의 사역 사이의 이러한 관계는 요한복음에 기록된 두 개의 안식일 기적 사건에 잘 나타난다(요 5:1-18; 9:1-41). 이 두 사건의 풍부한 유사성으로 인해, 우리는 그것들을 함께 고찰하려고 한다. 몇 가지 면에서 닮은 점들이 있음을 주목할 수 있다. 고침을 받은 사람들은 둘 다 만성질 환자였다. 한 사람은 38년 된 병자였고(5:5), 다른 한 사람은 나면서부터 보지 못하는 자였다(9:2). 이 두 사례에서 그리스도께서는 그 사람들에게 행동하도록 말씀하셨다. 그 무력한 사람에게 예수께서는 "일어나 네 자리를 들고 걸어가라"고 말씀하셨고(5:8), 시각장애인에게는 "실로암 못에 가서 씻으라"고 말씀하셨다(9:7).

이 두 경우에서 바리새인들은 안식일을 어기는 것이라고 정식으로 그리스도를 고소했으며, 이것으로 그가 메시아가 아니라는 것을 증거하고자 했다: "이 사람이 안식일을 지키지 아니하니 하나님께로서 온 자가 아니라"(9:16; 5:18 비교). 이 두 상황에서 그리스도께 대한 고소 내용은 근본적으로 치료하는 실제적인 행위에 있었던 것이 아니라 오히려 랍비들의 안식일 규례들을 어긴 것에 있었다. 예를 들어, 무기력한 환자에게 자리를 들고 가라고 명령한 것(5:8, 10, 12)이나 진흙을 이겨 눈에 발라준 것(9:6, 14) 등에 대한 고소였다.[54] 이 두 사례에서 그리스도께서는 안식일을 범했다

---

54. 39가지의 금지된 안식일 활동 가운데 하나는 "한 범주의 것을 다른 곳으로 이동시키는 것"이었다(탈무드 미쉬나 샤바트 7, Soncino ed., 349). 진흙을 이겨 만드는 것도 동물들의 먹이를 섞는 일과 마찬가지로 바로 랍비의 안식일 율법의 저해되는 사항에 속한다(미쉬나 샤바트 7, 2). 랍비들이 안식일에 짐을 옮기는 것을 금지했던 것은 예레미야(17:19-27)와 느헤미야(13:15-19)에 근거한 것이다. 그러나 느헤미야가 이러한 조치를 한 이유는 안식일에 상거래를 하지 못하게 하려는 것이지 개인적

는 비난을 받아들이지 않고 자신의 구속 사역이 안식일 계명에 의해 배제
된 것이 아니라 오히려 기대된 것이라고 주장했다(5:17; 7:23; 9:4).

안식일에 병 고치는 행위들을 정당한 것으로 주장하는 그리스도의 주
장을 검토하기 전에 먼저 그리스도의 답변을 소개하면서 요한이 사용한
"대답하셨다"(ἀπεχρίνατο)는 동사에 주의를 기울일 필요가 있다. 마리오 벨
로소(Mario Veloso)는 이 구절을 날카롭게 분석하면서 그 동사의 형태가 요
한복음에 오직 두 번 나타난다고 기록한다.[55] 첫 번째 기록은 유대인들의
기소에 대해 그리스도께서 응답하실 때 나타나며(5:17), 두 번째 기록은 주
어진 그 응답을 설명할 때 나타난다(5:19). 요한이 약 50여 차례에 걸쳐 사
용한 일반적인 형태는 '아페크리테'(ἀπεχρίθη)인데, 영어 성경에서 이 단어
역시 "대답하셨다"(answered)로 번역된다. 그 동사의 중간태인 '아페크리나
토'(ἀπεχρίνατο)를 특별히 사용한 것은 한편으로는 벨로소가 설명하는 것처
럼 공적인 답변을 의미하는 것이고,[56] 다른 한편으로는 물튼(J. H. Moulton)이
표현하는 것처럼 "동인(動因)이 행위와 밀접하게 관련이 있다"는 것을 의
미한다.[57] 이는 그리스도께서 공식적으로 답변을 하셨음을 의미할 뿐만
아니라 그분께서 또한 대답의 내용과 자신을 동일시하셨음을 의미한다.
그러므로 그리스도께서 답변하신 몇 마디의 말은 세심한 주의를 기울일

으로 필요한 소유물을 운반하는 것을 금지한 것이 아니라는 것을 분명히 밝혔다.

55. Mario Veloso, *El Compromiso Cristiano*, 1975, 118-119. Rodolf Bultmann (*The Gospel of John, A Commentary*, 1971, 244 [= 『요한복음 연구』, 성광문화사, 1990]) 또한 "ἀπεχρίνατο은 오직 이 부분과 19절에서만 발견된다. … 이는 그 대답의 공식적 특징을 나타내기 위한 것으로 여겨진다"라고 덧붙인다.

56. 위와 동일한 책, 119.

57. J. H. Moulton, *A Grammar of the New Testament Greek*, 1908, I, 153, 157. 이는 그리스도의 발언을 무엇보다 더욱 중요하게 만든다. G. A. Turner와 J. F. Mantey는 심지어 "이 절[17절]은 네 번째 복음서의 강조점 중 하나이자 전체 장(chapter)의 핵심 구절일 것"이라고 말한다(*The Gospel according to John*, 1965, 138).

만한 가치가 있다.

안식일을 어겼다고 고소하는 사람들에게 자신을 공식적으로 변호하시면서 "내 아버지께서 이제까지 일하시니 나도 일한다"(요 5:17)고 그리스도께서 말씀하신 것은 무엇을 의미하는가? 이 진술은 꽤 많이 연구/조사되어 왔으며 여러 광범위한 결론들이 제안됐다. 다니엘루(J. Daniélou)는 이렇게 주장한다.

> 그리스도의 말씀은 아무것도 하지 않는 것으로 이해된 안식일의 안식을 하나님께 적용하는 것을 공식적으로 정죄한다. … 그리스도께서 일하시는 것은 안식일에 아무 일도 하지 않는 표상(figurative)을 대체할 본질적인 실체로 이해된다.[58]

로르도르프(W. Rordorf)도 다음과 같이 주장한다. "요한복음 5:17은 하나님께서 창조를 시작하실 때부터 결코 쉬지 않으셨으며 그분께서는 지금도 여전히 쉬지 않고 계시지만 마지막 날에는 쉬실 것이라는 점에서 창세기 2:2-3을 해석하는 것으로 이해된다."[59] 평행절인 요한복음 9:4에 비추어서 그는 추측하기를 "하나님의 약속된 안식일 쉼(안식)은 … 무덤에서 예수께서 쉬심으로 이행됐다"고 했다.[60] 그래서 결론을 내리기를, "예수께서는 창세기 2:2-3의 내용을 종말론적으로 해석함으로써 매주 안식일에 쉬라는 명령을 스스로 폐지하셨다."[61]

---

58. J. Daniélou, *Bible and Liturgy*, 227.

59. W. Rordorf, *Sunday*, 98.

60. 위와 동일한 책, 99. H. Strathmann, *Das Evangelium nach Johannes*, 1951, 157, 175도 같은 입장을 취하고 있다. 참고, Edwyn C. Hoskyns, *The Fourth Gospel*, 1947, 267.

61. W. Rordorf, *Sunday*, 100.

쥬윗은 "내 아버지께서 이제까지 일하시니"라는 표현을 구속사에 있어서 "약속으로부터 성취로"의 이행, 다시 말해 구약의 안식일 안식의 약속으로부터 부활의 날에 확립된 약속 성취로의 이행을 함축하고 있는 것으로 해석한 오스카 쿨만(Oscar Cullmann)의 해석을 다시 제안한다.[62] 그 주장은 "하나님의 안식이 첫 창조의 마지막 날에 성취되지 않았고", 쿨만이 주장하는 것처럼 오히려 "그리스도의 부활 때에 처음으로 성취됐다"는 견해를 조건으로 한다.[63] 그래서 부활의 날로서 일요일은 구약성서의 안식일에 약속된 하나님의 안식의 성취와 정점으로 나타나게 된다.

이와 같은 해석이 유효한 것인지 평가하기 위해 우리는 우선 "아버지께서 이제까지 일하시니"(ἕως ἄρτι)라는 표현의 의미를 살펴볼 필요가 있으며, 그러고 나서 안식일-일요일 논의의 관계를 확인할 필요가 있다. 아버지께서 "이제까지 일하시는 것"(5:17)을 창세기 2:2-3에 언급된 창조의 사역과 관계된 것으로 보고자 하는 견해에 광범위한 합의가 이루어져 있다.[64] 이렇게 해석하게 된 이면적인 이유는 하나님께서 창조 사역을 "지금

---

62. P. K. Jewett, *Lord's Day.*

63. O. Cullmann, "Sabbat und Sonntag nach dem Johannes evangelium. Εως ἄρτι," *In memoriam E. Lohmeyer,* 1953, 131. 그는 안식일 대신의 일요일 기념이 네 번째 계명을 위반하는 것이 아니라고 주장한다. 왜냐하면 요 5:17에 따르면 "하나님의 참된 안식이란 그리스도의 부활을 통하여 처음으로 성취되는 것"이기 때문이다. 이것이 과연 이 구절을 옳게 해석하고 있는 것인가? 하나님의 "아직까지 일하시는" 것이 예수의 부활의 순간에 중단됐단 말인가? 우리는 이 개념이 요한복음서에 낯선 것임을 제시할 것이다. Francis Noel Davey (*The Fourth Gospel,* 1947, 267)는 좀 더 급진적인 관점을 취한다. 주장되는 바 하나님의 일하심은 "안식일을 위반하는 것이 아니라 오히려 그것의 완전한 전복과 성취와 관련이 있으며, 이는 그 공백이 하나님의 창조적이고 생명을 주시는 사랑으로 가득 차 있기 때문"이라는 것이다. 왜 하나님께서는 안식일을 전복시키기 위해 일하셔야 하는가? 하나님께서 스스로를 대적하여 일하시는 것인가? 안식일은 그분의 솜씨의 결과물이 아닌 것인가(창 2:2-3; 출 20:8-11)?

64. 참고, W. Rordorf, *Sunday,* 98. B. F. Wescott은 아버지의 "일들"을 "만물의 회복과

까지 해오고 계셨기" 때문에 그분께서는 창조의 안식일 안식을 여전히 경험하지 않으셨으나, 이 안식이 실체가 되는 모든 것이 종말론적으로 회복되는 때에 그 시간이 이르게 될 것임을 설명하고자 함이다. 하지만 쥬윗이 말하는 것처럼 부활에 의해 "그 궁극적 안식일의 전조와 기대가" 존재하게 된 일요일이 안식일을 대신해 이미 그리스도인들에 의해 경축되고 있다.[65]

이런 결론에 도달하기 위해 활용된 해석적 범주들은 하나님의 휴식이 지나치게 의인화된 견해를 피하려고 창조가 계속되고 있다는 사상을 지지한 헬레니즘화된 유대인 사상가 필론(Philo)에게서부터 차용됐다. "하나님께서는 활동을 결코 멈추시지 않으셨다. 오히려 따뜻하게 해주는 것이 불의 속성인 것처럼 창조하시는 것은 하나님의 속성이다"라고 필론은 기

구원, 물질적 창조물의 유지"라고 이해한다(M. Veloso [각주 55]로부터 인용, 122); P. K. Jewett, *Lord's Day*, 85; J. H. Bernard (*Gospel according to St. John*, A Critical and Exegetical Commentary, 1953, 236-237)는 본문의 고대 해석을 검토한 후 다음과 같은 결론을 내린다. "그 말들은 하나님께서 즉 지금까지 안식일을 지키지 않으신다는 (그것이 표현됐을 때 명백한) 발상을 나타낸다. 하나님의 일하심은 창조 이래로 멈춘 적이 없다…하나님의 안식은 미래를 위한 것이다." 이와 유사하게 J. N. Sanders (*A Commentary on the Gospel according to St. John*, Harper's N. T. Commentaries, 1968, 163)는 "예수께서는 사실상 일곱째 날에 노동으로부터의 휴식의 명령을 설명한 병인학적 신화와 같이 6일 동안의 창조 이후 하나님의 안식에 대한 어떠한 서투른 의인관적 이해를 거부하신다(참조, 창 2:1-3; 출 20:11; 31:17)"라고 단언한다. Hilgenfeld 또한 이러한 의견을 "창세기 속 하나님에 대한 생각의 의도적 모순"으로 이해한다(F. Godet으로부터 인용, *Commentary on the Gospel of John*, 1886, 463). Rudolf Bultmann ([각주 55], 246)은 하나님께서 "이제까지 일하시다"라는 개념이 하나님께서 창조 사역을 마치신 후 휴식을 취하셨음에도 불구하고(창 2:2-3; 출 20:11; 31:17) 세상의 심판 날에도 끊임없이 일을 하고 계시다는 분명한 유대인적 생각에 근거해 있다고 평가한다. 하지만 이는 하나님의 "일하심"에 대해 너무 제한적인 관점으로 보이는데, 그것은 특히나 21, 25, 28절에서 생명의 주심 또한 아버지와 아들의 "일들"로 제시되고 있기 때문이다.

65. P. K. Jewett, *Lord's Day*, 86.

록한다.[66] 하지만 필론은 하나님의 안식과 더불어 완성된 유한한 사물들의 창조와 여전히 계속되고 있는 신적 사물들의 창조 사이를 분명하게 구별한다.[67] 그 후(주후 100-130년경) 가말리엘 2세(Gamaliel II), 요슈아 벤 하나니아(Joshua ben Chananiah), 엘리에제르 벤 아자리아(Eliezer ben Azariah), 아키바(Aqiba) 등의 랍비들은 로마에서 하나님께서 창조 활동을 계속하고 계신다고 선언했다.[68]

하지만 헬레니즘화된 유대 사상에서 나타나는 이 계속적인 신적 창조의 개념은 요한복음의 가르침과는 관계가 없다. 성경의 다른 모든 책들의 견해와 일치하게 요한은 하나님의 창조의 사역이 "태초"(창 1:1)로 알려진 과거의 어떤 시간에 완성됐음을 가르친다. 태초에 하나님과 함께 계신 이 말씀(the Word, 1:1)을 통하여 "만물이 … 지은 바 되었으니 지은 것이 하나도 그가 없이는 된 것이 없느니라"(1:3). "태초에"(ἀρχῇ)라는 표현과 그 동사의 부정과거형인 "만들어지다/생기다"(ἐγένετο)라는 단어는 모두 창조의 사역이 막연히 먼 과거에 마쳐진 것으로 이해되고 있음을 매우 명확하게 지적해준다. 게다가 요한복음 5:17에서 아버지께서 하시는 일이 이 땅에서 그리스도에 의해 수행되고 있는 일들과 동일시되고 있다는 사실은 그것이 창조 사역을 가리킬 가능성이 전혀 없음을 보여주는데, 그 이유는 그리스

---

66. Philo, *Legum allegoriae*, 1, 5-6. 우리는 앞서 (각주 30) 이 논쟁이 초대 교부들로부터 안식일 준수를 무효화하기 위해 시작되어 왔다는 것을 살펴보았다. 일례로 Origen은 요한의 글을 토대로 "그는 이 구절을 통하여 하나님께서 이 세상에 속한 어떤 안식일에 대한 명령을 내리시기 위해 일을 쉬신 것이 아니라는 것을 보여주고 있는 것이다. 하나님께서 그분의 일로부터 휴식을 취하셨다는 그 진정한 안식일은 결국 장차 올 나라일 것이다"라고 설명한다(*In Numeros homiliae* 23, 4).

67. Philo, 위와 동일한 책, 1, 16.

68. H. Strack, P. Billerbeck, *Kommentar*, II, 420-434. 참고, G. Bertram, "ἔργον," *TDNT* II, 639-640.

도께서 그 당시에 창조 사역에 참여하신 것이 아니기 때문이다.[69] 아버지의 일과 아들의 일 사이를 구분하는 것은 요한복음에서 명확하게 가르치고 있는 두 분 사이의 절대적인 하나 됨(unity)을 파괴하는 것을 의미할 것이다.

그렇다면 아버지께서 "이제까지 일하시니"라는 말은 무엇을 의미하는 것인가? 그 표현은 하나님의 창조의 행위가 아니라 구속의 행위를 가리킨다는 결정적인 암시들이 있다. 구약성서는 설명적인 선례를 제공해 준다. 버트람(G. Bertram)이 이해한 것처럼 구약성서에서 "하나님의 활동은 본질적으로 이스라엘과 그 민족의 전체적인 역사 과정에 걸쳐 나타난다."[70] 벨로소는 다음과 같이 잘 인지했다: "그것은 인간 행위의 단순한 연속으로 보는 역사의 문제가 아니라, 구원의 역사를 이루시는 하나님의 구원 행위에 의해 형성된 역사의 문제다."[71]

요한복음에서 이러한 하나님의 사역들은 그리스도의 구원 사역과 반복적으로 동일시되고 있다. 예를 들어, 예수께서는 "아버지께서 내게 주사 이루게 하시는 역사 곧 내가 하는 그 역사가 아버지께서 나를 보내신 것을 나를 위하여 증거하는 것이요"(5:36)라고 말씀하신다. 그리스도의 봉사를 통해 아버지의 사역을 나타내려는 의도 역시 명백하게 진술됐다:

---

69. M. Veloso ([각주 55], 119)는 아버지가 하시는 일들은 아들이 하는 일에 의해 명백하게 확인될 수 있다고 지적한다: "이는 요 5:17-29에 다음과 같은 요소들로 명확히 제시되고 있다: 예수께서 하나님을 '나의 아버지'라고 부르심(17절), 아버지가 하시는 그것을 아들도 그와 같이(homoios) 하신다고 말씀하심(19절), 자신을 하나님과 동등으로(ison) 삼으심(18절), 아버지께서 생명을 주심과 같이 아들 또한(hoúto kai) 생명을 주신다고 선언하심(21절), 모두가 아버지를 공경하는 것과 같이(kathós) 아들을 공경해야 한다고 단언하심(23절), 아버지께서 자기 속에 생명이 있음같이(hósper) 아들에게도 그 안에 생명이 있다고 분명히 전하심(26절)."

70. G. Bertram (각주 68), 641.

71. M. Veloso (각주 55), 124-125.

"하나님의 보내신 자를 **믿는** 것이 하나님의 일이니라"(6:29). 그리고 또한
"만일 내가 아버지의 일을 행치 아니하거든 나를 **믿지** 말려니와 내가 행
하거든 나를 **믿지** 아니할지라도 그 **일은 믿으라** 그러면 너희가 아버지께
서 내 안에 계시고 내가 아버지 안에 있음을 깨달아 알리라"(10:37, 38; 14;11;
15:24 비교).[72]

　　이 예시 성경 구절들은 요한복음 5:17에 언급된 아버지께서 "이제까
지 하시는 사역"의 구속적 특성과 목적을 분명하게 보여준다. 이것과 평
행구절인 요한복음 9:4과 간단히 비교해 보면 좀처럼 사라지지 않는 의
문들을 제거할 수 있다. 예수께서는 "때가 아직 낮이매 나를 보내신 이의
일을 우리가 하여야 하리라 밤이 오리니 그때는 아무도 일할 수가 없느니
라"(9:4)고 말씀하신다. 그 두 성경 구절 사이에 존재하는 현저한 유사성은
내용에서뿐 아니라 문맥 속에서도 나타난다. 이 두 사례에서 그리스도께
서는 적들로부터 쏟아지는 안식일을 어겼다는 비난으로부터 자신의 안식
일 사역을 변호한다. 하지만 요한복음 9:3-4에서 하나님의 사역의 구속적
특성은 너무나도 분명히 나타난다. 아버지는 그의 사역을 하도록 아들을
"보내신 자"로서 묘사되어 그리스도의 활동의 대사적 성격을 암시할 뿐
아니라, 시각장애인을 고치신 바로 그 치료 행위가 "하나님의 일"(9:3)로
드러난다.

　　이러한 증거들은 다음과 같은 결론, 즉 요한복음 5:17에서 아버지께서
"이제까지 하시는" 일은 그 어떤 안식일 준수도 폐기할 수 있는 중단되지
않는 하나님의 창조 활동을 언급하는 것이 아니라 오히려 아들을 통하여
아버지께서 완성시키신 구속 사역을 언급하는 것이라는 결론에 이르게
한다. 도나티엔 몰라(Donatien Mollat)의 잘 선택한 표현을 사용한다면, "한정

---

72. 참고, 또한 요 6:39; 12:49, 50; 4:34, 42.

해서 말하자면, 하나의 '하나님의 일'이 있는데, 이는 곧 세상에서 행하는 아들의 사명이다."[73]

아버지께서 "이제까지" 하시는(5:17) 일을 그리스도의 구원하시는 사명과 동일시하는 것이 옳다면 필연적으로 한 결론에 이르게 된다. 즉, 요한복음 5:17에서는 창조 개념이 전혀 나타나지 않기 때문에, 앞서 살펴본 해석들, 즉 예수의 말씀을 하나님께서 아직 이루시지 못했던 창조의 안식일의 쉼에 대한 언급으로 주장하는 해석은 모두 정당성을 잃게 된다.

하지만 여전히 하나의 의문점이 남는다. 즉, 그리스도께서 아버지의 중단되지 않은 구원 활동에 기초해 자신의 안식일 치료 행위를 옹호한 사실은 쥬윗에 의해 주장된 대로 "그의 구속의 일(work)로 말미암아 예수께서는 안식일을 폐지했다"는 것을 의미하는 것이 명백해지지 않았는가?[74]

---

73. D. Mollat, *Introduction à l'étude de la Cristologie de Saint Jeon*, Mimeographed Edication, Gregorian University, 1970, 116. F. Godet (*Commentary on the Gospel of John*, 1886, 463)은 "창세기 속 안식은 자연의 영역에서의 하나님의 일을 말하는 것인 반면, 이 질문은 인간의 구원을 위한 거룩한 일에 대한 것이다"라고 영리하게 지적하고 있다. Luthardt 또한 하나님께서 "이제까지 일하신다"는 것의 구속적 의미를 인식하고 있으며 이것을 안식일적 제도가 아닌 종말론적 안식일과 대비시키고 있다: "이 시기까지 구원 사역은 온전하지 못했기 때문에, 그것은 미래의 안식일에 가능케 될 것이며, 고로 나의 아버지께서 이제까지 일하시니 나 또한 일한다"(앞선 Godet의 책, 462에서 인용). F. F. Bruce, *The Epistle to the Hebrews*, 1964, 74 [=『히브리서』, 생명의말씀사, 1986]는 요한복음 5장 17절을 다음과 같이 바꾸어 설명한다: "그대들은 안식일에 일을 함으로써 그날을 범했다고 나를 공격한다. 그러나 하나님의 안식일이 창조 사역이 마친 후에 시작되어 지금까지 이어져오고 있음에도 불구하고 하나님께서는 여전히 일하시고 계시며 고로 나 또한 그러하다." Bruce는 하나님의 안식일 안식은 "하나님의 부르심에 믿음과 수종으로 답하는 자들을 통해 누려질" 구원의 축복으로 여전히 계속되고 있다고 올바르게 해석하고 있다(위와 동일한 문서).

74. P. K. Jewett, *Lord's Day*, 86. F. Godet이 잘 설명했듯이 그리스도께서 안식일을 그분의 사명과 선언으로써 전복시키려 하셨다고 가정하는 것은 "그분이 자신의 일생동안 끊임없이 지켜 오신 그 법에 대한 복종의 태도와 모순이 될 수밖에 없을 것이다.

자신의 안식일 활동을 통해 그리스도께서는 (비록 분명치 않은 방식이기는 하지만) 안식일 준수의 종결을 선언하셨다고 추정하는 것은 그리스도께서 안식일을 어겼다고 고소한 유대인들과 같은 입장을 지지하는 것이다(요 5:16, 18; 9:16). 그러나 이것은 그리스도께서 끝까지 인정하지 않으셨던 바로 그 고소 내용 자체였다. 병자들을 고치신 사건들의 내용 속에서 우리는 그리스도께서 당신의 안식일 구원 활동을 예견된 인도주의적 가치에 기초해 변호하셨다는 것을 이미 인지했다. 그것은 적어도 부분적으로 나타났으며, 심지어는 랍비들의 안식일 준수 조항들에서도 나타났다. 마찬가지로 요한복음에서도 그리스도께서는 자신에게 부과된 안식일을 어겼다는 혐의에 대해 공식적으로 논박할 때 자신을 적대시하는 사람들이 인정하는 신학적 논법을 사용하셨다. 그리스도께서 사용하신 논법을 고려하기 전에, 먼저 강조되어야 할 것은 이 사건과 또한 다른 모든 사례에서 예수께서 안식일을 범하셨음을 인정하지 않으시고 오히려 자신의 행동의 정당성을 옹호하신다는 사실이다. 벨로소에 의해 적절히 주장되는 것처럼 "답변은 고소를 인정하려는 뜻으로 이루어지기보다는 오히려 반대로 그것을 논박하려는 의도로 이루어져 있다. 예수께서는 유대인들에 의해 자신에게 돌려진 안식일을 범했다는 고소를 받아들이지 않았다. 그분께서는 안식일에 하기에 적절한 구속 사역을 성취하시고 계신 것이었다."[75]

요한복음에 나타난 그리스도의 답변이 얼마나 설득력 있는 것이었는지를 이해하기 위해서 우리는 이미 부분적으로 논의했던 한 사실, 즉 안

… 예수의 삶에서 진정한 법과 관련한 대안에 관한 한 어느 하나의 위반도 그것을 증명하는 일은 불가능할 것이다."
75. M. Veloso (각주 55), 128. Raymond E. Brown (*The Gospel according to John I-XII*, 1966, 217 [= 『앵커바이블 요한복음 1』, CLC, 2018])은 구원은 특별히 안식일에 주어질 수 있다고 강조한다.

식일이 창조를 통해 천지만물과 연결되어 있고(창 2:2-3; 출 20:8-11) 출애굽을 통해 구속 사업과 연결되어 있음(신 5:15)을 기억할 필요가 있다. 모든 세속적인 활동을 금지함으로 이스라엘 백성들이 창조주 하나님을 기억하고 있었던 반면에, 동료 이웃들에 대한 자비로운 행위로는 구속주 하나님을 따르고 있었다. 우리가 주목했던 바와 같이 안식일에 사회의 하층 계급들에게 동정적이었던 사람들의 삶 속에서 뿐만 아니라 특별히 성전의 예식 안에서도 이것은 진실이었다. 안식일에 제사장들은 그곳에서 이스라엘 백성에게는 금지된 일상적인 많은 일들을 수행했다.

예를 들어, 안식일에 가정에서는 빵을 굽는 것이 금지됐지만(출 16:23) 성전에서는 여전히 그날에도 일주일 동안 진설된 빵을 교체하기 위해 새로운 빵을 구웠다(삼상 21:3-6). 성전을 관리하는 일과 희생 제도에 관련된 모든 일도 역시 마찬가지다. 본질적으로 일상적이었던 많은 활동들이 안식일에 수행됐는데, 시편 기자가 기록한 것처럼 하나님께서는 "예로부터 … 인간에게 구원을 베푸신" 분이시기 때문이다(시 74:12).

유대인에 의해서도 인정된 이러한 안식일 신학에 기초해서 그리스도께서는 안식일에 그가 행하신 구원의 행위의 합법성에 대해 변호하면서 "아버지께서 일하시니 나도 일한다"고 말씀하신 것이다(요 5:17). 다시 말해 아버지께서 하신 것과 동일한 구원의 활동을 안식일에 하신 것이고 그것은 완전하게 합법적인 행위라는 것이다. 오해를 피하기 위해 그리스도께서는 "아들도 그와 같이 행한"(5:19) 아버지의 사역의 특성을 설명하신다. 그 특성들에는 죽은 자를 살리시고, 생명을 주시며(5:21), 구원의 심판을 행하시는 것(5:22-23) 등이 있다. 그리스도께서 메시아라는 주장을 받아들이기를 꺼려했던 유대인들에게 안식일에 아버지의 구원 사역을 행하시는 것이라는 그리스도의 이러한 변호는 그에게 두 가지의 조항의 죄목을 부여했다: "이는 안식일을 범할 뿐 아니라 … 자기를 하나님과 동등으로 삼으심이러라"(5:18).

이러한 적대적인 반응으로 그리스도께서는 자신의 행동의 합법성을 더더욱 분명하게 해명해야 할 필요성을 느끼셨다. 요한복음 7:21-23(대부분의 주석가가 5장과 관련이 있는 것으로 인식하는 구절)에서[76] 우리는 그 논쟁의 자취를 발견한다. 이 구절에서 그리스도께서는 자신의 안식일 행위에 대한 이전의 신학적 정당성을 더 상세히 설명하기 위해 할례의 예를 지혜롭게 활용하셨다.

> 너희가 안식일에도 사람에게 할례를 행하느니라 모세의 율법을 범하지 아니하려고 사람이 안식일에도 할례를 받는 일이 있거든 내가 안식일에 사람의 전신을 건전하게 한 것으로 너희가 내게 노여워하느냐 외모로 판단하지 말고 공의롭게 판단하라 하시니라(요 7:22-24).

태어난 지 팔일 째 되는 날(레 12:3)이 안식일이더라도 그날에 아이에게 할례를 행하는 것이 왜 합법적인 것이 됐는가? 그 이유에 대한 설명은 주어지지 않는데, 이는 이미 잘 이해되던 사항이었기 때문이었다. 할례는 언약의 구원을 중재하는 구속적 행위로 간주됐다.[77] 그러므로 전신을 구원하기 위해 안식일에 신체의 248개 부분(유대인들의 계산에 따른 것)[78] 중 하나를 절단하는 것은 합법적인 행위였다. 이러한 전제에 기초해서 그리스도께서는 안식일에 사람의 "전신"을 회복시킨 자신의 행위에 "화"를 낼 이

---

76. William Barclay, *The Gospel of John,* 1956, I, 252 [= 『요한복음(상)』, 기독교문사, 2009]: "이 구절(요 7:22-24)이 7장이 아니라 5장의 일부임을 기억해야 한다."

77. 할례의 구속적 의미에 관해서는 Rudolf Meyer의 "περιτέμνω," *TDNT* VI, 75-76을 참고하라: "새로 태어난 아이는 … 그의 어머니가 재난을 막기 위한 울부짖음으로 할례를 행할 때 구원을 얻을 수 있다: '당신은 내게 피의 남편이로다!'"

78. 참고, 탈무드 요마 856, Soncino ed., 421.

유가 없다고 주장하신 것이다(7:23).[79]

이 실례는 이전에 아버지께서 "이제까지 일하신다"는 그리스도의 진술을 명확하게 하고 구체화하는데, 이는 구원 사역이 하늘의 아버지에 의해서 뿐 아니라 이 땅의 제사장들과 같은 그분의 대리자들에 의해서 안식일에 성취되고 있음을 보여주기 때문이다. 그래서 그리스도에게 있어서 안식일은 **전인**(whole man)의 구속을 위해 일하는 날인 것이다. 사실상 두 가지 치료 사건 속에 나타나듯 그리스도께서는 이후의 안식일에 고침을 받은 사람들을 찾아가셨으며, 그들을 만났을 때 영적인 필요까지 보살펴주셨다(요 5:14; 9:35-38). 대적자들은 그리스도의 안식일 봉사에 나타난 구속적인 특성을 인식하지 못했는데 이는 그들이 "외모로 판단하기" 때문이었다(요 7:24). 그들은 중풍병자가 안식일에 자리를 들고 간 행위를 자신들이 표방했던 육체적인 회복이나 사회적 재통합보다 더 중요한 것으로 여겼다(요 5:10-11). 그들은 안식일에 진흙을 혼합한 것을 시각장애인의 마음에 빛을 회복시켜 준 것보다 더 중요한 것으로 여겼다(요 9:14, 15, 26).[80]

그러므로 랍비의 규율에 대한 그리스도의 도발적인 침해 사례들(안식일에 자리를 들고 가게 한다든지, 진흙을 이겨 눈에 발라준다든지 하는 것과 같은 사례)은 안식일 계명을 무효화하기 위해 계획된 것이 아니라 그날이 가지고 있는 긍정적 기능을 회복시키기 위하여 계획된 것이었다. 라그랑게(M. J. Lagrange)는 다음과 같이 적절하게 설명한다.

---

79. M. J. Lagrange, *Evangile Saint Jean*, 1948, 140은 그리스도께서는 할례의 모본을 통하여 "자신이 모세의 율법이나 안식일을 위반하지 않는다는 것을 유대인들에게 보이려 하셨다"고 설명한다.

80. 이는 요 9:26에서는 더욱 비꼬는 듯이 표현되고 있다: "그 사람이 네게 무엇을 했느냐? 어떻게 네 눈을 뜨게 했느냐?"

그리스도께서는 율법의 정신에 대립되는 것과 조화되는 것 사이를 주의 깊게 구별지었다. … 예수께서는 아버지와 같이 일했으며, 만일 아버지께서 하신 일들이 성경에 규정된 그 안식에 결코 대립된 것이 아니었다면 안식일에 그 아들에 의해서 이루어진 활동들은 그 제도의 정신에 대립되는 것이 아니었다.[81]

"아버지께서 이제까지 일하시니 나도 일한다"(요 5:17)라고 그리스도께서 말씀하실 때 언급하신 아버지의 일들은 요한이 이미 완성된 것으로 여긴 창조의 사역들이 아니라 구속의 사역들이었다고 우리는 결론을 내릴 수 있다. 하나님께서는 창조를 완성하셨을 때에 쉬셨다. 하지만 그분께서는 죄로 인한 그것을 완전히 다시 회복시키시기 위해서 "이제까지 일 하시고" 계신다. 아버지께서 끊임없이 종사하고 계시는 이 구속 사역들은 안식일 계명에 의해 예기되고 허락된 것이다. 그러므로 그리스도께서는 그가 병자를 회복시키셨을 때 안식일을 어기는 행위가 아니라고 부인하셨는데, 그 이유는 그가 아버지께서 하신 것과 같은 바로 그 구원의 사명을 이행하고 계신 것이었기 때문이다. 더욱이 요한복음 9:4에서 예수께서는 아버지의 일을 하기 위한 그 동일한 초청을 제자들에게까지 분명히 확대하고 있다: "때가 아직 낮이매, 밤이 오리니 그때는 아무도 일할 수 없느니라"(9:4). 어떤 학자들은 "밤"을 그리스도의 죽으심에 대한 언급으로 해석하는데,[82] 그 죽으심으로 일요일 준수로 기념된 부활에 의해 하나님

---

81. M. J. Lagrange (각주 79), 141. 참고, Severiano del Paramo, *Evangelio de San Mateo, La Sagrada Escritura*, 1961, I, 152.

82. 참고, W. Rordorf, *Sunday*, 99; H. Strathmann, *Das Evangelium nach Johannes*, 1951, 157, 175; Francis Noel Davey, *The Fourth Gospel*, 1947, 267. *Syriac Didascalia* 21에서는 안식일을 "우리 주의 잠"으로 여기고 있다(Connolly, 190). Augustine 역시 안식일의 안식을 그리스도께서 무덤에서 쉬신 것과 연관을 짓고 있다(*De Genesi ad*

의 참된 안식이 시작됐다는 것이다.

그리스도께 십자가의 "밤"이 매우 가까이 이르렀던 것은 사실이지만, 그 용어가 오직 그리스도의 죽음에만 적용된다고 말하기는 거의 불가능한데 이는 그 "밤"이라는 표현이 "아무도(οὐδείς) 일할 수 없는"(9:4) 시간으로 묘사됐기 때문이다. 그리스도의 죽으심이 모든 신적·인간적 구속의 활동이 중지되는 것으로 여겨지기는 거의 불가능하다. 그렇다면 이 용어가 구원을 받아들이도록 초청하시는 하나님의 초대가 더 이상 베풀어지지 않을 때인 구속사의 끝을 가리키는 것은 아닐까? 다른 한편으로 그리스도께서 안식일에 당신께서 하신 구원 사역을 옹호하기 위하여 말씀하신, "아버지께서 이제까지 일하신다"(5:17)는 표현과 "때가 아직 낮이매 … 우리가 일하여야 하리라"(9:4)는 표현은 안식일에 대한 구세주의 이해를 잘 요약하는데, 즉 그 시간은 받은 구원을 다른 사람과 나눔으로써 하나님의 끊임없는 구원을 경험하기 위한 시간이라는 것이다.[83]

밀 이삭을 자름

안식일의 구속적 기능은 안식일에 제자들이 밀 이삭을 잘라먹었던 사례에서 더욱더 분명하게 나타난다(막 2:23-28; 마 12:1-8; 눅 6:1-5). 그리스도와 바리새인들 사이에서 논쟁이 일어났는데, 바리새인들은 제자들의 행동의 책임을 예수께 돌렸다. 어떤 학자들은 "제자들이 길을 열며(ὁδὸν ποιεῖν) 이

---

litteram 4, 11; *Epistola 55 ad Ianuarium* 9, 16). 하지만 그 "아무도 일할 수 없는 … 밤"(9:4)이 무덤 속에서 그리스도의 휴식만을 의미한다고는 할 수 없다. 이는 그분의 죽음이 모든 구속적 활동들을 중단시킨 것은 아니었기 때문이다.

83. 요 9:4에서 그리스도를 따르던 자들은 하나님의 일을 할 수 있을 때에 하라는 명을 받았다. 우리는 당연히 매일 하나님의 일을 해야만 한다. 그러나 안식일에 "이제까지 일하시는" 하나님을 기념하고 경험할 수 있으니 도리어 우리가 "화목하게 하는 직책"(고후 5:18)을 가장 잘 성취할 수 있는 시간이야말로 안식일이 아니겠는가?

삭을 자르니"(막 2:23)라는 마가의 표현을 그리스도를 위해 밀밭을 통과하
는 길을 만들고 있음을 의미하는 것이라고 해석한다. 따라서 바리새인들
의 분노는 많은 양의 곡식이 잘려져 나갔기 때문에 일어난 것이었다는 것
이다. "길을 열며"(ὁδὸν ποιεῖν)라는 표현을 문자적으로 취한다면 그런 결론
에 이를 수도 있음을 인정해야 하겠지만, 문맥에 비추어 볼 때 이 경우는
그렇게 해석되기 어렵다. 만일 제자들의 의도가 그들의 주인이 밀밭을 통
과할 수 있도록 길을 내는 것이었다면,[84] 그들은 손으로 단지 밀 이삭을
자르는 대신에 짓밟거나 아니면 낫으로 밀을 베어버렸을 것이다. 더욱이
제자들이 실제로 밀밭을 통과할 길을 내고자 했다면 그들은 단지 안식일
을 범한 것뿐만 아니라 개인의 재산을 침해하고 파괴하고 훔친 것으로도
고소를 당했어야 했다. 따라서 밀 이삭을 자른 것은 자신들의 주인을 위
하여 "길을 내려고" 발생한 것이 아니라, 개역표준역(RSV)에서 번역한 것
처럼, 밀밭을 통과하는 경로를 따라서 "그들의 길을 가고 있을 때"(막 2:23)
발생한 것이었다.[85]

---

84. 이 의견은 W. Rordorf (*Sunday*, 61)가 제시한 것으로 그는 다음과 같이 설명한다:
"이리하여 왜 제자들이 그러한 동요를 야기했는지를 설명하는 것은 더욱 쉬워진
다"; 참고, P. K. Jewett, *Lord's Day*, 37. "그를 위하여 길을 내는 것이 아마도 더 나았
을 것 …."

85. Sherman E. Johnson, *A Commentary on the Gospel according to St. Mark*, 1960, 67:
"법으로 밭모퉁이에 곡물을 거둘 수 있었으며(레 19:9; 23:22; 룻 2장) 누구도 지
나는 자들이 단 몇 움큼의 곡물을 취하는 것에 대하여 항의를 할 수 없었다"(참
조, Mishnah Peah 8, 7); Heinrich A. W. Meyer, *Critical and Exegetical Hand Book to
the Gospels of Mark and Luke*, 1884, 33: "예수께서는 밀밭 옆으로 이를 거쳐 지나
가셨고, 그 지나간 길로 인해 그분의 양쪽으로 밀밭이 이어지고 있었다"; William
Barclay (*The Gospel of Matthew*, 1958, II, 23 [=『마태복음(하)』, 기독교문사, 2009])
는 다음과 같이 그럴싸한 설명을 제시한다: "예수 당시 팔레스타인에는 밀밭과 경
작지들이 가느다랗게 줄지어 놓여 있었다; 그리고 이들 사이의 땅은 길들이 따라
나있어 통행이 가능한 곳이었다. 이 사건이 발생했을 때 제자들과 예수께서 걷고
계셨던 곳이 바로 이 밀밭들 사이에 난 길들 중 한 곳이었다. 제자들이 곡물을 훔쳐

하지만 랍비들의 견해에 따르면 제자들은 그 행위로 몇 가지 조항을 위반했다. 곡식의 이삭을 잘랐기에 그들은 **추수**하는 죄를 범했고, 손으로 그 이삭들을 비볐기 때문에 **탈곡**하는 죄를 범했다. 껍데기와 곡식을 분리했기에 그들은 **키질**하는 죄를 범했고, 그 모든 절차로 인해 안식일에 **음식을 준비**하는 죄를 범했다.[86] 따라서 그들의 행동을 철저하게 안식일을 모독한 행위로 여긴 바리새인들은 다음과 같은 말로 예수께 불평을 했다: "보시오 저들이 어찌하여 안식일에 하지 못할 일을 하나이까?"(막 2:24).

우리는 먼저 제자들이 밀밭 사이로 지나갈 때 이삭의 생 곡식을 먹음으로써 자신들의 배고픔을 만족시키려 했던 이유가 무엇인지 의아하게 생각할 것이다. 그리고 또한 어디에서 안식일을 보냈는지도 알고 싶을 것이다. 바리새인들이 저들의 여행 거리를 문제 삼지 않은 것으로 봐서 그들은 안식일에 허락된 여행 거리인 약 2/3마일 이상을 걷지는 않은 것으로 보인다.[87] 본문에는 그들의 행선지에 대한 암시가 제공되지 않는다. 그러나 안식일에 그들 사이에 바리새인들이 있었다는 것은 그리스도와 제자들이 회당에서 예배에 참석했었으며, 저녁 만찬에 초대받지 못해 쉴 장소를 찾기 위하여 밀밭 사이를 지나가고 있었을 가능성을 말해준다. 만일 그런 경우였다면, 특히 "나는 자비를 원하고 제사를 원하지 아니하노라"(마 12:7)는 인용문으로 바리새인들에게 응답한 그리스도의 답변은 안식

고 있었다는 암시는 어디에서도 찾아볼 수 없다. 율법 또한 굶주린 여행자들이 낫을 사용하지 않고 이삭을 취하는 제자들이 하던 것과 같은 행동을 할 수 있도록 허락하고 있다는 것을 분명히 명시하고 있다(신 23:25)."

86. 모든 이러한 행동들은 안식일에 금지된 노동의 39가지 주요한 사항들에 속하는 내용들이었다. 전체 항목은 E. Lohse ([각주 5], 12)에서 찾아볼 수 있다; 참고, 미쉬나 샤바트 7, 2.

87. Josephus (*Antiquities* 20, 8, 6)는 감람산이 예루살렘으로부터 약 1km, 즉 3,033 걸음 정도였다고 전한다. 행 1:12에는 이 거리가 "안식일에 가기(알맞은 길이라)" 적당한 거리로 제시되고 있다.

일에 환대를 베푸는 것을 소홀히 한 저들에 대한 숨겨진 책망을 포함하고
있다고 볼 수 있다. 안식일 음식을 준비하는 것 중에 중요한 한 가지 내용
은 예상치 못한 방문객들을 위한 계획을 실제적으로 세우는 것이었다. 그
래서 히쉬(R. G. Hirsch)가 잘 진술한 것처럼, 그리스도께서는 "저들의 비난
에 대해 또 다른 비난으로 응수하신다. 제자들의 행위에는 변명의 이유가
있었지만, 안식일 음식을 준비하는 것을 소홀히 한 바리새인들의 행위에
는 변명의 여지가 없었다."[88]

　　제자들의 행동에 대한 동기(마가복음에서는 그들의 행위에 대해 옹호하는 그리
스도의 변호 내용에 함축되어 있음)는 마태에 의해서 명확하게 나타난다. 마태는
"제자들이 시장하여"(마 12:1)라고 기록한다. 제자들의 배고픔에 대한 마태
의 언급이 저들의 안식일 위반을 정당화시켜주지 못한다고 주장하면서
로르도르프(W. Rordorf)는 다음과 같은 이유를 든다.

> (1) 그것은 "전날에 모든 사람들이 한 것처럼 자신들의 음식을 준비하지 못
> 함으로" 그들의 본분을 소홀히 한 것을 의미한다; (2) "만일 그들이 그들의
> 선교 사역을 수행하느라 안식일 시간 전에 음식을 준비할 수 없었다면, 그
> 들은 그날 동안에 금식했어야 했다"; (3) 제자들은 "완전히 기진맥진하여
> 생명의 위험에 처해진 것"이 아니었다.[89]

　　로르도르프는 노련한 랍비로서 논리를 전개하고 있다. 하지만 마태가
제자들의 행위를 정당화한 것은 안식일에 대한 랍비적 관점에 기초한 것
이 아니라 그리스도의 관점에 기초한 것임을 그 저자는 인식하지 못하고

88.　*Jewish Encyclopedia*, 1962, "Sabbath"라는 단어를 보라.

89.　W. Rordorf, *Sunday*, 61.

있다. 마태에 의해 기록된 그리스도의 말씀과 실례들은 안식일을 인간의
필요보다 더 중요한 제도로서가 아니라 인간을 위한 "봉사"(12:12)와 "자
비"(12:7)의 시간으로 소개하고 있다. 이러한 시각에서 제자들이 배고픔을
만족시키기 위해 안식일에 행한 행위는 합법적인 것이 될 수 있었다.[90]

이 사건에서 그를 대적하는 자들의 비평에 대해 그리스도께서 주장하

---

90. W. Rordorf는 안식일의 긍정적 의미와 기능을 수긍할 수 없었기에 "새로운 기독교
    적 결의법(의) ⋯ 시작"이자 "도덕주의적 차원을 빌미로 안식일에 대한 예수의 태
    도를 오해(이웃 사랑에 대한 의무가 특정 상황에 따라 안식의 날을 지켜야 하는 명
    령으로 대체되고 있음)"하고 있다며 마태를 비난했다(*Sunday*, 67, 68); 참고, G. D.
    Kilpatrick, *The Origins of the Gospel according to St. Matthew*, 1946, 116-117. 한 복음서
    저자의 가르침에 대한 이해보다 예수의 가르침에 대하여 더 큰 이해를 주장하는 것
    이 한 근대 학자에게 있어서는 오만함이 아닌가? 게다가, 안식일을 대하는 예수의
    태도를 마태의 관점에서 이해할 때의 이득이 무엇이든 간에, 이는 우리에게 초기
    팔레스타인의 기독교 공동체 가운데 안식일에 대한 지배적 개념들을 비춰볼 수 있
    는 귀중한 증거들을 제시해준다. 예를 들어, *The Epistle to Diognetus* 4, 3 (72을 보라)
    에도 이러한 견해가 존재했음을 보여주고 있다; 참고, *The Gospel of the Nazaraeans*
    (앞에서 인용됨, 각주 38); Oxxyrhynchus Papyrus I (주후 200년경)의 4-11번째 줄
    을 읽어보면 다음과 같다: "만일 그대가 세상에 대하여 절제하지 않으면 왕국을 보
    지 못할 것이며, 안식일을 안식일로써 지키지 않으면, 하나님을 보지 못할 것이니
    라"(E. Hennecke, *New Testament Apocrypha* I, 106). 이 구절은 글자 그대로 *Gospel
    of Thomas*의 그리스도의 말(Logion) 21에도 등장한다. 첫 부분은 안식일에 대한 영
    적 해석을 보여준다. 좀 더 영적인 측면에서 Clement of Alexander, *Stromateis*, 4, 6,
    29, 3에도 동일한 생각이 드러나 있다: "영지주의적 상승의 범위에 따르면, 그것은
    안식일의 주인인 사랑이 스스로를 선포하는 은혜에 의한 것이다." 안식일에 대한
    긍정적 이해의 또 다른 간접적 증거는 초대 교부들이 안식일에 부여한 영적 해석
    에서 찾아볼 수 있다. 일례로 그들은 안식일은 죄와 자비와 정의를 베푸는 일, 의와
    진리에 대한 명상으로부터의 기권(abstention)을 상징하는 것이라고 보았다(Justin,
    Dialogue 12, 3; Irenaeus, *Epideixis* 96; *Adversus haereses* 4, 8, 2; Tertullian, *Adversus
    Judaeos* 4; *Adversus Marcionem* 4, 12 and 2, 21; Origen, *In Numeros homiliae* 23, 4;
    4, *Contra Celsum* 8, 23; *Ptolemy's Letter to Flora* 5, 12 (*SC* 24, 60); *Syriac Didascalia*
    26; 안식일 해석에 대한 추가적 참고와 토론에 관해서는 다음을 보라: C. S. Mosna,
    Storia della Domenica, 185, 201; W. Rordorf, *Sunday*, 100-108.

신 다양한 논쟁들을 면밀하게 살펴보면 안식일에 대한 그분의 견해를 좀
더 간파할 수 있을 것이다. 먼저, 그리스도께서는 제사장들 외에는 먹지
못하도록 금지된 진설병을 먹음으로써 저들의 허기진 배를 만족시켰던
다윗과 그 함께한 자들의 이야기를 바리새인들에게 상기시켜 주었다(삼상
21:1-7). 이것이 함축하고 있는 의미는 분명하다. 만일 다윗이 **거룩하게 사용**
하기 위해서 성별한 **빵**을 먹음으로써 허기진 배를 채운 것이 옳은 것이었
다면, 제자들이 자신들의 필요를 채우기 위해 안식일의 **거룩한 시간**에 밀
이삭을 잘라 먹은 것 역시 합법적인 것이었다.[91] 이 두 사례에서 거룩한 빵
과 거룩한 시간은 특별히 인간의 필요를 충족시켜 주기 위해 사용됐다.
하나님의 모든 율법의 이면적인 목적은 생명을 취하고자 함이 아니라 안
전하게 보장하고자 하는 것이라는 사실에 의해 그것들의 사용은 정당화
된다. 그러므로 그 예외 조항은 계명의 유효성을 폐기하는 것이 아니라
확증하는 것이다.[92]

　다윗의 경우와 그리스도의 경우 사이에 존재하는 차이는 그 논쟁을
더 설득력 있게 해준다. 다윗의 추종자들은 군사들이었지만(삼상 22:2) 예수
의 제자들은 평화적인 사람들이었다. 배고픔을 달래기 위해 다윗은 밀 이
삭과 비교해 훨씬 더 법적으로 금지된 진설병을 먹었다. 사실 굶주린 다
윗은 특별한 한 하나님의 규칙을 파기했다(레 24:5; Josephus, *Antiquities*, 3, 10, 7).

---

91. Heinrich A. W. Meyer ([각주 85], 34)는 다음과 같이 예리하게 설명한다: "이 인용
　　문이 갖는 힘이란 '중요한 것으로부터 중요치 않은 것으로'(*a maiore ad minus*)라는
　　하나의 판단 법칙에 의존하고 있다. 다윗은 필요한 경우에 성전의 빵을 분명히 불
　　법적으로 다루었다. 일반적인 관점으로 이는 아직까지 곡물의 이삭의 경우와 비교
　　해 합법과는 훨씬 더 거리가 멀다."

92. Joseph Schmid는 이런 견해를 옹호하며 다음과 같이 설명한다(*The Gospel according
　　to Mark*, The Regenburg New Testament, 1968, 71): "성경에서 비슷한 행동들에 주
　　목해보면 그 자체로 금지된 일의 형태라 할지라도 어떠한 상황 속에서는 허용될 수
　　있다는 것을 알 수 있다."

반면에 배고픈 제자들은 단순히 랍비들의 개념을 파기한 것이었다. 무수히 셀 수 없는 세대들에 의해 승인된 한 예외 조항에 호소함으로("읽지 못했느냐 …", 막 2:25),[93] 그리스도께서는 그의 제자들의 죄 없음(마 12:7)을 논증하기 위해서 더더구나 논증(*a majori ad minus*)으로 논리를 이끌어가고 있다. 다윗과 같이 그의 제자들은 필연성이라는 더 고상한 율법에 순종했었기 때문이었다.[94] 하지만 주목할 점은 그리스도께서는 더 자유주의적인 궤변을 끌어들여서 법령에 대한 위법 행위를 과소평가하지 않았다는 것이다. (모든 형태의 궤변은 사람을 예속시킨다고 그는 보았다.)[95] 이와는 대조적으로 다윗의 행위는 "옳지 않는" 것이었다고 그리스도께서는 명확하게 진술한다(막 2:26). 제자들 또한 자신들의 행위로 인해 완전한 휴식에 대한 안식일 법을 어겼다고 그는 넌지시 비춘다. 그럼에도 그 두 사례에서 그들은 결백했는데 그 이유는 더 큰 의무 조항이 그보다 작은 의무 조항들을 무효화시켰기 때문이다. 다시 말해 자비가 제사보다 중요했다.

이 개념은 마태복음에서 더 정교하게 다듬어지는데, 그리스도께서는 보통 사람들을 위해 많은 비합법적인 활동들을 성전에서 수행함으로 "안

---

93. 그리스도께서는 종종 이러한 방식을 사용하셨다. 참고, 막 12:10, 26; 마 12:5; 19:4; 21:16.

94. Joseph Schmid ([각주 92], 72)는 "단지 하나의 맹목적 규율 때문에 그분의 자녀들이 굶주림을 겪어야 된다면 이것은 하나님의 뜻이라고 할 수 없다"라는 것을 예수께서 보이신 것이라고 설명한다.

95. Charles R. Erdman (*The Gospel of Mark*, 1945, 55)는 "예수께서는 밀알 얼마를 줍는 것은 일하는 것이 아니라고 말하심으로 바리새인들에게 답하시려는 것이 아니었다. 그분은 법을 어겼을지라도 때에 따라서는 안식일 법을 깨는 것이 그른 것이 아닐 수 있다는 것을 인정하셨다. 필요에 따른 일은 법을 위반하는 것이지만 그것이 잘못이나 죄가 되지는 않는다"; G. A. Chadwick (*The Gospel according to St. Mark*, 1900, 68) 또한 비슷한 언급을 하고 있다: "제자들이 떳떳하다고 할 수 있는 것은 네 번째 계명이 온전히 지켜졌는가에 판단의 기준이 있는 것이 아니라 안식일을 모독한 것이 당시의 정황에 따라 그들에게 옳은 것이었기 때문이었다."

식일을 범하지만" 죄가 되지 않는(12:5) 제사장들에 관하여 설명하고 있다. 사실상 안식일에 성전에서는 곱절이나 되는 제물들로 인해 할 일이 증가 됐다(민 28:9-10).[96] 안식일이 되면 더 열심히 일하는데도 불구하고 제사장 들에게 "죄가 되지 않는" 이유는 무엇인가? 우리가 이미 주목했듯이 그 답은 불쌍한 죄인들에게 용서와 구원을 제공하기 위해 고안된 안식일 사 역의 구속적 특성에서 찾을 수 있다. 제사장들은 안식일에 본질적으로는 그 계명에 의해 분명히 정죄되는 활동들을 수행했다. 하지만 그들에게 그 것이 죄가 되지 않았는데, 그 이유는 그들이 백성들의 영적 필요를 채워 주는 안식일의 목적을 충족시키고 있었기 때문이었다. 그러나 당신과 당 신의 제자들이 그날에 하나님의 제사 규례를 이행하지도 않았으면서 어 떻게 그리스도께서는 안식일에 제사장들에 의해 수행된 봉사를 예를 들 어, 제자들과 자신의 행위를 옹호할 수 있었는가? 그 답은 이어지는 그리 스도의 진술 속에서 발견된다: "내가 너희에게 이르노니 성전보다 더 큰 이가 여기 있느니라"(마 12:6).[97]

---

96. 참고, 겔 46:4-5, 10; 대하 31:3; 대상 9:32; 삼상 21:6; Roland de Vaux, *Studies in Old Testament Sacrifice*, 1964, 36.

97. K. Daniélou (*Bible and Liturgy*, 226)는 "성전의 비유는 둘이 유사한 점이 있다는 것 을 보여주는 것이다. 예수께서는 그분이 성전보다 위대하시며 또한 안식일보다도 크신 분이라는 것을 보여주고 계신다. 안식일과 성전은 신약의 안식일이자 성전인 예수 자신이 이곳에 계시기 때문에 안식일과 성전은 사라지게 된다"라고 예수(그 리고/혹은 마태)께서 성전과 안식일을 동일시하시며 둘을 그분의 메시아적 오심 에 의해 사라지고 대체될 것으로 보신 것인가? 성전에 관해서는 예수께서 그 끝을 예언하셨다(마 24:2). 또한 성전이 예수의 희생 속에서 그 예표를 마침내 마주하게 된다는 것을 보여주며 휘장이 "찢어져 둘이 되리라"(마 27:51)는 기록이 있다. 그러 나 안식일에 관해서는 이러한 근거를 거의 찾아볼 수 없다. 복음서들에 의하면, 예 수께서는 사실상 자신을 안식일의 주인으로 선언하셨고, 그날은 인간을 위해 만들 어졌다고 말씀하셨다(막 2:27-28). 또한 그분은 안식일의 구속적 기능을 드러내 보 이셨고(눅 4:16-18; 13:12, 15, 16; 마 12:12; 요 5:17), 장차 안식일의 준수에 대해서도 암시를 하셨다(마 24:20).

성전과 그 봉사의 상징적 기능은 이제 성취됐고 **진정한 대제사장의 봉사로 대체됐다.** 그러므로 안식일에, 심지어 안식일을 우선으로 하여 그리스도 역시 그의 "희생 제사", 즉 불쌍한 죄인들을 위한 구호 봉사를 더 강화하셔야 했다. 그리고 그의 추종자들, 곧 새로운 제사장들도 그분이 하신 일을 마찬가지로 해야 한다. 요한복음 7:22-23에서 그리스도께서 이와 동일한 개념을 표현하신 것을 우리는 발견한다. 안식일에 제사장들이 할례의 구속적 행위로 말미암아 새로 탄생한 자들에게 언약의 축복을 베풀어 주었듯이 그리스도께서도 안식일에 전 인류의 구원을 위해 일하셔야만 했다.

그리스도께서는 그의 안식일 신학을 설명하기 위한 정당한 준거 기준(frame of reference)을 성전과 그 봉사에서 발견하셨는데, 그 이유는 그것들의 구속적 기능이 그의 메시아적 사명 및 하나님께서 의도하신 안식의 목적 모두에 가장 좋은 예가 되기 때문이었다. 사실상 자신의 구원하시는 사역과 안식일을 동일시함으로써 그리스도께서는 그 계명이 가지는 궁극적인 신의 목적, 즉 하나님과 인간과의 친교를 드러내신다. 그리스도를 통하여 안식일은 하나님의 과거 창조를 기념하는 시간일 뿐만 아니라 다른 사람의 필요를 보살펴줌으로써 구원의 축복을 경험하는 시간이 된다.

불행하게도 안식일의 인도주의적 차원은 그리스도의 시대에 거의 잊혀졌다. 의식에 대한 요구가 인간의 필요를 돌보아 주어야 할 요구를 대체했다. 마태에 의해 기록된 진술에서, 그리스도께서는 이렇게 곡해된 안식일을 다음과 같이 공공연하게 공격했다: "나는 자비를 원하고 제사를 원하지 아니하노라 하신 뜻을 너희가 알았더면 무죄한 자를 정죄하지 아니하였으리라"(마 12:7). 그리스도에게 있어서 제자들은 비록 철저하게 쉬어야 하는 안식일 법규를 어겼지만 그 계명의 진정한 의미가 "제사가 아니라 자비"이기 때문에 "무죄"했다. "자비"와 "제사"는 무엇을 뜻하는 것인가? 이 단어들이 인용된 책인 호세아서에서, 선지자 호세아는 마치 하나님의 진노가 많은 값비싼 희생 제물들에 의해 달래질 수 있을 것처럼 생각하고 "양 떼와 소 떼를 끌고 여호와를 찾으러"(5:6) 간 백성들을 꾸짖는다(삼상 15:22 비교). 선지자는 그들에게 하나님께서 바라시는 것은 "제사가 아니라 인애(mercy, 자비)"라는 것을 상기시킨다(6:6). 불트만(R. Bultmann)이 주석했듯이, 하나님께서 바라시는 이 자비는 애매한 "성격"의 것이 아니라, "도움을 주는 행위"에 나타나는 확고한 태도를 특징으로 하는 것이라고 신구약성경은 설명한다.[98] 특히 마태복음에서 "자비"는 언약 공동체의 구성원들이 서로에게 지불해야 할 의무가 있는 원조와 구제의 행위를 나타낸다(마 5:7; 9:13; 12:7; 23:23). 악트마이어(I. R. Achtemeier)가 잘 표현해주고 있듯이, "서기관이 됐든, 바리새인이 됐든, 세리가 됐든, 죄인이 됐든 어떤 사람일지라도 공동체의 모든 구성원들은 서로에게 사랑과 도움과 위로를 주어야 한다."[99] 고통에 처한 사람들에게 이러한 동정과 위로를 베푸는 것이 바리새인들에게는 부족했다. 그래서 그리스도와 제자들을 괴롭힌 배고픔이 그들의 심령 속에 그 어떤 동정적인 감정이나 도움을 베풀고자하는 열망을 일으키지 못했다. 그 대신에 그들은 제자들을 정죄했다.

그리스도에게 있어서 진정한 안식일 준수는 친절한 행동으로 사랑을 보여주는 것으로 묘사된다. 왜냐하면 그것이 하나님의 구속 활동 바로 그 자체에 대해 감사하는 것이기 때문이다. 이것이 그날을 기념하는 것이다. 사실, 애굽의 속박(신 5:15)과 죄의 속박(눅 5:18-19; 13:16; 요 5:17)으로부터 하늘의 구원을 받은 것을 기념하는 날로서 안식일은 신자들이 다른 사람에게 친절과 자비를 나타냄으로써 하나님의 자비로운 구원을 경험하는 시간이 된다. 그러므로 그리스도께서 주장한 진정한 안식일 봉사 법칙은 먼저 마

---

98. R. Bultmann, "ἔλεος," *TDNT* II, 479.

99. *The Interpreter's Dictionary of the Bible*, 1962 ed., "Mercy"라는 단어를 보라.

음으로부터 살아있는 사랑의 봉사를 요구하며, 그 다음에 예식의 규정을 이행하라고 요구한다. 복음서에서 안식일에 회당에서 그리스도께서 설교하신 것에 대해서는 적게 기록하고 불쌍한 죄인들을 위하여 동정과 자비의 봉사를 하신 것에 대해서는 많이 기록했다는 사실은 우리에게 빛을 비추어 준다.

이러한 안식일의 근본적 가치는 이와 동일한 사건과 함께 진술된 그리스도의 또 다른 말씀 속에서 강조된다. 오직 마가에 의해서만 기록된 그 말씀은 다음과 같다: "안식일은 사람을 위하여 있는 것이요 사람이 안식일을 위하여 있는 것이 아니니"(막 2:27).[100] 몇몇 저자들은 이 유명한 그리스도의 선언이 "인간의 안녕이 안식일의 안식보다 우월한 것"을 의미한다고 해석한다.[101] 그리고 안식일은 "더 이상 축복을 가져오지 않고 고난을 가져오기 때문에 그것에 대한 하나님의 목적은 실패했으며, 안식일에 대한 반역과 안식일을 무시한 결과는 죄가 되지 않았다"는 것을 의미한다는 것이다.[102] 이러한 해석에 대해 적어도 말할 수 있는 것이 있는데, 그것은 하나님에 대한 인간의 근시안적 사고에서 기인하고 있다는 것이다. 왜냐하면 이런 관점에서 볼 때 하나님께서는 그 의도하신 목적을 성취할 수 없어 결과적으로는 나중에 폐지할 수밖에 없는 율법을 주신 분이 되어버리기 때문이다. 이러한 논거에 의하면, 하나님께서 주신 율법은 의도된 목적에 의해서가 아니라 그것을 사용하거나 악용하는 인간의 방식에 의해 그 유효성이 결정된다. 그러한 결론은 하나님께서 아닌 인간이 계명의 유효성을 결정하는 궁극적 판단자가 되게 할 것이다.

---

100. W. Rordorf (*Sunday*, 65)는 막 2:28의 "약화"(weakening)라고 주장되는 것에 기초해 "막 2:27에는 예수의 실제 말이 우리에게 전해진 것이다"라는 결론을 내린다.

101. C. S. Mosna, *Storia della domenica*, 173.

102. W. Rordorf, *Sunday*, 63.

"안식일은 사람을 위하여 있는 것이요 사람이 안식일을 위하여 있는 것이 아니니"(막 2:27)라고 예수께서 단언하신 것은 실제적으로 무엇을 의미했는가? 이 말씀을 "인간의 안녕이 안식일 안식보다 우월하다"는 의미로 해석하는 것은 그 안식일 안식이 인간의 안녕을 제한하도록 사람들에게 독단적으로 강요됐었음을 암시하고자 한 것이었으리라 여겨진다. 그러나 이러한 해석은 그리스도께서 하신 바로 그 말씀에 반하는 것이 되어 버린다. 그분께서는 "안식일이 사람을 위하여(διὰ) 만들어진 것이요, 사람이 안식일을 위하여 만들어진 것이 아니"라고 말씀하셨다. 이것은 안식일이 인간의 창조 후에 만들어진(ἐγένετο) 이유가 사람을 규정과 규칙들의 노예가 되도록 만들기 위해서가 아니라 그에게 육체적, 영적 행복을 주기 위해서였던 것임을 의미한다.

그래서 안식일을 적절하게 준수하는 것은 인간의 안녕을 **제한하는 것이 아니라 보증**하는 것이다. 찰스 어드만(Charles R. Erdman)이 다음과 같이 적절하게 설명했듯이, "이 점을 바리새인들은 잘못 이해하고 있던 것이다. 그들은 안식일을 너무 지나치게 해석해 그 계명에 사소하고 불합리하며 성가신 요구사항들과 제한 사항들을 부과함으로 안식일을 준수하는 것이 더 이상 기쁨이 아니요 짐이 되도록 만들었다. 그 율법은 인간을 섬기는 것이 되는 대신에 무자비한 주인으로 변형됐고, 그 폭정 아래서 인간들은 신음하게 됐다."[103]

"안식일이 사람을 위하여 있는 것이요"라는 이 유명한 선언으로 그리스도께서는 새로운 날의 제정을 내다보면서 본래의 안식일 계명을 폐지하신 것이 아니라, 오히려 안식일을 인간의 필요보다 더 높인, 포로 이후 유대교의 랍비주의적 안식일 신학에 의해 부과된 굴레를 벗기셨다. 안식

---

103. Charles R. Erdman (각주 95), 56.

일을 지키도록 하기 위해서 그들의 필요를 자제하도록 제자들에게 요구하는 것은 그날에 의도된 역할, 즉 고통의 나날 중의 한 날이 아니라 축복의 날이 되도록 하는 역할을 벗어난 것이다.

안식일은 사람을 위하여 있는 날이라고 그리스도께서 말씀하실 때, 그분께서는 안식일이 이방인들을 위한 것이 아니라 오직 이스라엘만을 위한 것이라는 널리 보급되어 있는 유대인들의 배타적인 개념을 정죄하고자 의도한 것이며, 그것으로 안식일의 보편적인 범위를 선언하신 것이라고 몇몇 학자들은 주장한다.[104] 그리스도께서 안식일에 대한 이런 폭넓은 관점을 취하고 있는 것은 틀림없는 사실이지만, 그 말씀이 이런 의미를 가진다는 것은 그 구절의 전후 상황에 비춰볼 때 전혀 맞지 않는다. 그 구절에서 논의되고 있는 물음은 안식일 안식의 보편적인 범위와 관련된 것이 아니라 안식일의 근본적 기능과 관련된 것이기 때문이다.[105]

그분의 메시아적 권위와 함께 안식일에 대한 그의 해석을 비준하도록 (sanction) 그리스도께서는 모든 공관복음서에 기록된 그 유명한 선언, "그러므로 인자는 안식일에도 주인이니라"(막 2:28)는 선언을 덧붙인다. 어떤 학자들은 이 결론이 마가복음에 나타난 이전의 진술(2:27), 즉 안식일은 일반적으로 사람과 관련된 것이지 그리스도와 관련된 것이 아니라는 진술과 논리적으로 연결되지 않는다고 생각해왔다. 고소된 사람은 인자가 아

---

104. Jubilee 2:31, "그분은 이스라엘 사람들 외에 아무에게도 이 날에 안식일을 지킬 것을 허락하지 않으셨다. 오직 그들에게만 먹고 마시며 그날에 안식일을 지키도록 허락하셨다." 참고, 멜키타 109-110; 미쉬나 요마 8, 6; Gerhard F. Hasel ("The Saviour and His Sabbath," *The Ministry*, Feb. 1975: 12)은 "한 민족에게만 안식일을 제한하는 이러한 입장에 반해 예수께서는 안식일에 관한 더욱 넓은 관점을 취하셨다"고 설명한다; 참고, Henry Berclay Swete, *The Gospel according to St. Mark*, 1902, 49: "우리 주의 말씀들은 더욱 높고 멀리 뻗어나간다. 곧, 안식일 법의 핵심에는 이스라엘 민족뿐 아니라 인류를 향한 하나님의 사랑이 있다."
105. P. K. Jewett (*Lord's Day*, 38) 또한 이러한 견해를 제대로 언급하고 있다.

니라 제자들이었기 때문에, 그리스도께서 안식일의 주인이시라는 선언은 그것을 어긴 제자들의 행위를 정당화할 수 없다고 주장한다. 그래서 "인자"라는 표현은 "인자"뿐만 아니라 "사람"을 의미할 수도 있는 아람어 '바르나샤'(*barnasha*)를 잘못 번역한 것일 수도 있다는 제안을 하기도 한다. 그렇게 되면 그리스도께서 원래 말씀하신 것은 "안식일이 사람을 위하여 있는 것이요 사람이 안식일을 위하여 있는 것이 아니니 이러므로 **사람**[인자가 아님]은 안식일에도 주인이니라"가 된다(막 2:27-28).[106] 저들이 주장하는 바에 의하면, "사람"에서 "인자"로 바뀐 변화는 초기 교회에 의해서 이루어졌는데, 그 이유는 교회가 안식일의 위반에 대한 개인적인 책임을 떠맡는 것을 두려워했고, 그래서 소심하게 그 의무로부터 자유로웠던 그리스도에게서만 그 책임을 찾으려고 했기 때문이었다는 것이다.[107]

"인자"라는 표현이 아람어 관용구에 대한 잘못된 번역이라는 개념은 정당성이 없다. 나인햄(D. E. Nineham)이 적절하게 진술했듯이, 만일 그 아람어가 28절에서 잘못 번역된 것이라면 "왜 27절에서는 그렇지 않은가?"[108]

---

106. W. Rordorf, *Sunday*, 64의 번역; 다음의 학자들도 같은 견해를 보이고 있다: O. Cullmann, *Early Christian Worship*, 1966, 88; *The Christology of the New Testament*, 1959, 152-153; J. Wellhausen, *Einleitung in die drei ersten Evangelien*, 1911², 129; *Das Evangelium Marci*, 1909², 20; P. K. Jewett, *Lord's Day*, 38. 반대로 T. W. Manson (*Conjectanea Neotestamentica in honorem A. Fridrichsen*, 1947, 138-139)은 본래 "인자"는 27절과 28절 모두에 있었다고 설명한다.

107. 몇몇 저자들이 이러한 견해를 옹호했는데, W. Rordorf (*Sunday*, 65)는 "초기 교회는 예수님께서 밝히신 안식일의 참 의미와 관련해 이 구절에서 인간의 근본적 자유를 분명히 발견했음에도 이를 도저히 말도 안 되는 것으로 여겼다"라고 주장하며, 따라서 "초기 교회는 이 자유를 메시아적 의미에서 해석하고 그것을 그 자체를 위해서는 주장하지 않았다"라고 설명한다. 참고, Joseph Schmid (각주 92), 73; E. Lohse (각주 5), 22; E. Kaesemann, *Exegetische Versuche und Besinnungen*, 1960, 207; W. Grundmann, *Das Evangelium nach Markus*, 1965², 70.

108. D. E. Nineham, *The Gospel of Mark*, 1963, 108.

하지만 우리는 그 관용구가 이 장의 앞부분에(2:10) 나타나고 있는 것을 발
견한다. 거기에서 그리스도께서는 바리새인들과 한 유사한 논쟁을 하면
서 죄를 사하는 자신의 권위를 확언하기 위해서 스스로를 "인자"로 정의
하고 있다. 이 표현은 사실 예수께서 자신에 대해 정의하실 때 가장 선호
하는 것이다(복음서에서 이 표현은 80여 차례 나타난다). 그 이유는 이 표현이 그
분의 메시아 되심을 나타내주는 것으로 보이기 때문이다. 그러므로 "인
자"가 "사람"과 같은 뜻이라는 해석은 조세프 슈미트(Josef Schmid)에 의해
잘 진술된 것처럼 "'인자'라는 단어가 예수께서 스스로를 정의하는 칭호
로서만 발견되는 마가복음의 문헌적 용례에 반대하는 것일 뿐만 아니라
예수 자신이 안식일을 하나님에 의해 제정된 것으로 인지하고 있는 사실
에도 반대하는 것이다."[109] 사실상, 안식일이 사람을 위해서 하나님에 의
해 제정됐다는 그리스도의 단언(27절)과 일반적으로 사람이 안식일의 주
인이라는 결론, 즉 그 의무로부터 자유롭다는 결론을 조화시키기는 매우
어려워 보인다.[110] 이 경우에 28절은 27절을 보다 알기 쉽게 해주는 것이
아니라 그와는 반대로 그것의 원칙을 부정하는 것을 나타내는 것이다.

더욱이 리차드 맥콘넬(Richard S. McConnell)이 학위논문에서 다음과 같이
통찰력 있게 지적한 것처럼, "예수의 말씀이 원래 의미하는 바가 안식일

---

109. Joseph Schmid (각주 92), 72.
110. Joseph Huby (*Evangile selon Saint Marc*, Verbum Salutis, 1948, 68)는 안식일을 없애
    고 후자의 경우에 힘을 실어 주기 "인자"를 "사람"으로 바꾸려고 한 시도에 대해 다
    음과 같은 현명한 비판을 내놓는다: "이 해설이 범한 첫 번째 실수는 마태와 누가의
    유사한 본문의 의미와 신약에서도 끊임없이 쓰이고 있는데 반해 모든 메시아적 의
    미가 남긴 "인자"라는 고유의 표현을 무의미하게 만들었다는 것이다. 더욱이 이는
    마가의 생각을 조작하고 인간에게 안식일에 대한 절대적인 주인 됨의 권리를 부여
    한 27절에서 밝혀진 원칙의 결과를 강제하려는 것이다: 특정한 경우, 상황은 의무
    로부터 (사람을) 해방시킬 수 있지만 단지 인간의 힘만으로 자신의 뜻에 따라 신성
    한 법을 베풀거나 폐지할 수는 없다."

의 주인이 사람이라는 것이었음을 인정한다 해도, 이것이 로르도르프(Ror-
dorf)가 주장하듯이 안식일 법에 더 이상 전혀 구속력이 없다는 것을 의미
하는 것인지는 의심스럽다. 그것은 예수께서 안식일에 그들이 어떻게 영
광을 돌리고 예배를 드릴 수 있는지를 결정하도록 하는 권리를 제자들에
게 주었음을 의미하는 것일 수 있었다. 제자들은 그 율법의 종들이 아니
었다. 그들은 그들의 주인의 예를 따라 그 안식일 율법 이면의 의도를 성
취하는 방법을 결정하도록 권위를 부여받았다."[111]

예수께서 하신 이 말씀을 새로운 예배일에 의해 안식일이 대체됐음을
옹호하기 위한 초기 교회의 노력으로 해석하는 것은 그곳에 있지도 않은
논점으로 그 구절을 해석하는 것이다. 그 논점은 안식일 대 일요일이 아
니라, 바리새인들의 고소에 따라 "안식일에 하지 못할 일을 하고"(막 2:24)
있었던 제자들의 행위에 관련된 것이다. 그리스도께서는 배고픔을 달래
기 위해서 밀 이삭을 잘라 먹은 행위는 안식일을 위해 의도된 기능과 조
화된다는 것을 증명하기 위해서 몇 가지의 논증들을 제기함으로써 이 비
평을 논박하고 있음을 우리는 살펴보았다. 안식일의 근본적 목적, 즉 그날
은 인간의 안녕을 보장해주는 날이라는 것을 발표한 후, 그리스도께서는
결론적으로 자신이 그날의 주인 되심을 단언하신다.

"안식일은 사람을 위하여 있는 것이요", "**그러므로 인자**는 안식일에도

---

111. Richard S. MacConnell, *Law and Prophecy in Matthew's Gospel*, Dissertation,
University of Basel, 1969, 71, 72; Charles R. Erdman ([각주 95], 56)은 다음과 같
이 날카롭게 지적한다: "안식일 모독을 위해서 이 말이 얼마나 광범위하게 오해되
고 오역될 수 있는가를 보는 것은 너무도 놀랍고 갑작스러운 일이다. 일부는 그것
을 통해 예수께서 실제 안식일을 폐지하거나 그날을 거룩한 날(holy day)에서 휴일
(holiday)로 바꾸려고 하셨다고 제안하기까지 한다. 이는 공식적 승인을 위해 예수
의 가르침을 해석한 것에 불과하며, 이는 바리새인들이 율법주의의 측면에서 안식
일을 해석하려던 것만큼이나 터무니없는 일이다." Erdman의 안식일의 긍정적 기
능에 대한 뒤이은 설명에 주의하라.

주인이라"는 이 두 구절은 어울리지 않는데, 후자가 전자를 "약화시키고 제한"시키기[112] 때문이라는 주장이 제기되기도 한다. 이러한 결론은 "사람과 인자"라는 두 단어가 무엇을 말하는 것인지를 고려하지 않은 채 단순히 그 두 용어를 비교한 것에 기초한 것이다. 하지만 그 두 단어가 무엇을 말하는 것인지에 집중한다면 생각의 맥락은 분명해진다. 사람과 관련해서, 안식일은 그를 위하여 있는(ἐγένετο) 것으로 나타나고 있으며, 인자와 관련해서, 그는 안식일의 주인(χύριος, Lord)으로 나타난다. "이러므로"(ὥστε)라는 연결 관계는 그가 그날을 인간의 유익을 위해 만들었기(27절) 때문에 인자는 안식일의 주인(28절)이라는 사실을 조건으로 하는 것이다.

사실상 헬라어 구문에서 강조는 인자에 있는 것이 아니라 당연히 처음에 위치한 "주인"(Lord)이라는 술부에 있다. 그것의 문자적인 영어 번역은 "그러므로 인자는 바로 안식일의 주인도 되신다"(therefore Lord is the Son of man also of the Sabbath)로 되어 있다.[113] 그래서 그리스도께서 안식일의 주인 되심은 안식일이 사람의 유익을 위해 있다는 이전 선언에 근거하고 있다.

인간의 유익을 위해 안식일이 제정됐다는 것이 어떻게 그리스도께서 그날의 주인이 되심의 근거가 될 수 있는지 질문할지도 모른다. 그 답은

---

112. W. Rordorf, *Sunday*, 65; 참고, E. Käsemann, *Essays on New Testament Themes*, ET 1964, 39; H. Braun, *Spät jüdischhäretischer und frühchristlicher Radikalismus* II, 1957, (각주 1), 70.

113. R. C. H. Lenski (*The Interpretation of St. Mark's Gospel*, 1946, 130)는 이 의미에 대하여 다음과 같이 제대로 설명한다: "강조를 두어야 하는 부분은 역시나 가장 처음 부분에 위치한 술부(predicate)다. 그러므로 '주인'(lord)으로써 모든 법과 제도 위에 서 계신 그분은 그들이 의도한 바를 모두 이루시기 위해 지금 이곳에 계셨다(마 5:17). … 스스로가 야훼의 아들로 아버지와 함께 인간의 이로움을 위해 종교적 준수 및 안식일을 제정하셨던 그분은 지금 여기에서 신성한 안식일 법을 성취시키심으로써 그날을 영광스럽게 만드셨다. 그분을 끝으로 제자들이 후일 안식일을 범하여 가책을 느끼는 일은 종결될 것이었다([각주 104], 35)."

하나님의 아들은 인간을 창조했으며, 그의 안녕을 보장하기 위해 안식일을 제정했다고 당연히 주장할 수 있다는 사실에서 찾을 수 있다. 결국 궁극적으로 그리스도께서 안식일의 주인이 되심은 사람 그 자체에 관련된 그분의 권위를 나타내는 것이다.

이런 시각에서 볼 때 그 두 구절들은 논리적으로 일치하며, 후자는 전자를 약화시키는 것이 아니라 강화시키는 것으로 나타난다. 몇몇 성서 주석가들은 이 두 구절에 대한 이러한 논리적인 의존 관계를 인정한다. 예를 들어, 헨리 바클레이 스웨테(Henry Barclay Swete)는 다음과 같이 기록한다: "마가복음에서 사상의 일치는 분명하게 나타난다. 인간의 유익을 위해 만들어진 안식일은 그것을 소유하신 이상적인 인간이시며, 전형이신 분의 지배를 받는다."[114]

이와 유사하게 조셉 허비(Joseph Huby)도 이 두 절 사이의 관계를 다음과 같이 설명한다: "인간의 안녕을 위해 만들어진 안식일은 인간의 영적 안녕과 구원을 위해 무엇이 적당한 것인지를 판단하는 판단자로 하나님께서 임명하신 인자의 주권에 종속된다."[115] 그러므로 그리스도께서 스스로 "안식일의 주인"임을 선언하셨기 때문에 제자들에게 "안식일과 관련된 근본적인 자유"를 제공하시는 것이 아니다.[116] 오히려 그것보다는 리차드 맥콘넬(Richard McConnell)이 주장한 것처럼, "그분께서는 하나님께 영광이 되고 인간에게 유익이 되도록 하기 위해서는 어떤 방법으로 안식일을 지켜야 하는지를 결정하는 권위를 당신이 가지고 계심을 선언하시고 계신

---

114. Henry Barclay Swete (각주 104), 50.

115. Joseph Huby (각주 110), 69; Heinrich August Wilhelm Meyer ([각주 85], 35) 또한 비슷한 견해를 보이고 있다.

116. W. Rordorf (*Sunday*, 65)가 주장한 것과 같이 다른 저자들도 비슷한 관점을 취하고 있다(각주 107 참고).

것이다."

안식일에 밀 이삭을 잘라 먹은 제자들을 옹호하는 그리스도의 변호는 상당히 긴데, 이는 논쟁이 논쟁을 추가하듯이 단계적으로 늘어난 것이다. 제자들의 무죄함을 증명할 뿐만 아니라 특별히 네 번째 계명의 진정한 의미(출 20:8-11)를 설명하기 위해 사용된 다섯 가지의 기본 사상이 공관복음에 기록되어 있다. 첫째로, 그리스도께서는 필요 앞에선 법도 무력하다는 일반적인 원칙을 분명하게 하기 위해서 다윗의 예를 언급한다. 생명을 유지하기 위해서는 거룩한 빵과 거룩한 시간이 예외적으로 사용될 수 있다.

둘째로, 안식일 계명은 사람들의 영적인 필요를 보살펴주는 것을 방해하는 것이 아니라 그렇게 하도록 계획된 것임을 증명하기 위해서 그리스도께서는 안식일의 일반적인 원칙으로부터 제사장들에 의해서 안식일이 예외적으로 활용된 특별한 사례로 옮겨간다. 그분 자신이 성전과 제사장직에 대한 더 고상한 원형이 되시기 때문에, 제사장들처럼 그를 따르는 자들뿐만 아니라 그리스도께서는 안식일에 불쌍한 죄인들을 위한 구원의 봉사를 더욱더 열심히 해야 한다.

셋째로, "나는 자비를 원하고 제사를 원치 않는다"는 호세아의 진술을 인용하여, 예수께서는 안식일 준수의 우선순위는 먼저 궁핍한 사람을 돌보는 사랑의 봉사를 하는 것이고, 그 후 의식적 규례들을 이행하는 것이라고 설명한다.

넷째로, 그리스도께서는 안식일이 사람의 안녕을 보장해주기 위해서 제정됐기 때문에 안식일 계명 때문에 인간의 필요를 부인하는 것은 그 본래의 목적을 왜곡하는 것이라는 근본 원칙을 재차 단언한다.

마지막으로, 그리스도께서는 자신이 안식일의 주인이심을 선언함으로써 제자들의 행위와 안식일에 대한 자신의 해석을 최종적이고도 결정적으로 비준한다(sanction). 그러므로 그리스도의 주권을 받아들이고 그분께서 그들에게 허락하신 일들을 하고 있는 제자들은 죄가 없었지만, 어리석은 랍비들의 전통을 고수하면서 안식일을 존중한다고 생각했던 사람들은 안식일의 의도된 목적과 그날의 주인을 거절하는 것으로 정죄됐다.

안식일의 주인이 되심에 대한 이와 같은 메시아적 선언에 비추어 볼 때, 이후의 안식일 논쟁에 대한 서문의 격으로 마태복음에 기록된 예수의 초청의 의미를 살펴보는 것이 도움이 될 것이다. 구주께서는 다음과 같이 말씀하시기를, "수고하고 무거운 짐 진 자들아 다 내게로 오라 내가 너희를 쉬게(ἀναπαύσω) 하리라. 나는 마음이 온유하고 겸손하니 나의 멍에를 메고 내게 배우라 그리하면 너희 마음이 **쉼을 얻으리니**(ἀνάπαυσιν), 이는 내 멍에는 쉽고 내 짐은 가벼움이라 하시니라"(마 11:28-30).

이 초대 속에서 그리스도께서는 두 번씩이나 당신에게로 나와서 배우고자 하는 자에게 **안식**을 약속하신다. 몇몇 해설가들이 주장하는 것처럼, 이 내용의 다음 구절이 "그때에"(ἐν ἐχείνῳ τῷ χαιρῷ, 12:1)로 시작하는 것으로 봐서 이 선언은 분명히 어느 안식일에 이루진 것이 틀림없다. 그리고 그 내용은 이후의 안식일 관련 소재들과 연관되어야 한다.[117] 그러므로 다니엘루(J. Daniélou)가 언급한 것과 같이 예수께서 약속하신 안식이 "참 안식일의 휴식(anapausis, rest)"을 말하는 것이라고 해석할 수 있다.[118] 이 경우에 그리스도의 안식일 안식은 "쉬운 멍에"와 "가벼운 짐"으로 여겨지는데, 이는 아마도 당시 사람들에게 무겁게 작용했던 랍비식의 요구들과는 상반되는 것이었을 것이다.[119] 이런 모습은 사실 그리스도의 말씀을 듣던 자들

---

117. W. Rordorf (*Sunday*, 109)는 이러한 관련성에 대해 인식하고 있다; J. Daniélou, *Bible and Liturgy*, 226; E. Jenni (각주 23), 39. 교부들 중에는 다음의 글들을 참고하라: Jerome, *Comm. in Esaiam* 16 (on 58:13); Augustine, *Epistula 55 ad Ianuarium* 12, 22.

118. J. Daniélou, *Bible and Liturgy*, 226.

119. James J. C. Cox ("'Bearers of Heavy Burdens,' A Significant Textual Variant," *AUSS* 9,

에게는 익숙한 것이었다. 왜냐하면 그들은 예수께서 랍비들을 언급하시면서 저들이 율법을 "멍에"로, 제자들을 목에 "멍에"를 지는 자들로 언급했다는 사실을 설명하는 것을 들었기 때문이었다.[120]

무거운 법적 의무들을 수행하며 안식을 얻고자 헛되이 수고했던 자들에게 그리스도께서 약속한 새로운 "안식일 안식"이란 과연 무엇인가? 복음서에 나타난 안식일 관련 소재들을 살펴본 결과, 우리는 그리스도께서 자신의 구속의 사명에 적합한 하나의 상징으로 안식일을 만드셨다는 것을 알 수 있었다. 예수께서는 자신의 사명을 구원의 시간, 즉 안식일의 성취로 선포하실 뿐만 아니라(눅 4:18-19), 안식일에 자신의 구원 사역을 강화하기 위해서 궁핍한 죄인들을 구원하셨다(요 5:17; 9:4). 이로써 "사탄에게 매인 바 된" 영혼들이 안식일을 자유의 날로써 기억하고 경험하게 하셨다. 게다가, 그리스도께서 "다 이루었도다"라고 말씀하시며 이 땅에서 자신의 구속적 사역을 완성하시는 때 역시 금요일 오후, 즉 안식일이 시작되는 시간이었다(요 19:30). 그분은 십자가의 죽음 이후 무덤에서 안식하시며 안식일을 신성하게 하셨다(눅 23:53-54; 마 27:57-60; 막 15:42, 46). 우리가 잘 알듯이 창조의 마지막에 안식일 안식은 온전하고 완벽한 창조에 대한 하

Jan. 1971: 12-14)는 마 11:28 인용구와 12:1-4의 안식일 가르침 사이의 연관성을 인식하고 있었을 뿐 아니라, "11장 28절과 관련이 있는 그리스도의 말들(logia)의 마태복음의 변증적/논쟁적 이해"를 또한 강조했다. 마태는 그리스도의 가르침의 가벼운 멍에를 랍비들에 의해 부과된 무거운 짐과 대조시킨다(참고, *Didache* 6, 2에서 "주의 가르침"은 "주의 멍에"로 언급되고 있다). Cox는 마태복음의 본문과 *Gospel of Thomas*, Logion 90과 *Syriac Didascalia*, 1, 6, 10; 2, 34, 7; 6, 12, 11; 6, 17, 6) 속 평행 구절과의 비교를 통해 이러한 결론에 도달하고 있다; J. C. Fenton (*The Gospel of St. Matthew*, 1963, 187)은 동일하게 "수고하고 짐 진 자들이라는 표현은 율법이 필경사들이나 바리새인들에 의해 설명된 만큼 그것을 지키기가 너무 어렵다는 것을 깨달은 사람들을 의미하는 것일 수 있다. 내가 너희를 쉬게 하리라: 매주 안식일의 쉼은 메시아 도래의 시기의 최종적 쉼에 대한 기대로 여겨졌다"라고 진술한다.

120. 참고, 미쉬나 아보트 3, 5; 베라코트 2, 2.

나님의 기쁨과 만족을 표현했다(창 2:2-3). 그리고 그리스도의 지상 사역의
마지막에도 안식일 안식은 인간에게 회복된 온전하고 완벽한 구원에 관
한 신의 기쁨을 나타내고 있는 것이다. 그리스도의 가르침과 사역을 보면,
안식일 안식은 구속주가 짐 진 영혼들에게 주는 구원의 축복을 보여주는
완벽한 예가 되고 있다.

히브리서에 나타난 안식일

앞에서 암시했듯이 안식일의 구속적 의미는 히브리서에서도 반복되
고 있다. 히브리서는 하나님의 사람들이 "안식일의 안식(σαββατισμός)"(4:9)
이 가지는 축복의 영속성을 재확인받았으며 그 축복들을 받아들이도록
촉구받았다고 전한다.[121] 히브리서의 저자는 안식일 준수의 축복이 유대
민족의 언약과 분명히 관련이 있다는 확신을 공유했던 유대 그리스도인
들의 공동체와 함께 일하고 있었다. 안식일 준수는 사실상 물질적 번영과
연관이 있었는데, 이는 오직 정치적 평화의 상황에서 언약 공동체에 소속
된 자들만이 누릴 수 있었던 것들이었다.[122] 그러나 히브리서의 저자는 유

---

121. 하나님의 창조의 안식일 안식이 여전히 하나님의 백성들을 위해 남아 있다
(απολείπεται, 히 4:6, 9)는 것을 강조하면서, 히브리서의 저자는 창조와 구원에
대한 하나님의 일의 근본적이고 불가분한 통일성에 대해 진술한다. Karl Barth,
Church Dogmatics, ET 1958, 111, 257: "창조로부터—순종과 불순종에 대한 모
든 인간의 결정을 앞서고 또한 대체하는—하나님의 백성들을 위한 안식일 안식
(*sabbatismos*), 그분 자신과 인간의 자유 사이의 거룩한 의지와 정연한 유대 관계,
합의가 여전히 남아있다"; 참고, C. Spicq, *L'Epitre aux Hebreux*, 1953, II, 83.
122. 사 58:13-14은 실제 안식일 준수가 언약의 축복을 약속해준다는 개념에 대하여 고
민하고 있다. 이 구절은 여호수아를 통해 이스라엘 민족에게 주어진 것 외에 또 다
른 안식일 안식이 하나님의 백성들에게 남아있다고 주장하면서, 히 4장은 유대인

대 그리스도인들이 견지하고 있던 안식일과 관련한 독점적이고 물질적인 견해들을 바로잡고, 안식일 준수의 보편적이고 구속적이며 영적인 속성을 확립하기 위해서 창세기 2:2과 시편 95:11의 두 구약성경의 구절을 결합시켰다. 저자는 "하나님께서는 제7일에 그의 모든 일을 쉬셨다"(히 4:4; 참고, 창 2:2-3; 출 20:11; 31:17)라고 했던 창세기의 기록을 통해서 안식일의 기원을 추적하여 창조의 때로 거슬러 올라갔다.

안식일 안식이 하나님께로부터 비롯됐다는 사실은 안식일에 보편적이고 영구적인 유효성을 부여한다. 아돌프 사피어(Adolph Saphir)가 제대로 언급했듯이, "하나님의 이 안식일"은 "창조 속에 드러난 궁극적인 약속인 완전한 평화와 안식의 근거이자 본질인 것이다."[123] 시편의 경우, 저자는 "안식일 안식"의 범위는 개인적으로 "하나님의 안식"(4:3, 5, 10)에 참여함으로써 발견할 수 있는 구원의 축복을 포함하고 있는 것이라고 설명한다.

시편의 저자는 시편 95편에서 "그들[이스라엘 민족]과 같이 우리도 … 받은", "믿음"을 통하여 개인적으로 얻을 수 있는 안식일 안식의 "복음"(4:2)이 지닌 보편적인 구속의 영역을 증명하기 위해서 몇 가지 눈에 띄는 결론을 이끌어낸다. 우선, 그는 11절의 하나님의 맹세 부분을 놓고 다음과 같이 추측한다. 즉, 이스라엘 민족들이 하나님의 안식에 들어오지 못한다는 구절은 하나님께서 안식일 안식을 약속하셨지만 광야 세대가 그들의

들의 민족적 언약과 안식일 준수의 축복이 관련된다는 보편적인 견해를 반박하고 있는 것으로 보인다. 이러한 견해의 발달 과정에 대해서는 G. von Rad와 Ernst Jenne의 글을 참고하라(앞에서 인용, 각주 23). Alexander Balmain Bruce (*The Epistle to the Hebrews*, 1899, 162)는 히브리서의 저자가 "그 영적 결말을 지적함으로써 외적인 측면에 치중된 안식일 준수로부터 히브리인들을 떼어놓으려고 애썼다"라고 설명한다. Fracis S. Sampson (*A. Critial Commentary on the Epistle to the Hebrews*, 1866, 156) 또한 히 4장이 안식일 언약의 축복과 관련해 지배적이던 "배타적 견해"를 논박하고 있다고 보고 있다.

123. Adolph Saphir, *The Epistle to the Hebrews*, 1946, 184.

불순종으로 [안식의 약속의 땅에] 들어오지 못했다는 것을 나타내고 있다는 것이다(4:4; 참고 3:16-19).[124] 그는 "그러므로 그곳에 들어갈 자들은 남아있다"(4:6)라고 주장한다.

두 번째로 그는 하나님의 안식일 안식이 여호수아 때 이스라엘 민족들이 안식의 땅에 들어갔던 그 이후 세대에도 사라진 것은 아니라는 것을 이어 설명한다. 왜냐하면 "오랜 후의 다윗"(4:7)이 "오늘날 너희가 그의 음성을 듣거든 너희 마음을 완고하게 하지 말라"라고 말하고 있기 때문이다 (히 4:7, 참고, 시 95:7). 안식일 안식의 복음이 최초로 선포된 이후, 더욱이 다윗의 때에도 하나님께서 "오늘날"이라고 말씀하시며 "다시" 그분의 약속을 거듭 강조하신다는 사실은 하나님의 안식일 안식(σαββατισμός)에 들어가는 약속이 하나님의 사람들을 위해 여전히 지속되고 있음을 의미하는 것이다(4:9).[125]

마지막으로, 폰 라트(G. von Rad)가 설명했듯이, 시편 저자는 "시편이 하나님의 안식일 제의를 재차 강조한 그 **오늘날**은 그리스도의 오심과 더불어 분명해졌다"라는 의견을 내비친다(4:7).[126] 이러한 일련의 추론을 통하여 그는 안식일이 세 가지 차원의 의미를 지니고 있음을 증명할 수 있게 된다. 첫 번째는 창조의 완성을 기념하는 것이다. 두 번째는 안식의 땅에 들어가는 약속과 그것의 일시적 실현을 상징화하는 것이다. 그리고 세 번

---

124. G. von Rad (각주 23), 95는 안식일 안식의 개념은 단순히 마음의 평화가 아닌 신명기(12:9-10; 25:19)에서 비롯된 "방랑의 곤함과 적들로 인해 괴롭던 한 민족에게 주어진 온전히 실재하는" 것으로 여겨졌다고 주장한다. 이 주제는 뒤에서도 계속 전개된다(참고, 수 21:43-45; 왕상 8:56; 대상 22:9; 23:25; 대하 15:15; 20:30; 6:41-42).
125. John Brown은 다음 글에서 이 점에 대하여 제대로 설명하고 있다: *Hebrews, The Banner of Truth*, 1862, 208.
126. G. von Rad (각주 23), 99.

째는 다니엘루(J. Daniélou)가 언급한 것처럼 아직 일어나지 않은 일곱째 날의 또 다른 안식일(*sabbatismos*)을 예시하는 것이다. "이 두 가지 의미"는 그리스도를 통한 하나님의 사람들을 위해 성취되고 실현됐다.[127] 히브리서의 저자는 창세기와 시편 두 본문의 병치를 통해서 하나님의 사람들이 예수 그리스도를 통하여 미래의 안식일 안식으로 전형이 된 창조와 구원의 온전한 목적에 참여한다는 확고한 믿음을 보여주고 있다.

히브리서의 저자가 안식일의 실제적인 준수를 논하기보다는 오히려 그로부터 주어지는 축복의 성취와 영구성에 대해서만 논하고 있기 때문에, 이 구절에서는 안식일 준수 여부가 문자적으로는 어떠한 추론도 이끌어 내기 어렵다고 주장하는 사람들도 있다. 그러나 이 편지가 안식일 준수와 같은 유대교의 의식들을 많이 강조했던 유대 그리스도인 공동체를 대상으로 기록됐기 때문에 이러한 논의는 타당성을 거의 얻지 못한다.[128] 저자가 안식일 준수의 **정당성**보다는 "하나님의 백성에게 남아 있는"(4:9) 축복을 경험하는 측면에서 **권면**하고 있다는 사실은 그 증언을 오히려 더욱 가치 있게 만든다. 즉, 그는 안식일 준수를 이미 당연한 것으로 여기고 있기 때문이다. 이 서신을 받는 사람들은 안식일 계명의 법적 의무가 아닌 그리스도의 오심과 관련한 그 날의 참 의미를 깨달았어야 했다.

대다수의 해석자들은 "하나님의 백성에게 남아있"는 "안식일 안식"(또는 안식일을 지키는 것, 4:9)을 배타적으로 미래에 실현될 것으로 받아들임으로써 그것의 현재적 권면의 의미를 이해하지 못했다. 안식일 준수에

---

127. J. Daniélou, *Bible and Liturgy*, 299; W. Robertson Nicoll, *The Expositor's Greek Testament*, 1956, 279: "안식을 누릴 수 있는 땅의 약속 아래, 이집트를 떠난 이스라엘 민족들은 하나님의 구원하시는 은혜 및 호의와 만나게 됐다."

128. 이는 히브리서 저자가 옛 언약의 우월성에 대한 기독교 제도의 탁월함을 주장하기 위해 애썼을 뿐 아니라 그가 유대인들의 예배에도 정통하기 위해 노력한 사실에서도 잘 드러나고 있다.

대한 이 서신의 가르침에 대한 두드러진 오해에 대하여 사무엘 로우리
(Samuel T. Lowrie)는 다음과 같은 그럴싸한 설명을 내놓았다. 즉 히브리서는
"개종한 히브리인들로 구성된 교회"가 생기고 나서 오랜 후에야 정경으
로 인정을 받았다는 것이다(4세기경). 결과적으로 이 서신의 실제 독자들이
처한 환경에 대한 지식이 부족했던 이방인 해석자들은 초기 유대인 개종
자들이 깨달았어야 했던 핵심들을 놓치게 됐다.[129]

"하나님의 백성들을 위해 … 남아 있는 '그' 안식일 안식"(4:9)을 다시
확인하고 "그 안식에 들어가"(4:11)라는 권고는 안식일을 지킴으로서 얻게
되는 축복들이 앞으로도 실현될 것을 암시해준다. 그러면서도 그 전체의
구절은 동시에 현재의 안식일 준수의 경험에 대한 몇 가지 중요한 시사점
들을 아울러 내포하고 있다. 일례로 3절에서 저자는 "이미 믿는 우리들은
저 안식에 **들어가고 있다**(είαερχόμεθα, are entering)"라고 단호하게 말한다. 렌스
키(R. C. H. Lenski)가 언급한 것과 같이 여기에서 현재 시제는 추상적 보편성
을 표현한 것이 아니기에 "우리는 들어간다"(we enter)로 읽어야 한다.[130]
"우리는 들어간다"라는 개인적인 형식은 "이미 믿음을 가지고 있는"(4:3)
저자와 독자들이 **현재** 시점에 "안식"에 들어가는 것을 언급한다. 물론 그
안식은 다음의 성경 구절에서 제시해주고 있는 것처럼 세상의 창조 이래
로 계속 유효하게 지켜져 온 하나님의 안식일 안식을 가리킨다(4:3-4).

이와 유사하게 문자적으로 "남겨 두다"(to leave behind)라는 의미의 "남
아 있다"(άπολείπεται, remains)는 현재 수동태이기에 미래 어떤 일의 가능성을
반드시 의미하는 것은 아니다. 8절에서 저자는 여호수아의 세대가 그 약
속을 소멸시키지 않았다고 말하고 있으며, 그렇기 때문에 9절에서 말하

---

129. Samuel T. Lowrie, *An Explanation of the Epistle to the Hebrews*, 1884, 114.
130. R. C. H. Lenski, *The Interpretation of the Epistle to the Hebrews and of the Epistle of James*, 1946, 130.

는 문자적인 의미는 "그러므로 안식일 안식은 하나님의 사람들을 위하여 남겨져 있다"로 해석될 수 있다. 여기서 현재 시제로 기록된 것으로 봐서 그것은 미래 가능성보다는 현재의 영속성을 강조하는 것으로 이해할 수 있다.

이 구절과 관련해서 7절에 두 번 반복되는 "오늘날"(σήμερον)의 의미를 살펴보는 것 또한 대단히 중요하다. 히브리서 저자는 시편에서 하나님의 안식의 "복음"(4:6)을 강조하면서 사용한 "오늘날"이라는 단어가 다윗 때에 안식일 안식의 복음이 다시 전해진 때로부터[131] 그것이 기독교의 시대까지 확장된 것임을 암시해주고 있다. 그것을 받아들이는 조건은 동일하다: "마음을 완고하게 하지 말라", "너희가 그의 음성을 듣거든"(4:7). 이는 안식의 복음에 대한 미래적 의미가 아닌 "오늘날", 즉 현재의 응답이다. 이 응답은 기독교의 안식일 준수의 의미를 전형적으로 보여준다. 19절에서 이 개념은 하나님과 인간의 안식에 대한 유비를 통해 더욱 명확해진다: (문자적으로) "하나님의 안식에 들어간 자는 하나님께서 자기 일을 쉬심과 같이 자기 일을 쉬느니라."

"들어갔다"(εἰσελθών)와 "쉬셨다"(χατέπαυσεν), 이 두 동사는 현재가 아닌 부정과거 시제다. 따라서 이는 미래의 경험을 말하는 것이 아니다. 부정과거란 사건이 과거에 발생했다 할지라도 현재에도 계속되고 있는 것을 의미하기 때문에 이 안식일 경험은 현재에 계속되는 것을 의미한다. 그래서 개역표준성경(RSV)에서는 이 본문이 하나님의 안식이 현재 존재할 뿐 아

---

131. W. Rordorf (*Sunday*, 112)는 "오늘날"의 영향력을 강조한다: "우리가 '오늘날'(Today)의 결정적인 중요성을 그 안에서 깨닫지 못한다면, 그 구절에 담긴 무게를 오해하게 될 것이다. '오늘날'의 새로운 날(the new day of the 'Today')은 그리스도 안에서 시작됐다(7절). 이 새로운 날에는 안식에 아직 더 들어갈 수 있다: 이 날 이 안식은 믿는 자들에게 현실이 되어왔다." 눅 4:19과 요 9:4의 "오늘날"과의 유사성에 주의하라.

니라 그 영원한 특성을 강조하고 있음을 감안해서(4:1, 3, 6, 9, 11) 두 동사를 현재 시제로("enters … ceases") 분명하게 기록하고 있다. 일부 해석가들은 이런 문맥들을 고려하지 못하여 여기에 기록된 안식을 죽음의 안식[132] 혹은 믿는 자들이 미래에 하늘에서 누릴 상속으로서의 안식 정도로 해석하기도 했다. 여기서 우리는 히브리서의 저자가 안식일 안식이 **현재에도** 하나님의 백성들을 위하여 여전히 남아 있다는 것을 보여주기 위해 노력하고 있음을 알 수 있기 때문에, 이 구절을 미래적인 단일 의도만으로 보는 것은 거의 불가능하다.

항상 악한 일을 행하는 인간과는 달리 하나님께서 하시는 일은 선하시기 때문에 10절에 기록된 비유의 핵심을 인간의 일 그 자체만으로 볼 수는 없다. 오히려 그 비유는 하나님께서 인간에게 모본(osper)을 보여 주시기 위해서 일로부터 **쉬시는 것**으로 제시된 것이라고 볼 수 있다. 성경에 기록된 것처럼 "하나님께서는 제7일에 그의 모든 일을 쉬셨"기 때문에 일을 멈추는 것은 안식일의 핵심 요소다. 그러므로 쉼은 안식일의 속성에 대한 가장 간단한 서술로 이해할 수 있다. 히브리서의 저자는 하나님의 백성들을 위해 남겨져 있다는 안식일 안식(σαββατισμός)의 기본적인 특성을 제시함으로써 그 속성을 설명한다. 그러나 이것이 의미하는 바는 무엇인가? 히브리서의 저자는 단지 안식일에 독자들로 하여금 세속적 활동을 멈추게 하고자 독려하고 있는 것인가? 사실 유대 그리스도인에게 이 부분을 상기시켜줄 필요는 거의 없었다. 오히려 그것은 안식에 대한 부정적 생각을 만들어 낼 뿐이기 때문이었다. 안식일 안식의 축복이 단순히 하나의 부정(negation)이 될 수는 없다. 저자는 분명히 안식일에 누리는 안식을

---

132. 하나님의 안식(κατάπαυσιν, 히 4:10)이 계 14:13에 언급된 무덤에서의 안식 (ἀνάπαυσιν)이 되기는 어렵다.

더 깊은 의미로 이해했다. 이는 "순종치 아니함"(ἀπειθείας), 즉 불순종을 낳은 믿음의 부재로(4:6, 11) 그 안식에 들어가지 못한 자들과 "믿음"(πίστει) 즉 순종을 낳은 충실함으로 그 안에 들어간 자들 사이의 대립에서 찾아볼 수 있다.

안식일에 안식을 취하는 행동은 **믿음**으로 구원을 **얻는 것**(4:2, 3, 11)을 경험하기 위해 **하던 일**을 멈추는 것을 의미하는 것이다. 칼뱅(Calvin)이 설명하는 것과 같이 믿는 자들은 "그들이 하던 일을 멈추고 그들 가운데 하나님께서 일하시도록 허락해야" 한다.[133] 하나님과 같이(4:10) 안식일에 안식함으로써, 바르트(K. Barth)의 표현대로, 믿는 자들은 "그분(하나님)이 주시는 구원에 의식적으로 참여하게 된다."[134]

히브리서 저자에게 하나님의 백성들을 위해 남아 있는 안식일 안식은 (4:9) 단순히 나태하게 놀고 지내는 날이 아니라 **하나님의 안식**에 들어갈 수 있는 매주 새롭게 생겨나는 기회, 즉 창조-구속의 하나님께서 주시는 모든 축복들을 믿음으로 받기 위해 자신을 돌보던 일로부터 스스로를 자유롭게 하는 것을 의미하는 것이다. 그러나 구원의 축복으로서의 안식일 경험은 현재에 소멸된 것이 아니라는 점에 주의해야 한다. 바로 이어지는

---

133. J. Calvin, *Institutes of the Christian Religion*, 1972, II, 339 [= 『기독교 강요』, 기독교문사, 생명의말씀사, CH북스 등 역본 다수].

134. K. Barth, *Church Dogmatics*, ET 1958, III, 50; 참고, C. K. Barrett, "The Eschatology of the Epistle to the Hebrews," in the *Background of the New Testament and its Eschatology*, ed. W. D. Davies and D. Daube, 1964², 372: "[히 4:11]은 하나님의 '안식'에 들어가는 것은 불신과 불순종의 반대되는 것을 암시하고 있다. 이는 인간이 인류에 대한 하나님의 궁극적 목적의 완성에 대한 내용을 상세히 나누고 있음을 의미한다." F. F. Bruce (*The Epistle to the Hebrews*, 1964, 74, 78)는 히 4장에 언급된 하나님의 안식일 안식과 요한복음 5장 17절의 그리스도의 말씀을 결부시키면서 다음과 같이 주장한다. 즉, 그 안식이 의미하는 바는 주로 미래의 안식이 아니라 창조 이후 믿음으로 누릴 수 있는 구원의 축복이라는 것이다(각주 73을 참고하라).

구절에서 "저 안식에 들어가기를 힘쓸지니"라고 설명하고 있기 때문이다
(4:11).

이러한 미래지향적 의미는 안식일이 전형으로 보여주고 있는 마지막
구원에 대한 기대와 부합되고 있다. 신약과 랍비 문헌 모두에서도 안식일
은 장차 올 나라의 형태로 여겨지고 있다.[135] 그러므로 히브리서는 그 나름
대로 (그리스도인 생활의 핵심이기도 한) 안식일 준수의 본질, 다시 말해 현재 구
원의 축복을 경험하는 것과 하늘의 가나안(heavenly Canaan)에서의 종말론적
완성 사이의 긴장을 나태내고 있다.[136]

안식일 준수에 관한 이와 같은 확장된 해석은 유대 그리스도인들로
하여금 외적, 물질적 개념을 중시하던 것을 멈추게 하기 위해 의도된 것
이 분명하다. 물론 저자가 복음서에 나타난 안식일 소재들에 대해 얼마나
알고 있었는지는 모르지만, 그의 해석을 통해 앞서서 논의된 안식일에 관
한 그리스도의 구속적 견해가 의미하는 바를 깨닫는 것은 그리 어렵지 않
다. 일례로 히브리서 4장에 나타난 **하나님의 안식일 안식**의 영구성이 가진
의미(참조, 3, 4, 5, 10절)는 요한복음 5:17의 주님의 말씀 속에 잘 드러나 있다:

---

135. 각주 20과 21을 참고하라; *Epistle of Barnabas* 15:8.
136. Alexander Balmain Bruce는 자신의 글 (각주 122) 160, 161에서 이 견해에 대해 잘
기술하고 있다: "안식일 지키기(*Sabbatism*)는 … 세상의 시작과 끝, 만물의 소멸과
창조의 태고 상태를 절묘하게 연관 짓고 있다. 그것은 **이상적인**(ideal) 안식을 의미
하며, 또한 그리스도인들은 안식의 복음에 관심을 둘 뿐만 아니라 처음으로 그 이
름에 걸맞게 안식에 들어감을 암시적으로 가르친다. … 하나님께서는 **일곱째 날**(the
seventh day)에 쉬셨고, 저자(writer)는 그 이름을 택함으로써 그리스도인들이 들어
가는 곳이 바로 하나님 자신의 안식(God's own rest)이라는 것을 만족스럽게 알려
주고 있다. 그리스도께서는 랍비들의 안식일은 버리신 대신 인간을 위한 안식일로
그 자리를 대신하셨다. 이를 위하여 그분은 인간의 선을 준수해야 할 법으로 만드
시고, 선을 행함이 언제나 옳음을 선언하시며, 또한 거룩한 행동을 쉴 새 없는 것으
로, 거룩한 쉼은 상대적인 것으로 제시하심으로써 이로운 행동들을 정당화하셨다."

"내 아버지께서 이제까지 일하시니 나도 일한다."[137]

하나님의 안식은 실제로 타락한 인간들을 되찾기 위해 계획된 그분의 지속적인 구원 활동인 셈이다. 인간을 회복시키고 구속하기 위해 아버지로부터 보내심을 받은 유일한 자로서 그리스도께서는 하나님의 안식의 최고의 현현인 것이다. 그러므로 그분께로 오는 모든 자들에게 안식(*ana-pausis*)을 주시겠다는 그리스도의 위대한 약속(마 11:28)은 하나님의 백성들에게 허락된(히 4:1, 3, 6, 9, 11) 안식일 안식(σαββατισμός-χατάπαυσις)의 핵심이다. 현재의 안식일에도 우리가 누리는 이러한 구원의 축복은 지상에서의 우리의 순례가 끝날 때 온전히 경험될 것이다. 히브리서 4장에서는 안식일을 구원의 축복을 경험하는 시간으로 이해하는 그리스도의 관점을 설명하고 있는데, 이러한 사실은 (적어도) 일부 초기 그리스도인들이 그리스도의 가르침을 문자적 폐기가 아닌 계명의 영적 정상화(spiritual valorization)를 의미하는 것으로 이해했다는 것을 증명해준다.

안식일에 관한 그리스도의 책망

복음서의 안식일 관련 내용들에 대한 분석을 마무리하면서, 그리스도께서 "너희가 도망하는 일이 겨울이나 안식일에 되지 않도록(μηδέ σαββάτῳ) 기도하라"(마 24:20)라는 말씀과 함께 예루살렘의 멸망을 예언하시며 제자들에게 주신 특별한 경고의 메시지를 간단히 살펴보고자 한다.

그리스도께서 이러한 특이한 경고를 하신 이유에 대한 몇 가지 해석

---

137. F. F. Bruce (각주 134)는 "히 2장에서 발견되는 안식일의 구속적 의미가 요 5:17의 우리의 주의 말씀에 의해 암시되고 있다"고 명확히 인식하고 있다.

은 앞서 제시됐다. 예를 들어, 성문이 닫혀 있거나, 심리적으로 도망하는
데 불리한 상태이거나, 엄격한 안식일 준수자들이 어려움에 처한 사람들
을 돕는 일을 거절하거나, 그날에 2/3마일만 여행하도록 허락하는 랍비
들의 규율을 위반하는 것에 대한 두려움, 또는 안식일에 소위 안식일 모
독에 대해 격분할 광신적인 유대인들의 분노 등으로 인해서 안식일에 도
피하는 것이 방해받을 수 있기 때문이라는 해석들이다.[138]

　　하지만 일부에서는 마가복음 13:18에 "안식일에도(neither on a Sabbath,
μεδέ σαββάτῳ)"라는 구절이 빠졌기 때문에 이는 후기 유대 그리스도인들이
삽입한 어구에 해당한다고 주장한다.[139] 이와 같은 가능성을 인정하더라
도 보관자가 집필 시기에 안식일을 법적 구속력이 있는 개념으로 여겼다
는 사실은 여전히 유효하다. 그러나 마태가 유대인들의 관습과 유대 그리
스도인들로 구성된 자신의 독자들을 존중했다는 점을 고려할 때,[140] 그 구
절의 실제성에 의문을 제기할 만한 근거는 없다. 마가복음(13:18)에서 그
구절이 누락된 것은 저자 마가가 유대인이 아닌 다른 청중에게 글을 쓰고
있어서 유대인들의 제약을 받지 않았기 때문이었다. 그래서 그리스도께
서 안식일에 이동하지 말라고 한 말을 언급할 필요가 없었던 것으로 설명
할 수 있다.

　　어떤 학자들은 이 구절이 안식일 준수를 포기하지 못한 채 그 문제를

---

138. 마지막은 R. C. H. Lenski (*The Interpretation of St. Matthew's Gospel*, 1943, 939)의
　　설명이다; 참고, J. C. Fenton (각주 119), 387; Theodore H. Robinson, *The Gospel of
　　Matthew,* 1928, 197; William Hendriksen (각주 50), 859; H. A. W. Meyer (각주 85),
　　416.

139. O. Cullmann, *Early Christian Worship*, 1966, 10; P. Cotton, *From Sabbath to Sunday*,
　　1933, 604; W. Rordorf (*Sunday*, 68)는 "마 24:22에 추가된 어구(μηδέ σαββάτῳ) 혹
　　은 그 절 전체(?)가 후대의 유대(마카베오?) 환경에서 비롯됐다고 추측한다; 참고,
　　E. Lohse (각주 5), 30.

140. 참고, 예로써, 마 5:18; 10:6, 23; 19:9; 23:3, 23.

해결하기 위해 애쓰던 유대 그리스도인들의 투쟁과 관련된 안식일 규례의 불확실성을 의미하는 것이라는 견해를 피력하기도 한다.[141] 그들의 설명대로 이 본문은 실제적인 안식일 준수에 대한 설명은 제공하지 않는다. 즉, 미래의 도피 상황에 대해서만 다루면서 겨울이나 안식일은 발생 가능한 장애물로서만 우연히 다루어진 것이다. 여기에서 불확실한 것은 안식일 준수 여부에 관한 것이 아니라 오히려 장차 도래할 커다란 고난에 관한 것이다(마 24:15, 21). 이 구절에서 단순하게 언급된 안식일은 그날이 고난의 때에 도피를 하기에 부적합한 요인 중의 하나로 제시되는 것이지, 안식일 준수 여부에 대한 격렬한 논쟁을 일으키는 요인으로 제시되는 것은 아니다. 이러한 사실로부터 우리는 이 구절에서 예수께서 안식일이 다른 날로 대체될 것을 예견하고 있지 않다는 사실을 알 수 있다. 오히려 예수께서는 그가 떠난 후로도 안식일의 영속성을 당연하게 여겼다.

이 진술을 문자적으로만 본다면 안식일에 대한 그리스도의 견해를 반영하는 것으로 보기 어렵다고 주장할 수도 있다. 왜냐하면 예수의 안식일 견해가 생명을 유지하기 위해서는 안식일에도 불가피하게 도망할 수밖에 없을 것이라고 말씀하신 것과 일치하지 않기 때문이다. 그러나 이것이 그리스도께서 실제로 안식일에 도피하는 일을 금지하시고자 하는 것인가? 사실 예수께서는 환란의 때에 도피하기에 알맞은 조건을 위해 기도하라고 권고하는 것이다. 예수께서는 어떤 식으로든 겨울이나 안식일에 도피하는 것이 불법적이라고 언급하지 않았다. 그는 다만 자기를 따르는 제자들이 이러한 불리한 여건으로 인해 탈출하는 데 방해를 받을지 모를 것에 대한 연민을 표현하고 있는 것이다.

임신을 했거나 아이를 돌보는 여인들의 처지나(마 24:19) 겨울이나 안

---

141. C. S. Mosna, *Storia della domenica*, 179; 참고, E. Lohse (각주 139), 30; J. Schmid, *The Gospel according to Matthew*, 1968, 34.

식일로 인해 생기는 이동의 어려움(마 24:20)에 대해 고려하는 것은 도덕적 가치 판단 문제가 아닌 단지 인간의 연약함에 대한 그리스도의 애정어린 염려를 뜻하는 것이다. 안식의 날이기 때문에 그리스도인들이 도피를 대비하고 또 자신들의 도피를 방해할지도 모르는 광신적 유대인들에 대하여 제대로 준비되어 있지 않을 것이기에, 그리스도께서는 제자들의 관점에서 안식일을 도피하기에는 적절하지 못한 때로 보았던 것이다.[142] 그러므로 그리스도께서는 이 권고를 통해서 안식일에 해당하는 행동에 대해 정의하려는 것이 아니라 단지 적합한 상황을 위해 제자들이 기도하기를 촉구하고 있는 것이다. 그러나 안식일을 지키는 것을 당연하게 받아들인다는 것은 한편으로는 그리스도께서 안식일 준수의 영구성을 예견했다는 것을 예시함과 동시에, 다른 한편으로 아가일(A. W. Argyle)이 언급한 것처럼 "마태가 집필했던 시기는 안식일이 유대 그리스도인들에 의해 준수되고 있을 때 였"음을 보여주는 것이다.[143]

---

142. William Hendriksen (각주 50), 859: "안식일 준수를 주제로 한 그리스도 자신의 가르침은(마 12:11; 막 2:27) 그날에 도피를 허용할 만큼 충분히 관대한 것이었다. 그러나 필경사들과 바리새인들이 인간이 안식일을 위해 있는 것이라는 인상을 만들어냈고 이를 토대로 만들어진 많은 규칙들과 규율들은 엄격한 준수자들로 하여금 어려운 자들을 돕는 일을 거부하게 되는 결과를 낳았을 것이다. 그러므로 주님은 제자들에게 겨울이나 안식일에 도망치게 되는 일이 없도록 기도하라고 권고하신 것이다."

143. A. W. Argyle, *The Gospel according to Matthew*, 1963, 183; W. Rordorf (*Sunday*, 120) 또한 다음과 같이 언급한다: "이 말이 유대 그리스도인들 가운데 지켜졌다는 바로 그 사실은 그들이 안식일을 높은 존경을 갖고 유지해오고 있었다는 것을 보여주는 충분한 증거가 된다"; E. Lohse (각주 5), 29: "마 24:20은 유대 그리스도인들의 안식일 준수의 일례를 보여주고 있다."

결론

복음서에 담긴 안식일 관련 자료들을 분석하여 몇 가지 결론을 얻었다. 우선, 복음서의 저자들이 안식일 준수의 방법에 관한 그리스도와 바리새인들 사이의 갈등을 풍성하게 보고하고 있는 것으로 볼 때, 유대계 사회와 초기 기독교 사회에서 안식일이 잘 유지되고 있었다고 진지하게 평가할 수 있다. 그리스도의 안식일에 관한 선언들이나 치유 활동들에 관한 광범위한 이야기들은 사실상 초기 그리스도인들이 안식일 준수에 대해 논쟁을 하고 있었음을 보여준다. 그러나 우리는 그들이 예수의 안식일에 대한 태도를 안식일에 대한 새로운 관점에서의 준수 방식으로 이해한 것이지, 그것이 예배의 날을 새로운 날로 변경하고자 예기한 것이 아님을 알 수 있다. 당시의 논쟁의 본질은 안식일 준수의 **새로운 의미**(*a new meaning*)와 **새로운 방법**(*a new manner*)에 있었다.

안식일 준수의 새로운 방법과 관련해서, 그날은 수동적인 무의미(idleness)의 시간이 아니라 궁핍한 영혼들에게 적극적으로 사랑의 봉사를 하는 시간으로 여겨졌다(막 3:4; 마 12:7, 12; 요 9:4). 이와 같은 새로운 이해는 주후 130년에서 200년경의 『디오그네투스에게 보내는 편지』(*Epistle to Diognetus*)만큼이나 오래된 문헌에서도 증명되고 있다. 이 문서에서 유대인들은 "그분(하나님)은 우리가 안식일에 선한 일을 하는 것을 금했다—이 어찌 불경스러운 일이 아니겠는가?"라고 주장하여 "하나님에 대해 거짓으로 말"한 데 대한 비난을 받았다.[144]

우리는 그리스도의 안식일 개혁을 통해 안식일의 긍정적인 의미와 근

---

144. *Epistle to Diognetus* 4, 3, *ANF* I, 26; 초기 기독교 교부의 안식일 해석에 관한 참고와 논의는 주석 90을 참고하라.

본적인 가치가 더 분명하게 강조되고 있음을 발견했다. 우리가 살펴본 것처럼 주님께서는 안식일에 당시의 지배적 제약들과는 반대의 행동을 의도적으로 수행하셨으며, 이를 통해 수많은 랍비들의 규제들로부터 그날을 자유롭게 하는, 즉 그날을 인류를 위한 영육의 행복과 건강을 위한 날로 회복시키고자 하셨다. 그러나 지금까지 살펴본 바와 같이 그리스도께서는 안식일에 친절을 베푸심으로 사랑을 보여주셨다. 이렇게 행동하신 주된 목적은 단순히 계명이 제시하는 인도주의적 의무를 성취하는 것일 뿐만 아니라 믿는 자들이 구원으로 말미암아 누리는 거룩한 축복의 경험과 받아들임을 표현하고자 한 것이었다(요 9:4; 마 11:28).

우리는 복음서에서 안식일과 구원의 관계를 몇 가지의 방법을 통해서 발견할 수 있었다. 일례로 그리스도를 통해서 제시된 하나님의 안식은 나태함과 무용의 시간이 아니라 인간의 구원을 위해 그분이 "이제까지 일하시는" 시간이었다(요 5:17). 이와 동일하게 예수께서는 제사장들이 곤궁한 죄인들을 돌보기 위해 정당하게 안식일을 활용한 경우(마 12:5; 요 7:23)도 안식일의 구속적 기능을 보여주는 예로써 제시하고 있다. 그러나 우리는 그리스도의 안식일 사역과 메시아적 주장 속에서 안식일의 구속적 의미와 관련된 최고의 계시를 발견했다. 구주께서는 자신의 사역을 안식일에 시작하시고 안식일에 끝맺으셨을 뿐만 아니라 안식일적 시간의 해방과 구속의 약속들이 성취될 것이라는 자신의 구세주적 사명들을 분명하게 선언하셨다(눅 4:18-21). 이와 더불어 그분께서는 안식일에 자신의 구속 사역을 강화하셨고(요 5:17; 9:4; 막 3:4), 이로써 "사탄에게 매인 바 된"(눅 13:16) 죄인들이 안식일을 자신들의 구원의 날로써 경험하고 기억하도록 하셨다.

그러므로 그리스도의 가르침과 사역에 드러난 사실은 예배를 위한 새로운 날에 대한 가능성을 열어두기 위해 안식일을 "뒷전으로 물리거나" 혹은 "단순히 무효화시킨" 것이 아니라는 것이다. 안식일은 오히려 믿음

안에서 그분에게 나오는 모든 사람들에게 주시는 구원의 안식을 기념하기에 적합한 날로써 구주에 의해 만들어진 날인 것이다(마 11:28).[145]

우리가 발견한 이와 같은 안식일의 구속적 의미는 히브리서 4장에서 그 예가 제시되고 있다. 히브리서의 기록에서, "하나님의 백성들을 위해 남아 있는 안식일 안식"(4:9)은 유대 민족을 위해서만 남겨진 물리적 경험이 아니라 믿음으로 **하나님의 안식**에 들어오는 모두에게 주어지는 영속적이고 영적인 축복(4:2, 3, 11)이라고 설명되어 있다. 믿는 자들은 하나님과 같이(4:10) 안식일에 하던 일을 멈춤으로써 그리스도를 통해서 확정된(4:7) 구원의 축복을 노력이 아닌 은혜로써 미리 맛볼 수 있도록 스스로를 준비시키는 것이다. 안식일에 대한 이러한 긍정적 해석이 의미하는 바는 다음과 같다. 즉, 초기 교회가 예수의 메시아적 선언과(막 2:28; 마 12:6; 요 5:17) 치유 활동들을 통해서 안식일을 새로운 예배의 날로 대체하고자 의도하셨다고 이해한 것이 아니라 안식일 준수의 진정한 의미를 계시하신 것, 즉 예수 그리스도를 통하여 성취된 하나님의 구원을 경험하기 위한 시간으로 이해했다는 것이다.

---

145. W. Rordorf, *Sunday*, 70.

제3장
부활-현현(顯現)과 일요일 준수의 기원

부활

최근의 연구 동향에서 일요일 준수의 기원을 설명하기 위해 제시되는 가장 일반적인 신학적인 동기는 일주일 중 첫째 날에 발생한 그리스도의 부활과 현현이다. 예를 들어, 모스나(C. S. Mosna)는 그의 최근의 박사학위 논문에서 다음과 같은 결론을 내렸다: "그러므로 우리는 확실하게 결론을 내릴 수 있다. 곧, 부활 사건은 안식일을 첫 그리스도인 공동체의 예배일로 선택하도록 확정지었다."[1] 다니엘루(J. Daniélou)에 의해 진술됐듯이 "일

---

1. C. S. Mosna, *Storia della domenica*, 44; 참고, 15, 20, 25, 27-28, 51-52, 54-55, 77-78, 88; P. Massi (*La Domenica*, 43)는 다음과 같이 명확히 언급한다: "부활은 일요일 기원을 설명할 수 있는 유일하게 그럴싸한 설명이다"; P. K. Jewett, *Lord's Day*, 57: "'초기 유대인 교회로 하여금 일요일을 집회의 정규적인 시간으로 정착하도록 이끈 것은 구체적으로 무엇이었는가?'라고 물을 수 있다. 이전에 살펴봤듯이 그것은 분명히 복음서에 나타난 한결같은 증언들에 따라 일주일 중 첫날에 일어난 부활 사건과 관련을 맺어 왔다"; F. A. Regan, *Dies Dominica*, 191: "위 본문 연구를 통해 교회 초창기에는 단 하나의 예배를 위한 연회만 존재했으며 이는 매주 그리스도의 부활을 기념하는 것이었다는 합리적 결론을 이끌어 낼 수 있다"; 참고, Josef A. Jungmann,

요일에 이루어진 것은 … 그리스도의 부활을 기념하면서 주의 날에 일어 나는 성찬 예배 집회였다"고 주장된다.[2] 교회가 시작될 바로 그때부터 사 도들은 그리스도께서 부활하신 주(week)의 첫째 날을 선택하여 유일한 그 리스도인의 날에 주의 만찬 예식을 거행하며 부활을 기념하기 위한 진정 한 그리스도인의 예배일로 표명하고자 했다는 것이다.

부활에 대해 언급하고 있는 모든 신약성경을 면밀하게 조사/연구해 보면, 한편으로는 그 사건이 비교될 것이 없을 만큼 중요한 사건이라는 사실이 나타나지만,[3] 다른 한편으로는 그것을 기념하도록 하는 특별한 날 과 관련된 징후를 발견하기 어렵다. 헤롤드 리센펠트(Harold Riesenfeld)가 주 목하고 있듯이, 사실상, "복음서에 나타난 부활과 관련된 이야기들 속에 는 위대한 그리스도의 부활 사건이 그 발생된 날인 주중 첫째 날에 기념 되어야 한다는 것을 가리키는 언급이 없다."[4] 더욱이 리센펠트가 주시하 고 있는 것처럼, "신약성서의 기록에서 주중 첫째 날이 결코 '부활의 날' 로 불리지 않는다. 그 용어는 나중에 출현했다."[5] 그러므로 맥카슬랜드(S.

The Early Liturgy to the Time of Gregory the Great, 1959, 19-21; The Mass of the Roman Rite, Its Origin and Development 1951, I, 15; Bishop Cassien, "Le Jour du Seigneur dans le Nouveau Testament," Le Dimanche, Lex Orandi 39, 1965, 30; Y. B. Tremel, "Du Sabbat au Jour du Seigneur," Lumiére et Vie (1962): 44-45.

2. J. Daniélou, Bible and Liturgy, 243; 일찍이 그는 다음과 같이 쓰고 있다: "주의 날이 란 단순히 기독교적 제도일 뿐이다. 그 기원은 안식일 다음 날 그리스도께서 부활 하셨다는 사실에 오로지 그 근거를 두고 있다"(위와 동일한 책, 242; 참고, 222)

3. 그리스도의 부활은 신약에서 믿음과 소망이라는 사도 선언의 본질이다; 참고, 행 1:22; 2:31; 4:2, 10, 33; 5:30; 10:40; 13:33-37; 17:18, 32; 24:15, 21; 26:8; 고전 15:11-21; 롬 1:1-4; 8:31-34; 10:9; 14:9; 살전 1:9-10.

4. H. Riesenfeld, "The Sabbath and the Lord's Day," The Gospel Tradition: Essays by H. Riesenfeld, 1970, 124.

5. H. Riesenfeld, "Sabbat et Jour du Seigneur," in A. J. B. Higgins, ed., N. T. Essays: Studies in Memory of T. W. Manson, 1959, 212.

V. McCasland)가 설득력 있게 진술하고 있듯이, "예수께서 그날에 부활하셨기 때문에 일요일을 지킨다고 말하는 것은 정말로 악순환 논증(petitio principii)이 되어버리고 마는데, 이는 그러한 경축 의식을 여전히 특별한 날로서 월례 또는 연례 행사로 지키는 것이 적합하기 때문이다."[6]

주의 만찬

신약성경에 따르면, 독특한 기독교만의 예배이자 순전한 그리스도인의 날에 부활을 기념하기 위한 필요성을 만들어냄으로써 "주의 날"(κυριακὴ ἡμέρα)을 일으켰다고 추정되고 있는 "주의 만찬"(κυριακὸν δεῖπνον)은 주간의 한 특별한 날에 거행되지도 않았고 부활을 기념하는 것으로 이해되지도 않았다.[7] 그리스도의 죽음과 부활은 동일한 사건에서 나타나는 두 행위이

---

6. S. V. McCasland, "The Origin of the Lord's Day," *JBL* 49 (1930): 69; P. Cotton (*From Sabbath to Sunday*, 1933, 79)은 다음과 같이 단언한다: "부활과 관련된 어떠한 발상으로도 예배의 날로서 일요일 준수를 필연적으로 만들어내는 것은 아무것도 없다"; C. W. Dugmore ("The Lord's Day and Easter," *Neotestamentica et Patristica in honorem sexagenarii O. Cullmann*, 1962, 273)는 다음과 같은 의문을 제기한다: "일요일을 공중 기도와 같은 주된 경우처럼 사도 시대로부터 계속 모든 것에서 그리스도인들에 의해 준수됐던 날로 가정하는 것과, 처음부터 성만찬이 매주 이루어졌던 어느 한 날로 보는 것 중 무엇이 맞는 것인가?" 그의 답은 부활을 기념하는 것은 처음에는 주간 행사가 아닌 연중 행사였다는 것이다. 그는 이어서 "주후 150년까지는 '태양의 날'(day of the Sun; Justin, *I Apology* 67 [=『그리스도인 변호』, 수와진, 2021])에 성만찬을 포함해 예배를 위한 그리스도인들의 정기적 모임과 관련된 어떤 명확한 참고 문헌을 찾을 수 없다"고 설명한다(위와 동일한 책, 280).
7. 참고, Joseph A. Jungmann, *The Early Liturgy*, 1959, 21; W. Rordorf, *Sunday*, 221: "그러므로 우리는 κυριακὴ ἡμέρα와 κυριακὸν δεῖπνον 사이에서 하나의 내적 연관성이 존재했다는 것을 추측해볼 만한 모든 근거를 갖춘 셈이다. … 이 '주의 만찬'이 있었던 그 온전한 하루는 '주의 날'(Lord's Day)이라는 명칭을 부여할 만하다. 사실상 이런 경우라면 (그리고 이 결론이 납득할 만한 것이라면), 우리는 바울의 주의 만찬이 **일요일**에 있었다고 추측해볼 수 있다. 그렇지 않다면 일요일이 '주의 날'로 불리지 않았을 것이기 때문이다." Rordorf는 심지어 행 2:46의 "날마다"(καθ᾽ ἡμέραν) 떡을

기 때문에 적절히 분리될 수 없는 것으로 논의될 수 있다. 그럼에도 "주께 받은 것"(고전 11:23)을 전한다고 주장한 바울이 그리스도의 떡을 먹고 잔을 마심으로 "주의 **죽으심**을 오실 때까지 전하는 것"(고전 11:26)이라고 명확하게 진술하고 있음은 주목할 만한 가치가 있다.[8] 그래서 주의 만찬은 그리스도의 부활을 기념하기 위해서 고안된 것이 아니라 희생과 강림(*parusia*)을 기념하기 위해 고안된 것이 분명하다.[9]

같은 장에서, 사도 바울은 주의 만찬을 거행하는 **방법**에 관하여 고린도인들에게 가르치고자 애쓰고 있다. 그러나 모임의 **시간**과 관련된 질문

뗐다는 언급을 어느 한 일요일 밤 기념식의 표현으로 줄이려고 한다(위와 동일한 책, 225-228). 그는 다음의 세 가지 기본적인 논증을 자신의 견해에 대한 근거로 삼는다: (1) 서방 본문에서 "날마다"라는 표현은 45절로 이동되기 때문에 다른 해석이 가능하다; (2) 떡을 떼려고 함께 모인 것은 "성만찬을 위해 그리스도인들이 모였다는 것을 설명하는 구체적 용어이다"; (3) 공동체가 "매일 저녁에 떡을 떼고자 힘써" 모인다는 것은 불가능했을 것이며, 그러므로 "떡을 떼기 위해 모인 것은 매일 있었던 일이 아니라 … 그것을 기념하기 위해 일요일 저녁에 모인 것이었다"(위와 동일한 책, 227-228). C. S. Mosna (*Storia della domenica*, 52)는 Rordorf의 해석을 거부하며 다음과 같이 단언한다: "행 2:42-46과 고전 11:20 이하에서 초기 그리스도인 공동체들이 성만찬만을 주 단위로 기념하는 관습이 있었다는 증거는 어디에서도 찾을 수 없다. … 또한 그날이 일요일이었다는 것도 마찬가지다." O. Betz는 Rordorf의 책에 대한 자신의 논평에서(*JBL* [1964]: 81-83) 일요일 성만찬에 대한 저자의 강조를 날카롭게 공격한다. R. B. Racham (*The Acts of the Apostles*, 1957, 38)은 행 2:42-46이 묘사하는 것은 조의 만찬이 아니라 한 공동체의 식사일 뿐이었다고 강조한다. J. Daniélou, *Nouvelle Histoiré de l'Église*, 1963, I, 42: "그리스도인들이 항상 밤에만 모였는지는 확실하지 않다. 그 모임이 다른 시간에 있었을 가능성도 충분하다."

8. 그리스도의 희생에 대한 암시는 최후의 만찬에 대한 공관복음 이야기에도 명확히 나타난다: 마 26:28; 막 14:22-25; 눅 22:17-20.

9. E. B. Allo (*Premiére építre aux Corinthiens*, 1934, 296)는 고전 11:20의 주의 만찬을 제대로 관찰하고 있다: "그리스도의 수난에 대한 생각들이 고린도의 모든 성만찬 예식을 메운다. … 실제로 그것은 단순하게 부활하신 그리스도에 대한 예배와 믿는 자들이 영적으로 결합되는 것을 의미하는 것이 아니라 그리스도의 죽음을 기억하기 위한 하나의 '행동'이었다."

에서는 그 장에서 "너희가 함께 모일 때"(συνερχομένων, 고전 11:18, 20, 33, 34)라
는 표현을 네 번씩이나 반복한 것은 그 시간이나 날짜가 **명확하게 정해지
지 않았음**을 함축한다. 만일 주의 만찬이 실제로 일요일 저녁에 거행됐다
면 바울은 네 번씩이나 그것을 거행하기 위해 함께 모이는 것에 대해 언
급했기 때문에, 적어도 한 번 정도는 그것에 대해 언급하지 않을 수 없었
을 것이다.

더욱이 일요일이 이미 그들이 모였던 거룩한 시간을 언급하는 "주의
날"로 간주되고 있었다면, 바울은 주의 만찬에 참여하는 동안에 경건한
태도를 더욱 강력하게 호소하고자 했었을 것이다. 그러나 (20절에서 그 만찬
의 속성을 정의하기 위해 이 단어를 사용하고 있다는 것을 볼 때) 바울이 "주님께 속
한"(κυριακός)이라는 형용사를 잘 알고 있었음에도 불구하고 그는 그것을
일요일에 적용하지 않았다. 사실 이후에 살펴볼 같은 편지의 한 구절에서
도[10] 바울은 그날을 단지 유대인들에 의해서 명명되는 "주간의 첫날"(first
day of the week, 고전 16:2)이라고 언급한다.

주의 만찬이라는 말의 의미는 그리스도께서 제자들과 함께 거행한 마
지막 만찬으로부터 유래한다. 그 만찬이 거행된 때에 대해서는 공관복음
과 요한복음이 다르게 명시하고 있지만,[11] 그리스도께서 일반적인 관습에

---

10. 본서 제4장을 보라.
11. 공관복음에 따르면, 최후의 만찬은 유대인들이 유월절을 먹던 날 밤에 이루어졌
다(막 14:12; 마 26:17; 눅 22:7). 반면 네 번째 복음서인 요한복음에서 유대인들은
그 다음날, 즉 십자가형이 있던 날 밤에 그 절기를 기념했다(요 18:28; 19:14-31). J.
Jeremias (*Die Abendmahlsworte Jesu*, 1948², 34 이후)는 최후의 만찬이 유대인들의
유월절 때에 이루어졌다는 견해를 설득력 있게 변호한다. 나중에는 이 문제와 관련
해 그리스도 당시에 두 가지 유월절 전통이 있었다는 주장이 제시됐다. 첫 번째는
제사장 공동체는 니산월 14일에 그날을 기념했는데, 이 날은 잘 알려지긴 했으나
그 성격이 가변적이었던 음력에서 비롯된 것이었다. 두 번째는 쿰란 분파들이 희
년서에서 옹호하고 있는 364일의 고대 태양력에 따라 수요일에 규칙적으로 유월

따라서 제자들과 함께 유월절 만찬을 드셨다는 것은 사복음서 모두에서 일치한다. 하지만 그때 그리스도께서는 그 의식에 새로운 의미와 형식을 불어넣으셨다. 유월절 예식 동안에 그리스도께서 강조하신 주된 요소는 부활이 아니라 속죄의 죽으심이다. 그는 빵과 포도주에 "죄 사함을 얻게 하려고 많은 사람을 위하여" 제공하는 그의 몸과 피를 상징하는 의의가

절을 지켰다는 주장이다. 일부 학자들은 이와 같은 다른 달력 체계가 둘 사이의 유월절을 보낸 날에 대한 차이를 설명할 수 있다고 주장했다; 다음의 문헌들을 참고하라. B. Lohse, *Das Passafest der Quartodecimaner*, 1953; J. Van Goudoever, *Biblical Calenders*, 165, 174, 175; W. Rordorf, "Zum Ursprung des Osterfestes am Sonntag," *Theologische Zeitschrift* 18 (1962): 167-189; E. Hilgert, "The Jubilees Calender and the Origin of Sunday Observance," *AUSS* I (1963): 44-51; A. Jaubert, *La date de la Céne*, 1957. 이 두 가지 다른 달력 체계가 존재한 것은 어느 정도 확립된 사실이기는 하나, 초기 그리스도인들이 태양신을 숭배했던 이 종파의 달력을 사용했는지는 확실하지 않다. 주후 1세기경 예루살렘 교회가 성전의 규범 달력을 열심히 따랐다는 암시는 존재한다. 더욱이 어떻게 희년 달력이 성전의 공식 달력과 나란히 사용될 수 있었는지에 대해서 아직까지는 설명이 부족하다. 우리는 연중 축제들이 모두 농사의 해와 관련이 있기 때문에 공식 유대교가 달력과 계절이 함께 동시에 움직이도록 필요에 따라 한 달을 윤달로 끼워넣었다는 것을 알고 있다. 그러나 어떻게 (하루하고도 1/4의 날수가 짧은) 계절과 맞게 움직이게 하기 위해 희년 달력에 윤일을 끼워넣었던 것일까? 누구도 이에 대해 확실히 알지 못한다. 35일 혹은 49일을 28년이나 29년마다 끼워넣었다는 이론은 달력에서 한 해의 계절에서 몇 주를 빼야하기 때문에 받아들이는 것은 쉽지 않다(참조, R. T. Beckwith, "The Modern Attempt to Reconcile the Qumran Calender with the True Solar Year," *Revue de Qumran* 7, 27 [Dec. 1970]: 379-387). 그러면 쿰란의 유월절은 공식적인 유대인들의 유월절과 같은 주에 있지 않다는 결론이 나올 수 있다. 그렇다면 이러한 결론과 그리스도와 사도들이 지켰다는 그 절기가 성전의 규범 달력의 한 날과 명백하게 일치한다는 사실은 어떻게 조화를 이룰 수 있을까? 더욱이 공관복음의 저자들은 어째서 쿰란 종파의 달력을 사용했어야 했는가? 누가와 마가는 전통에 따라 이방인 독자들을 위해 글을 쓰지 않았던가? 마태는 로마의 세리가 아니었던가? 어떠한 이유로 그들은 잘 알려지지도 않은 한 종파의 달력을 사용했을까? 참고, William Sanford LaSor은 다음에서 설득력 있는 주장을 펼친다: *The Dead Sea Scrolls and the New Testament*, 1972, 203-205.

있다고 하셨다(마 26:28; 막 13:24; 눅 22:15, 17, 19 비교). 그리스도께서 새로운 의미를 제공해 주시고자 하실 뿐만 아니라 매주일 그 축제를 재현하도록 하고자 하셨다는 것은 복음서에서 나타나지 않으며 그런 암시도 없다. 예수께서 제자들에게 지정해 주신 유일한 시간은 "내가 그것을 아버지의 나라에서 새것으로 너희와 함께 마시는 날까지"(마 26:29; 막 14:25; 눅 22:18 비교)라는 언급이다.

신약성서 이후 곧바로 나타나는 문헌들 속에서도 이와 유사하게 부활은 주의 만찬을 거행하기 위해서나 일요일을 준수하기 위한 주요한 근거로 인용되지 않는다. 교회의 법률과 관련해 가장 오래된 자료로 여겨지는 『디다케』(Didache, 70-150년 사이)는[12] 주의 만찬을 거행하는 방법에 대해 세 장에 걸쳐 간략하게 다룬다(9, 10, 14장). 잔과 빵을 나눌 때 드려지는 축도는 생명과 지식, 교회 연합, 믿음, 불멸, 창조, 음식 등에 대한 언급으로 구성된다(9, 10장). 그러나 여기에 그리스도의 부활에 대한 암시는 없다.

"신약성서 외에 우리에게 전해진 초기 기독교 문서로 알려진" 클레멘스의 『고린도 교회에 보내는 편지』(주후 95년경)에서는[13] 네 장에 걸쳐서 부활 주제를 다루고 있다(24-27장). "부활이 있을 것인데 예수 그리스도께서

---

12. E. Goodspeed (*The Apostolic Fathers*, 1950, 286)는 라틴어 파편들이 주후 100년경에 쓰인 원본의 번역이며, Bryennius가 출판한 글은 Barnabas의 축약본을 토대로 주후 150년경에 만들어진 확장본에 해당한다고 제안한다. K. Quasten (*Patrology*, 1950, I, 36-37)은 그 문서가 만들어진 시기는 주후 100년과 주후 150년 사이로, (주입[infusion]에 의한 침례 등) 기술된 법령들의 복잡한 문제들이 안정되기까지 일정 시간이 필요했을 것이라고 설명한다. 비슷하게 Kirsopp Lake (*The Apostolic Fathers*, LCL, 1952, I, 307)는 "본래 '가르침'(Teaching)은 2세기 초기였을 것"이라고 제안한다. Jean Paul Audet (*La Didache, Instructions des Apôtres*, 1958, 219)는 『디다케』 (*Didache*)가 공관복음과 동시에 존재했기에 주후 50년과 70년 사이의 것으로 추정된다는 견해를 밝혔다.

13. E. J. Goodsped (각주 12), 47.

는 그 첫 열매가 되셨다"(24:1)는 것을 고린도 교인들에게 재확인시키기 위해서, 작가는 세 가지 서로 다르면서 효과적인 상징들을 사용한다: 밤낮의 순환, 씨의 재생적 순환(24), 불사조(phoenix)의 시체로부터 또 다른 새가 발생한다고 주장하는 신화(25).

다른 모든 것들 중에서 가장 거론할 만한 상징들인 주의 만찬과 일요일 예배 등이 생략된 것은 실제로 어떤 사람이 주장하듯이 성만찬 예식이 이미 일요일에 거행됐고 그것이 부활을 기념하는 의미를 지닌 것으로 정말 받아들여졌었는지에 대해 의심을 불러일으킬 뿐이다. 만일 그것이 사실이었다면, 로마의 감독인 클레멘스가 고린도 교회의 교인들로 하여금 자신들의 미래의 부활에 대해 재확신하도록 하기 위해 매주 일요일에 주의 만찬에 참여하는 것이 부활을 가장 확실하게 보장하는 것이라고 그들에게 상기시켜 주는 것보다 더 효과적인 방법은 무엇이었겠는가! 하지만 오히려 클레멘스는 나중에 부활을 기념하는 의식이 된 이 의례를 생략했을 뿐만 아니라, 심지어는 예루살렘 성전에서 "정해진 때에 제공되는 희생과 예배"가 "주님께서 우리에게 수행하도록 명령하신 것들"이라고 말한다(40:2-4).[14]

이렇게 유대인의 종교적 예식에 대한 심오한 경의와 애착을 드러냄으로써 클레멘스는 안식일과 같은 유대 제도들과 근본적으로 단절하고서

---

14. Clement는 41장에서 다시 성전의 봉사에 대해 다음과 같이 언급하면서 "그분의 봉사의 정해진 규칙들"을 존중해야 할 필요에 대해 다시 반복한다: "나의 형제들이여, 매일의 희생 제사와 자유로이 드리는 제물들, 또는 죄나 잘못으로 인해 드리는 제물이 오직 예루살렘에서만 드려지고 있으며, 또한 성지 앞이나 제단에서만 이루어지고 있다"(v. 2; Kirsopp Lake, 각주 12, 79). 성전에서의 희생 봉사에 대한 언급들은 일부 그리스도인들이 봉사를 하며 가졌던 큰 존경심과 형식이 축소되기는 했으나 주후 70년 이후로도 희생 제사가 계속 됐음을 보여준다; 참고, K. W. Clark, "Worship in the Jerusalem Temple after A. D. 70," *NTS* 6 (1959-1960): 269-280; J. R. Brown, *The Temple and Sacrifice in Rabbinic Judaism*, 1963.

제3장 부활-현현(顯現)과 일요일 준수의 기원   109

잘 정비된 새로운 신학적 동기를 가진 새로운 예배일을 채택하기를 허용하지 않았다. 이와는 반대로 수십 년 후에 기록된 이그나티우스, 바르나바스, 유스티노스의 글 속에서 우리는 유대인 제도들에 대한 적대적인 태도뿐만 아니라 부활이 일요일 예배에 대한 부가적이고 이차적인 동기로서 제시되고 있는 소극적인 언급들을 처음으로 발견하게 된다.[15]

초기 문서 자료 속에 나타난 것처럼 부활 사건을 그런 부차적인 역할로 인식한 것은 심지어는 부활이 일요일 예배의 기원에 영향을 미쳤다는 것을 지지하는 학자들에게 있어서도 마찬가지다. 예를 들어, 모스나(C. S. Mosna)는 기록하기를, 교부들은 4세기에 부활과 일요일 준수 사이에 "명백한 연결점이 있다"는 견해를 굳혔지만, "1세기부터 3세기까지 부활을 기념하는 것에 대해서는 거의 언급되지 않았다"고 했다.[16]

유월절

초기 교회가 유월절을 준수한 내용들을 살펴보면 최초에는 부활 사건이 유월절 축일과 명확한 연관성이 없었다는 추가적인 징후를 보여주는데, 유월절은 분명 일요일에 거행되지 않았다. 유월절 준수에 대한 명령은 신약성서에서 오직 한 차례 나타나는데, 고린도전서 5:7-8이 그것이다. "너희는 누룩 없는 자인데 새 덩어리가 되기 위하여 묵은 누룩을 내어버리라 우리의 유월절 양 곧 그리스도께서 **희생되셨느니라** 이러므로 우리가 명절을 지키되 묵은 누룩도 말고 괴악하고 악독한 누룩도 말고 오직 순전

---

15. 세 교부들의 증언에 대해 검토하고 있는 본서 제7장을 보라.
16. C. S. Mosna, *Storia della domenica*, 357; *Sabbat*, xvi에서 반대 논지를 변호하고자 노력했지만 W. Rordorf 또한 "우리는 예수의 부활에 기초한 일요일에 대한 정당성이 2세기 이전, 그리고 그 이후로는 매우 희박하게 제시됐다는 것을 합당하게 밝혀낼 수 있다"라고 인정한다.

함과 진실함의 누룩 없는 떡으로 하자."[17]

이 구절에서 유월절 의식의 동기는 명확하게 진정한 유월절 어린양이신 그리스도께서 "**희생되셨다**"는 사실에 있음을 주목하라. 부활과 관련된 그 어떤 언급도 나타나지 않는다. 게다가, 그 구절은 제한적으로 유월절 명절에 대한 문자적인 준수를 지지할 뿐이다. 왜냐하면 데이비스(W. D. Davies)가 주목하는 것처럼, 바울은 여기에서 "기독교적 유월절을 위한 한 특별한 날에 대해 생각하고 있는 것이 아니라 한 명절로서의 기독교 제도에 대하여 생각하고 있는 것이다."[18] 이것이 꼭 그 당시의 그리스도인들이 문자적으로가 아니라 오직 실존적으로 유월절을 준수했음을 의미할 필요는 없다. 바울 자신이 빌립보에서 무교절을 지낸 후(행 20:6), "오순절 안에 예루살렘에 이르려고 급히 갔다"(행 20:16; 고전 16:8)는 사실은 그 사도가 여전히 그의 삶 속에서 규범적인 성전의 전례 행사 목록을 존중하고, 생활을 조정했음을 시사한다. 게다가, 우리는 초기교회의 관습을 직접 계승한 것으로 분명히 나타나는 (유대인 계산법에 따라 니산월 14일에 유월절을 지키는) 14일 주의자(Quartodeciman)의 자료들로부터 유월절 명절이 사실상 그리스도인들로부터 준수됐음을 알게 된다. 하지만 그 의식은 마치 우리가 부활 사

---

17. 강조는 첨가됨; "유월절 양"이라는 표현은 성전에서 양이 죽임을 당할 때에 그리스도께서 죽으셨던 갈보리를 암시한다(요 18:28; 19:31); 참고, C. Spicq, *Ie Épitre aux Corinthiens*, 1969, 20; E. Hoskyns-F. Davey, *The Fourth Gospel*, 1947, 531. J. Jeremias ("πάσχα," *TDNT* V, 900)는 바울이 그리스도를 "유월절 양"으로 언급한 평상시의 방법은 "그와 같은 비교가 고린도 교회에게 이미 친숙한 것"을 의미한다고 강력하게 주장한다. 유월절 희생과 그리스도의 죽음을 동일시하는 것은 예수께서 최후의 만찬에서 스스로를 유월절 양에 비유하셨기 때문에 예수 스스로에게로 거슬러 올라간다. 그리스도의 희생이 초기 교회의 방대한 유월절 모형론의 핵심이라는 것은 이미 널리 인정되어온 부분이다: 참고, J. Bonsirven, "*Hoc est corpus meum*," *Biblica* 29 (1948): 205-219; A. Walther, *Jesus, das Passalamm des Neuen Bundes*, 1950, 38-91; A. J. B. Higgins, *The Lord's Supper in the NT*, 1952, 49 이하.

18. W. D. Davies, *Christian Origins and Judaism*, 연도 불명, 75.

건이 발생한 그 실제적인 날을 기념하고자 의도된 것으로 기대하는 것처럼 일요일에 거행되지 않았으며, 오히려 예레미야스가 잘 설명하는 것처럼, "요일에 의해서라기보다는 날짜에 의해서 유대인의 유월절과 같은 시간인 니산월 15일에 거행됐다."[19]

나중에 검토할 내용에서 에피파니우스(주후 315-403년)는 서기 135년까지 모든 지역의 그리스도인들은 주일의 요일과는 상관없는 니산월 15일에 유대력을 따라서 유월절을 지켰다고 제안한다.[20] 이 정보 제공자가 옳다면 이는 그 시기(서기 135년) 이전에는 부활을 존중하기 위한 (연 1회든, 주 1회든) 기념일로 일요일을 제정할 필요가 없었음을 의미한다.

이러한 결론은 유월절 의식을 언급하고 있는 초기의 두 문서에 의해서도 역시 지지되는데, 이 두 문서는 그리스도의 부활보다는 죽음을 기념하기를 강조하고 있다. 외경인 『사도들의 편지』(Epistle of the Apostles, 주후 150년경)의 에디오피아어 번역본에는 기록되기를 "그러므로 너는 나의 죽음을 기념하는 의식, 즉 유월절을 거행한다"(15장). 콥트어 번역본에서도 이 구절은 기본적으로 동일하게 나온다: "그리고 너는 나의 죽음을 기념한다. 만일 지금 그 유월절 예식을 거행한다면 …"(15장).[21]

두 번째 문서는 사르디스의 감독이었던 멜리토(Melito)가 한 『유월절에 대한 설교』(Sermon on the Passover, 주후 190년경)인데,[22] 이 문서는 초기 그리스도

---

19. J. Jeremias (각주 17), 902.
20. Epiphanius, *Adversus haereses* 70, 10, *PG* 42, 355-356.
21. 두 가지 번역본은 E. Hennecke의 *New Testament Apocrypha* (1963, 1, 199)에서 대조되어 제시되고 있다. 글을 쓴 시기는 190-191에서 논의되고 있다. 고전 5:7과 11:26에 나타난 것과 같이 '죽음'에 주안점을 둔 것에 주목하라.
22. 본 문서는 1940년, Campbell Bonner (*Melito of Sardes, the Homily on the Passion, with Some Fragments of Ezekiel*, Studies and Documents 12, 1940)에 의해 영어 번역을 포함해 그리스어로 처음 출판이 됐다. 여기서 번역은 Gerald F. Hawthorne의 인용을 빌린 것이다("A New English Translation of Melito's Paschal Homily," in *Current*

인들에게 유월절 의식의 의미에 대한 가장 해박한 신학적 해석을 제공해
준다. 그 감독은 설교에서 상당히 수사학적인 방식으로 고대의 유월절이
어떻게 그리스도 안에서 성취됐는지를 설명해준다. 이 저자가 유대인들
의 유월절을 '학가다'(haggadah: 유대교 전승 중 전설, 민요, 설교, 주, 점성 따위와 같이
율법적 성격이 없는 이야기)로 재현해 낸 출애굽 이야기(12:11-30)에 여전히 성서
적 배경을 두고 있음은 중요한 사실이다. 그 설교에서 반복되는 주제는
"주님의 고난"(58절)에 관한 것인데, 저자는 "양이 희생당하는 것"에 의해
서(3, 4, 6, 8, 15, 16, 32, 33, 44절)뿐만 아니라 구약성서의 다른 많은 표상을 통
해 그것이 "이미 오래 전에 예언된"(58절) 것으로 이해한다.

> 이분은 우리의 구원을 위한 유월절이 되신다.
> 이분은 많은 백성들 속에서 많은 것들을 끈기 있게 견뎌내신 분이시다.
> 이분은 아벨과 더불어 살해당하신 분이시며,
> 이삭과 더불어 희생양으로 묶이셨던 분이시며,
> 야곱과 더불어 유랑생활을 했던 분이시며,
> 요셉과 더불어 애굽으로 팔리셨던 분이시며,
> 모세에게 나타나셨던 분이시며,
> 어린양과 더불어 희생을 당하셨던 분이시며,
> 다윗과 더불어 쫓겨 다녔던 분이시며,
> 선지자들과 더불어 모욕을 당하셨던 분이시다(69절).
> 이분은 살해당한 어린양이시다.
> 이분은 말이 없던 어린양이시다.
> 이분은 마리아에게서 나신 아름다운 암양(ewe-lamb)이시다.

Issues in Biblical and Patristic Interpretation, ed., G. F. Hawthorne, 1975, 147-175).

이분은 무리들로부터 유리 당하신 분이시며,

제물로 바쳐지기 위해서 끌려가신 분이시며,

저녁에 죽임을 당하신 분이시며,

밤에 묻히신 분이시다;

나무 위에 달려 계신 동안 꺾이지 않으셨고,

이 땅에 계신 동안 죽음을 보지 않으셨고,

죽음으로부터 일어나신 분이시며,

인류를 지하의 무덤으로부터 들어 올리신 분이시다(71절).

비록 멜리토는 설교에서 부활을 약간 지나치듯이 언급하고 있지만, 그것들은 유월절의 고난의 드라마를 결론짓는 결어의 역할을 한다. 여기에서 강조된 것은 사실상 설교와 그 의식의 반복된 주제를 구성하고 있는 예수의 고난과 죽으심이다.[23] 이는 그 감독이 제시한 유월절 자체에 대한

---

23. E. Lohse (각주 11), 75는 14일주의자(quartodeciman)의 유월절에는 죽음과 부활을 함께 기념했는데, 이는 Melito가 부활에 대해 몇 차례 언급을 한 적이 있기 때문이라고 지적한다. W. Rordorf (각주 11), 167-168는 또한 부활을 기념하는 것이 14일주의자의 유월절에 암시되어 있었다고 설명한다. 그러한 결론이 Melito, *Paschal Homily*에 의해 타당성을 얻지 못하는 이유는 주교가 그리스도의 부활을 자신의 설교 막바지에 제시하고 있으며(100, 105절), 이는 유월절 기념의 이유를 설명하려는 것이 아니라 다만 수난극(passion drama)의 논리적 결말로 포함된 것이기 때문이다. 그 유월절은 희생에 대한 기념으로 여겨졌으며 그리스도의 고통은 Melito, *Paschal Homily*에서 다음과 같이 분명하게 제시되고 있다: (1) 유월절 양과 그리스도의 희생 사이에 성립되는 상세한 상관 관계(1-8절); (2) 구약에서의 양의 선택과 희생, 소모와 관련한 절차의 반복(11-16절); (3) 양의 피 없이 발견된 애굽 사람들에게 일어난 일에 대한 묘사(17-29절); (4) 이스라엘의 안전이 "주님의 표상인 양의 희생" 덕분이었다는 설명(30-33절); (5) 분명하고도 반복적으로 그 표상을 성취시키는 예표가 그리스도임을 확인시키고 있음(34-45절); (6) 유월절이 "고통을 받는 것으로부터 비롯 된다"는 단정적인 정의(46절); (7) 고통을 겪는 양으로써 그리스도에 대한 구약의 예언(57-65절); (8) 양의 희생과 동일시되는 그리스도의 수난에 대

정의에 의해서도 역시 분명하게 나타난다:

"유월절이 무엇인가?

사실 그 명칭의 유래는,

다음의 사건들로부터 기인하는데—

'유월절 의식을 거행하는 것'(tou Paschein)은

고통을 당하는 것(tou pathein)에서 유래한다.

그러므로 배워야 할 것은,

누가 고통당하는 자인지,

누가 고통당하는 자와 함께 고통을 당하는 자인지에 대한 것이다"(46절).[24]

하지만 머지않아 그리스도의 부활은 연례 부활절-일요일 의식뿐만 아

한 서술(66-71절); (9) 주님을 살해한 데 대한 이스라엘의 독설(72-99절). 실제로 전체 설교는 유대인들의 유월절은 그리스도의 고통의 측면에서 해석하고 있다. 그러므로 우리는 "초대 교회에서 부활은 연중 축제가 아니었으며" 14일주의자들 가운데서 유월절은 일반적으로 고난에 대한 회상과 관련이 있었다는 J. Jeremias의 의견에 동의하게 된다. Tertullian은 이러한 결론을 옹호하면서 다음과 같이 말한다: "유월절은 침례식을 베푸는 보통의 엄숙한 날보다 더 많은 것을 선사한다; 게다가 우리는 주의 고난의 때에 침례를 받고 온전하게 됐다"(On Baptism 19, ANF 111, 678; 참고, Justin Martyr, Dialogue, 72)

24. Irenaeus는 다음과 같은 비슷한 정의를 내린다: "그분의 수난의 날에 대해 모세 역시 무지하지 않았다. 대신 비유적 방법으로 유월절에 주어진 이름을 통해 그분에게 예언을 했다. 그리고 모세로부터 아주 오래 전에 선언됐던 바로 그 축제에서 우리의 주께서 고통을 당하시고 마침내 유월절을 성취하셨다"(Against heresies 4, 10, 1, ANF 1, 473). "유월절"(πάσχα)이 어원상으로 "고통받다"(πάσχειν)에서 비롯됐는지는 알려지지 않았다. 이유는 히브리어에서 "유월절"(חספ)이 "건너뜀", 즉 "피하게 해줌"(sparing)을 의미하는데, 그것은 유월절 축제와 관련된 의식 전체를 나타낼 때 쓰였기 때문이다. 그러나 이러한 잘못된 정의가 축제의 기독교적 해석을 정당화하기 위하여, 즉 그리스도의 고통을 정당화하기 위해 고안된 변증적 논증에 해당한다고 볼 수는 없을까?

니라 매주 일요일 예배의 동기에 대한 일반적인 논거로서 알려지게 됐다. 나중에 살펴보겠지만, 사실상 두 축제 의식은 다른 시간에 동일한 부활의 사건을 기념하는 하나의 기본적인 축일로 여겨지게 됐다.[25]

결과적으로 그리스도의 부활이 신약성서와 초기 교부들의 문학에서 언급되고 있음에도 불구하고, 초기 그리스도인들이 매주일 혹은 매년의 일요일 예배를 통해 그 사건을 기념했다는 암시는 나타나지 않는다는 사실은 분명한 것 같다. 나중에는 그리스도의 부활에 대한 연례 기념 축제가 되어 부활절-일요일에 지속된 유월절 의식이 처음에는 본래 그리스도의 수난을 기린 것이고,[26] 일요일이 아니라 니산월 15일이라는 고정된 날짜에 거행된 것이라는 바로 그 사실은[27] 그리스도의 부활이 사도들의 시대에 일요일 예배가 기원했음을 설명해주는 결정적인 사건이 됐다는 주장을 지지할 수 없는 근거가 된다.

부활하신 그리스도의 현현

일요일 준수의 기원에 대한 유사하지만, 같지는 않은 또 다른 설명은 일요일의 기원과 초기 역사에 대한 최근의 논문에서 로르도르프(W. Rordorf)에 의해 보급됐다. 그 논문은 몇 개의 언어로 번역 출판됐다. 재기가 넘치지만 왜곡된 논쟁으로, 로르도르프는 그리스도의 마지막 만찬과 일

---

25. 본서 제6장을 보라.
26. "재림(parousia)에 대한 기대는 니산월 15일 아침에 시작되는 단식에서 알 수 있듯이 초기 기독교의 유월절 행사에서 중요한 의미를 지니고 있었다(참조, *Epistle of the Apostles* 15); 참고, J. Jeremias (각주 17), 902-903.
27. 부활절-일요일의 기원에 관한 논의는 제6장을 보라.

요일에 부활하신 주님께서 제자들과 함께 드신 음식, 초기 교회 공동체가 떡을 나눠먹는 행위, 고린도전서 11:17-34에 묘사된 주의 만찬 등을 서로 연관시킨다.[28] 이 모든 것은 "부활하신 주님께서 제자들과 가시적 형태로 함께 계셨던 부활절 식사에 그 뿌리를 두고 있는데, 우리는 부활절 식사에 특정 시점을 부여할 수 있다. 곧, 그것은 일요일 저녁에 발생했다!"고 그는 결론을 내렸다.[29]

더욱이 그리스도께서 "부활하신 일요일 저녁뿐 아니라 그 다음 일요일에도 나타나셔서 제자들과 함께 먹었으며(요 20:26), 심지어는 아마도 그후 다른 일요일(행 10:41)에도 그렇게 했다"는 사실은[30] 매 일요일 저녁에 정규적으로 성찬 예식이 거행되기 위한 규칙적인 형식이 제정됐던 것으로 해석된다. 따라서 주장되는 바에 따르면 일요일의 명칭인 "주의 날"(κυριακὴ ἡμέρα)과 그날의 성찬 예배는 둘 다 부활하신 주님께서 제자들과 함께 새롭게 거행하신 날, 부활일의 저녁에 "또 하나의 제도"로 경험됐던 주의 만찬에서부터 유래했다는 것이다.[31]

부활하신 그리스도께서 여러 차례 나타나신 때에 제자들과 함께 먹었던 그 식사들이 오토 베츠(Otto Betz)가 설명하는 것처럼 "초기 그리스도인들 가운데서 거행됐던 혁명적인 새 예배 의식의 기초"가 됐다는 것이 정

---

28. W. Rordorf, *Sunday*, 221; P. K. Jewett (*Lord's Day*, 64-67)은 Rordorf의 견해를 받아들이고 변호했다; 또한 P. Massi (*Lo Domenica*, 40)와 C. S. Mosna (*Storia della domenica*, 52-58)는 부활 후 그리스도의 등장이 일요일 기원에 영향을 미쳤을 것이라는 가능성을 배제하면서도, 그것이 집회의 시간, 즉, 저녁 시간을 결정했을 것이라고 주장한다.

29. W. Rordorf, *Sunday*, 233.

30. 위와 동일한 책, 234.

31. 위와 동일한 책, 233; 또한 Joseph A. Jungmann ([각주 1], 21)은 "주의 날"과 "주의 만찬" 사이에 인과관계를 인지했다; 참고, Bernard Botte, "Les Dénominations du Dimanche dans la tradition chrétienne," *Le Dimanche*, Lex Orandi 39, 1965, 13.

말 가능한가?[32] 그 사건에 대한 복음서의 설명은 그러한 가정을 믿을 만한 것으로 여기지 않는다. 예를 들어, 제자들은 부활하신 날 일요일 저녁에 여전히 주님의 부활이 허탄한 듯이 뵈어 믿지 못하여(눅 24:11) "문들을 닫고"(요 20:19) 모였는데, 이는 주의 만찬을 거행하기 위해서가 아니라 "유대인들을 두려워하여"(요 20:19) 모인 것이었다.

요한이 이 내용을 기록한 것은 1세기 말엽이었는데,[33] 주장되는 바에 따른다면 그때는 그리스도인들이 일요일에 주의 만찬을 거행하고 있던 시기였을 것이다. 하지만 요한은 부활일 저녁에 그리스도께서 제자들과 더불어 행하신 식사에 대한 어떤 언급도 하지 않고 있다. 이러한 세부 내용이 생략됐다는 것은 부활하신 날의 식사를 일요일 준수가 시작된 중요한 출발점으로 여기는 것의 부당성을 말해준다. 게다가, 요한이 갈릴리 호수 해안에서 일주일(week)의 초반부 아침에 제자들과 드셨던 한 식사(요 21:13)를 언급하고 있다는 사실은 그리스도께서 부활하신 날 저녁에 드셨던 식사에 특별히 중요한 의미가 있는 것이 아니었음을 강력하게 제안하는 것이다.[34]

---

32. Otto Betz, "Review of W. Rordorf *Der Sonntag*," in *JBL* (1964): 83. Betz는 C. S. Mosna와 달리 관대한 방식에도 불구하고 그러한 가설을 받아들이지 않았다(*Storia della domenica*, 52-58).

33. 사복음서의 집필 시기는 일반적으로 1세기 말 이전으로 추정되는데, 이는 초대 교회의 전통에 따르면 요한이 Trajan 시대에 살았기 때문이다(Irenaeus, *Against heresies* 2, 25, 5; 3, 3, 4; Clement of Alexandria, Eusebius로부터 인용, *HE* 3, 25, 5); 참고, Alfred Wikenhauser, *New Testament Introduction*, 1958, 319).

34. Pacifico Massi (*La Domenica*, 40)는 요한의 기록에 따라(21:1-19) 티베리아스 호수에 나타나신 것은 일주일의 첫날이었는데, 이는 "안식일 이후에 이 일이 일어났기 때문이다(21:1-3)." 그것이 전적으로 있음 직한 일이 아닐 수 있지만 그러한 추정을 인정할 때, 베드로와 제자들은 토요일 밤에 안식일을 보낸 후 고기를 잡으러 갔다 ("그들은 고기를 잡으며 밤을 지샜다", 요 21:3). 일요일에 고기를 잡으러 갔다는 것으로 그날을 의도적으로 준수했다고 여기는 것은 거의 불가능하다.

제자들이 부활하신 날 저녁에 먹었던 식사를 "주의 만찬에 대한 또 하나의 다른 제도"로 이해했다고 믿기는 어렵다. 모스나(C. S. Mosna)의 주석에 의하면, 그 식사에 대해서 유일하게 기록한 누가는 '프락티오 파니스'(fractio panis), 즉 떡을 떼는 것을 언급하지 않고 있기 때문이다.[35] 사실 제자들이 "구운 생선 한 토막을 그[그리스도]에게 드리매 받으사 그 앞에서 잡수셨다"(눅 24:42-43). 떡이나 포도주에 대한 언급은 없으며, 의식적인 축복의 내용도 전혀 언급되지 않는다. 제자들은 그리스도로부터 성찬 의식의 떡과 포도주를 받은 것이 아니라, "구운 생선 한 토막을 그분께 드린 것"이다(42절). 그리스도께서만 잡수셨다. 왜 그랬을까? 그리스도께서 그 부활하신 육체가 물리적인 실체임을 제자들에게 확인시켜주기 위해서 떡과 포도주가 아니라 "무슨 먹을 것이 있는지"(41절)를 물으신 문맥 속에서 그 답은 명확하게 나타난다(36-41절).[36]

"여드레를 지나서"(요 20:26), 아마도 부활하신 그 다음 일요일로 여겨지는 날,[37] 그리스도께서 다시 나타나신 사건에 대한 진술은 일요일 준수가 규칙적인 형식이 됐다는 것을 제안하는 것으로 보기는 거의 불가능하다. 예수께서 오셨을 때에 도마가 함께 있지 않았다고 요한이 직접 (그렇게 볼 수 없는) 이유를 설명하고 있기 때문이다(24절). 이 경우에서도 동일하게 요한은 어떤 예배 의식과 관련된 만찬에 대하여 언급하지 않고, 단순히 도마에게 육체적인 부활의 실체를 만져서 알 수 있도록 증명해 보이시는 것에 대해 언급하고 있다(26-29절). "여드레가 지나서" 제자들이 다시 모였

35. C. S. Mosna, Storia delle domenica, 52.
36. 행 10:41은 또 다른 중요한 예가 되는데, 본문의 그리스도께서 제자들과 먹고 마셨다는 이야기는 그리스도께서 환영이 아니었음을 보여주는 중요한 증거가 된다.
37. 이 구절에서 "8일이 지나서"라는 표현은 월요일을 뜻하는 것이 아니다. 8일이라는 명칭과 함께 9장에서 다루겠지만 날을 전부 통틀어 새는 것이 당시의 관례였기 때문이다; 참고, R. J. Floody, Scientific Basis of Sabbath and Sunday, 1906, 125-126.

다는 사실은 그리 이상한 일은 아닌데, 왜냐하면 오순절 전에 "저희가 다락에 함께 유하였으며"(ἦσαν καταμένοντες, 행 1:13) 거기에서 그들은 날마다 서로의 신앙 계발을 위해 만났다고 기록되어 있기 때문이다(행 1:14; 2:1).

그리스도께서는 동일한 형식에 따라 나타나신 것이 아니었다. 주님은 개인에게도 나타나시고 모임 중에도 나타나셨으며, 일요일에도 나타나셨을 뿐만 아니라, 다른 시간, 다른 장소, 다른 환경에서도 나타나셨다. 사실상 그분께서는 게바와 야고보와 같은 개인에게도 나타나셨으며(고전 15:5, 7), 열두 제자에게도 나타나셨고(5, 7절), 오백여 형제에게도 나타나셨다(6절). 예를 들어, 그 만남은 유대인들이 두려워 문을 닫고 모인 중에서도 이루어졌고(요 20:19, 26), 엠마오로 가는 길에서도 이루어졌으며(눅 24:13-35), 또는 갈릴리 호수에서 고기잡이를 하는 중에도 이루어졌다(요 21:1-14).

일요일에 반복되는 성찬 예식을 거행하는 제도를 정당화시키기 위해 그리스도의 나타나심으로부터 일치된 형식을 이끌어내는 것은 불가능하다. 사실상 오직 엠마오의 두 제자들에게만 그리스도께서 "떡을 가지사 축사하시고 떼어 저희에게 주었다"(눅 24:30). 이 마지막 사례는 주의 만찬을 거행하는 것처럼 이해될지도 모른다. 하지만 실제로 그것은 예수께서 초대받으사 평범한 식탁에 둘러 앉아 평범한 식사를 나눈 것이었다. 그리스도께서는 두 제자들의 호의를 받아들이시고 "그들과 함께 음식을 잡수시기" 위해 앉으셨다(눅 24:30). 일반적인 관습에 따라, 주님은 "떡을 가지사 축사하시고 떼어 저희에게 주셨다"(30절). 벰(J. Behm)이 설명하는 것처럼 이 행동은 "단순히 함께 음식을 먹기 위한 관습적이고 필수적인 준비"에 불과했다.[38] 포도주가 제공되지도 않았고, 따라서 축사되지도 않았는데, 이는 "떡을 떼시는" 중에 주님께서 제자들에게 알려지심으로 그 식사가

---

38. J. Behm, "χλάω," *TDNT* III, 728.

돌연히 중지됐기 때문이었다(35절, 31절 비교).

그리스도께서 부활하신 후 그의 제자들과 더불어 같이 나누었던 식사라 할지라도 주의 만찬에 대한 "또 하나의 다른 제도"로 간주하는 것은 그 최후의 만찬에서 예수께서 만드신 서약과도 대립된다: "너희에게 이르노니 내가 포도나무에서 난 것을 이제부터 내 아버지의 나라에서 새것으로 너희와 함께 마시는 날까지 마시지 아니하리라"(마 26:29; 막 14:25; 눅 22:18 비교). 이 현실 세상에서는 그의 제자들과 함께 거룩한 성찬 예식의 떡과 포도주를 다시는 먹지 않을 것이라는 그리스도의 약속이 모든 공관복음서에 예외 없이 기록되어 있기 때문에, 그들은 그들의 주님을 모순되고 대립되는 과실 있는 분으로 만들지 않기 위해서라도 그 후 그리스도께서 참여하신 그 어떤 식사도 최후의 만찬을 재현하는 것으로 간주하지 않았을 것이다.

마지막으로, 우리는 마태(28:10)와 마가(16:7)에 따라 그리스도의 나타나심이 예루살렘에서 일어나지 않고(누가와 요한은 그렇게 언급함) 갈릴리에서 일어났음에 주목해야 한다. 이것은 맥카슬랜드(S. V. McCasland)가 바르게 고찰한 것처럼 다음과 같은 사실을 암시해준다.

> 그 장면(vision)은 베드로의 복음서 단편의 마지막 부분에 나타난 대로 무교절이 거의 **열흘이나 지난 후**에 있었을 것이다. 그러나 만일 이처럼 이후에 나타난 장면이 일요일에 있었다면, 그런 우발적인 방식으로 일요일 준수를 설명하기는 쉽지 않을 것이다.[39]

복음서들 속에 서술된 모순점들을 설명하기는 매우 어려운 것이 사실

---

39. S. V. McCasland (각주 6), 69.

이지만,[40] 마태와 마가 모두가 부활하신 날 일요일에 그리스도께서 제자들과 만나 식사를 나누었다는 언급을 하지 않았다는 사실은 그분께서 부활하신 날, 일요일 저녁에 제자들과 함께 나누신 식사가 특별히 중요한 것이 아니었음을 함축한다.

그러므로 그리스도의 나타나심은 한편으로는 낙담한 제자들에게 그리스도께서 부활하신 사실을 분명하게 재확인시켜준 것이었고, 다른 한편으로는 부활을 매주일 반복해서 기념하도록 제안하는 것으로 이해하기 어렵다는 것을 보여준다. 그리스도의 나타나심은 다른 시간에, 서로 다른 장소와 환경에서 발생했고, 그리스도께서 음식을 잡수신 사례들은 성찬예식에 의한 일요일 예배를 제정하시기 위함이 아니라, 그의 육체적 부활의 실체를 증명하기 위해서 (생선과 같은) 일반적인 음식을 드신 것이었다.

---

40. 베드로와 제자들이 티베리아스 호수로 돌아간 때를 무교병 절기 **이후로**(즉 8일 이후) 제시하고 있는 『베드로 복음』의 시간표는 두 가지 다른 이야기에 대한 가능한 해답을 제시해준다; 참고, W. Rordorf, *Sunday*, 228.

제4장
신약성서의 세 구절과 일요일의 기원

사도들의 시대에 일요일을 준수했다는 증거로 일반적으로 인용되고 있는 유명한 신약성서의 구절들은 세 개로, 고린도전서 16:1-2과 사도행전 20:7-12, 요한계시록 1:10이다.[1] 따라서 신약성서에서 일요일 준수가 전제되어 있는지 혹은 그것을 언급하고 있는지를 확인하기 위해서 이 세 구절들을 분석하는 것은 피할 수 없는 과제다.

고린도전서 16:1-2

주후 55년 혹은 56년 봄에 바울은 고린도 교회 신자들에게 예루살렘

---

1. 사복음서는 이견 없이 그리스도의 부활이 "그 주의 첫날"(마 28:1; 막 16:2; 눅 24:1; 요 20:1)에 일어났다고 기록한다. 그러나 저자들은 그날 부활하신 그리스도를 기리기 위해 새로운 의식이 기념됐는지에 대한 정보는 제공하고 있지 않다. 이러한 사실은 일요일의 기원에 대한 가장 최근의 연구자들이 고전 16:2, 행 20:7-8, 계 1:10을 사도 시대에 안식일 준수와 관련한 증언들로서 중점적으로 살펴보게 된 이유가 됐을 것이다.

교회의 가난한 사람들을 위한 총괄적인 자금 모금 운동에 물질적인 기부를 하도록 하는 특별한 계획을 천거했다(바울은 이와 유사한 지도 방침을 마게도니아 교회와 갈라디아 교회에도 주었다).[2] 그 계획은 이렇게 진술됐다: "매주일 첫날에 너희 각 사람이 이를 얻은 대로 저축하여 두어서 내가 갈 때에 연보를 하지 않게 하라"(고전 16:2).

많은 학자들은 이 구절을 그리스도인들이 정규적으로 일요일에 헌금을 드린 것을 언급한 것이거나 적어도 그 사실을 암시적으로 가리킨 것이라고 이해하고 있다. 예를 들어, 로버트슨(A. Robertson)과 플룸머(A. Plummer)는 그들의 주석 안에 이 구절을 다음과 같이 단언한다: "이것은 사도 시대에 교회가 매주일의 첫째 날을 일찍부터 성별하고 있었음에 대해 증명해 주는 가장 초기의 증거다."[3] 그들은 그리스도께서 안식일이 가진 긍정적인 기능에 대하여 해석한 내용을 첫째 날에 연보를 저축하는 것과 서로 연관시켜 이 결론을 정당화한다. 즉, "만일 유대인의 안식일에 선한 일을 행하는 것이 옳은 일이었다면(마 12:12; 막 3:4), 하물며 주의 날에는 어떠하

---

2.   이러한 준비는 분명 행 18:23에 묘사된 여행과 함께 이루어졌을 것이다. 이는 갈 2:1에 그와 같은 성금에 대한 암시에서도 확인된다; 참고, 고후 9:2-3; 롬 15:26.

3.   A. Robertson and A. Plummer, *The Epistle of St. Paul to the Corinthians*, 1911, 384; 참고, A. P. Stanley, *The Epistles of St. Paul to Corinthians*, 1858, 344: "이는 한 주의 첫날 준수에 대한 가장 오래된 언급이다. 모금은 그날에 하도록 되어 있었는데, 이 날은 그리스도인의 의무들을 되새기기에 가장 적합한 날로 여겨졌다"; F. J. Foakes-Jackson, *The Acts of the Apostles*, 1945, 187: "그리스도인들의 집회와 관련되어 첫날이 가장 처음 언급된 것은 고전 16:2로, 바울은 그날에 예루살렘의 가난한 자들을 위한 모금을 제안한다"; *A Catholic Commentary on Holy Scriptures*, 1953, 1040-840: "일요일이 그리스도인들의 모임과 성만찬을 위한 날로 이미 여겨지고 있었다는 것은 고전 16:2에서 분명히 나타난다"; E. B. Allo (*St. Paul, première epître aux Corinthiens*, 1956, 456): "여기서의 첫날은 일요일 예배를 의미하는 것으로 그 서신을 쓸 당시 이미 안식일이 대체됐다"; F. Regan (*Dies Dominica*, 15) 또한 이 견해를 옹호한다.

겠는가? 그것은 그들로 하여금 자신들이 받았던 말로 다 할 수 없는 축복들을 깨닫게 해주었기 때문이다."[4]

이렇게 일요일에 고린도 교인들이 사적이고 개인적으로 연보를 저축하는 것을 안식일 신학의 복음이 일요일로 전이됐음을 가리키는 것으로 해석하고자 하는 시도는 사실상 독창적인 것이기보다 우리가 앞으로 살펴보겠지만 정당성 없는 것이다. 파시피코 마씨(Pacifico Massi)는 고린도 교인들의 연보를 단순히 부활 주일에 대한 믿음을 매주일 표현하는 것으로 해석하고자 한다: "일요일은 매주일의 유월절이요, 집회의 날이다. 부활하신 그리스도께 그러한 헌금을 드리기 위한 가장 좋은 날이 아니겠는가?"[5]

피에르 그렐롯(Pierre Grelot)은 바울이 천거한 것처럼 매주일 집에 돈을 챙겨두는 것을 "유대인들이 매주 안식일 전야에 가난한 사람들을 위해 빵을 모아두는 것"과 관련시켰다.[6] 그렐롯은 설명하기를, 그 두 사례 모두에서 문제는 모교회의 가난한 사람들을 지원하는 것이었다. 하지만 이 두 사례 사이에는 한 중요한 차이점이 있는데, 적어도 샴마이(Shammai) 학파에 따르면 유대교의 안식일에는 기부금이 모금되지 않았기 때문이다. 가난한 사람들을 위한 기부가 금지됐는데 그런 행위들이 미래의 물질적인 풍요를 상징하는 그날과 대립되기 때문이었다.[7] 게다가, 고린도에서 모금되는 것은 음식이 아니라 돈과 관련된 것이다. 그렐롯은 이러한 차이점들

---

4.   A. Robertson and A. Plummer (각주 3), 384.
5.   P. Massi, *La Domenica*, 283.
6.   Pierre Grelot, "Du Sabbat Juif au Dimanche Chrétien," *La Maison-Dieu* 124 (1975): 31-32.
7.   Beth Shammai는 다음과 같이 말한다: "안식일 회당에서는 가난한 자들을 위한 모금뿐 아니라 한 고아인 남자가 젊은 고아 여자와 결혼하기 위한 지참금조차도 할당하지 않는다."

을 거의 문제 삼지 않는데, 왜냐하면 고린도인들에게 있어서 그 모금은 "너그러움을 표현하는 것(고후 8:6-7)일 뿐만 아니라 신성한 헌금을 드리는 것(고후 9:12)이었기" 때문이며, 결과적으로 일요일 예배의 필수적 부분이 됐기 때문이라고 그는 주장하기 때문이다.[8]

모스나(C. S. Mosna)도 바울은 고린도후서 9:12에서 그 "연보"를 "봉사"(λειτουργία: 예배를 의미하는 헬라어 단어 중 하나—역주)로 명시하고 있기 때문에 그 모금은 그리스도인들의 집회와 관련된 일요일 예배 봉사와 연결되어야만 한다고 논증하면서 같은 결론을 내리고 있다. 게다가 "매주일 첫날"이라는 표현이 "셈어적"이기 때문에, 그것은 아마도 그러한 날의 유대적인 기원—예루살렘으로부터 온—을 가리키는 것이라고 그는 추측한다.[9]

이러한 모든 설명 안에서 그 "모금"을 일요일 예배와 관련된 것으로 해석하고자 하는 공통된 노력이 담겨져 있음을 인지할 수 있다. 찰스 핫지(Charles Hodge)가 표현한 것처럼 그것은 다음과 같은 느낌을 갖게 해준다.

주일의 첫째 날에 이행하도록 요구한 것에 대한 유일한 이유가 될 수 있는 것은 그날에 그리스도인들이 만나는 것이 익숙해져 있었기 때문이었고, 각

---

8. Pierre Grelot (각주 6), 32.

9. C. S. Mosna, *Storia della domenica*, 7-9; C. Callewaert ("La Synaxe eucharistique à Jerusalem, berceau du dimanche," *Ephemerides Theplogical Lovanienses* 15 (1938): 43)도 역시 그 명칭이 일요일이 예루살렘 초기 공동체에서 비롯됐다는 것을 암시한다고 주장한다. W. Rordorf (*Sunday*, 41-42)는 자신이 가진 확신을 기반으로 이 설명에 이의를 제기한다. 그는 행성 주간이 채택되지 않았을 때이기에 바울이 반복되는 어느 하루를 명칭하기 위해 임의로 사용할 다른 명칭이 없었다고 믿는다. 그러나 그의 주장이 납득하기 어려운 것은, 우선 행성 주간이 당시에 존재했다는 증거가 있고, 우리가 알고 있듯이 그리스도인들은 오랫동안 주간과 관련해 유대인들의 명칭을 사용해오고 있었다. 실제로 행성의 명칭들이 처음 발견되는 곳도 이교도들에게 전해진 기독교 문헌이다(참조, Justin Martyr, *I Apology* 67; Tertullian, *Apology* 16; *Ad Nationes* 1).

자가 그들의 일주일의 수익으로부터 저축해 두었던 것을 교회의 공통 기금으로 모아둘 수 있었기 때문이었다.[10]

이처럼 바울의 기금 조성 계획으로부터 일요일 준수의 정규적인 형식을 추론해 내고자 하는 시도는 창의력과 독창성이 돋보이긴 하지만, 그 구절이 제공하는 실제적인 정보에 의존하기보다는 추론된 요지들에 더 의존하고 있는 것처럼 보인다. 우선 무엇보다도 그 구절에서 기금을 모으는 것은 "스스로"(παρ᾽ ἑαυτῷ) 하는 것이었기 때문에, 공식적인 집회에 대한 어떤 암시도 주어지지 않았다는 점에 주목해야 한다. 스탠리(A. P. Stanley)가 진술했듯이, 이 구절은 "그 모금이 **개인적이고 사적으로** 이루어졌음"을 보여준다.[11]

이것은 나중에 모금할 돈에 대한 요구이자 정확히 바울이 피하고 싶었던 것이었기 때문에(고전 16:2), "스스로" 또는 "자신의 집에" 저축하라는 지시가 특별한 의미를 가지지 않는다고 반대하는 경우가 있다.[12] 하지만 그런 반대는 근거가 없다. 왜냐하면 다음에 나타나는 동사(θησαυρίζων), 곧 "저축하다" 혹은 "모으다"는 사도가 거기에 도착할 때까지 돈이 각 개인의 집에 비축될 필요가 있음을 의미하기 때문이다. 저축해 두었던 것이 있어야 도착하자마자 모금이 신속히 이루어질 수 있었을 것이다.[13]

---

10. Charles Hodge, *An Exposition of the First Epistle to the Corinthians*, 1959, 364; James Moffat (각주 7), 271; "모인 돈은 일요일 봉사를 위해 제공됐을 것이다"; W. Rordorf (*Sunday*, 195)는 바울이 "그리스도인들은 이미 매주 일요일을 염두하고 그들의 일정을 정해놓기 시작했기 때문에" 한 주의 첫날 모금 계획을 제안했다고 주장한다.

11. Arthur P. Stanley, *The Epistle of St. Paul to the Corinthians*, 1858, 344.

12. J. Nedbal, *Sabbath und Sonntag im Neuen Testament*, dissertation, 1956, 156-157.

13. Arthur P. Stanley (각주 11), 344: "θησαυρίζω라는 단어는 '저장'(hoarding) 혹은 '모아둠'(treasuring up)을 의미하는데, 이는 곧 사도가 모금을 하러 가기 이전에 각자의 집에 그 돈을 놓아두었다는 것을 뜻한다"; R. C. H. Renski, *The Interpretation of*

그 당시 교회에 금고가 없었기 때문에 돈은 사적으로 저축해야 했다는 설명도 있는데 이것 역시 불충분한 설명이다.[14] 사도들이 정한 첫 번째 제도는 계속적으로 들어오는 예물들을 관리하고 불쌍한 사람들에게 나눠 주는 일을 책임지게 하기 위해 헬라인들로 구성된 집사들을 선임하는 것이었다(행 6:1-6). 바울은 집사의 직무를 인지하고 그러한 직무를 책임지고자 하는 사람의 자질들에 대한 목록을 제시했다(딤전 3:8-13).[15]

고린도 교회 공동체에도 마찬가지로 그는 하나님께서 임명하신 직무들 중에 "서로 돕는 것과 다스리는 것"(고전 12:28)이 있음을 언급하는데, 이것은 지역 교회에 자금을 관리할 능력을 가진 사람들이 있었음을 의미한다. 더욱이 바울은 고린도 교인들 중 직접 그 돈을 예루살렘으로 가지고 갈 사람들을 선택하고 승인해주기를 바라고 있는데(고전 16:3-4), 이 사실은 그 교회가 재정적 문제를 관할할 자격이 있었음을 설명해준다.

또한 기금을 사적으로 저축하여 둔 것은 아직 공식적인 예배 장소가 존재하지 않았기 때문이라는 주장도 있다.[16] 하지만 그런 논증도 신뢰할 만한 것은 되지 못하는데, 바울은 그의 계획이 **사적으로** 수행되기를 바랄 뿐 아니라 **개인적인** 차원, 즉 "너희 각 사람이"(ἕκαστς ὑμων παρ' ἑαυτῷ) 수행하기를 바라고 있었기 때문이다. 게다가 그리스도인들이 개인 가정집에서 집회를 가졌던 것은 사실이지만, 바울은 그 모금 활동을 지역의 특성상

St. Paul's first and Second Epistle to the Corinthians, 1946, 759: "각 사람은 '각자'(παρ' ἑαυτῷ) 늘어나는 총액을 집에 보관하고, 그 돈을 바로 교회에 내지 않도록 한다."

14. R. C. H. Lenski (각주 13), 760; A. Robertson and A. Plummer (각주 3), 384: "당시에 어떠한 형태로든 교회 금고가 있었을 가능성이 있다."

15. Hermann, W. Beyer, "διάκονος," *TDNT* 11, 90: "집사들은 일구이언을 피하고 욕심이 없어야 한다—이것이 많은 가정을 방문하고 자금 관리하는 일을 위임받는 자들에게 필요한 자질이다."

16. Vincenzo Monachino는 자신의 논문 비평에 이러한 견해를 싣고 있다.

사적인 것으로 여기지 않고 있다. 사실, 같은 편지에서 바울은 "너희가 교회에 모일 때에"(고전 11:18; 20, 33, 34 비교)라는 표현을 반복적으로 하고 있다. 따라서 가정에 개인적으로 돈을 저축하여 두는 것과 개인 가정에서 모아두는 공적인 헌금 사이를 분명히 구별한다.

만일 그리스도인 공동체가 일요일에 함께 예배를 드렸다면, 바울이 개인적인 예물을 가정에 저축하여 두라고 한 권고는 모순된 것으로 나타난다. 만일 일요일에 그리스도인들이 예배를 드리기 위해 모였다면, 그들은 왜 헌금을 그날에 가정에 비축해야 했는가? 그 돈을 일요일 예배를 드릴 때 가지고 나왔어야 되지 않았는가? "적은 액수를 헌금하는 사람들이 부끄러움을 느끼지 않도록 하기 위해" 돈을 가정에 저축하여 두었다는 크리소스토모스(Chrysostom)의 논거가 정당하다고 보기는 어렵다.[17] 이것은 그리스도인들이 단지 충분한 예물을 드릴 수 있을 때만 드림으로서 적게 드려야 하는 곤혹스러움을 피하고자 했다는 것을 의미하게 된다. 제임스 모펫(James Moffat)의 제안에도 동일한 결함이 나타나는데, 그는 "은혜를 베푸는 일이 예배시에 다루어져서는 안 된다"는 샴마이 학파의 견해를 아마도 바울이 따르고 있는 것이라고 제안한다.[18] 이는 바울의 관대한 정신에 걸맞지 않는 도량이 좁은 랍비들의 정신이 그에게도 있다고 생각하려는 것이다. 더욱이 윌리엄 바클레이(William Barclay)가 지적하고 있듯이, "바울은 이 연보를 묘사하기 위해 적어도 9개의 다른 단어들을 사용하고 있다."[19] 이 단어들 중 몇 개, 즉 "참여함"(κοινωνία, 고후 8:4; 9:13), "섬기는 일"(δι-

---

17. Chrysostom, *Homily 43 on I Corinthians* (PG 61, 367): "바울은 말하길, 적은 양을 내는 사람들이 부끄러움을 느끼지 않도록 각자 [가정에] 챙겨두고 교회로 가지고 오지 않게 하라." J. Kosnetter은 이러한 의견을 다음에서 옹호하고 있다: "Der Tag des Herrn im Neuen Testament," *Der Tag der Herrn*, 1958, 384.
18. 각주 7을 보라.
19. William Barclay, *The Letters to the Corinthians*, 1956, 182-183 [= 『고린도서』, 기독교

ακονία, 고후 8:4; 9:1, 12, 13), "직무"(λειτουργία, 고후 9:12), 그리고 "제물"(προσφορά, 행 24:17) 등의 단어들은 명확하게 종교적 예배와 관련된 전례적 용어다. 따라서 사도 바울이 예배 시간에 헌금을 드리거나 기탁하는 것을 비종교적인 행위로 간주했다고 보기는 어렵다.[20] 그렇다면 일요일에 집단적 회중 헌금이 아닌 개인들에게 모금하라는 바울의 권고는 그날에 정규적인 공식 예배가 드려지지 않았음을 시사하는 것으로 볼 수 있다.

만일 바울이 일주일의 첫째 날을 그리스도인들의 예배일로 여겼다면, 그는 아마도 그날을 주의 날(κυριακὴ ἡμέρα)로 명명했을 것이다. 그 이유는 그가 같은 편지(고전 11:20)에서 주의 만찬의 명칭과 특성을 명명하기 위해서 "주님께 속한"(χυριακός)이라는 형용사를 사용하는 데 익숙하기 때문이다. 만일 사도 바울이 그렇게 했었다면, 주의 날에 대한 명칭과 예식이 주의 만찬으로부터 유래했다는 주장은 모두 믿을 만한 것이 됐을 것이다. 그러나 바울이 "주님께 속한"이라는 형용사를 일요일이 아닌 성만찬을 묘사하는 데만 사용하고 있다는 사실은 그 용어가 익숙하게 사용됐다 하더라도 일주일 중 첫날에 적용되지는 않았음을 시사해준다.[21]

우리가 이미 살펴본 것처럼, 바울은 고린도전서에서 주의 만찬을 거행하는 때와 관련한 질문을 불확실한 채로 남겨 둔다(고전 11:18, 20, 33, 34; 비교, 14:23, 26). 아마도 성만찬 예식은 서로 다른 날, 다른 장소에서, 매주 공

문사, 2002].

20. 한 세기 후 Justin Martyr는 일요일 예배 동안에는 "[헌금을] 하고자 하는 사람들은 각자가 적절하다고 생각하는 만큼을 내고 모인 것은 집례자에게 맡겨둔다"라고 기록한다(*I Apoloty* 67, *ANF* I, 186).

21. J. B. Lightfoot (*The Apostolic Fathers*, 1885, II, 129)는 일요일에 대해 언급하면서 다음과 같이 적절하게 논한다: "그날은 신약에서 공통적으로 'μία τῶν σαββατῶν [일주일의 첫날]'로 불린다. 바로 주후 57년에 성 바울(고전 16:2)에게서 이 명칭이 등장하는데, 여기에서 만일 그 단어가 흔히 사용되는 것이었다면 우리는 분명히 κυριακή ("주의 날")이라는 단어가 쓰이길 기대했어야 한다."

동체가 정한 개인적인 계획에 따라서 거행됐을 것이다. 이 계획은 그리스
도인들의 저녁 집회가 사교 모임(hetaeriae)으로 오해됐었다는 사실 때문에
장려됐을지도 모른다. 사교 모임은 정치적인 음모의 중심지가 됐기 때문
에 로마법에 의해 금지됐던 비합법적인 사교 모임(동지들의 모임)이었다.

　비두니아(Bithynia, '비투니아')의 총독 플리니우스(Pliny)가 트라야누스(Tra-
jan) 황제에게 보내는 서신(주후 112년)은 이 문제에 대한 설명을 제공해준
다.[22] 그 편지에서 총독은 그리스도인들을 처리하는 과정에서 따라야 할
절차를 지시해 주기를 황제에게 요청하면서, 고문을 겸한 장기간의 심문
을 통해서 그가 찾아 낸 그리스도인들의 "죄목"을 기록하고 있다. 그는 진
술하기를 그리스도인들은 "지정된 한 날(stato die)에 동트기 전" 종교적인
예배를 드리기 위해 모이는 데 익숙해져 있었다고 했다. 같은 날, 이후에
(분명히 저녁에) 그들은 "평범하고 해가 없는 음식을" 나누어 먹기 위해 다시
만났다. 그런 후 그 총독은 "당신의 명령에 따라 교제(hetaeriae)를 금지한 나
의 칙령이 내려진 후 그들은 이 모든 것들을 그만두었다"고 덧붙였다.[23]

---

22. *The Letters to Pliny*, Book X, 96.

23. W. Rordorf는 교제를 금지한 것은 오직 "그리스도인들의 두 번째 모임"에만 영
　향을 미쳤을 뿐 "아침의 만남"에는 영향을 주지 않았다고 주장한다(*Sunday*, 203-
　204). 이로써 그는 다음과 같은 설득력 없는 결론에 도달한다: "나라로부터의 억압
　으로 그리스도인들은 일요일 밤을 준수하는 것을 포기해야 했다. 그러나 이미 일요
　일 아침을 준수하고 있었기 때문에 그들에게 있어서 단념하기 어려웠을 성만찬 기
　념식을 아침으로 옮겼다"(위와 동일한 책, 252). 즉, 그의 결론은 주의 만찬을 저녁
　에서 아침으로 옮기면서 일요일 아침 예배가 생겨났으며, 이는 Trajan이 교제를 금
　지했던 것에서 비롯된 것이라는 설명이다. 이것이 사실이래도 일요일 아침 예배는
　실제 신학적 근거가 아닌 외부의 정치적 압력에 의해 생겨났을 것이다. 그러나 의
　문은 주의 만찬 기념을 일요일 저녁에서 아침으로 만장일치로 이동시키기 위해 로
　마 제국의 전 지역에 교제 금지령을 적용한 것인가?(Rordorf에 대한 C. S. Mosna의
　비판은 *Storia della domenica* 101-105을 참고하라). 더욱 중요한 것은 과연 그 금지
　령이 저녁 모임에만 제한적으로 적용됐는지 하는 것이다. 이는 다음의 진술로 파악
　하기는 어렵다: "*quod ipsum facere desisse post edictum meum*" 즉, 번역하자면 "나의

그리스도인들의 집회가 지정된 날 저녁에 공동 식사를 위해서 모였다는 점에서 분명히 (사교 모임과) 유사한 점을 가지고 있었기 때문에 사교 모임이라는 의혹을 받았던 것이 분명하다.

사교 모임을 금지하는 칙령이 전 로마 제국 내에서 어느 지역까지 적용됐는지 알 수는 없다.[24] 하지만 어떤 종류의 사교 모임이 의혹의 대상이 됐는지에 대해서는 나타난다. 예를 들어, 트라야누스 황제(주후 117-138년)는 미래에 발생할지도 모르는 화재로부터 니코메디아(Nicomedia) 시를 보호하기 위하여 150명을 넘지 않는 범위에서 소방관들의 조합을 구성하도록 허락해 달라는 플리니우스의 요청을 기각했다. 황제의 기각 사유는 다음과 같았는데, "어떤 명칭을 부여하든, 어떤 목적이 주어지든, 공동의 목적을 위해 함께 동맹을 맺은 사람들은 오래지 않아 모두 같은 정치적 연합체가 될 것"이기 때문이었다. 그리스도인들을 이런 식의 의혹을 가지고 바라보았다는 것은 테르툴리아누스(주후 160-225년)에 의해 지적되는데, 그

칙령 이후에 그들은 이 모든 것들을 그만두었다"(*L'Impero Romano e il Cristianesimo* 1914, 107). 이는 그들의 모임에 대한 자백(*adfirmabint*)의 결론으로서, 분명히 아침과 저녁 모임 둘 다를 의미한다. Trajan이 Pliny에게 보낸 편지에는 그는 단호하게 소방수 협회(firemen guild)와 같은 합법적 기관의 모임에 대해서도 허가를 내주지 않고 있는데, Marta Sordi의 지적처럼 Bithynia의 특별한 상황 때문에, "제국의 다른 지역에서는 허용될 뿐 아니라 권장됐던" 합법적 협회들의 모임조차도 Trajan은 금지령에 포함시켰다(*Il Christianesimo e Roma*, 1965, 143). 그렇다면 비두니아에서의 금지령이 모든 형식의 그리스도인들의 모임에까지 확대됐다고 보는 것이 논리적이다. 만일 이러한 (거부하기 어려워 보이는) 결론이 옳다면, Pliny의 편지에서는 일요일 아침 예배의 기원과 관련해 어떠한 암시도 찾아볼 수 없다. 사실상 우리는 그가 쓴 "정해진 날"(appointed day, *stato die*) 표현이 일요일에 대한 언급이라고 결코 볼 수 없음을 증명하게 된 것이다.

24. The *lex iulia de collegiis*뿐 아니라 기원후 64년의 *Senatus consultus*도 교제(association of friends)를 금지했지만 그 적용은 지배적 상황들에 의해 결정됐다; 참고, Cicero, *De Senectute* 13, 44-45. 교제에 대한 논의는 Marta Sordi (각주 23), 142-144를 보라.

는 그리스도인들의 사랑(agape)의 만찬이 한 "도당"(factio, 사교 모임과 같은 식의 모임)이 된 것이었다는 암시에 대해 저항했다. '아가페' 축제의 본질에 대해 묘사한 후, 이 북아프리카의 감독은 다음과 같이 기록한다.

> 그리스도인들의 집회가 불법적인 종류의 집회들과 같다면, 당연히 받아야 할 대가를 주고, 불법적인 것으로 판단하라: 만일 비밀 당파를 기소한 것과 같은, 그 어떤 고소 내용이라도 그 집회에 타당하게 적용할 수 있다면, 반드시 그 집회를 정죄하라. 그러나 우리의 집회로 인해 누가 고통을 받은 적이 있었는가? 우리는 서로 모여 있지 않았을 때의 우리의 모습 그대로 우리의 집회에 참석한다. … 경건하고 순수한 사람들이 그 집회에 모일 때, 그대는 그것을 도당이라고 불러서는 안 되고, 집회소, 즉 하나님의 집이라고 불러야 한다.[25]

그리스도인들의 종교적 만찬들이 티에스테스(Thyestean) 축연들이었다는 고소와[26] 결부해 불법적인 종류의 집회라고 보는 이러한 일반적인 혐

---

25. Tertullian, *Apology* 39, *ANF* III, 47; 참고, 또한 *Apology* 37에서 Tertullian은 다음과 같이 말하며 그리스도인들의 집회가 법적으로 인정되어야 한다고 변호한다: "사회로부터 두려움이 될 만한 불법적 종류의 범죄를 저지른 책임이 있지 않는 한, 법이 용인된 사회 속에서 모임을 가질 수도 있는 것 아닌가?"(*ANF* III, 45). 이교도 Cecilius는 *Octavius* of Minucius Felix에서 그리스도인들이 비밀스럽게 모임을 갖고 이야기를 나눈다며 끊임없이 비난한다(참조, 9, 10장, *ANF* IV, 177-178). Lucian of Samosata (주후 165년경)는 자신의 풍자에서 시리아 기독교인과의 짧은 연애 동안에 Peregrinus를 그리스도인 티아소스 (즉, *On the Death of Peregrinus*라는 모임의 지도자, LCL, 11)로 묘사한다. Celsus (주후 175년) 또한 그리스도인들의 협회들을 "은밀한 집단"(secret societies)으로 간주하고 있다(Origen, *Contra Celsum* 1, 1).

26. 그리스도인들을 겨냥한 이교도들의 비난에 대해서는 다음을 참고하라. Justin Martyr, *I Apology* 26, 7; Athenagoras, *Supplicatio* 3; Theophilus of Antioch, *Ad Autolicum* 1, 3, 4; Tertullian, *Apology* 2; Minucius Felix, *Octavius* 8.

의는 바울이 왜 그 모임 시간을 분명하게 언급하지 않았는지에 대한 이유를 설명해 줄 수 있다. 그러한 의혹의 근원을 피하기 위해서 고린도 교인들은 매주마다 주의 만찬을 위한 저녁 모임의 날짜와 장소들을 곧잘 변경했던 것 같다.

거의 모든 학자들은 플리니우스의 고소 내용에 나타난 그리스도인들의 모임이 있었던 "지정된 날"(*stato die*)이 일요일이라고 주장한다.[27] 예를 들어, 로르도르프(W. Rordorf)는 "지정된 날이란, 일요일이 아닌 다른 날을 언급하는 것으로 이해하기는 어렵다"고 주장한다.[28] 만약 이러한 일반적인 해석이 옳다면, "바울은 일요일에 일어날 일을 위해 돈을 저축하라고 지시했는데 … 그리스도인들은 이미 매주 일요일에 대하여 언급하면서 그들의 일정을 [일요일로] 정하기 시작했기 때문"이라는 로르도르프의 결론은[29] 고려할 만한 가치가 있을 것이다. (하지만 두 문서는 50여 년이라는 시간의 간격이 있으며, 우리가 살펴보겠지만, 그 기간에 급격한 변화들이 발생할 수 있었음에 주목하라.) 그러나 "지정된 날"이 꼭 정규적으로 반복된 일요일 모임을 언급하는 것이라고 볼 수 있는가? "지정된", "확정된", "고정된", "결정된", "규칙적인" 등을 의미하는 그 용어 '스타투스'(*status*, *sisto*의 분사 형태)는 시간에 대한 언급에 사용될 때 일정하게 반복되는 날을 의미할 뿐만 아니라 정해진 또는 제정된 것을 의미하기도 한다. 그렇다면 그 모임은 주기적으로 되풀이될 수 있었지만 반드시 동일한 날일 필요는 없다.

문맥은 또한 "지정된 날"이 아마도 매주마다 고정된 한 날이 될 수도

27. 참고, L. C. Mohlberg, "Carmen Christo quasi Deo," *Rivista di Archeologia cristiana* 14 (1937): 95; C. S. Mosna, *Storia della domenica*, 98; A. Harnack, *Die Lehre der zwölf Apostel*, 1884, 53; A. A. McArthur, *The Evolution of the Christian Year*, 1953, 18.
28. W. Rordorf, *Sunday*, 202-203.
29. 위와 동일한 책, 195.

있는 몇 가지 이유를 암시한다. 그리스도인들은 그 지역에서 비난받았고 기소됐으며 정죄받았다. 이것은 문제가 이미 존재하고 있다는 사실을 플리니우스가 도착하자마자 발견했다는 사실에 의해 나타난다. 주어진 혐의의 원인을 피하기 위해 그리스도인들은 매주 모임의 날짜와 장소를 바꿨을 가능성이 있다. 더욱이 통치자들은 문초를 통해 그리스도인들의 집회가 인도되고 있는 날의 시간과 그 방법과 관련한 자세한 정보를 얻었다. 그러나 실제적인 날짜와 관련해서 그들이 얻은 것은 단지 그들이 모였던 "정해졌던 한 날"일 뿐이었다. 만일 그리스도인들이 비두니아에서 정규적으로 일요일에 모임을 가지고 있었다면 그들은 나머지 예배 활동에 대해 털어놓을 때, 이미 진행했던 그 사실에 대해 자복했을 것이다. 수십 년 후(주후 150년경), 순교자 유스티노스(Justin Martyr)는 분명히 좋은 인상을 창출해 내고자 그리스도인들이 "태양의 날"에 모였다고 로마 황제에게 명확하고도 단호하게 보고했음을 우리는 살펴볼 것이다.[30] 나이와 성별, 태도와는 상관없이 그리스도인들이 무분별하게 죽어가도록 유죄 판결을 내리게 한 반기독교적 법률을 보다 인도주의적으로 적용해야 한다고 황제에게 호소하는 플리니우스의 신중한 호소를 또한 주목해 보자.[31] 만일 그들이 일요일에 모인 것을 플리니우스가 발견했다면, 그는 아마도 좀 더 우호적인 관점에서 그리스도인들의 예배를 진술하기 위해 저들이 태양의 날에 모인 이 사실을 언급했을 것이 아닌가? 우리가 나중에 살펴보겠지만, 태양의 날은 로마 세계에서 분명 경의와 숭배를 받았던 날이었다.

---

30. Justin Martyr, *Apology* 67; 해당 본문과 논의 내용은 220-221를 보라.
31. Pliny의 편지의 깊이 있는 분석을 위해서는 다음을 참고하라. Vincenzo Monachino, *Le Persecuzioni e la polemica pagano-cristiana*, 1974, 43-50: "후자는 실제 당시의 법률적 규범에 반하여 은혜와 신중함으로 제기했던 항의였다"(위와 동일한 책, 50).

이 부가적인 기록에 비추어 볼 때, 플리니우스가 기록한 "지정된 날"
이 만일 안식일이 아니었다면 반드시 매주 동일한 날은 아니었을 것이라
고 우리는 결론 내린다. 만일 그날이 안식일이었다면, 플리니우스는 아마
도 그들이 유대인들과 관련됐다는 것 때문에 더 안 좋은 상황에 처해질
것이기에, 그것을 피하기 위해 그날을 언급하려 하지 않았을 것이다. 유대
인들은 트라야누스 황제의 통치 기간 동안에 리비아, 크레네, 이집트, 키
프로스, 메소포타미아 등지에서 반란을 일으켰다.[32] 이러한 반란이 진압
되기 전에 광범위한 대량 학살이 자행됐다. 그리스도인들이 유대인들처
럼 매주 토요일마다 모였다고 트라야누스 황제에게 보고하는 것은 그 황
제로 하여금 가혹한 조처를 취하도록 독려하는 것이 됐을 것이다. 이상의
이유 때문에 플리니우스의 편지의 내용을 가지고 바울이 첫째 날 헌금을
거둘 계획을 세웠다고 하는 것을 지지하려는 노력은 부당한 것으로 보인
다.

본문으로 다시 돌아가 보자. 여전히 고찰해 보아야 할 문제는 바울이
왜 첫째 날에 기금을 모으라는 계획을 제안했는가 하는 것이다. 사도는
자신의 제안의 목적을 분명하게 진술했다. 그것은 "내가 갈 때에 연보를
하지 않게 하기"(고전 16:2) 위해서였다. 그렇다면 그 계획은 예물을 바치는
일요일 예배를 고양시키기 위해서가 아니라 그가 도착하는 대로 실질적
이고 효과적으로 모금을 하기 위해서 제안된 것이다. 그 계획 속에서 네
가지 특성을 확인할 수 있다. 그 연보는 **주기적으로**("매주일 첫날에", 2절), **개
인적으로**("너희 각 사람이", 2절), **사적으로**("스스로 저축하여", 2절), **적절하게**("이를 얻
은 대로", 2절) 드려지는 것이었다. 또 다른 경우에 바울은 고린도 교인들에
게 가르치기를, "약속한 연보를 미리 준비하도록" 형제들을 보내는 것이

---

32. Dio Cassius, *Historia* 69; A. Fuks가 제대로 기록해둔 다음의 해석을 참고하라: "The Jewish Revolt of 115-17," *Journal of Roman Studies* 51 (1861): 98-104.

필요한데, "이렇게 준비하여야 참 연보답고 억지가 아니"(고후 9:5)라고 했다. 바울은 연보를 "준비치 아니한 것"(고후 9:4)으로 인해 연보를 드려야하는 사람과 모금하는 사람 모두가 당할 거북한 감정을 피하고자 했다. 그러한 문제들을 피하기 위해 이 경우 바울은 시간—주일 중 첫날—과 장소—자기 집—를 권고했다.[33]

여기서 바울이 첫째 날을 언급한 것은 신학적인 이유에서라기보다는 실제적인 이유에서 비롯됐다고 할 수 있다. 자신들의 연보나 저축을 따로 떼어두기 위해서 일주일 중 마지막 날이나 한 달의 마지막 날까지 기다리는 것은 안전한 자금 관리에는 적합지 않은 것인데, 그렇게 되면 돈이 떨어지게 될 수도 있었기 때문이었다. 이와는 반대로 지출을 계획하기 전인 일주일의 첫날에 연보하기로 계획한 자금을 따로 떼어 놓는다면 그렇게 모인 기금들이 분배되어 모든 궁핍한 사람들의 필요를 채워주게 될 것이다. 만일 이교 사회에서 경제적 중요성이 일요일에 집중되어 있었다손 치더라도, 그것이 어느 정도였는지 오늘날 가늠하기는 어렵다. 하지만 유대인들에게 있어서 안식일에는 그 어떤 재정적인 계산이나 거래가 이루어지지 않았음은 잘 알려진 사실이다.[34] 안식일 준수와 관련된 유대인들의 관심이 심지어 많은 그리스, 로마 문화권에 어느 정도 영향을 주었고,[35] (일

---

33. W. Rordorf (*Sunday*, 194) 현명하게 지적하기를, 그 돈은 당장 사용할 돈이 아니었기 때문에 "심리적으로 각 기부자들이 돈을 지니고 있는 것이 나았으며 … 이와 같은 특별한 모금의 경우에는 (다른 모금에 대해서나 혹은 이전과 같이) 교회가 만나지 않는 것이 나았다"

34. A. Deissmann (*Light from the Ancient East*, 1927, 309)은 로마 세계에서는 한 주의 첫날이 다른 구성원들에게 있어서 봉급을 받는 날이었다고 추측한다. 그러나 그는 그러한 추론을 받쳐줄 만한 증거가 없다는 것 또한 인정하고 있다. 안식일에 기부를 금지한 것과 관련해서는 각주 7을 참고하라.

35. Philo는 알렉산드리아에서 "모든 나라와 민족이 이방의 제도들에 대해 혐오를 내비치지만" 유대인 안식일의 경우는 달랐다고 자랑한다. "모든 것이 금지된 세계"(the

요일이 "안식일[즉, "주"(week)]의 첫째 날"[μία σαββάτων]로 알려져 있었다는 사실에 의해 나타나듯이) 사실 안식일은 일주일 중 마지막 날이었기 때문에, 바울이 그리스도인들에게 주일의 첫날—즉, 안식일 바로 다음 날—에 다른 긴급한 사항으로 그들의 재원(財源)이 감소되기 전에 특별한 연보를 위한 자금을 저축하도록 권고해야 했던 것은 합리적인 것이었다. 그러므로 고린도전서 16:1-2의 내용은 예루살렘에 있는 불쌍한 형제들을 위한 실질적이고 정돈된 연보를 준비하도록 하기 위한 매우 가치 있는 주간 계획을 제안해 주는 것이다. 하지만 그 본문의 의미를 지나치게 확대시키면 그 의미를 왜곡시키는 결과를 낳게 될 것이다.

사도행전 20:7-12

우리가 조사 연구해야 할 중요한 내용 중 두 번째 성경 구절은 누가가 직접 체험한 내용("we-passage", 행 20:4-15)을 기록한 것으로서 일주일의 첫날에 발생한 드로아 집회에 관한 것이다. 빌립보에서 바울과 함께 여행했던

---

whole inhabited world)에 대해 언급하면서 그는 하나의 가설적 의문을 제기한다: "그 누가 자신과 이웃, 자유인이나 노예, 나아가 그의 가축까지 모두가 같이 일로부터 안식을 누림으로써 신성한 제7일의 날에 경외를 표하지 않는가?"(Vita Mosis 2, 20); 이와 비슷하게 로마의 Josephus도 다음과 같이 단언한다: "헬라인이나 이방인들, 그 어느 민족에게도 제7일에 안식을 취하는 우리의 규례가 닿지 않은 것이 없다"(Against Apion, 2, 39 [= 『요세푸스 IV』, 생명의말씀사, 2000]); Seneca는 유대인들에 대해 언급하며 애통해한다: "그동안 이 저주받은 민족의 관습들이 세상 모든 곳에서 받아들여진 만큼의 커다란 영향력을 갖게 됐다. 패배자들이 승리자에게 법을 준 셈이다"(Augustine, City of God, 6, 11 [= 『신국론』, 분도출판사, 2004; 『하나님의 도성』, CH북스, 2016]로부터 인용); 로마인들이 유대인들의 안식일을 채택한데 대한 Tertullian의 책망을 참고하라 (Ad Nationes 1, 13).

일행 중 하나였던 그 기자(행 20:6)는 여기서 1인칭 복수를 사용하여 바울이 떠나기 전날 밤 드로아에서 있었던 모임에 대하여 상당히 자세하게 기록하고 있다. 그는 이렇게 기록했다.

> [7] 그 주간의 첫날에 우리가 떡을 떼려 하여 모였더니 바울이 이튿날 떠나고자 하여 그들에게 강론할새 말을 밤중까지 계속하매 [8] 우리가 모인 윗다락에 등불을 많이 켰는데 [9] 유두고라 하는 청년이 창에 걸터 앉아 있다가 깊이 졸더니 바울이 강론하기를 더 오래 하매 졸음을 이기지 못하여 삼층에서 떨어지거늘 일으켜보니 죽었는지라. [10] 바울이 내려가서 그 위에 엎드려 그 몸을 안고 말하되 떠들지 말라 생명이 그에게 있다 하고. [11] 올라가 떡을 떼어 먹고 오랫동안 곧 날이 새기까지 이야기하고 떠나니라. [12] 사람들이 살아난 청년을 데리고 가서 적지 않게 위로를 받았더라.

이 인용절은 "그 주간의 첫날에 … 떡을 떼기 위해"(행 20:7) 모였던 그리스도인들의 집회에 대하여 명확하게 언급한 유일한 내용을 가지고 있기 때문에 매우 중요하다. 예를 들어, 브루스(F. F. Bruce)는 이 진술이 "그날에 예배를 드리기 위해 함께 집회를 가진 그리스도인들의 관례와 관련해 우리가 확보한 가장 최초의 명확한 증거"라고 단언한다.[36] 쥬윗(P. K. Jewett)도 유사하게 선언하기를 "여기에 주일 중 첫째 날에 예배하기 위한 목적으로 그리스도인들이 집회를 가진 분명한 가장 최초의 증거가 있다"고 했다.[37] 사도행전 20:7을 "일요일 준수에 대한 오해할 수 없는 첫 번째 증거"

---

36. F. F. Bruce, *Commentary on the Book of the Acts,* 1954, 407-408 [= 『NICNT 사도행전』, 부흥과개혁사, 2017].
37. P. K. Jewett, *Lord's Day,* 61.

로 간주하는 이러한 진술들은 훨씬 더 많이 있을 것이다.[38]

이러한 단언적인 결론은 대부분 7절의 앞부분이 관습적인 **시간**("주일의 첫날에")과 초기 기독교 예배의 **성격**("떡을 떼려 하여")을 묘사한 "한 고정된 신앙 형식"을 나타내고 있다는 가정에 의거한다.[39] 하지만 그 모임이 밤중에 열렸고 "떡을 떼어 먹"은 것이 자정 이후에 일어났으며(7, 11절), 새벽녘에 바울이 신자들을 떠났기 때문에, 그 같은 결론을 내리기 전에 먼저 몇몇 문제들을 살펴볼 필요가 있다. 사도 바울이 떠나야 했기 때문에 개최하게 된 드로아 집회의 시간과 성격은 **일상적인 것**이었는가? 아니면 **특별한 것**이었는가? 이는 밤중에 모인 집회였는데, 이때 "안식 후 첫날"(μία τῶν σαββάτον)이라는 표현은 토요일 저녁을 가리키는 것인가? 아니면 일요일 저녁을 가리키는 것인가?

다시 말해, 누가는 유대의 관습에 따라 하루를 저녁부터 저녁까지로 계산했는가? 아니면 로마의 관습에 따라 자정부터 자정까지로 계산했는가? (유대의 관습에 따르면 일요일이 시작되기 전의 저녁이 첫째 날 저녁으로, 로마의 관습에 따르면 일요일이 지나면서 오는 저녁이 첫째 날 저녁으로 간주됐다.) 오직 성만찬 예식의 거행만을 가리키기 위해 "한 고정된 신앙 형식"으로 "떡을 떼려 하여"라는 구절이 사용된 것인가? "떡을 떼어 먹은" 일은 오직 주간 중 첫째 날에만 일어났는가? 그 문맥에 비추어 볼 때, 드로아에서 바울에 의해 거

---

38. 참고, O. Cullmann, *Early Christian Worship*, 1953, 10-11, 85-86; R. B. Rackham, *The Acts of the Apostles*, 1964, 377: "여기에는 일요일 혹은 한 주의 첫날(*the first day of the week*)에 대한 분명한 증거가 있다"; J. A. Alexander, *Commentary on the Acts of the Apostles*, 1956, 689: "한 주의 첫날을 준수한 것은 주의 부활을 지키는 것과 마찬가지로 이미 관례적인 것이 됐다"; F. J. Foakes Jackson (각주 3), 187; Charles W. Carter, *The Acts of the Apostles*, 1963, 305-306; R. J. Knowling, *The Acts of the Apostles*, 1942, 424: "여기서 그 진술은 기독교 교회가 그날을 공중 예배와 '떡을 떼기'위한 날로 정했다는 것을 입증해준다."

39. W. Rordorf, *Sunday*, 199; P. K. Jewett, *Lord's Day*, 60-61.

행된 "떡을 떼어 먹는" 것은 관습적으로 일요일에 거행된 주의 만찬의 일부분이었는가? 아니면 바울을 송별하기 위해서 준비된 친교 만찬(fellow supper, ἀγάπη)이었는가? 이러한 근본적인 물음들에 답하기 위해서, 몇 가지 항목들을 고려해볼 필요가 있다.

그 모임이 일요일 저녁에 이루어졌다는 것을 지지하는 학자들이 꽤 많은데, 그 이유는 이방인들과 교제를 나누었고 그들을 위해 이 책을 기록하고 있는 누가가 로마의 계산법에 따라 하루를 자정부터 자정까지 계산했기 때문이라는 것이다.[40] 위에서 언급했듯이 그 계산법에 따르면, 주일 중 첫째 날의 저녁 모임은 일요일 저녁에 개최된 것으로 밖에 볼 수 없다. 이들은 사도행전 4:3; 20:7; 23:31-32 등에서도 로마의 제도를 따랐음을 지지해주는 구절들이 발견된다고 추정한다. 각각의 사례에서 "이튿날"(ἡ ἐπαύριον 혹은 ἡ αὔριον)이라는 용어는 밤중에 발생한 사건과 관련된 문맥 속에서 나타난다. 유대의 계산법에 따르면 밤은 이미 새로운 날이 시작되어 버린 시간이지만, 누가는 밤이라는 시간 속에 또 다른 새로운 하루가 존재한다는 뜻에서 "이튿날"이라는 용어를 말했기 때문에, 이것은 바울이 유대의 시간 계산법이 아니라 로마의 시간 계산법을 사용했음을 의미하는 것이라고 추론한다. (로마의 시간 계산법에 따르면 새로운 날은 자정 이후에 시작된다.) 하지만 '헤 에파우리온'(ἡ ἐπαύριον) 혹은 '헤 아우리온'(ἡ αὔριον)이라는 표현은 반드시 "그 다음 날"만을 의미하는 것이 아니라 "그 다음 아침"으로도 번역될 수 있기 때문에 그 논증은 약점을 가지고 있다. 두 해

40. F. F. Bruce (각주 36), 408; Theodor Zahn, *Die Apostlelgeschichte des Lukes*, 1927, 706; *Geschichte des Sonntags*, 1878, 3; H. J. Cadbury, and Kirsopp Lake, *The Beginnings of Christianity*, 1933, IV, 255; W. Rordorf, *Sunday*, 201-202; G. Ricchiotti, *Gli Atti degli Apostoli*, 1952, 336; C. Marcora, "La vigilia nelia liturgia," *Archivio Ambrosiano* 6 (1954): 24-29; J. Nedbal (각주 12), 156; H. Dumaine, *DACL* IV, col. 887.

석 모두 그 헬라어 단어에 대한 합리적인 해석들이다. 사실 '아우리온'(αὔριον)이라는 단어는 "새벽"을 의미하는 '에오스'(ἠώς)로부터 유래했다. 그래서 피롯-클라머(Pirot-Clamer)가 지적하듯이, 그 단어 자체는 "그 다음 아침을 가리킨다. 이 아침이 새로운 날에 속한 아침인지 아닌지는 결정할 필요가 없이 말이다."[41] '헤 에파우리온'(ἡ ἐπαύριον, morrow)을 "그 다음 날"로 번역하려면, 사실 "날"(ἡμέρα)이라는 단어가 '머로우'(morrow, "이튿")라는 단어에 추가되든지, 아니면 '머로우'라는 단어 속에 '데이'(day, "날")라는 단어가 포함되어 있어야 한다. 이 모든 것은 누가가 로마의 계산법을 따랐다는 것에 대한 증거들이 사실 빈약하다는 것을 보여준다.

하지만 실제로 누가가 로마의 계산법을 사용했다 하더라도, 이 내용은 신자들이 일요일 저녁에 함께 모였던 것이고, 결과적으로 자정 이후에 발생한 (일요일 예배의 필수적인 부분이라고 주장되는) "떡을 떼어 먹은" 일은 월요일의 경계가 되는 시간에 발생했음을 의미한다. 그러한 경우에 주의 만찬이 거행된 시간은 일요일 준수를 직접적으로 옹호해 주지 않는다. 렌스키(R. C. H. Lenski)는 다음과 같이 설명함으로 이러한 딜레마를 인정한다.

이것이 사도행전에 기록된 것처럼 일요일에 개최된 첫 기독교 예배임은 분명하다. 하지만 그것은 여러 면에서 특별한 예배였기 때문에 그것으로부터 증명될 수 있는 것은 거의 없다. 바울과 동료들은 월요일 아침 일찍 떠났다. … 만일 이것이 일요일 오전 예배였다면, 그것은 사도 시대의 집회 중에서 일요일이 정규적인 예배일로 확립됐다는 사실을 우리에게 보다 더 확실

---

41. Pirot-Clamer, *Actes des Apôtres*, 1949, 276. J. Morgenstern ("The Reckoning of the Day in the Gospels and in Acts," *Crozer Quarterly* 31 [1949]: 232-240)은 신약에서는 두 가지 체계가 모두 사용됐다고 주장한다.

하게 이해하도록 도와주었을 것이다.[42]

렌스키는 다음과 같은 정당성이 없는 주장으로 이 문제를 해결해 보
고자 노력했다: "비록 누가가 언급하지는 않았지만, 사실 이 일요일에 오
전 예배가 드로아에서 드려졌다. 우리는 또한 바울이 목적을 가지고 월요
일에 여행을 했던 것으로 생각한다."[43] 일요일 예배를 어떤 사례로 만들기
위해 이야기를 적합하게 끼워 맞추려는 발상은 사실 훌륭한 노력이 아니
며, 다만 불행하게도 그 본문에서 말하지 않은 것에 기초한 것일 뿐이다.

이 사건의 목격자로서 상세하고 많은 내용들을 제공해주고 있는 누가
가 왜 이른 아침의 모임에 관한 언급을 무시해야 했었는가? 만일 신자들
이 일요일 예배를 위해 아침에 일찍 모였었다면 "떡을 떼는" 것이 왜 자
정 이후까지 연기됐어야 했었는가? 더욱이 바울이 일요일을 중시했기 때
문에 그의 출발 시간을 월요일 아침까지 미루었던 것이라고 믿기는 어렵
다. 바울은 "무교절 후에 빌립보에서 배로 떠나"(행 20:6), 아마 일요일로
추정되는 날에 드로아에 도착했다. 그곳에서 "이레"(행 20:6)를 머물렀고,
다음날인 첫째 날에 떠났으니, 드로아에 도착한 날은 일요일이 된다.[44]

누가가 로마의 날짜 계산법을 사용했고 따라서 드로아에서 일요일 저
녁에 집회를 개최했다고 주장하는 것은 오히려 그 구절로부터 정규적인
일요일 준수의 역사성을 뒷받침할 만한 증거를 얻고자 했던 노력 자체를
근본적으로 훼손한다. 모스나(C. S. Mosna)는 다음과 같은 주장으로 그 이유

42. R. C. H. Lenski, *The Interpretation of the Acts of the Apostle*, 1944, 825 [= 『사도행전
(상)/(하)』, 백합출판사, 1980].
43. Pierre Grelot (각주 6), 34; R. B. Rackham (각주 38), 376.
44. C. S. Mosna, *Storia della domenica*, 15; C. W. Dugmore, "Lord's Day and Easter,"
Neotestamentica, 1962, 275: "드로아에서의 모임이 일요일-월요일 밤 동안에 있었
다면 그것이 공식적인 성만찬이 되기는 어렵다."

를 잘 설명하고 있다.

> 그 성찬식이 거행됐던 시간은 일요일 시간의 범위 내, 따라서 토요일과 일
> 요일 사이의 저녁이라고 받아들이거나, 아니면 누가는 그 날짜에 대해 상
> 술할 가치가 없다고 여겼기 때문에 그 본문에는 일요일 예배와 관련해서
> 아무런 언급도 하지 않고 있다.[45]

누가가 이야기 속에서 시종일관 유대 시간 계산법을 사용하고 있다는
것을 믿을 만한 이유가 있다. 우리가 이미 언급했듯이, 이 유대 시간 계산
법에 따르면 첫째 날은 토요일 저녁 해질 때부터 시작됐고, 일요일의 밤
은 낮보다 먼저 시작됐다. 그렇다면 그 모임이 이루어졌던 날인 첫째 날
저녁은 오늘날의 토요일 밤에 해당된다.[46]

이런 견해는 누가가 비록 이방인이었음에도 불구하고 그의 복음서에
서 예수의 매장에 대해 기록할 때 유대의 제도를 사용하고 있다는 사실에

---

45. C. S. Mosna, *Storia della domenica*, 15; C. W. Dugmore, "Lord's Day and Easter," *Neotestamentica et Patristica in honorem sexagenarii O. Cullman*, 1962, 275: "만일 트로아스에서 모임이 일요일-월요일 밤에 있었다면, 그것을 공식적인 성만찬이라고 보기는 어렵다."
46. H. Riesenfeld, "Sabbat et jour du Seigneur," *New Testament Essays. Studies in Memory of T. M. Manson*, 1958, 210-217. E. Jacquier, *Les Actes des Apôtres*, 1976², 598; C. F. D. Moule, *Worship in the New Testament*, 1961, 16; J. Dupont, *Les Actes des Apôtres*, 연도불명, 171; P. Carrington, *The Primitive Christian Calendar*, 1952, 38: "우리는 그 밤을 일요일의 시작으로 여겨진 토요일 밤으로 정해야 한다"; 참고, 동일 저자, *The Early Christian Church*, 1957, 153; C. S. Mosna, *Storia della domenica*, 14; H. Leclercq, *DACL* XIII, col. 1523; F. Regan, *Dies dominica*, 89-90; J. Daniélou, *Review of W. Rordorf, Sunday* in *Recherches des science religieuse* 52 (1964): 171-172; J. J. Clemens, *Dictionary of the Apostolic Church* (1915), "주의 날"이라는 단어를 보라. R. B. Rackham (각주 38), 377.

의해서 지지된다: "이 날은 예비일(금요일)이요 안식일이 거의 됐더라"(눅 23:54). 사도행전에서도 역시 그는 계속해서 유대력과 그 종교적 관습들을 존중하고 있음을 보여준다. 예를 들어, 그는 헤롯왕이 베드로를 "무교절"에 체포했음과 "유월절 후에 백성들 앞에 끌어 내고자" 했음에 대해 언급한다(12:3, 4). 누가는 자신이 바울과 더불어 무교절의 마지막 날이 되는 전체 휴식일 이튿날에 빌립보를 떠났음을 기록한다(20:6; 눅 22:1, 7 비교).

그는 주저함 없이 바울이 유대의 관습을 존중한 여러 사례를 보여준다(행 16:1-3; 18:18; 20:16; 21:24). 예를 들어, 바울이 "될 수 있는 대로 오순절 안에 예루살렘에 이르려고 급히" 갔다고 말한다(20:16). 그 후에 누가는 그 도시에서 사도 바울이 왜 강압 아래서 결례를 행하고, "성전에 들어가서 … 결례 기간이 만기 된 것"을 고하였는지 기록했다(21:26). 이런 기록들은 바울이 "유대인들 및 헬라인들"과 더불어 안식일 모임에 참석했던 언급들과 관련된 누가의 기록들 속에서 빈번하게 나타나고 있음을 부기할 수 있겠다(행 18:4; 17:2; 16:13; 15:21; 13:14, 42, 44 비교). 이런 지적에 비추어볼 때, 누가가 전례상의 유대력을 존중했고, 시간을 계산할 때 전혀 모순 없이 그 역법을 사용했음은 분명해 보인다.

그러한 시간 체계에 따르면, 드로아에서의 첫째 날 집회는 이미 살펴본 것처럼 토요일 저녁에 발생했다. 이 시간은 안식일이 지나고 난 후 그리스도인들이 모일 수 있는 편한 시간이었다고 어떤 학자는 말한다.[47] 안식일로 인한 제약에 더 이상 적용될 필요가 없는 시간이었고, 그래서 (바울과 디모데와 같은) 유대인들과 이방인 그리스도인들이 자유롭게 사회적·영적 활동에 종사할 수 있었다는 것이다. 이 견해는 약점을 가지고 있는데,

---

47. Pierre Grelot ([각주 6], 33-34)는 이 견해를 제대로 제시하고 있다; 참고, 위의 각주 46에서 인용된 H. Riesenfeld.

그것은 당시 그리스도인들이 엄격한 랍비적 개념에 따라 안식일을 준수하고 있었음을 함의하고 있기 때문이다. 그러한 견해는 우리가 복음서에서 살펴본 것과 같은 안식일의 긍정적이고 영적인 의미와 조화되기 어렵다.

만일 드로아에서의 집회가 토요일-일요일 저녁 시간 동안에 열렸다면, 그것을 공식적이고 정규적인 일요일 예배였다고 하기는 어렵다. 바울은 신자들과 오직 일요일 밤에만 함께 예배를 드리고, 일요일 낮 시간 동안에는 여행을 했을 것이기 때문이다. 우리가 알듯이, 이것은 안식일에 허락되지 않았던 것이고, 또한 일요일 준수에 대한 가장 좋은 본보기가 되지도 않았을 것이다. 호아케스-잭슨(F. J. Foakes-Jackson)이 설명했듯이, 그 구절은 "훌륭한 유대인들로서 바울과 동료들은 안식일에 여행을 시작할 수 없어서, 일몰 시간으로 안식일이 마쳐지고, 12절에 나타난 대로 '첫째 날'이 새자마자 곧바로 출발할 수 있었음"을 시사해주는 것으로 보인다.[48]

아울러 바울이 데살로니가에서 3주 동안(행 17:2-3), 고린도에서는 18개월 동안(행 18:4, 11), 기타 다른 장소에서는 그보다 짧은 기간, "자기의 규례대로" 안식일에 유대인들과 이방인들에게 회당과 야외에서 성경을 가르쳤음을 유의해볼 때(행 16:13; 13:44, 42, 14), 드로아에서도 역시 그가 신자들과 안식일에 만났다고 생각하는 것은 지극히 타당하다. 바울이 7일 동안이나 드로아에 머물면서 그가 떠나기 전날 밤까지 신자들과 집회를 가지지 않았다고 믿기는 매우 어렵다. 따라서 첫날 저녁 집회는 바울과 더불어 "떡을 떼기 위해" 계획됐던 마지막 고별 모임이었던 것으로 이해되어야 한다.

누가는 "안식 후 첫날에 … 떡을 떼려하여" 그 모임이 개최됐다고 분

---

48. F. J. Foakes-Jackson (각주 38), 187.

명히 기록하고 있기 때문에, 일요일 준수에 대한 문제를 해결하는 데 있어서 그가 유대의 계산법을 따랐는지 로마의 계산법을 따랐는지 하는 것은 별로 중요한 것이 아니라고 주장할 수도 있다. 그날이 (유대의 방법에 따른) 일요일이 시작되기 전의 저녁이었든지, (로마의 방법에 따른) 일요일이 시작된 후 이어지는 저녁이었든지, 그 집회가 개최된 날은 여전히 첫날이었다는 것이다. 이 사실은 의문의 여지가 없다. 하지만 주목해야 할 것은 "떡을 떼어 먹은" 일이 자정 이후에 발생했다는 사실이다(행 20:7, 11). 보통 때와는 다른 이 시간은 이것이 상습적인 관례가 아닌 **특별한** 경우였음을 시사해준다. 만일 여러 학자에 의해 지지되고 있는 것처럼 그 집회가 주의 만찬을 거행하기 위한 목적으로 개최된 것이었다면, 바울은 무슨 이유로 그 예식을 유두고와 같은 많은 사람들이 졸고 있는 시간인 밤중까지 미루었으며, 떡을 뗀 후에 날이 새기까지 강론을 계속했단 말인가? 사실 그 집회가 성찬을 거행하기 위한 목적으로 모인 것이었다면, 그것을 거행하기에 적합한 시간은 집회가 시작되는 시간이나 아니면 바울이 떠나기 전 그리스도 안에서의 연합을 강조하는 고별 설교를 할 때였을 것이라고 생각해 볼 수 있다.

그러나 이와는 반대로 "떡을 떼는" 일이 몇 시간 동안 계속된 강론과 더불어 신자들이 거의 비몽사몽 간에 있을 때 진행됐다는 사실은 그 모임이 의례적인 기능보다는 사회적인 기능을 가진 것이었음을 강력하게 암시해준다. 사실상, 기록에 의하면 그 집회의 핵심이 무엇이었는지를 설명하는 단어들이 거의 없다. 더욱이 그것이 공식적으로 참가해야만 하는 집회였는지를 암시해주는 어떤 직접적인 내용도 없다: "올라가 떡을 떼어 먹고 오랫동안 … 이야기하고 떠나니라"(11절).

사용된 동사는 **모두** 단수 동사다. 이는 강론하고, 떡을 떼고, 먹고, 떠나기 전까지 다시 강론을 한 주체가 우선적으로는 영예로운 손님인 바울이라는 것을 나타내 준다. 반면에 신자들은 아마도 너무 많아서 다 떡을 먹을 수 없었기 때문에 구경만 하고 영적으로 은혜를 받은 것에 만족했을 것이다. 그래서 역사가 아우구스투스 니안더(Augustus Neander)가 내린 것과 같은 다음과 같은 결론은 피할 수 없다: "사도 바울이 떠날 시간이 가까워 오자, 그 작은 교회는 비록 일요일의 특별한 예식은 아니었지만, 그 사도가 마지막 설교를 했던 그때 우정의 송별 만찬을 준비해 연합했을 것이다."[49]

"떡을 떼려 하여"(κλάσαι ἄρτον)라는 기술적인 표현은 더 면밀한 주의를 기울일 만한 내용이다. 저 구절에서 이 표현은 실제로 무엇을 의미하는가? 헨리 캐드버리(Henry J. Cadbury)와 키르숍 레이크(Kirsopp Lake)가 묻고 있는 것처럼, "'저녁식사'를 의미하는가, 아니면 성만찬 진행을 의미하는가?"[50] 그들은 "전자에 보다 더 가능성이 있어보인다"고 주장한다. 벰(J. Behm)은 학술 논고에서 다음과 같이 설명한다.

> 떡을 떼는 것은 단지 함께 먹기 위한 통례적이고 필수적인 준비의 한 부분에 불과하다. 그것은 매일 저녁 식사에서 주 요리를 나눠먹기 위해 시작하는 행위다. … 이는 떡을 떼는 개시 행위의 관점에서 볼 때 일상적인 식사를 묘사하는 것이다. 그러므로 그 구절은 초기 교회 성도들이 자신들의 가정에서 매일 떡을 떼었던(행 2:42, 46) 일상적인 친교의 관행을 말하는 것이다. 아울러 이방인 그리스도인 공동체가 일반적으로 나누었던 식사를 말하는 것이다(행 20:7; 고전 10:16 비교).[51]

---

49. Augustus Neander, *The History of the Christian Religion and Church*, 1831, I, 337.

50. Henry J. Cadbury and Kirsopp Lake (각주 40), 255-256.

51. J. Behm, "κλάω," *TDNT* III, 728-729.

하지만 벰은 나중에 "떡을 떼었다"는 표현이 주의 만찬을 나타내는 기술적인 명칭이 됐다고 기록한다.[52] 속사도 시대 문헌에서 그러한 용례들이 나타나는 것은 인정해야 하지만, 신약성서 안에서는 그러한 한정적인 의미나 용례가 거의 나타나고 있지 않은 것으로 보인다. "떡"(ἄρτος)이라는 명사를 수반하는 동사 "떼다"(κλάω)라는 단어는 신약성서에 15번 나타난다.[53] 그중 아홉 번은 예수께서 군중들을 먹이실 때, 최후의 만찬에 참여할 때, 부활하신 후 제자들과 함께 식사하실 때 떡을 떼신 행위를 언급하고 있다.[54] 두 번은 바울이 식사를 들거나 식사에 참여한 것을 묘사한다.[55] 두 번은 주의 만찬에 떡을 떼는 실제적인 행위를 묘사한다.[56] 그리고 나머지 두 번은 사도들이나 신자들이 함께 "떡을 떼는" 것을 일반적으로 언급할 때 사용된다.[57]

이것들 중에서 주의 날이 명확하게 또는 기술적으로 "떡을 떼는 것"으로 규정된 사례는 하나도 없음에 주목해야 한다. 사도행전 2:46과 20:7의 일반적인 두 내용을 주의 만찬을 언급하는 것으로 볼 수도 있을 것이다. 하지만 사도행전 2:46과 관련해서 말하자면, "집에서 떡을 떼며"라는 구절은 초대교회 성도들이 날마다 식탁에 둘러 앉아 친교를 나눈 것을 언급하는 것이 분명하다. 왜냐하면 그 내용의 본문에 "날마다 … 기쁨과 순전한 마음으로 음식을 먹고 하나님을 찬미하며 또 온 백성에게 칭송을 받

---

52. 위와 동일한 책, 730; 참고, *Didache* 14, 1; Ignatius, *Ephesians* 20, 2; *Acts of Peter* 10; *Clementine Homilies* 14, 1; *Acts of John* 106, 109; *Acts of Thomas*, 27, 29, 50, 121, 133, 158.

53. 참고, Robert Young, *Analytical Concordance to the Bible*, 22nd Edition, "to break"와 "breaking"이라는 단어를 보라.

54. 마 14:19; 15:36; 26:26; 막 8:6; 8:19; 14:22; 눅 22:19; 24:30; 24:35.

55. 행 20:11; 27:35.

56. 고전 10:16; 11:24.

57. 행 2:46; 20:7.

으니"(46-47절)라고 기록되어 있기 때문이다.[58]

그렇게 매일 한 식탁에서 나눈 친교는 비록 그것이 성만찬 예식의 거행을 포함하고 있는지도 모르겠지만, 그 예식에만 한정되는 것으로 간주할 수는 없을 것이다. 사도행전 20:7에 나타나는 바 동일한 개념의 진술인 "우리가 떡을 떼려 하여 모였더니"라는 진술도 "우리가 함께 먹기 위해서 모였다"는 것 이상의 의미를 전하지 않는다. 사실 더그모어(C. W. Dugmore)가 정확하게 관찰한 것처럼, "그 내용에는 잔에 대한 언급이 없으며, 어떤 기도나 영창조차도 나타나지 않는다: 바울의 강론은 성경 구절을 읽은 후 진행되지 않았다."[59] 우리는 또한 위에서 언급했듯이 바울이 혼자서 떡을 떼어 먹었다고 부언할 수도 있다. 그가 떡이나 포도주를 축복했다거나, 그것들을 신자들에게 나눠주었다는 것을 함축해주는 그 어떤 내용도 주어지지 않는다.

게다가, 떡을 뗀 것에 뒤따라 "먹는"(γευσάμενος, 11절) 식사 행위가 이어졌다. 이와 동일한 단어가 누가에 의해 다른 세 사례들(행 10:10; 23:14; 눅 14:24)에서도 사용됐는데, 그 분명한 의미는 모두 배고픈 사람들을 만족시키는 것으로 나타난다. 오랜 시간 동안 연설을 한 후 바울은 틀림없이 배가 고팠을 것이며, 지속적인 권고 이후에 여행을 계속하기 전에 음식을 좀 먹어야 했다. 하지만 바울이 정규적인 식사와 더불어 성만찬을 함께 거행했다면, 그는 주의 만찬을 거행하기 위해서 모이기 전에 집에서 먹고 와 배고프지 않도록 하라고 얼마 전 고린도 교인들에게 강력하게 권고한 것(고전 11:2, 22, 34)과 정반대의 행위를 한 것이 되어 버리고 만다. 일반적인

---

58. J. Behm (각주 51), 731: "행 2:42, 46은 예루살렘의 첫 그리스도인들의 매일의 유대와 동료애를 의미하는 것으로 주의 만찬에 대한 예배식의 기념과는 어떠한 연관도 없다."

59. C. W. Dugmore (각주 45), 274.

무질서(고전 11:18-22)를 교정하기 위해, 바울이 드로아에서 교제의 식사를 나누기 전에 성만찬에 참여함으로 일반적인 규칙(즉, 식사 후 거행되는 주의 만찬)을 바꾸어 놓았다는 추측은 불충분한 토대 위에 기초한 것이다.[60] 첫째, 사도 바울은 집에서 음식을 충분히 먹음으로써, 주의 만찬이 거행되는 동안에 배고프지 않게 하기를 분명하게 권고하고 있기 때문이다(고전 11:27, 34). 성만찬 예식 이후까지 식사를 미루는 것은 그것의 폐해를 없애거나 그 예식의 의미를 고양시키는 것이 될 수 없다. 둘째, "떡을 떼어 먹고"라는 표현(11절)에 나타난 두 동사는 반드시 구별된 두 의식을 묘사하는 것이라기보다는 동일한 한 의식을 묘사하는 것이기 때문이다. 밤중 이전에 음식을 먹었다는 언급이 없음에 유의할 때, 그 떡을 뗀 것은 함께 음식을 먹기 위해 통례적으로 식사에 참여하는 것을 나타낸다. 그래서 이것은 바울이 송별을 위한 친교의 만찬에 참여했던 것(사실 종교적인 함축성이 풍부함)이지, 엄밀하게 그 스스로 "주의 만찬"(고전 11:20)으로 명명했던 의식에 참여했던 것이 아님을 시사해준다.

신약성서에서는 주의 만찬을 거행하기 위해 고정된 한 날과 관련된 어떤 암시도 제공해 주지 않는다. 예를 들어, 사도행전 2:42, 46은 예루살렘의 신자들이 식탁 교제로 모여 "매일"(καθ᾽ ἡμέραν) "떡을 떼는" 일에 참여한 것을 묘사한다.[61] 마찬가지로 바울은 고린도 교인들에게 그들의 연보를 사적으로 저축하기 위한 특별한 한 날을 권고하면서도, 주의 만찬을 거행하는 것과 관련해서는 동일한 편지에서 동일한 사람들에게 **반복적으로**

---

60. R. B. Rackham은 그 가설을 발전시켰다(각주 38), 378: "성 바울은 에베소에서 고린도의 성만찬에서 발생한 혼란에 대해 들었다. 그것은 성만찬이 애찬 이후에 오는 것에서 비롯된 문제였다. 바울은 자신이 그곳에 가서 그 문제들을 정리할 것이며 그의 '지시'(orders) 중 하나는 성만찬과 애찬의 순서를 바꾸는 것으로 보인다."

61. 이 본문에 대한 Rordorf의 해석을 위해서는 제3장의 각주 7번을 보라.

"너희가 모일 때에"(고전 11:18, 20, 33, 34)라는 **막연한** 시간과 막연한 날짜를 함축하는 말만을 하고 있다. "안식 후 첫날"이라는 실질적인 표현은 그날에 모인 관습 때문이 아니라, 빅켄하우저(A. Wickenhauser)가 주장했듯이, "그때에 발생한 사건" 때문에 언급됐다고 보는 것이 자연스럽다.[62]

유두고의 사건은 바울이 드로아에서 머문 7일 동안 발생한 사건들 중 가장 중요한 사건이었으며, 그 이야기가 가장 많은 부분을 차지하고 있음(9, 10, 12절)을 주목해 볼 필요가 있다. 그에 비하면 "떡을 떼"는 것과 관련된 묘사는 매우 간결하고 "떡을 떼어"(11절)라는 한 단어에만 국한되어 있다. 따라서 그 공동체가 바울을 존경하는 마음으로 송별 식사를 나누기 위해 모였던 바로 그날에 발생한 유두고의 소생 사건이야 말로 그날에 일어났던 모든 일 중에서 누가가 가장 자세하게 기록하도록 동기를 부여했던 사건임이 틀림없었을 것이다. 그러한 생소한 사건은 틀림없이 신자들의 인상 속에 계속 남아 있었을 것이다.

누가가 빵을 떼는 일이 한 주의 첫날 일어난 일이라고 기록한 또 다른 이유는 독자들이 바울의 여행 일정을 더욱 쉽게 이해할 수 있도록 충분한 연대기적 자료를 제시하려는 욕심에서 비롯됐을 수도 있다. 20장과 21장에서 누가는 증인으로서 1인칭 복수("we-section", 20:4-15; 21:1-18)로 글을 쓰고 있으며, 바울의 여정의 다양한 시기를 전하기 위해 그와 관련된 언급을 자그마치 13번이나 하고 있다.[63] 그러므로 일주일의 첫날에 모인 것을 언급한 것은 관습적인 일요일 예배의 준수를 알리려는 것이라기보다는 누가가 본 여행에 대하여 설명하기 위해서 사용한 하나의 역사적인 기록의

62. A. Wickenhauser, *Atti degli apostoli*, 1968, 300; R. B. Rackham (각주 38), 376: "그 주 일요일의 예배는 놀라운 한 사건으로 누가의 기억에 강하게 각인되어 그날에 대해 상세하게 이야기한 것이었다."

63. 참고, 행 20:3, 6, 7, 15, 16; 21: 1, 4, 5, 7, 8, 10, 15, 18.

연속으로 보는 것이 옳다.

이러한 고려들을 생각해 볼 때, 일요일 준수와 관련한 사도행전 20:7-12을 분석적으로 살펴보는 것은 상당히 중요한 가치가 있어 보인다. 그 모임이 이루어진 상황과 시간, 방식은 모두 하나의 **특별한** 모임(a special gathering)을 암시하는 것일 뿐 규칙적인 일요일 예배의 규례를 설명하는 것은 아니다. 이 구절을 설명하는 가장 간단한 방법은 이렇다. 누가가 그 모임의 날을 언급한 것은 그날이 일요일이었기 때문이 아니라 (1) "바울이 떠나고자 하여(ready to depart)"(20:7), (2) 유두고의 기이한 경험과 기적 때문에, 마지막으로 (3) 그러한 설명이 바울이 진행한 여정을 설명하기 위해 추가적으로 중요한 시간적 참고가 되기 때문이었다.

요한계시록 1:10

일요일 준수의 사도적 기원을 옹호하기 위해 주로 사용되는 세 번째 중요한 신약의 본문은 요한계시록에서 찾을 수 있다. "하나님의 말씀과 예수의 증거를 인하여"(1:9) 밧모섬으로 추방당한 요한은 다음과 같이 기록하고 있다: "주의 날에 내가 성령에 감동하여"(ἐν τῇ κυριακῇ ἡμέρᾳ, 1:10). 찰스(R. H. Charles)가 주장하는 바와 같이 "기독교 문헌에서 주의 날이 처음으로 이곳에서 언급됐다"는 사실은 이 본문의 중요성을 더해주고 있다.[64] 요한은 구약의 '욤 아도나이'(yom YHWH: "여호와의 날"—편주)를 번역하기 위해 칠십인역(Septuagint: 히브리 성경에 대한 고대 그리스어 번역 성경)이나 신약에서

---

64. R. H. Charles, *The Revelation of St. John*, ICC, 1920, 23. 일요일에 대한 주의 날이라는 명칭의 사용에 대한 후기 증언들은 본서 제2장, 각주 1을 참고하라.

공통적으로 쓰인 "주의 날"(day of the Lord, ἡμέρα τοῦ κυρίου)이라는 표현을 쓰지 않는다. 대신에 그는 "주의 날"(Lord's Day, κυριακῇ ἡμέρα: 우리말로는 모두 '주의 날'이지만 헬라어로는 구분되는 표현이다—편주)이라는 다른 구절을 사용하고 있다. 이 새로운 문구가 의미하는 것은 무엇인가?

이 용어에서 문제가 되는 것은 과연 요한이 "성령에 이끌려 환상을 본"[65] 어느 일요일이 쿨만(O. Cullmann)의 주장처럼 "동시에 그리스도인들의 공동체가 함께 모여 있었던"[66] 날인지, 아니면 그 표현이 다른 의미를 나타내는 것인지를 본문과 문맥을 고려해 밝혀내는 데 있다. 현재 가장 보편적으로 해석되고 있는 경우는 전자다.[67] 일례로, 스토트(Wilfrid Stott)는 최근의 글에서 "계시록 1:10은 그리스도인들의 예배의 날인 한 주의 첫째 날에 대한 기독교적 명칭의 가장 첫 번째 경우로 받아들여져야 한다"라고 결론짓는다.[68] 그러나 다른 학자들은 "주의 날"(Lord's Day)라는 어구에 대해 적어도 두 가지 더 가능한 해석을 인정하며 그 견해들을 변호한다.

최근 일각에서는 그 말은 보통의 일요일이 아닌 부활절 일요일을 의미하는 것이며, 요한이 성령에 감동을 받은 당시는 연중에 부활을 기념하

65. 번역, Isbon T. Beckwith, *The Apocalyse of John*, 1967, 435.
66. O. Cullmann (각주 38), 7; 참고, Martin Kiddle (*The Revelation of St. John*, 1940, 11)은 주장하기를, "그의 환상의 때, 즉 주의 날(the Lord's day)을 언급하는 데 있어서, 요한은 그리스도인들의 삶속에 공통된 하나의 참여를 다시 한번 차분하게 강조하고 있다."
67. 참고, E. B. Allo, *L'Apocalyse*, 1933, 11: "선지자가 성령에 감동된 자신을 발견한 주의 날은 위대한 '야훼의 날'이 아니다. … 대신 주의 부활의 날인 일요일이다"; Henry Barclay Swete, *The Apocalyse of St. John*, 1906, 13; Isbon T. Bechwith (각주 65), 435; E. Lohmeyer, *Die Offenbarung des Johannes*, 1953, 15; T. F. Glasson, *The Revelation of John*, 1965, 21; E. A. Dowell, *The Meaning of the Book of Revelation*, 1951, 31; J. Bonsirven, *L'Apocalyse*, 1951, 95; D. Mollat, "La liturgia nell'Apocalisse," *Studi Biblici Pastorali* 2 (1967): 136-146.
68. W. Stott, "A Note on the Word KYRIAKH in Rev. 1:10," *NTS* 13 (1967): 75.

는 때였다고 주장하기도 하는데 그것이 두 번째 해석이다.[69] 세 번째 해석
은 그 구절이 그리스도의 재림(*parousia*)과 심판을 의미하는 종말론적 날로
이해됐던 구약의 '주의 날'(the day of the Lord)과 대등하다는 주장이다.[70] 이
경우 요한은 성령에 이끌려 영광의 날의 상황 속으로 이동해 유리한 관점
에 서서 그리스도의 재림 이전과 이후의 사건을 예언적 상징으로 보게 된
다. 이 용어의 의미에 대해 어떠한 결론적 진술을 내리기 전에 먼저 이 세
가지 해석을 지지하는 각각의 증거들을 간단히 검토해 볼 필요가 있다.

일요일

"주의 날"(Lord's Day)이라는 표현과 일요일을 동일시하는 것은 요한계
시록이나 신약의 나머지 책들의 내부적 증거에 기초한 것은 아니다. 기본
적으로 1세기 중반 초기 교부들의 증언, 즉, 『디다케』 14:1, 이그나티우스
의 『마그네시아인들에게 보내는 서신』(*Epistle to the Magnesians*) 9:1, 그리고
『베드로 복음』(*The Gospel of Peter*) 35, 50장에 근거하고 있다. 그러나 이것들

---

69. A. Storbel ("Die Passah-Erwartung in Lk 17:20," *Zeitschrift für die neutestamentliche Wissenschaft* 49 [1958]: 185)은 계 1:10의 "주의 날"이라는 표현이 "분명히 보통의 일요일을 의미하는 것은 아닐 것이며 … 니산월 16일일 것"이라고 기록하고 있다; 참고, C. W. Dugmore (각주 45), 279; J. van. Goudoever, *Biblical Calenders*, 1961², 169-170; 다른 관점의 글로는 다음을 참고하라, K. A Strand, "Another Look at the Lord's Day in the Early Church and Rev. 1:10," *NTS* 13 (1967): 174-181.
70. Fenton J. A. Hort, *The Apocalyse of St. John*, 1908, 15; A. Deissmann, "Lord's Day," *Encyclopedia Biblica*, III, 2815; J. B. Lightfoot, *The Apostolic Fathers*, 1885, II, 129; E. W. Bullinger, *The Apocalyse*, 1935, 9-14; Philip Carrington, *The Meaning of the Revelation*, 1931, 77-78; William Milligan, *The Book of Revelation*, 1940, 13; Louis Talbot, *The Revelation of Jesus Christ*, 1966, 42; *Clark's Foreign Theological Library*, 1851, XXII, 89; Walter Scott, *Exposition of the Revelation of Jesus Christ*, 1948, 36; 참고, the Commentaries of Wetstein, Zülling, Maitland and Todd on the Apocalyse, 앞서 인용한 곳에서. 일요일 예배에 대한 종말론적 모티프는 다음을 보라, A. Feuillet, *L'Apocalyse*, 1962, 71; O. Cullmann (각주 66), 12-15; W. Stott (각주 68), 74.

중에서 오직 베드로 복음에서만 일요일이 어김 없이 "주의"(Lord's, κυριακή) 라는 구체적 용어로 지칭되고 있다. 다른 두 구절에서는 "이제 주님의 날 (ἡ κυριακή)인 그 밤이 저물었다. … 하늘에서 거대한 목소리가 울렸다"(35 절); "주의 날(τῆς κυριακῆς) 이른 아침에 막달라 마리아가 … 무덤에 왔 다"(50, 51절)로 기록되어 있다. 2세기 후반기로 추정되는 이 외경 복음서에 는[71] 바가나이(L. Vaganay)가 정확히 설명하는 것처럼, "날"(day, ἡμέρα)이라는 명사가 없이 오직 "주의"(Lord's)라는 축약된 형태로만 되어 있는데, 그렇게 사용된 것은 그것이 "일반적인 방식"(une façon courante),[72] 즉 그 용어가 흔하 게 사용되고 있었음을 암시한다.

다른 연구를 통해서도 이미 설명할 기회가 있었던 것처럼,[73] 『디다케』

---

71. 참고, Edgar Hennecke, *New Testament Apocrypha*, 1969, I, 180: "Serapion이 이 복 음을 적어도 약 한 세대 전의 것으로 보고 있기 때문에, 늦어도 2세기 후반기에"; 참고, P. Gardner-Smith, "The Date of the Gospel of Peter," *Journal of Theological Studies* 27 (1976): 401-2; Johannes Quasten, *Patrologia*, 1967, I, 108.

72. L. Vaganay, *L'Évangile de Pierre*, 1930[2], 292.

73. 이 중요한 구절들은 본서 저자의 이탈리아어 논문에서 분석되어 있다. *Un Esame dei biblici a patristici dei primi quattro secoli allo scopo d'accertare it tempo e le cuase del sorgere della domenica come Giorno del Signore*, Pontificia Universitia Gregoriana, 1974, 99-120; *Judaism and the Origin of Sunday*라는 제목으로 출간된 이 논문의 5 장 또한 참고하라(1975, 90-93). 『디다케』 14:1의 중요 구절은 문자적으로 다음과 같이 번역이 된다: "주의 주에(On [or according to] the Lord's of the Lord) 함께 모 여 빵을 떼고 성만찬을 행하니 그대가 죄를 고백하면 그대의 제물이 정결하여 질 것이요." "주의 주"(Lord's of the Lord, κατὰ κυριακὴν δὲ κυρίου)라는 표현의 의미 는 정확하지 않은데, 지금까지 그와 관련한 세 가지 기본적 해법이 제안됐다: (1) J. B. Audet는 "주의-"를 "날"과 함께 두어 "주의 날에 함께 모이다. …"(On the day of the Lord come together …)라고 해석한다(*La Didache, Instruction des Apôtres*, 1958, 460); (2) C. W. Dugmore는 "매주 일요일이 주의 날이기 때문에, 주의 일요일이 야 말로 그분이 부활하신, 즉 부활절-일요일이 될 수 있다"고 주장한다([각주 45], 276); (3) Jean Baptise Thibaut는 "주의"(κυριακήν)라는 표현이 형용사로 사용됐으 며 이는 시간의 문제가 아닌 주의 만찬의 기념 방식에 대한 것이라는 설득력 있는

14:1과 『마그네시아인들에게 보내는 서신』 9:1에서 형용사 "주의"(Lord's, κυριακή)라는 단어는 "날"(day, ἡμέρα)을 암시하거나 수식하고 있는 것 같지 않다. 첫 번째 예에서 이 표현은 주의 만찬을 기념하는 방식, 즉 "주의 신조 혹은 명령에 따른" 방식을 묘사한다. 이후 본문에서 이그나티우스도 그와 같이 날(days) 대신 삶의 방식을 대조하고 있다. 구약 선지자들에 대한 즉각적 언급과 명사 "날"(day, ἡμέρα)이 결여되어 있는 것으로 보아서, 위의 두 용례에서 "주의"(Lord's)라는 용어는 "주의 날"(Lord's day)을 표현하기보다는 "주의 삶"(Lord's life)을 표현하는 것으로 보는 것이 이치에 더 합당해 보인다.[74] 그러나 2세기 후반부터는 "주의 날" 혹은 단순히 "주의"라는 표현이 일요일에 대한 현재의 명칭으로 쓰이는 반박할 수 없는 예들이 발

견해를 밝힌다: "만일 이것이 시간과 관계된 것이 아니라면, 이 경우에 헬라어의 특별한 기능은 단순히 여격(dative)을 사용할 필요가 있었던 것이다. 결과적으로 수식하는 κυριακὴν이 적용되는 이 단어의 뜻은 날(ἡμέραν, day)이 아니고, 또 다른 용어, 즉 글의 제목에 나타나 있는 단어 교리(διδαχήν, doctrine) … 14장의 첫 구절은 … 문자적으로 '주의 자주적 교리에 따라'라고 번역된다(La Liturgie Romaine, 1924, 33-34). 우리가 Thibaut의 해석을 공유하는 추가적 이유는 다음과 같다: (1) 14장은 시간의 문제가 아닌 성만찬에 참여하기 위한 전제조건, 즉 죄의 자백에 대해 이야기하고 있다(14:2); (2) 말 1:10의 인용은 다시 구체적인 시간("각 처와 각 때에")을 강조하는 대신에, 제물을 바치는 방식에 대해 언급하고 있다("깨끗한 제물을 내게 바치라", 14:3); (3) 『디다케』에는 명령과 교리에 "따라서"(κατά) 행동하라는 권고가 여러 번 등장한다(1:5; 2:1; 4:13; 6:1, 11; 13:6); (4) 『디다케』의 저자가 주의 날의 권위로 자신의 명령을 정당화하고자 했다는 사실로 볼 때, κατὰ를 직접목적격(accusative)와 함께 씀으로 시간이 아닌 규칙의 순응에 대한 하나의 관련성을 확립하고 있다; (5) 『디다케』 14:1은 "그리고"(δέ)라는 접속사로 이전 장(chapter)과 연결을 맺고 있는데, 이전 장의 마지막은 "명령에 따라 드리라"(give according to the commandment, 13:7)는 명령으로 끝나고 있다. '~에 따라서'라는 표현의 반복으로 "명령"이나 "교리"의 단어들이 제외됐을 가능성이 있다; (6) 저자들은 "자주 함께 모이라"(16:2)고 권고하는데, 이것이 배타적으로 일요일 모임을 의미한다고 보기는 어렵다.

74. 본서 제7장을 보라.

견되고 있기 때문에 그때 이후로는 "주의 날"을 표현하는 것으로 볼 수 있다.[75]

이 문제의 핵심은 계시록이 쓰였던 1세기 말에 일요일이 "주의 날"로 이미 표기됐는지, 혹은 그러한 명칭이 조금 늦은 시기에 나타났는지 하는 데 있다. 형용사 "주의"(κυριακός)가 그때 이미 알려졌다는 것은 로마 제국의 기념비들과 파피루스에 새겨진 글들로 입증된다. 또한 그 단어는 "황제의"(imperial)를 의미한다. '주'(κύριος)는 황제를 표현할 때도 쓰였는데, 명사는 그에 대한 칭호로, 형용사는 그에게 적용되는 것으로 쓰였다.[76]

이 두 용어의 사용은 다이스만(A. Deissmann)이 지적한 것같이 "기독교의 언어와 제국의 법의 공식적 어휘들 사이에 분명한 유사성"을 보여준다.[77] 그러나 주목해야 할 것은 그리스도인들이 그와 같은 명칭을 오로지 제국 숭배에 대응되는 것으로서 그리스도에게 활용한 것은 아니다. 그 이유는 하나님을 가리키는 가장 흔한 표현으로서 계속해서 그 표현을 사용하는 헬라어 구약성경(LXX) 때문에 "주"(κύριος)라는 용어가 익숙한 표현으로 자리 잡고 있었기 때문이었다.

이교 제국의 환경에서 "주의 날"이라는 표현의 존재를 암시하는 근거는 발견되지 않았는데, 이는 그리스도인들이 사용한 표현에 대한 정확한 비유로서 도움이 될 수도 있다. 그럼에도 종종 제기되는 사실은 그리스도인들이 매달, 혹은 매주 있었던 "황제의 날"(Σεβαστὴ ἡμέρα)에 대한 의식적

---

75. 제2장, 각주 1에서 예들을 참고하라.

76. 참고, Theodore Racine Torkelson, *An Investigation into the Usage and Significance of the Greek Adjective KYPIAKOS During the First Four Centuries of the Christian Era*, 논문 1948, 29-30; A. Deissmann (각주 34), 358; P. Cotton, *From Sabbath to Sunday*, 1933, 122.

77. A. Deissmann (각주 34), 357.

반대를 표명하기 위해 "주의 날"이라는 명칭을 고안해 냈다는 것이다.[78]

"황제의 날"이라는 용어의 사용은 소아시아 지역에서 공식화됐던 것으로 추정되는데, "주의 날"이라는 표현도 그곳에서 처음 사용된 것으로 발견된다는 점에서 더욱 중요한 의미를 가진다. 찰스(R. H. Charles)는 이러한 견해에 대해 설명하며 다음과 같이 말한다.

> 매달의 첫날[1일]이나 매주의 어느 한 날[요일]을 … '황제의 날'로 불렀던 것처럼, 그렇게 그리스도인들이 주의 부활 및 그에 대한 예배를 위해 모이는 관습과 관련하여 매주의 **첫날**을 '주의 날'(Lord's Day)로 부르는 것은 자연스러웠을 것이다.[79]

'주'(χύριος)로서 교황에 대한 숭배가 그리스도인이 그 용어를 그리스도에게 적용하는 근거가 됐다는 가정은 그럴싸하지만, "황제의 날"과 그리스도인들의 "주의 날" 사이에 연관성을 발견하기는 어렵다. 그 이유로 첫 번째는, 티메(G. Thieme)가 지적하는 것처럼, "그 황제의 날이 그 달의 시작(the beginning of the month)과 동등한 것"으로 입증되기란 불가능하다는 것이다.[80] 이것이 확립될 수 있다 하더라도, 시간의 주기는 여전히 달랐을 것이다. 둘째, "황제의"(σεβαστός)와 "주의"(χυριαχός)라는 두 형용사가 근본적으로 다르기 때문이다. 로르도르프(W. Rordorf)의 날카로운 관찰처럼, 둘 사이의 연관성이 존재한다면, "먼저 의식적으로 '황제의'(σεβαστός)라는 칭호

78. A. Deissmann (각주 34), 359-360; *Bible Studies*, 1903², 218-19; P. Cotton (각주 76), 126; E. Lohmeyer, *Die Offenbarung des Johannes*, 1953², 15.

79. R. H. Charles (각주 64), 23.

80. G. Thieme, *Dies Inschriften von Magnesia am Meander und das Neue Testament*, 1905, 15.

가 적어도 예수에게도 적용됐을 것이라고 예상했을 것이다."[81]

더욱이 되풀이되는 "황제의 날"이 존재한다고 해도 예배의 날을 안식일에서 일요일로 변경하고 나서, 일요일을 황제의 날과 대조되는 의미에서 "주의 날"이라는 표현으로 정했다는 주장에는 충분한 근거가 없다. 그러므로 우리는 그리스도인들이 이 용어를 쓸 때 아우구스투스(황제)의 날을 의식적으로 대조하기 위해서 쓴 것이 아니라 구약에 깊이 뿌리박혀 있는 칭호인 "주"(κύριος)에 대한 자신들의 믿음을 표현하기 위해 사용했다고 결론 내려야 할 것이다.

이제 우리에게 남은 과제는 "주의 날"이라는 표현이 1세기 이전에 매주 일요일을 표현하는 일반적인 명칭으로 사용됐는지를 확인하는 것이다. 스토트(Wilfrid Stott)는 이러한 관점을 옹호하기 위해 언어학적이고 신학적인 설명을 제시한다. 그에 따르면, "주의"라는 형용사는 초기 교부들에게서(주후 450년까지) "~에 속한"(belonging to) 혹은 그리스도로부터 "주어진"을 의미했다. 이는 곧 "한 주의 첫날은 하나님께 속한 바 된 것이며 … 그리스도께서 제정하신 날이다. 그날은 교회에게 주신 그분의 선물이다"라는 의미가 된다는 말이다.[82]

나아가 그는 "부활은 그리스도를 '주'로 선포"했으며 계시록에서 그분은 "'만왕의 왕, 만주의 주'(계 19:16)라는 칭호를 얻었다"고 주장한다. 이런 설명과 더불어 그의 결론은 다음과 같다.

> 그러므로 그들은 주의 날에 그리스도를 부활을 통해 주(主)이심을 드러내 보이신 한 분으로 선포하고, 또한 그날에 그분께서 재림(parousia)의 때에 주실 마지막 승리를 고대하고 있는 것이다. 따라서 주의 날에는 '예수께서 그

---

81. W. Rordorf, *Sunday*, 207.
82. Wilfrid Stott (각주 68), 73.

리스도시다'라는 선언뿐만 아니라, 마라나타, '지금 곧 예수여 오시옵소서'
라는 승리의 외침이 있을 것이다.[83]

이 일요일 신학에 대한 체계적이고 포괄적인 진술(부활-재림)은 실로 감
탄할 만한 것이다. 그러나 이러한 해석이 사도 시대의 관점이나 초기 기
독교 교부들의 시기의 신학적 구성이나 사고를 반영하고 있는가? 일요일
의 기원과 관련해 그리스도의 부활/현현의 역할에 대해 앞에서 살펴보면
서, 우리는 부활의 주간, 혹은 연중 기념에 대한 사도들의 언급이나 암시
를 전혀 찾아볼 수 없었다.

이후 장에서 다루게 될 바르나바스나 순교자 유스티노스(Justin Martyr)
의 문헌 등의 자료에서 나타난 초기 신학적 근거들조차 일요일 준수에 대
한 유기적 관점이 부족하다는 것이 밝혀질 것이다.[84] 그들의 설명은 다른
자료에 기초한 사실상 서로 다른 속성의 글들이다. 저들의 자료에서 일요
일 신학을 다루면서 부활 그 자체에 대한 내용을 직접적으로 언급하는 것
은 거의 없다. 그러므로 우리는 요한계시록에 나타난 "주의 날"이라는 표
현을 이해하고자 할 때, 이에 대한 후대의 용법과 설명들에 의지해서는
그 의미를 정당하게 밝혀낼 수 없다. 곧 알게 되겠지만, 특히나 유대교와
그들의 종교적 준수 사항들에 대한 그리스도인들의 재평가와 관련해 2세
기 초반에 생겨난 변화를 고려할 때 이런 판단은 더욱 확실해진다.

그렇다면 이제 우리에게는 성경 본문과 그 문맥 및 신약의 가르침에
만 의지해서 계시록 1:10의 "주의 날"의 의미를 정의하는 일이 남아있다.
만일 요한이 어느 한 일요일에 자신이 성령에 사로잡힌 것을 발견했다고
명시하고자 했다면, 그날을 "주의 날"로 지칭했을까? 신약에서 이 날(일요

83. 위와 동일한 책, 74.
84. 본서 제6장을 보라.

일)은 **언제나** "한 주의 첫째 날"로 불렸기 때문에, 저자가 유독 이 한 부분에서만 그날을 언급하는 데 있어서 일반적으로 사용하고 있던 것과 다른 표현을 쓴다면 이상하지 않은가?

더더욱 중요한 것은 많은 해석학자들이 주장하는 것처럼,[85] 사도 요한이 비슷한 시기에 사복음서와 요한계시록을 썼다면, 그가 복음서의 기록들, 특히 그중에서도 예수의 부활과 현현이 첫째 날 일어난 사건임을 기록하는 데 있어서(요 20:1, 19, 26) 복음서나 계시록이나 동일한 표현을 사용했을 것으로 기대하는 것이 합리적이지 않은가?

예를 들어, 몇 세기 이후 쓰인 신약외경인 『베드로 복음』에는 부활의 날이 "주(week)의 첫날"이 아닌 "주의"(κυριακή)라고 표기되어 있는데, 이는 후자의 용어가 그 당시에는 흔하게 사용되고 있었기 때문이라고 이해할 수 있다. 만일 일요일이 요한복음과 계시록이 모두 쓰였던 1세기 후반 즈음에 "주의 날"이라는 명칭으로 이미 쓰이고 있었다면, 우리는 일요일을 지칭하는 이 새로운 이름이 계시록뿐만 아니라 요한복음에서도 동일하게 사용됐으리라는 예상을 할 수 있을 것이다. 더욱이 이 두 책이 동일한 지리적 장소에서 대략적으로 같은 시기에 동일 저자에 의해 쓰인 글이라면 말할 것도 없을 것이다. 대개 새로운 용어가 널리 보급되고 더욱 쉽게 이해가 된다면, 글을 쓰는 사람은 그 시대에 흔하게 사용되는 용어를 마다하고 옛 명칭을 사용함으로써 독자들을 혼란스럽게 만들 필요는 없었을 것이다.

게다가 그러한 명칭이 존재하고 있었을 뿐만 아니라 당시 그리스도인들의 예배의 속성과 의미를 표현하는 용어였다면, 그리스도를 따르는 저자는 그리스도인들에게 익숙한 그 표현 대신에 유대인들이 사용하던 명

---

85. 많은 가톨릭 해석학자들이 이러한 입장을 취하고 있다; 참고, Alfred Wikenhauser, *New Testament Introduction*, 1958, 283-290, 319, 547-57.

칭을 당당하게 사용할 수는 없었을 것이다. 그러므로 신약에서 요한만이
사용한 "주의 날"이라는 표현이 계시록에는 나오지만 복음서에서는 나오
지 않고, 거기서는 대신 (안식 후) **첫날**이 부활(요 20:1) 및 예수의 현현(요
20:19, 26)과 함께 명시적으로 언급되고 있다는 사실은 다음과 같은 모스나
의 주장을 약화시킨다. 즉, 모스나는 "주의 날(dominica dies)이라는 표현을
통해 요한은 공동체가 함께 성만찬 예배를 기념한 그날을 구체적으로 명
시하고자 했다"고 주장했는데 이는 사실과 다르다.[86] 계시록의 '주의 날'
이 일요일을 지칭하는 용어가 아니라는 또 다른 이유는 세 번째 해석과
관련하여 진술될 것이다.

부활절-일요일

일각에서는 계시록 1:10의 "주의 날"이 매주의 일요일보다는 연중 부
활절-일요일에 대한 명칭으로 이해되어야 한다고 제안한다.[87] 우리는 이
논의에 대한 기본적인 논쟁의 일부를 언급할 것이다.

더그모어(C. S. Dugmore)는 최근의 연구에서 초기 기독교 문헌에서 사용
됐던 것처럼 "주의 날"이라는 명칭이 매주의 일요일보다는 부활절-일요
일을 의미한다고 주장한다. 그는 "신약과 사도 시대 직후의 문헌에서는
일요일이 기독교 주간에서 가장 중요한 날이었다"는 증거가 거의 없음에
주목한다. 게다가 『디다케』 14:1이나 『사도헌장』(apostolic constitutions) 7:30에
서 발견되는 것처럼, 부활절-일요일을 언급하기 위해 "주의 날"이 사용됐
다는 특별한 암시들이 쉽게 받아들여진다고 보았다.[88] "주의 날"이라는

---

86. C. S. Mosna, *Storia della domenica*, 21. 참고 문헌은 각주 69를 보라.
87. 참고 문헌은 각주 69를 보라.
88. C. W. Dugmore (각주 45), 274-278에도 이러한 의견들이 제시되고 있다. K. A.
     Strand (각주 69), 177에서는 "후에 그리스도인들이 그 기본적 특성들을 끌어내 사

용어를 한 주의 첫날에 적용하는 것은 스트로벨(A. Strobel)의 진술처럼 "하나의 부가적인 발전"을 의미하는 것일 수 있다.[89] 아마 이런 경우는 "일요일이 그리스도인들 사이에서 하나의 정기적인 예배의 날이 되고 매주 부활을 기념하는 날로 여겨지게 된 이후에" 발생했을 것이다.[90]

"주의 날"이라는 명칭을 부활절에 적용시키려던 초기의 시도들에 대한 논의는 몇 가지 이점들이 있다. 이 논의는 뒤에 가서, 서로 다른 자료와 근거들, 즉 비슷한 원인들로 인해 한 주(week)의 일요일 예배가 부활절 축

용한" 연중 부활절에 "주의 날"(Lord's day)을 적용시키는 견해를 옹호하기 위해 Irenaeus의 것으로 보이는 추가적 참고 자료들을 제시하고 있다: "일요일에 무릎을 꿇지 않는 이 [관습]은 부활에 대한 하나의 상징이다. … 이는 사도시대로부터 비롯됐는데, 리용의 주교이자 순교자인 Irenaeus는 On Easter에서 오순절에 대해 언급하면서, "그날에 우리는 무릎을 굽히지 않을 것인데, 이는 그와 관련해 주장된 바를 근거로 그날이 주의 날과 동일한 중요성을 지니고 있기 때문"이라고 선언한다 (Fragments from the Lost Writing of Irenaeus 7, ANF, I, 569-570). Strand는 다음과 같은 결론을 내린다: "'주의 날'이 연중 부활절-일요일을 언급한 것이라는 데에는 의심의 여지가 없다. 이유는 그 용어가 또 다른 연중 일요일인 오순절-일요일과 함께 비교되어 언급되어 있기 때문이다"(위와 동일한 책). 과연 이 결론이 정확한가? 그와 같은 비교는 부활절과 오순절에 대한 것이 아니라 오히려 주간 일요일과 (오순절을 포함한) 연중 부활절 기간에 대한 것으로 보인다. 위의 인용문에서 이미 주어진 근거란 무엇을 말하는 것인가? "일요일은 부활의 상징이다." Tertullian은 비슷한 진술을 한다: "일요일에 금식을 하거나 예배 중에 무릎을 꿇는 것은 옳지 못하다. 우리는 오순절과 같이 부활절에도 동일한 자유를 누려야 한다"(De corona 3, 4; 참고, Augustine, Epistola 55, 28 CSEL 34, 202에서는 정확하게 부활이 그와 같은 규례의 이유라고 설명한다). 그러므로 Irenaeus의 진술은 "주의 날"과 부활절-일요일 사이에 존재하는 긴밀한 결합을 보여주고 있기는 하지만, 그것이 "주의 날"이 곧 부활절-일요일을 의미한다고 적용하는 것에는 무리가 있다. 이로써 Strand의 결론에서 드러나는 약점은 초기의 일요일 기원에 대한 그의 가설이 틀렸음을 입증한다. 우리는 이와 관련해 가장 그럴싸한 설명을 본서 제6장에서 제시하고 있다.

89. A. Strobel (각주 69), 185. 각주 104: "일반적으로 인정되는 것처럼, 일요일에 적용된 용어로써 κυριακή은 부수적인 하나의 발전에 불과하다."

90. C. W. Dugmore (각주 45), 279.

제와 함께 발전해 왔다는 것과 관련한 문헌들을 통해 살펴볼 것이다.[91] 그러나 그러한 결론은 『디다케』 14:1(시기는 주후 60년에서 150년까지 다양한 추정이 가능하다)을[92] 통해서는 거의 변호되기 어렵다는 것을 알아야 한다. 이 글에서 형용사 "주의"(κυριακή)는 시간(time)이 아닌 주의 만찬을 기념하는 방식(manner)과 관련이 있다. 그것이 시간을 언급한 것이라고 해도, 그와 함께 등장하는 언급들, 즉 죄의 자백(14:1), 형제간의 화해(14:2), 말라기(1:11)의 말씀을 통해 "각 처에서 매 시간 깨끗한 제물"(14:3)을 드리라는 호소 등이 연중 기념일을 암시하는 것이라고 보기는 어렵다.

『디다케』 14장의 많은 부분을 재현하고 있는 『사도헌장』(7, 30, 1)에서는 "주의 부활의 날에, 즉, 주의 날에 서로가 함께 모이라"는 진술이 발견된다. 더그모어(C. W. Dugmore)는 여기서 기록된 "주의 날"을 "4세기의 3분기에 시리아에서 그리스도인들에게 여전히 '주의'(ἡ κυριακή, the Lord's)로 알려져 있었던 부활절-일요일"의 명칭으로 해석한다. 이로써 그는 다음과 같은 질문을 던지며 결론을 맺는다: "유대-그리스도인 선견자가 한 세기가 끝나기 직전에 쓴 '주의 날에'(ἐν τῇ κυριακῇ ἡμέρᾳ, on the Lord's day)라는 어구가 부활절-일요일을 언급하는 것을 우리는 왜 의심해야 하는가?"[93] 이 결론의 취약점은 그 논의가 잘못된 가정에 의존하고 있기 때문이다. 즉,

91. 본서 제6장을 참고하라.
92. E. Goodspeed (*The Apostolic Fathers*, 1950, 286)은 Bryennius가 출간한 헬라어 *Didache*가 주후 150년을 얼마 지나지 않아 쓰인 것이라고 주장한다; Kirsopp Lake (*The Apostolic Fathers*, LCL, 1952, I, 331)도 이러한 연대를 인정한다; J. P Audet (각주 73, 219)는 그 집필 연대를 주후 50년과 70년 사이 공관복음서의 시기로 본다. 그러나 J. Quasten ([각주 71], 40-41)이 지적하는 것처럼 (주입[infusion]에 의한 침례식과 같은) 복잡한 기독교의 법령들이 "어느 정도의 정착이 되기 위한 기간"이 필요할 것이란 예상을 할 수 있기에 Audet이 추정한 연대는 너무 이른 것이 분명하다.
93. C. W. Dugmore (각주 45), 277.

이는 인용된 『사도헌장』 구절 속의 "주의 날"이 무조건 부활절-일요일만을 가리키고 있다는 가정에 기초하고 있다. 이 구절을 매주 일요일 모임을 암시하는 것이라는 맥락에서 이해한다면, 각처에서 깨끗한 제물을 드리기 위해 함께 모이라는 훈계는 분명 입증되기 어렵다. 그러나 앞 장에서는 부활절-일요일이 "주의 날"(5, 19)로[94] 지칭되는데, 이는 다만 동일한 용어가 두 축제 모두를 명명하기 위해 쓰였다는 것을 보여준다.

더그모어(C. W. Dugmore)는 추가적으로 "대개 구도자들이 침례를 받은 후 부활절에 그들의 첫 성찬식을 가진다는 사실에서 다른 일요일에 대한 부활절-일요일의 우월성을 알 수 있다"고 생각한다. 더욱이 더그모어에 따르면, 희생뿐 아니라 예수의 부활도 언급하고 있는 멜리토(Melito)의 『부활절 설교』(Paschal Homily)에 "부활에 대한 초기 교회의 기념식이 주간 행사가 아닌 연례 행사였음"이 드러난다.[95] 그러나 그러한 추론은 그릇되다. 멜리토의 설교에 "부활절은 주간 행사가 아닌 연례 행사"임이 드러난다고 보는 것은 그 문서가 엄밀히 말하면 유월절 절기 설교(Passover Homily)이기 때문에 일요일 준수에 대해서는 전혀 다루지 않는다는 사실을 간과한 데서 비롯된 것이다. 게다가 앞에서 살펴본 바와 같이, 그 설교의 핵심은 예수의 고난과 죽음이며, 부활은 단지 부록과 같이 부수적으로 언급될 뿐이다.

---

94. *Apostolic constitutions* 5, 19는 "주의 날인 한 주의 첫날 동트기" 전에는 유월절 금식을 범하지 말라고 충고한다(*ANF* VII, 447). 같은 장의 이후 본문에서도 동일한 명령을 발견할 수 있다: "첫 번째 주의 날로부터 40을 세고, 그 주의 날에서 그 주(week)의 다섯 째 날까지, 그런 후 주의 승천의 축제를 기념하라." 이와 같은 경우에서도 "주의 날"은 부활절만을 지칭하는 표현으로는 거의 쓰이지 않고 있다. "첫 번째 주의 날로부터"라는 구절은 이후의 일요일들이 동일한 명칭을 공유했음을 암시해주고 있다.

95. C. W. Dugmore (각주 45), 278.

고도버(J. van Goudoever)는 계시록 1:10을 부활절에 대한 참고 자료로 해석하기 위해 계시록 내부의 증거를 활용한다. 그는 특별히 14:14-15에 나타난 추수 장면을 언급하면서 다음과 같이 주장한다: "팔레스타인에서는 실제로 니산월 16일에 추수를 시작했기 때문에, 1:10을 부활절에 대한 언급으로 볼 수 있다."[96] 그러나 이러한 농업의 상징에 기초해 시기를 결정하는 것은 위험할 수 있다. 로르도로프(W. Rordorf)가 적절히 관찰한 것처럼, 동일한 장의 14:17-20에는 가을 포도 수확 장면이 "정확하게 유사한 용어들로 묘사되고 있기 때문이다. … 그렇다면 그것은 봄이나 가을에 대한 질문인가?"[97]

결론은 분명하다. 농사 계절에 대한 묵시적 이미지는 "부활절-일요일"에 대한 인용 자료로서 "주의 날"을 해석하는 것을 정당화하는 타당한 기준으로 사용될 수 없다.

스트랜드(K. A. Strand)는 1:10에 대한 부활절-일요일 해석을 위한 추가적 논거들을 제시한다. 그는 다음과 같이 지적한다.

> 유대인 사두개파와 에세네파 전통에서는 **일 년에 한 차례 일요일**(annual Sunday)에 첫 이삭의 한 단을 기념하는 날이 있었다. 초기 그리스도인들이 부활에 있어 그리스도를 첫 수확(the antitypical First-fruits)의 예표로 여겼기 때문에, 바리새인들의 계산보다 자기 분파의 계산을 따랐던 초기 기독교의 특정 분파가 **일 년에 한 차례** 그리스도의 부활을 기리는 일요일 기념일을 선뜻 택했을 것이다. 대조적으로 초기 그리스도인들의 주간 일요일에 대해 유대교의 관례에서는 어떠한 예배적, 심지어 심리적 배경들도 추론해낼 수 없다. … 우리는 어렵지 않게 다음의 결론에 다다른다. 그것은 기독교 역사

---

96. J. van Goudoever (각주 69), 169-70.
97. W. Rordorf, *Sunday*, 209.

초기에 그리스도인 공동체가 준수한 '주의 날'(Lord's Day)이라는 오직 한 종
류의 일요일이 실제 연중 하루의 날이었고, 그것으로부터 주간 일요일 기
념일이 어떤 식으로든 발전됐다는 것이다.[98]

스트랜드는 "주의 날"(Lord's Day)이라는 용어를 주간 일요일보다는 부
활절-일요일에 적용하는 것이 옳다고 변호하면서도, 동시에 앞선 논의가
계시록 1:10에 해당하지 않는다는 것을 인정한다. 이는 그 문서가 아시아
의 14일주의자들이 거주했던 한 지역으로부터 유래했기 때문이다. 동일
한 사도(요한)의 전통을 따른다고 주장하는 폴리크라테스(Polycrates)에 따르
면, 요한이 자신의 글을 보낸 그 지방의 그리스도인들은 14일주의(Quarto-
deciman) 계산 방식을 고수하며 부활절-일요일을 강하게 거부했다고 한
다.[99] 그러므로, 만일 니산월 14일로 고정된 날에 따라 유월절을 지켰던 요

---

98. K. A. Strand, "The 'Lord's Day'," in *Three Essays on Early Church History*, 1967, 42.
   Strand의 논거의 기본적인 취약점은 초기 기독교가 그 축제일을 결정하는 데 있어
   서 쿰란 종파의 달력으로부터 영향을 받았을 것이라고 가정한 데서 비롯된다. 왜냐
   하면 이와 관련한 어떠한 암시도 발견되지 않기 때문이다. 반대로 최초의 기독교인
   들이 신전의 규범 달력을 따랐다는 것은 사실로 확인된다. 나아가 Strand는 부활절-
   일요일이 이마 요한의 때에 널리 퍼져 있었다고 주장한다.

99. Eusebius, *HE*, 5, 24, 6-7. K. Strand ([각주 69], 180)는 흥미로운 가설을 전개시키
   는데, 즉 계 1:10의 "주의 날"이 제7일 안식일을 의미할 수도 있다고 설명하다. 그
   는 이러한 추측의 근거를 『요한행전』(*Acts of John*)의 한 구절에 두고 있다(요한행전
   은 3세기 소아시아에서 집필된 것으로 보인다. 참고, E. Hennecke, *New Testament
   Apocrypha*, 1965, II, 214). 그 구절에는 로마 군인이 죄수로 로마에 끌려가는 요한
   의 모습을 보고 있는 장면이 묘사되고 있다: "그리고 일곱째 날에(on the seventh
   day), 주의 날이 되기에 그는 그들에게 말했다. 이제 나에게도 음식을 먹을 때가 됐
   노라"(*ANF* VIII, 561). Strand는 여기서 제7일이 그 여정의 일곱 째 날이 될 수 없
   으며, 설사 그런 의미라면 요한이 안식일 중에 금식을 했다는 의미가 되는데, 이는
   동방의 교회에서는 금지된 것이었다. 그와 같은 준수가 일반적으로 타당한 것이기
   는 하나, 그 문헌의 영지주의적 특색을 근거로 이 특정 문서에 그와 같이 적용을 하
   고 있다고 보이진 않는다(참조, J. Quasten [각주 71], 136). 우리는 영지주의자들이

한이 동일한 14일주의자들이 있는 지역에 편지를 쓰면서 자신이 "부활절-일요일에 성령에 감동을 받았다"고 기록했다고 보는 것은 모순적이다. 다니엘루(J. Daniélou)는 이 사실을 인정하며 소극적으로 다음과 같이 시인한다. "부활절이 니산월 14일일 때, 계시록(1:10)에서 이 단어는 일요일을 의미하지 않을 것이다."[100]

금식을 장려했다고 알고 있다. 게다가 요한행전의 결론 부분에는 또 다른 참고 자료가 발견되는데, 소위 『변형』(*Metastasis*)이라고 불리는 것으로 본문 내용은 다음과 같다: "그러므로 요한은 그의 형제들과 함께 교제하며 주 안에서 기뻐했다. 그리고 다음날, 일요일(κυριακῆς)이 되어 모든 형제들이 모였는데 …"(E. Hennecke, *The New Testament Apocrypha*, 1965, II, 256). 여기서 κυριακῆς은 "일요일"로 번역이 되는데, 이유는 107-110장에서 묘사되고 있는 성만찬 기념식 뒤에 쓰이고 있기 때문이다. Mario Erbetta (*Gli Apocrifi del Nuovo Testamento*, 1966, II, 63-64)는 일요일의 성만찬식을 다음과 같이 재구성한다: "(1) 설교(109); (2) 기도(108); (3) 축사, 빵을 떼고 먹기(109); (4) 축복: '사랑하는자여, 그대에게 평화가 함께 하길'(110)." "주의 날"(κυριακή)이라는 표현이 당시 소아시아에서 일요일에 대한 구체적 명칭으로 사용이 됐다는 것은 『베드로의 복음』(*Gospel of Peter*), 35, 50, 51에서 입증된다. 이는 또한 『베드로행전』(*Acts of Peter*, 주후 190년경)이라는 또 다른 이후의 한 문서에서도 확인된다: "그리고 그 주의 **첫날**(*the first day of the week*), 즉 주의 날(*the Lord's day*), 한 무리들이 모였고 병든 자들이 낫고자 하여 베드로에게 나아왔다"(*Coptic fragment*, 참고, Mario Inserillo, *Gli Evengeli Apocrifi*, 1964, 151-152; E. Hennecke, *New Testament Apocrypha*, 1965, II, 314).

100. J. Daniélou, *The First Six Hundred Years*, 1964, 74. Clark는 아시아의 14일주의자들의 배경을 인식하지 못하고 부활절-일요일이 "요한을 통해 그곳에 소개됐다"는 잘못된 결론을 내린다(*Clark's Foreign Theological Library*, 1851, XIII, 91). 그러나 그의 "주간 축일의 기념은 연중 축일과 떼어놓고 생각할 수 없다"(위와 동일한 책)는 그의 관찰은 실제로 타당하다. 그러나 14일주의자들의 관례가 활발하게 지켜지고 있었던 아시아 지역에 일요일 준수를 소개하려고 했다고는 보기 어렵다. 물론 요한이 "주의 날"을 니산월 15일로 정했을 수도 있으나, 이에 대한 근거는 아직까지 발견되지 않았다.

주의 날(The Day of the Lord)

계시록 1:10의 "주의 날"을 그리스도의 심판과 재림(*parousia*)의 날로서 주의 종말론적 날로 이해하는 것이 우리에게는 가장 그럴싸한 주장일 것이다.[101] 이는 몇 가지 암시들을 통해 정당화된다.

계시록 1:10의 바로 앞뒤 문맥은 분명히 주님의 종말론적 날에 대한 언급을 포함하고 있다. 앞 구절에서 그리스도께서는 다음과 같이 묘사된다: "구름을 타고 오시리라 각인의 눈이 그를 보겠고 … 나는 이제도 있고 전에도 있었고 장차 올 자요(7-8절)." 10절 이후에서 요한은 "사망과 음부의 열쇠를 가진" 영광스럽고 또한 승리를 거둔 "인자"에 대한 환상을 기술한다(12-18절). 거기에서 나타난 "인자"는 후에 "그의 손에 예리한 낫을 들고 … 땅의 수확을 위하여"(14:14-15) 요한에게 다시 나타난다. 이 구절들은 분명히 미래의 심판의 때를 가리킨다. 또한 문맥은 명확히 종말론적이다. 이것이 의미하는 바는 요한 자신이 성령에 감동을 받아 장래에 주의 영광의 날을 보게 됐다는 것이다.

이 견해에 대해서 다른 견해가 충분히 제기될 수도 있다. 탈봇(T. Talbot)의 지적처럼, 만일 요한이 "'주의 날'로 투입된 것이라면, 어떻게 그가 2장과 3장에서 한 것처럼 현대 교회의 시대에 대한 글을 쓸 수 있었단 말인가?"[102] 그는 이 질문의 답변을 10절과 12절에서 찾을 수 있다고 설명한다: "내가 … 내 뒤에서 나는 … 큰 음성을 들으니 … 몸을 **돌이켜** … 보았는데." 우선, 그는 "주의 날"을 향해 앞을 내다보았고, 분명히 생길 미래의 일들을 다시 보기 전에 돌아서서 파노라마의 형태로 이 시대의 교회의 모습을 보았다는 것이다.[103]

---

101. 이 견해를 옹호하는 학자들의 문헌은 각주 70을 참고하라.

102. Louis T. Talbot (각주 70), 20.

103. 위와 동일한 부분.

19절("네 본 것과 이제 있는 일과 장차 될 일을 기록하라")에는 요한이 보았던 주의 날의 환상에 대한 삼중적 관점이 나온다. 따라서 주의 날의 시점에서 요한이 처음으로 보게 된 것은 먼저 영광스러운 인자가 그의 오른손에 들고 있는 일곱 교회를 위해 이미 무엇을 했었는지("네 본 것", 19절), 두 번째로 교회의 당장의 상황이 어떤지("이제 있는 일", 19절), 그리고 마지막으로 그리스도의 영광의 재림과 그의 영원한 나라가 세워지기 이전까지 발생할 일들("장차 될 일", 19절)이 무엇인지를 차례대로 본 것이다.

계시록에 나타난 내용들을 주제적으로 연구해보면, 모든 환상의 핵심과 책 전체가 감싸고 있는 본질적인 주제들은 재림(*parousia*)의 날과 관련된 내용으로 구성되어 있다는 것을 입증해준다.[104] 사실상 계시록은 "하나님께서 그분의 종들에게 **어떠한 일들이 곧 반드시 일어나야 하는지**를 보여주시기 위해 허락하신 그리스도의 계시"로서 소개된 셈이다. 요한은 본서를 소아시아의 일곱 교회에 바친 후, 다음과 같이 분명한 말로 이 계시의 속성을 알린다. "볼지어다 구름을 타고 **오시리라** 각인의 눈이 그를 보겠고"(7절).

계시록의 결론인 마지막 장에서도 동일한 선언이 발견된다. "보라 내가 속히 오리니"(22:7, 12). "성령과 신부가 말씀하시기를 '오라'"(22:17). 하늘 보좌, 일곱 인, 일곱 나팔, 여자, 짐승, 양, 마지막 일곱 재앙, 음녀와 바벨론, 사탄의 파멸, 새 예루살렘, 이 모든 환상들은 그리스도의 오심 전후의 사건들을 기술하는 것이다.[105] 그러므로 계시록 전체의 문맥은 1:10의 "주의 날"이 문자 그대로의 24시간이 아니라, 요한이 그리스도의 재림 전후의 사건들에 대한 상징적 형상들을 보기 위해 이끌려 간 날, 곧 주의 큰 날

---

104. 요한계시록의 주제에 따른 개요는 본 저자의 이탈리아어로 된 논문의 (각주 73), 90-92을 참고하라.

105. 계 4:8; 6:10, 17; 11:15; 14:14; 16:15, 20; 19:7; 20:11, 21; 22:7, 17.

을 의미하는 것이다.

그날이 문자적이기보다 상징적이라는 것은 또한 요한이 이 모든 계시들을 단 한 번에 받은 것이 아니라 많은 날을 통해서 받은 것으로 이해할 수 있을 만큼 많은 장면들로 구성된 것을 통해서도 예상할 수 있다. 우리는 1장에서 그가 "주의 날에" 환상을 보게 됐으며, 그 일련의 환상이 마지막 장에서도 그에게 제시되는데, 여기서 "이것을 보고 들은 자는 나 요한이니 내가 듣고 볼 때에 이 일을 내게 보이던 천사의 발 앞에 경배하려고 엎드렸더니 …"(22:8)라는 선언에 주의해야 한다.

이것은 분명히 천사들이 마지막 날까지의 모든 장면들을 그에게 보여주었고 그가 감사함으로 주님을 경배하기 위해 엎드렸다는 것을 말한다.[106] 과연 이 모든 환상들이 같은 날, 같은 문맥으로, 추측건대 일요일 아침에 요한에게 보인 것인가? 계시록의 계시 장면들은 많기도 하고 또 서로 다른 주제를 띠고 있기 때문에, "만일 요한이 하루 만에 그 모든 계시들을 받은 것이라면" 옌센(Fred B. Jensen)이 진술하는 것과 같이 "이는 상당히 기묘한 현상이다."[107] 발부르드(J. F. Walvoord) 또한 "책 전체에 제시된 그와 같은 놀라운 계시들이 하루인 24시간 안에 전달될 수 있는지는 어떤 경우라도 의심스러울 수밖에 없으며, 그것이 일련의 계시로 구성됐다고 하는 편이 더욱 그럴싸한 해석일 것이다"라고 진술하고 있다.[108]

"내가 보았다", "내가 바라봤다", "나에게 나타난 바 됐다"와 같은 반복적 표현들은 그 장면들이 서로 다른 시점에 제시됐다는 것을 의미한다. 실제로 4:2에서 요한은 분명하게 1:10에서 발견되는 표현과 동일한 표현

---

106. 이는 1:1의 천사가 22:8에 다시 등장한다는 사실로 입증된다.
107. Fred. B. Jensen, *An Investigation of the Influence of Anti-Judaism Affecting the Rise of Sunday in the Christian Tradition,* thesis 1949, 43.
108. J. F. Walvoord (각주 70), 42.

을 두 번째로 언급하고 있다: "내가 성령에 감동하여"(I was in the Spirit, ἐγενόμην ἐν πνεύματι). 이것은 분명 그가 환상을 본 것이 서로 다른 때와 서로 다른 기간에 일어났음을 암시한다. 그러므로 "주의 날"을 문자 그대로 요한이 계시록 전체를 구성하는 모든 환상을 본 날로 이해하기는 어렵다. 왜냐하면 우리가 위에서 살펴본 것처럼 각기 다른 주제를 가진 많은 장면이 각기 다른 경우에 요한에게 나타났기 때문이다. 요한은 환상 속에서 미래의 주의 날로 이동해 갔으며, 그 관점에서 요한이 여러 기간에 그에게 "보여진" 많은 장면을 "듣고" "보았다"고 가정하는 것이 문맥과 더 일치하는 것 같다.

스토트(Wilfrid Stott)는 이러한 해석에 반대하는데, 이는 "주의"(κυριακός)라는 형용사가 교부들의 문헌에서 "머리, 몸, 살, 영혼, 피, 고난, 십자가, 장례, 말씀, 가르침, 우화, 명령, 힘, 군위, 이름"과 같은 명사들과 더불어 광범위하게 사용되기 때문에 이 단어가 단 한 가지 경우, 곧 오리게네스(Origen)가 요한복음 10:35 주석에서 "이 모든 것들이 큰 주의(κυριακῇ) [날]에 부활하게 될 것이다"라고 말한 경우에서만 종말론적 의미를 암시한다고 보기에 의심스럽기 때문이다.[109] 그와 같은 관찰이 타당하기는 하지만, 그렇다고 해서 용법에 있어 예외를 인정하지 말아야 할 근거는 또 어디 있단 말인가? 어쨌든 "주의 날"(Lord's day, κυριακὴ ἡμέρα)이라는 표현은 흔히 쓰인 "주의 날"(the day of the Lord, ἡμέρα [τοῦ] κυρίου)이라는 어구에서 약간 변형됐을 뿐이다.[110] 형용사 "주의"(Lord's, κυριακός)는 살펴본 바와 같이 신약에서 단 두 차례 발견된다(고전 11:20; 계 1:20). 이 표현들은 680회 이상 쓰인 "주"(κύριος)라는 명칭과 비교해 볼 때에도 여전히 제한적 용법을 나타낸

---

109. Wilfrid Stott (각주 68), 71.

110. 더불어, 주의 오는 날(the day of Christ's coming)이 수많은 다양한 방법으로 언급되고 있다는 것에 주목해야 한다; 본서 제4장 각주 113을 참고하라.

다.

주목할 것은 "주의 만찬"(Lord's Supper, κυριακὸν δεπνοῖ)이라는 구절도 바울이 고린도전서 11:20에서만 사용하고 있는 고유한 표현이다. 사실상 "빵 떼기"(the breaking of bread)로 처음 언급된 그 의식도 후에는 "주의 만찬"이 아닌 "성만찬"(Eucharist, εὐχαριστία)으로 알려졌다.[111] 여기서 우리는 신약의 어떠한 어휘와도 유사성이 없는 한 형용사의 용법과 관련한 문제에 직면하고 있다. 그러므로 본래 "빵 떼기"로 알려진 표현을 바울이 예외적으로 단 한 차례 "주의 만찬"으로 표현한 것처럼, "주의 날"(Lord's day)이라는 구절도 동일하게 요한에 의해 예외적으로 "주의 날"(day of the Lord)이라는 보통 표현에 대한 하나의 변형으로 사용했다고 결론을 내리는 것도 타당해 보인다. 우리가 본 바와 같이 그 문맥은 이와 같은 해석을 옹호하는 것이 분명하다.

이 해석에 대한 추가적 근거는 요한이 심판의 날과 주의 오심을 두 번씩이나 다시 언급하고 있고, 각각의 경우에 그가 다소 다른 표현을 사용하고 있다는 사실에 있다. "하나님의 큰 날"(the great day of God, 16:14), "진노의 큰 날"(the great day of wrath, 6:17)이 바로 그것이다.

그리스도의 재림의 날에 대한 명칭의 변형은 그 사건이 무엇보다 중요한 일인 만큼 오해의 여지가 없도록 하기 위해 다양한 방법으로 지칭한 것일 수 있다. 요한은 이와 관련된 표현을 적어도 30번 이상 분명하게 언

---

111. 참고, 예를 들어, *Didache* 9:1; Ignatius, *Ephesians* 13:1; *Philadelphians* 4; *Smyrnaeans* 8:1; Justin Martyr, 1 *Apology* 66, 1; F. Cabrol, col. 2105-2106, *Dictionaire d'archéologie chrétienne*, 1907, "빵의 나눔"(*Fráctio panis*)이라는 단어를 보라; M. H. Shepherd, *The Interpreter's Dictionary of the Bible*, 1962, "주의 만찬"이라는 단어를 보라: "2세기 이후로 기독교 저자들(예, Didache, Justin, Ignatius, Irenaeus)은 '성만찬'이라는 명칭을 선호했는데, 이는 주의 만찬의 주요한 행동에 대한 감사함에서 비롯된 것이었다."

급한다.[112] 신약에서는 실제로 그리스도인의 믿음과 소망, 삶의 토대이자 완성인 그리스도의 재림의 날을 다양한 표현으로 기술하고 있다: "심판의 날",[113] "그날"(the day),[114] "그날"(that day),[115] "마지막 날",[116] "주의 크고 영화로운 날",[117] "진노의 계시의 날",[118] "우리 주 예수 그리스도의 날", "그리스도의 날",[119] "주의 날",[120] "큰 날",[121] "하나님의 큰 날".[122] 그리스도께서는 스스로 자신의 재림의 날을 "자기 날"(his day, ἡμέρα αὐτοῦ, 눅 17:24)이라고 부르셨다. 이와 같이 다양한 표현들이 그리스도께서 오시는 날을 명명하기 위해 쓰였다는 것과 요한 스스로 그 표현을 다른 보통 명사들과 함께 언급한다는 것은 "주의 날"이 단순히 동일한 사건을 표현하기 위해 쓰이는 많은 명칭들 가운데 하나라는 해석에 신빙성을 더해준다.[123]

초기 그리스도인들의 생각과 삶 속에 "주의 날"이 차지한 지배적 위치, 즉 그들의 모든 희망의 완성(살후 4:16-18; 고전 15:23, 52)일 뿐 아니라 그들의 윤리적 행동에 대한 모든 보상(고전 1:8; 벧후 3:10-12)의 개념을 고려할 때, 요한이 자신의 글 서두에서 그 단어를 언급하고(1:1, 7, 8), 바로 그날에 대한 환상을 보았다는 것(1:10)은 매우 자연스럽다. 그리스도의 재림 외에 그 무

---

112. 인용된 본문들 외에도 각주 105에 제시된 문헌들도 참고하라.
113. 마 10:15; 12:36; 막 6:11; 벧후 2:9; 3:7; 요일 4:17; 유 6.
114. 눅 17:30; 마 25:13; 롬 13:12.
115. 마 24:36; 막 13:32; 14:25; 눅 10:12; 17:31; 21:34; 딤전 1:12.
116. 요 6:39-40; 11:24; 12:48.
117. 행 2:20
118. 롬 2:5; 계 6:17.
119. 고전 1:8; 고후 1:14; 빌 1:6, 10; 살후 2:2.
120. 살전 5:2; 벧후 3:10.
121. 계 6:17; 유 6; 행 2:20.
122. 계 6:14.
123. 참고, Gerhard Delling, "ἡμέρα," *TDNT* II, 952: "복음서에서처럼 바울서신에서 그리스도께서는 ἡμέρα [즉, 그의 재림(*parousia*)의 "날"]의 주님이시다."

엇이 "하나님의 말씀과 예수를 증언하였음으로 말미암아"(1:9) 시련을 겪고 있던 요한을 안심시켜줄 수 있었겠는가? 요한은 "하나님의 말씀과 저희의 가진 증거를 인하여 죽임을 당한 영혼들"과 함께 분명하게 울부짖고 있었다: "거룩하고 참되신 대주재여 땅에 거하는 자들을 심판하여 우리 피를 갚아 주지 아니하시기를 어느 때까지 하시려 하나이까?"(6:10). 스콧 (Walter Scott)은 다음과 같이 적절하게 언급한다: "나이 든 명예로운 죄수의 시선이 의로운 자는 누명을 벗고 악한 자들이 처벌을 받는 왕국의 영광과 능력으로 향하는 것은 당연한 일이다."[124]

　　"주의 날"(the day of the Lord)에서처럼 "주"를 명사로 사용하기보다 "주의 날"(Lord's day)과 같이 "주의"라는 형용사를 사용한 것 또한 반드시 살펴보아야 한다. 불링거(E. W. Bullinger)는 그리스어에서 근대의 언어로 동일한 어원에서 나온 명사와 형용사 중 후자를 사용하는 것은 **의미**(meaning)를 변하게 하는 것이 아니라 **강조**(emphasis)를 뜻한다는 사실에 주목한다. 그는 다음과 같이 설명한다: 명사를 수식하는 자연스러운 방법은 형용사를 사용하는 것인데, 여기에서 "주의"(χυριαχῆ, Lord's)와 같은 식으로 될 경우 자연스럽게 강조가 되고, 강조는 수식을 받은 명사(day)에 놓인다. 그러나 "주"(Lord)에 강조를 두게 되면, 형용사 대신에 그 명사가 소유격으로 사용된다(of the Lord). (계 1:10처럼) 전자의 경우는 "주의 날"(the Lord's DAY)이 되고, 후자의 경우는 "주의 날"(THE LORD'S day)이 된다. 각각의 경우에 모두 같은 날을 뜻하며 다만 다른 곳에 강조를 둔 것이다.[125]

　　요한이 명사보다 형용사를 사용한 것은 그리스도께서 오시는 바로 그 날(the very day)을 강조하고자 했다는 것을 보여준다. 이는 또한 동사 '에게

---

124. Walter Scott (각주 70), 36.
125. E. W. Bullinger (각주 70), 12.

노멘'(ἐγενόμην)의 사용에서도 알 수 있다. 이 단어는 영어로 "나는 ~였다"(I was)라고 번역되는데, 이는 헬라어 동사의 의미를 온전히 전달하지 못한다. 물론 그 표현이 헬라어로는 다양한 의미상의 변형을 허용하기는 하지만 대부분 발생, 이행, 또는 상태의 변화를 뜻한다. 요한계시록 8:8을 예로 보면, 동일한 동사가 "됐다"(became)로 번역됐다.

우리의 본문도 동일하게 문자적으로 해석하면 다음과 같다: "나는 주의 날에 대해(on the Lord's day) 성령 안에 (또는 성령에 의해) 있게 됐다." 여기에서 동사는 요한이 성령에 사로잡힌 상태를 의미하고 있기 때문에, 우리는 "주의 날"(Lord's day)이란 **시간**이 아닌 그가 본 **내용**을 나타내고 있다고 예상할 수 있다. 다소 비슷한 경우는 바울의 경험에서도 발견된다. 그는 기록하기를, "내가 비몽사몽하게 됐고(γενέσθαι) … 내가 그[즉, 주]를 보았다"(행 22:17; 참고, 고후 12:3). 여기서는 동일한 동사(γίνομαι)가 사용됐으며, 환상에 대한 즉각적 결과는 바울에게 있어서는 주님을 보는 것이었고, 요한의 경우는 주의 날을 보는 것이었다.

요한이 "나팔 소리 같은 큰 음성"(1:10)을 들었다는 것은 종말론적 주의 날에 대한 암시가 될 수 있다. 캐링턴(Philip Carrington)은 "나팔 소리"가 "바로 유대인들의 신화에서 심판의 날과 관련해 기상 나팔 소리를 부는 나팔을 든 천사들을 연상시킨다"고 설명한다.[126] 몇몇의 중요한 경우에 구약에서도 사람들을 모으기 위해 나팔이 사용되지만(민 10:2, 9, 10; 출 19:19),[127] 여기서의 나팔은 특별히 "주의 날"(the day of the Lord)과 관련이 있었다(욜 2:1, 15; 스 9:14). 스바냐에서는 "주의 큰 날"이 "나팔을 부는 날"로 불린다(1:14-16).

---

126. Philip Carrington (각주 70), 78.
127. 심판의 날로 간주됐던 속죄의 날은 나팔을 부는 것을 통해 알려졌다(민 29:1)는 것에 주목하라.

신약에서 나팔은 구체적으로 그리스도의 재림과 관련이 있다. 나팔로 하나님의 교회의 택하신 자들을 부르고(마 24:31), 그리스도의 강림을 선언하고(살전 4:16), 죽은 자들을 일으킨다(고전 15:52). 계시록에서는 일곱 개의 환상이 일곱 나팔을 통해 알려진다(8:2, 6-8, 10, 12; 9:1, 13; 11:15). 이는 일곱 나팔 소리와 함께 끝나는 일련의 대재앙 사건들을 나타낸다. 천사들은 나팔을 불며 "세상 나라가 우리 주와 그리스도의 나라가 되어 그가 세세토록 왕 노릇 하시리로다"하고 외친다(11:15).

나팔 소리와 그리스도의 재림 사이의 밀접한 관계는 요한이 "주의 날"에 들은 "나팔 소리 같은 큰 음성"이 바로 마지막 그 사건에 대한 징후라는 가능성을 제시한다. 실제로 요한은 "음성을 알아보려고 하여"(1:12) 돌아섰을 때, 넋을 잃은 채 교회 가운데 장엄한 인자의 모습을 응시한다. 이 환상은 "만왕의 왕이요 만주의 주"로서(19:16) "그 머리에 금 면류관을 쓴 사람의 아들"의 강림에 대한 적합한 서곡이 된다.

"주의 날"에 대한 마지막 종말론적 속성에 대한 암시는 4:1-2과 1:10 사이의 독특한 유사성에서도 발견된다. 두 경우에서 요한은 "성령에 감동"(ἐγενόμην ἐν πνεύματι)을 받고(1:10; 참고, 4:2), "나팔 소리 같은 음성"(4:1)을 듣고, 영광에 둘러싸인 신의 다양한 모습들을 본다(1:12-18; 참고, 4:2-11). 두 본문 모두에서 그리스도께서는 "이제도 있고 전에도 있었고 장차 올 자"(1:8; 참고, 4:8)로 선언된다. 그러나 4:1에서 우리는 추가적으로 유용한 정보를 발견하게 된다. 요한은 환상을 보기 이전에 "올라오라 이후에 마땅히 될 일을 내가 네게 보이리라"는 음성을 듣는다. 바로 다음에 요한은 "내가 곧 성령에 감동했더니"라고 기록하고 있다. 요한이 환상을 보게 된 이유가 여기에서 분명히 제시되고 있다. 그러므로 그는 "이후에 마땅히 될 일"을 보게 되는 것이다.

그러나 1:10에서는 환상을 보게 된 이유가 정확히 설명되어 있지 않다. 대신 우리는 "주의 날에"라는 표현을 찾을 수 있다. 그러므로 표현과 문맥과 내용의 측면에서 두 본문 사이에서 발견되는 분명한 유사성을 통해, 우리는 4:1의 "이후에 마땅히 될 일"의 측면에서 "주의 날에"라는 구절을 이해해야 한다. 1:10에서는 요한이 자신이 본 환상에 대한 배경—곧 주의 날—을 명명하고 그와 관련된 사건들을 계속해서 설명하고 있는 반면, 4:1에서는 이어지는 환상이 장차 생겨날 일들과 관련이 있음을 분명하게 들었다고, 우리는 말할 수 있을 것이다.

앞선 사례들을 통해 볼 때, "주의 날"이라는 구절이 일요일을 의미하는 것이라고 보기는 무척 어려워 보인다. 오히려 그것은 재림(parousia)의 날과 심판의 날을 지칭하기 위해 성경에서 흔히 사용되는 "주의 날"(the day of the Lord)에 대한 또 다른 표현이다. 그러므로 우리는 "만일 결정적인 근거가 있는 것이 아니라면 그 표현이 심판의 날로 의도된 것이라고 생각하는 것이 좋을 것이다"라는 라이트풋(J. B. Lightfoot)의 결론에 동의하게 될 것이다.[128]

결론

사도 시대에 일요일 준수에 대한 증거로 흔히 제시되는 신약의 세 가지 본문을 분석한 결과, 그와 관련한 어떠한 논증적 가치도 찾을 수 없음을 분명히 알게 됐다. 고린도전서 16:1-3과 사도행전 20:7-12에서 우리는 한 주의 첫날이 언급된 것은 드로아 신자들과 바울의 예외적인 모임과 사

---

128. J. B. Lightfoot (각주 70), 129; 참고, A. Deissmann ("Lord's day," *Encyclopedia Biblica*, III, 2815)도 "주의 날"(Lord's day)을 "야훼의 날"(the day of Yahweh)과 "심판의 날"(the day of judgment)과 동일시했다.

적인 모금 계획을 각각 기술하기 위한 것이었음을 알 수 있었다. 우리는 또한 계시록 1:10의 "주의 날"과 관련해 직접적이고 폭넓은 문맥에 비추어 그 구절에 대한 가장 적합한 해석은 심판과 재림(*parousia*)의 날에 대한 명칭이라는 것을 확인했다.

제5장
예루살렘과 일요일의 기원

    비록 일요일 준수의 사도적 기원을 입증하기 위해서 일반적으로 예시된 신약성서의 세 인용문들이 그리스(고전 16:2)나 소아시아(행 20:7; 계 1:10)의 헬라어를 사용하는 그리스도인 공동체가 사는 지리적 지역에 속한 것이긴 하지만, 최근의 연구에서는 안식일 준수를 포기하고 일요일 예배를 제정하도록 발의한 책임을 예루살렘에 사는 사도적 공동체의 탓으로 돌리려는 특징적인 경향이 나타나고 있다. 예를 들어, 다니엘루는 "일요일 제도는 바로 첫 기독교 공동체에게로까지 거슬러 올라가며 순전히 그리스도인들에 의해 제정된 것"이라고 단언한다.[1] 또 다른 연구에서 그는 "이날(즉, 일요일)에 함께 집회를 가지는 관습은 그리스도께서 부활하신 바로 다음 주부터 나타나는데, 그 당시 사도들이 만찬 장소에 모였음을 우리는 발견하게 된다"고 분명하게 밝히면서, "일요일(주일)은 이때의 매주간의 재회가 지속된 결과다"라고 주장한다.[2]

    모스나도 일요일 예배의 기원에 대한 그의 조사를 다음과 같은 진술

---

1.   J. Daniélou, *The Theology of Jewish Christianity*, 1964, 342.

2.   J. Daniélou, *The Bible and the Liturgy*, 1966, 243.

로 결론 맺는다: "일요일은 바울에 의한 기독교 공동체보다 이전에 형성된 초기 예루살렘 공동체 안에서 시작됐다."[3] 로르도르프도 마찬가지 주장을 한다: "원시 기독교 공동체의 가장 초기 시기까지로 기억을 거슬러 올라가고, 심지어는 부활하신 주님 자신의 의도로까지 거슬러 올라가서, 그리스도인들의 일요일 준수가 진정으로 그리스도인들에 의해서 고안된 것이라는 견해를 설득력 있게 주장하는 몇몇 논증들이 제출될 수 있다."[4]

이 논제는 몇 가지 기본 가설에 의존하고 있다. 예를 들어, 쥬윗은 "바울이 일요일 준수의 제정자라고 생각하기는 어려운데, 이는 그가 개종자들에게 날들(day) 준수에 대해 경고 했던 신약의 유일한 저자기 때문이다 (골 2:17; 갈 4:10; 롬 14:6)"라고 기록하고 있다.[5] "만약 바울이 이방인들에게 일요일 예배를 소개했다면, 할례 예식에 대한 관계에서 나타난 경우(행 21:21)와 마찬가지로 안식일의 율법을 제쳐두는 무모한 행동을 했다는 이유로 유대인 반대파들로부터 고소를 당했을 것"이라고 쥬윗은 현명하게 말한다.[6]

---

3. C. S. Mosna, *Storia della domenica*, 53. 다른 추론을 통해 H. Riesenfeld 또한 같은 결론에 도달하고 있다("Sabbat et jour ju Seigneur," *New Testament Essays. Studies in Memory of T. M. Manson*, 1958, 213-214; Y. B. Tremel, "Du Sabbat au Jour du Seigneur," *Lumiére et Vie* (1962): 44-45; Pierre Grelot, "Du Sabbat juif au dimanche chrétien," *La Maison-Dieu* 124 (1975): 28-31.

4. W. Rordorf, *Sunday*, 237. 일요일 준수가 초기 예루살렘 교회에서 비롯됐다는 견해를 옹호했던 다른 저자들로는 다음을 보라. H. Dumaine, "Dimanche," *DACL* IV, col. 892-893; P. Cotton, *From Sabbath to Sunday*, 1931, 71; J. Nedbal, *Sabbat und Sonntag im Neuen Testament*, dissertation 1956, 170-171; C. Callewaert, "La synaxe eucharistique á Jerusalem, berceau du dimanache," *Ephemerides Theologicae Lovanienses* 15 (1938): 34-73.

5. P. K. Jewett, *Lord's Day*, 56. 안식일에 대한 사도 바울의 언급들(골 2:16-17; 갈 4:10; 롬 14:6)은 부록에서 검토되고 있다.

6. P. K. Jewett, *Lord's Day*, 57.

더 나아가 그랬었더라면, 로르도르프에 의해 언급된 것처럼, 바울은
"일요일 준수에 대해 보다 더 많이 언급했었을 것이었고 … 유대화된 반
대파들의 반론에 답했어야 했을 것이었다."[7] 따라서 "바울은 이방인들에
게 선교하기 시작할 때부터 그리스도인들 사이에서 확립되어 있었던 일
주일의 첫날에 예배드리는 관습을 발견했을 것이고, 이는 말하자면 첫째
날 예배가 유대인-그리스도인들에 의해 기원"된 것이다.[8]

예수의 부활과 현현 사건이 예루살렘에서 일요일에 발생했고, 거기서
경험됐기 때문에, 사도들이 특별한 그리스도인의 날에 독특한 기독교 예
식으로 바로 이러한 사건들을 기념하기 위해 일요일 예배를 처음 제정한
곳은 틀림없이 예루살렘으로 추측된다. 더욱이 예배일이 변화됐고, 그 후
에 모든 지역의 많은 그리스도인들에 의해 그것이 채택된 것은 기독교의
모교회인 예루살렘에서 발휘됐던 사도적 권위에 의해서만 이루어질 수
있던 것이었다.[9]

이러한 관찰에서 수반된 원리는 실제로 효과적인 것이며, 일요일 준
수의 기원에 대해 탐구할 때 유의할 필요가 있다. 일반 그리스도인들은
그들이 매주 드리는 예배의 날짜나 연례 유월절 예식의 날짜를 바꾸도록
하는 명령이 어느 한 교회로부터 전해진다면 절대 받아들이지 않았을 것
이다. 하지만 보편적이고 확실한 지도력을 가지고 있는 곳으로부터 주어
진 명령은 예외다. 우리가 살펴보겠지만 유월절 논쟁은 가장 적절한 실례
를 제공한다.

7.　W. Rordorf, *Sunday*, 218.
8.　P. K. Jewett, *Lord's Day*, 57. J. A. Jungmann (*The Mass of the Roman Rite*, 1950, I, 20-
　　21)은 안식일이 일요일로 대체된 것이 유대교의 박해로서 스데반의 순교와 주후
　　44년의 박해 사이에 발생했다고 주장한다. 우리는 예루살렘 교회와 관련해 전해지
　　는 정보를 통해 이 견해가 신빙성이 없다는 것을 알게 될 것이다.
9.　참고, W. Rordorf, *Sunday*, 232-237.

예루살렘의 초기 그리스도인들은 "더 이상 유대인 안식일 예배를 편안하게 느끼지 않았기" 때문에 자신들의 예배를 위한 특별한 시간과 장소를 가질 필요가 있었다고 주장하는 것이 또 하나의 중요한 논쟁점이다.[10] 예를 들어, 모스나는 사도들이 "일요일을 예배일로 제정한 것은 바울이 그 제도를 생각해 내기 훨씬 이전의 일인데", "첫 그리스도인들은 당시에 안식일의 내용이 새로운 신앙의 필요성을 채워주기에 충분하지 않았기에 자체적으로 특별한 예배일을 가질 필요성을 깨달았다"고 논리를 전개한다.[11] 로르도르프도 다음과 같은 유사한 설명을 통해 동일한 확신을 표현한다: "그리스도인 공동체 내에서 정규적으로 예배를 드리기 위한 시간이 실질적으로 필요했다는 사실은 결과적으로 바울 시대 이전에 일요일이 준수됐음을 보여준다."[12]

몇몇 학자들은 초기 기독교계의 유대-그리스도인 분파 중 하나였던 에비온파에 대한 에우세비오스(Eusebius, 주후 260-340년경)의 설명을 일요일의 사도적 기원에 대한 추가적인 증거로 제시한다. 그 역사가는 기록하기를 에비온파 중 진보적인 진영에서는 "안식일과 나머지 유대인들의 계율들을 준수했지만, 동시에 우리처럼 그들은 구세주의 부활을 기념하는 날로 주의 날(Lord's day)을 지켰다"는 것이다.[13] 그 주장의 취지는 이렇다. 즉, 이 부류의 유대 그리스도인들이 이방인 교회로부터 이탈한 후 이방 교회로부터 일요일 예배를 차용했을 가능성이 거의 없을 것이었기 때문에, 예루살렘 교회가 본래 지키던 일요일 예배 관행을 유지했다는 것이다.[14]

---

10. 위와 동일한 책, 219.
11. C. S. Mosna, *Storia della domenica*, 53.
12. W. Rordorf, *Sunday*, 218.
13. Eusebius, *HE* 3, 25, 5, *NPNF* I, 159; 다음 글에서도 같은 해석을 찾아볼 수 있다: Theodoret, *Haereticarum fabularum compendium*, 2, 1, *PG* 83, 389.
14. H. Dumaine ("Le dimanche," *DACL* IV, col. 893)은 에비온파 사람들에게 일요

이러한 논증들이 정말 설득력 있는 것으로 보이지만, 그러한 주장들의 정당성은 예루살렘 교회의 인종적 구성과 신학적 경향 등과 관련해 신약성서와 초기 교부들의 문헌들이 제공해 주는 역사적 정보에 비추어 검토되어야 한다. 우리는 이제 연구 범위를 주후 135년, 즉 하드리아누스 황제에 의해 그 도시(예루살렘)가 파괴되던 시기까지 확대해 연구할 것이다. 우리가 이제 살펴보겠지만, 그때, 유대인들과 유대 그리스도인들에 대한 황제의 추방 명령으로 인해 예루살렘 도성과 예루살렘 교회는 급격한 변화를 겪었다. 이 명령은 로마로부터 국가적인 독립을 바라는 유대인들의 열망뿐만 아니라 예루살렘 교회의 지도력에 결정적인 타격을 입혔다. 사실상 그 후로 그 교회의 역할은 너무 미미했기 때문에 다른 나머지 기독교계에 거의 영향을 끼칠 수 없었다.

신약성서 안에서의 예루살렘 교회

유대인 예배 의식과 예식력(liturgical calendar)에 대한 예루살렘 교회의 태도와 관련해 신약성서는 어떤 정보를 제공해주고 있는가? 어떤 사람들이 주장하는 것처럼 예루살렘 교회는 "더 이상 유대인 안식일 예배를 편안하게 느끼지 않았고, 그래서 자체적으로 특별한 시간에 모여야 했었다"는 것을 암시해주고 있는가?[15] 우리는 먼저 초기 기독교인들이 집회하던

일 준수는 "예루살렘의 초기 교회의 관습이 유지될 수 있는 모든 가능성을 내포하고 있다. 그러므로 이 제도는 헬레니즘적 기독교와는 아무런 관련이 없다"라는 견해를 내놓는다; 참고, C. Callewaert (각주 4를 보라), 51; C. S. Mosna, *Storia della domenica,* 54-55; Rordorf, *Sunday,* 216-218; P. K. Jewett, *Lord's Day,* 57.

15. W. Rordorf, *Sunday,* 218.

장소와 시간에 대해 고찰하고, 두 번째로 예루살렘 교회의 인종적 구성 분포와 신학적인 지향성을 살펴봄으로써 이러한 질문들에 대해 답하고자 한다.

그리스도인들의 집회 장소

사도행전에서 가장 빈번하게 언급된 모임 장소는 성전, 회당, 개인 집 (한 번은 야외에서 모였음) 등이었다.[16] 사도행전 2:46에서 그리스도인들이 "성전에 모이기를 힘쓰고 집에서 떡을 떼었다"는 기록은 복음을 전하기 위한 공식적인 모임과 사적인 친교 모임이 구별됐을 가능성을 시사해준다. 하지만 5:42에서는 "저희가 날마다 성전에 있든지 집에 있든지 예수께서는 그리스도라 가르치기와 전도하기를 쉬지 아니하니라"고 말하고 있다. 이것은 공식적인 복음 집회와 사적인 친교 모임 사이에 형식적인 구별점이 존재하고 있지 않음을 암시해주는 것 같다.[17]

사도행전에는 새로운 개종자들이 자신의 신앙을 공유하기 위하여 "마음을 같이하여"(행 1:14) 집에서 **사적으로** 모였을 뿐만 아니라, **공적으로** 성전이나 솔로몬 행각, 회당 등에서 종종 모여 진지하게 공동 생활을 영위하고 있는 모습이 나온다.[18] 그러나 추측건대 이러한 두 유형의 집회 사이에 한 가지 차이점이 존재했던 것 같다. 그 초기 공동체는 성전과 회당에

---

16. 성전: 행 2:46; 3:4; 5:12, 20, 25, 42; 회당: 행 9:20; 13:5, 14, 42; 14:1; 17:1, 10, 17; 18:4, 19, 26; 19:8; 가정: 행 1:13; 2:46; 5:42; 12:12; 20:7; 강가: 행 16:16.
17. O. Cullman (*Early Christian Worship*, 1966, 10)은 개인 가정집들도 "교회"(*ἐκκλησία*)로 여겼기 때문에 "성전에서"라는 표현은 "집 안에서"라는 의미가 될 수도 있다고 추론한다. 그러나 이러한 설명을 받아들이기 어려운 이유는 두 가지 분명한 용어가 존재했고, 이 둘은 각각 "성전"(*ἱερόν*)과 "교회"(*ἐκκλησία*)를 가리키는 데 쓰였기 때문이다.
18. 참고, 행 3:11; 5:12; 요 10:23.

서 기도회나 성경 교육 등에 참여했을 뿐만 아니라 복음을 선포했다(행 3:11-12; 5:12-13). 반면 사적인 모임에서 신자들은 함께 음식을 나눠 먹고 주의 만찬에 참여함으로 그들의 결속력 있는 친교를 표현할 뿐만 아니라 사도들로부터 개인적인 가르침을 받을 수 있었다(행 2:42; 1:14).[19]

초기 기독교 공동체의 사적인 모임들은 부활하신 주님에 대한 신앙의 내용을 더욱 자유롭고 완전하게 표현하도록 의도됐지만 성전과 회당에서 행하는 예배 의식들과 충돌하기보다 오히려 그런 의식들을 보완해 주는 것으로 나타난다. 랄프 마틴(Ralph P. Martin)은 이렇게 진술한다: "교회 역사의 초기 시대에는 적어도 믿음을 외적으로 표현하는 것에 관한 한 모(母)종교를 떠나려고 하지는 않았던 것 같다."[20] 그는 "초기의 기독교회는 유대 종교의 한 분파처럼 보였으며" 분명히 "나사렛 분파(sect)"(행 24:5)로 불렸다고 언급한다. "분파"(αἵρεσις)라는 바로 그 단어는 사도행전에서 기독교 종파를 묘사하는 데 사용되며(행 24:5, 14; 28:22), 사두개인들(행 5:17)과 바리새인들(행 15:5; 26:5)과 같은 공식적인 유대교 당파를 묘사하는 데도 사용된다. 그래서 마틴은 "나사렛 사람들로서 같은 마음을 가진 유대인들끼리 모이는 것에 대해 이상하게 여길 이유는 분명히 없었다"고 결론 내렸다.[21]

미쉬나에 따르면, 유대인 남자 10명이 있는 곳마다 회당을 세우도록

---

19. H. Riesenfeld (각주 3), 212는 "그리스도인들은 분명 말씀과 기도 때문에 성전과 회당에서 예배를 하며 유대인들의 자본금 조성에 도움을 주었다. 그들은 자신들이 바치는 제물이 그리스도의 죽음과 맞바뀌진다는 것을 언제나 잘 이해하고 있었다. 성전에서 예배를 참석한 후, 그들은 서로 모여(행 2:46; 5:42), 다시 말하면 한 개인의 집 다락방과 같은 곳에서(행 1:13) 사도들의 가르침을 열심히 들으며 성만찬에 참여해 떡을 떼고 기도에 힘썼다(행 2:42; 참고, 6:1-2)."

20. Ralph P. Martin, *Worship in the Early Church*, 1974, 18; 참고, T. W. Manson, "The Jewish Background," *Christian Worship: Studies in its History and Meaning*, ed. N. Micklem, 1936, 35.

21. Ralph P. Martin (각주 20), 19.

요구되고 있기 때문에, 어떤 학자들은 초기 기독교 공동체가 처음에는 외관상 특별한 회당과 닮았을 수 있다고 제안하기도 한다.[22] 사도행전 1:14에서는 말하기를, 그리스도를 따르는 사람들은 "마음을 같이하여 전혀 기도(προσευχῆ)에 힘썼다." 여기에서 사용된 헬라어는 회당에서 진행되는 정규적인 "기도 모임"을 지칭하는 단어다(행 16:13, 16). 최초기 신자들의 헌신을 위한 모임을 묘사하기 위해 회당에서 사용하는 명칭을 사용한 것은 그리스도인들의 모임들이 회당 모임의 한 형태로 여겨질 수 있다는 가능성을 시사해준다.

---

22. F. J. Foakes Jackson and Kirsopp Lake, *The Beginnings of Christianity*, 1933, I, 304; Karl L. Schmid, "ἐκκλησία," *TDNT* III, 501-536. Ferdinand Hahn (*The Worship of the Early Church*, 1973, 41)은 "교회"가 회당에서 그 형태를 빌려왔다는 이론을 거부하는데, 이는 "그리스도인들은 구약의 유대교의 모든 전통의 상당 부분을 고쳤기" 때문이라고 설명한다. Hahn은 최초의 그리스도인들은 자신들을 유대인들의 예배와 구분 지었지만, 나중에 들어 특히나 주의 형제인 야고보 당시 오히려 "율법의 엄격한 준수, 종교적 의식에 대한 충실, 뚜렷한 배타주의적 태도"를 취하게 됐다고 주장한다(위와 동일한 책). 그렇다면 왜 그리스도인들은 처음에는 유대인의 예배를 버리고 이후 다시 그것에 이끌리게 된 것일까? 이 이론을 뒷받침할 근거는 신약에서 찾아보기 어렵다. 예를 들어, Hahn은 "40년대 장로회의 직위는 의식적으로 유대인들의 관례로 돌아가려는 것처럼 보였다. 마치 초기 그리스도인들의 예배가 회당의 예배와 직접적으로 관련이 있는 것처럼 보는 비슷한 의존성이 초기에 있었다고 보기 어렵다. 예루살렘 교회에 의한 장로회의 직위가 실제로 유대인의 관례로의 회기를 의미하는 것인가? 오히려 당시의 유대인들이 갖춘 형태 이후로 교회의 조직적 구조의 측면의 발전을 제시하고 있는 것은 아닌가? 유대인들의 과부와 가난한 자를 돕기 위해 일곱 집사를 임명한 것은 무엇을 의미하는가?"(Hermann W. Bayer, "διάκονος," *TDNT* II, 91). 새로운 집사들을 택한 것은 반드시 공동체의 성장에서 비롯된 교회의 현지 구조의 발전 문맥에서 이해되어야 한다. 당시의 유대인들의 조직적, 예배적 구조는 하나의 타당한 본보기를 제공했고, 그리스도인들은 그것을 자신들의 급한 상태에 따라 조정해 사용했다. Mario Fois (*Collegialitá, Primato e Laicato nella Chiesa Primitiva*, Gregorian University, 1973, 52-75)는 초기 팔레스타인 지역의 교회의 구조가 당시의 유대인들의 형태들을 본따 어떻게 발전되어 갔는지를 설득력 있게 보여준다.

회당이 예배의 장소로서 가장 빈번하게 언급된 것은 사실이다. 그리스도께서 사역하신 시기에도 이것이 사실임을 우리는 확인했는데, 그분께서 안식일에 회당에서 가르치셨고, 예배를 드리셨기 때문이었다(막 1:21-28; 3:1-6; 6:2; 마 4:23; 눅 4:15, 16-30, 31 이하, 44; 6:6; 13:10-17; 요 6:59; 18:20). 사도행전에서도 유사한데, 그리스도인들이 회당에서 모임을 가졌다는 기록은 매우 인상적이다. 바울은 회당에서 "유대인들과 헬라인들을" 정기적으로 만났으며(행 18:4, 19; 13:5, 14, 42, 44; 14:1; 17:1, 10, 17), 그가 에베소에 도착했을 때에는 그곳의 회당에서 신자들과 함께 아볼로까지도 만났다(행 18:24-26). 회당이 기독교 예배에 끼친 영향에 대해 철저하게 연구하는 데 있어서 우리에게 큰 도움을 주고 있는 더그모어는 "유대인 회당이 첫 4세기 동안에 공중 기도를 위해 함께 모인 그리스도인들의 예배 형태와 예배 시간에 종종 인식되는 것보다 훨씬 더 광범위하게 영향을 미쳤음"을 설득력 있게 설명해주고 있다.[23]

메시아를 주와 구원자로 받아들임으로써, 새로운 신앙을 표현하기 위해 새로운 예배 장소와 예배 시간을 채택해야 하는 긴급한 상황이 즉각 발생했는가? 나중에 교회와 회당이 분리된 상황에 비추어 예루살렘 교회와 관련된 단편적인 기록을 해석하는 것은 쉽고도 유혹적이다. 이러한 노력은 예루살렘 교회와 유대의 종교적 관습 사이의 유착 관계를 최소화시키고, 그렇게 함으로써 기독교 신앙이 그 시초부터 내용과 형식에 있어서 독특한 것이었음을 옹호하고자 하는 특별한 열망으로부터 유발된 것이

---

23. C. W. Dugmore, "Lord's Day and Easter," *Neotestamentica et Patristica in honorem sexagenarii O. Cullmann*, 1962, 272; *The Influence of the Synagogue upon Divine Office*, 1944, 7-8; W. O. E. Oesterley, *The Jewish Background of the Christian Liturgy*, 1925; P. P. Levertoff, "Synagogue Worship in the First Century," *Liturgy and Worship*, ed. W. K. L. Clarke, 1932.

다. 그러한 목적은 칭찬할 만한 것들이기는 하지만, 예루살렘 교회의 초기 예배 관습에 대한 잘못된 분석을 내리는 것이 정당화되기는 어렵다.

성전과 회당, 기도와 설교에 대한 빈번한 언급들은 그리스도인들의 예배가 완전히 새로운 제도로서 발생한 것이 아니라 유대 종교 의식의 연속이자 재해석임을 시사해준다. 예컨대, 베드로와 요한은 오순절에 성령을 체험한 후 기도 시간에 성전에 올라갔다(행 3:1). 사적인 집회들이 보충적으로 진행되기는 했지만 성전과 회당 예배의 참여는 여전히 계속됐다. 마찬가지로 제사, 제물, 제사장, 장로 등과 같은 유대의 예배 용어가 계속 사용됐다. 이 모든 것들이 메시아적 성취, 즉 그리스도께서 이루신 결과에 비추어 재해석됐음은 분명하다. 하지만 그들의 새로운 신앙이 유대인들과 같은 정규적인 예배 상황들을 즉시로 포기하도록 만든 원인이 됐다는 암시는 전혀 없다.

그리스도인들의 집회 시간

이제 예루살렘 교회의 예배 의식이 진행된 시간에 대하여 살펴보자. 초기 그리스도인들은 유대인들의 예식 달력을 존중하여 사용했는가? 아니면 그들의 주간 예배와 연례 절기를 위해 새로운 요일과 날짜를 선택함으로 그것을 의도적으로 거절했는가? 오스카 쿨만(Oscar Cullmann)은 초기 그리스도인들의 집회에 대해 다음과 같은 주장을 한다.

초기 그리스도인들은 매일 집회를 가졌다(행 2:46; 5:42; 또한 눅 24:53을 보라). 안식일도 역시 이곳저곳에서 여전히 준수됐던 것 같다. 하지만 … 매우 이른 시기에 초기 그리스도인들은 예배를 위해 이미 단독으로 특별한 기독교적인 환경을 설정했는데, 그 속에서 한 날이 교회 예배를 위한 날로 특별히 구분됐다. 그날은 주의 날이다. 그것은 유대인들의 안식일이 아니고, 유

대 종교와 신중히 구별되도록 하기 위해서 초기 그리스도인들이 선택한 일

주일의 첫날이다. 그들이 이 날을 선택한 것은 이 날에 그리스도께서 죽음

에서부터 부활하셨고, 음식을 먹기 위해 함께 모인 제자들에게 나타나셨기

때문이었다.[24]

많은 학자들로부터 폭넓은 지지를 받고 있는 쿨만의 견해에 따르면,

초기 기독교 공동체의 집회는 매일 개최됐고, 산발적으로는 안식일에도

개최됐으며, 그리스도의 부활과 현현을 기념하기 위해 일요일에 정규적

으로 개최됐다는 것이다. 초창기 교회 시대에 일요일이 정규적으로 준수

됐다는 주장을 살펴보기 위해서 여기서 다시 시간을 소비할 필요는 없다.

이는 이미 이전 장에서 그러한 주장이 기본적으로 잘못 해석된 세 개의

신약성경 구절 및 성경이 아닌 사도적인 문학의 신학적 동기에 근거한다

는 것을 확인했기 때문이다.

매일의 집회와 관련해서, 누가는 적어도 세 가지 사례 속에서 사도들

과 신자들이 "날마다"(καθ' ἡμέραν - πασαν ἡμέραν, 행 2:46; 5:42; 눅 24:53 참조) 가

르침을 받고 교제를 나누기 위해 함께 모였음을 언급하고 있다. 신자들이

얼마 동안은 오순절의 열광 속에서 사도들 주위에 날마다 모였을 가능성

이 있다. 하지만 오직 사도들만이 성전과 집에서 가르치기(행 5:42) 위한 매

일의 프로그램을 계속 지속시킬 수 있었음이 분명하다. 리젠펠트(H. Riesen-

feld)가 적절하게 논평했듯이, "사도가 아닌 사람들에게 이것은 과장된 것

임이 틀림없다."[25] 이러한 매일의 집회들은 분명히 본질상 유대인들과 이

방인들에게 복음을 전하기 위해 고안된 복음 전도 모임이었다. 아마도 새

로운 개종자들이 이런 집회에 참석했을 것이다. 그러나 전체 교인들이 매

---

24. O. Cullmann (각주 17), 10-11.

25. H. Riesenfeld (각주 3), 213.

일의 예배 의식에 참여했을 것으로 생각할 만한 증거(indication)는 없다.

일반적으로 널리 보급되어 있는 견해를 대표하는 쿨만의 견해에 따르면, 안식일은 "이곳저곳에서" 산발적으로 지켜졌지만, 초창기부터 "교회는 유대교와 신중하게 구별하기 위해 주일의 첫날을 새로운 예배일로 선택했다"는 것이다.[26] 다음 장에서 우리는 유대인들과 구별해야 할 실제적인 절박한 상황으로 인해 사실상 안식일 대신 일요일 준수가 채택됐음을 살펴볼 기회를 가질 것이다. 그러나 이것은 후기에 발전된 것이지 초기의 예루살렘 교회에서 발생한 것은 아니었다.

모스나의 추론에 따르면 예루살렘에서 그리스도인들은 종교 지도자들의 박해로 인해 매우 초기에 자신들을 성전과 회당으로부터 분리시켰다: "스데반을 돌로 쳐서 죽인 후, 종교지도자들은 각 집으로 들어가 그리스도인들을 찾아냈으며(행 8:3), 그 박해는 조만간 그리스도인들을 유대인들과 그들의 예배 행위로부터 분리시키는 원인이 됐다(행 9:2)."[27] 시간이 지난 후, 유대인들의 박해가 그리스도인들을 유대 종교 의식과 관습들로부터 분리시키는 원인이 된 것은 의심 없는 사실이지만, (나중에 확인하게 되겠지만) 그러한 단절은 그렇게 갑작스럽고 즉각적으로 발생한 것이 아니다.

예를 들어, 스데반의 순교 후 바울은 그리스도인들을 색출하기 위해서 다메섹에 있는 회당으로 갔는데(행 9:2; 22:19 참조), 그 이유는 아마도 그들이 그곳에서 여전히 모였기 때문이었다. 바울의 후기 사역에서 사도 바울은 스스로 "자신의 규례에 따라"(행 17:2) 안식일에 회당이나 야외에서

---

26. O. Cullmann (각주 17), 9.

27. C. S. Mosna, *Storia della domenica*, 179-180. 그는 "회당에서"라는 표현이 쓰인 마태복음(4:23; 10:17; 12:9)에서 이미 회당으로부터의 분리에 대한 암시가 있었다고 이해한다.

유대인들(행 13:14; 17:2; 18:4)뿐만 아니라 이방인들(행 13:44; 16:13)을 정기적으로 만났다. 이것이 가능했던 것은 유대교의 집회 장소와 시간으로부터의 급진적인 이탈 현상이 아직 발생하지 않았기 때문이었다.

사도행전 6-8장에 기록된 최초의 유대인의 박해는 분명히 전체 교회를 향한 것이 아니라 우선적으로는 "헬레니즘화된 유대인들"을 향한 것이었음을 또한 고찰할 필요가 있다. 최근의 연구 자료들에 따르면, 이들(헬레니즘화된 유대인들)은 비순응적인(non conformist) 유대 그리스도인 그룹으로, 외견상 중심적인 교회 그룹과는 매우 다른 것처럼 보였다.[28] 이는 "예루살렘에 있는 교회에 큰 박해가 있어 사도 외에는 다 … 흩어지니라"고 기록된 사도행전 8:1에 의해 암시된다. 사도들이 예루살렘에 남아 있도록 허락됐다는 사실은 쿨만이 주석하고 있는 것처럼, "전체 기독교 공동체가 이 그룹의 매우 독특하고 대담한 사상들을 공유했던 것은 아님"을 보여준다.[29] 그렇지만 대담하게 외치는 선교 활동으로 사마리아의 복음화를 이끌어 낸 그 헬레니즘화된 유대인들의 영향력은 언급될 만한 가치가 있다(행 8:1-40).

어떤 사람들은 이 헬레니즘화된 그리스도인 그룹(헬라어를 사용하는 유대인들)이 "스스로 안식일과 관련해 예수 자신의 자유로운 태도를 공개적으

---

28. 참고, O. Cullmann, "Dissensions Within the Early Church," *Union Seminary Quarterly Review* (1967): 83; M. Simon (*St. Stephen and the Hellenists in the Primitive Church*, 1958, 113)은 이러한 헬레니즘화된 유대인들이 에비온파 사람들에게 영향을 미쳤다고 주장한다. 이러한 견해가 설득력이 떨어지는 이유는 에비온파가 유대 기독교의 후기 발전을 대표할 가능성이 있기 때문일 것이다. E. Lohmeyer (*Galiläa und Jerusalem*, 1936)는 초기 그리스도인들의 유대 신학과 갈릴리 신학을 구분한다; 참고, H. R. Baltz, *Methodische Problem der neutestamentlichen Christologies*, 1967, 171-172.
29. O. Cullmann, "Courants mulitples dans la communauté primitive," *Judéo-christianisme*, ed. Joseph Moingt, 1972, 58.

로 선언하고[30] 일요일 준수를 채택했다"고 주장한다. 정당성이 없는 추측에 기초한 그러한 가정을 허용하더라도, 이 헬레니즘화된 유대인들이 사도들이 주재하고 있던 모(母)교회로부터 일찍부터 분리된 급진적인 그룹만을 대표했다는 점에 유의해야 한다. 그들은 교회의 대변자들이 아니었기 때문에 교회 전체가 새로운 예배일을 받아들이도록 명령할 수 없었을 것이다.

더욱이, 실제로 일요일 준수가 그들의 종교적인 관례를 구별시켜주는 특징 중 하나였다면, 이것은 특별히 그들의 구두(vocal) 선교 활동에 있어서 교회와의 날카로운 논쟁을 야기시켰을 것이다.[31] 그러나 그러한 논쟁의 흔적이 사도행전에서는 발견되지 않는다. 예를 들어, 예루살렘 회의 때, 안식일 준수는 그날 다루는 주제 중에 들어 있지 않았다. 실제로 우리는 이제부터 특별히 예루살렘의 극보수 유대 그리스도인 공동체 내에서 정규적으로 안식일이 준수됐음에 대한 압도적인 징후들을 고려해 볼 것이

---

30. W. Rordorf, *Sunday*, 127; 참고, 217. Rordorf의 가정은 행 6:14에 근거하고 있는데, 여기서 거짓 증언자들은 다음과 같은 발언을 이유로 스데반에게 죄를 묻는다: "이 나사렛 예수께서 이곳을 헐고 또 모세가 우리에게 전하여 준 규례를 고치겠다." 그는 안식일도 그 "규례"(customs)에 포함된다는 근거 없는 추론을 내놓는다; 참고, M. H. Shepherd, *The Paschal Liturgy and the Apocalypse*, 1960, 17. 그러나 주목해야 할 것은 이것이 스데반이 아닌 거짓 고발자들이 한 말이라는 사실이다. 바울도 비슷한 비난을 받았다: "네가 이방에 있는 모든 유대인을 가르치되 모세를 배반하고 아들들에게 할례를 하지 말고 또 규모를 지키지 말라한다"(행 21:21). 바울은 이를 부인하며 다음과 같이 말한다: "내가 이스라엘 백성이나 우리 조상의 규모를 배척한 일이 없노라." 분명 바울은 일례로 스스로 유대인들에게 할례를 버리라고 권한 적이 없기 때문에 선한 마음으로 이와 같이 답했을 것이다. 이는 오직 이방인들에게만 해당되는 것이었다(행 15:23). 이것은 바울이 할례와 관련해 고소를 당했으나 안식일에 대해서는 동일한 일이 발생하지 않았다는 것을 보여주는 중요한 근거가 된다. 이와 동일하게 스데반에 대한 비난도 성전과 율법, 규례에 대한 포괄적 언급은 있으나 안식일에 대한 명확한 암시는 찾아볼 수 없다.

31. 이 표현은 다음의 글에서 발견된다: E. Haenchen, *Die Apostelgeschichte*, 1959, 226.

다.

예루살렘 교회의 신학적 경향

예루살렘 교회가 일요일 준수의 발생지라고 주장하는 논제의 정당성을 평가하는 데 있어서, 예루살렘 교회의 인종적 구성과 신학적 경향에 대한 연구는 아마도 가장 중요한 자료가 될 것이다. 이 교회는 열두 사도들이 중심이 되어 활동하던 예루살렘에서 생겨났다. 맨슨(T. W. Manson)이 잘 진술했듯이, 열두 제자들과 그들의 활동에 의해 개종한 첫 개종자들은 "유대인으로 태어나 유대인으로 자랐기 때문에 ⋯ 그들은 적어도 오랫동안 익숙한 종교적 관례들의 일부분을 새로운 신앙공동체 내로 유입했음을 연역적으로 추정할 수 있다."[32]

누가는 기록하기를 많은 유대인 개종자들 중에는 "이 도에 복종"하는 "허다한 제사장의 무리도" 있었다는 것이다(행 6:7). 레간(F. A. Regan)은 다음과 같이 잘 기록하고 있다: "누가는 그 개종자들이 어떤 점에서도 옛 율법과 충돌했다는 암시를 주지 않는다."[33] 사실, 바가티(B. Bagatti)가 제안하는 것처럼, "그들은 당연히 그들의 제사장 직무를 계속 수행"했을 것이었다.[34] 누가가 말하고 있듯이, "유대인 중에 믿는 자 수만 명"(행 21:20)이 있었던 사실에 비추어 볼 때, 필시 저들의 제사장 직무는 필요했었을 것이었다. 이러한 개종한 제사장들은 교회의 행정 업무에서 야고보와 사도들을 도운 "장로들"과 동일한 사람들이었던 것처럼 보인다(행 15:4, 22, 23; 16:4; 20:17, 18).

브루스(F. F. Bruce)는 그 가설을 다음과 같이 제안한다: "그들 중에는 70

---

32.   T. W. Manson (각주 20), 35.

33.   F. A. Regan, *Dies Dominica*, 4.

34.   B. Bagatti, *The Church from the Circumcision*, 1971, 67.

명의 사람들이 있었을 것인데 야고보를 의장으로 내세우고 일종의 나사
렛 산헤드린을 구성했을 것이다."[35] 이러한 정보는 누가에 의해 제공됐는
데, 그는 예루살렘 교회가 대부분 유대인 개종자들로 구성됐을 뿐만 아니
라 심지어는 이전에 제사장이었던 사람들에 의해 유대의 산헤드린 회의
운영 방식을 따라 운영됐음을 보여준다. 유대 종교의 계율에 대한 그들의
기본적인 태도는 다음과 같은 누가의 간결한 진술에 의해 가장 잘 표현되
어 있다: "저들은 다 **율법에 열심이 있는 자라**"(행 21:20).[36]

야고보를 의장으로 선택한 것과 그를 높인 사실은 예루살렘 교회가
"유대인"들의 신학적 경향을 더욱더 확실하게 비준해주고 있음을 알 수
있다. 왜 사도 중 하나였던 야고보가 아닌 "예수의 형제 야고보"(갈 1:19)가
그 교회의 지도자로 선택됐는가? 교회의 지도자를 선택하는 데 있어서
그리스도와 이전에 어떤 관계에 있었는지보다도 혈통 인자가 분명히 더

---

35. F. F. Bruce, *Commentary on the Book of the Acts*, 1954, 429; Charles W. Carter and
    Ralph Earle (*The Acts of the Apostles, 1905*, 322)는 같은 견해를 옹호한다: "예루살렘
    교회는 조직적으로 유대인의 성전 양식을 빌려왔을 가능성이 있다. 야고보는 고대
    유대 교회의 행정을 지원하기 위해 산헤드린에 해당하는 70명의 장로로 구성된 조
    직을 두었을 것이다."
36. Lino Randellini (*La Chiesa dei Giudeo-cristiani*, 1967, 27)는 예루살렘 교회가 정확히
    규정되지 않는 어느 한 시기에 할례받은 히브리인들로 구성된 "유대교의 한 분파"
    로 등장했다고 주장한다. 그들은 성전을 자주 오가며 축제들을 기념하고 안식일과
    단식을 지키며 자신들을 법적 규율들에 헌신하고 자녀들에게 할례를 베풀었다";
    또한 Carol and Leclerq (*Monumenta ecclesiae liturgica*, 1902, I, XVI)는 스데반의 죽
    음 이후 교회의 첫 확장 당시에 "거의 모든 행정은 예루살렘 교회로부터 비롯됐고,
    거기에서 이른바 유대주의자들의 권위와 영향력은 헬레니즘화된 유대인들의 영향
    력을 훨씬 넘어섰다"라고 지적한다; C. W. Dugmore (*The Influence*, [각주 23], 44)
    는 "이방인 그리스도인들이 곧이어 교회의 관습에 영향을 미치기는 했으나 그 기
    원과 핵심에 있어 본질적으로 유대적인 교회로 합류하게 됐다"는 것을 강조한다;
    Mario Fois (각주 22), II는 그리스도인들이 교회 구조를 세우는 데 있어서 "당시의
    유대, 그리고 그리스-로마의 형태를 참고"하지 않을 수 없었다고 강력하게 주장한
    다; 참고, D. Judant, *Judaïsme et Christianisme, Dossier patristique*, 1968, 15.

중요하게 여겨졌을 것이다. 그에 대한 이유는 누가와 바울의 언급에[37] 이미 함축되어 있고 유대-그리스도인에 의해 기원된 몇몇 후대의 작품들 속에 명시적으로 나타난다.

2세기 팔레스타인 원주민으로 유대인 개종자인 헤게시푸스(Hegesippus) 및 『야고보의 원 복음』(Proto-evangelium of James), 『히브리인들의 복음』(Gospel of the Hebrews), 『목수 요셉의 역사』(History of Joseph the Carpenter), 『도마복음』(Gospel of Thomas), 몇 가지의 『야고보의 묵시록』(Apocalypses of James), 『클레멘스의 인사와 훈계』(Clementine Recognitions and Homilies) 등의 작품들을 쓴 익명의 다양한 저자들은 야고보의 모습을 매우 높이고 있다.[38] 이러한 작품들 속에서 야고보는 그리스도의 합법적인 대표자,[39] 그리스도 앞에 가장 먼저 나타났던 그리스도의 친형제,[40] 교회의 머리,[41] "그를 위해서 하늘과 땅이 만들어

---

37. 참고, 갈 1:19; 2:9, 12; 고전 15:7; 행 12:17; 15:13; 21:18.
38. 이 글들에 나타난 야고보의 승격에 대한 간단한 연구에 대해서는 다음을 보라: B. Bagatti (각주 34), 70-78.
39. *The Protoevangelium of James*, 18,
40. 『히브리인들의 복음』(*The Gospel of the Hebrews*): "주께서 제사장의 종에게 세마포 옷을 주셨을 때 그분은 야고보에게 나타나셨다. 이는 바로 야고보가 그가 주의 잔을 마신 때로부터 죽은 자들 가운데 살아나신 그분을 보기 이전에는 떡을 먹지 않겠다고 맹세했기 때문이었다. 그리고 곧바로 얼마 후 주님은 말씀하셨다: '상과 떡을 내오라!' 즉시 이와 더불어 그분은 떡을 떼시고 축복하사 그것을 구워 의로운 야고보에게 주시며 말씀하셨다: '형제여, 이제는 내가 이렇게 살아났으나 너의 떡을 먹으라'"(E. Hennecke, *New Testament Apocrypha*, 1963, I, 165; 참고, *The Protoevangelium of James* 18; *The Kerygmata Petrou* 1:1, "베드로는 거룩한 교회의 주교이자 감독인 야고보에게 …"(E. Hennecke, 위와 동일한 책, II, iii).
41. 참고, *II. Apocalypse of James* III-IV (나그함마디에서 발견). *Recognitions of Clement* 1, 68에서 야고보는 "주교의 장"으로 칭해진다(*ANF* VIII, 94). 동일 문서에서 다음에 이러한 설명이 언급된다: "그가 주의 형제인 야고보, 혹은 그의 뒤를 잇는 누군가의 추천서를 예루살렘에서 가져오지 않는 한 그대는 어떤 선생도 믿지 말라는 이 거대한 경고를 주시하라"(4, 35 *ANF* VIII, 142). 야고보의 대주교로서의 동일한 속성은 *Epistle of Clement to James*의 서문에서도 발견된다: "Clement가 주, 그리고 예루살렘

진" 존재,[42] "백성들을 위한 하나님의 용서를 구하기 위해 … 유일하게 성소에 들어가도록 허락된" 제사장, 한 제사장의 아들, 그리고 "어머니의 요람에서부터 성인이 된 자"[43] 등으로 칭송된다. 따라서 바가티가 잘 요약한 것처럼 야고보는 유대-그리스도인들의 눈에는 다음과 같은 사람으로 나타난다.

> 야고보는 … 베드로나 바울보다 높은 존재였는데, 그 이유는 그가 다윗의 후손이었고, 예수와 같은 혈통으로 난 사람이었기 때문이었으며, 따라서 성직자 부류의 합법적인 대표자였기 때문이었다. 그리고 결정적으로 그는 영웅적 행위의 항목으로 율법을 준수했기 때문이었다. 그러한 특권을 주장할 만한 사도는 달리 없었다.[44]

을 다스리는 주교 중의 주교, 히브리서의 거룩한 교회, 그리고 온 세상 모든 교회인 야고보에게"(*ANF* VIII, 218).

42. *Gospel of Thomas*, Logion 12: "제자들이 예수께 말하기를, '저희를 떠나실 것을 알고 있나이다. 우리 가운데 가장 큰 자는 누가 되겠나이까?' 예수께서 답하시기를, '너희가 어디를 가든지 의인 야고보에게 가라. 그를 위하여 하늘과 땅이 생겨났느니라'" E. Hennecke (각주 40), I, 290.

43. Hegesippus (Eusebius로부터 인용), *HE* 2, 23, 5-6; 참고, Josephus (*Antiquities* 20, 9, 1)는 공평한 유대인 시민들은 제멋대로 야고보에게 사형을 집행했다는 이유를 들어 대제사장 안나스를 집정관 알비누스에게 고발했다고 기록한다. 야고보는 분명 유대인들로부터의 많은 신임을 즐겼다. Josephus의 것으로 여겨지는 한 구절에서는 주후 70년 예루살렘의 멸망을 야고보의 부당한 죽음에 대한 처벌로 보고 있다.

44. B. Bagatti (각주 34), 70. 야고보가 왕과 성직자적 권한의 영향을 교회에 미쳤다는 전통은 예를 들어, 요셉을 사제로 보는 *The History of Joseph the Carpenter*에서도 찾을 수 있다; Epiphanius (*Adversus haereses*, PG 41, 393-4; *Apocalypse of James* VII, 2)는 죽어가는 야고보의 입을 빌려 다음과 같이 기록한다: "빛으로부터 계속되어 온 그 빛이 내게 왕관을 씌울 것이다(The light proceeding from the light shall crown me"(Bagatti로부터 인용 [각주 34], 74).

　　야고보를 이렇게 추앙하는 현상은 후대에 예루살렘 교회의 역할이 희미해졌던 시점에서 그 교회의 입지를 고양시킬 필요성이 대두됐기 때문에 발전된 것이기는 하지만, 야고보가 그리스도와 혈연 관계를 주장할 수 있었고 그리하여 합법적인 그리스도인 "대제사장"의 역할을 완수할 수 있었기 때문에 겉보기에 선택됐다는 사실은 여전히 남아 있다. 이것은 새로운 기독교 공동체의 "제사장직"과 지도력이 그 도시에서 얼마나 유대교 지향적이었는지를 보여준다. 유대인들의 율법적 의무 사항들에 대한 야고보와 그의 분파들의 기본 태도는 예루살렘에서 일요일 준수가 기원됐을 가능성을 탐구하는 우리의 조사를 더욱 한층 분명하게 해준다.

　　주후 49-50년에 그리스도 교회의 지도자들은 예루살렘에서 기독교 신앙을 받아들인 이방인들이 지켜야 할 기본적인 요구 조항들에 대해서 심의해야 할 상황에 마주했다. 그 회의는 유대로부터 내려온 어떤 선동가들이 "모세의 율법대로 할례를 받지 아니하면 능히 구원을 얻지 못하리라"(행 15:1)라고 가르침으로써 안디옥 교회에서 발생한 분쟁에 의해 야기됐다. 이 유대화된 사람들은 야고보의 이름으로 말하는 것이라고 분명하게 주장했는데, 반면 야고보는 그들에게 그렇게 하도록 허락한 적이 없다고 명백하게 말하고 있다(행 15:24).

　　분쟁의 해결을 위해 바울과 바나바는 "사도들과 장로들"과 그 문제를 논의하러 예루살렘에 올 필요가 있었다(행 15:3). 그 회의에서는 "많은 변론이" 있었고(행 15:7), 베드로, 바울, 바나바의 의견 발표가 있었다(7, 12절). 끝내는, 의장으로서 역할을 수행한 것으로 보이는 야고보가 이렇게 제안했다. 즉, 그리스도인이 된 이방인들은 할례받는 것으로부터 면제되어야 하지만, "우상의 더러운 것과 음행과 목매어 죽인 것과 피를 멀리"하도록 편지해야 한다는 것이었다. "이는 예로부터 각 성에 모세를 전하는 자가 있어 안식일마다 회당에서 그 글을 읽음이라"고 했다(20-21절).

그 제안은 "사도들과 장로들"에 의해 승인됐고, 그것이 확실하게 이행되도록 즉각적인 조치가 취해졌다. 약간은 다른 형태로 세 번씩(행 15:20, 29; 21:15)이나 언급되고 있는 그 회의의 결정은 유대인의 율법에 대한 예루살렘 교회의 태도와 관련된 몇 가지 통찰력을 제공해준다. 그 몇 가지 점들은 주목할 만하다. 할례의 면제는 오직 "이방인 형제들에게"(23절)만 승인됐다.

유대 그리스도인들에게는 큰 변화가 일어나지 않았다. 그들은 계속해서 자녀들에게 할례를 행했다. 이는 바울에 의해 복음을 받아들인 이방인 공동체를 끊임없이 괴롭힌, 야고보의 지지를 받았을 할례당들(갈 3:1; 5:12; 6:12; 빌 3:20)이 공의회 이후에도 존재했다는 사실에 의해 나타날 뿐 아니라(갈 2:12), (약 10년 후에) "야고보와 장로들"이 바울에게 전한 다음과 같은 명백한 고소 내용에 의해서도 나타난다: "네가 이방에 있는 모든 유대인을 가르치되 모세를 배반하고 아들들에게 할례를 하지 말고 또 규모를 지키지 말라 한다 함을 저희가 들었도다"(행 21:21). 예루살렘 교회 지도자들이 이러한 소문(주후 58년경)에 대해 염려했다는 사실과 그 고소를 무마시키기 위해 성전에서 결례를 행하여 서약(vow of purification)을 하도록(행 21:24) 바울에게 제안한 사실은 그들이 여전히 할례와 같은 유대의 제도들에 얼마나 깊이 연루되어 있는지를 보여준다.

더욱이, 야고보에 의해 제안되고 공회의에서 채택된 바로 그 조항들은 이방인들이 율법으로부터 무조건적인 자유를 부여받지 않았음을 보여준다. 실제로 그 교령에 나타난 네 가지 훈계들 중, 하나는 윤리("음행"을 멀리하는 것)에 관한 것이고 나머지 세 개는 의례에 관한 것이다("우상의 제물"과 "목매어 죽인 것"과 "피"를 멀리하는 것, 20절). 의식적 더럽힘과 음식에 관한 규례에 대해 이처럼 지나치게 관심을 가지고 있는 것은 실제로 의식법을 존중하는 태도가 여전히 상당히 우세했음을 반영해준다.

유대 그리스도인들의 편견을 거스르지 않도록 이방인 개종자들은 우상에게 바쳐진 음식들은 어떤 것이든 먹지 않았고, 심지어는 우상 숭배와 관련된 음식이 제공될 것이 분명했던 자신들의 지방 축제를 용인하지도 않았으며 그 축제에 참석하지도 않았다. 그들은 또한 교살된 동물의 고기를 먹지 않음으로써 유대인들의 음식법을 따르기로 했다. 이처럼 음식과 이방인들과의 관련성에 대한 유대인들의 도덕 관념들을 존중하기 위하여 야고보와 제자들이 쏟은 이런 지나친 관심(행 15:20)을 고려해 볼 때 안식일 준수와 같은 더 중요한 문제가 아무 이의 없이 폐지됐다고 추측할 만한 여지는 거의 없다.[45]

그러나 "일요일 준수가 모든 사도 시대의 교회에 의해서 승인됐고 바울 시대의 교회들에 의해서 채택됐다는 가장 설득력 있는 증거"가 됐을 법한 안식일 논의가 그 회의에서 나타나고 있지 않다는 것을 어떻게 해석할 수 있겠는가?[46] 예배일에 대한 변경과 같은 과감한 변화가 분쟁을 일으킴 없이, 이의 없이 이루어졌고 받아들여졌다는 것은 몇 가지 요소들에 비추어 볼 때 믿기 어렵다. 우리가 이미 지적했던 것처럼, 예루살렘 교회는 유대인의 관습과 제도들을 존중하고 준수하는 데 있어서 타협하지 않는 태도를 보여주고 있다. 그러한 풍토에서 여전히 매우 존중되고 있던 안식일과 같은 천여 년의 역사를 가진 제도를 바꾼다는 것은 실질적으로

---

45. 예루살렘 공의회 이후로도 분명 야고보에게서 이방인 개종자들에게 할례를 권하고자 지지를 받았던(갈 2:12) 할례자 무리에 대한 우려는 당시 모세의 규례에 대한 유대 그리스도인의 태도에 별다른 변화가 없었음을 시사하고 있다(참조, 갈 5:12; 6:12; 빌 3:2; 행 15:1-2, 5).

46. W. Rordorf, *Sunday*, 219; P. K. Jewett (*Lord's Day*, 56-57)도 마찬가지로 "[즉, 안식일에 대한 논쟁]을 암시하는 그 어떤 것도, 더욱이 예루살렘 공의회에서(행 15장) 찾을 수 없다는 사실이 시사하는 바는 다음과 같다. 즉, 유대인 무리를 포함한 전체 사도 교회들이 이 문제에 있어서 합일되어 있었다는 것이다. 첫날 예배는 그러므로 바울이 만들어낸 것이 아니었다"라고 주장한다.

불가능했다.

이 점과 관련해서 야고보가 자신의 제안을 지지하기 위해서 한 다음의 진술은 또한 중요하다: "이는 예로부터 각 성에서 모세를 전하는 자가 있어 안식일마다 회당에서 그 글을 읽음이니라"(행 15:21). 야고보의 제안(20절)과 이 설명적인 진술(21절) 사이의 관계는 다양하게 이해됐다. 이에 대해, 어떤 사람들은 모세의 율법이 "안식일마다 그리스도인들의 회당과 집회에서 여전히 읽혀지고 있었기에" 이방인들에게 주어진 자유가 그 율법의 준수를 침해하게 될 것이라고 걱정하는 유대 그리스도인들에게 걱정할 필요가 없음을 말해주고 있는 것이라고 이해한다.[47]

다른 사람들은 그 구절의 의미를 이해하기를, 모세의 율법의 교훈들이 매 안식일마다 열심히 가르쳐지고 있었기 때문에 이방인 그리스도인들은 그들의 동료 유대인 신자들의 편견들을 거스르지 않도록 주의해야만 했다는 것이다. 그러나 또 다른 사람들은 그것을 다음의 의미로 해석한다.[48] 즉, 그 이방인 그리스도인들은 안식일에 자신들의 규례대로 회당에 참석하여 레위적 규율들을 잘 숙지하고 있었기 때문에 그 금지 조항을 임의대로 혹은 눈에 거슬리게 이해하지 않았을 것이 틀림없었다는 것이다.[49] 브루스는, "[야고보의] 의견은 아마도 모든 토라가 반드시 이방인들에

---

47. Joseph Addison Alexander, *Commentary on the Acts of the Apostles*, 1956, 548. 이 글에서 저자는 다양한 관점에 대해 간결한 논의를 포함시키고 있다.

48. 참고, F. F. Bruce (각주 35), 312, 각주 41: "21절에 대한 또 다른 해석을 적용하면 야고보가 의미한 바는 모든 성에 유대인 공동체가 있어야 하고 그들이 느끼는 양심의 가책도 존중을 받아야 한다는 것이다."

49. Everett F. Harrison, *Acts: The Expanding Church*, 1975, 236-237: "야고보가 원한 것은 다음을 강조하려는 것으로 볼 수 있다. 즉, (가능한 한 거의 모든 곳에서) 회당에 참여하는 습관을 가진 이방인들은 그들에게 적용되는 레위기 규율들에 대해 잘 알고 있었으며, 이로써 공의회의 요청이 터무니없거나 냉혹한 것으로 여겨지지 않아야 한다는 사실이다."

게 가르쳐져야 한다는 것을 특별히 중요하게 여겼던 예루살렘 교회 내에 존재하는 바리새파 사람들의 오해들을 진정시키려는 의도로 제안됐다" 고 생각했다.[50]

　비록 위의 해석들이 야고보의 소견을 다른 사람들(이방인 그리스도인, 유대 그리스도인, 그 둘 모두, 바리새파 사람들)에게 적용하는 것이기는 하지만, 그 제안과 그 제안의 정당성에서 야고보는 회당에서 매 안식일에 관례상 선포되고 읽혀졌던 모세의 율법이 여전히 본질에 있어서 구속력을 가지고 있음을 재확인해주고 있음을 그 모든 해석들은 인정하고 있다. 공의회에서 모세의 의식법에 대해 그처럼 엄청난 존중심을 나타낸 사실과 안식일에 회당에서 모세의 율법으로부터 낭독과 설교가 관례적으로 이루어졌다고 야고보가 명백하게 언급한 사실은 안식일이 이미 일요일로 대체됐다는 가정을 단호히 배격하는 증거다.

　우리가 앞서 언급했던 것에서 바울이 예루살렘에 마지막으로 방문한 것(주후 58-60년)은 예루살렘 교회가 율법에 대한 준수에 헌신했음에 대한 추가적인 증거가 된다. 바울이 "오순절 안에 예루살렘에 이르려고 급히"(행 20:16) 갔으며, 빌립보에서 "무교절"(행 20:6)을 지냈다는 누가의 언급은 그리스도인들이 여전히 규범적인 유대의 예식 달력에 의해 생활을 조절했음을 보여준다. 하지만 보다 분명한 것은 예루살렘 그 자체에서 발생했던 사건의 전말에 있다. 바울이 "문안하고 하나님께서 자기의 봉사로 말미암아 이방 가운데서 하신 일을 낱낱이 고한"(행 21:19) 후에 야고보와 장로들은 바울에게 이렇게 말했다.

　　저희가 듣고 하나님께 영광을 돌리고 바울더러 이르되 형제여 그대도 보는

50.　F. F. Bruce (각주 35), 312.

바에 유대인 중에 믿는 자 수만 명이 있으니 다 **율법에 열심 있는 자라** 네가 이방에 있는 모든 유대인을 가르치되 모세를 배반하고 아들들에게 할례를 하지 말고 또 규모를 지키지 말라 한다 함을 저희가 들었도다(행 21:20, 21).

　　예루살렘 교회 지도자들이 유대 종교 전통에 뿌리 깊은 충성을 다한 것은 자명하다. 야고보와 장로들은 그들의 교회에 수만 명의 유대인 신자들이 "다 율법에 열심이 있는 자들"(행 21:20)이라고 바울에게 말했을 뿐만 아니라, 그들은 심지어 그 사도가 모세에 의해 전해진 할례와 같은 조상들의 관습들을 시행하지 말도록 유대 그리스도인들을 설득시켰다는 소문에 맞서도록 권면했다. 그들의 염려가 기우였음(사실 그것들이 진실이라는 증거는 없다)을 믿고자 하는 마음으로, 야고보와 장로들은 바울로 하여금 분명히 의식법을 범했던 네 명의 교인들과 함께 성전에 들어가 결례를 행함으로써 그에게 씌워진 비난이 부당한 것이며, 저들이 "**율법을 준수하고 있다**"(21:24)는 것을 증명해 주도록 제안했다. 이렇게 함으로써, 예루살렘 교회의 다수의 신자들과 그 도시 안에 있는 나머지 사람들은 스스로 그 사도가 여전히 모세의 율법을 따르고 있음을 확인할 수 있었을 것으로 생각했던 것 같다.

　　렌스키가 주목하고 있는 것처럼, 팔레스타인에 사는 유대인 신자들로 하여금 바울이 조상들의 규례들을 존중하고 있었다는 사실을 재확인시켜야 한다고 예루살렘 교회 지도자들이 염려하고 있다는 사실은 한편으로는 바울에 대한 잘못된 소문들로 인해 아마도 교인들이 고민했었음을 시사해주고 있으며, 다른 한편으로는 "그들이 자녀들에게 할례를 행하고, 정결한 음식만을 먹고, 안식일을 지키는 등 유대인들의 삶의 방식을 여전

히 따르고" 있었음을 시사해준다.[51] 이것은 저들이 복음을 받아들여도 그
들의 삶의 방식에 특별한 변화를 요구하지 않음을 말해주는 것이기 때문
에, "수만 명"의 유대인들(행 21:20)이 쉽게 개종하게끔 하는 원인이 됐다.

유대의 종교적 관습들에 대한 예루살렘 교회의 이러한 대단한 집착은
아마도 기독교계의 모(母)교회를 그들의 종교적 삶의 이상적 모델로 여기
는 그리스도인들을 당혹하게 만들지도 모른다. 하지만 잊지 말아야 할 것
은 기독교 사상은 유대 사상의 뿌리와 줄기로부터 일어났다는 것이다. 초
기 유대인 개종자들은 그리스도를 받아들이는 것을 그들의 종교적 골격
을 파괴하는 것으로 보지 않았고, 오히려 새로운 차원에서 그들의 종교적
인 삶을 고양시켜준 메시아적 기대에 대한 성취로 보았다. 수월하지는 않
았지만 점차적으로 그림자를 실체로부터 분리시키고, 일시적인 것을 영
원한 것으로부터 분리시키는 방향으로 나아갔다.

바울의 행위 또한 고려할 만한 가치가 있다. 그는 성전에서 정결케 하
라는 제안을 받아들임으로써 자신의 신념을 양보했는가? 그렇게 보기는
어려운데, 일례로 그가 벨릭스 앞에서 자신을 변호할 때 그 사건을 언급
하면서 부끄럽게 생각하지 않았기 때문이다(행 24:17-18). 실제로 어떤 사람
들은 사도 바울이 이미 겐그레아에서 자진해서 나실인 서원을 했기 때문
에(행 18:18), 서원을 완수하기 위해 성전에서 희생을 드릴 계획을 이미 가
지고 있었다고 제안한다. 이 가설은 바울이 예루살렘에서 서원을 했다는
언급이 없다는 사실로 뒷받침 된다.[52] 게다가 호트(F. J. A. Hort)가 진술하는

---

51. R. C. H. Lenski, *The Interpretation of the Acts of the Apostles*, 1944, 878. 저자는 "팔레
    스타인의 이러한 유대인 신자들은 바울에 대한 거짓된 소문들에 시달렸다"라고 말
    한다.
52. Richard B. Backham (*The Acts of the Apostles*, 1964, 414)은 다음과 같이 설명한다:
    "실제 그 제안 자체는 그[즉, 바울]의 지휘 아래 제안됐을 가능성이 있다. 예루살렘
    에 마지막으로 갔던 때에 그가 나실인의 서원을 이행했기 때문이다(행 18:18). 또한

것처럼, "그렇게 하기엔 시간이 너무 짧았기 때문에 그가 서원을 시작해서 완성할 수는 없었다."[53]

그러므로 바울이 유대인의 진영과 이방인의 진영을 서로 더 친밀하게 이끌기 위해 의도적으로 "민족을 구제할 제물을 가지고"(행 24:17) 오려고 계획했었다고 추정하는 것은 그럴듯해 보인다.[54] 이 목적을 달성하기 위해 바울은 역시 율법과 관례들에 대한 자신의 개인적인 충성을 가시적으로 표현해야 할 필요를 분명히 느꼈다. 유대 그리스도인들을 안심시키기 위해 자신이 율법을 존중하고 있다는 것을 보여주어야 한다고 사도 바울이 생각했다는 것은 유대인들이 유대의 종교적 규례들에 충실했을 뿐만 아니라 바울이 그런 문제들에 대해서 유대인 형제들에게 본의 아닌 변호를 하고 있음을 보여준다. 이러한 사도의 태도는 안식일의 폐지와 일요일 준수의 도입 책임을 그에게 돌리고자 하는 그 어떤 노력도 믿을 만하지 않다는 것을 보여주기에 충분하다.

예루살렘으로부터의 도피와 관련된 그리스도의 권면 또한 이 점에서 중요하다. 마태는 유대 그리스도인들을 향한 그의 복음서에서 그리스도의 권고를 이렇게 기록한다: "너희의 도망하는 일이 겨울에나 안식일에

그는 스스로 "제물을 바치러"(to make offerings) 왔다고 말하고 있기 때문에, 이때는 그가 감사할 만한 어떤 서약을 품고 있었다고 볼 수 있다.

53. F. J. A. Hort, *Judaistic Christianity*, 1890, 109-110. 그는 다음과 같은 결론을 내린다. "사도행전에는 언급되어 있지 않지만, 그[바울]는 이미 스스로 성전에서 제물을 바치기를 제안하고 있었을 것이다. 아마도 이것은 이전에 한 서약과 관련이 있을 것이며, 또한 유대 그리스도인들에게 보내는 이방인들의 기부금과도 연관이 있을 것으로 의심되기도 한다. 이 부분은 21장에 언급되고 있지는 않으며 24:17에 분명하게 드러나고 있다.

54. Everett F. Harrison (각주 49), 328은 바울이 "만일 여행의 실제 목적—교회의 유대인과 이방인 양 진영의 통합—이 성취되지 않는다면 자신의 교회에서 모은 자금을 가지고 가는 데 만족하며 편히 있을 수 없었을 것이다"라고 지적한다.

되지 않도록 기도하라"(24:20). 이미 이 구절에 대한 분석을 통해서 우리는
이 말씀이 로제(E. Lohse)의 주장처럼 "유대 그리스도인들에 의해 안식일이
준수되고 있는 한 실례를 제공하는 것"이라고 결론 내렸다.[55] 이 말씀은
안식일 준수에 대한 예루살렘 교회의 관심을 잘 반영해 주는 것처럼 보인
다. 그것은 단순히 예루살렘이라는 **도시**에 대해 실질적으로 언급하고 있
기 때문이 아니다. 그것보다도, 초기 교회의 전통에 따르면 마태복음은 팔
레스타인에 사는 유대 그리스도인들을 위해 아람어로 기록됐기 때문이
다.

   예루살렘 교회와 관련된 신약성서의 자료들에 대한 지금까지의 분석
은 초기 기독교 공동체를 구성하고 있는 최초의 구성원들과 그 공동체를
지도하고 있는 지도자들이 안식일 준수와 같은 유대의 종교적 규례들을
철저하게 신봉하던 개종한 유대인들이었음을 분명히 확인시켜 주었다.
그러므로 예루살렘 교회가 주후 70년에 그 도시가 멸망하기 전부터 일요
일 예배를 채택했을 것이라고 가정하기는 불가능하다. 일반적으로 유대
그리스도인 지도자들과 구성원들이 그 교회 내에서 막대한 영향력을 행
사했다는 점에 미루어 보건대, 주후 70년 이전에 어떤 교회 혹은 어떤 지
역 내에서 일요일 준수가 채택되기는 불가능했을 것이라고 우리는 결론
내릴 수 있을 것이다. 초기 기독교 사회의 전문가로 잘 알려진 데이비스
(W. D. Davies)는 그 시기의 종교적인 상태를 다음과 같이 견결하고도 명민
하게 요약하고 있다.[56]

   모든 곳, 특별히 로마 제국 내의 동쪽 지역에는 외관상의 생활 방식이 유대
   인들의 삶의 방식과 두드러진 차이가 없어 보이는 유대 그리스도인들이 있

---

55. E. Lohse, "σάββατον," *TDNT* VIII, 29.
56. W. D. Davies, "Paul and Jewish Christianity," *Judéo-christianisme*, 1972, 72.

었다. 그들은 당연히 복음이 유대 사상의 연속이라고 여겼다. 그들은 최후의 만찬에서 예수께서 그의 제자들과 더불어 체결하시고 죽으심으로 인치신 새 언약으로 하나님과 이스라엘 사이에 맺었던 언약이 효력을 상실했다고 생각하지 않았다. 그들은 여전히 유월절, 오순절 절기를 지켰고, 성전 예식을 거행했다. 할례도 역시 계속해서 거행했고 매주일의 안식일도 지켰으며 음식과 관련된 모세의 규례도 따랐다. 몇몇 학자들에 따르면, 그것들은 너무 확고했기 때문에 주후 70년 예루살렘의 멸망 때까지도 계속 유효했으며, 그 규례들은 기독교 운동에서도 주요 요소들이 됐다.

주후 70년 이후의 예루살렘 교회

이제 다음과 같은 질문이 제기된다. 예루살렘의 기독교 공동체가 주후 70년에 도시가 파괴되기 직전에 탈출한 후 안식일 준수 대신에 일요일 예배를 채택했다고 보는 것은 가능한가? 유대 그리스도인들이 그 도시를 버리고 펠라(베뢰아 북쪽에 위치한 트란스요르단의 한 도시)로 이주한 역사적 중요성은 과소평가돼서는 안 된다. 레브레톤(J. Lebreton)은 그 사건의 중요성을 적절하게 다음과 같이 요약하고 있다.

그 탈출은 예루살렘 교회에게 결정적인 결과들을 가져다 주었다. 유대교 및 성전과의 마지막 연결 고리는 끊어졌고, 그들이 애정을 쏟았던 그 장엄한 건축물들과 의식들 그리고 유물들은 끝내 사라졌다. 이제 돌 위에 돌 하나도 남지 않았다. 하나님께서는 그들로 하여금 그것을 버리게 하셨다. 그래서 이 탈출은 마침내 그들이 유대인들의 견해를 떠나게 하는 결과를 낳았다. 그들은 가장 엄청난 고난의 시간에 예루살렘을 버리고 떠났다. 그래

서 그들은 그들의 민족의 신앙이 아닌 다른 곳으로부터 구원을 갈망하게 됐다.[57]

유대 그리스도인 공동체가 예루살렘을 포기함으로 안식일과 같은 유대의 제도들도 역시 멀리하는 결과를 가져왔는가? 레간(F. A. Regan)은 그의 학위 논문에서 바로 이러한 입장을 취하면서, 주후 70년은 안식일과 일요일 사이에 결정적인 분리가 발생한 때로 기록된다고 주장한다. 그는 이렇게 기록한다: "안식일과 우리가 주일이라고 부르는 날 사이에 발생한 결정적인 분리가 이루어진 특별한 사건을 지적할 수 있을까? 가장 가능성 있는 날짜는 아마도 주후 70년, 예루살렘 성전이 파괴된 날일 것이다."[58]

예루살렘의 파괴와 그곳으로부터의 탈출은 기독교와 유대교 사이의 관계에 결정적인 영향을 미쳤음에 틀림없다. 하지만 이미 주후 70년 혹은 그 이후에 팔레스타인에 사는 유대 그리스도인들이 안식일 준수를 포기하고 일요일 준수를 채택했을 것이라는 가능성에 대한 주장을 부인하는 중요한 역사적 징조들이 있다. 보다 더 적절한 역사적 자료들 몇 개를 간단히 살펴보자.

---

57. J. Lebreton and J. Zeiller, *The History of the Primitive Church*, 1949, I, 306. 근래 이러한 학자들은 Eusebius게 제시한 펠라로 이주하는 일에 대한 역사성에 이의를 제기했다. J. Munck, "Jewish Christianity in Post-Apostolic Times," *New Testament Studies* 6 (1959-60): 103-104; G. Strecker, *Das Judenchristentum in den Pseudoklementinen*, 1958, 229-231; S. G. F. Brandon, *The Fall of Jerusalem and the Christian Church*, 1951, 169. Josephus, Epiphanius와 Eusebius는 *Clementine Recognitions*에서 관련 참고 문헌들을 분석하고 있는데, 펠라로 이주하는 것에 대한 반대는 바로 이러한 분석에 기반하고 있다. M. Simon ("La migration à Pella. Légende ou réalité," *Judeo-christianisme*, 37-54)은 만일 펠라 주변에 거주했던 이교적 분파들에 의한 공동체의 변질과 야고보의 순교에 대한 도피의 연쇄 작용을 고려할 경우 어떻게 반대의 견해들이 그 설득력을 잃게 되는지를 보여주고 있다.
58. F. A. Regan, *Dies Dominica*, 18.

역사가 에우세비오스(주후 260-340년경)와 에피파니우스(주후 315-403년경)
가 우리에게 제공하는 정보에 따르면, 하드리아누스 황제가 예루살렘을
포위할 때(주후 315년)까지 예루살렘 교회는 개종한 히브리인들로 구성됐으
며, "할례받은 자", 즉 유대인 혈통을 가진자들로부터 선출된 15명의 감독
들에 의해 관리됐다.[59] 그들은 기본적으로 유대의 종교적 관례들에 충성
을 다하는 태도를 가지고 있었던 것으로 보인다. 예를 들어, 에우세비오스
의 기록에 따르면, 유대 그리스도인 그룹의 한 부류인 에비온파의 보수주
의 진영과 자유주의 진영 모두는 "문자적인 율법 준수를 열렬히 고집했
다"는 것이다.[60]

에비온파

에비온파 내의 자유주의 그룹이 "안식일과 그 외의 나머지 유대인들
의 규율"뿐만 아니라 "구세주의 부활을 기념하는 날로서 주의 날"을 지켰
다는 에우세비오스의 진술은 몇몇 유대계 그리스도인들이 처음부터 일요
일을 준수했다는 사실을 의미한다고 어떤 사람들은 주장한다. 그 가설에
따르면 이러한 유대계 그리스도인들은 그들이 예루살렘으로부터 이탈한
이후에 이방인 교회의 예배일을 받아들였던 것이 아니라는 말이 된다.[61]
이 논제의 약점은 정당성이 없는 몇 가지 추측에 의존한다는 데 있다. 예
를 들어, 일요일을 준수했던 자유주의 그룹은 "유대계 기독교 고유의 일
요일 예배"를 추종하던 사람들을 대표하고, 안식일을 지켰던 에비온파의
보수주의 그룹은 "몇 가지 이유나 혹은 다른 이유들로 인해 나중에 일요

---

59. Eusebius, *HE* 4, 5, 2-11; Epiphanius, *Adversus haereses* 70, 10, *PG* 42, 355-356.

60. Eusebius, *HE* 3, 27, 2, Kirsopp Lake 번역, Eusebius, *The Ecclesiastical History,* 1949, I, 263. (이후 Lake, Eusebius로 인용)

61. 이 견해의 옹호자들은 앞에서 열거되어 있다. 각주 14를 보라.

일 준수를 포기하게 됐을" 배교한 자들을 대표하는 것으로 추측된다.[62]

사실 우리가 위에서 언급했던 것처럼, 율법을 깊이 존중한 초기 유대 그리스도인들의 특성을 고려해볼 때, 자유주의자였던 사람들이 후에 보수주의자로 변했다거나 혹은 그 반대의 경우가 발생했다고 믿기는 어렵다. 에비온파에 대한 에우세비오스의 기록은 예루살렘이 파괴된 후 거의 250여 년이 지난 후에 작성된 것이었으며, 일요일 준수를 언제 채택했는가와 관련된 내용은 상술되지 않았음을 주목해야 한다. 그보다 이른 시기의 자료에서 이레네우스(주후 130-200년경)가 에우세비오스의 기록과 거의 동일한 기록을 남기고 있지만, 그 역시 일요일 준수와 관련해 어떤 언급도 하지 않고 있음을 주목해야 한다.[63] 따라서 교회의 주요 집단의 일원이 되기를 바라던 유대계 그리스도인들 중 한 그룹이 계속해서 자신들의 안식일을 준수하면서도, 나중에 일요일 준수를 채택했을 가능성이 있다.

또 다른 잘못된 추론은 에비온파가 초기 유대계 그리스도인들을 대표한다거나 혹은 적어도 그들과 관계가 있을 수 있다고 생각하는 것이다. 두 집단 모두 안식일 준수를 중요하게 강조하고 있는 것은 사실이지만, 그리스도의 본성과 관련된 입장에서 그들은 서로 매우 다른 입장을 가지고 있다. 에비온파의 기독론은 그리스도를 평범하고 일반적인 사람, 즉 마리아가 한 남자와의 관계를 통해 얻은 자식이라고 여기는 점에서 사실상 영지주의의 기독론과 같다.[64] 그러한 기독론의 오류가 초기 유대계 그리

---

62. W. Rordorf, *Sunday*, 217-218; 참고, P. K. Jewett, *Lord's Day*, 57.

63. Irenaeus (*Adversus haereses* 7, 26, 2, *ANF* I, 352)는 다음과 같이 쓰고 있다: "에비온파로 불린 이들은 할례를 베풀고 율법과 유대인들의 삶의 방식에 따라 그 관습들을 고수했다. 또한 예루살렘이 하나님의 집인 것처럼 그곳을 향해 기도했다."

64. Eusebius, *HE* 3, 27, 2, *NPNF* I, 159; Irenaeus (*Adversus haereses* 1, 26, 2, *ANF* I, 352)는 분명 Cerinthus나 Carpocrates와 같은 영지주의자와 그리스도에 대한 에비온파의 각각의 관점을 연관시키고 있다. 이 두 관점은 "예수를 처녀로부터 잉태된 자가

스도인들에게 있다고 생각하기는 거의 불가능하다. 그러므로 그런 근본적인 교리상의 차이 때문에, 다니엘루가 잘 언급했던 것처럼, 에비온파는 "아람어를 사용하던 1세대 그리스도인들, 다시 말해 주후 70년 예루살렘이 멸망당한 후 트랜스 요르단으로 피했던 그리스도인들의 계승자들과 혼동될 이유가 전혀 없었다."[65] 사실상 에피파니우스가 제공해준 정보에 기초해서 마르셀 시몬(Marcel Simon)은 주장하기를 "에비온파는 최초의 유대계 그리스도인과 기독교가 형성되기 이전의 유대교 분파 사이에서 일어났던 연합의 결과로 나타난 분파"라는 것이다.[66]

이 이단적 유대계 그리스도인 분파의 기원은 신약성서 시대에는 존재하지 않았다. 예를 들어, 유스티노스의 시대에 유대계 그리스도인들은 기독론적 이설이 아닌 율법에 대한 두 가지 상반된 경향에 의해 그 특성을 나타내고 있었다. 곧, 한쪽 부류는 "이방인 그리스도인들에게 할례나 안식일 준수 혹은 다른 의식들을 요구하지 않는" 사람들이었고, 다른 쪽 부류는 "이방인들에게 모든 점에서 모세의 율법에 따라 살도록 강요하고자 했던" 사람들이었다.[67] 유스티노스의 설명에 따르면, 유대계 그리스도인

아니라 인간 탄생의 보통의 방법으로 요셉과 마리아에게서 태어난 존재로 묘사했다."

65. J. Daniélou, *The Theology of Jewish Christianity*, 1964, 56. H. J. Schoeps 또한 그의 글에서 이를 구분하고 있다(*Aus Frühchristlicher Zeit*, 1950, 282).

66. M. Simon (각주 57), 48. Simon은 자신의 결론의 근거를 에비온파와 "Νασαραῖοι"(나사렛에서 난 자들)이라 불린 기독교 이전 유대인들 종파의 신념 사이에서 발견되는 두드러진 유사성에 두고 있다. 여기서 후자 종파는 나사렛파와 구분되는 것으로 Epiphanius, *Adversus haereses* (1, 18)에 기록되어 있다. 그는 "에비온파의 클레멘스라는 가명 저자(Pseudo-Clementine)가 주장한 바로 그와 같은(same) 특정 교리들을 예루살렘 공동체에서 비롯된 것으로 보는 것은 불가능하다"고 못 박는다(위와 동일한 책, 48, 각주 27).

67. Justin Martyr, *Dialogue with Trypho* 47, *ANF* I, 218. Philip Schaff와 Henry Wace 는 이 사실을 인정하며 Justin 당시에 유대 그리스도인들이 "교리적 이교성" 때

들 중 온건한 그룹이나 엄격한 그룹 모두 안식일 준수를 강조했다는 사실은 주목해볼 필요가 있다. 그들이 일요일 준수를 제정했다는 언급은 없다. 만일 유대계 그리스도인들이 이미 안식일 준수 외에 일요일을 채택했었더라면, 유스티노스는 『트리포와의 대화』(Dialogue with Trypho)에서 기록된 안식일 문제에 대한 반복된 논쟁 어디에선가 그것에 대해 언급했을 것이 거의 확실하다. 그의 유대인 친구인 트리포와 그의 백성들이 일요일을 준수하도록 장려하는 데, 이미 그렇게 하고 있던 친족 유대 그리스도인들을 언급하는 것보다 더 나은 방법이 어디 있겠는가! 그러나 유스티노스가 안식일보다 일요일이 우월하다는 것을 구약성서를 통해 입증하고자 노력했다는 사실과 결부시켜 생각해 볼 때, 유대 그리스도인들에 의해 일요일이

문이 아니라 유대인들의 율법에 대한 "두 가지 상반되는 경향"으로 인해 구별됐다고 강조한다. 그러나 몇 세기 이후, Irenaeus 때에 "Justin이 온건파와 강경파 사이에서 발견한 차이는 더 이상 진전이 없었다. 모두가 이단자의 신분으로 분류됐다"(NPNF I, 158, 각주 7). 두 저자는 또한 "사도 시대에 [에비온파와 나사렛파 사이의] 차이를 이끌어 내려는 것은 역사학자들의 습관이었다. Epiphanius의 시대로 거슬러 올라가 온건파(나사렛파)와 강경파(에비온파) 존재의 지속성을 탐색하려는 것 또한 마찬가지였다. 그러나 Nitzsch는 이 차이는 전혀 근거가 없는 것임을 밝혔다(Dogmengesch, 37-38). Epiphanius가 만든 이 분열은 Justin뿐 아니라 Origen과 Eusebius의 견해와도 다른 것이었다"(위와 동일한 책). 에비온파가 이방인 그리스도인들로부터 배척을 당한 결과로 그리스도에 대한 그노시스주의적 관점을 받아들인 이교분파로 발전했을 가능성은 있다. 그 분리는 유대인들에 대한 당시 로마의 억압적인 조치로 조장된 것일 수도 있다. Justin은 이 사실을 통해 당시의 그리스도를 따르고 순종하면서 동시에 유대인들의 제도들을 준수했던 유대 그리스도인들과 "감히 교제를 하거나 온정을 베풀지" 못했던 이방인 그리스도인들이 많았다고 진술한다. 그러나 그는 서둘러 "나는 그들의 의견에 동의하지 않는다"라고 덧붙인다(Dialogue 47, ANF I, 218). 그러므로 기독교국가(Christendom)의 주류에 끼지 못한 유대 그리스도인들이 당시 유대인 그노시스적 분파에 가까워지면서 (적어도 일부는) 그들의 그리스도론과 일요일 준수를 받아들였을 가능성은 충분하다. Irenaeus 때에 그들은 "에비온파"로 알려지기 시작했는데, 이는 주교가 그들을 그 이름으로 명확하게 신원 확인했기 때문이다(Adversus haereses, 1, 26, 2).

준수됐다는 언급이 전혀 없다는 것은 그의 시대에 일요일 준수가 유대인들과 유대 그리스도인들 모두에게 이질적인 것이었다고 추정하게끔 해준다.

나사렛파

초기 유대계 그리스도인들이 일요일을 준수하지 않았다는 것은 "정통" 유대계 그리스도인의 분파인 나사렛파에 대한 에피파니우스의 증언에 의해서 또한 지지된다. 그 감독은 다음과 같이 기록한다.

> 그 분파는 예루살렘으로부터 도망친 후에 형성됐는데, 그때 제자들은 예수의 말씀에 따라 예루살렘을 떠나 펠라에서 살고 있었으며, 임박한 포위로 인해 산으로 이주했다. 그 결과 이와 같이 베뢰아에 정착한 사람들도 있었다. 나사렛 이단은 거기에서 처음 시작됐다.[68]

4세기에 히에로니무스(Jerome)에 의해서도 존재가 입증되고 있는 이 나사렛파는[69] 펠라로 이주했던 예루살렘 교회의 그리스도인 공동체의 직계 후예들로 나타난다. 시몬(M. Simon)은 다음과 같은 기록으로 저들의 정체성을 잘 평가했다.

> 그들의 특징은 본질적으로 유대의 규례에 강한 애착을 가지고 있는 것이다. 만일 그들이 모교회의 눈에 이단적으로 비춰졌다면, 그것은 단순히 그들이 시대에 뒤떨어진 입장을 계속 고집했기 때문이었다. 에피파니우스는

---

68. Epiphanius, *Adversus haereses* 29, 7, *PG* 42, 402.

69. Jerome은 "Beroes, a city of Syria"에서 나사렛파를 발견했다고 기록하고 있다(*De Viris ill.* 3, *NPNF* 2nd, III, 362).

그것을 절대로 인정하지 않지만, 그들은 초기 그리스도인 공동체의 직계 후예들을 잘 대표하는데, 그 분파는 유대인들에 의해 나사렛인과 동일한 이름으로 명명됐음을 에피파니우스는 잘 알고 있다.[70]

만일 대부분의 학자들이 주장하는 것처럼, 나사렛파가 실제로 "예루살렘의 초기 공동체의 직계 후예들"이라면, (에비온파는 그렇게 하지 않았지만) 우리는 이들이 유대계 기독교의 원래의 의식을 계속 유지했을 것으로 기대할 수 있다. 우리는 특별히 그들의 예배일과 관련해 에피파니우스가 말한 것이 무엇인지를 읽을 필요가 있다. 비록 그 감독이 그들을 "이단자"로 헐뜯기 위해 노력했음에도 불구하고, 그들의 신조와 관련된 더 광범위한 설명에서는 그들의 이단성이 나타나지 않는다. 동일한 구약성서를 사용하기 때문에 그들을 유대인과 동일하게 여긴 후 그는 다음과 같이 계속 말한다.

> 나사렛파는 본질적인 요소들에 있어서 유대인들과 다르지 않다. 왜냐하면 그들은 유대인들의 율법에 의해 규정된 관습과 교리들을 시행하고 있기 때문이다. 다만 예외적인 것은 그들이 그리스도를 믿는다는 것이다. 그들은 죽은 자의 부활을 믿으며, 우주가 하나님에 의해 창조됐음을 믿는다. 그들은 하나님께서 한 분이시며, 예수 그리스도께서는 하나님의 아들이시라는 것을 가르친다. 그들은 히브리어를 배우기까지 한다. 그들은 율법을 낭독한다. … 그러므로 그들은 유대인들과도 다르고 그리스도인들과도 다르다.

---

70. M. Simon (각주 57), 47-48; 참고, B. Bagatti (각주 34), 31-35; J. Daniélou (각주 65, 56). 또한 나사렛파를 아람어를 쓰는 그리스도인들의 후손으로 이해한다. 이 후손들은 트랜스요르단으로 도피했고 "나머지 교회로부터 분리됐는데, 이는 그들이 할례와 유대인들이 준수한 안식일을 여전한 의무로 여겼기 때문이다."

그들은 그리스도를 믿기 때문에 유대인들과 다르고, 할례, 안식일, 및 그 밖의 다른 유대인들의 규례들을 아직까지 따르고 있기 때문에 그리스도인들과 다르다.[71]

나사렛파의 모습은 우리가 앞에서 재구성한 예루살렘 교회의 모습과 매우 잘 조화를 이룬다. 따라서 나사렛파가 초기 유대계 기독교의 인종적·신학적 유산 모두를 계승받은 대표적인 부류일 가능성은 존재한다.[72] 그들이 안식일 준수를 구별된 표식 중 하나로 계속 유지했다는 사실은 이것이 예루살렘 교회의 원래의 예배일이었으며, 그 도시가 파괴된 후에도 팔레스타인의 유대계 그리스도인들 사이에서 안식일이 일요일로 바뀐 사건이 발생하지 않았음을 설득력 있게 보여준다.

그리스도인들에 대한 저주

간접적이기는 하지만, 팔레스타인의 유대계 그리스도인들 사이에서 안식일 준수가 계속 유지됐음을 나타내주는 또 다른 암시가 회당에 그리스도인들이 참여했는지의 여부를 가려내기 위해 랍비들이 도입한 검사 (test)에 의해 제공된다. 그 검사는 매일의 기도—'쉐모네 에스레'(*Shemoneh Esreh*)—에 포함된 저주로 구성되어 있었고, 이는 회당 예배의 모든 참석자들에 의해 그리스도인들에게 선언되어야 했다. 마르셀 시몬은 그 저주와 관련된 팔레스타인 문서를 소개하면서, 대부분의 학자들에 의해서 받아

---

71. Epiphanius, *Adversus haereses* 29, 7, PG 42, 402.
72. B. Bagatti (각주 34, 30-31)는 설명한다: "나사렛파는 자신들을 이방인 후손의 다른 그리스도인들과 대등하다고 여겼다. 그 주창자의 한 사람으로써 저자 Hegesippus 는 그들이 이교들과 심지어 자신들의 후손들 가운데서도 구별된 참된 그리스도인이 되길 원했다고 말한다."

들여지는 바 그것이 도입된 날짜를 또한 제안한다.

> '미님'(*Minim*)에 대항하는 아래의 유명한 문구가 '쉐모네 에스레'(*Shemoneh*
> *Esreh*)에 삽입된 것은 예루살렘이 멸망한 직후, 주후 80년경에 가말리엘 2
> 세(R. Gamaliel Ⅱ)의 발의에 의해 이루어진 것이다: "배교자는 어떤 희망이
> 든 가질 수 없을 것이며, 교만한 제국은 우리 시대에 즉시 근절될 것이다.
> 나사렛파와 '미님'(*Minim*)은 즉시 소멸될 것이고, 그들 모두 생명의 책에서
> 지워질 것이다. 그들은 의로운 자들 중에 포함되지 않을 것이다. 오 하나님,
> 자만심을 꺾은 자에게 축복을 내리소서."[73]

이 저주가 회당에서 정규적으로 선언됐다는 사실은 몇몇 교부들의 증
언에 의해서도 확인된다.[74] 예를 들어, 히에로니무스는 "당신은 모든 회당
에서 매일 세 번씩 나사렛의 이름 아래서 그리스도인들을 저주한다"고 명
확하게 기록한다.[75] 그 문구의 목적은 단지 그리스도인들을 배교자로서

---

73. M. Simon, *Verus Israel: études sur les relations entre chrétiens et juifs dans l'empire romain,* 1964, 235. 이와 같은 저주가 주후 80-90년에 등장했다는 것은 실질적으로 모든 학자들에게 용인되고 있던 사실이었다. 추가 참고 문헌은 다음의 글을 보라: W. Schrage, "ἀποσυνάγογος" *TDNT* VII, 848; James (*The Conflict of the Chruch and Synagogue*, 1934, 77-78)는 다음의 논거를 들어 저주의 시점을 입증하고 있다: "이단 저주의 기도문(the Birkath-ha-minim), 이 선포는 1세기 후반기에 살았던 작은(the Small) 사무엘이 쓴 것이었다. 정확한 날을 알 수는 없다. 다만 그는 Camaliel II와 동시대의 사람이었는데, Camaliel II는 야브네에서 의식을 주재했던 인물로 70년에 예루살렘의 함락으로 두 명의 랍비가 죽임을 당했다는 것도 알고 있었다. 이로써 우리가 내릴 수 있는 결론은, 그는 Camaliel보다 나이가 많았으며, 저주문을 쓴 시기는 80년과 90년 사이라는 것이다; 참고, C. W. Dugmore, *The Influence* (각주 23), 4.

74. 참고, Justin Martyr, *Dialogue* 16; Epiphanius, *Adversus haereses* 29, 9, *PG* 41, 404-405; Jerome, *In Isaiam, PL* 24, 87 and 484.

75. Jerome, *In Isaiam,* 5, 18, *PL* 24, 87.

저주하는 것이 아니라, 마르셀 시몬이 진술하는 것처럼 그들을 찾아내기 위한 "실제적인 검사"가 되도록 하는 데 있었다. 그는 다음과 같이 설명한다.

> 직무 중인 제사장들의 부재시에, 공동체의 모든 회원들이 공중 집회에서 차례로 예배를 인도하도록 요청될 수 있었기 때문에 방법은 분명했다. 이 단성에 물든 참석자는 축도와 더불어 자기 자신을 정죄 선언하는 데 있어서 부득불 주저할 수밖에 없었다. 탈무드는 매우 분명하게 말해준다: "누구든지 '미님'(Minim)에 대한 축복에 있어서 실수를 할 때마다 그가 '민'(Min)인 것으로 추측됐기 때문에 그 자리에 다시 불려 세워지게 됐다."[76]

예루살렘의 파괴 후 회당 예배에 그리스도인들의 출석이나 참여를 금지시키기 위해서 팔레스타인의 랍비들에 의해 한 검사가 시행된 것은 팔레스타인에 사는 많은 유대계 그리스도인들이 여전히 자신들을 본질적으로 유대인으로서 생각하고 있었다는 사실을 말해준다.[77] 그들이 그리스도를 메시아로 받아들인 것 자체가 안식일 예배를 위해 회당에 참석하는 것

---

76. M. Simon (각주 73), 236.
77. James Parkes (각주 73), 78은 "이 시험이 회당 예배 중에 언급됐다는 사실로 우리는 그때 유대계 그리스도인들이 여전히 회당을 자주 출입하고 있었다는 결론을 내릴 수 있다." Ernest L. Abel 또한 이러한 결론을 공유한다(*The Roots of Anti-Semitism*, 1943, 131): "유대계 그리스도인들은 … 그들이 예수를 메시아로 받아들이는 것이 유대교의 규례들을 따르는 것과 무관하다고 생각했기에 회당에 나가는 일을 멈추지 않았다. 그들은 스스로 유대인이었기 때문에 개인적으로 자신들의 신념을 내비치지 않으면 스스로의 정체성을 확인할 수 있는 방법이 없었다. 이 결과로 유대인 지도자들은 이단자들을 찾아내기 위해 특별한 방법을 채택했다. 그중 가장 유명한 방법이 바로 주후 80년경 Shemuel ha-Qaton이 쓴 이단 저주의 기도문(*Birkath-ha-Minim*)이었다."

을 불가능하게 하지는 않았다. 따라서 이러한 상황의 존재는 유대계 그리스도인들이 이 시기에 안식일 준수를 일요일 예배로 대체했다는 주장을 믿을 수 없는 것으로 만든다.

하드리아누스의 정책

주후 70년 이후에도 예루살렘 교회에서 안식일 준수가 계속됐다는 것을 추가적으로 증명할 수 있는 간접적인 징후는 주후 135년 하드리아누스가 그 도시를 파괴한 것과 관련된 사건에 의해서도 제공된다. 바르 코흐바의 반란(주후 132-135년)을 무자비하게 진압한 후 그 황제는 파괴된 예루살렘 도시 위에 새로운 로마 도시인 아엘리아 카피톨리나(*Aelia Capitolina*)를 재건립했다.[78] 이때 잔인한 속박이 유대인들에게 강요됐다. 그들은 예루살렘에서 추방됐으며, 그곳에 다시 들어오는 것이 절대적으로 금지됐고, 그들의 종교적 의식, 특별히 그들의 가장 특징적인 관례들인 안식일과 할례를 시행하는 것이 금지됐다.

하드리아누스 황제에 의해 강요된 속박에 대해 언급하고 있는 풍부한 랍비들의 자료들에서, 그 황제의 통치 시기는 일반적으로 "박해의 시대"(*Shemad*) 혹은 "포고(edict, *gezarah*)의 시대"로 언급된다.[79] 다음의 인용문은

---

78. Dio Cassius (*Historia* 59, 12, 1, *LCL* VIII, 447)는 다음과 같이 기록하고 있다: "예루살렘에서 그는 폐허가 된 한 장소에서 성을 발견하고 그 이름을 *Aelia Capitolina*라고 지었다. 또한 신전의 자리에는 Jupiter를 위한 새로운 성전을 세웠다."

79. S. Krauss ("Berkokba," *Jewish Encyclopedia*, 1907, II, 509)는 다음과 같이 말하며 극적인 상황을 종합해낸다: "유대인들은 지금 쓰라린 박해의 시기를 지나왔다. 그리고 안식일, 축제들, 토라 연구와 할례는 금지됐다. 이는 유대인들을 몰살시키려는 Hadrian 황제의 의도로 보였다. … 이후 시대는 팔레스타인에 있는 유대인들에게 위험한 시기(*sha'at hasekanak*)였고, 당시 가장 중요한 의식들을 준수하는 것도 금지됐다. 탈무드에서 그 이유에 대해 설명하고 있는데(Geiger's 'Jud. Zeit.' i. 199, ii. 126; Weis, 'Dor,' ii. 131; 'Rev. Et. Juives,;' xxxii. 41), 비상시 일부 규정들은 허용이

하드리아누스 황제의 반유대인 정책과 관련해 탈무드에서 흔히 발견되는
진술들의 한 유형이다.

> 로마 정부는 그들이 토라를 공부해서는 안 되며 자녀들에게 할례를 행해서
> 도 안 되고 안식일을 준수해서도 안 된다는 한 법령을 반포했다. 유대 벤
> 샴무아(Judah B. Shammu'a)와 다른 동료들은 무엇을 했는가? 그들은 로마의
> 명사들이 종종 찾아가곤 했던 한 유명한 부인에게로 가서 자문을 구했다.
> 그녀는 그들에게 "밤중에 가서 당신들의 고난들에 대해서 외치라"고 조언
> 했다. 그래서 그들은 밤에 가서 이렇게 외쳤다. "아아, 도대체 우리는 당신
> 들의 형제들이 아니란 말입니까? 우리는 한 어머니의 자녀들이 아니란 말
> 입니까? 어찌하여 우리가 각 나라와 방언과 달라서 우리에게 이처럼 가혹
> 한 칙령을 내리십니까?"[80]

되기도 했다. 이때는 포고령('gezarah') 혹은 박해('shemad,' 샤바트 60a; Caut. R. ii,
5)의 시기로 불렸다"; 또한 다음을 참고하라. H. Graetz, *History of the Jews*, 1940, II,
425; S. Grayzel, *A History of the Jews*, 1947, 187; S. W. Baron, *A Social and Religious
History of the Jews*, 1952, II, 40-41, 107.

80. Rosh Hashanah 19a in *The Babylonian Talmud*, I. Epstein 번역, 1938, XIII; 78;
Baba bathra 60b에서는 다음과 같이 진술한다: "정부는 우리에 대한 잔인한 법령
들을 공표하고 토라와 규례들을 지키지 못하도록 금지하며 권력을 장악해 나갔
다. …"(*Babylonian Talmud*, XXV, 246); *Sanhedrin* 11a, 14a; *Aboda Zarah* 8b; 랍비
문헌들에서 발견되는 예배에 대한 Hadrian의 반유대적인 칙령들은 Hamburger
가 *Real-Encyclopedia für Bibel and Talmud* 2ed.에 담고 있다("Hadrianische
Verfolgungsedikte"라는 단어를 보라); J. Derenbourg는 Hadrian의 전쟁과 정책들
에 대한 잘 정리된 논의를 펼치며, 다음과 같이 설명한다: "로마 정부는 위반 시 사
형을 전제로 할례, 안식일 준수, 율법 연구를 금지시켰다"(*Essai sur l'histoire et la
géographies de la Palestine*, 1867, 430; 추가로 이와 관련한 랍비들의 참고 문헌들은
각주 79를 참고하라); Jean Juster은 Hadrian의 반유대적 칙령들에 대해 언급하면서
다음과 같이 간단히 언급한다: "그들의 존재는 랍비들의 자료들에서 그 문제와 관
련해 합의되어 있었기 때문에 반박이 불가능했다. Hadrian에 대해 보인 깊은—Titus
에게 보였던 것보다 더욱 극심한—증오는 Hadrian이 유대인들에 맞서 매우 비참한

반유대정책을 위해 하드리아누스 황제가 취한 이러한 억압적인 법령들은 유대인들을 향한 그리스도인들의 전반적인 태도에도 널리 영향을 미쳤을 뿐만 아니라 특별히 예루살렘 교회의 인종적 구성과 신학적 경향에도 영향을 미쳤다. 후자와 관련해 에우세비오스는 다음과 같이 기록한다.

이처럼, 그 도시에서 유대 민족이 없어지고, 그곳에 고대로부터 거주하던 사람들이 완전히 타파되자, 그곳으로 다른 종족들이 이주했고, 그 결과 이름이 바뀌어 로마인들의 도시가 됐는데, 그 명칭은 아일리우스 아드리아누스(Aelius Adrian) 황제에게 경의를 표하는 뜻에서 아일리아(Aelia)로 불렸다. 그리고 그곳의 교회는 이제 이방인들에 의해서 채워졌고, 할례받은 감독들을 대신해서 그 교회를 이끈 첫 번째 사람은 마르쿠스(Marcus)였다.[81]

하드리아누스의 칙령의 결과로 유대 출신의 그리스도인들과 감독들이 이방인 그리스도인들로 대체됐다는 사실은 그 당시에 그 두 그룹 사이

일들을 자행했음을 보여주고 있다"(*Les Juifs dans l'empire romain* 1965, 226, 각주 3); *Midrach Rabbah* (eds. H. Freeman, M. Simon, 1939)에서도 역시 Hadrian의 칙령을 종종 언급하고 있다. 예를 들어, 출 15:7과 관련해 다음과 같이 기술하고 있다: "설사 대적하는 누군가가 안식일을 모독하고, 할례를 폐지하거나 우상을 숭배하도록 명령한다 해도, 그들[즉, 유대인들]은 동화되기보다 오히려 순교의 고통을 겪을 것이다"(93: 170); *Ecclesiastes* 2, 17: "Imikanton은 황제 Hadrian에게 전하기를, '그대가 미워하는 것이 할례라면, 이스마엘의 자손들도 있습니다. 만일 또한 그것이 안식일을 지키는 자들이라면, 사마리아인들도 안식일을 지킵니다. 보십시오, 당신은 단지 그 사람들[이스라엘 민족]을 미워하는 것입니다'"(8:66-67); 참고, S. W. Baron (각주 79), II, 107.
81. Eusebius, *HE* 4, 6, 4, *NPNF* 2nd, I, 177-178.

에 분명한 차이를 식별할 수 있는 방법이 만들어져 있었음을 지적해준다. 그 차이는 인종적 요소에 한정되는 것뿐만 아니라, 유월절과 안식일과 같이 독특한 유대인의 절기들에 대한 새로운 신학적인 경향도 역시 포함됐음을 우리는 추측하게 된다. 이러한 추측은 에피파니우스의 증언에 의해서 지지되는데, 그는 유월절 의식이 거행되는 날짜와 관련된 논쟁에 대하여 장황하게 기록하면서 다음과 같이 진술하고 있다: "그 논쟁은 할례받은 유대인 감독들이 추방된 이후(주후 135년)에 일어났다(ἐταράχθη, 문자적으로는 "선동됐다")."[82]

에피파니우스 감독은 주후 135년까지 예루살렘 교회를 관리했던 15명의 유대계 그리스도인 감독들에 대해서 특별히 언급했는데, 이에 따르면 저들은 『사도헌장』(Apostolic Constitutions)으로 알려진 문서에 기반을 두고서 그때까지 14일주의자들(Quartodeciman)의 유월절을 준행했다. 이 문서에는 다음과 같은 규칙이 있었다: "그대는 시간 계산을 바꾸지 말고, 다만 할례받은 그대의 형제들과 동일한 시간에 그것을 거행할 것이다. 그들과 함께 유월절을 지켜라."[83]

에피파니우스의 기록이 항상 믿을 만한 것은 아니지만, 예루살렘 교회가 주후 135년까지 14일주의자들의 유월절을 지켰다는 것과 그 시기에

---

82. Epiphanius, *Adversus haereses* 70, 10, *PG* 42, 355-356.
83. 위와 동일한 책, *PG* 42, 357-358; the *Didascalia Apostolorum*에서도 비슷한 언급을 찾을 수 있다: "나의 형제들이여 그러므로 그대가 유월절에 근면함으로 연구하고 모든 주의를 쏟아 금식하는 것이 옳다. 또한 그들 중 형제들이 유월절을 지킬 때에 그대가 그 처음을 맡으라"(*Didascalia Apostolorum*, 21, 17, ed. R. H. Connolly, 1929, 187). 일부 학자들은 이러한 유사성을 토대로 Epiphanius가 인용한 *Apostolic constitutions*와 *Didascalia Apostolorum*을 동일시한다. 그러나 Epiphanius의 인용 본문은 우리가 오늘날 접하고 있는 *Didascalia*의 시리아판의 것과는 상당히 다른 점이 있다. 이 문제와 관련한 논의는 다음을 참고하라: M. Richard, "La question pascale au IIe siécle," *L'Orient Syrien* 6 (1961): 185-186.

발생한 논쟁에 대한 정보는 몇 가지 이유로 믿을 만하다. 그 기록은 우리
가 이미 살펴본 자료들로부터 예루살렘 교회의 신학적 경향에 대해 우리
가 알게 된 내용들과 잘 조화된다. 더욱이 이 경우에 에피파니우스 감독
은 아우디우스파(Audians: 유월절 날짜 계산에 대한 니케아 회의의 결의를 받아들이지
않았던 분파)가[84] (『사도헌장』에 표현된 것처럼) 니산월 14일에 유월절을 거행함으
로써 자신들이 사도들의 사례와 권위를 따르고 있었다고 믿었음을 단순
히 기록하고 있다.

　　에피파니우스는 이렇게 단언된 사도적 교령의 확실성에 대해서는 이
의를 제기하지 않은 채 아우디우스파가 그 의미를 오해했다고 근거 없이
주장했다. 이는 그가 궁극적으로 니산월 14일 대신 부활절-일요일을 채택
함으로 모두가 신앙의 일치에 이르게 되는 것이 사도들의 뜻이었다고 생
각했기 때문이다. 에피파니우스의 해석의 약점은 유월절의 거행 일정과
관련된 이 논쟁이 "할례받은 감독들이 추방된 이후에 일어났다"는 언급
(그것은 매우 잘 알려지고, 받아들여진 사실이었다)에 드러난다. 이는 그 이전에 14
일주의자들의 계산법이 이의 없이 받아들여졌음을 암시해준다.[85]

　　우리가 나중에 다루겠지만 그 유월절 논쟁은 분명하게 14일주의자들
의 유월절 관습을 고수하면서 부활절-일요일을 새로운 제도로 받아들이
기 거부했던 소수 그룹에 의해서 야기된 것이 분명했다.[86] 유월절 날짜 관

---

84. 아우디우스파에 관해서는 다음을 참고하라: A. Bareille, *Dictionnaire de théologie
catholique*, 1903, "Audiens"라는 단어를 보라; A. Reignier, *Dictionnaire d'historie et
géographie ecclesiastique*, 1931, "Audée"라는 단어를 보라.

85. Epiphanius의 증언에 대한 좀 더 상세한 논의는 다음의 글을 보라: Samuele
Bacchiocchi, *Anti-Judaism and the Origin of Sunday*, 1975, 45-52.

86. B. Bagatti (각주 34, 10)은 예루살렘에서의 유월절 논쟁이 유대계 그리스도인
들이 성으로 돌아오면서 유발됐다고 보는데, 이는 약 6년 후에 14일주의자들
(Quartodecimans)로부터의 반대에 직면해있던 예루살렘의 주교 나르키수스가 그
의 스승 알렉산드리아의 클레멘스에게 도움을 요청했기 때문이다(*PG* 9, 1490). 이

련 논쟁이 예루살렘 교회를 이방인 교인들과 지도자들로 재구성하게끔한 하드리아누스 황제의 유대인 정책 수립 이전에 일어난 것이 아니라 그 시기에 일어났다는 사실은 두 가지의 내용을 시사해준다. 첫째, 본래 유대 그리스도인들로 구성됐던 예루살렘 교회는 그때까지 유월절, 안식일과 같은 유대의 종교 제도에 기본적으로 충실했다. 둘째, 특히 전례력의 어떤 변화는 유대 종교 관습에 대해 황제가 취한 새로운 억압 조치로 인해 발생했다. 이 문제는 부활절-일요일과 매주 일요일 사이의 관계에 대한 연구에서 좀 더 깊이 다루어질 것이다. 그럼으로써 서로 연관성을 가졌었고, 여전히 연관성을 가지고 있는 두 절기가 동일한 장소에서 동일한 원인으로 인해 동시에 발생했음이 드러나게 될 것이다.[87]

우리가 간단히 고찰해 보았던 이러한 역사적 자료들은 예루살렘 교회가 주후 135년 이전에 일요일 예배와 같은 새로운 예식 제도를 고안한 장본인이었다고 주장하려는 그 어떤 시도도 믿을 만한 것이 될 수 없음을 보여준다. 모든 그리스도인 교회들 중에서 예루살렘 교회는 표면적으로 볼 때 인종적으로나 신학적으로나 유대의 종교 전통에 가장 충실했고 가장 밀접했던 교회였음을 우리는 살펴보았다.[88] 주후 135년 이후 예루살렘

러한 사실이 새로운 이방인 회원들 가운데서도 일부는 새로운 부활절-일요일을 받아들이지 않았다는 가능성을 배제하지는 않는다.

87. 본서 제6장을 보라.
88. B. Bagatti (각주 34, 33)은 Hadrian 황제 이후로도 예루살렘 교회에서 '유대인의 각인'(Jewish imprint)의 생존에 대한 추가적 설명들을 다음과 같이 제시한다: "당시 교회 안에 남아 있던 '유대인의' 특성에 대한 다양한 증언들이 있는데, Bardesanus (180-223)은 그의 제자들에 대해 전하면서(PS 2, 605) 그들이 안식일이 아닌 일요일을 준수하고 있으며 '유대 그리스도인들처럼' 할례를 행하지 않았다고 단언한다. 후자는 가명 Clement라는 이름으로 Clementine books (PG 2, 31-56)에 다음의 제목으로 포함되어 있다: "예루살렘 유대인들의 거룩한 교회를 다스리는 주, 그리고 주교 중의 주교, 야고보에게"(To James, Lord and Bishop of Bishops, who rules the holy Church of the Jews of Jerusalem). Bagatti는 계속해서 5세기까지 줄곧 두 개의

이 이교도 로마의 식민지—아일리아 카피톨리나(Aelia Capitolina)—로 재건됐
을 때 이 도시는 유대인과 그리스도인들 모두에게 있어서 정치적·종교적
입지를 상실했다. 따라서 이 시기 이후에 예루살렘에서 작고 새로운 이방
인 교회들 가운데서 일요일 준수가 시작됐음을 규명하고자 하는 시도는
헛된 일이다. 불확실한 이름을 가진 몇몇 감독들을 제외하고는 2세기의
예루살렘 교회에 대해 알려진 것은 아무것도 없다.

　지금까지 일요일 준수의 기원에 대한 우리의 연구는 부정적인 양상을
띠고 있다. 예루살렘에 있었던 초기 기독교 공동체가 주의 만찬을 거행함
으로 그리스도의 부활과 현현을 기념하기 위해 일요일 예배를 제정했다
는 주장이 얼마나 근거 없는 것인지를 보여주었다. 하지만 이러한 노력은
일요일 준수의 기원과 관련된 장소, 시기, 원인들에 대한 물음에 대안이
되는 답을 제공해 주지는 못한다. 따라서 이 과제를 수행하기 위해서 우
리는 이제 주장하고자 하는 내용을 정확히 역사적으로 재구성하기 위한
노력에 본격적으로 착수하고자 한다.

경쟁적 공동체(유대인과 이방인 그리스도인)가 존재했음을 암시하는 중요한 역사
적 설명들을 제시한다(10-14). 성의 파괴 이후 수 세기 동안 그와 같이 강력한 유대
계 그리스도인의 영향력이 예루살렘에서 지탱되어 왔다는 것을 볼 때, 주후 70년이
안식일과 일요일이 갈라지는 역사적 시기로 보려는 시도들의 신빙성은 떨어진다.

제6장
로마 교회와 일요일의 기원

    초기 유대 그리스도인들 사이에서 일요일 준수가 기원됐을 가능성을 연구하면서 우리는 그들 가운데서 그 기원과 관련된 흔적을 찾는 것이 무익하다는 결론을 내렸다. 이는 그들이 안식일 준수와 같은 유대의 종교적 관습들에 기본적으로 충실했기 때문이다. 따라서 일요일의 기원에 대한 우리의 연구 방향을 이방 그리스도인 집단에게로 돌릴 것이다. 이전에는 유대교와 종교적 유대 관계가 없었고 이제는 유대인들과 대립된 관계에 있는 이들이 안식일이나 유월절과 같은 유대교의 제의들을 새로운 날과 새로운 의미로 대체했을 가능성이 훨씬 더 많다고 우리는 추정할 수 있다.

    새로운 종교적 절기일들이 채택되고 그것들이 나머지 기독교계에서 시행된 것은 아마도 유대교로부터 분리가 일어난 초기에 광범위한 인식을 가진 교회 권위를 통하여 가능했을 것이다. 2세기에 이미 광범위한 권위를 가진 것으로 여겨진 로마 교회(로마 제국의 수도에 위치해 있던 교회)는 일요일 준수의 발생지로서 가장 유망해 보인다.[1] 이 가설의 타당성을 증명하기 위해서 우리는 이제 로마 시와 로마 교회에 우세하던 종교적, 사회적, 정치적 상황들에 대해 간략히 조사하고 연구하려 한다.

지배적인 이방인 개종자들

로마 교회의 교인들에게 보내는 편지에 나오는 바울의 인사말, 특히 마지막 장의 인사말은 무엇보다도 로마의 그리스도인 공동체가 다수의 이방인 그리스도인들(롬 11, 13장)과 소수의 유대 그리스도인들(14-15장)로 구성되어 있음을 추정하게끔 해준다. "내가 이방인인 너희에게 말하노라"(11:13)고 명확하게 단언하면서, 16장에서, 사도 바울은 헬라어나 라틴어로 된 이름을 가진 다수의 신자들에게 문안 인사를 한다.[2] 이방인 교인

---

1.   2세기 로마 교회의 지도력의 역할은 본 장 후반부에서 논의된다.

2.   이 자체로는 결정적인 논의가 될 수 없는 것이 Harry J. Leon이 고대 로마의 고고학상의 글들을 통해 입증하고 있는 것처럼, 많은 유대인들은 라틴이나 헬라의 이름들을 선호했다. 그는 고대 로마에서 유대인들이 사용한 254개의 라틴 이름들과 175개의 헬라 이름들을 제시하고 있다(*The Jews of Ancient Rome*, 1960, 93-121). 로마에 있는 대다수의 구성원이 이교도 개종자들이었다는 것은 바울이 분명하게 로마서(1:12-15)에서 밝히고 있다: "나는 … 로마에 있는 너희에게도 복음 전하기를 원하노라 … 이는 너희 중에서도 **다른 이방인 중에서와 같이** 열매를 맺게 하려 함이로다"(강조 첨가함). 분명 로마의 이방인 그리스도인 공동체는 바울이 도착하기 전까지 유대인들과의 접촉을 제한하고 있었다. 이는 다음의 예로 알 수 있는데, 바울은 도착 3일 전 유대인 지도자들과 만나 다음과 같이 말한다: "우리가 유대에서 네게 대한 편지도 받은 일이 없고 또 형제 중 누가 와서 네게 대하여 좋지 못한 것을 고하든지 이야기한 일도 없느니라"(행 28:21). Marta Sordi (*Il Cristianesimo e Roma*, 1965, 65-72)는 다음의 세 가지 자료들을 토대로 로마에서 교회와 회당 사이에 '분명한 분리'가 일어났다는 설득력 있는 주장을 펼친다: 바울의 몇 가지 발언(빌 1:12-14; 4:22; 1:17; 골 4:10-11), *lucundus chrestianus* (티베리우스 며느리의 종)에 대한

들이 지배적으로 우세했고, 그들이 교회 안팎에서 유대인들과 대립했다
는 사실로 인해 아마도 동쪽 지역에서보다 훨씬 더 일찍 로마에서 그 두
공동체 사이의 차별화가 필요했을지도 모른다. 로마 교회의 기원에 대한
연구에서 레온하르트 고펠트(Leonhard Goppelt)는 다음과 같이 기록함으로써
이 견해를 지지한다.

> 그 편지는 누구나 추측할 수 있는 것처럼 로마에 다수의 이방인 그리스도
> 인들(11, 13장)과 소수의 유대 그리스도인(14-15장)로 구성된 한 교회가 있음
> 을 전제로 하고 있다. 이런 두 집단의 공존으로 그 시기에 고린도에서 나타
> 난 것과 비슷한 몇몇 문제점들이 야기됐다. … 로마서를 통해서 우리가 의
> 문을 가질 수 있는 것처럼, 유대교와 관련된 로마 교회의 상황은 후기 바울
> 서신에 의해 우리에게 알려진 서구 기독교 사회의 것과 유사하다. 교회와
> 회당 사이의 간극(chasm)은 모든 지역과 우리가 위에서 묘사했던 동방의 교
> 회들 중 알려지지 않은 한 교회에서 발견된다. 유대교는 기독교의 전신 중
> 하나가 되는 것 말고는 다른 어떤 역할도 주어지지 않았다.[3]

　로마 교회에서 소수파에 불과했지만 유대계 그리스도인들은 율법의
가치(2:17), 할례의 필요성(2:25-27), 율법에 대한 순종으로 말미암는 구원(3,
4, 5장), 특별한 날들이 존중되고 부정한 음식을 삼가야 할 필요성(14-15장)
등과 같은 문제들과 관련된 "논쟁"(롬 14:1)을 일으켰던 것처럼 보인다. 하

글, Pomponia Graecina (기독교 초기 개종자인 브리튼의 정복자, Aulus Plautiun
의 아내)에 관한 타키투스의 증언. 그리스도인들은 "그 지역의 유대교와는 단절된
채"(69절) 귀족층 개종자의 집에서 모임을 가졌던 것으로 보인다. 바울이 유대계와
마찰을 겪었을 것으로 추측되는 것은 그가 "(하나님 나라를 위하여) 함께 역사하는
자들" 가운데 "할례당"의 세 사람의 이름만을 밝히고 있기 때문이다(골 4:10-11).

3.　Leonhard Goppelt, *Les Origines de l'Église*, 1961, 202-203.

지만 원래 이교 혈통을 가진 이방인 그리스도인들이 지배적이었는데다가 그들이 교회 안에서는 유대 그리스도인들과 대립하고 밖으로는 유대인들과 대립함으로 말미암아 로마 교회는 동방의 교회들보다 더 일찍 유대교로부터 분리됐을 것이다. 그때 안식일 준수를 포기하고 일요일을 채택하는 것은 이 차별화의 과정에서 매우 중요한 전망을 나타내 보일 수 있었을 것이었다.

유대인들과 그리스도인들 사이의 차별화 초기 단계

로마의 역사가 수에토니우스(Suetonius, 주후 70-122년경)에 따르면, 주후 49년 클라우디우스(Claudius) 황제는 "크레스투스(Chrestus, '그리스도'라는 이름의 오기[erroneous transcription]로 추정됨)의[4] 선동으로 유대인들이 계속해서 폭동을 일으키자, 그들을 로마로부터 추방시켰다."[5] 피에르 바티폴(Pierre Batiffol)이

---

4. Suetonius, *Claudius* 25, 3; H. J. Leon (각주 2, 23-24)은 (주후 41년에 더욱 가까운) 더 빠른 날짜를 옹호한다. 그러나 일부 학자들은 *"Chrestus"*가 단순히 한 선동가의 이름에 불과하며 기독교 선교와는 무관하다고 생각한다; Marta Sordi (각주 2, 64-65)를 보라; 또한 다음을 참고하라: S. Benko, "The Edict of Claudius of A.D. 49 and the Instigator Chrestus," *Theologische Zeitschrift* 25 (1969): 406-418. Dio Cassius (주후 150-235, *Historia* 60, 6)는 Claudius의 추방에 대해 언급하는 대신, 유대인들이 그들의 규례에 따라 모임을 갖는 것을 금지하는 칙령에 대해 설명한다.

5. Tacitus (*Annales*, 15, 44)는 Nero 시대의 박해에 대한 자신의 보고서에서 이런 식으로 그 이름을 쓰고 있다. 그 이름의 발전 과정은 다음을 참고하라: A. Labriolle, "Christianus," *Bulletin du Cange* 5 (1929-1930): 69-88; A. Ferrua, "Christianus sum," *La Civiltà Cattolica* 2 (1933): 552-556; 그리고 3 (1933): 12-26; Tertullian은 *Apology* 3에서 이교도들을 꾸짖으며 다음과 같이 말한다: "[그 이름] 그리스도인은 (그대들이 경멸하는 그 이름을 정확하게 말하지 않기 때문에) 그대들로 인해 그리스도인이 'Christianus'라고 잘못 발음된 것이다."

진술하는 것처럼, 이때 아굴라와 브리스길라 같은 개종한 유대인들이 다른 유대인들과 함께 그 도시로부터 추방됐다는 사실(행 18:2)은 "로마의 치안 당국이 아직 유대인들과 그리스도인들을 구별하지 못했음"을 증명해 준다.[6] 하지만 14년이 지난 후, 네로는 그리스도인들을 유대인들과는 확연히 구분되는 존재로 식별했다. 타키투스(Tacitus, 주후 55-120년경)에 따르면, 사실 네로 황제는 "대중에게 그리스도인이라고 불리는, 가증스러운 행위를 했던 사람들에게 죄(즉, 방화죄)를 씌우고, 그들에게 가장 잔인한 고문을 가했다."[7]

로마인들이 유대교와 구별되는 종교적 분파로서 기독교를 인식하고 있었던 것은 양측이 로마 당국자들의 눈에 서로를 다르게 보이도록 스스로를 차별화하려 했던 노력의 자연스러운 결과였던 것 같다. 브루스(F. F. Bruce)가 진술했던 것처럼, 만일 초기 그리스도인들이 60년대까지 유대인들의 신념과 규례에 부여된 (로마의) 보호의 혜택을 받기 위해 처음부터 스스로를 유대인들과 동일시했다 하더라도, "(팔레스타인 이외의 지역에 있는) 기독교는 단지 유대교의 한 부류로 간주되기 어려웠을 것이다."[8] 이는 유대인들이 주도권을 잡고 로마 제국 내에서 할례받지 않은 자들로 구성됐을 그리스도인들과의 관계를 솔선해서 끊었을 것이기 때문이다.

---

6. Pierre Batiffol, *Primitive Catholicism*, 1911, 19. 예로 이러한 가설은 Achaia의 총독이자 Seneca의 형제인 갈리오(Anneus Novatus Gallio)의 태도를 통해 설득력을 얻는다. 그는 율법의 변절자라는 이유로 바울을 비난하던 회당장의 말을 듣고 다음과 같이 말한다: "만일 문제가 언어와 명칭과 너희 법에 관한 것이면 너희가 스스로 처리하라"(행 18:15; 참고 13:29; 24:5).

7. Tacitus, *Annales* 15, 44.

8. F. F. Bruce, *The Spreading Flame*, 1958, 140; Leonhard Goppelt (각주 3), 42도 비슷한 언급을 한다: "제국의 도시 안에서 그리스도인들은 주후 49년이 아닌 46년 즈음부터 유대인들과는 구분이 됐다. 로마의 자료에 따르면 그들의 분리된 신분에 대한 당국의 인식 또한 이 두 시기 사이에 일어났다."

이 상황들을 볼 때 그러한 분리는 특히 로마에서 발생했다고 보는 것이 가장 적절할 것이다. 사실상 62년 이후 유대인의 영향력은 유대인 개종자이자 유대인들의 친구이고 바로 그 해에 네로와 결혼한 황후 폽페아 사비나(Poppea Sabina)라는 인물에 의해 로마 제국의 황실에 나타나게 됐다.[9] 하르낙(A. Harnack)은 실제로 네로가 유대인들을 선동하여 화재를 촉발했다고 주장하는 사람들의 비난을 무색하게 하기 위해 기독교인들에게 책임을 돌렸다고 생각했다.[10] 비록 트라스테베레(Trastevere)에서 유대인들의 주거 지역은 화재의 영향을 받지 않았음에도 불구하고, 바티폴(P. Batiffol)이 인지하고 있는 것처럼, "화재가 발생한 순간 유대인들은 의심받지 않았고, 대신 그 비난은 그리스도인들에게 쏟아졌는데, 당시에 그들은 외부의 평판으로나 개인적으로나 유대인과 분리되어 있었기 때문이다."[11]

그리스도인들은 자신들이 겪은 최초의 제국적이고 피비린내 나는 박

---

9. Flavius Josephus (*Life* 3)는 주후 63년에 로마를 방문하면서 그에게 호감을 보인 황후를 만났다는 이야기를 전한다. *Antiquities* 22, 8, 11에서 그는 그녀가 유대인 개종자였다고 언급한다. 참고, Tacitus, *Historia* 1, 22.

10. A. von Harnack, *The Mission and Expansion of Christianity in the First Three Centuries*, 1908, 51, 400. J. Zeiller (*The History of the Primitive Church*, 1949, I, 372) 또한 이러한 가능성을 염두하고 있다. 그는 다음과 같이 묻는다: "폽페아(Poppea)의 피후견인은 네로뿐 아니라 자신들도 보호해야 한다는 생각에 흔히 '하늘의 복수, 우주를 덮는 거대한 화염, 세상의 종말'에 대한 생각으로 낙을 삼는다는 '그리스도인들을 범죄의 장본인으로 지목하며' 황제를 중심으로 둥글게 모인 무리들의 출입을 주저함 없이 허락했던 것일까?"

11. P. Batiffol (각주 6), 20; Ernest Renan (*The Antichrist*, 1892, 112)도 비슷한 언급을 한다: "로마인들은 유대인들과 그리스도인들을 당혹하게 만들곤 했다. 왜 이 경우에만 그렇게 분명한 구별이 생긴 것일까? 왜 유대인들은 그리스도인들에 대해 로마인들이 가진 똑같은 도덕적 반감과 종교적 고충을 안고 있었으면서도 이 순간에는 간섭하지 않았던 것일까?" 그는 "황제가 그리스도의 제자들에 대한 그러한 증오를 품었을 때 당시 유대인들은 네로와 포페아와 비밀 면담을 가졌다"고 제안한다(위와 동일한 책).

해에서 유대인들이 했던 역할을 잊지 않았으며, 이후 교부들은 주저하지 않고 네로를 부추겨 그리스도인들을 박해한 책임을 그들에게 돌렸다.[12]

브루스가 논평하는 것처럼, "비록 팔레스타인(특히 모든 그리스도인들이 유대인 태생으로 구성된 곳)에서는[13] 좀 더 오랜 시간"이 걸렸지만 그리스도인들이 "로마에서 주후 64년까지 분명하게 식별됐다"는 사실은 일요일의 기원에 대한 우리의 연구에 귀중한 자료가 된다. 이것은 안식일을 포기하고 일요일을 새로운 예배일로 채택한 사건이 유대교로부터 기독교를 차별화하는 시도의 일환으로 로마에서 처음 발생했을 가능성을 시사해준다. 로마 교회 안에서 나타나는 또 다른 중요한 요소들은 이러한 가설이 정당하다는 것을 증명할 수 있도록 해 줄 것이다.

---

12. 참고, Tertullian, *Apology* 21: Commodian, *Carmen apologeticum*, PL 5, 865; Justin Martyr, *Dialogue* 17, 3; 고린도인들에게 보내는 클레멘스의 편지 중 한 본문(*To the Corinthians* 5:2)은 적대적인 유대인들의 간섭에 대한 기억을 지켜낼 수 있었다: "질투와 부러움으로 교회의 가장 크고 곧은 기둥들은[즉, 베드로와 바울] 박해를 받고 비난을 받아 죽음에 이르렀다"(E. Goodspeed 번역, *The Apostolic Fathers*, An American Translation, 1950, 51). J. Zeiller (각주 10, 373)는 다음과 같이 날카롭게 말한다: "어쨌든 그날로부터 그리스도인들은 유대계 로마 당국의 관계자들로 인해 구별되기 시작했다. 그들은 여전히 유대인으로서의 특권을 누리고 있었던 반면, 그리스도인들은 체포되어 심판과 선고를 받았다." Peter Richardson (*Israel in the Apostolic Church*, 1969, 47)은 로마인들이 유대교와의 분리 이후 기독교를 주시하기 시작했다는 점은 그것이 실제로는 유대인들에 의한 박해였다는 사실을 강조한다. 즉, 그들은 그리스도인들을 하나의 독립적 개체로 분리시켜 로마 당국으로부터 그렇게 인식되도록 하고, 이를 하나의 성 내부의 논쟁으로(an *intra muros* controversy) 만들어내는 더욱 창의적 역할을 해냈다는 것이다.

13. F. F. Bruce (각주 8), 157.

반유대 감정과 조처들

잠시 유리한 국면에 처해 있었던 유대인들은 네로가 죽은 후 곧바로 제국 내에서 평판이 나빠지게 됐는데, 이는 저들의 민족주의적 감정이 부활해 거의 모든 지역에서 격렬한 폭동이 발생했기 때문이었다. 첫 번째 유대 전쟁(주후 66-70년)과 두 번째 유대 전쟁(주후 132-135년) 사이는 메소포타미아, 키레나이카, 팔레스타인, 이집트, 키프로스와 같은 지역에서 일어난 단합된 유대인 반란으로 특징지어지는 기간일 뿐 아니라, (알렉산드리아, 가이사랴, 안디옥과 같은) 지역들에서 발생한 수많은 반유대인 폭동으로 특징지어지는 기간이기도 하다.[14] 저들은 국가의 독립을 되찾기 위해 모두 궐기했지만, 결과적으로 자신들의 거룩한 도시는 파괴됐고, 나라는 빼앗기고 말았다. 결국 그들은 더 이상 엄격한 의미에서 국가(natio)가 아닌 종교(religio)만을 가진 유랑 민족이 되고 말았다.

로마 역사가 디오 카시우스(Dio Cassius, 주후 150-220년경)의 묘사에 따르면, 이러한 폭동들은 로마인들의 마음속에 유대인들을 향한 분노와 증오를 낳았다. 예를 들어, 키레나이카(Cyrenaica)의 반란에 대해 그는 이렇게 기록하고 있다.

> 한편 키레네 지역에 있던 유대인들은 안드레아스(Andreas)를 대장으로 삼아 로마인들과 헬라인들을 죽이기 시작했다. 그들은 희생자들의 살을 먹고, 내장으로는 벨트를 만들고, 그들의 피를 자신들의 몸에 바르고 가죽으

---

14. 유대인들의 내란과 전쟁에 대한 간단한 설명은 다음을 참고하라: Giuseppe Ricciotti, *The History of Isral*, 연도 불명, II, 402-461; Heinrich Graetz, *History of The Jews*, 1940, II, 393; 또한 A. Fuks가 상세히 기록하고 있는 다음의 글을 보라: "The Jewish Revolt of 114-117," *Journal of Roman Studies* 51 (1861): 98-104.

로는 옷을 만들어 입곤 했다. 그들은 많은 사람들을 머리에서부터 아래쪽
으로 톱으로 잘라 두 동강을 내었으며, 다른 사람들을 맹수들에게 던져주
었고, 또 나머지들을 검투사로 싸우도록 억지로 밀어 넣었다. 그렇게 해서
22만 명이 죽었다. 그들은 많은 유사한 폭행을 이집트와 키프로스에서도
자행했다."[15]

그리스도인들은 종종 이러한 유대인 폭력의 희생자로서 고통을 겪었
는데, 이는 아마도 그들이 유대인들의 신앙과 정치적인 열망을 배반한 사
람들로 간주됐기 때문이며, 또한 이교도들을 개종시키는 데 있어서 유대
인들보다 앞섰기 때문인 것 같다. 예컨대, 유스티노스의 기록에 따르면,
"최근의 유대 전쟁에서 바르 코흐바(Bar Kokeba)는 … 만일 그리스도인들이
예수 그리스도를 배척하고 모독하지 않는 한 잔인한 고문에 처해져야 한
다고 명령했다."[16]

로마의 조처와 태도

원래는 유대교를 '렐리기오 리키타'(religio licita: 로마의 승인을 받은 종교)로
서 인식했을 뿐만 아니라 유대인들의 종교적 원칙들을 대부분 존중(어떤
사람들은 찬양하기까지 했음)했던[17] 로마인들은 이 시기에 이르러 그들에 대해
군사적으로, 재정적으로, 그리고 문학적으로 대응하기 시작했다. 군사적
으로 볼 때, 다소 과장됐을 가능성이 있기는 하지만 당대의 역사가들로부

15. Dio Cassius, *Historia* 69, *LCL*, 421; 참고, Eusebius의 글에서 비슷한 설명을 찾을 수
    있다(*HE*, 4, 2; *Chronicon* 2, 216).
16. Justin Martyr, I *Apology* 31, 6, Thomas B. Falls 번역, *Writings of Saint Justin Martyr*,
    The Fathers of the Church, 1948, 67 (이후 Falls, *Justin's Writings*로 인용); 참고,
    Dialogue 110.
17. 본서 제4장 각주 35를 보라.

터 제공된 살해당한 자들의 통계 숫자는 유대인들을 향한 로마인들의 모진 앙갚음이 어느 정도였는지를 가장 인상적으로 증명해준다. 예컨대, 타키투스(주후 33-130년경)는 주후 70년의 전쟁에서 희생당한 유대인 사망자 수를 약 60여만 명이라고 말하고 있다.[18]

디오 카시우스(주후 150-235년경)에 따르면, 바르 코흐바 전쟁에서 580,000명의 유대인들이 전투 중에 죽었고, 그 밖에 헤아릴 수 없는 많은 사람들이 굶주림과 질병으로 죽었다. 그는 계속해서 "유다의 모든 지역이 거의 불모지가 됐다"고 기록하고 있다.[19]

군사적인 조처 외에, 이 시기에 로마는 유대인들에 대항하는 새로운 정치적, 재정적 정책을 채택했다. 베스파시아누스(Vespasian, 주후 69-79년)의 치세하에, 산헤드린과 대제사장 직분은 폐지됐고 성전이 있던 터에서 예배드리는 것이 금지됐다. 앞에서 이미 살펴본 것처럼, 하드리아누스(Hadrian, 주후 117-138년) 황제는 죽이겠다고 협박하면서 유대인들이 새로 건설된 도시 지역으로 들어오는 것을 금지시키기까지 했다. 더욱이 그는 유대인 종교 의식을 금지시켰으며, 특히 안식일 준수를 금지시켰다.[20]

---

18. Tacitus, *Historiae* 5, 13; Josephus (*Wars of the Jews* 6, 9, 3)는 97,000명의 유대인들이 잡혀갔으며 10만 명이 죽임을 당하거나 포위 작전 동안에 죽었다고 명시한다.

19. Dio Cassius, *Historia* 69, 13: 그러나 그는 로마 군대도 큰 손실을 입었다는 사실을 인정한다. Hadrian 황제는 실제 원로원에 보내는 편지에서 습관적으로 쓰는 시작 표현을 빠뜨리고 있다: "그대와 그대 자녀들이 건강하다면 다행이오. 나와 부대도 아무 탈 없이 건강하오"(위와 동일한 책).

20. 본서 제5장을 보라. 일부 학자들은 간소화된 형식이기는 하나 주후 70년 이후로도 계속 성전에서 제물을 드렸다고 주장한다; 참고, K. W. Clark, "Worship in the Jerusalem Temple after A. D. 70," *NTS* 6 (1959-1960): 269-280; 또한 J. R. Brown의 *The Temple and Sacrifice in Rabbinic Judaism* (1963)을 보라. 그들의 유적을 방문하려던 유대인들의 안타까운 시도에 대해서는 Jerome의 *Commentarius in Zephanaiam* 1. 15-16, *PL* 25, 1418 이후를 참고하라; 다른 초기 기독교 교부들의 자료에 대한 분석은 R. Harris의 글에서 찾을 수 있다("Hadrian's Decree of Expulsion of the Jews

베스파시아누스에 의해 도입된 차별적인 과세(fiscus judaicus) 역시 매우
중요했는데, 이는 처음에는 도미티아누스(Domitian, 주후 81-96년)에 의해 그
리고 나중에는 하드리안(주후 117-138년)에 의해 강화됐다.[21] 수에토니우스(주
후 70-122년경)에 따르면, 원래 예루살렘 성전의 유지비 명목으로 만들어진
반 세겔(shekel)의 유대인 "재정세"(fiscal tax)는 이제 유피테르(주피터) 카피톨
리누스(Jupiter Capitolinus)의 신전을 위해 부과됐는데, 심지어는 "공식적으로
그 신앙을 받아들이지 않고 여전히 유대인으로 살았던 사람들"에게까지
그 세금이 부과됐다.[22] 기독교 교인들은 그들 중에 포함되기가 매우 쉬웠
다. 아벨(E. L. Abel)이 적절하게 지적하는 것처럼, "비록 액수는 미미했지만
원칙이 중요했는데, 이는 로마 사회에서 다른 종교적인 그룹이 그러한 세

---

from Jerusalem," *Harvard Theological Review* 19 (1926): 199-206; 참고, W. D. Gray,
"Founding of Aelia Capitolina," *American Journal of Semitic Languages and Literatures*
39 (1922-1923): 248-256.

21. J. Zeiller (각주 10), 384-385는 Domitian에 대해 다음과 같이 말한다: "로마를 꾸미
는데 과도한 비용이 발생하면서 금고가 바닥이 났는데, 그의 유대인들에 대한 반감
이 이러한 상황에서의 재정적 필요와 부합됐다. 따라서 그는 반 세겔(didrachma)의
세금을 추가로 엄격하게 부과하게 됐다."

22. Suetonius, *Domitianus* 12, LCL, 365; 이 역사가는 청년으로서 그가 어떻게 개인적
으로 "행정 장관과 붐비는 법정 앞에서 할례를 받았는지 확인하기 위해 검사를 받
던 90세의 한 남자"를 목격하게 됐는지에 대한 이야기를 들려주고 있다(위와 동
일한 책, 366); Heinrich Graetz (각주 13, 389)는 지적한다: "하지만 그가 유대인들
에게 가혹했던 것처럼, Domitian는 그 배로 개종자들에 대해 냉정했고 자신의 포
악한 권력의 모든 무게를 짊어질 만큼 괴롭게 만들었다"; 참고, E. M. Smallwood,
"Domitian's Attitude toward the Jews and Judaism," *Classical Philology* 51 (1956):
1-14. Nerva (주후 96-98)는 그의 행정의 첫 번째 행동 중 하나로 "유대인 세금의 수
치스러운 [갈취]를 없앴는데", 이는 그 일을 기념하고자 찍은 주화와 관련된 전설에
쓰여 있다; Dio Cassius, *Historia* 58, 1-2. 당대 역사가였던 Appian에 따르면 Hadrian
황제 때(주후 117-138년) 당시 유대인들은 "인두세와 관련해 주변 사람들에게 부과
된 것 보다 더 많은 부담"을 지고 있었다(*Roman History, The Syrian Wars* 50, LCL,
199).

금을 지불하지 않았기 때문이다. 그것은 분명히 차별화된 정책이었으며, 사회 내에서 유대인들을 사회적으로 밀어내는 요인이 됐다."[23]

그 자료들은 이 시기에 그와 같은 차별화된 세금을 지불하지 않기 위해서 그리스도인들이 어떤 특별한 행동을 취했는지를 알려주지는 않는다. 하지만 바론(S. W. Baron)이 다음과 같이 통찰력 있게 진술한 것을 통해 우리는 그것을 어느 정도 추론해 볼 수 있다.

> 오직 유대인이라고 고백한 자들에게만 부과되는 재정적 의무(fiscel obliga-
> tions)를 재정의하는 것과 관련해서, 성장하고 있던 그리스도인 공동체는 네
> 르바(Nerva)로부터 그 세금에 대한 면제를 확보하고, 부차적으로는 유대 교
> 단과의 인연을 단절했음을 공식적으로 인정했다.[24]

"유대인들"의 안식일 준수를 대신해 일요일 예배를 채택한 것—전자는 특히 당시 몇몇 로마인 저자들의 작품에 나타난다—은 자신들이 유대교로부터 분리된 것을 증명하고, 그렇게 하여 또한 차별적인 과세의 지불 의무를 피하기 위해 로마 교회의 지도자들이 채택할 수 있었던 한 조치였음을 잘 보여준다.

로마의 지식인들 역시 이 시기에 유대인들을 향하여 문학적인 공격을 재개했다. 명성 있는 웅변가였던 키케로(Cicero)는 이미 1세기 전에(주전 59년) 유대인들의 보물을 약탈했던 아시아의 제독, 플락쿠스(Flaccus)를 변호

---

23. Ernest L. Abel, *The Roots of Anti-Semitism*, 1943, 97.

24. S. W. Baron, *A Social and Religious History of the Jews*, 1952, II, 106. Baron은 또한 "후
기와 달리, 균일 할당 세금이 보편적인 것이 됐을 때, 인두세만은 당시 차별적 성격
을 띠고 있었다"(위와 동일한 책, 373, 각주 20). 저자는 로마의 균일 할당 세금을
주제로 한 특정 연구들의 참고 문헌들을 제공하고 있다(위와 동일한 책).

하면서, 유대교를 "미개한 미신"(barbaric superstition)이라고 불렀고, 유대인
들을 향한 비난 연설로 불후의 명성을 얻었다.[25] 그 다음 해에 문학적인 반
셈족 작품은 호라티우스(Horace, 주전 65-8년), 티불루스(Tibullus, 주전 19년경), 폼
페이우스 트로구스(Pompeius Trogus, 주후 1세기 초), 오비디우스(Ovid, 주전 43-주
후 65년) 등의 냉소적이고 모역적인 몇몇 작품들에 의해서 근근히 명맥을
유지했다.[26] 하지만 세네카(주전 4-주후 65년)와 더불어 60년대에 이르러 새

---

25. Cicero, *Pro Placco* 28, 67. 그는 자신의 연설에서 다음과 같이 말한다: "그들의 신성
한 의식들을 행하는 것은 우리 제국의 영광, 우리 이름의 존엄성, 그리고 우리 선
조들의 관습과는 모순되는 것이었다. 그러나 이제는 상황이 더욱 악화됐다. 무장
으로 저항하는 그 나라는 그들이 우리의 규율들에 대해 어떻게 생각하는가를 보여
주고 있다. 그들이 불사신들을 얼마나 소중하게 대했는가는 그들이 정복을 당하고
세금을 내며 노예가 됐다는 사실을 통해 드러난다"(위와 동일한 책, 28, 69; 이 구
절과 로마 저자들의 이후 본문들에 대한 번역은 Menahemstern의 *Greek and Latin
Authors on Jews and Judaism*, 1974, I, 198에 기초하고 있다).

26. Horace는 유대인들의 미신들을 조롱하며 자신과 사적인 이야기를 나누길 거절한
친구 Aristius Fuscus와의 일화를 언급한다: "'더 좋은 때를 봐서 내가 얘기해 주도
록 하겠네. 오늘은 13일, 곧 안식일이 아닌가. 할례받은 유대인들에게 모욕을 줄 셈
인가?' 나는 말했다. '나는 양심에 거리낄 것이 없다네.' '나는 있다네. 내가 그 많
은 이들 중에서도 더욱 연약한 사람이 아니겠는가. 이해해주게. 다른 날 이야기하
세.'"(*Sermones* 1, 9, 65-70, M. Stern [각주 24], 325; 참고, 다른 예들은 323, 324,
326을 보라). Tibullus는 한 시에서 로마에 정인 Delia를 두고 온 것으로 자신을 책
망한다. 그는 여행에 대한 불길한 전조라든가, 징조가 될 만한 새들 혹은 토성의 날
과 같이 변명이라도 하지 않은 것을 후회했다: "사악한 징조의 새들이나 말들은 나
의 변명들이었다네, 그것도 아니면 나를 지체케 할 토성의 저주받은 날도 있었다
네"(*Carmina* 1, 3:16-18, Stern [각주 24], 319). 유대인들과 토성을 동일시하는 것과
관련해서는 Tacitus, *Historiae* 5, 4를 보라. Ovid는 세 번의 언급을 통해 유대인들의
안식일이 활동들을 방해하지 않도록 하라는 충고를 하고 있다: "그대의 머뭇대는
발이 달음질하도록 계속해서 재촉하라. 비를 피하고자 달리지도 말고 낯선 안식일
이 그대를 붙들게도 말며, Allia가 자신의 불운으로 널리 알려지게도 말라"(*Remedia
Amoris* 219-220; 참고, *Ars Amatoria* 1, 75-80; 413-416, M. Stern [각주 24], 348-
349). Pompeius Trogus는 유대인 역사를 왜곡되게 재현하면서 다음과 같은 유명한
언급을 한다: 유대인의 조상들은 문둥이였으며 모세는 "아라비아 사막에서의 칠일

로운 흐름의 문학적인 반유대 정책이 밀려왔는데, 이는 틀림없이 당시 유대인들에 대한 새로운 분위기를 반영한 것이다. 이 열렬한 스토아철학자는 그 "저주받은 민족"(sceleratissime gentis)의 관습, 특히 안식일 준수에 대해 다음과 같이 조롱했다: "매주마다 한 날을 채택함으로 그들은 자신들의 삶의 거의 7분의 1을 나태함 속에서 상실했으며, 응급 상황이 발생한 때에라도 행동하지 않으므로 그들은 종종 죽음을 경험하기도 했다."[27]

그의 다섯 번째 풍자 작품에서 페르시우스(Persius, 주후 34-62년)는 유대인들의 관습을 미신적인 신앙의 첫 번째 실례로서 소개한다. 특히 유대인들의 안식일은 미신이 사람을 노예로 만든다는 것을 증명하는 첫 번째 증거로 제시된다.[28] 페트로니우스(Petronius, 주후 66년경)의 것으로 여겨지는 한 단편에서 유대인은 "돼지-신"을 섬기는 사람으로 묘사되고 있으며, "그의 **백성들**로부터 제명"(exemptus populo) 당하지 않고 안식일을 준수할 수 있도록 하기 위해서 "칼을 들고 음경의 포피"를 자르는 사람으로 묘사된다.[29]

금식 이후, 금식의 날로써 그 민족의 규례에 따라 안식일로 불리던 일곱째 날을 성별했는데, 이는 그날로 그들의 굶주림과 방랑이 즉시 끝났기 때문이었다"(Historiae Philippicae 36 in Justin's Epitoma 1:9-3:9, M. Stern [각주 24], 337-338).

27. Seneca, De Superstitiones, Auguestine의 The City of God 6, 11에서 인용. 세네카도 다음과 같이 말한다: "그 사이 이 저주받은 민족의 규례들은 전 세계를 통해 그들이 인정받게 될 정도의 영향력을 얻게 됐다. 그 패배자들은 자신들의 승리자들에게 율법을 주었다." 그는 나아가 유대인들의 신성한 제도들에 대해 자신의 생각을 덧붙여 설명한다: "그러나 유대인들은 그들의 의식의 기원과 의미에 대해 알고 있다. 대부분의 사람들은 그들이 왜 그렇게 하는지를 알지 못한 채 의식들을 행하지만 말이다"(위와 동일한 부분, M. Stern [각주 24], 431).

28. Persius, Saturae 5, 176-184.

29. Petronius, Fragmenta 37. 이 구절에는 다음과 같이 적혀있다: "유대인들은 그들의 돼지신(pig-god)을 숭배하며 높은 천국의 귀에다 떠들어댄다. 또한 할례를 받는 경우 외에는 사람들로부터 떠나 그리스로 이주를 해도, 그리고 율법으로 주어진 안식일의 단식 앞에도 그는 떨지 않을 것이다"(M. Stern [각주 24], 444; 참고, 442-443의 본문). 안식일의 개념을 금식의 날로 오해하는 것과 관련해서는 Pompeius

요세푸스는 유대와 로마 사이의 대 전쟁(주후 66-70년)의 역사에 대해서 기록한 익명의 역사가들이 "로마인들에 대해 아첨하는 글이나, 혹은 유대인들에 대해 증오하는 글로부터 인용하고 있어 그 사실들에 대해서 잘못 전하고 있다고 보았다."[30]

퀸틸리아누스(Quintilian, 주후 35-100년경)는 모세를 다른 사람들에게는 치명적인 "유대인들의 미신을" 창설한 사람으로 언급하고 있다.[31] 이와 비슷하게 마르티알리스(Martial, 주후 40-104년경)에게도 할례받은 유대인들과 그들의 안식일은 타락과 동의어가 됐다.[32] 플루타르크(Plutarch, 주후 46-119년경)는 유대인들을 이교 민족으로 명명했으며, 그들의 안식일(그가 만취의 시간으로 여긴) 준수를 헬라인들에 의해서 채택된 많은 야만인들의 관습 중 하나

Trogus (각주 25)와 Suetonius의 *Divus Augustus* 76을 보라.

30. Josephus, *War of the Jews* 1, 2. 그는 나아가 이러한 역사가들이 "로마인들은 위대한 민족으로서 그들은 계속적으로 유대인들의 행동의 가치를 폄하했다"라고 표현하는 데 대해 비판했다(위와 동일한 책, 1, 7-8). Minucius Felix는 *Octavius* 33, 2-4에서 Antonius Julianus에 대해 언급하고 있는데, 그는 유대인 전쟁에 대해 기술한 주후 70년 당시 유대의 행정장관으로 추정되는 인물이다: "유대인들에 대해서는 Antonius Julianus와 상의하라. 그들이 만일 계속 반란으로 저항했다면 당신은 그들에게 불운이 닥친 이유가 그들의 사악함에서 비롯된 것을 알게 될 것이다. 또한 그들에게 예고 없이 닥친 일도 없었다는 것을 깨닫게 될 것이다"(M. Stern [각주 24], 460).

31. Quintilian, *Institutio oratoria* 3, 7, 21, M. Stern (각주 24), 513: "아이들의 악덕은 부모들에게 증오를 불러일으킨다. 예를 들어 도시의 설립자들은 유대인 미신의 창시자처럼 다른 이들에게 저주가 되는 민족을 모으는 것에 혐오를 느낀다."

32. Martial (*Epigrammata*, 4, 4)는 가장 비위에 거슬리는 악취 중에서 하나로 "안식일을 지키는 금식 중의 여인의 입김"의 냄새에 대해 언급한다. Martial의 다른 설명에 대해서는, M. Stern (각주 24), 523-529의 글을 참고하라. 또 다른 군 역사가 Damocritus (주후 1세기)는 *On Jews*라는 글을 썼는데, Suda에 따르면 "그들은 터무니없는 황금 머리에 예배를 드리곤 했으며, 매 7년째에는 이방인을 잡아 제물로 바쳤다. 그들은 주로 제물의 살을 작은 조각들로 쪼개어 죽이곤 했다"(Suda, *Damocritus*, M. Stern [각주 24], 531).

로 치부했다.[33] 주후 125년에 기록된 한 풍자문학에서 유베날리스(Juvenal)
는 유대화된 아버지가 아들에게 할례받지 않은 사람들과 만나지 말도록
가르치고, "매주의 제7일에는 삶의 의무에 참여하지 말고 무위의 시간"을
보내도록 하면서 부도덕한 영향을 끼치는 것을 동정했다.[34] 율레스 아이
작(Jules Isaac)이 "반유대주의의 왕관에서 가장 아름다운 보석"이라고[35] 칭
한 타키투스(Tacitus, 주후 55-120년경)의 글은 신랄함에 있어서 모든 전임자들

33. Plutarch, *De superstitione* 3, M. Stern (각주 24), 549: "'사악한 방법만을 꾀
하는 야만인들로부터 온 헬라인들이여!'(Greeks from barbarians finding evil
ways!). Euripides, *The Trojan Women*, 764: 진흙을 바르고 오물에 뒹굴며 안식일
[σαββατισμούς, 참조, 히 4:9]을 지키는 것과 같은 미신들로 인해." Plutarch는 안식
일을 디오니소스의 축제들과 관련시킨다: "나는 안식일에 대한 축제도 디오니소스
와 완전히 무관하지 않다고 생각한다. 아직도 많은 사람들이 바커스 신의 사제들을
사비(*Sabi*)라고 부르고 그 신을 기념할 때 울부 짓는 소리를 낸다. ⋯ 만일 사비라
는 표현을 사용하는 것이 미사 참석자들을 홀리는 기묘한 흥분에서 비롯된다고 생
각한다면 그대는 보통의 관례에서 그리 멀리 떨어져 있지 않다. 유대인들은 안식일
을 지키며 서로를 초대해 마시고 포도주를 즐겼는데, 이로써 그들은 자신들이 디오
니소스와 연관이 있다는 것을 증명하는 것이었다"(*Questiones convivales* 4, 6, 2, M.
Stern [각주 24], 557-558).

34. Juvenal, *Satirae* 14, 96-106. Juvenal은 유대인들의 관습에 대한 공통적인 비난의 대
상(안식일, 할례, 돼지고기에 대한 공포심, 하늘에 대한 예배)뿐 아니라 유대인들
의 연대와 배타적인 정신을 강하게 비판한다(참조, Tacitus, 각주 35). 그는 "우연히
안식일 준수자를 아버지로 둔" 불행한 자손들을 연민한다: "그는 오직 하늘의 신
과 구름만을 경배하며 그의 아버지가 먹지 않는 돼지의 살을 인간의 것과 구분하지
도 못할 것이다. 동일하게 그는 할례를 받게 된다. 로마의 법들을 경멸하도록 교육
받고 오직 유대인들의 법과 모세로부터 전해져 온 신비로운 책 속에 담긴 것들만을
배우고 준수하며 존중할 것이다. 같은 의식을 행하지 않는 낯선 방랑객과 할례받지
않은 자에게는 길도 알려주지 않을 것이다. 이 모든 것의 원인은 그의 아버지가 일
곱째 날에 삶의 의무를 다하지 않고 방탕하게 지내기 때문이다"(위와 동일한 부분;
참고, Théodore Reinach, *Textes d'auteurs Grecs et Romains relatifs au Judaïsme*, 1963,
292-293; Juvenal의 또 다른 진술들은 [*Satirae* 3, 5, 10; 3, 5, 296; 6, 156; 6, 542]
290-293에 제시되어 있다).

35. Jules Issac, *Genése de l'Antisémitisme*, 1956, 46.

을 능가했다. 이 역사가에 따르면, 유대인들은 이집트로부터 추방된 한센
병자들의 후손이며, 그들의 한센병(당시 일반적으로 믿어지던 대로라면 돼지들에게
흔한 질병)을 기념하여 돼지고기를 삼갔다는 것이다. 안식일에 그들이 나태
한 것은 그들이 이집트를 떠났던 날을 기념하는 것이라고 했다. "그들의
모든 관습들은 괴팍하고 메스꺼운 것들이며" 한 백성으로서 그들은 "유
달리 정욕에 빠지기 쉬운 자들"이었다고 타키투스는 기록한다.[36]

아벨(F. L. Abel)이 지적하고 있듯이 타키투스 이후에 "반유대인 문학작
품은 감소했다."[37] 그러나 역사가인 디오 카시우스(주후 130-220년경)만은 아
마도 예외였다. 우리가 이미 읽었듯이, 키레나이카의 유대인 반란(주후 115
년경)을 묘사하면서 디오는 유대인들에 대한 분노와 증오심을 표현했는데,
거기서 그는 유대인들을 희생자들의 살을 먹고 피를 자신들의 몸에 바르
는 야만인들로 소개하고 있다.[38] 위에 언급된 모든 작가들은 그들 대부분
의 직업적인 생활을 실질적으로 제국의 수도에서 영위했고 거기에서 글
을 썼다는 사실에서 우리는 유대인들—특히 그들의 안식일 준수—에 대한
경멸적인 비평들이, 특히 로마 시에서, 로마인들의 일반적인 시각을 반영

---

36. Ticitus, *Historiae* 55. 이 구절은 특별히 유대인들의 인종차별 정책들을 공격하고 있
    다: "모든 민족들 가운데 가장 타락한 이 민족은 다른 국가의 신념들을 조롱하면서
    도 조공과 선물을 가져다주었다. 이렇게 유대인들은 부를 증식시키면서, 융통성 없
    이 정직하고 언제나 자비를 베풀 준비가 되어 있으면서도, 다른 모든 인류들을 적
    으로 삼고 모든 증오를 품었다. 그들은 식사를 하거나 잠을 청할 때도 따로 행동하
    며, 민족적으로 특히 성욕에 민감하게 반응했는데, 이방인 여성들과의 교제는 자제
    했다. 그들 가운데 불법이 아닌 것은 없었다." Tacitus는 덧붙여 다음과 같이 설명한
    다: "그들 종교로 개종하는 사람들은 그들의 규례를 받아들이게 되고 이러한 교훈
    들로 주입을 받는데, 이로써 그들은 신들을 경멸하고 그들의 나라와 절연하고 부
    모와 자녀, 형제들을 등한시하게 된다"(A. J. Church and W. J. Brodribb tras., *The
    Annals and the Histories* by P. C. Tacitus, 1952, 295).
37. Ernest L. Abel (각주 22), 79.
38. 위의 각주 14를 보라.

하고 있음을 알 수 있다(학자들의 평가에 의하면 유대인들은 아우구스투스 시대에 이미 약 50,000명으로 추산되는 상당히 큰 공동체를 이루고 있었음을 잊어서는 안 된다).[39] 예를 들어, 브루스의 기록에 의하면, "유대인들에 대한 적개심이 너무 강해 티투스는 왕위에 오를 때 소 헤롯 아그립바(Herod Agrippa the Younger)의 누이 베레니케(Berenice)와 결혼하고자 했던 자신의 계획을 포기했다."[40] 유대인들을 향한 대중들의 끓어 오르는 적개심 때문에 그 왕은 사실상 "마지못해"(invitus) 그녀로 하여금 로마를 떠나도록 요청하지 않을 수 없었다.[41]

유대인들을 향한 적개심이 특별히 그 시기에 로마에서 감지됐음은 유대인 역사가 요세푸스의 작품에서도 역시 나타나고 있다. 주후 70년부터 죽을 때(93년경)까지 요세푸스는 도시에서 황실의 연금 수혜자 중 한 사람으로서 살았는데, 항간의 비방으로부터 자기 민족을 변호하기 위해 글을 쓰려는 충동을 느꼈다. 그의 두 작품인 『아피온 반박문』(Against Apion)과 『유대 고대사』(Jewish Antiquities)에서, 그는 유대인들이 고대 역사와 문화, 용맹함 등에 있어서 어떤 민족들과 비교해도 손색이 없다는 것을 보여주고자 했다.

---

39. 제국 초기 로마에서의 유대인 인구에 대한 논의는 다음을 보라: Harry J. Leon (각주 2), 135, 각주 1.

40. F. F. Bruce (각주 8), 267; S. W. Baron (각주 23), 203도 비슷한 언급을 하고 있다: "이 이방인[즉, 유대인들] 무리들이 빠르게 급증하면서 로마와 이탈리아에서의 반유대적 감정 또한 상당히 고조됐다. 그들만의 특별한 삶의 방식으로 인해 다양성이 공존하던 수도에서조차 그들은 낯선 부류의 사람들이었다. 이 시대의 문석을 보면 제국의 성 안 식자들 가운데 이들에 대한 어느 정도의 경멸적이고 적대적인 태도들이 있었다는 것을 알 수 있다."

41. Suetonius의 표현력이 풍부한 invitus invitam (Titus 7, 1, 2)은 둘의 떼어놓는 것이 어려운 일이었음을 보여준다. Titus와 Berenice의 연애는 Dio Cassius의 Historia 66, 15, 3-4와 Tacitus, Historiae 2, 2에서도 찾아볼 수 있다; 참고, E. Mireaux, La Reine Bérénice, 1951; J. A. Crook, American Journal of Archaeology 72 (1951): 162-163.

그리스도인의 조처와 태도

유대인들에 대한 이러한 억압 정책과 적대적인 태도가 만연했음(특히 그 수도에서 그렇게 느껴짐)에 비추어볼 때, 이 시기에 로마의 관헌들에게 그들이 유대교와 분리됐다는 사실을 확인시켜주기 위해서 로마 교회가 취한 조처는 무엇이었을까? 그리스도인들의 태도와 정책 혹은 관습과 같은 것에서 나타나는 어떤 변화는 단지 로마인들과 유대인들의 충돌에 기초해서 설명되어야 할 필요가 있을 뿐만 아니라 그리스도인들과 로마인들과의 관계, 그리스도인들과 유대인들과의 관계에 비추어서 설명될 필요가 있다. 그 설명을 위해서 우리는 로마 교회 내에서 발생했던 종교적 관례들에 나타난 특별한 변화들을 고찰하는 것에 잠시 주의를 기울이고자 한다.

2세기의 기독교 문헌들에 대한 관찰을 통해 확인한 바에 따르면, 하드리아누스 황제의 재임 시기까지 대부분의 그리스도인들은 로마 제국과 더불어 **조화**를 이루어야 한다는 태도를 가졌다. 그러나 유대인에 대해서 그들은 급진적인 **차별화** 정책을 채택했다. 예를 들어, 콰드라투스(Quadratus)와 아리스티데스(Aristides)는 기독교 신앙을 설명하고 변호하기 위해서 하드리아누스 황제에게 처음으로 논문(일반적으로 『변증』[Apologies]으로 알려짐)을 제출했다. 레브레톤(J. Lebreton)의 기록에 따르면, 그 초기 변증가들은 "교회가 제국과 조화로운 관계를 유지해야 한다고 믿었으며, 이를 위해 노력했다."[42]

비록 그들이 제국과의 조화라는 것이 무엇인지 명확한 형식을 제공할 수는 없었지만, 푸에크(A. Puech)가 분명하게 설명하고 있듯이, 대립(conflict)

---

42. J. Lebreton, *La Chiesa Primitiva*, 1957³, 540.

은 치유될 수 없는 것이 아니라고 확신했다.[43] 그들의 긍정적인 태도는 분명히 기독교를 향한 로마의 정책에 의해 장려됐을 것임에 틀림없는데, 특히 하드리아누스와 안토니우스 피우스(Antoninus Pius, 주후 138-161년)의 치하에서 기독교는 "제국의 상대적 보호 대상" 중 하나로 규정된 것과 같았다.[44] 마르셀 시몬의 관찰에 따르면, 사실상 하드리아누스 황제는 "유대인들에게는 엄격한 조처를 취하기 위해 준비했지만 … 그리스도인들에게는 호의적인 매력을 느꼈다." 『답장』(Recriptus)에서 하드리아누스 황제가 제공한 내용에 따르면, 그리스도인들을 공개적으로 비방하여 기소해서는 안 됐다.

또 다른 한편으로, 이 시기에 유대인들에 대한 많은 기독교 저자들의 태도는 어떻게 달랐는가? 유대인들을 사회적으로, 신학적으로 정죄했던 반유대 문헌의 대부분은 2세기에 만들어졌다. 이 문헌들을 조사하는 것은 본 연구의 범위를 넘어선다. 당시에 존재했던 문제와 그 문제의 강도를

---

43. A. Puech, *Les Apologistes grecs du IIe siécle de notre ére*, 1912, 5.
44. 기독교에 대한 Hadrian 황제의 태도는 약 125-126년경 쓰였을 것으로 추정되는 Minucius Fundanus에게 보낸 *Rescriptus*에 잘 나타나 있다. 황제는 그리스도인들의 박해를 금지하지는 않았으나, 보통의 과정을 거쳐 재판소 앞에서 고발이 이루어지기를 요구했다. 그리스도인들에 반대하는 일반 대중들의 항변은 받아들여지지 않았으며 거짓으로 고발하는 자들은 엄중하게 처벌을 받았다(*Rescriptus*는 Justin, I *Apology* 68과 Eusebius, *HE* 4, 9에서 인용함). 한편 Hadrian의 *Rescriptus*는 다소 어구나 표현에 있어 애매모호한 것들이 있는데, 의도적일 것으로 보는 이유는 기본적으로 황제는 기독교에 대한 중도적 태도를 취했기 때문이다. 이에 대한 몇 가지 중요한 연구는 다음의 글들을 참고하라: C. Callewaert, "Le resrit d'Hadrien à Minucius Fundanus," *Revue d'histoire et de littérature religieuse* 8 (1903): 152-189; Marta Cordi, "I rescritti di Traiano e Adriano sui critiani," *Rivista di Storia della Chiesa in Italia* 14 (1960): 359-370; W. Schmid, "The Christian Reinterpretation of the Rescript of Hadrian," *Maya* 7 (1953): i-ii. 이와 관련해 그렇게 설득력 있는 권위자는 아니지만 Lampridius에 따르면, Hadrian은 판테온에 그리스도를 위한 자리를 내어줄 의향이 있었다고 한다(*Vita Alexandri Severi* 43, 6 참고).

독자들로 하여금 깨닫도록 하기 위해서 정도의 차이는 있지만 유대인들을 다소 비방했던 저자나 작품의 주요 목록을 다음과 같이 제공하고자 한다.

『베드로의 설교』(*The Preaching of Peter*), 『바르나바스의 서신』(*The Epistle of Barnabas*), 콰드라투스(Quadratus)의 상실된 『변증』(*Apology*), 아리스티데스(Aristides)의 『변증』(*Apology*), 야손(Jason)과 파피스쿠스(Papiscus)의 그리스도에 관한 논쟁, 유스티노스(Justin)의 『트리포와의 대화』(*Dialogue with Trypho*), 밀티아데스(Miltiades)의 『유대인을 반박함』(*Against the Jews*: 불행히도 유실됨), 아폴로나리우스(Apollinarius)의 『유대인을 반박함』(*Against the Jews*: 역시 사라짐), 멜리토(Melito)의 『유월절에 대하여』(*On the Passover*), 『디오그네투스에게 보내는 서신』(*The Epistle to Diognetus*), 『베드로의 복음』(*The Gospel of Peter*), 테르툴리아누스(Tertullian)의 『유대인을 반박함』(*Against the Jews*), 오리게네스(Origen)의 『켈수스를 반박함』(*Against Celsus*) 등.[45]

45. F. Blanchetiére는 2세기의 기독교적 반유대주의와 관련한 탁월한 조사를 그의 다음 글에 담고 있다: "Aux sources l'anti-judaïsm chrétien," *Revue d'Histoire et de Philosophie Religieuse* 53 (1973): 353-398. *Preaching of Peter* (*Kerygma Petrou*)는 2세기 전반기로 추정되며 현재 일부만 전해지고 있는데, 하나님에 대한 유대인들의 예배가 그리스인들의 경우만큼이나 부조리하게 거부됐다: "오직 그들만이 하나님을 안다고 생각하는 이들 역시 천사들과 대천사들, 달들(months)과 달(moon)을 숭배하는 것을 이해하지 못하는 것처럼 유대인들의 방식으로 그분을 예배하는 것도 납득할 수 없다. 달이 빛을 잃을 때, 그들은 흔히 말하는 첫 안식일을 기념하지 않는다. … 그리스인들과 유대인들과 관계된 것은 모두 낡은 것이다. 그러나 우리는 세 번째 민족으로서 새로운 방법으로 그분을 예배하는 그리스도인들이다"(E. Hennecke, *New Testament Apocrypha*, 1965, II, 100). Quadratus에 대한 유일한 정보는 Eusebius의 글에서 찾아볼 수 있는데, 그는 Hadrian 황제에게 "일부 사악한 이들이 그리스도인들을 괴롭히려고 했으므로 우리의 종교에 대한 사과를 담고 있는 담화"에 대해 말하는 부분이다(*HE* 4, 3, 2, *NPNF* 2nd, I, 175). 만일 H. Graetz가 주장하는 것처럼(*Geschichte der Juden*, 1911, IV, p, 169) 그 "사악한 이들"이 그리스도인

2세기 기독교 문헌에 나타난 반유대주의의 문제를 학문적으로 조사

들에 대한 비방하는 이야기들을 퍼뜨리는 유대인들이었다면, 여기서 사과란 유대인들에 책임에 대한 반박이 될 수 있었을 것이다. The Apology of Aristides (주후 143; 참고, J. R. Harris, The Apology of Aristides, 1891, 6-13)에서는 유대인들의 유일신교나 자선 활동을 칭찬하면서도 그들의 예배를 비합리적인 것으로 보고 있다: "상상속에서 그들은 자신들이 섬기는 존재를 하나님이라고 인식한다. 반면 그들의 준수 방식을 보면 그것은 하나님께서 아닌 천사들에게 봉사하고 있다. 안식일이나 매달의 시작을 기념할 때와 같이 그들은 어떠한 것도 완벽하게 준수하고 있지는 않다"(14장, Syriac, ANF X, 276). The Disputation between Jason and Papiscus에 대해서는 유일하게 Origen (주후 248년경)이 Celsus (주후 178년경)에게 논박하기 위해 쓴 글을 통해 알 수 있다. Celsus는 로마의 이교도 철학자였는데, 그는 그 논문이 웃음보다는 혐오를 불러일으키는데 적합하다고 단언했다. Origen은 "만일 편견 없이 읽었다면, 유대의 경전에 관해 유대인과 대화, 그리고 그리스도에 대한 예견들이 정확히 예수에게 적용된다는 것을 증명하는 내용이 담긴 그 글에서 혐오뿐 아니라 웃음을 유발시킬 요소는 전혀 없다는 것을 발견하게 될 것"이라고 반박한다(Against Celsus 4, 52, ANF IV, 251). R. Blanchetiére가 지적하는 것처럼, 이 글은 "Justin의 Dialogue의 전신이자 적어도 그와 아주 유사한 시도"라고 볼 수 있다. Justin과 동시대 인물인 Miltiades가, Eusebius에 따르면, "헬라인들과 유대인에 대해 두 개의 책에서 각각 설명하고 있는 비우호적 [논문]을 썼다"고 한다(HE 5, 17, 3, NPNF 2nd, I, 234). 주목할 것은 유대교와 이교가 두 개의 구별된 변증서에서 다루어지고 있다는 것인데, 이는 각각의 중요성 때문임이 분명하다. 이는 새로운 하나의 성장으로 보인다. Apollinarius에 대해 Eusebius는 Marcus Aurelius에게 보낸 변증서 외에도, 그가 다섯 권의 책을 썼다고 기술하고 있다: "Against the Greeks와 On Truth가 첫 번째와 두 번째였고, 두 권의 책으로 되어 있는 Against the Jews이다"(HE 4, 27, 1). Apollinarius가 Against the Jews는 두 개의 논문을 쓰고 Against the Greeks은 한 권으로 그친 것을 주목할 필요가 있다. Melito의 견해에 대해서는 본서 제3장, Justin Martyr에 대해서는 본서 제7장을 보도록 하라. Epistle to Diognetus (H. I. Marrou에 의하면 주후 200년경)에서 우리는 당시 퍼져있던 유대인들에 대한 그리스도인들의 경멸적 태도와 교회와 회당 사이에서 발생했던 극명한 단절에 대한 우수한 증언을 찾아볼 수 있다. 여기서 유대인들의 희생적 예배는 "어리석은 행동"(3장)으로 폄하된다. "안식일 경외와 같은 그들의 미신과 육식과 관련한 그들의 세밀함, 할례에 대한 과시, 금식과 초승달에 대한 그들의 환상, 이와 같은 너무도 터무니없고 신경쓸 가치도 없는 것들에 대해-나는 그대들이 나로부터 무엇을 배워야 한다고 생각하지 않는다"(4장, ANF I, 26; 참고, H. I., Marrou, A Diognète, SC 33, 112-114). Gospel of Peter의 파편(주후 180년경)에서 유대인들은 무자비하게 그리스도에게 유죄를

한 그의 연구에서, 블랑케티에레(F. Blanchetière)는 다음과 같이 설득력 있는
결론을 내린다.

> 이 관찰로부터 내려진 결론은 '유대인들의 문제'가 130년경, 즉 하드리아
> 누스 황제의 재위시 다시 관심을 끌게 됐다는 것이다. 사실상 속사도들의
> 작품들은 그러한 문제들에 대해 전혀 관심을 보이지 않는다는 인상을 준
> 다. 한편 그 당시의 『베드로 복음』(Kerugma Petrou)은 유대인들과 그리스도
> 인 사이의 관계를 분명하게 할 필요를 인식했던 것 같다. [그가 주후 135년경
> 으로 산정한] 『바르나바스의 서신』과 더불어 유대인 또는 그들의 관례를 공
> 격하는 '반유대적인'(Adversos Judaeos) 모든 문헌들과 모든 그룹의 작품들, 논
> 문들, 대화들이 실렸는데, 이때 그것은 유대교의 기초 자체에 대한 문제는
> 아니었다. 더욱이 우리가 주목해야 할 것은 **동로마 지역은 그 경우처럼 포함**
> **되지 않았다는 사실이다.**[46]

선고하고 못 박는 모습으로 묘사 된다(참조, 2:5; 3:6-9; 6:21; 12:50, E. Hennecke,
앞서 언급한 글, 184-186). Tertullian, *Adversus Judaeos*는 오늘날까지 전해진 것 중
유대교 논박을 처음으로 체계적으로 시도한 글이다. 유대교에 관해 Justin보다는 못
하지만, Tertullian은 모세의 율법이 폐기됐음을 입증하려고 노력한다. Origen (주
후 248년경)은 유대인 민족의 거룩한 처벌에 대한 교리를 명확하게 진술한다: "우
리는 그들이 이전 상태로 결코 회복될 수 없을 것이라고 확언한다. 이는 그들이 하
나님께 웅장한 신비의 상징을 포함한 예배를 올리던 바로 그 성에서 인류의 구주를
죽이고자 공모하며 가장 부정한 죄를 저질렀기 때문이다. 따라서 예수께서 그러한
고통을 겪으신 그 성은 완전히 소멸되고 유대인 민족은 전복되어 하나님께서 그들
에게 주신 행복으로의 초대는 다른 이들, 즉 그리스도인들에게 넘겨지는 것은 당연
하다"(*Against Celsus* 4, 12, ANF IV, 506). 후기 반유대적 문헌들에 대한 조사는 다
음을 참고하라. A. Lukyn Williams, *Adversus Judaeos, A Bird's-Eye View of Christian
Apologiae until the Renaissance*, 1935.

46. F. Blanchetiére (각주 44), 361. (강조는 첨가됨).

유대인들과 유대교를 헐뜯는 진술들이 초기 문서들에서 이미 나타나고 있기는 하지만,[47] 유대인들을 경멸하고 그들로부터 분리되고자 했던 '기독교'의 신학이 발전하기 시작한 것은 비로소 하드리아누스 황제의 때에 『바르나바스의 서신』과 더불어 시작된 것이었다. 블랑케티에레가 적절하게 진술하고 있는 것처럼 이 시기의 교부들은 다음과 같이 말했다.

> 바울이 느낀 것과 같은 "커다란 슬픔과 끊임없는 고통"을 심령 속에서 더 이상 느끼지 않았고, [바울처럼] 형제들[유대인들]을 위해 "저주받은" 자들이 되는 것도 더 이상 바라지 않았다. … 유스티노스는 『디오그네투스에게 보내는 서신』을 쓴 저자가 사용한 것과 같은 극단적인 욕설을 사용하지 않은 채, 다만 바르나바스와 같은 동일한 방식으로, 이스라엘이 역사 내내 완고한 마음과 곧은 목과 맹목적인 우상 숭배만을 소유했었다고 이해했다. … 예언자들을 죽인 이스라엘은 하나님의 아들을 알아보지 못한 죄를 범했다. … 따라서 이스라엘이 집단적으로 공격당하고, 비난을 받으며, 저주를 당하는 것은 정당하다."[48]

---

47. 예, *Didache*는 그리스도인들에게 "위선자들과는 같은 날에 금식을 하지 말라고 경고하며, 그들이 월요일과 목요일에 금식하기에 그대들은 수요일과 금요일에 금식을 해야 한다. 또한 그들과 같이 기도하지 말고 복음을 통해 주님께서 명령하신 대로 기도하라"라고 경고한다(8:1-2, E. J. Goodspeed 번역, *The Apostolic Fathers*, 1950, 14, 15). 신약에서 필경사들과 바리새인들을 "위선자들"라고 표현하는 것은 그러한 언급이 유대인들의 지도력과 관련이 있다는 것을 보여준다. Ignatius (주후 100년경) 또한 그가 소아시아의 몇몇 교회 공동체들에 보낸 편지에서 유대인화되는 것에 대해 반복적으로 경고하고 있다.

48. F. Blanchetiére (각주 44), 396-397. 저자는 1세기와 2세기의 초기 교부들의 문헌 사이에 개연성 보다는 단절성이 두드러진다고 설명한다. 그는 몇 가지 방법으로 이 단절에 대한 자료를 찾고 있는데, 첫째는 영감(inspiration)에 대한 것이었다. 변증론자들은 복음서나 바울의 서신들 대신 이스라엘 민족의 불성실에 맞서 구약의 선지자들의 비난만을 배타적으로 사용하고 있다. 두 번째는, 구원의 계획과 관련한

유대인들에 대해 이러한 부정적인 태도를 채택한 이유는 하드리아누스의 시대에 특별히 존재했던 몇 가지 상황들에 의해 (반드시 정당화되는 것은 아니지만) 설명될 수 있다. 첫째, 로마와 유대인들 사이의 관계가 매우 팽팽한 긴장 관계에 놓여 있었다. 이미 살펴본 것처럼 유대인들은 억압과 토벌의 대상이 됐다.[49] 둘째, 교회와 회당 사이에 대립 관계가 존재했다. 그리스도인들은 회당으로부터 추방됐을 뿐만 아니라 종종 그 회당의 관헌들에게 고발됐다. 유대인들로부터 직접적인 박해를 받는 경우도 늘상 있었다.[50] 셋째, 그리스도인들은 제국으로부터 어느 정도 확실한 보호를 받

주제 안에서 발견된다. 신약에서 구원은 모든 사람들에게 확장되는데 예를 들어, 금송아지 사건 이후로 Barnabas나 Justin에게 유대인들은 단순하게 거부의 대상이 됐다: "율법은 바울에게처럼 더 이상 교훈의 역할을 하지 못한다. 이는 다만 유대인들이 사용하는 하나의 약일 뿐이다." 다음은 태도와 방식에서 단절이 드러난다. 신약에서 일부 유대교의 분파들에 대한 매서운 언급들이 나타나고는 있지만, 2세기 변증론자들의 문헌 속에서는 유대교와 유대인들에 대한 하나의 일관된 비판만 제시되고 있다. 마지막은 관점의 측면인데, 구원의 문제를 놓고 더 이상 예루살렘에서는 통곡하는 일이 없고, 다만 하나님의 아들을 멸시하고 선지자들을 죽인 이스라엘에 대한 비난(Barnabas, Justin, Dignetus, Melito 참고)만 다뤄지고 있다. Edward H. Flannery는 *The Anguish of the Jews* (1965, 35-43)에서 "분리의 신학"(Theology of Separation)에 대한 귀중한 논의를 진행하고 있다; 참고, León Poliakov, *The History of Anti-Semitism*, 17-25.

49. 제6장의 "반유대 감정과 조처들"을 보라.

50. Justin Martyr (*Dialogue* 17, 1)는 유대인들이 그리스도인들을 반역자이자 신성을 모독하는 무리들로 비난하며 그들을 잘못 표현하는 것에 안타까워한다: "다른 민족들은 그리스도와 그분을 좇는 우리들은 유대인들처럼 부당하게 비난하지 않았다. 오히려 그들이야말로 의로운 분과 우리, 그분의 제자들에 대한 악한 생각들을 퍼뜨리는 선동자들이다." 동일한 글 96장에서 그는 다음과 같이 덧붙인다: "회당에서 그대들은 그분을 통해 그리스도인이 된 자들을 저주하고, 이방인들은 단지 자신이 그리스도인이라는 것을 시인한 사람들 모두를 죽이므로 그대들의 저주를 실행시킨다"(Falls, *Justin's Writings*, 173, 229). 불신과 적대감이 일반적 분위기로 존재했다는 사실은 다음과 같이 반복되는 표현들을 통해 짐작할 수 있다: (1) "그대들은 우리를

았다. 아마도 로마 당국은 그리스도인들이 민족주의적인 열망들을 가지고 있지 않다고 인식했던 것 같고, 따라서 정치적인 위협을 가하지 않았다.[51] 넷째, 유대 그리스도인들의 영향이 교회 내에서 감지됐다. 분명한 모세의 규율들을 문자적으로 준수할 것을 주장함으로 이들은 분열과 분노를 촉진시켰다.[52]

그러한 상황들은 그리스도인들로 하여금 새로운 정체성을 발전시키도록 유도했는데, 그 새로운 정체성은 유대인들에 대하여 부정적인 태도를 취하는 것뿐만 아니라 유대인들의 독특한 종교적 관례를 자신들의 관례로 대체하는 것으로 특징지어졌다. 이러한 특성으로 인해 마르셀 시몬

증오한다"(*I Apology* 36: *Dialogue* 39, 1; 82, 6; 133, 6; 136, 2; 134, 5); (2) "그대들은 우리를 저주한다"(*Dialogue* 16, 4; 93, 4; 95, 4; 108, 3; 123, 6; 133, 6); (3) "그대들이 그 이름을 세상 도처에서 더럽히고 모독하려 하는 … 예수"(*Dialogue* 120, 4); (4) "그대들은 그분께서 그리스도임을 고백하는 자들을 비난하기 위해 그대들이 언급한 그러한 사악하고 불법적이며 불경스러운 교리들을 그분께서 가르친다며 고발했다"(*Dialogue* 108, 3; 참고, 47, 5); (5) "우리의 교사들 … [랍비들은] 하나의 법을 정했는데, 이는 우리가 그대들 누구와도 교류해서는 안 되고, 또한 이 문제들에 대해 그대들과 어떠한 소통도 하지 않았어야 하는 것이었다"(*Dialogue* 38, 1; 112, 4; 93, 5). 일부 예들에서 나타나는 적대감은 그리스도인들을 죽음에까지 몰고 갔는데, 이는 직접적으로는 바르 코흐바 반란 시기에(*Dialogue* 16, 4; 95, 4; 133, 6; *I Apology* 31), 간접적으로는 로마인들을 돕는 방식이었다(*Dialogue* 96, 2; 110, 5; 131, 2). 참고, Tertullian, *Scorpiace* 10: "유대인들의 회당-박해의 분수"; 참고, *Ad Nationes* 1, 14; Origen (*Contra Celsum* I)은 그리스도인들을 대항해 Celsus의 유대인들이 시작한 고발에 대해 상세히 기록하고 있다.

51. 주목할 만한 것은, Eusebius에 따르면 Domitian은 그리스도의 친척들에 대한 정치적 음모를 꾸몄지만 심문 이후 "그들을 돌려보내고 칙령을 통해 교회 탄압을 중지시켰다"는 사실이다(*HE* 3, 20, 7); 각주 43을 보라.

52. 예, Justin은 "그리스도를 믿는 이방인들이 모든 측면에서 모세로부터의 율법에 따라 살도록 강제한" 유대 그리스도인들이 있었다고 기록하고 있다(*Dialogue* 47, *ANF* I, 218). 또한 Marcion의 극심한 반유대적 운동은 차별을 인정하는 반유대주의의 발전에 기여했다.

이 강조하는 것처럼, 로마의 당국자들은 그리스도인들이 "이스라엘의 종교와 팔레스타인 지방과의 인연을 끊고, 흠잡을 데 없는 로마 제국의 백성이 됐다"고 인식하게 됐다.[53] 이처럼 기독교 공동체가 "차별화를 위한 반유대주의"로 불릴 수 있는 자신들의 정체성을 개발할 수밖에 없었던 내부적인 요인으로 인해 공인되지 않은 기준에 따라 성서를 해석하는 현상이 특별히 발전하게 됐는데, 이것으로 유대의 역사와 관습이 만들어 낸 의미와 기능을 무효화시키려 했다.

유대의 역사와 관련해서, 속사도들은 그 역사에 대한 명확한 언급이나 어떤 암시도 내비치지 않고 있는데 반해, 기독교 변증가들은 저들의 불충성을 역사적으로 증명하고, 그로 인해 자신들의 하나님으로부터 거절당했다는 것을 정당화하기 위해 (종종 성경을 후험적으로[a posteriori] 정당화하여) 유대 역사를 재해석하고 그 역사의 과거와 현재를 상호 관련시켰다.[54] 예를 들어, 바르나바스는 유대교의 역사적 정당성을 없애버리기 위한 노력의 일환으로 유대인들의 역사적 사건들과 제도들의 문자적인 의미와 실체를 무효화시켰다. 한 가지 예로, 하나님께서 유대인들에게 한 언약을 주셨음에도 불구하고, 우상 숭배로 인해 "모세가 그 언약을 받은 이후 곧바로 그들은 그것을 잊어버렸고"(『바르나바스의 서신』 4:7) 그 후 다시는 그들

---

53. M. Simon, *Verus Israel: études sur les relations entre chrétien et juifs dans l'empire remain*, 1964, 128. Robert M. Grant (*Augustus to Constantine*, 1970, 104-105)는 Hadrian 치세 당시 시작된 변증론적 운동들이 황제의 헬레니즘화를 도모하기 위한 노력과 바르 코흐바 반란(Bar Kokeba revolt)의 영향으로 촉발됐다고 지적한다. Leon Poliakov (각주 47, 21) 또한 비슷한 언급을 하고 있다: "Hadrian 황제가 할례를 금지하고 135년에 바르 코흐바의 유혈 반란을 진압할 당시 첫 기독교 변증론자들은 그리스도인들이 이스라엘과 유대 땅과는 무관하며 제국에 해로운 대상들이 아니라는 것을 증명하려는 시도를 했다."
54. F. Blanchetiére (각주 44), 373-385는 유대 역사에 대한 변증론자들의 재해석과 관련한 간결하고 설득력 있는 분석을 제시하고 있다.

에게 언약이 주어지지 않았다고 했다.

　바르나바스는 고대 유대인들이 하나님의 섭리의 의미를 잊어버렸거나 혹은 그 의미를 없애버렸다고 말했다. 이와 유사하게 유스티노스도 한 역작을 통해서, 할례와 안식일이라는 유대교의 두 근본 제도들은 그들의 사악함으로 인해 받을 만한 형벌의 대상으로서 그들을 구별하기 위해 하나님께서 유대인들에게 강요한 오명의 낙인이었다고 결론을 내리면서, 유대인들이 "선지자들과 그리스도를 살해"한 것과 주후 70년과 135년에 일어난 유대 반란 사이의 인과 관계를 임의로 설정했다.[55] 베르너(E. Werner)가 "신을 죽인 첫 번째 시인"이라고 말한 멜리토는[56] 『유월절 설교』(Paschal Homily)에서 유대인들에 의해 "특별하게 살해된" 그리스도를 기념하기 위해 고도의 수사학적인 방법으로 역사 속 출애굽 유월절을 다음과 같이 재해석한다.

> 그대는 이 위대한 절기의 때에 그분을 죽였다(92절).
> 하나님께서는 살해되셨고,
> 이스라엘의 왕은 죽임을 당했다.
> 오 무시무시한 살인 사건이여!
> 오, 생전 들어보지도 못한 불법이여!(96-97절)[57]

---

55. 참고, *Dialogue* 16, 1 및 21, 1. 이에 대한 논의는 본 장 이하에서 다룬다. F. Blanche-tiére (각주 44, 377)는 Justin이 "70년과 135년에 있었던 반란의 패배와 예루살렘의 파괴와 추방, 팔레스타인의 비유대인 인구의 유입 등의 결과들 사이에 분명한 관련성을 찾고자 하는 한편, 그리스도의 죽음에 대한 그들의 직접적 책임과도 연관을 짓고자 했던 첫 인물"이었다고 설명한다(참조, 382).

56. E. Werner, *Hebrew Union College Annual* 37 (1966): 191-210. Werner에 따르면 Melito가 사용한 이 문구는 특히 강하고 명확하며 독특하다.

57. Gerald F. Hawthorne 번역, "A New English Translation of Melito's Paschal Homily," in *Current Issues in Biblical and Patristic Interpretation*, ed. G. F. Hawthorne, 1972,

　　따라서 이스라엘의 역사는 부정과 우상 숭배(특히 바알 숭배와 금송아지로 강조됨), 그리고 (의인들과 선지자들, 그리고 마침내는 그리스도에 대한) 살인의 연속으로 간주됐다. 결과적으로 유대인들의 불행과 특별히 예루살렘의 멸망, 제명과 흩어짐, 로마에 의한 학대 등은 의로운 하나님의 징벌로 여겨졌다.

　　이렇듯 유대교를 부정적인 방식으로 재해석하게 된 동기는 우리가 앞에서 간결하게 묘사했던 것처럼, 교회의 안팎에서 나타난 요소들에 의한 것이었는데, 그것은 특히 유대의 종교 관례들에 대한 많은 그리스도인들의 태도에 영향을 미쳤다. 유대교는 '오르토프락시스'(orthopraxis: 신조가 아닌 행위)로 바르게 규정됐고, 할례와 안식일과 같은 종교적 관례들이 하드리아누스 황제의 칙령에 의해 금지됐을 뿐만 아니라 헬라와 라틴 문학가들로부터 계속적으로 공격을 받고 조롱거리가 됐다는 사실을 고려해 볼 때, 많은 그리스도인들이 안식일이나 유월절과 같은 독특한 유대의 종교 관례들을 새로운 것으로 대체함으로써 유대교와의 연관성을 단절하려 했던 것은 그리 놀랄 만한 일이 아니었다. 이제 우리가 살펴볼 것이지만, 앞에서 주목해 보았듯이 일찌감치 유대교와 단절했고 특별히 반유대 감정과 조처의 필요성을 절감했던 로마 교회는 이러한 과정에서 주도적인 역할을 담당했다. 이것은 안식일과 유월절 문제에 대한 로마 교회의 태도 연구에 의해 가장 잘 드러나게 될 것이다.

171-172. A. T. Kraabel은 다음과 같이 말하며 적절한 놀라움을 표현하고 있다: "나는 어떻게 한 세대가 이스라엘에 대한 이러한 신랄하고 직접적인 장기적 공격에 대한 영향을 무시한 채로 *Peri Pascha*를 읽을 수 있었는지 설명할 수 없다"("Melito the Bishop and the Synagogue at Sardis: Text and Context," *Studies Presented to George M. A. Hanfmann*, 1971, 81). Kraabel은 Melito의 공격의 신랄함은 "[Sardis] 유대인 공동체들의 힘과 규모"로부터 유발됐다고 설명한다(위와 동일한 책, 83).

로마 교회와 안식일

일요일을 (기독교의) 배타적인 새 예배일로 도입하고, 그날의 중요성을 고양시킨 것은 안식일을 포기하고 그날의 의미를 축소시키는 것을 전제로 한다. 따라서 일요일 예배가 처음으로 도입되어 시행했던 교회가 안식일 준수를 억제시키기 위해 몇 가지 조치를 취했을 것이라고 우리는 생각할 수 있다. 특히 동방에서는 두 날을 모두 준수한 것에 대한 우리가 가진 증거들이 틀림없이 인정되기는 하지만,[58] 그것은 옛 안식일을 계속 시행하면서 동시에 새로운 일요일 예배를 도입하기를 바랐던 부류의 사람들 측에서 만들어낸 타협적인 해결책으로서 이해되어야 한다. 어떤 형태로라도 안식일 준수를 유지시키려는 관심을 가지고 있었던 것으로 보아서 그들이 일요일 준수의 선구자들이였다고 말하기는 어려운데, 옛것을 유지하려고 노력하면서 새로운 날을 옹호하기는 거의 불가능하기 때문이다.

로마 교회에서의 상황은 본질적으로 다르다. 그곳에서는 일요일 예배가 강력하게 추진됐을 뿐만 아니라 그리스도인들로 하여금 안식일을 존중하지 못하도록 하기 위한 구체적인 조처들이 취해졌다. 우리는 이제 그러한 일련의 행위의 원인이 된 것으로 여겨지는 동기들을 확인하는 노력을 통해 이것들을 고찰해 볼 것이다.

먼저 2세기 중엽까지 로마에서 가르치고 저술 작업을 했던 유스티노스(Justin Martyr, 주후 100-165년경)에 대한 연구로부터 시작해보자. 그보다 앞선 시기에 소아시아의 이그나티우스(주후 110년경)와 알렉산드리아의 바르

---

58. 동방에서 안식일과 일요일을 준수하는 것에 대한 언급들은 본서 제7장을 보라.

나바스(주후 135년경)가 안식일 준수에 대해 노골적으로 비판하기도 했지만, 가장 통렬하고도 조직적으로 안식일을 비판하고 가장 먼저 그리스도인들의 일요일 예배를 명확하게 설명한 사람은 유스티노스다. 그의 안식일과 일요일에 대한 견해는 다음 장에서 면밀하게 살펴볼 것이기에, 여기서는 다만 그의 입장만을 진술하려 한다.[59]

유스티노스는 안식일을 모세로부터 유래된 일시적인 의례로 여긴다. 그에 따르면 하나님께서는 그날을 문자적으로 지키도록 고안하신 것이 아닌데, 그 이유는 그분께서 스스로 "그날에 우주의 운행을 통제하시는 것을 멈추지 않으시기" 때문이다. 그것은 "불의로 인해 자초한 형벌을 받을 자들로 그들을 구별해내기 위한 표"로서 하나님께서 오로지 유대인들에게만 강요한 것이라고 주장했다.[60] 이는 유대인들을 형벌 받을 자들로 뽑아내기 위한 부정적 목적만으로 하나님께서 의식들을 주셨다는 주장이기 때문에, 이 논지를 받아들이면 아무리 축소해서 말하더라도 하나님을 차별적인 행위를 하신 과실을 범하신 분으로 만들게 된다.

특별히 로마는 모든 사상들이 교차하는 곳이기 때문에 유스티노스의 견해는 안식일에 대한 로마 교회 전체의 태도를 반영하는 것으로 볼 필요는 없다고 주장할 수도 있다. 이러한 주장은 주목받을 만한 가치는 있지만, 로마에서 안식일에 대해 그러한 입장을 견지하는 사람이 유스티노스뿐만은 아니라는 것에 주의할 필요가 있다. 비슷한 견해가 이단자로 유명하게 알려진 마르키온(Marcion)에 의해서도 표현되고 있는데, 그는 그 시기(주후 144년)에 로마에 본부를 세웠다. 반유대적이고 반안식일적인 마르키

---

59. 안식일-일요일 문제에 관한 Ignatius, Barnabars, Justin의 견해는 본서 제7장에서 논의된다.
60. Justin Martyr, *Dialogue* 23, 3; 29, 3; 16, 1; 21, 1. 이 본문들은 본서 제7장에서 인용되어 논의되고 있다.

온의 가르침은 광범위한 영향을 미쳤다.[61]

반세기 이상 지난 시기에 테르툴리아누스는 북아프리카에서 마르키온의 가르침이 주는 영향력으로부터 그리스도인들을 옹호해야 할 필요성을 여전히 느끼고서 장문의 논문인 『마르키온에 대항하여』(*Against Marcion*)를 출판했다. 그 후 그는 그것을 세 차례 연속해서 개정했다.[62] 유스티노스의 주장에 따르면, 특히 로마에서 "오직 그[즉, 마르키온]만이 진리를 알고 있는 유일한 사람인 것처럼 그를 신봉하는 사람들이 많았다."[63] 에피파니

---

61. K. Bihlmeyer and H. Tuehcle (*Storia della Chiesa*, 1969, I, 186)은 Marcion의 교회는 놀라운 속도로 "광범위하게 그 영향력을 넓혀 갔는데 동방으로는 페르시아와 아르메니아까지 뻗어나갔으며 그 규모와 중요성에 있어서 모든 다른 영지주의적 무리들을 앞서갔다"고 설명한다.

62. Tertullian은 안식일에 관해 Marcion에 맞서 다음과 같이 주장한다: "그분[즉, 신약의 그리스도]이 유대인들의 그리스도가 아니라서 유대인들의 가장 엄숙한 날에 대해 증오를 드러냈다 하더라도, 그분은 다만 표면상으로는 창조주를 자신의 그리스도로서 따르고 있었다. 안식일에 대한 바로 이러한 혐오에 있어 그분께서는 이사야의 입을 빌려 '내 마음이 너희의 월삭과 정한 절기를 싫어하나니'라고 외치고 있기 때문이다"(*Against Marcion* 1, 1, ANF III, 271). *Against Marcion* 1, 2, 4, 5권에서 제시되고 있는 Tertullian의 길고 상세한 논의의 요점은 Marcion의 가르침과 달리 구약의 하나님께서 본래 의도하신 안식일 준수의 형태와 예수의 가르침이 동일하다는 것을 보여주려는 것이다. 그러므로 안식일 준수에 대한 구약과 신약의 가르침은 서로 모순되는 것이 아니라 조화를 이루고 있다. 이유는 바로 두 가르침 모두 두 제도의 하나님이신 동일한 하나님으로부터 비롯됐기 때문이다. 그러나 주목할 것은 구약과 신약의 하나님의 일체성을 변호하기 위한 시도에서, Tertullian은 안식일에 대한 그리스도의 태도와 사 1:13(일반적인 하나의 증거, *testimonium*)을 임의로 동일시하는데, 이를 통해 그는 안식일을 하나님께서 항상 경멸했던 하나의 제도로 축소시키고 있다.

63. Justin Martyr, *I Apology* 58, ANF I, 182; *I Apology* 26, ANF I, 171: "마귀의 도움으로 지금까지도 살아있는 Pontus의 사람, Marcion은 많은 민족들로 하여금 신성모독적 발언을 하게끔 만들었다." Marcion의 영향력은 반세기 이후에도 Hippolytus에 의해 그의 가르침에 대한 반박 요구가 생기면서 상당히 강하게 남아있었던 것으로 보인다. Eusebius (*HE* 6, 22)와 Jerome (*De Viris illustribus* 61)은 Hippolytus가 쓴 *Against Marcion*이란 논문에 대해 언급하는데 안타깝게도 오늘날까지 전해지지는 않고 있

우스(Epiphanius)에 따르면, 마르키온은 그의 추종자들에게 안식일과 관련
해 이렇게 명령했다.

> 이렇게 하여 그것을 정당화하면서 토요일에 금식하라. 그날은 유대인들의
> 하나님의 휴식일이기 때문에 … 하나님께서 유대인들에게 운명 지어주신
> 것이 그날에 우리에게 성취되지 않도록 하기 위해서 우리는 그날에 금식한
> 다.[64]

안식일에 금식을 하는 것이 어떻게 유대인들의 "악한" 신에 대한 증
오를 나타내는 것이 되는가? 유대인들에게 있어서 안식일은 금식의 날
혹은 슬픔의 날이 아니라는 사실에서 답을 찾을 수 있다. 매우 엄격한 유
대인 종파들조차도 안식일에 금식하는 것을 반대했다. 랍비들은 비록 안
식일 식사의 시간과 횟수에 대한 견해는 서로 달랐음에도 불구하고, 안식
일의 음식이 풍성하고 훌륭한 것이어야 한다는 입장에는 모두 동의했다.
다음의 진술은 전형적인 랍비들의 관점을 요약해준다.

> "내가(하나님) 너희에게 안식일을 짐으로 주었다고 생각하느냐? 너희의 유
> 익을 위하여 나는 그것을 너희에게 주었다." 어떻게 말인가? 랍비 히야 바
> 르 압바(Hiyya bar Abba)는 설명했다. "음식과 음료, 깨끗한 옷으로 안식일을
> 거룩하게 지키고 즐겨라 그러면 나는 너희에게 상을 내릴 것이다."[65]

다.

64. Epiphanius, *Adversus haereses* 42, 3, 4; 참고, Tertullian, *Against Marcion* 4, 12.
65. Yerushalmi, *Shabbat* 15, 3, Nathan A. Barack, *A History of the Sabbath* (1965, 182, 각
    주 70)에서 인용; Barack는 추가적 자료들과 안식일 식사에 대한 논의를 소개하고
    있다(위와 동일한 책, 100, 182; 참고, 유딧 8:6; 희년서 50:10, 12, 13; *CDC* 11:4, 5;
    SB 1, 611 이하).

초기 그리스도인들이 이러한 유대의 관습을 도입했다는 사실은 아우구스티누스(Augustine)의 수사학적인 설명에 의해서 암시되는데, 일례로 안식일에 대한 설명에서 그는 이렇게 말한다: "장로들의 유전은 한편으로는 금식하는 것을 금하지 않고 다른 한편에서는 휴식을 명령하지 않았는가?"[66] 동방 지역과 암브로시우스 시대(주후 397년)의 밀라노와 같은 몇몇 중요한 서방 지역, 및 북아프리카의 몇몇 교회들과 지역들에서 그리스도인들에 의해 안식일에 금식하는 것이 반대됐던 추가적인 증거 자료들을 찾아볼 수 있다.[67] 우리가 살펴보겠지만, 안식일이 축제와 기쁨의 날로부터 금식과 슬픔의 날로 변화된 것은 로마 교회가 일요일 예배를 고취시키기 위해서 안식일을 격하시킨 로마 교회의 한 조처를 보여준다.[68]

---

66. Augustine, *Epistle to Casulanus* 36, 3, *NPNF* 1st, 611-612.

67. 밀라노에서 그리스도인들이 안식일에 금식을 하지 않았다는 사실은 Ambrose가 Augustine의 어머니인 Monica에게 전한 조언을 통해 확인된다: "여기에[즉, 밀라노]에 있을 때, 저는 금요일에 금식을 하지 않습니다. 다만 로마에 있을 때만 금식을 합니다"(Augustine, *Epistle to Casulanus* 36, 32; *NPNF* 1st, I, 270; 참고, Augustine, *Epistle to Januarius* 54, 3, Paulinus, *Vita Ambrossi*, 38장; Augustine 당시의 남아프리카에서도 동일한 차이가 존재했다. 주교는 다음과 같이 쓴다: "아프리카에서도 그와 같은 경우가 있는데, 어느 한 교회, 혹은 동일한 구역 내의 교회들 내에서 일곱째 날에 어떤 이들은 금식을 하고, 또 일부는 금식을 하지 않는다"(*Epistle to Casulanus* 36, 32, *NPNF* 1st, I, 270); Tertullian은 몬타누스주의자들에 대해 언급하면서 그들이 "안식일과 주의 날"에 금식을 하지 않았다고 기록한다(*On Fasting* 15, *ANF* 112); 그는 또한 안식일에 무릎을 꿇는 것과 관련해서도 남아프리카에서 비슷한 차이가 존재했다고 전하는데, 무릎을 꿇는 것은 의미상 금식과 관련된 것 이었다; *On Prayer* 23을 보라; 초기 기독교 시기의 안식일 금식에 대한 분석은 다음을 참고하라. Kenneth A. Strand, *Essays on the Sabbath in Early Christianity*, 1972, 9-15, 25-43.

68. F. A. Regan (*Dies Dominica*, 60)은 중대한 의문을 제기한다: "그러므로 거짓되고 오해를 불러일으키는 영향들로부터 교회의 규례들을 보호하면서도, 동방의 교회들은 토요일(안식일)과 주의 날 때문에 특별한 숭배를 지켜나가는데 매우 조심스러웠다. 그렇다면 서방의 교회들이 금식의 날로 지킨 날이 어떻게 동방이 축제로 기

유스티노스와 마르키온은 안식일에 대한 신학적인 해석에 있어서 서로 달랐음에도 불구하고 안식일에 반대하는 데 있어서는 같은 태도를 공유했다는 것에 주목해볼 필요가 있다. 유스티노스는 그날의 신학적 의미를 평가절하하고, 그것을 유대인들의 사악함의 특징으로 만들어버렸다. 마르키온은 유대인들의 하나님을 경멸하기 위해서 안식일이 가진 육체적, 심리적 기쁨을 박탈해 버렸다.

마르키온은 이원론적 영지주의 사상으로 인해 로마 교회로부터 추방당했지만 안식일에 금식하는 관습은 (교회에서) 유지됐다. 사실상 칼리스투스(Callistus, 주후 217-222년), 힙폴리투스(Hippolytus, 주후 170-236년경), 실베스터(Sylvester, 주후 402-417년), 이노센트 1세(Innocent I, 주후 360-435년) 등의 로마 교회 감독들과 아우구스티누스(Agustine, 주후 354-430년), 요한 카시아누스(John Cassian, 주후 360-435년경)와 같은 교부들의 역사적인 언급들을 통해, 로마 교

념한 날인 것인지 질문을 던질 수 있다." J. Bingham의 암시들을 이어 Regan은 동방에서의 안식일 숭배는 회당으로부터 온 새로운 개종자들의 영향, 그리고 자신이 악으로 간주한 구약의 하나님에 대한 경멸을 드러내기 위해 안식일에 금식을 했던 Marcion의 가르침에 대한 반작용 때문이라고 설명한다. J. Bingham (*The Antiquities of the Christian Church*, 1878, III, 1139)은 지적한다: "기독교 믿음의 첫 개종자라고 할 수 있는 유대인들은 여전히 모세의 율법, 특히나 안식일에 대한 대단한 경외심을 갖고 있었다. 그날은 모세의 율법과 마찬가지로 하나님께서 창조의 일을 마치신 후의 안식에 대한 기념일이었으며, 그들의 위대한 조상, 모세 때부터 정착되어 그들의 공예배의 엄숙한 날로 선조들로부터 오랜 시간 지켜져 왔던 날이었다. 그러므로 유대인에게 그것을 다른 한쪽에 완전히 제쳐두고 무시하기란 쉽지 않은 일이었을 것이다"; Joseph A. Jungman (*The Mass of the Roman Right, Its Origin and Development*, F. A. Brunner 번역, 1959, I, 246)은 동방에서 안식일을 경외했던 것은 창조 결과물의 악한 속성에 대한 마니교의 교리에 맞서 기독교 공동체를 보호하려는 하나의 수단이었다고 설명한다; C. W. Dugmore (*The Influence of the Synagogue upon the Divine Office*, 1944, 38)은 동방의 안식일 숭배가 "유대교에서 개종한 자들로부터 끊임없이 강화됐다"고 믿는다; P. Cotton (*From Sabbath to Sunday*, 1933, 66) 또한 다음과 같이 기술한다: "동방은 더욱 보수적이었으며, 유대교와 유대적 기독교와 더욱 가깝게 교제하고 있었다."

회가 안식일을 금식일로 삼기 시작했을 뿐만 아니라 다른 기독교 공동체
에게 그것을 강요하기 위해 노력했음을 알 수 있다.[69]

　로마 교회는 그 관습을 마르키온에게서부터 직접적으로 차용했는가?
자기 교회에서 출교당한 이단자에 의해서만 지지되는 관습을, 그것도 안
식일에 금식하도록 한 그 동기가 거의 받아들여질 수 없는 것임에도 불구
하고 교회가 이를 도입하고자 했다면 그것은 매우 이상하게 보였을 것이
다. 마르키온의 가르침이 출현하기 이전부터 로마에서는 적어도 몇몇 사
람들에 의해 안식일에 금식하는 관습이 시행됐다고 보는 것이 보다 더 적
절한 해석이 될 것이다. 매주 안식일을 금식일로 삼은 것은 연례 부활절
기간의 성토요일에 모든 그리스도인들이 금식했던 것의 확장으로 시작된
것이라는 견해가 사실상 있어 왔다. 예를 들어, 테르툴리아누스와 아우구
스티누스는 그 둘을 연결시켰지만, 연례 부활절 안식일 금식은 인정하는
반면, 로마와 몇몇 서방 교회들에서 시행했던 매주 안식일 금식은 정죄했
다. "때때로 그대는 유월절 기간의 안식일을 제외하고는 금식일로 지켜질

---

69. Callistus에 대해서는 *Le Liber Pontificalis, texte, introduction et commentaire*, ed. L.
　Duchesne, 1955, I, 141을 보라; Hippolytus, *In Danielem commentarius* 4, 20, 3, GCS
　I, 234; Sylvester, S. R. E. Humbert 인용, *Adversus Graecorum calumnias* 6, PL 143,
　936; Augustine, *Epistle to Casulanus* 36, 6, NPNF 1st, I, 267: "로마 교회와 많지는
　않지만 일부 다른 교회들은 그것에 가깝거나 혹은 동떨어졌거나 그날에 금식을 지
　킨다." Innocent I, *Ad Decentium, Epsit.* 25, 4, 7, PL 20, 555: "우리는 여섯째 날 금
　식을 거부하지 않는 대신 안식일에도 금식이 지켜져야 한다고 분명하게 밝힌다."
　John Cassian, *Institutes* 3, 10, NPNF 2nd, XI, 218: "서방 몇 나라, 특히 그 도시[즉,
　로마]에서 어떤 사람들은 … 안식일에 사도 베드로가 시몬 마구스를 만나기 전에
　금식을 했기에 안식일을 금식하지 않고 보낼 수 없다고 생각한다." Cassian 자신의
　진술은 베드로가 교회법에 다른 하나의 영구적 규율을 확립하려는 것이 아니라 당
　시의 특정 긴급한 경우의 측면에서 금식을 했다는 것이다. Augustine 또한 베드로
　가 안식일 금식 제도를 만들었다고 생각하는 경우가 많지만, "많은 로마인들은 그
　것이 거짓이라는 의견을 갖고 있다"라고 기록한다.

수 없는 안식일에, 심지어는 그 시간이 끝난 후에도 계속해서 그대의 소제(小齋, 즉 금식)를 진행한다"고 테르툴리아누스는 기록했다.[70]

곧 살펴보겠지만, 2세기 초에 기독교 유월절과 유대인들의 유월절을 구별하기 위해서 부활절-일요일이 로마 교회에 처음 도입된 것이 분명하기 때문에, 매주 안식일 금식이 같은 시기에 연례 부활절 안식일 금식의 확장으로서 발생했을 가능성은 충분하다. 만일 그렇다면, 안식일에 금식하는 관례는 마르키온의 가르침이 로마에 출현하기 전에 도입됐던 것이 분명하며, 그는 단지 유대인의 하나님에 대한 자신의 모욕적인 견해를 전파하기 위해서 그 새로운 관례를 이용했던 것뿐이다. 매주 안식일 금식일이 일찍부터 로마 교회에 도입됐다는 사실은 다음과 같은 힙폴리투스의 진술(주후 202-234년경 로마에서 기록됨)에 의해서도 분명하게 나타나고 있다: "심지어는 오늘날(καὶ γὰρ νυν)에도 어떤 사람들은 … 그리스도의 복음을 더럽히면서까지 그리스도께서 말씀하시지도 않았던 안식일에 금식하라는

---

70. Tertullian, *On Fasting* 14, *ANF* IV, 112; Augustine은 이와 유사하게 매주의 안식일 금식과 연중 유월절 안식일 금식을 연관 짓는다. 그러나 그는 주간 안식일 금식이 "로마 교회와 서방의 일부 교회들만 지켰던데 반해…한 해 한 번, 주로 부활절에 그리스도인들이 금식하며 한 주의 제7일을 지켰다"고 설명한다(*Epistle to Casulanus* 36, 31, *NPNF* 1st, I, 270). Augustine은 로마 교회와 일부 서방의 교회들만 주간 안식일 금식을 지킨 것을 연중 금식과 결부시키는데, 이는 전자가 후자의 개념이 확장되어 발전한 것이라고 강력하게 제시하고 있는 것이다. W. Rordorf가 제대로 관찰하고 있는 것처럼, "당시의[즉, Tertullian 시기] 서방 기독교국가 전체는 거룩한 토요일(안식일)에 금식을 했기 때문에, 매주 토요일 금식을 하는 것을 생각해 내는 것은 (모든 일요일이 작은 부활절이었던 것처럼) 어렵지 않았을 것이다"(*Sunday*, 143); Rordorf는 안식일 금식에 대한 Tertullian의 입장이 "몬타누스주의적 영향"(Montanist influence)을 반영하고 있는 것이라고 설명한다(*Sunday*, 145). K. A. Strand는 Tertullian의 글을 연대기적으로 비교 연구하여, 안식일과 관련해 처음에는 그의 태도가 부정적이었으나 후기 몬타누스주의 시기에는 긍정적으로 변해갔다고 밝힌다; 연중 유월절 안식일 금식을 제외한 안식일 금식에 대한 금지는 *Apostolic Constitutions* 5, 15, 20과 *Apostolic Canons* 64에서 찾아볼 수 있다.

명령을 지시한다."[71] 힙폴리투스가 안식일 금식에 관한 칼리스투스 감독의 교령에 대해서 언급하는 것인지, 혹은 그들에 대해서 그가 보고서를 작성했던 몇몇 마르키온주의자들에 대해서 언급하는 것인지는 확실하지 않지만(아마 둘 다일 것이다), "심지어는 오늘날에도"라는 표현은 그 관습이 아마도 부활절-일요일이 도입된 이래 여러 기간 잘 알려져 있었음을 분명하게 예상하게끔 해준다.[72]

　"안식일에 금식을 명령한" 자들이 누구인지 힙폴리투스는 설명하지 않는다. 하지만 안식일에 금식하는 것과 같은 예전적 관습은 단지 공식적인 교회의 권위자들에 의해서만 합법적으로 명령될 수 있었고, 또한 역대 교황표(Liber Pontificalis)에 따르면, 칼리스투스 감독은 당시에 주기적인 안식일 금식을 강화시켰기 때문에, 그 저자(즉, 힙폴리투스)는 그 의식에 대한 책임을 가진 자로서 로마 교회의 성직자단을 간접적으로 언급하고 있는 것이라고 합리적으로 추론할 수 있다. 그 관습을 인정하지 않음으로써 힙폴리투스는 로마 내에서 보편적으로 보급된 안식일 금식에 대한 논쟁을 약화시켰다는 반론이 제기될 수 있다.

　하지만 그 저자가 로마에서 가지고 있던 문화적 배경과 지위를 고려해 볼 때, 그 반론은 설득력을 잃게 된다. 사실 제피리누스(Zephyrinus, 주후 199-217년), 칼리스투스(Callistus, 주후 217-222년), 우르바누스(Urban, 주후 222-230년), 폰티아누스(Pontianus, 주후 230-235년) 등의 재위 시 로마에 살았음에도 불

71.　Hippolytus, *In Danielem commentarius* 4, 20, 3, GCS I, 234, "오늘날에도 그들은 안식일에 금식을 지시하고(καί γάρ νῦν) 있다"는 Hippolytus의 언급은 Callistus가 명한 계절적 금식을 암시하는 것으로 이해되기에는 어려움이 있다. 이는 그 동사(직설법 현재 시제)가 과거부터 현재까지 계속되고 있는 하나의 관행을 암시하는 것이기 때문이다.

72.　Hippolytus, *Commentary on Daniel*을 쓴 시기는 학자들에 따라 주후 202년에서 234년까지 다양하다; Johannes Quasten, *Patrology* (1953, II, 171)를 참고하라.

구하고, 그는 로마인도 아니었고 라틴 계열의 인물도 아니었다. 그의 언어, 철학, 신학은 헬레니즘적이었다.[73] 게다가 로마 교구의 주교 선거에서 떨어진 후(칼리스투스가 주후 217년에 그를 대신해 선출됨), 그는 의견을 달리하는 단체의 우두머리가 되어 반주교 운동에 전념했다. 그래서 안식일 금식을 명령한 사람들을 정죄한 사실은 그가 동부 지역 출신이라는 점과 그 지역의 신학적인 경향(일반적으로 동방에서 안식일 금식은 정죄됐는데, 그 이유는 그날에 대한 존중심이 여전히 존재하고 있었기 때문이었다),[74] 그리고 그가 로마 교회의 성직자단과의 대립했던 내용들에 비추어 설명될 수 있다. 다시 말해, 그 당시 칼리스투스의 교령에 의해 주기적인 금식일로서 특별히 명령된 안식일 금식일을 힙폴리투스가 반대한 것은 개인적이고 신학적인 이유로부터 기인된 것이었다.

　하지만 안식일에 금식을 행하는 로마의 관습은 모든 지역의 그리스도인들에게 만장일치로 받아들여진 것은 아니었다. 사실상 그것에 대한 반대는 로마 내에서도 알려져 있던 것으로 보인다. 그것은 당시 한 제사장이었던 요비니아누스(Jovinianus)에 대한 시리키우스(Siricius) 감독의 유죄 판결에 의해서 나타나는데, 시리키우스에 따르면 요비니아누스는 "금식일들을 불필요한 것이라고 말하고 [안식일에] 금식하기를 몹시 싫어했다. 그에게는 미래의 소망이 없었다."[75] 이 주제와 관련해 반복적으로 장문의 기록을 남긴 아우구스티누스는 당시 일반적으로 안식일 금식을 시행하는 곳은 "로마 교회의 그리스도인들과 지금까지는 소수의 서방 기독교 공동체"로 제한되어 있다고 말하고 있다.[76] 이와 비슷하게 요한 카시아누스도

73.　참고, Johannes Quasten (각주 71), II, 163-165.

74.　각주 67을 보라.

75.　Siricius, *Epistula* 7, *Adversus Jovinianum*, PL 13, 1168.

76.　Augustine, *Epistle to Casulanus* 36, 27, *NPNF* 1st, I, 268; 4번째 단락에서 Augustine

안식일 금식의 관습이 "서방 지역의 몇 나라, 특별히 로마 시에 사는 몇몇
백성들에" 한정되어 있다고 언급한 바 있다.[77]

그 관습이 로마 교회에서 시작됐으며 그곳으로부터 그 관습이 확실한
몇몇 서방 기독교 공동체로 확산됐다는 것에 대부분의 학자들은 동의한
다. 여기에 추가되어야 할 것은 동방교회로부터 계속된 저항을 받았음에
도 불구하고 로마 교회는 그 관습을 11세기까지 유지했다는 사실이다. 마
리오 리게티(Mario Righetti)는 학문적인 저작인『예전의 역사』(History of Liturgy)
에서 다음과 같이 말하고 있다.

> 파리의 에니아스(Eneas of Paris, 주후 870)와 코르비의 레트란누스(Retrannus
> of Corby, 주후 868)의 논쟁적인 작품들에 의해 반박됐고 헬라인들의 격렬한
> 항의가 있었음에도 불구하고, 로마와 적지 않은 갈리아 지역의 교회들은
> 주후 1000년 넘게까지 전통적으로 안식일 금식을 지켰다.[78]

오돔(R. L. Odom)의 설득력 있는 설명에 따르면, 안식일을 금식의 날로
만들려는 로마 교회의 주장은 주후 1054년에 동방교회와 서방교회의 역
사적 분리에 있어서 중요한 원인이 됐다.[79]

하지만 우선 그러한 관례가 왜 발생했는지, 그리고 그것과 일요일의
기원 사이에 존재하는 뜻밖의 관계가 무엇인지를 이해하지 않는다면, 안
식일 금식이 로마 교회에서 시작됐다는 표면적인 사실은 우리의 연구에

은 안식일 단식의 관행을 "로마인 그리스도인과 지금까지의 몇몇 서방 공동체들"
에게는 제한하고 있다.

77. John Cassian, *Institues* 3, 10, *NPNF* 2nd, II, 218.
78. M. Righetti, *L'Anno liturgico, manuale di storia liturgica*, 1969, II, 39.
79. R. L. Odom, "The Sabbath in A. D. 1054," *AUSS* 1 (1963): 74-80.

는 상대적으로 덜 중요한 것이 될 것이다.

일반적으로 그 자료들은 안식일 금식을 금요일 금식의 "연장"(super-positio)으로 나타내고 있는데, 테르툴리아누스의 표현을 빌자면, 그 모든 금식일들은 "신랑이 제거됐을 때", 즉 그리스도께서 죽음의 권세 아래 있었을 때의 시간을 기념하는 날로 제정됐다.[80] 하지만 부활절 금요일과 안식일 금식일들은 그리스도의 죽음에 대한 애도를 표현하기 위해서만 계획된 것이 아니라, 그 가해자들, 즉 유대인들을 경멸하기 위해서 계획된 것이었다. 관계있는 두 문서들, 『사도들의 교훈집』(Didascalia Apostolorum, 3세기 전반)과 『사도헌장』(Apostolic Constitutions, 주후 375년)에 따르면, 그리스도인들은 비슷한 이유로 부활절 금요일과 토요일에 금식하도록 명령됐는데, 그 이유는 "우리의 형제들(즉, 유대인들)의 불순종 때문에 ⋯ 게다가 그 백성들이 스스로 우리의 구세주를 십자가에 죽였기 때문에[81] ⋯ 이러한 날들에 그분께서는 유대인들에 의해 우리로부터 분리되셨고, 배신으로 고발되어 십자가에 달리셨기 때문에"라는 것이다.[82]

---

80. Tertullian, On Fasting 13, ANF IV, 111; L. Duchesne (Christian Worship: Its Origin and Evolution, 1927, 231)은 로마의 토요일 금식이 매주의 금요일 금식의 연장의 개념에서 비롯됐다고 주장한다. 그는 안식일 금식이 흔히 "연장"(prolongation, superpositio)이나 금요일 금식의 연속적 개념으로 여겨진다는 것을 암시하는 유사한 표현으로 지칭됐다는 사실에 자신의 결론의 근거를 두고 있다; 참고, Victorinus of Pettau, On the Creation of the World 5; Tertullian, On Fasting 14; 엘비라 공의회 (Council of Elvira)의 Canon 26 (Mansi II, 10).

81. Didascalia Apostolorum 14, 19, H. Connolly 번역, 1929, 184, 190. W. Rordorf 는 "Didascalia에서 안식일 제도는 유대인들의 '예방적 차원의 형벌'(preventive punishment)로 해석된다"고 지적한다(Sabbat, 40). 사실상 Didascalia에 따르면 유대인들에게 안식일은 "그들의 파멸에 대한 (끊임없는) 애도"의 개념에 기초한 것이다(위와 동일한 책, 190). 나중에 살펴보겠지만 Justin 또한 비슷한 방식으로 안식일을 이해하고 있다.

82. Apostolic Constitutions 5, 18, ANF, VII, 447. 부활절 안식일의 금식에 대한 반유대적 동기는 동일한 문서에서 다시 발견된다. 예를 들어, 금식 중에 그리스도인들은

　　연례 부활절 안식일 금식과 매주 안식일의 금식 사이에 존재하는 밀
접한 관련성에 비추어 볼 때,[83] 매주 안식일 금식일이 연례 부활절 안식일
금식일의 연장으로서 그리스도의 죽음에 대한 애도를 표현할 뿐만 아니
라 유대 백성들과 특별히 안식일에 대한 경멸을 나타내기 위해서 로마 교
회에서 시작됐다고 결론을 내리는 것은 적절하다.[84] 로마 교회의 안식일
금식을 옹호하는 데 그의 후계자들에 의해 종종 인용되는 한 역사적인 진
술에서 실베스터 주교는 분명하게 이러한 결론을 지지한다.

　　　만일 부활로 인해 매주 일요일이 그리스도인들에게 기쁨으로 준수되는 날
　　이라면, 매주 토요일은 장사 지냄으로 인해 유대인들을 혐오스럽게(*exsecra-*
　　tione Judaeorum) 여기는 날이다. 사실상 모든 주님의 제자들은 무덤에 계신
　　주님에 대해 통곡하면서 안식일에 애도의 시간을 보냈고, 의기양양한 유대
　　인들은 기쁨에 도취됐다. 그러나 금식하는 제자들에게는 슬픔이 엄습했다.

　　"그들[즉, 유대인들]에 대해 애통해 하는 것은, 그들이 주님께서 오셨을 때 그분을
믿지도 않고 가르침도 거부했기 때문이다"(5, 15, 445). Epiphanius 또한 다음과 같
이 단호하게 주장한다: "사실 바로 그 사도들은 다음과 같이 밝힌다: '그들[즉, 유대
인들]이 잔치를 할 때, 우리는 금식하며 그들을 위해 슬퍼해야 한다. 이는 그들이 그
절기에 그리스도를 못 박았기 때문이다'"(*Adversus haereses* 70, 11, *PG* 42, 359-360).
P. Cotton (*From Sabbath to Sunday*)은 말한다: "우리는 Victorinus에게서 두드러지
게 발견되는 반유대적 사상들이 결코 안식일 금식의 준수를 재촉하는 하나의 요소
로 작용했다고 가정할 수 있다"; Righetti 또한 비슷한 견해를 밝힌다: "로마와 스페
인뿐 아니라 동방의 일부 교회에서도 안식일과 금식을 함께 강조하려는 강력한 경
향이 발견되는데, 이는 Stiria의 Victorinus of Pettau (주후 300년경)가 우리로 하여
금 추측하게 하듯이(각주 86, 195), 아마도 특정 반유대주의 때문이었을 것이다.

83.　각주 69를 보라.
84.　C. S. Mosna (*Storia della domenica*, 204)는 "매주의 안식일 금식은 거룩한 토요일의
　　금식으로부터 발전됐는데, 이는 일요일이 구원에 대한 작은 기념일로 여겨졌기 때
　　문이다. … Epiphanius (*Adversus haereses* 42, 3, 3)에 따르면, 이는 Marcion이 고대
　　의 법과 유대인 안식일을 증오했다는 데서 영향을 받았을 가능성이 있다."

만일 우리가 주님의 부활의 날에 제자들과 더불어 기쁨을 나누기를 원하면, 마찬가지로 주님의 장례로 인해 슬퍼했던 자들과 더불어 슬퍼해야 한다. 사실상, 음식을 먹고(*destructiones ciborum*) 유대인들의 종교 의식을 준수하는 것은 유대인들의 관습이기 때문에 적절하지 않다."[85]

이 진술에서 실베스터 감독은 안식일 준수와 일요일 준수 사이에 존재하는 신학적인 의미와 방법상의 차이점을 분명하게 대비시키고 있다. 그리스도인들은 그리스도의 "장례에 대한 애도"뿐만 아니라 유대인들(*ex-secratione ciborum*)과 그들의 안식일 축제(*destructiones ciborum*)에 대한 경멸을 표시하기 위해서 안식일에 애도하고 음식을 먹는 것을 삼가도록 명령받았다.[86] 분명하게 안식일 금식은 일요일에 더 큰 영예와 더 많은 인지도를

---

85. S. R. E. Humber, *Adversus Graecorum calumnias* 6, *PL* 143, 933 (강조는 첨가됨). 이 논문은 추기경 Humbert에 의해 1054년의 해에 대해 토론하는 형식으로 쓰였다. 그는 1054년에 교황 레오 9세의 명으로 교황 대사의 직분으로 콘스탄티노플로 가게 됐는데, 그의 임무는 헬라인들로 하여금 로마 (라틴) 교회의 종교적 관례들에 순응하도록 만들기 위한 것이었다. 그러나 그 임무는 성공하지 못했다. 이 논문은 더 나아가 안식일 숭배와 같은 일부 일탈적인 종교적 관습들을 지키지 않도록 헬라인들을 만류하려는 의도로 집필됐다. 우리의 연구에 있어 이 문헌의 중요성은 이중적이다: (1) 그것은 동방과 서방 사이의 안식일에 대한 당시의 구분되는 태도를 입증해준다. (2) 그것은 교황 Sylvester (주후 314-335년경)의 초기 증언을 인용하고 있는데, 이는 안식일 금식의 근거에 대한 추가적 이해를 돕는다. 교황의 진술에 대한 실제성은 (1) Hamber가 Innocent I의 유명한 교서와 같은 다른 문헌들을 정확하게 인용하고 있다는 것과 (2) Harian I (*Epist.* 70, *ad Egilam Episcopum*, *PL* 98, 335)와 Nicolas I (*Epist.* 152, *ad Hincmarum*, *PL* 119, 115-116) 같은 교황들이 로마의 안식일 금식을 변호하기 위해 Sylvester의 진술을 언급하고 있다는 사실로부터 확인된다.

86. Augustine (*Epistle to Casulanus* 36, 4, *NPNF* 1st, I, 266)는 안식일에 식사를 한 그리스도인들이 "여자 노예의 아들들이며 … 교회의 의식보다 유대인들의 그것을 선호한다"고 주장한 익명의 로마 본국인의 비난을 반박한다. 이러한 비난은 로마의 교회가 유대인들의 제도 중 하나로 여겨진 안식일 숭배를 금지하기 위해 남다른 노력을 기울였음을 암시한다.

제공하기 위한 의도로 제정됐다. 실베스터 감독은 "주님의 날에 … 기쁨을 누리기 위해서 … 우리는 [안식일에] 슬퍼한다"고 기록했다.

오늘날의 오스트리아 지역인 페타우(Pettau)의 감독, 빅토리누스(Victorinus, 주후 304년경)도 유사하게 다음과 같은 기록을 통해 안식일 금식에 대한 동일한 기능을 강조한다. "제7일에 … 우리는 엄격하게 금식하는 데 익숙해져 있었고, 주의 날에는 감사 기도를 드리며 우리의 식탁으로 나아가게 된다."[87] 그리스도인들에 의해서 경험되는 비애와 배고픔은 안식일에 보다 더 심하게 경험됐는데, 그들의 금식이 이미 금요일에 시작됐기 때문이었다.[88] 따라서 그 비애와 배고픔은 그리스도인들로 하여금 보다 간절하게 기쁜 마음으로 일요일 준수에 참여하도록 하는 사전 작업을 위해서 계획된 것이다. 그리고 다른 한편으로는 빅토리누스가 진술한 것처럼, "유대인들과 함께 안식일을 지키는 것처럼 보이는 것"을 피하기 위한 것

---

87. Victorinus, *On the Creation of the World*, 5, *ANF* VII, 342.

88. Victorinus (각주 86)가 또한 "성금요일(parasceve)에 엄격하게 금식하는 것"을 질책했다는 사실에 주의해야 한다. 동일한 경고는 *Didascalia Apostolorum* 21에서도 발견된다. 이 문헌에서 그리스도인들은 유대인들이 그리스도에게 행한 일들에 대하여 "금요일과 안식일"에 금식하라는 촉구를 받는다. 그러나 "[일요일에는] 먹고 기운을 내어 즐기고 기뻐하라고 권고하며, 이는 우리의 구원의 성실이 되시는 그리스도께서 부활하셨기 때문"이라고 기록한다(Connolly, 190); 라오디게아 공의회의 *Canon* 29 (Mansi 2:570)은 "그리스도인들은 유대교식의 가르침을 따르지 않아야 하며 안식일에 나태하게 있어서도 안 되며 대신 그날에는 일을 해야 한다. 그러나 그들은 주의 날을 특별히 경외하며, 가능한 한 일하지 않아야 한다. 이는 그들이 그리스도인들이기 때문"이라고 명령한다. 이와 같은 본문들 속에서 안식일에 금식이나 일을 하라는 명령은 안식일의 가치를 절하시키는 한편 일요일의 엄숙함과 위상을 높이려는 의도로 보인다. 우리는 어떠한 방식으로 금요일이 외관상의 유대의 안식일 준수를 막는데 기여하게 됐는지 의문을 갖게 될 것이다. 그 답은 금요일 금식이 안식일까지 확장되면서 두 번째 날의 금식이 더욱 엄격하게 변했다는 사실에서 찾을 수 있다. L. Duchesne (각주 79, 223)는 "안식일 금식은 가장 엄격하게 다루어졌는데, 이는 금요일 밤 이후로 어떤 음식도 먹을 수 없었기 때문이었다."고 설명한다.

이었다. "그리스도께서는 자신의 정신을 싫어하는 선지자들에 의해 안식
일의 주인으로 나타나고 있다."[89]

　엄격한 안식일 금식은 자연적으로 성만찬 예식도 배제하게 되는 것인
데, 떡과 포도주를 먹는 것은 금식일을 어기는 것으로 간주될 수 있었기
때문이다. 어떤 그리스도인들은 성찬식에 참여하는 것이 금식을 더욱 엄
숙하게 만든다고 믿으면서 그러한 견해에 반대했지만,[90] 로마에서 토요일
이 금식하는 날이었을 뿐만 아니라, 성만찬의 거행과 종교 집회가 허락되
지 않았던 날이었음은 확실하다. 로마 교회의 감독 이노센트 1세(주후 402-
417년)는 후에 종규(宗規, Canon Law)에 편입된 데켄티우스(Decentius)에게 보내
는 유명한 편지에서 규정하기를, "교회의 전통을 유지하기 위해서 이 두
날[금요일과 토요일]에는 누구든지 성례전에 절대로(*penitus*) 참여해서는 안 된
다"고 했다.[91] 동시대의 역사가인 소조멘(Sozomen, 주후 440년경)과 소크라테
스(Socrates, 주후 439년경)도 이노센트 1세의 교령을 확증해준다. 예를 들어,
소크라테스의 기록에 따르면, "세계의 거의 모든 교회들이 매주 안식일에
신성한 성체 의식을 거행함에도 불구하고 알렉산드리아와 로마의 교회에
서는 여전히 어떤 고대 전통으로 인해 이것을 시행하지 않았다."[92]

　로마와 알렉산드리아에서 안식일에 성만찬 예식이 거행되지 않았던
이유를 소크라테스는 설명하지 않는다. 하지만 그는 그 관습이 "한 고대
의 전통"에서 기인한 것이라고 진술한다. 이것으로 우리가 가정할 수 있

---

89. Victorinus, 각주 86을 참고하라.

90. 이는 Tertullian (*On Prayer* 19, *ANF* III, 68)의 견해였다. 금식을 지키고 성만찬에 참
　　가하는 것을 조화시키고자 Tertullian은 양심의 가책을 느끼는 자들에게 "주의 몸"
　　을 받아 집으로 가져가 금식 이후에 먹으라고 제안했다.

91. Innocent I, *Ad Decentium*, Epist. 25, 4, 7, *PL* 20, 555; 후자는 *Corpus Jris*, c. 13, d. 3
　　*De Consecratione*의 일부다.

92. Socrates, *Ecclesiastical History* 5, 22; *NPNF* 2nd II, 132.

는 것은 미사 의식을 금지하고 금식을 명령한 것은 그 밀접한 연계성으로 보아서 동시대, 즉 2세기 초에 유대의 관례들과 차별화하기 위한 노력으로 시작된 것일 수 있다는 말이다.[93] 자신의 시대에 보편화된 그 관습들을 묘사하면서 소조멘도 소크라테스와 매우 유사한 진술을 남기는데, 다만 그는 성만찬 예식과 관련된 언급은 제외한 채 종교적 집회에 대한 것만을 말했다. 곧, "콘스탄티노플과 거의 대부분의 지역의 백성들은 주일의 첫날 뿐만 아니라 안식일에도 함께 모이는" 반면, 그러한 "관습은 로마나 알렉산드리아에서는 전혀 지켜지지 않았다."[94]

이런 누적된 증거들에 비추어 볼 때, 로마 교회는 안식일이 가지고 있는 신학적·예전적 중요성을 제거하고, 안식일 준수의 폐지를 주장하는 데 있어서 초기 기독교 사회에서 핵심 역할을 했음이 분명하다.[95] 안식일에 주의 만찬을 거행하는 것과 종교적 집회를 개최하는 것을 금지하도록 하는 명령과 함께 동반된 안식일에 금식하라는 명령은 로마 교회가 취한 명확한 조처가 분명한데, 한편으로 그것은 그리스도인들로 하여금 안식일

---

93. 이 논지는 이 장(제6장)에서 계속 논의된다.

94. Sozomen, *Ecclesiastical History* 7, 19, *NPNF* 2nd II, 390.

95. C. S. Mosna (*Storia della domenica*, 330)는 다음과 같이 적절하게 언급한다: "주간 예배식 기념에 있어서 로마는 모든 동방뿐 아니라 서방의 많은 공동체로부터 스스로를 구별짓는 대신 알렉산드리아의 방법에 다소 가까워지려고 했다. 우선, 금요일과 토요일은 성만찬이 관련되지 않는 한 예배의 날이 아니었다. 알렉산드리아에 대해서는 이미 Socrates의 증언을 살펴보았다. 기독교 세계의 모든 교회에서 안식일에 성만찬을 기념하는 것은 관례적인 일이었으나, 알렉산드리아와 로마 사람들은 고대 전통을 따라 이를 거부했다. 이러한 내용은 Sozoman에 의해 확인된다. 나아가 동방과 밀라노, 아프리카의 모든 교회들은 안식일 숭배로 금식을 하지 않았지만 반대로 로마와 스페인에서 그날은 금식을 위해 성별된 날이었다." 그는 또한 로마가 안식일 숭배를 소멸시키는데 영향을 미쳤다고 진술한다: "(안식일에 대한 특별한 의식이 없었던) 로마의 이러한 사례가 작용해 영향을 미쳤을 것이다"(위와 동일한 책, 354).

숭배를 버리게 하기 위한 조처였으며, 다른 한편으로는 일요일 예배만을 존중하도록 하기 위한 조처였다. 저들이 안식일 준수와 같은 유대인들의 제도들에 대한 그러한 비타협적인 태도를 취한 이유는 2세기 초에 유대교와의 급진적인 차별화가 특별히 요구됐던 상황 속에서 발견될 수 있다.

앞서 주목해 보았듯이, 유대인들에 대한 로마 당국의 재정적, 군사적, 정치적, 문학적 공격과 조처들은 그리스도인들로 하여금 유대인들과의 연대를 단절하도록 이끌었다. 이런 상황은 특별히 대부분의 그리스도인 개종자들이 이교의 혈통을 가진 사람들로 구성되고 동방 지역보다 더 일찍 유대인들과의 차별화 정책을 취했던 로마 교회 내에서 실제로 나타났다.[96] 안식일과 유월절과 같은 유대의 축일들을 준수하는 것과 관련된 날짜와 방법을 바꾼 것은 그들이 유대인들과 다르다는 것을 로마 당국자들에게 분명하게 인식시키는 데 도움이 됐을 것이었다. 부활절-일요일의 도입은 이러한 논제를 지지해주는 부가적인 암시를 제공해준다. 이제 이 부분을 고찰해 볼 것이다.

로마 교회와 부활절 논쟁

부활절-일요일의 기원

역사가 에우세비오스(주후 260-340년경)는 2세기에 불끈 달아올랐던 부활절 논쟁과 관련된 귀중한 서류 문서를 제공해준다.[97] 당연히 그 논쟁의 주역은 두 사람이었다. 한 사람은 부활절-일요일 관습(즉 보통 유대인들의 유월절 날짜를 따라 일요일에 절기를 경축했음)을 옹호하면서 자신의 교훈을 따르기

---

96. 제6장의 위를 보라.
97. 부활절 논쟁에 대한 Eusebius의 설명은 그의 글, *HE* 5, 23-24를 참고하라.

를 거절했던 소아시아 지역의 완고한 기독교 공동체를 파문에 처하겠다
고 위협했던 로마의 감독 빅토르(Victor of Rome, 주후 189-199년)였다.[98]

---

98. Eusebius는 아시아의 교구들을 제외하고 … 다른 지역의 교회들은 일요일에 부활
절을 기념했다고 주장한다(*HE* 5, 23, 1). 그러나 다음의 사실들을 고려할 때, 이러
한 주장은 받아들이기 어렵다: (1) 교황 Victor (주후 189-199년경)은 로마 부활절
을 성문화하기 위하여 다양한 지방 의회들의 집회를 계획했다. 이는 명백히 각각
의 이질적 규례들이 존재했었다는 것을 암시한다. (2) 이 문제를 논의하기 위해 모
인 팔레스타인의 주교들은 Eusebius에 따라 "유월절과 관련한 전통을 상세히 다루
었고" 심의 기관의 편지를 만들었다. 이 편지는 "모든 교구"에 보내졌는데, "자신의
영혼을 쉽게 기만하는 자들에 대해 우리[즉, 주교들]는 아무런 죄가 없을 것이다"라
는 기록이 발견된다(*HE* 5, 25, 1). 의견을 달리하는 이들의 저항을 방지하고 그들을
설득하기 위해 진행된 긴 논의와 이 편지가 만들어진 것은 2세기까지 팔레스타인
에 여전히 14일주의의 유월절을 지키던 그리스도인들이 있었다는 것을 보여준다.
(3) 다음에 제시되는 교부들의 증언은 Eusebius가 수긍한 것보다 더 많은 이들이 14
일주의의 유월절을 준수하고 있었다는 것을 시사하고 있다: *Epistola Apostolorum*
15; Hippolytus의 두 저작 속 두 파편(둘 중 하나는 *Holy Easter*에 포함되어 있음)은
Chronicon Paschale 6 (*PG* 92, 79)에 보존되어 있다. 그는 다음과 같이 진술한다: "그
러므로 그 논쟁의 특징이 어디에 있는가를 생각해보라. …" 이는 당시에도 논쟁이
지속됐고, 아마도 장소는 로마였다는 것을 보여주고 있다; *Athanasius of Alexandria*
는 14일주의 유월절을 준수한 인물들로 "시리아인과 실리시아인, 메소포타미아인"
들을 언급한다(*de synodis* 1, 5; *ad Afros Epistola Synodica* 2); Jerome은 Irenaeus, *On
the Paschal Controversy*의 진술을 다른 방식으로 표현하고 있는데, 즉 그 편지는 교
황에게 "유대인들과 함께 월삭의 14일째 날에 유월절을 기념하는 아시아와 동방의
많은 주교들"과의 조화를 깨뜨리지 말라고 경고한다(*De viris Illustribus* 35, *NPNF*,
2nd, III, 370); Hierapolis의 주교, Apollinarius의 Easter의 한 파편에서도(*Chronicon
Paschale* 6 [*PG* 92, 80-81]) 다음과 같이 전한다: "니산월 14일은 위대한 희생, 우리
주의 참된 유월절이다. 양을 대신하여 우리는 하나님의 양을 얻었다"; Gabala의 주
교, Severian (활약기, 주후 400년경)은 유대인들의 의식을 계속해서 지키는 그리
스도인들 무리를 강력하게 공격한다(*Homilia* 5 *de Pascha*, ed. J. B. Aucher [Venice:
1827], 180); Salamis의 주교 Epiphanius (주후 315-403년경)은 자신의 저작 *Adversus
haereses* 50과 70에서 14일주의적 유월절을 광범위하게 다루고 있다. 주교는 다양
한 예를 들어, 자신이 "이단"으로 부르는 14일주의 관습들이 널리 퍼져있다는 것을
암시한다. 예, "그리고 세상에 또 다른 이단, 즉 14일주의자들이 다시 들고 일어났다
(ἀνέκυψε πάλιν τῷ κόσμῳ)"(*Adversus haereses* 50, 1, *PG* 41, 883). 앞선 증언들을 토

다른 한 사람은 소아시아 지역의 대표이자 에베소 교회의 감독으로 보통 '14일주의자들의 유월절'(Quartodeciman Passover)로 불린 니산월 14일을 전통적인 유월절의 날짜로 강력히 지지했던 폴리크라테스(Polycrates)였다. 폴리크라테스는 사도 빌립과 요한으로부터 물려받은 진정한 사도적 전통을 소유했다고 주장하면서, 로마의 감독 빅토르의 위협에 굴복하기를 거절했다.

에우세비오스에 따르면, 리용의 감독 이레네우스(주후 176년경부터)는 조정자로서 그 논쟁을 중재했다. 빅토르에게 보내는 편지에서 이레네우스는 관대한 정신을 드러내고 있을 뿐만 아니라, 소테르(Soter)의 전임자들인 "아니케투스(Anicetus), 피우스(Pius), 히기누스(hyginus), 텔레스포루스(Telesphorus), 식스투스(Sixtus)" 등은 "그것[즉 14일 교도들의 유월절]을 지키지 않았음에도 불구하고 … 그것이 지켜졌던 교구의 사람들과 화평하게 지냈다"는 사실을 로마의 감독에게 이해시켜 주고자 노력했다.[99] 소테르의 전임자들이 14일주의자들의 유월절을 지키지 않았다는 이레네우스의 진술이 암시하는 바는 그들 역시 빅토르처럼 일요일에 부활절을 기념했다는 것이다. 이레네우스는 이 논쟁의 근원을 추적하여 14일주의자들의 유월절을 지키지 않은 첫 번째 사람으로 감독 식스투스를 지목하면서 그때(주후 116-126년경)에 로마에서 일요일에 유월절이 기념되기 시작했다고 설명한다.

이 짧은 이레네우스의 진술을 가지고 이런 결론을 내리는 것은 위험스러운 것으로 받아들여질지도 모른다. 하지만 이런 결론의 가능성을 지원할 만한 보완적인 징후들이 있다. 예를 들어, 식스투스 감독이 로마 교

대로 우리는 Jean Juster의 견해, 즉 Eusebius가 14일주의 유월절 준수를 아시아 지역에만 한정시키고 축소시킨 "고의적 모호함"(wilful obscurity)에 대해 책임이 있다는 견해에 동의하게 된다.
99. Eusebius, *HE* 5, 24, 14.

회를 관리했던 시기는 바로 유대인들의 의식과 관습들에 대해 급진적인 억제 정책을 채택했던 하드리아누스 황제의 재위 시기(주후 117-138년)였다. 이러한 억압적인 조처들로 인해 그리스도인들은 유대인들의 것으로 여겨지던 관례들을 새로운 것들로 대체하고자 했다.[100] 우리가 이미 주목해 보았듯이, 그 시기에 예루살렘의 유대 그리스도인들과 지도자들은 유대인들과 함께 그 도시로부터 추방당했고, 그곳은 새로운 이방인 그룹들로 대신 채워졌다. 에피파니우스에 따르면, 부활절 논쟁이 발생한 것도 바로 그 역사적 시점이었다. 키프로스의 이 감독은 이렇게 기록하고 있다: "그 논쟁은 할례받은 감독들이 추방당한 때 이후에 일어났고 우리의 시대까지 계속됐다."[101]

에피파니우스가 시사해주는 것처럼 만일 주후 135년 이후에 상당히 많은 14일주의자들이 거부한 새로운 부활절-일요일 의식이 도입되면서 논쟁이 야기됐다면, 불과 몇 년 전에 감독이 됐던 식스투스가 새로운 관습의 창시자가 될 수 있었을 것이다. 새로운 관습이 논쟁을 불러일으킬 만큼 충분히 널리 퍼지는 데는 어느 정도 시간이 필요했을 것이다. 그래서 이레네우스와 에피파니우스의 언급은 서로를 보완해준다. 이레네우스는 부활절-일요일이 로마에서 식스투스의 지도하에 시작됐다고 설명하며, 에피파니우스는 새로운 헬라인 감독들이 새 관습을 예루살렘에 도입하여 논쟁이 야기됐다고 이야기한다. 이 두 사건은 거의 같은 시기에 발생했다.

마르셀 리차드(Marcel Richard)는 이 시기에 도입된 새 날이 로마 교회에

---

100. Hadrian의 유대인 억압 정책에 대해서는 본서 제5장을 보라.

101. Epiphanius, *Adversus haereses* 70, 9, *PG* 42, 355-356; 이 구절은 다음의 글에서 검토되고 있다. Samuele Bacchiocchi, *Anti-Judaism and the Origin of Sunday*, 1975, 45-52. 참고, 본서 제5장.

의해서 도입된 것이 아니라 예루살렘에 정착한 헬라인 감독들에 의해서 도입된 것이라고 주장하려 노력한다. 하드리아누스의 유대인 종교 축일 금지령 덕분에 그들은 새로운 부활절-일요일을 창안할 수 있게 됐는데, 이는 그들이 로마 당국자들에게 "유대화된" 것으로 보이지 않게 하기 위함이었다는 것이다.[102] 부활절-일요일이 하드리아누스 시대에 처음 도입됐다는 리차드의 결론은 받아들이지만, 새로운 제도를 도입하고 거대한 기독교 사회가 그것을 받아들이도록 영향을 미친 것이 예루살렘 교회의 새로운 지도자들이었다는 것은 믿기 어려운데, 그 이유는 특히 당시는 예루살렘 교회가 무명이나 다름없는 상태로 전락했던 때였기 때문이다. 학자들이 보편적으로 합의하고 있는 견해는 로마 교회가 부활절-일요일의 실제 발생지라는 점이다. 사실상 어떤 사람들은 그것을 "로마의 부활절"이라고 명명하기도 했다.[103] 이는 그 새로운 관습을 강력히 주장하던 로마

---

102. M. Richard, "La question paschale au IIe siéle," *L'Orient Syrien* 6 (1961): 185-188. Richard는 부활절-일요일이 예루살렘의 헬라인 주교로부터 처음 소개됐다고 주장하는데, 이 견해를 수용하기 어려운 이유로 다음의 두 가지 근거를 들 수 있다. 우선 그들은 기독교의 그만한 영향력을 미칠 만큼의 권한을 갖고 있지 않았으며, 또한 우리가 살펴본 바와 같이 유대교로부터 분리되어야 할 필요성이 팔레스타인이 아닌 일찍이 로마에서 제기됐다는 사실이다. 그러나 부활절 논쟁이 부활절-일요일의 도입과 더불어 Hadrian 시기에 시작됐다는 그의 결론은 신빙성이 있다. 이는 우리의 정보 제공자라고 할 수 있는 팔레스타인 태생의 Epiphanius가 자신의 니라의 전통에 관심이 있었으며, 사라진 문서들을 보유하고 있었기 때문이다. 예를 들어, 그는 유월절 문제에 관해 Alexander of Alexandria와 Crescentius 사이의 갈등에 대해 언급하는데, 이는 어디에도 기록되어 있지 않은 내용이다(*Adversus haereses* 70, 0, *PG* 42, 356B). Richard의 논의에 대한 세밀한 분석은 다음의 글을 참고하라. Christine Mohrmann, "Le conflict pascal au IIe siéle," *Vigiliae Christianae* 16 (1962): 154-171; P. Nautin, *Lettres et écrivains chrétiens des IIe et IIIe siécles*, 1961, 65-104.

103. "로마-부활절"이라는 표현은 부활절-일요일을 지칭하는 것으로 C. S. Mosna가 종종 사용하기도 했다(*Storia della domenica*, 117, 119, 333; 참고, M. Righetti (각주 77), 245-246). 이것은 로마에서 부활절-일요일만 지켜졌다는 것을 의미하지 않는다. Irenaeus의 진술은 그 반대의 경우를 보여준다: "그날[즉, 14일주의자들의 유월

교회의 역할과 이레네우스의 진술에[104] 의해서 제안될 뿐만 아니라 후대

절]을 지키지 않은 이전의 성직자들은 그날을 지키는 교구민들에게 성체를 보냈다"(Eusebius로부터 인용, *HE* 5, 24, 15). 성체(*fermentum*이라고 불리는 성별된 빵의 작은 조각)는 사실상 너무 멀지 않은 곳에 있는 주교들과 도시 안팎의 본 교회들(main churches)—교구 교회들(*tituli*)—에 친교(*communio*)의 상징으로서 로마의 주교가 보낸 것이었다(이와 관련한 논의는 C. S. Mosna, *Storia della domenica*, 333을 보라; V. Monachino, *La Cura pastorale a Milano, Cartagine e Roma nel secolo* IV, 1947, 281; L. Hertling, *Communio*, 1961, 13; 참고, Hippolytus, *Traditio Apostolica* 22). 성체가 로마와 외진 지역에 살고 있는 14일주의 그리스도인들에게 보내졌다는 것은 그들이 로마 내에 거주하고 있었다는 것 뿐 아니라, Victor의 후계자들이 그들과 기독교적 우애를 유지하고 있었다는 것을 의미한다. C. J. Hefele는 헤롯왕의 침소를 맡은 한 신하(Blastus)에 대한 반발로써 14일주의 유월절에 대한 Victor의 혐오에 대해 설명하는데, 여기서 Blastus는 Tertullian에 따르면(*De prescriptione* 53) "몰래 유대교를 퍼뜨리려고 했다"고 한다(*A History of the Christian Councils*, 1883, I, 312-313). 라오디게아 공의회의 *Canon* 14는 다른 교구들에 성체를 보내는 것을 금지했는데, 이는 그 관습이 4세기까지도 지속되고 있었음을 보여준다.

104. Eusebius는 일요일에 부활절을 기념한 교회들이 "사도적 전통"에 의지하고 있었다고 기술한다(*HE* 5, 23, 1). 그러나 Irenaeus는 로마-부활절을 옹호하면서도 사도들에 대해 언급하는 대신 14일주의 유월절을 처음으로 지키지 않은 인물로 주교 Sixtus(주후 116-125년경)을 특별히 언급하며 "오래 전"(earlier times, καὶ πολύ)이라고 설명한다. 그렇다면 여기에서 "오래 전"이라는 표현은 Sixtus의 시기가 될 것이다. W. Rordorf ("Zum Ursprung des Osterfestes am Sonntag," *Theologische Zeitschrift* 18 (1962): 167-189)는 로마 부활절의 사도적 기원에 대해 변호한다. B. J. Van Der VeKen ("De Primordis liturgiae paschalis," *Sacris Erud.* (1962): 500-501)은 반대로 14일주의 유월절은 유효한 사도성을 지니고 있으며, 로마-부활절에서는 그러한 속성을 찾기 어렵다는 견해를 밝힌다. Kenneth A. Strand (*Three Essays on Early Church with Emphasis on the Roman Province of Asia*, 1967, 33-45)는 "로마와 베드로와 바울이 일했던 다른 지역에서는 실제 다른 사도들로부터 일요일-부활절 전통을 받아들였고, 반면 아시아는 요한으로부터 14일주의자들의 준수 형태를 받아들였을 것"(36)이라는 논의를 옹호하며 설득력 있는 주장을 전개해 나간다. 그의 주장은 기본적으로 다음과 같다: (1) 364일의 고정된 "사제의"(priestly) 태양력은 omer의 날이나 첫 수확을 항상 일요일에 기념했던 쿰란 공동체와 같은 다양한 종파들이 사용했는데, 초기 기독교의 한 분파가 이를 온전히 채택했다. (2) 로마의 획기적인 방법은 그다지 성공적 또는 보편적으로 사도의 전통을 대신하지는 못했는데, 특히나 기독교 전통의 흐름이 여전히 동에서 서로 이동되고 있었기 때문에 시

의 역사적 자료들에 의해서도 제안된다. 서로 연관성을 가지고 있는 두

기적으로 너무 이른 시도였다. (3) 아시아에서 자란 Irenaeus는 사도의 전통의 변호인이자 요한의 제자였는데, 부활절-일요일에 사도적 권위가 없었다면, 그는 14일주의 전통에 맞서 그것을 포기하지 않았을 것이다. (4) Eusebius가 제시한 두 가지 전통의 지역적 분포를 보면 (추측건대 14일주의 유월절을 지켰던 아시아 그리스도인들만), 이는 전통적으로 베드로와 바울에게서 비롯된 영향력의 지리적 영역과 일치한다. 이러한 논의가 설득력 있게 구성된 것은 맞지만, 다음의 사실들이 간과되고 있다: (1) 다양한 자료들(각주 97, 102 참고)은 14일주의 유월절이 Eusebius가 인정한 것보다 더욱 널리 퍼져있었음을 시사한다. 사실 교황 Victor 이전에 로마에서도 이를 지키는 자들이 있었던 것으로 보인다(각주 102). Irenaeus가 후자를 제외하고 "Soter 이전의 성직자들"(Eusebius, *HE* 5, 24, 14)을, 14일주의 유월절을 허락한 주교들의 예로써 언급하고 있다는 사실은 Soter 때의 로마 정책에 부활절 문제와 관련한 변화가 생겨났음을 시사해준다. 유명한 그리스 학자 L. Duchesne는 이 부분에 대해 "Anicetus의 후계자인 Soter 당시 그 관계는 더욱 팽팽했던 것으로 보인다"고 설명한다(*Histoire ancienne de l'Église*, 1889, I, 289). 그러나 갈리아에서 두 개의 다른 부활절 기념일이 공존했으면, Irenaeus때에도 별다른 문제가 있지는 않았던 것 같다. 사실 Irenaeus는 다음과 같이 진술한다: "서로가 다르고 금식에 대한 다른 견해에도 불구하고 우리가 평화롭게 지내는 것은 우리가 믿음 속에서 일치되고 있다는 사실을 보여주는 것이다"(*HE* 5, 24, 13). (2) 살펴본 바와 같이 (161-2), Epiphanius에 따르면 부활절 논쟁은 "할례에 대한 주교들의 이동 시기(the time of exodus of the bishops of circumcision) 이후에 발생했다"(*PG* 42, 355, 356). 이러한 진술은 이 시기 이전에 부활절-일요일이 팔레스타인에 알려지지 않았으며, 다른 지역의 일부 몇몇 그리스도인들만 그날을 지켰을 것이라는 의미로 해석된다. 실제로 그랬다면, Sixtus(주후 115-125년경)가 14일주의 유월절을 지키지 않은 첫 인물이라는 Irenaeus의 설명(*HE* 5, 24, 14)은 지나가는 한 예에 불과한 것이 아니라 정확한 역사적 정보를 전달하고 있다고 보아야 한다. (3) 바울과 같은 인물이 날(days)에 강조를 두는 한 종파의 달력에 영향을 받았고, 그가 자신이 일한 지역에 그것을 소개했을 것이라는 주장은 상상할 수 없는 일이다. 그 이유는 P. K. Jewett이 언급한 것과 같이 "그는 오직 신약만을 쓴 저자로써 날(days)을 지키는데 대해 개종자들에게 경고를 한 인물이다(골 2:17; 갈 4:10; 롬 14:6)"(*Lord's Day*, 56). 더욱이 주목해야 할 것은 바울이 규범적 바리새인의 랍비식 달력을 존중했다는 점이다. 이는 그가 오순절을 위해 서둘러 예루살렘에 가려고 했다는 사실에서도 암시된다(행 20:16; 참고, 고전 16:8). 바울은 유대인 신자들에게 자신 또한 "율법을 지켜 행한다"(행 21:25; 본서 제5장 참고)는 것을 보여주기 위해 결례(the rite of purification)를 행하는데, 이와 더불어 사실상 그의 자유로운 공공 사역은 오순절 시기 예루살렘의 성전에서

문서인 니케아 종교 회의 공한(주후 325년)과[105] 모든 감독들에게 보내는 콘
스탄티누스의 개인적인 서신에서[106] 로마 교회는 부활절-일요일 문제 논

끝이 난다(주후 58-60년경). (4) Irenaeus와 관련해, 그가 아시아에서 자랐으며 사
도적 승계의 변호인이기는 했으나, 다음의 사실들을 고려해야 한다: (a) 그는 언제
나 평화와 타협을 지지했다. 이는 그가 주교 Victor에게 보낸 편지, 몬타누스주의자
들을 대신해 Victor의 후계자인 주교 Eleutherus에게 대사관으로 간 사실 (Eusebius,
HE 5, 4, 1; 5, 3, 4); (b) 그가 로마에서 공부했고 서방의 교회를 섬겼다는 것(Bishop
of Lyons, 주후 177년경); (c) "두 명의 영예로운 사도, 베드로와 바울에 의해" 세워
지고, 또한 "모든 교회들이 그 최상의 권위에 대해 동의하는"(*Adversus haereses* 3,
2, *ANF* I, 415) 로마의 교회를 대단히 존경하고 지지했다는 사실. (5) 2세기 말 즈음
로마의 주교가 행사한 권한이 과소평가 되어서는 안 된다. Polycreates가 유월절 준
수에 대해 Victor와 의견을 달리했음에도 불구하고, 그는 의회를 소집하라는 주교
의 명령을 따랐다는 사실을 주목할 필요가 있다. 그는 다음과 같이 진술한다: "나
는 당신이 나에게 불러달라고 요청한 주교들에게 제안할 수 있었고, 그렇게 불렀
다"(Eusebius, *HE* 5, 24, 8). 이와 유사하게 Irenaeus는 아시아 그리스도인들을 파문
하려는 Victor의 권위에 도전하지는 않으면서도, 다만 조심스러운 태도로 조언을
했다(본서 제6장). (6) 유대교와 로마 제국 사이의 갈등과 긴장은 특히 Hadrian 당
시에 더욱 날카로워졌는데, 이는 주교 Sixtus로 하여금 외관상 드러나는 유대교적
관례들을 막기 위해 유월절이나 안식일 같은 유대인들의 구별된 축제들을 새로운
날짜와 신학적 근거를 들어 대체하도록 유도했을 것이다. 유월절과 주간 안식일 금
식에 대한 반유대적 자극들은 이러한 가설에 대한 추가적 근거들을 제공할 수 있을
것이다(193-194 참고). 이상의 근거들을 고려할 때, 로마-부활절 전통의 사도적 기
원에 대한 가설의 신빙성이 유지되기란 쉽지 않을 것이다.
105. 니케아공의회 심의기관의 법령은 다음과 같이 구체적으로 명시하고 있다: "동방
     에서 유대인들과 같이 부활절을 공식적으로 기념하는 모든 신도들은 앞으로 로
     마인들과 같이 우리와 또 고대로부터 우리와 같은 날에 그 축제를 기념해온 모
     든 사람들과 같이 같은 날에 그날을 지켜야 할 것이다"(Ortiz De Urbina, *Nicée et
     Constantinople*, 1963, I, 259; 참고, Socrates, *Historia Ecclesiastica* 1, 9).
106. Constantine는 그러한 유명한 축제와 관련된 당시의 의견 충돌에 대해 개탄해하며
     모든 주교들에게 "이탈리아 전역과 이집트, 아프리카와 로마 도시 내에서 동시에
     지켜졌던 관례를 포용하라고 촉구했다"(Eusebius, *Life of Constantine* 3, 19, *NPNF*
     2nd, I, 525); 참고, *Chronicon Paschale*, *PG* 92, 83에는 Constantine가 모든 그리스도
     인들로 하여금 알렉산드리아와 로마의 고대 교회의 관습들을 따를 것을 권고했다
     고 기록되어 있다.

쟁에 있어서 중요한 예로서 언급된다. 이는 로마 교회가 가진 역사적인 위치 때문만이 아니라 의심할 것 없이 부활절-일요일 준수를 옹호하는 데 있어서 중심 역할을 하고 있었기 때문이었다.

부활절-일요일과 매주의 일요일

우리는 연례 부활절-일요일과 매주의 일요일 사이에 어떤 연관성이 있는지 질문할 수 있다. 이 두 축일은 서로 다른 시간에 동일한 부활 사건을 기념하는 동일한 축일로 간주됐는가? 혹은 다른 목적을 달성했던 두 개의 다른 축일로 고려됐는가? 만일 두 축일을 하나의 동일한 축일로 취급한다면, 부활절-일요일의 발생지가 매주의 일요일 준수의 기원지일 수도 있다고 가정할 수 있을 것이다. 아마도 같은 요인이 같은 장소에서 작용하여 두 축일의 동시 기원을 야기했을 것이기 때문이다.

많은 초기 기독교 교부들의 풍부한 증언들 속에서 매주의 일요일과 연례 부활절-일요일은 기본적으로 부활이라는 동일한 사건을 기념하는 동일한 축제로 취급된다. 이레네우스의 것으로 추정되는 한 문서에서는 특별히 일요일이나 오순절, 즉 부활절 기간의 7주 동안에는 무릎을 꿇지 말라고 명령되는데, "이는 저 날들이 주의 날(Lord's day)과 동등한 중요성을 가지기 때문이다."[107] 그 이유는 두 축일이 "부활 사건에 대한 하나의 표상"이기 때문이다. 더욱이 테르툴리아누스는 금식 금지 조항을 추가함으로 그 관습을 확증한다: "일요일에 금식하는 것과 예배를 드리는 동안 무릎을 꿇는 것은 불법이다. 우리는 부활절에서부터 오순절까지 동일한 자유를 누린다."[108] 레간(F. A. Regan)은 그 본문을 해석하면서 이렇게 말한다:

---

107. *Fragments from the Lost Writings of Irenaeus* 7, *ANF* I, 569-570.
108. Tertullian, *De corona* 3, 4, *CCL* 2, 1043; Tertullian, *On Idolatry*에서 이교도들에 대하여 언급하면서 다음과 같이 적고 있다: "만일 그들이 알았더라면, 주의 날도, 오순

"부활절에서부터 오순절에 이르는 기간에는 동일한 관습이 지켜졌는데, 따라서 연례 절기와 매주의 축일 사이의 관련성이 발생하게 됐다."[109]

오리게네스(Origen)는 매주의 축일을 부활을 기념하는 연례 절기와 명시적으로 결합했다: "주의 부활은 오직 일 년에 한 번만 기념된 것이 아니라 8일마다 계속해서 기념된다."[110] 에우세비오스도 동일하게 진술한다: "모세의 법에 충실한 유대인들은 일 년에 한 번 유월절 양을 희생으로 바쳤지만 … 우리 새 언약의 사람들은 매 일요일에 우리의 유월절을 지킨다."[111] 로마의 감독 이노센트 1세는 굽비오(Gubbio)의 감독 데켄티우스(Decentius)에게 보내는 서신에서 두 축일 사이에 존재하는 연합성을 확증한다: "우리는 우리 주 예수 그리스도의 존귀한 부활로 인해 부활절-일요일뿐만 아니라 일주일 순환 주기에서의 하루, 즉 매주 일요일을 지킨다."[112]

이러한 대표적인 진술에 비추어 볼 때 매주 일요일 및 매년 부활절-일요일이 받아들여졌을 때 많은 사람들은 부활의 같은 사건을 다른 시간에 기념하는 하나의 축제로 간주했다. 비록 초기의 자료들에서는 그리스도의 부활이 일요일 준수의 주요 동기로서 제시되지는 않지만, 이 두 축일의 기본적인 통일성에 관해서는 의문의 여지가 없다.

이 지점에서, 로마 교회로 하여금 14일주의자들의 유월절을 폐지하고 부활절-일요일을 도입하도록 하게 한 원인이 무엇이었는지를 조사하는 것은 중요하다. 안식일 준수의 거절과 일요일 준수의 도입 역시 같은 원인에 의해 야기됐다고 가정해볼 수 있는데, 후자는 많은 그리스도인들에

절도 우리와 공유하지 않았을 것이다. 이는 그들이 그리스도인들로 보일까 두려워했기 때문이다"(*ANF* III, 70).

109. F. A. Regan, *Dies Dominica*, 97.

110. Origen, *Homilia in Isaiam* 5, 2, GCS 8, 265, 1.

111. Eusebius, *De solemnitate paschali* 7, 12, PG 24, 701A; 참고, 706C.

112. Innocent I, 각주 90; 참고, Athanasius, *Epistolae paschales*, PG 26, 1389.

의해 연례의 부활절의 확장으로서 여겨졌기 때문에 발생한 일이다. (오늘날 이탈리아 사람들은 여전히 일요일을, 작은 유월절을 의미하는 "파스쿠에타"[pasquetta]라고 부른다.)

니산월 14일 대신에 일요일에 부활절을 지키는 로마인들의 관습에서 예레미아스(J. Jeremias)가 표현한 것처럼 "유대교로부터 갈라서려는 경향"이 나타난다고 학자들은 일반적으로 인정한다.[113] 예를 들어, 라이트풋(J. B. Lightfoot)은 로마 교회와 알렉산드리아 교회가 "유대교의 모양이라도" 피하기 위해서 부활절-일요일을 채택했다고 주장한다.[114] 유명한 예배학자인 리게티(M. Righetti)도 역시 지적하기를, "유대화된 14일주의자 전통을 제거한 후" 로마 교회와 알렉산드리아 교회는 "자신의 시간 계산법을 만들어 유대의 계산법까지도 받아들이지 않았는데, 그러한 것에 있어서 유대인들을 의지하는 것이 자존심을 상하게 하는 것이었기 때문이었다"고 말했다.[115] 콘스탄티누스가 보낸 니케아 총회의 공한에서도 14일주의자들의 유월절을 거절하게 된 동기가 두드러진 반유대적 감정 때문이었음이 분명하게 나타난다. 실제로 유대인들의 영향으로부터 완전한 종교적인 자유를 확립하기를 바라던 그 황제는 실제로 다음과 같이 기록했다.

> 이 가장 거룩한 축일을 거행하는 데 있어서, 엄청난 죄를 지은 손으로 불경스럽게 더럽혀진 유대인들의 관례를 우리가 따라야 한다는 것은 무가치한 것이 분명하다. 그들은 그로 인해 당연히 영혼의 무지에 시달려야 했다. …

---

113. J. Jeremias, "πάσχα," TDNT V, 903, 각주 64.
114. J. B. Lightfoot, The Apostolic Fathers, 1885, II, part I, 88. 전문은 다음과 같다: "2세기 부활절 논쟁에서 예루살렘의 주교 Caesarea, Tyre, Ptolemais는 자신들을 유대인 유월절로 부활절을 규정한 소아시아 대신, 로마와 알렉산드리아와 협력하여 유대교와 관련한 비슷한 어떠한 모습도 피하려 했다."
115. M. Righetti (각주 77), II, 246.

그렇다면 **혐오스러운 유대인 녀석들과 아무것도 공유하지 말자:** 왜냐하면 우리는 우리의 구주로부터 다른 방법을 제공받았기 때문이다. … 이 가장 사악한 사람들의 관습들에 연루되어 어떤 면에서도 그대의 영혼의 순결함이 더렵혀진 것처럼 보이지 않도록 끊임없이 노력하고 기도하라. … **모든 사람은 맹세를 깨뜨린 유대인들의 행위에 참여하지 않고** 정상적인 분별력이 요구되는 것을 바라는 것에 하나가 되어야 한다.[116]

유월절에 대한 유대인의 계산법을 거절하게 만든 반유대적 감정이 이 콘스탄티누스의 편지보다 더 명확하고 강력하게 표현될 수는 없었을 것이다. 니케아는 두 세기나 앞서 시작된 논쟁의 절정이자 강력한 반유대적 감정 및 로마를 진원지로 삼았던 논쟁의 절정을 보여준다. 부활절-일요일과 매주의 일요일 사이에 존재하는 밀접한 관계는 바로 그 반유대적 감정의 동기로 인해 안식일 준수가 일요일 예배로 대체됐던 주된 원인이 되었음을 전제로 한다.

이 결론을 지지하는 몇 가지 내용들은 이미 우리의 연구가 진행되는 동안에 나타났다. 예를 들어, 우리는 몇몇 교부들이 안식일을 유대인들의 불충성의 특징으로 재해석하는 것을 언급했다. 구체적인 반-안식일 조처들이 로마 교회에 의해서 특별히 취해졌다. 다른 무엇보다도 유대인들에 대한 경멸을 나타내기 위해서 안식일이 금식의 날로 지정됐다. 마찬가지

---

116. Eusebius, *Life of Constantine* 3, 18-19, *NPNF* 2nd, I, 524-525 (강조는 첨가됨). 편지는 Socrates의 *Historia Ecclesiastica* 1, 9에 포함되어 있다; Theodoret, *Historia Ecclesiastica* 1, 10. 새로운 부활절 날의 채택에 있어 반유대적 동기는 Cyrian이라는 가명 저자의 *De Pascha computus* (G. Ogg 번역, 1955)에 명확히 기술되어 있다: "우리는 … 그리스도인들이 결코 유월절이 무슨 날인지 모르는 자들처럼 유대인들 뒤를 맹목적으로 어리석게 따르지 않는다는 것을 … 증명해 보이길 원한다"(주후 243년경에 쓰임).

로 유대인들과 함께 그날을 준수하러 나가는 것을 피하기 위해서 안식일에 성만찬 예식과 종교적 집회가 금지됐다. 반유대주의가 안식일 준수의 폐지에 주도적인 역할을 했다는 추가적인 증거들은 7장과 9장에서 제기될 것이다.

로마 교회의 탁월한 지위

본 연구를 진행하면서 로마 교회가 부활절-일요일, 매주 일요일 예배, 안식일 금식과 같은 새로운 예식 제도들을 도입한 우선적인 책임을 가진 곳으로 지적되는 여러 다양한 암시들이 나타났다. 그러나 이런 질문이 제기될 수 있다. 즉, 2세기에 로마 교회는 이미 감독들을 통해 새로운 절기들을 받아들이도록 여러 지역의 기독교계에 영향을 미칠 만큼 충분한 권위를 발휘했었는가? 이 질문에 답하기 위해서는 2세기에 로마 교회가 갖고 있던 지위를 검증할 필요가 있다.

초기 교회에서 로마 교회와 감독의 탁월한 지위가 확립되는 과정을 추적하기는 어려운데, 그 이유는 활용할 수 있는 자료들이 주로 사건이나 진상들을 기록하고 있을 뿐 당시에 로마 교회가 사법적인 권위를 발휘했었는지는 명확하게 설명하지 않고 있기 때문이다. 하지만 역사는 대주교직의 권위가 저 체제의 실제 확립 이전이 아니라 이후에 윤곽을 드러냈음을 알려준다.[117] 연구의 목적을 이루기 위해서 우리는 로마 교회가 가진 사

---

117. 적절한 하나의 예는 콘스탄티노플의 주교가 지닌 원로의 권한의 성장을 통해 발견할 수 있다. 주후 381년 그 도시 내에서 열렸던 공의회에서, 그는 로마의 주교 다음으로 명예로운 예우를 받았다. 교황의 반대에도 불구하고 451년에는 공식적으로 원로의 권한을 부여받았다(canon 28); 참고, S. Vailhé, *Dictionaire de théologie*

법적 권위의 성격이나 범위를 규정하지는 않을 것이다. 다만 2세기에 나타난 상황 그대로의 현상이 무엇이었는지에 대해서 단순하게 묘사하고자 한다.

주후 95년경에 로마의 감독이었던 클레멘스는 고린도 교회 내에서 발생했고 결국 그 일로 교회 장로들이 파면되었던 한 내분(47장)을 해결하기 위해서 그 교회에 편지를 보냈다. 이 편지의 몇몇 내용은 단호하면서도 심지어는 위협적인 어조로 순종을 요구하고 있어(47:1-2; 59:1-2), 저 사례는 당시 로마 교회의 위상이 어느 정도였는지를 암시해주고 있다.[118] 레브레톤(J. Lebreton)의 관찰에 따르면, "로마 교회는 이 문제에 영향을 미칠 만한 권위가 있었고, 또 그렇게 해야 할 책임을 느끼고 있었다. 한편 고린도 교회 역시 이를 깨닫고 있었기에 로마 교회에 굴복했다. 바티폴(Batiffol)은 이러한 중재를 '로마 교회의 탁월한 지위의 현현'으로 묘사했다."[119]

이 편지가 고린도 교회 내에서 뿐만 아니라 다른 교회에서도 매우 인정받았고 또한 정규적으로 읽혀졌기에 어떤 사람들은 그 편지를 영감받은 것으로 여기기까지 했다는 사실이 칼 바우스(Karl Baus)의 기록에 나타날 만큼, "로마 교회 이외의 그리스도인들의 의식 속에 로마 교회는 서열상 수위에 있는 교회로 존중받았다."[120]

몇 년 후(주후 110-117년경) 이그나티우스도 『로마인들에게 보내는 편지』

---

catholique (1908), "Constantinople"이라는 단어를 보라.

118. Clement는 예로 다음과 같이 말한다: "만일 누구든 우리를 통해 그[즉, 그리스도]가 말씀하신 바에 순종하지 않으면, 아무런 죄와 위험도 없는 일에 스스로를 관련시키게 된다는 것을 그들로 하여금 깨닫게 하라"(59:1-2, E. Goodspeed 번역, *The Apostolic Fathers*, 1950, 78). Irenaeus는 다음과 같이 쓰면서 Clement의 권위를 인정하고 있다: "지금의 Clement 시기에 로마 교회는 가장 강력한 서신을 고린도인들에게 보냈다"(*Adversus haereses* 3, 3, 3, *ANF* 1, 416).

119. J. Lebreton and J. Zeiller (각주 10), 413.

120. Karl Baus, *From the Apostolic Community to Constantine*, 1965, 154.

(Letter to the Romans)에서(특히, 머릿말에서) 유별난 경어와 대단한 경의를 표하는 표현들을 로마 교회에 바치고 있다. 다른 교회들에게 보내는 서신들에서 이그나티우스는 교인들을 훈계하거나 경고하고 있는 반면에, 『로마인들에게 보내는 편지』에서는 **오직** 정중한 부탁만을 표현하고 있다. 다음과 같은 내용은 로마 교회에 대한 이 안디옥 교회의 감독이 가진 특별한 존경심을 드러내 보여준다: "여러분은 결코 어느 누구도 부러워하지 않습니다. 여러분은 다른 사람들을 가르쳤지요. 여러분이 권면하는 것과 명령하는 것들이 항상 실행되기를 저는 바랍니다"(『로마인들에게 보내는 편지』 3:1).

머리말에서 이그나티우스는 로마 교회를 "하나님께 귀중한 교회이고, 명예와 존경과 찬양과 성공과 성화의 가치를 가진 교회이며, 완전히 순수하고 탁월한 사랑 안에 있는 교회"로 묘사하고 있다. 마지막으로 건의를 드리면서 그는 이렇게 부탁한다.

> 여러분들의 기도 시간에 시리아의 교회를 기억해 주십시오. 그 교회는 이 사람을 대신해 하나님을 그들의 목자로 모시고 있습니다. 여러분의 사랑과 더불어 예수 그리스도만이 홀로 그 교회를 굽어 살펴보실 것입니다"(『로마인들에게 보내는 편지』 9:11).

이런 진술들이 로마 교회가 가졌던 실질적인 사법적 권위를 명확하게 설명해주지는 않고 있지만, 그럼에도 2세기 초에 이그나티우스가 로마 교회에 우월한 명성과 영예를 돌리고 있음을 보여 주고 있다.

부활절 논쟁에서 중재자로서 역할을 한 것으로 이미 살펴본 리용의 감독 이레네우스(주후 178년경부터)는 『이단반박론』(Against Heresies: 엘레우테루스 감독의 재위시에 기록됨)에서 로마 교회를 "가장 훌륭한 두 사도인 베드로와 바울에 의해 로마에서 설립되고 조직된 **가장 위대하며 가장 오래되고 보편**

적인 것으로 알려진 교회”로 묘사하고 있다.[121] 그러고 나서 그는 다음과 같이 명료하게 진술한다: “이 교회가 가지고 있는 월등한 우월성(*potentior prin-cipalitas*) 때문에, 모든 교회, 즉 모든 지역의 신실한 신자들은 필연적으로 이 교회의 전통에 일치하도록 맞춰야 했다.”[122]

로마 감독의 직분과 권위를 높이 존중하는 이레네우스의 태도는 14일 주의자들의 문제로 인해 로마 교회 감독 빅토르(주후 189-199년)에게 보낸 편지뿐만 아니라, 고울 지방의 교회들의 평화를 교란시켰던 몬타누스파의 이설에 대한 중재를 간청하기 위해 엘레우테루스(Eleutherus, 주후 175-189년) 감독에게 대사를 보낸 사실을 통해서 가장 잘 예시된다.[123] 빅토르 감독이 아시아 지역의 교회들을 파문에 처한 것에 대해 이레네우스가 이의를 제기했음에도 불구하고, 바티폴이 적절하게 관찰한 것처럼, “이레네우스는 이 파문을 선언하는 데 있어서 빅토르의 권위에 의문을 제기할 생각이 없었다”는 사실은 주목할 만하다.[124]

로마의 감독은 로마의 부활절을 받아들일 것을 강요하면서 자신의 분명한 권위를 나타냈다. 폴리카르포스(Polycarp)와 폴리크라테스와 같은 아시아의 감독들은 로마 교회의 관습을 받아들이려 하지 않았음에도 불구

---

121. Irenaeus, *Adversus haereses* 3, 3, 1, *ANF* 1, 415.
122. 위와 동일한 부분.
123. 몬타누스파의 이설과 관련한 Irenaeus의 과제는 Eusebius, *HE*, 5, 3, 4와 5, 4, 1을 참고하라; 또한 부활절 논쟁에 대한 그의 개입은 동일한 문헌의 5, 24, 12-18을 보라.
124. P. Batiffol (각주 6, 227)은 감독 Victor가 Polycrates에게 선고한 파문에 대해 다음과 같이 기술하고 있다: “로마의 감독은 그들의 부활절 준수를 사도적 믿음의 규범(Canon)에 어긋나는 관습으로서 비난하고, 또한 그들을 로마에서부터가 아니라 가톨릭 단체로부터 단절시켰다. 그는 그때 그러한 선고가 그의 입장에서는 합당한 것이라고 인식하고 있었다. Irenaeus는 아시아 감독들에 대한 파문에 항의를 했지만, 그러한 선고를 내릴 수 있는 Victor의 권위에 의문을 제기할 엄두도 내지 못했다는 것 또한 사실이었다.”

하고, 로마 교회 감독의 요구를 인지했다. 주후 154년에 폴리카르포스는 유월절 문제와 기타 다른 문제들을 조정하고자 로마의 아니케투스(Anice-tus)를 개인적으로 방문하고자 했다. 폴리크라테스는 한 회의에 참석하라는 빅토르의 소환에 응했다. 주후 196년에 폴리크라테스는 "나는 참석한 교황들을 이름을 들어 말할 수 있었다"고 기록하면서, 빅토르에게 "그대는 나에게 소환장을 보냈고, 나는 그에 따랐다"고 기록했다.[125]

아시아의 감독들이 부활절-일요일을 받아들이기를 거부한다는 사실을 알아차렸을 때 빅토르는 단호하게 "그곳에 있는 모든 형제들에게 전면적인 파문을 선포했다."[126] 이것은 아마도 로마 교회의 감독이 새로운 관습을 강요하고, 완전히 의견을 달리하는 공동체는 교회의 교제로부터 끊어버리기까지 했던 권위를 가장 분명하게 보여주는 증거가 된다. 이 문제에 대해 적절하게 해석하고 있는 바티폴의 설명에 따르면, "에베소 교회가 반대하고 저항한 것은 로마 교회뿐이다. 우리는 이 갈등에서 로마 교회가 행사하는 권위를 본다. 르낭(Renan)은 이 점에 대해서 적절하게 말했다: '로마 교황권이 탄생했으며, 잘 자리 잡았다.'"[127]

로마 교회가 감독들을 통해서 발휘한 명백한 권위는 다음과 같은 후기의 사례들에 의해서 더욱더 구체화될 수 있었다: 군주론자인 테오도투스를 빅토르 감독이 파문에 처함; "사도들이 가졌던 바로 그 권위가 자신들에게 전수됐다"고 로마 교회가 주장했다는 테르툴리아누스의 진술;[128] 이단자 사벨리우스(Sabellius)를 칼리스투스(Callistus)가 파문에 처함(주후 217-

---

125. Eusebius, *HE* 5, 24, 8. (강조는 첨가됨).
126. Eusebius, *HE*, 5, 24, 9, *NPNF* 2nd, I, 242. 일부는 Eusebius의 언급이 아시아의 교회들을 Victor가 파문시켰다는 것을 의미하는 것이 아니라고 주장한다. 그러나 그가 실제 그들과의 관계를 중단했다는 의미 외에 다른 식으로 이해하기는 어렵다.
127. P. Batiffol (각주 6), 225.
128. Tertullian, *On Prescription Against Heretics* 26, *ANF* III, 260.

222년); 에머리타의 바실리데스(Basilides)가 키프리아누스(Cyprian)에 의해 파면됐음에도 불구하고 스테파누스 감독(주후 245-247년)이 그를 다시 복권시킴; 신념을 가진 노바티안(Novatian)의 추종자인 아를레스의 마르키온(Marcion of Arles)을 면직시키기를 스테파누스(Stephen) 감독에게 요청하는 키프리아누스의 요청 등. 이 외에 다음과 같은 또 다른 사례들이 추가될 수 있을 것이다: 무라토리 단편(Muratorian fragment), 키프리아누스, 가이사랴의 피르밀리아누스(Firmilian)에 의해서 로마 교회가 "**베드로의 권좌**"(*Cathedra Petri*)로 명명됨; 이단자들뿐만 아니라 타락한 자들의 침례 문제에 대해 로마의 감독이 중심 역할을 했음;[129] 12월 25일이 크리스마스 축일로 로마 교회에 의해 도입되고 강요됨.[130]

이러한 내용들에 비추어 볼 때 로마 교회는 이미 2세기에 탁월한 지위를 가지고 있던 것 같다. 로마의 교황은 사실상 유일한 교권을 가진 것으로 광범위하게 인식됐고, 거의 대부분의 기독교 사회(비록 몇몇 교회들은 그 명령을 따르기를 거절했지만)가 새로운 관습과 관례들을 받아들이도록 하는 데 상당한 영향력을 미칠 수 있었다.

---

129. 로마 교회의 두드러진 위상에 대한 의식을 묘사하는 이러한 다양한 역사적 사건들에 대한 간결한 논의는 Karl Baus (각주 119), 355-360을 보라; 참고, Giuseppe D'Ercole, *Communio-Collegialitá-Primato e sollicitudo omnium ecclesiarum dai Vangeli a Costantino*, 1965, 157-205에서 폭넓은 참고 문헌을 제공하고 있음; Jean Colson, *L'Épiscopat catholique*, 1963.
130. 크리스마스 기념일로 12월 25일을 채택한 로마 교회의 역할은 본서 제8장에서 논의된다.

결론

최근의 연구자들은 안식일을 폐지하고 일요일을 받아들이도록 하는
데 있어서 로마 교회가 담당했던 역할을 완전히 무시하지는 않았지만, 적
어도 과소평가해 왔다. 오스카 쿨만(O. Cullmann)이 인정한 것처럼, "초기의
그리스도인들이 유대교로부터 신중하게 차별화하는 중에 매주의 첫날을
선택했다"는[131] 사실을 깨닫는다면, 로마 교회는 일요일이 기원된 가장 논
리적인 장소로 판명된다. 그 교회에서 우리는 그러한 예식적 변화를 성취
하도록 했던 필연적인 환경과 권위를 발견했다.

모나키노(P. V. Monachino)도 "4세기의 밀라노, 카르타고, 로마에서의 목
회적 관리"(Pastoral Care at Milan, Cartago and Rome in the Fourth Century)라는 제목
의 박사학위 논문 결론부에서 로마 교회가 서구 사회에서 지도적인 역할
을 했음을 인정하고 있다. 그는 이렇게 기록한다: "밀라노가 동방의 영향
을 받았다는 것을 인정해야 하지만, 그럼에도 우리가 만일 이런 식의 목
회적 관리가 구체적으로 나타난 곳이 로마 시였다는 사실을 확인한다면,
우리의 생각은 잘못된 것이 아니다."[132] 로마 교회가 안식일에 대한 존경
심이 사라지도록 교회들에 영향력을 미쳤다는 것을 모스나도 특별히 인

---

131. O. Cullmann, *Early Chrsitian Worship*, 1966, 10.
132. P. V. Monachino (각주 102), 407. Leonhard Goppelt (*Apostolic and Post-Apostolic
　　Times, 1970, 126)는 로마 교회의 역할에 대해 다음과 같이 기록하고 있다: "로마
　　교회는 이미 교회 역사에서 일찍이 확실한 우월성을 얻었다. 이는 세상의 중심의
　　교회(롬 1:8, 16:16), 전체 교회의 만남의 장소(참조, 롬 16장의 문안; 골 4장; 벧전
　　5:13), 베드로와 바울의 집(Ignatius, *Romans* 4, 3; *I Clem*. V. 4-6), 순교자로서 고통
　　을 겪게 되는 첫 번째 대교회(계 17:6)로서 명성을 떨치게 됐다. 로마 교회가 어느
　　정도 기독교 예루살렘의 계승자가 됐다는 누가의 지적과 *I Clement*가 입증하고 있
　　는 것처럼, 이 모든 것으로 인해 로마 교회는 다른 교회들에 대한 책임을 맡게 됐
　　다."

정한다. 그는 이렇게 말했다: "아마도 안식일에 아무런 특별한 의식도 가지지 못하게 함으로 안식일을 폐지한 이 로마의 실례(example)는 영향력을 행사했음에 틀림없다."[133] 유대인들의 영향력이 더 오랜 기간 동안 생생하게 존재했던 동쪽의 지역에서는 이런 상황들이 존재하지 않았는데, 안식일 및 유대인들의 유월절 계산법에 대한 존중이 여전히 존재했던 것이 그 증거가 된다.[134]

지금까지의 우리의 조사 및 연구는 데이비스(W. D. Davies)가 진술하는 것처럼 일요일 준수가 "유대인의 안식일에 대한 의식적인 반대나 혹은 그것으로부터의 차별화하는 과정"에서 나타났음을 확증했다.[135] 우리가 발견한 것은 예배일의 변화가 한편으로는 사회적, 군사적, 정치적, 문학적으로 취한 로마 제국의 반유대 정책에 의해서 조장됐으며, 다른 한편으로는 유대인들과 그리스도인들 사이에 존재하고 있던 직접적인 논쟁에 의해서 조장됐다는 것이다.

대부분이 이교 혈통이었던 로마 교회와 그 교회의 교인들은 동방의 교회들보다 일찍이 유대인들로부터 갈라서는 경험을 했으며, 유대인들에 대한 인기가 없던 지역에서 특별히 일요일 준수를 도입하는 주도적인 역할을 하고 있음이 나타난다. 로마 교회의 역할은 새로운 부활절-일요일 축일(매주 일요일과 밀접하게 연관된)에 대한 도입과 강요에 의해서 나타났을

---

133. C. S. Mosna, *Storia della domenica*, 354.
134. Bruce Metzger는 유대인들과 분리되기 위해 서방의 그리스도인들에게 필요한 것은 "안식일 준수에 있어서 서방과 동방의 차이"에 대한 "합리적인 역사적 설명"이라는 점을 인정한다. "서방에서는 Hadrian 치세 당시 유대인들의 반란 이후 특히 유대인이 아닌 사람들에게 의심을 피하기 위해서 그것은 무엇보다 중요했다. 이는 안식일 준수가 유대교를 나타내는 가장 핵심 특징 중 하나였기 때문이다. 그러나 동방에서는 유대교의 제도에 대한 반대는 상대적으로 적었다"(*Studies in the Lectionary Text of the Greek New Testament*, 1944, II, sec. 3, 12).
135. W. D. Davies, *Christian Origins and Judaism*, 연도 불명, 74.

뿐만 아니라 안식일을 평가절하하기 위해서 로마 교회가 신학적으로 그리고 실제적으로 취한 조처들에 의해서 나타났음을 우리는 발견했다. 안식일은 사실상 유대인의 불충성의 표로서 주어진 일시적인 제도라고 재해석됐다. 따라서 그리스도인들은 그날에 금식하고, 주의 만찬을 삼가고, 종교적인 회집에 참여하지 않음으로써 유대인들의 안식일과 단절됐다는 것을 보여주도록 명령받았다.

반유대주의가 안식일을 대신해 일요일 준수를 도입하도록 한 원인으로 나타났다는 사실과 더불어 이제 우리가 중요하게 생각해 볼 것은, 2세기 초의 기독교 문헌 속에 그에 대한 사실성과 영향이 보다 완전하게 증명되고 있다는 것이다.

제7장
교부들의 시대의 반유대주의와 일요일의 기원

우리에게 2세기의 전반기 동안의 정보들을 제공해 주는 주된 정보원이 되는 작품들을 기록한 이그나티우스, 바르나바스, 유스티노스 등은 대다수의 그리스도인들로 하여금 안식일을 포기하고 일요일을 새로운 예배일로 채택하도록 만든, 유대교로부터의 분리 과정을 목격했고, 거기에 참여했다. 따라서 이른 시대부터 나온 저들의 증언은 일요일 준수의 기원을 조사하는 우리의 연구에 있어서 매우 중요하다.

이그나티우스

이레네우스에 따르면, 이그나티우스는 트라야누스 황제(주후 98-117년) 시기에 안디옥의 감독이었다.[1] 이그나티우스는 "지리적으로 팔레스타인으로부터 멀리 떨어지지 않은 곳에 있어 회당과 유대 그리스도인들의 영

---

1.   Irenaeus, *Adversus haereses* 5, 2, 8, 4.

향을 받았던 자신의 교구에서 교인들이 유대화되어가는 경향들에 대항해" 논쟁을 벌인다.[2] 그의 언어는 유대교로부터의 분리가 진행되고 있지만 유대교와의 결속이 아직 끊어지지 않았음을 암시한다.[3] 실제로 그는 안식일과 같은 유대 제도들이 여전히 끈질기게 존재하고 있으며, 존경받고 있음을 명확히 언급했다. 예를 들면, 『마그네시아인들에게 보내는 서신』(*Epistle to the Magnesians*)에서 이그나티우스는 이렇게 기록한다: "만일 우리가 여전히 유대교를 준수하고 있다면, 하나님의 은총을 받지 못했음을 인정하는 것과 같다. 대부분의 하나님의 선지자들은 예수 그리스도와 일치하는 삶을 살았기 때문이다(8:1, 2)."[4]

다음 장에서, 이그나티우스는 "고대의 방식대로" 살면서 "더 이상 안식일을 지키지 않고 주의 삶(혹은 "주의 날", μεκέτι σαββαίζοντες ἀλλὰ κατὰ κυριακὴν ζωὴν ζῶντες)에 따라 살아가면서 새로운 소망을 이룬" 구약의 선지자들을 다시 언급한다.[5] 10:3에서 또 다시 유대인들의 관습을 포기해야 할 필요성에 대해 주장하고 있는데, 거기서 경고는 다음과 같이 주어진다: "예수 그리스도에 대해서 말하면서 유대인처럼 사는 것은 잘못된 것이다. 기독교

2. C. S. Mosna, *Storia della domenica*, 95.
3. W. Rordorf (*Sunday*, 140)는 *Magnesians* 9, 1과 관련해 "Ignatius의 본 구절의 진정한 중요성은 … 많은 이방인 그리스도인들이 안식일을 준수하도록 설득받았다는 사실에 대한 당대의 증거를 제공해주고 있다는 것"이라고 설명한다.
4. Ignatius의 편지들에 대한 번역은 E. J. Goodspeed의 *The Apostolic Fathers* (1950)에 기초하고 있으며, *Magnesian* 9, 1만 본 연구에서 따로 번역한 것이다.
5. 선지자들의 주창자이자 본보기가 됐던 구약 속에 영적 그리스도인들의 운동의 개념은 우리에게 다소 비현실적으로 보이지만, 이는 구약에 대한 Ignatius의 깊은 경의를 보여준다. F. A. Regan (*Dies Dominica*, 26)은 이 점에 대해 다음과 같이 진술한다: "Ignatius가 그리스도와 교회의 길을 예비하는 일에 있어 선지자들의 역할을 강조한 것은 기독교 초기 문서의 저자들의 지배적 정신을 입증한다. 이러한 정신은 영감을 받아 전한 메시지와 구약의 성스러운 특성들에 대한 그들의 깊은 경외심에서 비롯되는 것이었다."

가 유대교를 믿은 것이 아니라 유대교가 기독교를 믿은 것이었기 때문이다." 빌라델비아 교인들에게 보내는 편지에서 이그나티우스는 유사하게 권고한다: "만일 누군가가 그대에게 유대교 사상을 설명하면 듣지 말라. 할례자로부터 기독교 사상에 대해서 듣는 것이 무할례자로부터 유대교 사상을 듣는 것보다 더 낫다"(6:1).

유대교를 신봉하는 것을 포기하라는 빈번한 권고는 소아시아의 그리스도인 공동체 안에서 유대의 관례들을 따르는 강력한 경향이 있었음을 암시해준다. 이런 분위기 속에서 안식일 준수로부터의 급격한 단절이 이미 발생했다고 보기는 매우 어렵다. 또 한편으로는 "안식일을 지키는 것", 다시 말해 유대인들의 방법에 따라 안식일을 준수하는 것과[6] 같은 유대인들의 관례들을 비난하고, "주의 삶을 따라 사는 것"을 장려하는 이런 분위기는 불원간 유대인들과는 전혀 다른 삶의 방식을 살고, 심지어는 그들의 예배일이 아닌 새로운 예배일을 채택하게끔 하는 상당한 동기가 됐을 것이다. 그래서 일요일 준수의 도입은 이미 앞서 언급했던 이유들로 인해 필요했던 유대교로부터의 차별화 과정 중 한 부분을 차지하게 됐을 것이다.

이그나티우스의 시대(주후 115년경)에 아시아 지역에서 소수 혹은 다수에 의해 일요일이 이미 준수됐는가? 『마그네시아인들에게 보내는 서신』 9:1의 의심스러운 구절을 가지고는 이 사실을 확인할 수 없다. "더 이상 안식일을 지키지 않고 주의 삶(혹은, 주의 날)에 따라서 산다"는 이 핵심 구절은 최근 여러 학자들에 의해서 중요한 연구 주제가 되어 왔다.[7]

---

6. 다음의 각주 10, 11을 보라.

7. 참고, Fritz Guy, "The Lord's Day in the Letter of Ignatius to the Magnesians," *AUSS* 2 (1964): 1-17; Richard B. Lewish, "Ignatius and the Lord's Day," *AUSS* 6 (1968): 46-59; Wilfrid Scott, "A Not on the Word KYPIAKH in Rev. 1:10," *NTS* 12 (1965):

저 구절을 일요일에 대한 언급으로 해석하기 위해서는 "날"(ἡμέρα)이라는 실명사가 삽입되거나, 혹은 이 실명사가 동족 목적어의 용례에 따라 암시되고 있다고 가정해야 한다. 하지만 프리츠 가이(Fritz Guy)가 지적하듯이, "일곱 개의 단어로 된 문장에는 그러한 동족 목적어 형태의 구성은 나타나지 않는다."[8] 이것은 유일한 예외일 것이다. 더욱이 "삶"(ζωήν)이라는 명사는 현존하는 가장 오래된 헬라어 사본에 나타난다(Codex Mediceus Laurentinus). 따라서 "주의 삶"이 가장 적합한 번역이다.

더 중요한 것이 여전히 그 문맥 속에 들어 있다. 케네스 스트랜드(Kenneth A. Strand)는 간결하고 날카롭게 다음과 같이 진술한다.

'주의 날'이 마그네시아나 안디옥에서 무엇을 의미했는지와 상관없이, 이 그나티우스가 동족 목적어를 쓰고자 했는지와 상관없이, 문맥이 밝혀주는 바는 '더 이상 안식일을 지키지 않은 것'으로 묘사된 사람들이 초기 그리스도인들이 아니라 **구약성서 시대의 선지자들**이라는 것이다. … 분명히 이그나티우스는 구약성서 시대의 예언자들이 주일(week) 중 첫째 날이 아니라 일곱째 날을 준수했다는 사실을 알았다. 그렇다면 이 내용은 날들 그 자체를 대조하고 있는 것이 아니라 삶의 방식, 즉 유대인의 '안식일을 지키는' 삶의 방식과 그리스도인들을 위해서 그리스도의 부활로 인해 상징화된 새로워진 삶 사이를 대조하고 있는 것이다.[9]

72-73; Kenneth A. Strand, "An other Look at 'Lord's Day' in the Early Churdh and in Rev. 1:10," *NTS* 13 (1965): 174-181; C. W. Dugmore, "Lord's Day and Easter," *Neotestamentica et Patristica in honorem sexagenarii O. Cullmann*, 1962, 272-281; Robert, A. Kraft, "Some Notes on Sabbath Observance in Early Christianity," *AUSS* 3 (1965): 27-28.

8. Fritz Guy (각주 7), 16.
9. Kenneth A. Strand, *Three Essays on Early Church History*, 1967, 45; 각주 7에 인용된

따라서 예언자들의 행위라는 문맥 속에서 "안식일을 지키는 것"을 이 그나티우스가 비난한 것은 한 날로서 안식일을 거절한 것이었다기보다는 오히려 루이스(R. B. Lewis)가 주장한 것처럼 "어떤 특정한 방법, 즉 유대인들의 방법으로 안식일을 지킨 것"을 거부한 것이라고 볼 수 있다.[10] 이것은 사실 삽입된 긴 개정판 본문이 명시적으로 밝히고 있는 의미다.

> 그러므로 더 이상 유대인들의 방식에 따라 안식일을 지키지 말고 무위의 날로 기뻐하라.[11] … 하지만 그대들 중 모두는 영적인 방법으로 안식일을 지

그의 장문의 연구를 참고하라.

10. R. B. Lewis (각주 7), 50; Kenneth A. Strand (각주 9, 45)도 비슷하게 지적하고 있다: "그러므로 여기에서의 차이는 날들(days) 사이에서 생기는 차이가 아닌 삶의 방식 사이에서 나타나는 것이다. 이는 즉, 유대인들의 삶에서 안식일을 지키는 방식과 그리스도의 부활을 통해 그리스도인들에게 상징화된 삶의 새로움 사이의 차이를 말하는 것이다"; Robert A. Kraft (각주 7)도 유사한 맥락에서 다음과 같이 진술한다: "이 본문에서 하나의 단순한(!) 안식일/일요일 논쟁을 발견하려는 것은 타당하지 못하다. 정확히 말해 이는 '은혜'로부터 떨어져 있는 것(유대화되는 것)과 부활의 생명의 힘 안에서 살아가는 것, 이 두 가지의 다른 삶의 방식에 대한 대조일 뿐이다."

11. 이교도와 기독교 저자들은 유대인들의 안식일 준수를 특징짓는 축제와 방탕함을 끊임없이 비난했다. Plutarch (주후 40-120년경)는 유대인의 "안식일 준수"(σαββατισμούς)를 당시의 사악한 미신들 가운데 하나로 여기고 있다(De superstitione 3). 그는 특히 그들이 한 자리에 내내 앉아 마시며(Questiones convivales 4, 6, 2) 안식일을 보내는 것을 질책한다(De Superstitione 8; 이교도 저자들의 추가적 문헌은 본서 제6장의 각주 24-39를 참고하라). Epistle to Diognetus의 저자는 유대인들의 "안식일을 경외하는 것과 같은 미신"을 비난한다. 그는 하나님께서는 "안식일에 선한 일을 행하는 것을 금하셨다"는 유대인들의 가르침에 "불경스러운"이라는 꼬리표를 붙인다(참조, 4; ANF I, 26; 참고, Justin, Dialogue 29, 3; Clement of Alexandria, Stromateis 6, 16, 141, 7; Syriac Didascalia 26; Epiphanius, Adversus haereses 66, 23, 7; Chrysostom, De Christi divinitate 4). 이와 같은 지속적인 비난을 감안할 때, Ignatius이 비난한 "안식일 지키기"(sabbatizing)는 광신적이고 미신적인

켜라. 육체의 편안함으로 기뻐하지 말고 율법을 명상함으로 기뻐하라. 하나님의 솜씨를 찬양하라. 전날에 준비해 놓은 것들을 먹지 말고, 미지근한 음료도 사용하지 말며, 지정된 공간 안에서 걷지도 말고, 그 속에 아무 의미도 들어 있지 않은 춤과 박수로 즐거움을 찾으려하지 말라.[12]

　이그나티우스가 그리스도인들에게 "유대교를 따르는"(『마그네시아인들에게 보내는 서신』 8:1) 것이나 "유대인처럼 사는 것"(10:3)을 중지하도록 강력하게 권하고, 안식일에 유대화되지 않은 선지자들의 모본을 따르도록 권하고 있다는 사실은 많은 그리스도인들이 여전히 유대의 전통적 관습들을 따르고 있었으며, 특별히 안식일을 지키는 방법에 있어서 그렇게 하고 있었다는 사실을 암시해준다. 만일 그것이 사실이었다면, 소아시아에서 그리스도인들이 이미 급진적으로 안식일을 포기하고 일요일만을 준수하고 있었다고 추측하는 것은 이치에 맞지 않는 것 같다.

　또 다른 한편에서 이그나티우스가 "안식일을 지키는 것"과 같은 유대인들의 관례로부터 자신들을 차별화시키도록 그리스도인들에게 촉구하는 내용으로부터 우리는 엄연하게 존재하고 있던 반유대화에 대한 태도와 노력들이 어떻게 일요일 준수의 도입에 기여했는지에 대한 중요한 통찰력을 얻게 된다. 하지만 우리가 가지고 있는 증거들에 따르면, 동방 지역에서 일요일 예배가 안식일을 대체하는 현상은 서서히 점차적으로 나타난 것이었는데, 이는 헤이만(A. P. Hayman)이 지적하듯이, 그곳에서 유대의 관례들은 "그리스도인들에게 … 여전히 매력"을 지니고 있었기 때문

유대인들의 안식일 준수를 나타내는 것으로, 이교도들(참조, Tertullian, *Ad Nationes* 1, 13)과 그리스도인들 모두의 마음을 움직였을 것이다.

12.　Pseudo-Ignatius, *Epistle to the Magnesians* 9, ANF I, 62-63.

이다.[13] 회당에 다니던 유대인들이 개종하여 계속적으로 교회로 유입됐기 때문에 안식일과 같은 유대의 의식들이 계속적으로 존중됐다.[14] 실제로 수많은 동방의 교부들은 많은 그리스도인들이 일요일에 더하여 안식일을

---

13. A. P. Hayman, ed., and trans., *The Disputation of Sergius the Stylite Against a Jew*, CSCO 339, 75. 당시의 시리아 그리스인들, 예를 들어, "기름과 무교병을 회당에 준"(20:12) 이들이 채택한 근거를 보면 흥미로운 사실을 발견하게 된다. Sergius는 그것을 인용하며 다음과 같이 말한다: "보라, 기독교가 좋은 것이라면 나는 그리스도인으로써 침례를 받은 것이다. 그러나 보라, 유대교 또한 그렇다면 나는 적당히 유대교와 어울리며 안식일을 고수할 것이다"(22, 15, 77, 강조는 첨가됨). Hayman은 이 본문에 대하여 다음과 같은 중요한 지적을 한다: "Sergius the Stylite의 논쟁이 여기서 주후 1세기부터 13세기까지 시리아의 고질적 상황들을 입증하려 한다는 것을 증명하기 위해 필요한 증거를 끌어내는 것은 어렵지 않다. 13세기의 야곱파 교회의 정전들에 대한 3세기 *Didascalia*의 경고로부터, 기독교 권위자들은 그리스도인들에 대한 유대교의 준수 사항들의 영속적 힘에 대응하기 위해 끊임없이 분투했다. 시리아 뿐 아니라 동방 전체와, 종종 서방에서도 교회는 끊임없이 유대인들의 방식을 좇는 그리스도인과 관련된 문제들로 갈등을 겪었고, 이러한 현상은 Marcel Simon이 자신의 종합적인 연구에서 입증해 보여주고 있다. 교회의 반유대적 비판들은 추상적 차원의 신학적 사려로부터 기인한 것이 아닌 교회의 입지와 관련한 매우 실제적인 위협에서 비롯된 것이었다"(위와 동일한 책, 75).

14. 초대 교회의 안식일 준수와 관련해서는 제5장에 기술되고 있는 나사렛파와 예루살렘 교회에 대한 논의를 참고하라; *Gospel of Thomas* 27: "[예수께서 말씀하셨다]: '그대가 세상에서부터 금식하지 않으면, 하늘 왕국을 찾지 못할 것이며, 안식일을 안식일로 지키지 못하면 아버지를 보지 못할 것이니라'"(Hennecke, *New Testament Apocrypha*, 1963, I, 514). 이 복음의 "유대인-그리스도인" 경향들은 안식일 준수의 문자적 해석을 지지한다; Justin Martyr는 *Dialogue* 47에서 이들 가운데 이방인들에게 안식일 준수를 강요하는 무리와 그렇지 않은 무리를 구분 짓고 있는데, 이는 곧 안식일을 지키는 그리스도인들이 있었다는 것을 보여주는 것이다. *Martyrdom of Polycarp* 8, 1은 Polycarp의 죽음이 "어느 한 안식일 축제" 때에 일어났다고 기록한다. 그 구절은 문서에 기록된 바 그리스도인들이 유대인들에 대해 적대적 태도를 취하고 있었지만(12:2; 13:1을 보라), 소아시아 지역에서는 그들 가운데 일부가 안식일을 지키고 있었다는 사실을 제대로 반영하고 있는 것이다; *Syriac Didascalia*와 *Constitutions of the Holy Apostle*의 추가적 참고 문헌들에 대한 논의는 본서 제7장의 각주들을 참고하라.

준수하는 것에 대항해 계속해서 싸워야 했다.[15] 하지만 서방, 특별히 로마 교회에서는 유대교와의 단절이 훨씬 빨리, 매우 급진적으로 발생했으며, 그런 급진적인 단절은 안식일과 유월절과 같은 유대의 절기들을 대체시키는 원인이 됐음을 우리는 살펴보았다.

---

15. 라오디게아 공의회의 Canon 29 (주후 360년경)는 안식일 예배를 비난하고 일요일에 대한 특별한 경외심을 표현하기 위해 그날에 일하는 것을 금지한 사실을 명백하게 기술하고 있다: "그리스도인들은 안식일에 쉼으로써 유대인을 좇아서는 안 되며, 대신 그날에는 반드시 일을 해야 하고, 가능하다면 그리스도인으로서 주의 날을 존중해야 한다. 유대인의 방식을 따르는 자들은 그리스도를 대적하는 자들이 될 것이다"(Mansi II, 569, 570). 그러나 Canon 16에서는 안식일이 가진 특별한 속성을 인정하고 있는데, 이는 "다른 성서의 책들과 마찬가지로 안식일과 관련하여 복음서들을 이해할 필요가 있다"라고 규정하고 있기 때문이다; 참고, Canon 49, 51; Athanasius (*Epistolae festales* 14, 5 PG 26, 1421)는 독자들로 하여금 안식일 준수에 빠지지 말기를 권고한다; 참고, *De Sabbatis et circumcisione* 5, *PG* 28, 139; Ps-Athanasius, *Homilia de semente* 13, PG 28, 162; Cyril (*Catecheses* 4, 37, *PG* 33, 502)은 구도자들에게 유대교를 멀리하라고 경고한다; Basil은 다음 글에서 안식일 준수를 옹호하는 이단자들에 대한 진지한 고찰을 기록하고 있다. *Epistula* 264, 4, *PG* 32, 980; *Epistula* 265, 2, *PG* 32, 988; John Chrysostom은 회당을 다니며 유대인들의 축제, 그중에서도 특별히 안식일을 지키는 그리스도인들을 강하게 비판한다. *Adversus Judaeos* 1, PG 48, 843, 856, 941; Gregory of Nyssa (*Adversus eos qui castigationes aegre ferunt*, *PG* 46, 309)는 안식일과 일요일을 형제와 같은 날로 제시하며 다음과 같이 기록한다: "안식일을 모욕하는 그대들은 어떤 눈으로 주의 날을 바라보는가? 두 날이 형제와 같은 날이며, 다른 한 날을 해하면 남은 다른 날도 해친다는 것을 그대는 모르고 있는가?" Palladius (주후 365-425년경)는 *Lausiac History*로 알려진 자신의 초기 수도원 생활을 기록한 글에서 안식일과 일요일 두 날을 지켜야 한다고 반복적으로 언급한다(7, 5; 14, 3; 20, 2; 25, 4; 48, 2); 다른 참고 자료로는 C. Butler, *The Lausiac History of Palladius* II, *Texts and Studies* 6, 1904, 198-199를 보라.

바르나바스

대다수의 학자들이 주후 130년에서 138년 사이에 기록된 것으로 여기는 『바르나바스의 서신』(The Epistle of Barnabas)은[16] 익명의 사람이 바르나바스라는 이름을 사용해 아마도 유대인과 그리스도인들이 특별히 날카롭게 대립하고 있던 국제 문화의 중심지였던 알렉산드리아에서 기록했던 것 같다.[17] 두 가지 주요한 이유 때문에 이 서신은 지금 우리의 조사에 있어서 중요하다. 첫째로, 그것은 "제8일"로 특징지워진 일요일 준수에 대한 명확한 언급을 제일 처음 포함하고 있기 때문이다. 둘째로, 그것은 많은 그리스도인이 안식일을 평가절하하고 일요일을 채택하는 데 있어서 당시에 존재했던 유대인들과 그리스도인들 사이의 사회적·신학적 논쟁과 긴장 관계가 어떻게 중심 역할을 했는지를 나타내주고 있기 때문이다.

『바르나바스의 서신』을 자세하게 읽어보면 저자가 하나님의 편에서 유대교를 진정한 종교로서 받아들이기를 완전히 거절하고 있음을 보여주려는 것이 드러난다. 이그나티우스는 몇몇 그리스도인들이 "유대화되는 것"을 비난하지만 바르나바스는 신학적이고 사회적인 제도인 "유대교" 자체를 거절한다. 유대교에 대한 이 저자의 공격은 하르낙이 관찰하고 있는 것처럼 "유대의 종교적 신념과 관습들을 보호하고자 했던 유대화된 그

---

16. 참고, Johannes Quasten, *Patrology*, 1953, I, 90-91; E. Goodspeed, *Apostolic Fathers*, 1950, 19; William H. Shea, "The Sabbath in the Epistle of Barnabas," *AUSS* 4 (July 1966): 150; J. B. Lightfoot, *The Apostolic Fathers*, 1890, I, part 1, 349; A. L. Williams, "The Date of the Epistle of Barnabas," *Journal of Theological Studies* 34 (1933): 337-346.

17. J. B. Lightfoot는 이와 관련해 다음과 같은 견해를 밝힌다: "그 상황, … 유대인들과 그리스도인들 사이의 불화를 보여주고 있는 그 상황은 그 도시[알렉산드리아]의 인구 상태와 일치하며, 그들 중 다양한 요소들이 여전히 갈등을 빚고 있었다"(*The Apostolic Fathers*, 1926, 240).

리스도들을 향하고" 있는 것처럼 보인다.[18] 사실상 바르나바스는 다음과 같이 말하면서 유대인들과 타협적인 자세를 취한 그리스도인들을 단호하게 비난했다.

> 언약이 우리에게 뿐 아니라 그들[유대인들]에게도 있다고 말함으로 너희 죄를 쌓는 사람들과 같이 되지 말고 너희 스스로 조심하라. 언약은 우리의 것이다. 하지만 그들은 모세로부터 그것을 받은 직후 완전히 잃어버렸다(4:6-7).[19]

유대의 신념과 관례들을 포기하도록 유대화된 그리스도인들을 설득시키기 위해서 바르나바스는 유대인들을 향해 이중 공격을 가했다. 곧, 그는 그들을 한 민족으로서 비방했으며, 그들의 신념과 관례들의 의미들을 알레고리적으로 해석하여 그것들의 역사적 정당성을 무의미한 것으로 만들어 버렸다. 민족으로서 유대인들은 악한 천사에게 미혹당했고(9:5) 그들의 조상들이 음행했기 때문에 하나님으로부터 "버림받은"(5:14) "비참한 사람들"(16:1)로 묘사됐다. 그들은 "선지자들을 죽음"으로 몰아넣었고(5:12) 그리스도를 "멸시하고, 찌르고 그에게 침을 뱉으면서" 십자가에 못 박았

---

18. *Schaff-Herzog Encyclopedia of Religion Knowledge*, 1908, ed. A. Harnack, "Barnabas"라는 단어를 보라; 참고, Constantin von Tischendorf (*Codex Sinaiticus*, ed. 8, 연도 불명, 66)도 다음과 같이 유사한 지적을 한다: "그것은 유대교로부터 나와 신약의 영향 아래에서 구약의 일부 특성들을 유지하고자 했던 그리스도인들을 대상으로 한 것이다…"

19. James Parkes (*The Conflict of the Church and Synogogue*, 1934, 84)는 다음과 같이 설명한다: "바르나바스 서신 전체는 참 이스라엘로써의 교회에 대한 해설이다. 유대인들과 약속과 관련된 좋은 것들을 나누거나 그러한 시도조차도 그것은 이단에 속한다. 흔치 않은 심각한 어조와 남다른 호소를 통해 저자는 그와 같은 잘못된 관대함에 대해 청중들에게 주의를 준다."

다(7:9).

(희생 제도, 언약 사상, 약속의 땅, 할례, 레위법들, 안식일, 성전 등과 같은) 근본적인 유대교의 신조에 관해서, 바르나바스가 보여주고자 했던 것은 그러한 신조들이 그리스도와 그리스도인들의 영적 경험 안에서 완성됨으로써 나타나는 더 깊은 알레고리적 의미를 가지고 있기 때문에 유대인들에게 문자적으로 적용되는 것이 아니라는 점이다.[20] 하지만 라이트풋(J. B. Lightfoot)이 지적하는 바와 같이 바르나바스는 비록 "유대교에 대한 완고한 적대자이지만 … 이 적대감 이외에 2세기에 발생한 반유대적 이단들과 공유하고 있는 것은 아무것도 없다."[21] 사실 "그 저자는 그리스도교의 많은 주요 신조들에 있어서 매우 정통적"이라고 쉐아(W. H. Shea)는 바르게 간파하고 있다.[22]

그래서 바르나바스 서신의 일부에서 나타나는 유대교에 대한 거절 및 유대교와의 분리는 이단적 운동에서 나타난 상황과 관련된 것이 아니라 알렉산드리아의 기독교 공동체가 느꼈던 어떤 필요성과 관련된 것이다. 하지만 그의 알레고리적인 방법과 극단적인 태도는 레브레톤(J. Lebreton)이 적절하게 평가했듯이 "사실 그 교회의 깊은 사상에 대한 증거라기보다는 적어도 유대교가 그 교회에 야기시킨 위험과 그 위험에 대한 교회의 반응"에 대한 증거가 된다. [23]

---

20. W. H. Shea (각주 16), 154-155는 유대인들의 근본적 신념들에 대한 Barnabas의 체계적 공격에 대한 간결한 요약을 제시하고 있다.

21. J. B. Lightfoot (각주 17), 239.

22. W. H. Shea (각주 16), 151; 각주 10에서 저자는 Barnabas의 글에서 발견되는 근본적 전통의 기독교 신조들을 열거하고 있다.

23. L. Lebreton and J. Zeiller, *The History of the Primitve Church,* 1949, I, 442. 동일 저자는 유대교의 위험성에 맞선 Barnabas의 격렬한 반응에 대해 다음과 같은 타당한 설명을 제시한다: "우리는 결론으로 다음에 대해 언급해야 할 것이다. 알렉산드리아의 유대인들의 당시 거대한 영향력에 대해 우리가 아는 바를 살펴봄으로써 유대인

안식일을 평가절하고 "제8일"을 도입한 것은 그가 유대교의 중심점을 파괴하기 위해 행한 시도의 일부다. 다음과 같은 바르나바스의 논거는 주목할 만한 가치가 있다.

[1] 게다가, 하나님께서 시내산에서 대면하여서 말씀하신 안식일에 대한 내용은 열 단어로 기록된다: '깨끗한 손과 순결한 마음으로 주의 안식일을 거룩하게 지켜라.' [2] 그리도 또 다른 곳에서 그분은 말씀하시기를, '만일 내 백성들이 안식일을 지키면 나는 그들에게 나의 자비를 베풀 것이다.' [3] 그분께서는 창조의 시작에 안식일을 언급하신다: '6일 동안 하나님께서는 손수 작업을 하셨고 제7일에 마치셨다. 그분께서는 그날에 쉬셨고 그것을 거룩하게 하셨다.' [4] 백성들아 '그분께서 6일 동안에 마치셨다'는 것이 무엇을 의미하는지 관찰해 보아라. 그분께는 하루가 천년을 의미하는 것이기 때문에 이것은 6천 년에 주님께서 모든 것들을 마지막으로 이끄실 것임을 의미한다. '보라 주님의 하루는 천년과 같을 것이다'라고 말함으로 그분께서는 스스로 내게 증거하신다. 그러므로 백성들아, 6일 동안, 즉 6천 년 동안 모든 것은 다 마쳐질 것이다. [5] '그리고 제7일에 쉬셨다'는 것은 이것을 의미한다. 곧, 그의 아들이 오셔서 율법 없는 자의 세대를 멸하실 때, 그리고 사악한 자를 심판하시고, 해와 달과 별들이 변화되는 때, 그분께서는 제7일에 완전히 안식하실 것이다. [6] 또 그는 말씀하신다: '정결한 손과 순결한 마음으로 그날을 거룩하게 할지어다.' 따라서 만일 지금 누구나 다 순결

들의 위험성과 그에 대한 격한 반응의 근거를 찾을 수 있을 것이다. 이 큰 영향력은 기독교 전파 이전에 Philo의 저작과 문헌 속에서 발견된다. 기독교 시대의 초기 몇 세기에도 그 영향력을 지속됐고 교회를 위협했다. 특히 이는 알렉산드리아에서 두드러졌으며 그들의 유대교식의 추세와 더불어 외경 복음서들이 읽혀졌다"(위와 동일한 책, 443, 각주 10).

한 마음으로 하나님께서 거룩하다고 선언하신 그날을 거룩하게 여길 수 있다면, 우리는 완전히 기만당한 것이다. [7] 오직 우리가 스스로를 올바른 사람이 되게 하고 그 약속을 이행한 사람이 되게 하는 그 일을 할 수 있게 될 때, 더 이상 불순종하지 않고 모든 것을 주님을 통해 새롭게 만들게 됐을 때에만 우리는 진정한 안식일을 발견할 것이며, 그날을 거룩하게 여기게 될 것임을 깨달아라. 그러면 우리는 먼저 우리 자신을 거룩하게 만든 후, 그날을 거룩하게 여길 수 있게 될 것이다. [8] 또 그는 그들에게 말씀하신다: '너희의 월삭과 안식일을 내가 싫어하노라.' 이것이 의미하는 바를 우리는 안다. 즉, 주께서 받아들일 수 있는 것은 현재의 안식일이 아니라, 모든 것을 안식에 이끌도록 그분께서 만든 안식일이다. 주님은 제8일의 시작, 즉 또 다른 세계의 시작을 만들 것이다. [9] 이것이 바로 우리가 기쁨으로 제8일을 지켜야 하는 이유인 것이다. 그날에 예수께서도 역시 죽음에서 일어나셨고, 스스로 하늘로 승천하시는 모습을 보여주셨다(15장).[24]

안식일 준수를 무효로 만들기 위해서 바르나바스는 3가지 기본적인 주장들을 이끌어 내고 있다.

(1) 제7일의 안식은 현재적 경험이 아니라 모든 것이 변화될 때인 그리스도의 재림의 때에 깨달아지게 될 종말론적 안식이라는 것이다(4-5절).

(2) 인간에게 있어서 안식일의 성화는 현재에는 불가능한데, 그것은 인간 자신이 불순하고 거룩하지 않기 때문이다. 이 안식일의 성화는 "우리가 먼저 우리 자신을 거룩하게 만든 후" 미래에 성취될 것이다(6-7절).

(3) 하나님께서는 명확하게 선언하신다: "너희의 월삭과 안식일을 내가 싫

---

24. E. Goodspeed 번역 (각주 16), 40-41.

어하노라." 따라서 현재의 안식일들은 그분께 받아들여질 수 없고 오직 미래의 안식일만이 받아들여질 수 있다. 이것은 제8일의 시작, 즉 새로운 세상의 시작을 특징지을 것이다(8절).

이러한 주장들과 함께 "알레고리적 해석이라는 무기를 사용함으로" 바르나바스는 현재 시대의 안식일이 가지고 있는 모든 유효성을 제거해 버리는데,[25] 이는 안식일과 같은 중요한 유대 제도의 영향으로부터 교회를 지키기 위한 노력에서 기인한 것이다. 그가 이러한 복잡한 알레고리적이고 종말론적인 주장들을 가지고 안식일을 무의미하게 만들려고 노력했다는 사실은 알렉산드리아의 기독교 공동체 내에서 안식일이 여전히 영향력을 미치고 있음을 절대적으로 인식하게 해주고 있다. "제8일"은 15장에서 추가되고 있는데, 거기서 이를 "준수해야" 하는 정당성에 대한 두 기본적인 이유를 제공해주고 있다.

> (1) 제8일은 종말론적 안식일의 연장이다. 즉, 안식일에 의해서 상징화된 현재의 시대가 끝난 후에 제8일은 "새로운 세상의 시작"(8절)을 의미한다. "이것이 제8일을 더욱(διὸ καὶ) 기쁨 중에 보내야(ἄγομεν)하는 이유다"(9절).
>
> (2) 제8일은 "또한(ἐν ᾗ καὶ) 예수께서 죽음으로부터 부활하신 날"이다(9절).

일요일 준수를 위한 첫 번째 신학적 동기는 종말론적 성격을 가지고 있다. 사실상 제8일은 "새로운 세상의 시작"을 의미한다. 여기에서 저자의 모순이 나타난다—그래도 아마도 당시에 받아들여졌던 것 같다. 즉, 그

---

25. J. Lebreton (각주 23), 441; 저자는 "Barnabas는 율법을 또한 우화화했던 수많은 유대인 번역학자들의 모본을 따르고 있을 뿐이었다"고 설명한다(인용한 텍스트에서); 참고, Philo, *De migratione Abrahami* 89.

는 한편으로 안식일이 천년왕국-종말론적 의미를 가지고 있다는 이유로 현재의 안식일을 거절하면서도, 다른 한편으로는 이전에 안식일을 폐기하기 위해 제시했던 종말론적 이유들을 가지고 제8일 준수를 정당화하고 있다는 것이다.

바르나바스가 그리스도의 부활을 두 번째 또는 부가적인 동기로 제시하고 있는 것은 주목할 만한 가치가 있다. 일요일이 준수되는 이유는 그날에 예수께서 "또한(ἐν ᾗ καὶ) 죽음으로부터 부활하셨기" 때문이다(9절). 부활이 왜 일요일 준수를 위한 부가적인 이유로 언급됐는가? 그러한 동기가 아직 일차적인 중요성을 얻지 못했기 때문이 분명하다.

사실 바르나바스는 날카로운 반유대주의를 견지했음에도 불구하고 제8일의 "준수"를 부활 기념이라기보다는 종말론적 안식일의 연속으로서 정당화하고 있다. 이것은 일요일 준수가 소심하고 불확실하게 시작됐다는 증거가 된다. 일요일의 신학과 용어는 여전히 모호하다. 모임에 대한 어떤 언급이나 성만찬 예식에 대한 언급이 전혀 없다. 제8일은 단순히 부활에 대한 기억과 접합된 종말론적 안식일의 연장일 뿐이다.

우리의 나중 연구에서, 일요일이 처음에 "제8일"로 불리게 된 것은 제8일이 새로운 세상에 대한 기독교의 종말론적 소망의 전형이 됐기 때문일 뿐 아니라, 무엇보다도 교회와 회당 사이에 갈등이 커지면서 기독교가 유대교(상징이었던 안식일)의 완성이요 대체라는 사실을 표현하기에 가장 적절했기 때문이었다는 사실이 드러나게 될 것이다.[26] 예를 들어, 히에로니무스(Jerome, 주후 342-420년경)는 제7일과 제8일의 상징적 의미를 율법으로부터 복음으로의 변화로 명백하게 해석하고 있다. "숫자 7이 성취된 후 우리는 제8을 통하여 복음에 이르게 된다"고 그는 기록했다.[27]

---

26. 본서 제9장을 보라.
27. Jerome, *In Ecclesiastem* II, 2, PL 23, 1157.

안식일을 무효화시키고 제8일을 제7일의 연속과 대체로서 정당화시키기 위해서 바르나바스가 제시한 논쟁적인 주장들은 반유대적 감정들이 일요일을 새로운 예배일로 채택하도록 만든 강력한 원인이 됐음을 나타내준다. 하지만 그의 역설적인 변론과 제7일과 제8일의 종말론적 기간들 사이를 분명하게 구별하지 못한 점, 그리고 불확실한 일요일 신학 등, 이 모든 것은 안식일과 일요일 준수뿐 아니라 유대교와 기독교 사이에 명백한 분리가 아직 발생하지 않았다는 사실을 보여준다. 적어도 알렉산드리아에서는 그랬다.[28]

순교자 유스티노스

헬레니즘 문화와 혈통을 가진 철학자요 기독교 순교자인[29] 유스티노스는 안식일에 대하여 광범위하게 다루고, 일요일 예배에 대해 상세하게 묘사한 자료를 제일 먼저 우리에게 제공해준다. 무엇보다도 레간(F. Regan)이 관찰한 것처럼 잘 교육받은 전문적인 철학가인 이 저자가 안식일에 대한 문제를 취급하면서 "통찰력 있고 균형 잡힌 접근을 하고자 노력하고 있"다는 사실을 추론해 볼 때 그의 증언은 매우 중요하다.[30] 더욱이 그가

---

28. C. S. Mosna (*Storia della domenica*, 26)는 Barnabas의 복잡하고 비합리적인 논증은 유대계 그리스도인들이 그들의 예배를 정당화하고자 노력하고 있었다는 것을 암시한다고 적절하게 언급하고 있다.

29. Tertullian은 그를 "철학자이자 순교자"로 명명한다(*Adversus Valentinianus* 5). *I Apology*의 첫 장에서 Justin은 자신을 "Justin, 곧 Priscus의 아들이자 Bacchius의 손자, 시리아-팔레스타인의 플라비아 네아폴리스 도시의 후손"으로 소개한다; 참고, Eusebius, *HE* 4, 11, 8.

30. F. A. Regan, *Dies Dominica*, 26.

안토니누스 피우스(Antoninus Pius, 주후 138-161년)의 재위 시절에 로마에서 살면서 가르쳤고, 『변증서』(*Apologies*)와 『트리포와의 대화』(*Dialogue with Trypho*)를 기록했기 때문에, 그는 우리에게 안식일과 일요일의 문제가 로마에서 어떻게 인식됐는지를 감지할 수 있게 해준다.[31] 안식일과 일요일에 대한 그의 평가는 우리의 연구 조사에 실제로 매우 중요한 가치가 있다.

유대인들의 안식일에 대한 유스티노스의 태도는 모세 율법에 대한 그의 개념과 유대인들에 대한 그의 감정에 한정되는 것처럼 보인다. 아마도 후자가 전자에 영향을 끼쳤을 것이다. 유대인의 혈통을 가진 바르나바스는 알레고리적인 해석 방법으로 안식일과 할례와 같은 유대인들의 제도들이 가지고 있는 현세적이고 역사적인 모든 가치들을 없애버리면서 이것들이 오로지 영적이고 종말론적인 가치만을 가진 것으로 여기고자 했지만, 이와는 반대로 이방인 태생의 유스티노스는 모세 법령의 도덕적이고 물질적인 가치를 무시하면서, 제임스 팍스(James Parkes)의 진술대로, "성

---

31. Eusebius, *HE* 4, 12, 1: "황제, Titus Aelius Adrian Antoninus Pius Caesar Augustus 에게 … 나 Priscus의 아들, Justin이 … 이 탄원을 바칩니다"; Johannes Quasten (각주 16, 199)은 두 개의 *Apologies*에 대해 언급하면서 다음과 같이 쓰고 있다: "이 두 문서는 모두 황제 Antoninus Pius에게 보내진 것이었다. '그리스도께서는 150년 전 전쟁의 신 Quirinus 아래서 태어났다'(*I Apology*, 46)는 그의 기록을 고려할 때, 이 글들이 집필된 시기는 148년과 161년 사이로 추정된다. 장소는 로마였을 것이다." *Dialogue*에 관해 Quasten은 다음과 같이 기록하고 있다: "*Dialogue* 20장에 첫 번째 *Apology*의 언급이 있는 것으로 보아 이는 *Apologies* 이후에 쓰인 것이 분명하다"(위와 동일한 책, 202). Eusebius는 그 대화가 *Dialogue*의 1장과 9장에서 언급되고 있는 바 대략 바르 코흐바 반란의 시기에 에베소에서 이루어졌다고 기록하고 있다. 그러나 *Dialogue*가 약 20년 전에 일어난 정확한 논쟁에 대해서 기록하고 있지 않다는 것은 분명하다. 이에 대해 Justin은 실제 논쟁으로는 *Dialogue*의 틀을 만드는 측면에서만 활용하고, 글을 쓸 때에는 로마의 당시 상황을 고려해서 글을 썼을 것이라는 추측도 타당해 보인다. 그가 그 일이 있고 20년 후에 에베소가 아닌 로마에서 글을 썼다는 것은, Justin이 로마 내의 유대인들의 비난으로부터 기독교를 변호해야 할 필요성을 느꼈음을 암시한다.

경의 하찮은 부분이요, 다른 모든 점에서는 보편적이고 영원한 책에 유대인들의 특별한 악함으로 인해 추가된 일시적인 부가물"로 여겼다.[32] 예를 들어, 유스티노스는 트리포에게 이렇게 설명한다.

> 우리도 역시 그대들의 육체의 할례와 그대들의 안식일, 즉 한마디로 말해서 그대들의 모든 제의들을 준수하고자 했을 것이다. 만일 그것들이 너희에게 부과된 이유를 우리가 알지 못했다면 말이다. 말하자면 그것들은 너희 마음속의 죄와 완악함으로 인해 강요된 것들이다.[33]

바울은 의문의 율법들이 가지고 있는 교육적인 가치를 인지하고 있었지만, 유스티노스는 그것을 "부정적인 방식으로 이해하여 이스라엘의 죄에 대한 형벌"로 간주했다.[34] 그는 이러한 논지를 반복적으로 드러낸다. 예를 들면, 모세 이전의 거룩한 사람들은[35] 안식일이든 할례든 준수하지 않았다고 주장한 뒤 그는 이렇게 결론을 내린다: "따라서 변치 아니하시는 하나님께서는 오직 죄를 지은 사람들 때문에 이러한 규례들과 그와 유사한 규례들을 행하도록 명령하셨다고 우리는 결론을 내려야 한다."[36] 그래서 유스티노스에 따르면 안식일은 모세로부터 유래한 일시적인 법령이

---

32. James Parkes (각주 19), 101; 참고, *Dialogue* 19 and 22.
33. Justin, *Dialogue* 18, 2, Falls, *Justin's Writings*, 175.
34. W. Rordorf, *Sabbat*, 37, 각주 1.
35. *Dialogue* 19장에서 Justin은 아담, 아벨, 노아, 롯, 멜기세덱을 특별히 인용하고 있다. 46장에서는 다소 다른 이름의 목록을 제시하고 있다.
36. J. Daniélou (*Bible and Liturgy*, 234)는 Justin의 추론에 대해 다음과 같이 말한다: "우리는 앞선 내용을 통해 하나님께서 어떤 식으로든 자신을 부정하지 않고도 안식일을 금지할 수도 있다는 것을 알게 된다. 즉, 그분은 유대인들의 악함으로 인해 그것을 제정할 수밖에 없으셨고, 결과적으로 볼 때 그분은 교육적 차원의 자신의 목적을 성취시킨 후 바로 그것을 없애고자 하셨다."

며, 당시에 불충성으로 인해 정확하게 그리스도께서 오실 때까지만 유대인들에게 명령됐다는 것이다.[37]

유스티노스가 이러한 논지를 채용한 것은 하나님의 불변성과 통일성을 보호하기 위해서 어쩔 수 없는 것이었다. 그는 이렇게 설명한다.

> 만일 우리가 이 결론을 받아들이지 않으면 우리는 부조리한 사상에 빠지게 될 것이다. 즉 우리의 하나님께서 에녹 및 그 외의 다른 모든 사람들과 같은 시대에 존재했던 하나님과 동일하신 하나님이 아니라는 넌센스에 빠지게 될 것인데, 그들은 육체의 할례를 행하지 않았고 안식일이나 다른 규례들을 준수하지도 않았으며, 이것들은 다만 모세가 나중에 강요한 것들이었기 때문이다. 그렇지 않으면 하나님께서는 인류가 계속해서 이어져 내려오면서 각 세대들이 언제나 동일한 의의 표준을 따르기를 원하시지 않으신다는 터무니없는 생각에 빠지게 될 것이다. 이 두 가정 모두는 상식을 벗어난, 엉뚱한 것이다. 따라서 우리는 변치 아니하시는 하나님께서 오직 죄를 지은 사람들 때문에 이러한 규례들 및 그와 유사한 규례들을 행하도록 명령하셨다고 결론을 내려야 한다.

기독교의 교회는 그러한 잘못된 논지를 결코 용납하지 않았다. 예를 들어, 하나님께서 오직 유대인들의 악함 때문에 "그들만 고통을 당하도록 유대인들을 다른 민족들과 구별하고 그리스도인들과 구별하려는 식별의 표로서"[38] 할례와 안식일을 명령하셨다고 말하는 것은 어림잡아 말하더라도 하나님을 차별적 행위를 한 범죄자로 만드는 것이다. 이 논지는 하나님께서 오로지 유대인들에게 범죄를 부과할 부정적인 목적으로 법령을

37. Justin, *Dialogue* 23, 1, 2, Falls, *Justin's Writings*, 182.
38. Justin, *Dialogue* 16, 1 and 21, 1.

주셨다는 것을 암시하게 된다. 불행하게도 유스티노스는 이런 사고의 틀 속에서 안식일을 거부해야 한다고 논증했다. 그의 기본적인 논쟁의 요지는 다음과 같다.

(1) "모세 이전에는 안식일과 제의들이 필요 없었기 때문에, 하나님의 뜻에 따라 아들이신 예수 그리스도께서 동정녀 마리아에게서 아브라함의 자손으로 나신 후인 지금에도 그것들은 필요 없다.[39] 그러므로 유스티노스는 안식일을 일시적인 법령으로 여기면서, 이것이 유대인들의 불충성으로 인해 명령됐고 그리스도께서 오실 때까지만 고안되어 모세로부터 유래한 것으로 여기고 있다.

(2) "안식일의 원리는 나태함이 아니기 때문에 그들은 안식일을 준수하지 않은 것이며",[40] 하나님께서는 스스로 "그날에 우주의 운행을 조정하시는 것을 멈추지 아니하시고 다른 날에 하신 것처럼 그때에도 그것을 계속해서 조정하시고 계신" 것으로 보아, 하나님께서는 안식일이 반드시 지켜져야 할 것으로 의도하지 않으셨다는 것이다.[41] 더욱이 구약성서에서 안식일 계명이 어겨진 사례들이 "다른 날과 마찬가지로 안식일에도 희생 제사를 진행하도록 하나님께로부터 명령을 받은" 주요 제사장들과 같은 많은 사람들에 의해서 침해됐다는 사실이 그것을 말해준다는 것이다.[42]

(3) 새로운 섭리하에서 그리스도인들이 영구적인 안식일을 준수하는 방법은 하루 동안 게으르게 아무 일도 하지 않는 것이 아니라 스스로 끊임없이 죄를 짓지 않는 것이다.

---

39. Justin, *Dialogue* 23, 3, Falls, *Justin's Writings*, 182.
40. 위와 동일한 책.
41. Justin, *Dialogue* 29, 3.
42. 위와 동일한 책.

그대들이 일주일의 한 날에 일을 하지 않으므로 스스로 경건하다고 여기고, 그런 행동 가운데서 그 명령이 가지고 있는 진정한 의미를 이해하지 못하고 있음에 반하여 새 법은 그대가 영구적인 안식일을 준수하기를 요구한다. 그대들은 누룩 없는 빵을 먹을 때 그대들이 하나님의 뜻을 수행하고 있다고 또한 주장하지만, 그러한 행위들은 우리 하나님이신 주님께서 기뻐받으시지 않는다. 만일 그대들 중에 위증자나 도적이 있다면 그들로 회개하게 하라. 이렇게 하여 그 사람은 참된 평안의 안식일을 지킬 것이다.[43]

(4) 안식일과 할례는 유대인들을 다른 민족들로부터 구별하기 위해서 하나님께서 그들에게 부과하신 불순종의 표이기 때문에 준수될 필요가 없다.

아브라함으로부터 전해진 육체의 할례에 대한 관습은 그대들을 다른 민족들과 분리하고 우리 그리스도인들과 분리하기 위해서 구별된 표로 그대들에게 주어진 것이었다. 이렇게 하신 목적은 그대들, 오직 그대들만 오늘날 당연히 그대들의 것으로 여겨지는 고통을 당하도록 하기 위함이다. 오직 그대들의 땅만이 황폐하게 되며, 그대들의 도시가 화염 속에 파괴되고, 그대들의 땅의 소산물들은 그대들의 눈앞에서 이방인들의 음식이 되며, 그대들 중 아무도 그대들의 도성 예루살렘에 들어가도록 허락되지 않도록 하기 위함이다. 그대들의 육체의 할례는 오직 그대들이 다른 사람과 확실하게 구별될 수 있다는 표가 된다. … 내가 앞서 말한 것처럼, 그대들과 그대들의 조상들의 죄 때문에 하나님께서 다른 법칙들 중에서 안식일 준수를 한 표식으로 너희에게 부과하신 것이다.[44]

43. Justin, *Dialogue* 12, 3, Falls, *Justin's Writings*, 166.
44. Justin, *Dialogue* 16, 1 and 21, 1, Falls, *Justin's Writings*, 172, 178. Justin이 유대인들이

유스티노스가 안식일과 할례와 같은 제도들을 공격하고, 유대인들의
민족적인 자부심을 상징하는 이러한 제도들을 유대 민족에 대한 하나님
의 영벌(永罰)의 표라고 주장하게 된 원인이 무엇이었는지 의아하게 생각
할 것이다. 우리가 현재 특별히 로마에서 발견했던 강렬한 반유대적 적의
감에 이 저자가 영향을 받았다고 볼 수 있을까? 『트리포와의 대화』를 읽
어보면 그것은 의문의 여지가 없다. 비록 유스티노스가 트리포와 냉정하
고도 진지하게 대화하고자 노력한 것이 분명하지만,[45] 유대인들에 대한

"예루살렘 성에 들어가"(*Dialogue* 16)는 것을 금지하기 위해 의도된 표식들을 구분
하면서, 더불어 안식일과 할례에 대해 언급한 것은 모든 유대인들로 하여금 성 출
입을 금지했던 Hadrian의 법령을 내포하고 있는 것으로 보인다(참조, *Dialogue* 19,
2-6; 21, 1; 27, 2; 45, 3; 92, 4); 92장에서 Hadrian의 칙령을 언급하는 것은 심지어
더욱 명확해 보인다. Justin은 "하나님께서 그분의 예지력을 통해 그 백성들[즉, 유
대인들]이 예루살렘에서 추방당할 만하고, 또한 다시 그곳에 들어갈 수 없을 것
이라는 알고 계셨기" 때문에 할례와 안식일이 주어졌다고 숨김없이 진술하고 있다
(Falls, *Justin's Writings*, 294). 마찬가지로 Pierre Prigent는 Justin에 따르면 안식일과
할례가 아브라함과 모세에게 주어진 이유는 "하나님께서 이스라엘 예루살렘에서
쫓겨날 만한 때가 올 것이며 그곳에 거주하는 것이 허용되지 않을 것"기 때문이
라고 언급하고 있다(*Justin et l' Ancien Testament*, 1964, 265, 251).

45. 일부에서는 다음과 같이 주장할 수 있다. 유대인들을 향한 Justin의 조심스러운 접
근의 일부는 긴장을 암시하는 것이 아니라 유대인들과 그리스도인들 사이에 존재
하는 우호적 관계를 보여주는 것이다. Justin이 다음의 가능성 (그러나 그가 시인
한 것처럼 그리스도인들은 거절한), 즉 유대인들이 이방인들로 하여금 그들과 똑같
이 행동하도록 설득하지 않는 한 모세의 율법을 계속해서 준수해온 개종한 유대인
들도 구원을 받을 수 있다는 가능성을 품고 있지 않았는가? (*Dialogue* 47). 그는 유
대인 "형제들"이라고 부르며 회개한 자들에게 "면죄"를 약속하지 않았는가? (위와
동일한 책, 94). 그는 유대인들이 그리스도인들을 저주하고 그리스도를 부인하도
록 강요했다는 사실에도 불구하고, 여전히 "우리[즉, 그리스도인들]는 그들도 그리
스도의 자비를 경험하기를 바라며 기도"한다고 말하고 있지 않은가? (위와 동일한
책, 96). 한편으로는 Justin이 유대인들을 위해 기도하고 그들 개개인이 회개하고 그
리스도를 받아들이도록 호소했다는 것을 부인할 수는 없다. 그러나 반면 우리가 인

격렬한 공격과 더불어, 그들에 대한 피상적인 묘사와 부정적인 평가는 마음에 품고 있던 깊은 적의와 증오를 나타내 보여준다. 예를 들어, 그는 그리스도인들에게 퍼부어진 중상모략적 반대 운동에 대한 책임을 주저함 없이 유대인들에게 돌렸다.

정해야 할 것은 신실한 유대인들의 구원에 대한 그의 염려가 그들을 적에서 친구로 만들지는 못했다는 점이다. 사실상 *Dialogue* 96장의 바로 다음 문장에서, Justin은 그리스도인들의 태도에 대한 이유를 설명하고 있다: "그분[즉, 그리스도]은 우리의 적들을 위해서도 기도하라고 명하셨기 때문에." 그리스도인들의 적이 유대인들이라는 것은 분명한 사실이다. 그러나 Justin은 그리스도인들에 대한 유대인들의 적대적인 태도가 하나님의 진리와 그것을 전하는 자들에 대한 거부 및 역사적 반대의 연속일 뿐이라고 설명한다. 예를 들어, 133장에서 선지자들에 대한 유대인들의 전통적인 반항의 태도에 대해 반복 언급하며, 그는 다음과 같이 진술한다: "실로 그대의 손은 여전히 악을 행하고 있다. 이는 바로 그대가 그리스도를 죽이고도 회개하지 않기 때문이다. 반면 그대는 우리를 증오하고 (권력을 쥐고 있을 때마다) 죽이고자 한다. … 그대는 그분과 그분께 속한 자들을 끊임없이 저주하지만, 그럼에도 불구하고 우리는 우리의 주되신 그리스도의 명령에 따라 그대와 모든 인류를 위해 기도한다. 우리를 대적하는 자들을 위해서도 기도하며, 우리를 미워하는 자들을 사랑하고, 우리를 저주하는 자들에게도 축복하라고 그분께서 가르치셨기 때문이다"(Falls, *Justin's Writings*, 354-355). 그리스도인들은 그들의 개종을 위해 기도하면서도, Justin의 언급처럼 그들이 회개하지 않으며 또한 한 무리의 사람들로써 "쓸모없고 반항적이며 믿음이 없는 민족"이라는 것을 인식하고 있었다(*Dialogue* 130). 유대인들과 유대교에 대한 이와 같은 부정적 평가들은 유대인들이 그리스도인들과 더불어 로마 제국과 날선 갈등을 겪고 있었다는 사실을 반영하는 것이다. 이로써 우리는 어떻게 Justin이 안식일과 할례를 하나님께서 유대인들에게 부과하신 불충의 표식으로 해석하고, 그 결과로 오직 그들만 형벌을 받게 되어 "예루살렘에서 추방을 당해 다시는 그곳에 들어오지 못하게 될 것"이라고 이해하게 됐는지를 알 수 있게 된다(*Dialogue* 92, 앞선 각주 44를 보라). 여기서 주목할 만한 것은 유대인들의 신념과 규례에 대한 체계적 비난의 문맥 속에서 Justin이 유대인들에게 호소하는 것이 Celsus의 것과 흡사하다는 점이다. Celsus는 가장 체계적이고 매서운 공격의 차원에서 기독교의 근본적 진리들을 무너뜨리기 위해 그리스도인들에게 공공생활에 참여해 제국을 위해 기도하라고 권고했다. 둘 모두 그들의 공격을 합리적으로 보이게 하기 위해 감정적 호소의 방식을 사용했다고 볼 수 있는 것일까?

너희는 하나님께서 사람들에게 보내신 죄 없으시고 빛이 되신 분에 대해
잔인하고 사악하고 불의한 고소를 모든 땅에 전파하는 데 있어서 노력을
아끼지 않았다. … 다른 민족들은 그리스도 외 그의 추종자들인 우리를 다
루는 데 있어서 유대인들처럼 부당하게 취급하지 않았다. 사실상 유대인들
은 바로 그분과 그분의 제자들인 우리에 대한 악한 견해를 부추기는 선동
자들이다. … 너희는 자신의 악함뿐만 아니라 다른 모든 사람들의 악함에
대해서도 책임이 있다.[46]

유대인들이 그리스도인들에 대하여 회당에서 날마다 퍼부었던 저주
는 분명 그러한 긴장을 고취시키는 데 기여했을 것이다. 유스티노스는 그
러한 행동에 대해 반복적으로 저항했다.

너희는 회당에서 힘이 닿는 한, 그리스도를 믿는 모든 사람들에게 굴욕을
주고 저주한다. … 회당에서 그대들은 그들을 통하여 그리스도인이 된 모
든 사람들을 저주하고, 단지 그리스도인이라고 인정한 모든 사람들을 죽임

---

46. Justin, *Dialogue* 17, Falls, *Justin's Writings*, 174, 173; 유대인 고위 관계자들이 그리
   스도인들에 대한 비방을 퍼뜨리는 일에 적극 가담했다는 사실은 다음의 근거들
   로 입증된다: (1) 그 비난에 대한 Justin의 3중 반복(참조, *Dialogue* 108 and 117);
   (2) Origen의 유사한 비난(*Contra Celsum* 6, 27; 참고, 동일한 책에서, 4, 32); (3)
   Eusebius의 증언(그는 이전의 글에서 예루살렘의 유대인 관계자들이 사방에서 하
   나님을 적대하는 새로운 이교가 나타났다고 알리고 다니는 유대인들에게 사도들
   을 보냈다는 내용, 또한 이 사도들이 서면 위임장을 갖고 있었으며 어디서든 그리
   스도인들이 틀렸음을 입증했다는 내용을 발견했다고 주장했다. *In Isaiam* 18, 1 *PG*
   24, 213A); (4) Celsus에 의해 전해지는 유대인들과 그리스도인들 사이의 토론(그
   는 당시 유대인들이 그리스도인들에게 퍼부은 전형적인 비난과 관련해 가장 완
   벽한 목록들을 제시하고 있는 것으로 보인다). 그리스도인들을 박해하는 데 있어
   서 유대인들의 역할에 대한 논의는 다음을 참고하라, W. H. Frend, *Martyrdom and
   Persecution in the Early Church*, 1965, 178-204.

으로써 이방인들로 하여금 너희 저주를 이루게끔 한다.[47]

　그리스도인들에 대한 유대인들의 적의감은 일정 시기에 강력하게 나타났던 것 같다. 예를 들어, 유스티노스는 "너희는 우리로 하여금 그리스도를 부인하도록 강요하기 위해서 할 수 있는 한 너희의 노력을 다 하고 있다"고 말한다.[48] 이러한 행위는 그리스도인 진영으로부터 납득할 만한 저항과 분노를 야기시켰다. "우리는 너희에게 저항하고, 그리스도를 통하여 하나님께서 약속해 주신 모든 축복을 그분께서 우리에게 주실 것이라는 확신으로 차라리 죽음의 고통을 택한다"고 유스티노스는 트리포에게 응답했다.[49] 특별히 로마에서 감지되는 것처럼 그때 존재했던 유대인들에 대한 그러한 뿌리 깊은 분노는 유스티노스와 같은 그리스도인들로 하여금 안식일과 같은 유대의 주요 제도들을 공격하도록 이끌었을 것이며, 레간의 진술처럼, 그 제도를 "불의함으로 당연히 받아야할 형벌을 받도록 유대인들을 가려내기 위한 하나의 표식"으로 해석하도록 이끌었을 것이다.[50]

---

47. Justin, *Dialogue* 16 and 96, Falls, *Justin's Writings*, 172, 299; Justin은 매일 회당에서 그리스도인들에 대한 저주가 표명됐다고 여러 곳에서 언급하고 있는데, 이는 당시에 그러한 일이 흔하게 일어났다는 것을 시사해준다. Epiphanius (*Adversus haereses* 1, 9)와 Jerom (*In Isaiam* 52, 2)는 그들 때에도 그와 같은 관행이 있었음을 보여주고 있다; 35-38을 참고하라.

48. Justin, *Dialogue* 96, Falls, *Justin's Writings*, 299; Justin은 그리스도인들에 대한 유대인 개종자들의 증오심은 민족적 유대인들과 비교해 그 배나 됐다고 주장하는데 이는 충분히 주목할 만한 견해다. 그는 기록하기를, "개종자들은 … 그대들[즉, 유대인들] 만큼이나 그분의 이름을 모독한다. 또한 모든 부분에 있어서 그대들의 모본을 따르려고 하기 때문에, 그분을 믿는 우리들을 괴롭히고 죽이려 안간힘을 쓴다"(*Dialogue* 122, Falls, *Justin's Wiritings*, 337).

49. Justin, *Dialogue* 96.

50. F. A. Regan, *Dies Dominica*, 26; 참고, *Dialogue* 19, 2-4; 21, 1; 27, 2; 45, 3; 92, 4.

이처럼 안식일을 거절하고 그 중요성을 감소시키는 태도는 새로운 예배 날의 도입을 전제로 한다. 자신들이 유대인들과 구별됐음을 증거하는데 있어서 다른 예배일을 도입하는 것보다 더 나은 방법이 있었을까? 안토니누스 피우스 황제에게 기독교 예배를 설명하면서 그리스도인들의 집회가 "태양의 날"(the day of the Sun)에 개최됐다고 유스티노스가 두 번씩이나 강조하고 있는 것은 사실 무의미한 것이다.

> **일요일(sunday)로 불리는 날에**(τῇ τοῦ ἡλίου λεγομένη ἡμέρᾳ) 우리는 도시 안에 살거나 혹은 도시 밖에 살고 있는 모든 사람들과 더불어 공동의 집회를 가지며, 시간이 허락하는 대로 사도들의 전기들이나 선지자들의 글들을 읽는다.
>
> 사실상 **일요일**은 우리 모두가 공동의 집회를 개최하는 날인데, 이는 그날이 하나님께서 어둠을 몰아내시고 최초의 물질을 만드시므로 세상을 창조하신 첫 번째 날이기 때문이다. 아울러 우리의 구세주 예수 그리스도께서 죽음에서 부활하신 바로 그날이기 때문이다. 그리고 그들은 그리스도를 토성(Saturn)의 날 전날에 십자가에 못 박았고, 토성의 날 다음 날, 즉 일요일에 그분께서는 그의 사도들과 제자들에게 나타나셨으며, 우리가 당신께 말씀드리고 있는 것들을 또한 존중하도록 그들에게 가르치셨기 때문이다.[51]

유스티노스는 왜 그리스도인들이 "태양의 날"에 예배하는 것을 강조하고 있는가? 유대인들과 안식일에 대하여 그가 분노하고 있는 사실로 미루어 볼 때, 그리스도인들이 유대인들과 같은 반역자가 아니라 순종적인 시민들이었다는 사실을 황제에게 인식시키기 위해서 그렇게 했다고

---

51. Justin, *I Apology* 67, 3-7, Falls, *Justin's Writings*, 106-107 (강조는 첨가됨).

추론하는 것은 납득할 만한 것이 아니겠는가? 우리가 다음 장에서 살펴보겠지만, 명심해야 할 것은, 당시 로마 교회는 이미 태양의 날을 존경하고 있었으며, 그날에 대하여 유스티노스가 명확하고도 반복적으로 언급한 것은 그리스도인들을 유대인들의 관습보다는 로마인들의 관습에 더 가깝게 이끌기 위한 계획적인 노력을 잘 설명해준다. 이 같은 사실은 그가 일요일 준수를 정당화하기 위해 제안하고 있는 바로 그 이유들에 의해 구체적으로 입증된다. 우리가 종합적으로 다룰 세 가지 기본적인 이유들은 다음과 같다.

　(1) 그리스도인들이 태양의 날에 모인 것은 "그날에 하나님께서 어둠을 몰아내시고 최초의 물질을 만드시므로 세상을 창조"하셨던 그 창조의 첫날을 기념하기 위해서였다(67,7). 태양의 날과 첫째 날의 빛의 창조 사이의 관계는 순수하게 일치하는가? 그렇게 보기는 어려운데, 특히 유스티노스 자신이 『트리포와의 대화』에서 이교도들이 태양에 바치는 헌신과 그리스도인들이 태양보다 더 빛나는 존재인 그리스도께 바치는 헌신을 명시적으로 비교하고 있기 때문이다.

　　하나님께서 일단 태양을 경배하도록 허락하셨음이 기록되어 있지만, 태양에 대한 믿음으로 인해 죽음의 고통을 받았다는 사람을 그대는 전혀 발견할 수 없을 것이다. 그러나 모든 민족들 중에서 예수의 이름으로 고통을 받고 그를 믿는 신앙을 포기하기보다는 어떤 종류의 고난이라도 여전히 받고자 하는 사람들을 그대는 발견할 수 있을 것이다. 이는 그분의 진리와 지혜의 말씀이 태양의 에너지보다 더 밝고 빛나기 때문이며 그것은 심령과 마음의 깊은 곳까지라도 꿰뚫기 때문이다.[52]

52.　Justin, *Dialogue* 121, Falls, *Justin's Writings*, 335; 참고, *Dialogue* 64 and 128.

그리스도인들은 분명히 첫째 날의 빛의 창조와 동일한 날에 발생한 태양에 대한 숭배 사이의 일치점을 일찍 알아차리고 있었다. 다니엘루가 잘 인지하고 있듯이, "태양에게 바쳐진 날은 유대 주일(week) 제도의 첫날과 일치하는 것으로 밝혀졌고, 그래서 그리스도인들의 주의 날(Lord's Day)과도 일치했다. … 일요일은 창조의 첫째 날이 재생되는 날로서 여겨졌다."[53] 이 두 주제들을 결합시킨 것이 무엇인지 자못 놀랍다. 안식일(유대인들의 불충성의 표)과 구별된 예배일을 찾는 과정에서 태양의 날이 가지고 있는 풍부한 상징성이 기독교 진리를 효과적으로 표현할 수 있었기 때문에 그리스도인들이 그날을 효과적인 대체일로 인식했다는 것은 가능한 것인가? 이러한 가정은 다음 장에서 고찰될 것이다.

(2) 그리스도인들이 태양의 날에 예배를 드린 이유는 그날이 "구세주 예수 그리스도께서 죽음으로부터 부활하신 날"이기 때문이었다. "그들은 그리스도를 토성의 날 전날에 십자가에 못 박았고, 토성의 날 다음 날, 즉 일요일에 그분께서는 사도들과 제자들에게 나타나셨기" 때문이다(67,7). 그리스도의 부활은 이미 태양의 날에 하나님께 예배를 드리기 위해 집회를 가지는 것에 대한 정당한 동기가 된다고 이미 인식됐다. 그러나 로르도르프가 인정하는 것처럼 "유스티노스의 첫 번째 『변증서』(67,7)에서 일요일 준수의 본래 동기는 창조의 첫째 날을 기념하기 위한 것이고, 이차적으로는 예수의 부활을 기념하는 것뿐이다."[54] 하지만 바르나바스와 유스티노스가 일요일 준수에 대한 부가적인 이유로 제시한 부활은 점차 일

---

53. J. Daniélou, *Bible and Liturgy*, 253, 255; 태양의 날과 일요일의 기원의 인과관계는 다음 장에서 연구되고 있다. 특별히 261-262를 참고하라.

54. W. Rordorf, *Sunday*, 220.

요일 예배의 주요 동기가 된다.[55]

(3) 그리스도인들이 일요일을 준수한 이유는 제8일째 되는 날이 "제7일에는 없는 분명한 신비스러운 의미를 가지고 있기" 때문이었다.[56] 예를 들어, 유스티노스의 주장에 따르면, 할례는 제8일째 되는 날 시행됐는데, 이는 할례가 "주일(week)의 첫날에 죽음으로부터 부활하신 우리 주 예수 그리스도를 통하여 우리가 실수와 악함으로부터 마음을 정결하게 하는 진정한 표상"이었기 때문이다.[57] 더욱이 노아의 때에 홍수로부터 구원받은 8명은 "죽음으로부터 일어나신 우리 주님께서 나타나신 제8일(하지만 항상 권위에 있어서 첫 번째)의 한 상징이었다."[58]

그리스도인들의 예배에 대해 황제에게 설명하면서 (아마도 우리가 제안한 것처럼 황제의 마음속에 그들이 로마의 관습에 더 가깝다고 여기도록 하기 위하여) 유스티노스가 그리스도인들은 태양의 날에 모인다는 것을 반복적으로 강조한 사실과 유대인인 트리포와의 논쟁에서 제7일 안식일과 대조/대체하는 것으로서 일요일을 "제8일"이라고 부른다는 점을 유념해보자.[59] 서로 다른

---

55. 일요일 기원에서 부활의 역할은 제9장을 참고하라.

56. Justin, *Dialogue* 24, 1.

57. Justin, *Dialogue* 41, 1.

58. Justin, *Dialogue* 138, 1; "8명의 영혼들"(eight souls)에 대한 언급은 신약의 벧전 3:20과 벧후 2:5에서 발견된다. J. Daniélou는 홍수 때에 산을 덮은 물 "15규빗"(fifteen cubits)에 대한 Justin의 진술도 제8일에 대한 하나의 타당한 근거로 간주한다("Le Dimanche comme huitiéme jour," *Le Dimanche, Lex Orandi* 39, 1965, 65).

59. J. Daniélou (*Bible and Liturgy*, 257)는 제8일에 대한 상징성이 첫날과 마찬가지로 "그리스도인들이 안식일에 대한 일요일의 우수성을 드높이기 위해 사용됐다"는 영리한 견해를 밝힌다. 주목할 만한 것은 Justin이 다음의 두 가지 의도를 갖고 구약을 사용했다는 점이다. 하나는 안식일은 일시적 제도일 뿐이며 또한 유대인들에 대한 처벌로서 주어진 것이라는 논지를 주장하기 위한 것이었고, 다른 하나는 안식일에 대한 일요일이 갖는 우월성을 입증하기 위한 것이었다. 나중에 살펴보겠지만(본서 제9장) 교부들은 제8일에 대한 타당성을 입증하기 위해, 그리고 그 상징성을 안식일/일요일 논쟁에서 효과적인 논증적/변증적 도구로 사용하기 위해 구약에서 단

두 진술은 안식일을 일요일로 변화하도록 하게 한 두 중요한 요소, 즉 반유대주의와 이교주의를 잘 요약해준다. 아마도 우리는 일반적으로 널리 퍼져 있는 유대인들에 대한 반감과 특히 안식일에 대한 반감이 안식일을 거부하게 했던 원인이 됐다는 사실과 또한 저들이 태양의 날을 존중한 것은 유대인들과 분명하게 구별되어 있음을 증명해 주면서 이교도들로 하여금 기독교 신앙을 손쉽게 받아들이도록 하기 위한 것이라고 말할 수 있다. 이 결론은 일요일 예배의 영향과 초기의 일요일 신학에 대해 살펴볼 다음 두 장에서 점차적으로 분명해질 것이다.

결론

이그나티우스, 바르나바스, 유스티노스의 문헌들에 대한 간단한 분석을 통해서 우리는 유대교와의 어떤 외형적 유사성이라도 피해야만 했던 사회적인 긴장 및 신학적인 확신에 의해 증가된 강력한 반유대적 감정들이 그들 각각의 공동체(안디옥 교회, 알렉산드리아 교회, 로마 교회) 안에 나타나고 있음을 확인했다.

안디옥에서 이그나티우스는 몇몇 그리스도인들이 "유대화되는 것"을 정죄하고, 그리스도인들에게 "주의 삶에 따라 살"기를 명령하면서 특별히 그들이 "안식일을 지키는 것"(다시 말해, 유대인들의 방법에 따라서 안식일을 준수하는 것)을 정죄한다. 우리가 내린 평가에 따르면, 비록 『마그네시아인들에게 보내는 서신』 9:1의 내용이 "주의 날"이 아니라 "주의 삶"을 가리키는 것임에도 불구하고, "안식일을 지키는 것"을 정죄하고 "유대교에 따라

서가 될 만한 추가적 '증거' 본문들을 발견했다.

서 살지 말도록" 권유한 것은 유대교와의 분리가 촉구되고 있음을 나타낸
다. 이러한 상황은 의심의 여지 없이 유대인과 더 분명한 구별을 강요하
기 위해 일요일 예배를 채택하도록 조장했다.

　알렉산드리아의 바르나바스는 유대의 관습들의 영향력을 무력화시키
기 위한 노력 속에서 알레고리적인 방법으로 유대인들의 관습들과 신념
들이 가지고 있던 역사적 정당성을 거부하고, "안식일의 문자적인 실행은
하나님의 명령에 반대되는 것이었다고 단순하게 부인해 버리는" 식의 급
진적인 입장을 취하고 있다.[60] 그는 안식일을 합법적으로 계승하고 그것
을 대체하는 날로서 제8일을 주장하기 위해 현시대에 안식일이 가지고
있던 중요성과 의무 조항을 제거했다.

　마지막으로 로마 출신인 유스티노스의 증거 자료는 다른 자료들로부
터 이미 추측한 내용, 즉 심각한 반유대적 감정들이 존재한다는 사실, 특
별히 로마 교회에서 그런 감정들이 존재했다는 사실을 확인해준다. 이러
한 감정들은 유스티노스로 하여금 안식일을 "유대 백성들에 대한 영벌(永
罰)의 표"로 격하시키는 데 분명 영향을 미쳤다.[61] 새로운 예배일의 도입은
유대인들과 분명히 구별됨을 증명해야 할 필요성에 의해 유발된 것으로
나타난다.[62] 심지어 오늘날에 이슬람교, 유대교, 기독교의 예배일이 다른

---

60. J. Daniélou, *Bible and Liturgy*, 230-231.
61. 위와 동일한 책, 233.
62. 안식일을 거부하고 일요일을 채택한 데 대한 반유대적 동기들은 이후 초기 교부들
　　의 문헌에서 찾아볼 수 있다. 그러나 그들이 이미 발생한 현상에 대한 이차적 논의
　　를 진행하고 있기 때문에 후대 본문들이 제시하는 증명적 가치(probative value)는
　　열등한 것일 수밖에 없다. 이번 장에서 다루어진 자료에 덧붙여서 우리는 약간 후
　　대 본문들을 다룰 수 있을 것이다. 이 본문들은 이미 드러난 결론을 입증하는 데에
　　는 도움이 될 수 있다. Origen (주후 185-254년경)은 안식일에는 내리지 않았던 만
　　나를 통해 모세 당시에 이미 하나님께서 안식일보다 우선하는 일요일을 허락하셨
　　다고 설명한다: "만일 말씀에 따라서 그때 하나님께서 주의 날에 만나를 내리셨고

것은 저들 사이의 차별성을 더욱 현저하게 드러내주고 있지 않는가?

일요일 예배를 정당화하기 위해서 유스티노스가 제시한 다양한 동기

안식일을 중단시키신 것이 분명하다면, 유대인들은 우리의 주의 날이 그들의 안식일보다 우선 되어야 한다는 것을 인정해야 할 것이다. 더불어 어떤 식으로든 하나님의 은혜가 그들의 안식일에 하늘로부터 내려온 것도 아니며 하나님의 말씀, 하늘의 빵도 그들에게 주어지지 않았다는 것 또한 이해해야 한다. … 그러나 주님께서는 우리의 일요일에 하늘로부터 끊임없이 만나를 내려주신다"(*In Exodum homiliae* 7, 5, *GCS* 29, 1920); *Epistle to Diognetus*의 저자는 안식일 준수와 유대인의 축제를 "불경스러운" 미신으로 여기며 혹독하게 비판한다(4장); *Syriac Didascalia* (주후 250년경)에서 안식일은 유대인들이 그리스도에게 행할 악에 대한 예견의 측면에서 하나님께서 유대인들에게 지우는 하나의 끊임없는 애도(a perpetual mourning)의 개념으로 해석되고 있다: "그는[즉, 모세] 성령을 통하여 알고 있었으며, 그것은 전능하신 하나님께서 지시하신 것이었다. 그분은 백성들이 그의 사랑하는 아들에게 어떠한 일을 할 것인지, 또한 그때에 모세의 형상을 한 그분을 거부하며 다음과 같이 말할 것을 아셨다: '누가 그대를 지명하여 우리를 판단하라 하는가?' 그러므로 그분은 그들을 일찍이 영원한 애도의 속박에 가두고, 그들을 위해 안식일을 구별하여 정했다. 이는 그들이 그들의 생명이 되시는 분을 거절하고 구주를 붙잡아 죽임을 당하게 했으므로 애도해야 마땅한 것이다"(21장, *Connolly*, 190-191). 이 문서의 저자는 계속해서 "안식일을 지키는 자들은 애도를 모방했다"는 주장을 교묘한 방법으로 증명하려고 한다. 분명 이것은 안식일 준수를 막기 위한 상당히 인상적인 방법이었다. Eusebius는 안식일이 일요일로 바뀌게 된 이유로 유대인들의 불충을 근거로 제시한다: "이들[유대인들]의 불충으로 인해 하나님의 말씀은 안식일 축제를 빛의 부활로 옮기고, 참 안식의 형상으로 우리에게 주님께 속한 구주의 날(the day of Saviour), 인류 가운데 그분의 일을 이루시고 죽음을 이기신 세상의 구주가 속한 빛의 첫날(the first day of light)을 전해주었다"(*Commentaria in Psalmos* 91, *PG* 23, 1169). F. A. Regan (*Dies Dominica*, 56)은 "그러한 변화를 이끄신 분은 그리스도 자신이셨다"라고 단언하는 Eusebius에 대해 "지나친 과장"의 피해자(a victim of "gross exaggeration")라고 정확히 지적한다. 아마도 Eusebius는 스스로 신뢰의 경계를 넘어섰다는 것을 인식했을 것이다. 왜냐하면 그는 몇 단락 후 그가 언급한 것을 다시 반박하며 다음과 같이 말하고 있기 때문이다: "우리는 진정으로 모든 안식, 안식일에 관련해 규정된 모든 것을 주의 날로 이동시켰다. 그 이유는 주의 날이야말로 가장 중요하고 우월한 날이며, 유대인들의 안식일보다 더욱 가치 있는 유일한 날이기 때문이다(위와 동일한 책, *PG* 23, 1172). 다른 참고 문헌들은 앞선 각주 15와 제9장을 참고하라.

들(첫째 날의 빛의 창조, 그리스도의 부활, 8일째 되는 날의 할례, 방주의 여덟 사람, 홍수 기간에 산을 덮은 15규빗[7 더하기 8]의 물의 높이 등)은 당시에 도입된 관행을 정당화하기 위한 노력을 반영하고 있다. 안식일과 일요일 사이의 논쟁이 진정되고 일요일 신학이 견고하게 확립되자 부활은 일요일 준수에 대한 가장 유력한 동기로 나타나게 된다.

지금까지 진행된 연구에 따르면 안식일을 포기하고 일요일을 도입하도록 하게 한 주요 원인은 대체로 사회적이고 정치적인 성격을 띠고 있다. 로마 교인들의 반유대적 정책뿐만 아니라 유대인들과 그리스도인들 사이에 존재했던 사회적 긴장은 그리스도인들로 하여금 안식일과 같은 구약의 중요한 제도들에 대해 부정적인 평가를 내리게 하는 배경이 됐다.

하지만 질문에 대한 대답은 아직 나오지 않았다. 즉, 그리스도인들이 유대교로부터 분리됐다는 것을 증거하는 데 있어서 어째서 주중(week) 다른 날(예컨대, 수요일이나 금요일 등과 같은 날)이 아니라 일요일이 선택됐는가 하는 것이다. 이에 답하기 위해 우리는 다음의 두 장에서, 첫째로 태양의 날과 관련해서 태양 숭배의 영향력이 미쳤을 가능성에 대해 검토하고, 둘째로 일요일의 선택과 준수에 대한 기독교적 동기를 검토할 것이다.

제8장
태양 숭배와 일요일의 기원

일요일을 그리스도인들의 새로운 예배일로 선택한 것은 단지 부정적인 반유대적 동기만을 기초로 해서는 설명될 수 없다. 예를 들면, 그리스도인들은 그리스도의 고난의 기념일로서 금요일을 채택하여 동일한 목적을 달성할 수도 있었을 것이다. 반유대주의는 안식일을 대체할 새로운 예배일의 필요성을 야기시켰지만, 그것이 일요일을 선택하도록 하는 특별한 결정 인자는 아니었다고 말할 수 있다. 후자에 대한 원인은 다른 경우에서 찾아야 한다.

몇몇 중요한 연구들이 시사해주는 바는 그리스도인들이 일요일에 대한 "심리적 지향점"을 쿰란공동체 및 유사한 그룹들에 의해 사용됐던 분파주의자들의 태양력으로부터 얻었을지도 모른다는 것이다. 그 태양력에서 연례 '오메르'(omer) 날과 오순절은 항상 일요일이 된다.[1] 그런 가능성을 감안할 수 있지만, 우리는 부활절-일요일이나 매주의 일요일이 이러한 분파주의자들의 태양력과 관련되어 있다는 교부들의 어떠한 명확한 언급도

---

1. 본서 제4장 각주 88을 보라.

찾을 수 없다.[2] 더욱이 일요일 준수가 사도 시대에 예루살렘이 아닌 2세기 초 로마에서 시작됐다는 우리의 논제가 옳다면, 이교적 배경을 가진 그리스도인들이 특히 유대교로부터의 분리를 증명하기 위해 새로운 절기들을 도입했던 때 연례 혹은 주간의 일요일 절기들을 위한 날을 유대교 분파의 예식 달력으로부터 끌어들였다는 것은 매우 믿기 어려울 것 같다.

그리스도인들이 일요일을 선택하는 데 있어서 "태양의 날"과 더불어 태양 숭배로부터 영향을 받았다고 설명하는 것이 더욱 그럴 듯한 설명을 제공해준다. 이 가능성에 대한 주요 반대 입장은 연대기적 특성과 관련하고 있다. 예를 들어, 로르도르프는 다음과 같이 주장한다.

> 그리스도인들의 일요일 준수의 기원은 몇몇 태양 숭배 예식으로부터 영향을 받았을 가능성을 우리는 고려해 볼 수 있다. 만일 '태양의 날'이 그리스도인들의 일요일 준수 이전에 존재했었을 경우에 한해서 말이다. 다시 말해 만일 우리가 기독교 이전 시기에 7일의 행성 주간(the seven-day planetary

---

2. J. V. Goudoever (*Biblical Calenders*, 1959, 161-162)은 라오디게아 주교 Anatolius (주후 282년경)에 대해 언급하면서 에녹과 희년의 고대 달력들의 초기 기독교에 대한 영향력에 대해 주장한다. 주교는 Philo, Josephus, "에녹서의 가르침"(teaching of the Book of Enoch)과 같은 유대교 권위들에 호소하며 춘분(*vernal equinox*) 이후에 14일주의자들의 유월절 기념을 옹호한다(Eusebius, *HE* 7, 32, 14-20에서 인용). 그러나 Anatolius가 부활절-일요일 대신 14일주의자들의 유월절을 옹호했다는 사실을 주목해야 한다. 더욱이 후자의 기념을 정당화하기 위해 주교는 에녹서뿐 아니라 Philo, Josephus, Musaeus, Agathobuli와 같은 몇 유대인 저자들도 인용하기도 한다. 이들은 "출애굽기와 관련한 의문들을 설명하며 모두 똑같이 첫 달 중순에 춘분 이후로 유월절 제물을 바쳐야 한다"고 기록하고 있다(Eusebius, *HE* 7, 23, 17). 언급된 일부 저자들이 종파 유대교의 대표 격 인물들이 아니었다는 사실은 춘분 이후의 유월절 기념에 대한 주장이 종파적 유대교와 규범적 유대교 모두에 생소한 것이 아니었음을 말해준다.

week)이 존재했다는 사실을 증명할 수 있다면 말이다.[3]

하지만 "행성 주간[즉, 일곱 개의 행성들의 이름이 붙은 오늘날의 일주일]이 존재했을 것으로 여겨지는 증거의 가장 빠른 날짜는 그리스도인들의 일요일 준수가 오랜 관습이 됐던 때인 주후 1세기 말엽쯤으로 기산(起算)되기 때문에" 태양 숭배가 일요일 기원에 어떤 영향을 미쳤을 것이라는 가정은 명확히 배제되어야 한다고 로르도르프는 주장하고 있다.[4]

태양 숭배가 그리스도인들의 일요일 준수의 도입에 영향을 미쳤는지의 여부를 결정하는 데 있어서 결정적인 것은 "태양의 날"(dies solis)과 더불어 행성 주간의 존재 여부에 달려 있음은 의문의 여지가 없다. 왜냐하면 한 주간의 "태양의 날"이 존재하기 전에는 태양이 **매일** 아침마다 숭배됐기 때문이다.[5] 하지만 만일 일요일 준수가 2세기 초반에 도입됐다면, 그

---

3. W. Rordorf, *Sunday*, 181; C. S. Mosna (*Storia della domenica*, 33)도 같은 견해를 밝힌다: "[태양 숭배]가 일요일에 미친 영향력에 대해 설명하기 위해서는, 첫째는 태양에 바쳐진 그날이 초기 기독교 공동체에서 매주 반복되는 고정된 날로 존재했었다는 것이며, 두 번째는 그날이 정확히 안식일 다음 날과 일치한다는 것을 입증해야 한다.

4. W. Rordorf, *Sunday*, 37; Rordorf의 범주적 진술에 주목해보면 이렇다. "그리스도인들의 일요일 준수의 기원이 어떤 식으로든 태양신의 일요일 숭배와 관련이 있는지에 관해 의문을 제기한다면, 분명 답은 '아니다'가 될 것이다".

5. 인도와 페르시아, 시리아, 그리스, 로마에서의 태양 숭배와 관련해서는 F. J. Dölger, *Sol Salutis*, 1925², 20-21, 38-39를 참고하라; 팔레스타인 경우는 H. Baumann의 *Realencyklopädie für protestantische Theologie und Kirche*, 1963³, "Sonne, bei den Hebraäern,"라는 단어를 보라; F. J. Hollis, "The Sun-cult and the Temple at Jerusalem," *Myth and Ritual*, 1933, 87-110; 태양 숭배가 요시아의 개혁 이전에 널리 퍼져 있었다는 것은 왕하 23:11과 같은 본문들을 통해 발견된다: "[요시아가] 태양을 위하여 드린 말들을 제하여 버렸으니 … 또 태양 수레를 불사르고"; 참고, 겔 8:16, 지혜서 16:28: "우리는 태양을 마주하고 그분께 감사를 드리고 동이 틀 때에 그분께 기도해야 한다는 것을 알게 하려 함이다." Philo (*De vita contemplativa* 3, 27)은 테라페우타이(Therapeutae, "치유자들")가 하늘의 빛을 구하며 동이 틀 때 기도

행성 주간이 기독교 시기 이전에 시작됐어야 했을 필요는 없다. 사실상 행성 주간이 주후 1세기경에 이미 그리스-로마 세계에 존재하고 있었고, 그 시대에 태양이 일요일에 숭배됐음이 증명될 수 있다면, 그리스도인들 —특별히 새로운 이교의 개종자들—이 자신들을 유대인들과 차별화시키기 위해 새로운 예배일을 찾는 과정에서 태양의 날에 대해 호의를 가지고 기울어질 수 있었을 것이다. 하나님과 그리스도를 태양의 힘과 광채에 연결시키는 풍성한 성경적 관례가 존재하고 있기 때문에 사상의 통합은 매우 용이했을 것이다. 이 가정의 정당성을 증명하기 위해 우리는 다음의 요소들을 간단하게 고찰해 볼 것이다.

(1) 주후 150년 이전의 태양 숭배와 행성 주간 제도

(2) 태양 숭배에 대한 기독교의 반응들

(3) 태양의 날과 일요일의 기원

주후 150년 이전의 태양 숭배와 행성 주간 제도

태양 숭배

1세기에 고대 로마에서 태양 숭배가 잘 알려져 있었고 그 예식이 시행되고 있었는가? 만일 그렇다면, 그 규모는 어느 정도였는가? 가스톤 할스베르게(Gaston H. Halsberghe)는 최근에 자신의 논문인 "무적의 태양신 숭배"(*The Cult of Sol Invictus*: 이 주제에 대해 실제적인 권위를 가지고 있는 베르마세렌[M. J. Vermaseren]에 의해 편집된 『로마 제국 내에서의 동양 종교들』이란 책의 일부)에서 태양

했다고 기록하고 있다.

숭배가 "가장 오래된 로마 종교의 요소 중 하나"였다는 것을 함축해주는 설득력 있는 문서들과 논증들을 제시해주고 있다.[6] 잘 정돈된 그의 결론에 따르면, 고대 로마에서 태양-숭배는 두 가지 국면으로 나타났다. 주후 1세기 말엽까지 로마인들은 "토착적인 태양-숭배"라고 불리는 것을 신봉했다. 하지만 "주후 2세기가 시작되면서 동방의 태양 숭배가 로마와 제국의 나머지 지역에 영향을 미치기 시작했다."[7] 태양 숭배가 실제적으로 존재했고 그것이 굉장히 중요한 것이었음을 알게 해주는 증거 사례들은 충분하다.

아우구스투스 시대의 한 연중 행사 일람표(주전 27년 이전으로 추정되는 필로칼루스의 연중 행사력)는 8월 9일의 날짜 곁에 이렇게 기록돼 있다: '솔리 인디기티 인 콜레 퀴리날리'(*Soli indigiti in colle Quirinali*, "퀴리날 언덕 위에 있는 고향 땅의 태양에게").[8] 태양신은 실제로 수입된 하나의 신이었음에도 불구하고 로마인들은 태양을 민족 신으로 잘 받아들이고 있었기에, 소수의 고대 로마 문서에 나타나는 "고향 땅의 태양"(*Soli indiges*)이라는 구절에 대한 해석은 학자들의 견해마다 다르다. 하지만 '솔 인디게스'(*Sol indiges*)가 정말로 로마인들 고유의 것이 아니었음을 인정한다 할지라도 그것이 로마의 신으로

---

6. Gaston H. Halsberghe, *The Cult of Sol Invictus*, 1972, 26. 이 논의는 일찍이 A. von Domaszewski의 *Abhandlungen zur Romischen Religion*, 1909, 173에서 제안됐다.
7. Gaston H. Halsberghe (각주 6), 27, 35.
8. *Fasti of Philocalus, CIL* I, 2, 324 or *Fasti of Amiternum, CIL* IX, 4192. F. Altheim (*Italien und Rom*, 1941, II, 24-25)은 일찍이 주전 4세기에 로마에서 "고향 땅의 태양"(*Sol Indiges*)을 숭배했다는 것과 관련한 풍부한 근거를 제시한다. 가장 오래된 달력에서 태양신은 목성과 관련이 있다. Marcus Terentius Varro (주전 116-26년경, *De re rustica* 1, 1, 5)는 태양과 달이 대개 목성과 지구 바로 다음으로 생겨났다고 기록한다. Tacitus (주후 55-120년경)는 원형 극장에 태양을 숭배하기 위한 오래된 성전이 있었다고 진술한다(*Annales* 15, 74, 1; 참고, 15, 41, 1).

여겨졌다는 것은 여전히 사실이다.[9]

　이집트를 정복한 후(주전 31년), 아우구스투스는 오벨리스크(obelisks) 두 개를 로마로 보냈고, 승리를 주신 바로 그 신(태양신)께 감사를 드리기 위해 그것들을 로마의 대경기장(Circus Maximus)과 마르스 언덕(Mars Field)에 있는 "태양신에게 헌납"(*Soli donum dedit*)했다.[10] 테르툴리아누스의 기록에 따르면, 그의 시대(주후 150-230년경)에 원형경기장 안에는 "거대한 오벨리스크가 여전히 공공연하게 태양신을 위하여 세워져 있었는데" 이는 그 원형경기장이 "주로 태양신에게 바쳐진 것"이었기 때문이다.[11]

　주후 1세기에 "태양과 달"(*Soli et Lunae*)에 바쳐진 몇 개의 제단들이 발견

9.　G. Wissowa (*Religion and kultus der Romer*, 1912², 315-316)는 "indigiti-native"라는 표현은 동방의 태양신들이 생겨났을 때 오직 태양신만을 표기할 수 있었다고 주장한다.

10.　CIL VI, 701; A. Piganiol (*Histoire de Rome*, 1954⁴, 229)은 Augustus가 태양 숭배를 장려했으며, "빛의 신들에게 우선권을 허락했다"고 주장한다; Halsberghe (각주 6) 30은 Augustus가 이집트의 태양신을 로마로 가져오려고 의도한 것이 아니라, 고대 로마의 Sal에게 승리의 공로를 돌릴 의도였다고 생각했다: "로마 만신전(pantheon)의 어떤 신도 고대 로마의 Sal보다 이 영광스러운 승리를 더 정당하게 주장할 수 없었다. 이는 그의 특별한 개입과 보호를 통해 성취되었기 때문이다. 이집트에서 태양신의 상징이었던 두 개의 오벨리스크는 이러한 해석을 뒷받침하는 추가적인 요소다." Augustus 이전의 Anthony는 주화에 태양신을 묘사했고 Cleopatra와 결혼한 후 이 여왕의 두 아들의 이름을 Helios와 Selene로 바꾸었다(참조, A. Piganiol, op. cit., 239; H. Cohen, *Description historique des monnaies frappées sous l'empire rornain*, I, 44, fn. 73, W. W. Tarn, *The Cambridge Ancient History*, 2nd ed., X, 68, 참조 Dio Cassius, *Historia* 49, 41 and 50, 2 , 5, 25. Cicero (기원전 106-43년)는 태양을 "주인, 우두머리, 그리고 다른 빛, 마음, 원리의 통치자, 또한 그 빛으로 만물을 드러내고 충만하게 할 만하게 큰 통치자"로서 묘사하면서 태양에 대한 교양 있는 로마인의 높은 존경심을 보여주었다(*De republica* 6, 17, LCL, 271).

11.　Tertullian, *De spectaculis* 8, ANF III, 83; Tacitus (각주 8)는 원형 극장에 태양을 숭배하는 성전이 존재했음을 근거를 통해 보여준다.

됐다.[12] 네로 황제(주후 54-68년)는 자신에 대한 음모를 적발한 공적을 태양
신에게 돌렸고, 유명한 콜로수스 네로니스(Colossus Neronis)를 벨리아의 가장
높은 곳에 세웠는데, 그것은 네로 자신의 형상에 머리 둘레를 일곱 가닥
의 긴 빛줄기로 두른 태양신을 표상하는 것이다.[13] 엘리우스 스파르티아누
스(Elius Spartianus, 주후 300년경)에 따르면, 주화에서 자신을 태양과 동일시했
던 하드리아누스(주후 117-138년)는 네로의 형체를 뜯어낸 후 콜로수스 네로
니스를 "태양에게 바쳤다".[14] 타키투스(주후 55-120년경) 역시 베스파시아누
스(Vespasian, 주후 69-79년)의 제3군단은 "시리아의 관습에 따라 떠오르는 태
양을 영접했다"고 기록했다.[15]

할스베르게의 주장에 따르면, 2세기부터 동방의 "무적의 태양신"(Soli
Invictus) 숭배가 두 가지 다른 양상으로 로마 사회에 침투해 들어왔는데, 비
공식적으로는 '솔 인빅투스 미트라'(Sol Invictus Mithra)에 대한 숭배를 통하
여, 그리고 공식적으로는 '솔 인빅투스 엘라가발'(Sol Invictus Elagabal)에 대한
숭배를 통하여 들어왔다는 것이다.[16] 이 두 숭배 사이를 구분한 것은 설득
력 있는 것으로 보이지만, 미트라교(Mithraism)가 보급된 시기에 대한 할스
베르게의 주장에는 동의할 수 없다. 그 이유는 그것이 이미 주후 1세기에

---

12. 참고, *CIL* I 327; XIV, 4089; V, 3917; VI, 3719; 이 본문들은 Halsberghe (각주 6),
    33에서 논하고 있다.

13. H. Mattingly, *Coins of the Roman Empire in the British Museum*, 1940 I, 134, 171; 참고,
    Tacitus, *Annales* 15, 74.

14. Elius Spartianus, *Hadrianus* 19, *LCL Scriptores Historiae Augustae* I, 61; 참고, A.
    Piganiol (각주 10), 228, 332-333; 이 본문에서 Hadrian은 자신을 "마지막 동전들에
    그 이미지가 나타나는" 태양과 연관시킨다; 참고, H. Cohen (각주 10), II, 38, 각주
    187, 188.

15. Tacitus, *Historiae* 3, 24.

16. Caston H. Halsberghe (각주 6), 35; 참고, A. von Domaszewski (각주 6), 173.

로마에 퍼져 있었다는[17] 사실을 알려주는 중요한 징후들이 있기 때문이다. 비록 미트라교의 신봉자들 중에는 행정장관들과 황제들도 포함됐지만, 그것은 원래 공식적인 종교가 아니었다. 반면 '솔 인빅투스 엘라가발'(Sol Invictus Elagabal)은 웅장한 성전들을 가진 대중적 종교였고, 젊은 엘라가발루스(주후 218-222년) 황제의 치세 동안에는 전 제국의 공식 종교가 됐다.

동방의 태양신 숭배가 침투해 들어온 결과로 나타나게 된 이러한 다양한 양상의 태양 숭배는 "주후 2세기 전반기부터 '솔 인빅투스'에 대한 숭배가 로마 및 제국의 다른 지역에서 우세하게 나타났다"고 정리한 할스베르게의 결론을 입증해준다.[18] 황제와 태양신을 동일하게 여기고 그로 인해 황제와 태양을 숭배하는 현상이 나타난 것은 "왕-태양", 즉 왕을 태양으로 여기는 동방의 신학과 정치적인 고려에 의해 조장됐는데, 이것은 틀림없이 공식적인 태양 숭배를 보급시키는 한 원인이 됐다.[19]

행성 주간 제도(Planetary week)

태양 숭배의 확장과 일요일의 기원이 거의 동시대에 발생하고 있을

---

17. Plutarch (주후 46-125년, *Vita Pompeii*, 24)에 따르면, 미트라가 로마에 소개된 것은 주전 67년 폼페이에 의해 포로로 잡혀온 시실리아의 해적들을 통해서였다. Papinius Statius (주후 96년경)는 Thebaid라는 시의 한 구절에서 "미트라, 바위투성이의 페르시아 동굴 아래서 마지못해 따르는 황소의 뿔을 잡아당기네"(*Thebaid* I, 718-720, *LCL* I, 393). Turchi Nicola, *La Religione di Roma Antica*, 1939, 273: "미트라 종교는 해적들을 통해 알려졌다. … 그러나 특히 그리스도 이후 1세기에 들어서면서 그 영향을 미쳤다"; Franz Cumont도 *The Mysteries of Mithra* (1956, 37)에서 동일한 견해를 제시하고 있다: "두 종교[즉, 미트라교와 기독교]가 전파된 것은 거의 같은 시기였다"; 참고, M. J. Vermaseren, *Enciclopedia Cattolica*, 1952, "Mithra a Mithraismo"라는 단어를 보라: "미트라는 시실리아의 죄수들을 통해 로마에 들어왔다. … 그것의 보급은 Flavii, 나아가 Antoninii와 Sererii 아래서도 증가했다."
18. Caston H. Halsberghe (각주 6), 44.
19. Franz Cumont는 *The Mysteries of Mithra*, 1956, 101에서 이 견해를 잘 기술하고 있다.

경우 태양 숭배가 일요일의 기원에 영향을 미쳤다고 말하는 것이 가능한
가? 둘 사이의 임의의 관계는 오직 주후 1세기에 그리스-로마 세계에서
"태양의 날"(dies solis)과 더불어 행성 주간이 이미 존재했을 경우에 한해서
만 고려될 수 있다. 오직 이 경우라면, 널리 퍼져 있는 태양 숭배로 인해
태양의 날에 대한 중요성은 고양됐을 것이며, 결과적으로 그리스도인들
이 매주일의 예배에 대한 상징성을 기독교의 메시지에 비추어 재해석한
후 매주일 예배를 위해 그날(태양의 날)을 채택하는 데 영향을 미쳤을 것이
다.

　행성 주간 제도의 기원에 대한 문제에 대해서는 학계의 의견이 분분
하다. 어떤 학자들은 그것을 유대의 주일(week) 제도에 대한 이교도적 해석
으로 보는 반면, 다른 학자들은 이교도들이 순수하게 점성학적으로 고안
한 제도로 여긴다.[20] 워터하우스(S. D. Waterhouse)는 바벨론적 요소, 헬레니

20.　E. Schürer ("Die siebentagige Woche im Gebrauch der christlichen Kirche der ersten
　　Jahrhunderte," *Zeitschrift für die neutestamentliche Wissenschaft* 6 [1905]: 18-19)는
　　행성 주간이 유대 주간 제도로부터 독립적으로 발전했으며, 또한 일곱 행성에 대
　　한 믿음에서 비롯됐다고 옹호한다. W. Rordorf (*Sunday*, 33)는 "행성 주간 제도 전
　　체는 유대력과 공동으로 발전했다"고 설득력 있는 주장을 펼친다. 그리스-로마 세
　　계에 유대인들의 안식일의 보급은 토성의 사악한 영향력에 대한 점성술적 믿음
　　을 불러일으켰을 것이다. 이어 다른 행성들도 주(week)의 다른 날과 연관 지어졌
　　다. F. H. Colson (*The Week*, 1926, 42)은 행성 주간 제도가 "유대인들의 주간 제도
　　에 대한 이교적 해석"이 아니며, 이는 행성의 순서가 각 날의 개별적 시간이 한 행
　　성의 주관 아래 있다는 신념에서 비롯된 하나의 점성술적 발명이라고 주장한다.
　　Dio Cassius (주후 220년경) 또한 동일한 설명을 제시한다(*Historia* 37, 18-19). 한 주
　　의 168시간을 그들의 과학적 체계에 따라 각 행성에 분배하면, 토요일의 첫 시간
　　은 토성의 보호 아래 놓이는데, 즉 토성이 바로 그날을 주관하게 된다. 두 번째 날
　　의 첫 시간은 태양, 셋째 날의 첫 시간은 달 등의 방식으로 진행된다. 다른 말로 표
　　현하면, 그 첫 시간을 지배하는 행성이 그날의 보호자가 되어 그날에 전념하는 것
　　이다. 동일한 설명은 주후 354년의 시간 기록에서도 발견된다(*Chronica minora:
　　Monumenta Germaniae Hist., acutores antiquissimi*, IX, 1892); F. Boll ("Hebdomas,"
　　Pauly-Wissowa VII, col. 2556-2257)은 행성 주간 제도가 바벨론에서 유래된 것이 아

즘적 요소, 이집트적 요소 및 유대적 요소들이 융합된 것임을 지지하면서 설득력 있게 주장했다.[21] 하지만 본 연구의 목적에 부합하기 위해서는 그 제도의 기원에 대한 원인을 규명하는 것보다는 그 제도가 보급된 시기가 언제인지를 살펴보는 것이 더 중요하다.

주후 1세기에 이미 행성 주간 제도가 존재하고 있었고 일반적으로 사용되고 있었다는 사실은 몇몇 증거 자료들에 의해 잘 입증된다. 주후 200-220년 사이에 『로마 역사』(Rome History)를 기록한 로마의 역사가 디오 카시우스(Dio Cassius)의 기록에 따르면, 예루살렘은 주전 63년에 폼페이우스(Pompey)와 주전 37년에 가이우스 소시우스(Gaius Sosius)에 의해 점령당했는데, 두 번 모두 "당시 토성의 날로 불린 날에" 점령당했다.[22] 행성 신들의 이름을 따서 주(week)의 날들의 이름을 짓는 관례가 기원전부터 이미 사용됐다는 것은 동시대의 저자들의 언급에 의해서 더 분명해 진다. 예를 들어, 호라티우스(Horace, 주전 35년경)는 "목성의 날"(dies Jovis, 목요일)에 대해 언급하고 있으며,[23] 티불루스(Tibullus, 주전 29-30년경)는 토성의 날(dies Saturni,

---

니라는 상세한 증거를 제시하고 있다.

21. S. D. Waterhouse, "The Interpretation of the Planetary Week into the West," *The Sabbath in Scripture and History* (Review and Herald 출판): "그러므로 행성의 주간에 필요한 구성 요소들이 함께 모인다. 행성 신들의 개념은 바빌로니아 사람들로부터, 수학은 헬라인들로부터, *dekans* 또는 시간 개념은 이집트인들로부터 비롯했다. 영향력 있는 토착 유대인들이 많았던 알렉산드리아는 히브리인들의 주간 순환의 최종 구성 요소를 가져오기에 적합했다."

22. Dio Cassius, *Historia* 49, 22, *LCL* 5, 389; 참고, *Historia* 37, 16; 37, 17; Josephus (*Wars of the Jews* 1, 7, 3; *Antiquities of the Jews* 14, 4)는 Dio Cassius의 설명을 더욱 분명히 하며 로마인들이 유대인들이 안식일에만 유일하게 방어적으로 행동한다는 것을 알았기 때문에 도시를 점령하는 데 성공했다고 설명한다.

23. Horace (*Satirae* 2, 3, 288-290, *LCL* 177)는 다음의 맹세를 하며 미신적 어머니에 대해 묘사한다: "'오, Jupiter, 쓰라린 고통을 주기도, 뺏기도 하는 이여', 아이의 어미는 다섯 달 동안 누운 아이를 위해 눈물을 쏟네. '나흘마다 찾아드는 오한이 내 아이 곁을 떠나면, 그대가 금식을 정한 그날 아침에 그는 발가벗은 채로 티베르 강

토요일)에 대해 언급하고 있다.[24] 디오 카시우스는 행성 주간 제도가 당시
에 이미 로마인들 사이에서 "조상 대대로 내려온 관습"이었던 것처럼 "모
든 곳에 널리 보급"되었다고 말한다.[25]

1795년에 중부 이탈리아에서 사빈 사람들의 두 개의 달력(Sabine calen-

에 서 있으리.'" 번역가 H. R. Fairelough은 이렇게 설명한다: "이는 우리의 목요일
에 해당하는 *diesv jovis* [목성의 날]일 것이다"(위와 동일한 책); 참고, J. Hastings,
Encyclopedia of Religion and Ethics, 1928, "Sunday"라는 단어를 보라; Ovid (주
전 43-주후 18년)는 7일 주기에 대해 여러 번 언급한다: "그대는 그날에 시작하게
될 것인데 … 이는 일을 하기에는 적절치 못한 날로, 그날에 팔레스타인의 시리아
인들이 지키는 제7일의 축제가 돌아온다"(*Ars Amatoria* 1, 413-416; 참고, 1, 75-80;
Remedia Amoris 217-220).

24. Tertullian은 자신의 시에서 그의 정인 Delia와 함께 로마에 머물기 위해 고안해낸
변명을 설명한다: "사악한 징조의 새들이나 말들은 나의 변명들이었다네, 그것도
아니면 나를 지체케 할 토성의 성스러운 날도 있었다네"(*Carmina* 1, 3, 15-18). 토성
의 날은 중요한 일을 할 때에는 운이 좋지 않은 날(*dies nefastus*)로 여겨졌다. 예를
들어, Tibullus와 동시대 인물인 Sextus Propertius는 "한 사람뿐 아니라 모두에게 슬
픔을 가져다주는 토성의 징후"라는 언급을 한다(*Elegies* 4, 1, 81-86).

25. Dio Cassius, *Historia* 37, 18, *LCL*, 130: "행성들로 불린 일곱 개의 별에 날을 비친 것
은 이집트인들로 인해 확립됐고, 머지않아 모든 인류에 퍼져나갔다. 그 시작에 대
해 간단히 설명하자면, 적어도 내가 보기에 고대 헬라인들은 그것에 대해서는 전혀
모르고 있었다. 그러나 그 체계가 다른 이들과 로마인들 자신에게도 보급됐기 때문
에 … 그것은 그들에게 이미 오랜 선조들의 관습이었다." W. Rordorf (*Sunday*, 27,
37)는 Dio Cassius의 진술을 끌어와 행성 주간 제도가 "얼마 지나지 않아" 실제 사
용됐다는 것은 그것이 "주후 1세기 말" 이전에는 존재하지 않았다는 것을 의미한다
고 설명한다. 그러나 이러한 결론이 타당하지 않은 이유는 첫째로 행성 주간이 곳
곳에 알려졌고 로마인들이 그것을 하나의 선조들의 관습으로 여겼다는 Dio의 진
술(새롭게 생겨난 시간 순환 제도는 하룻밤 사이에 널리 퍼지지 않는다), 그리고 둘
째로 이미 주전 37년, 즉 예루살렘이 Sosius와 Herod에게 사로잡혔을 때, 안식일이
"그때부터 이미 토성의 날"로 불렸다는 언급 때문이다(*Historia* 49, 22). 게다가 Dio
는 행성 주간이 알려지지 않았다는 사실과 관련해 로마인들이 아닌 헬라인들을 그
상한 시점(*terminus ante quem*)으로 보고 있다는 것 또한 주목해야 한다. 그러므로
우리는 "행성 주간 제도는 이미 주전 1세기 때 분명 유래됐다"는 C. S. Mosna의 의
견에 수긍하게 될 것이다.

dars)이 발견됐고, 1956년에 남부 이탈리아의 놀라(Nola) 근처 키미텔레
(Cimitele)에서 세 번째 달력(이 세 달력들은 티베리우스[주후 14-37년] 시대 이전의 것으
로 추정)이 발견됐는데[26] 오른쪽 단(column)은 로마 눈디눔(nundinum) 장날 제
도의 8일과 관련해 A부터 H까지 여덟 문자들을 제공하고 있으며, 왼쪽
단은 7일 행성 주간 제도를 의미하는 A부터 G까지의 일곱 문자들을 제공
한다.[27] 이러한 달력들 외에 몇 개의 이른바 '인티케스 눈디나리'(indices nun-
dinarii : 비석 달력들) 역시 고려되어야 한다(이들 중 몇몇은 로마 제국의 초기의 것으
로 기산됨).[28] 이는 마을의 이름들과 그곳에서 시장이 열리는 행성 주간의

---

26. 사빈(Sabine) 달력들은 T. Mommsen에 의하면 주전 19년경과 주후 14년 사이의 것
    들로 추정된다(CIL 12, 220); Attilio Degrassi도 이 연대에 동의한다. "Un Nuovo
    frammento di calendario Romano e la settimana planetaria dei sette giorni," Atti del
    Terzo Congresso Internationale de Epigrafia Greca e Latina, Rome, 1957, 103; Scritti
    vari di antichitá, 1962, 681-691에 포함; Degrassi는 새로 발견된 Nola 달력조차도
    "Tiberius 시기 이전의 것"이라고 설명한다.

27. A. Degrassi의 진술처럼, A부터 G까지의 문자가 각각 행성 주간 제도의 일곱 날을
    상징한다는 것은 그 체계가 "오래전부터 인정되어 왔다"는 것을 보여준다. 이는 주
    후 354년의 필로칼리아력(Philocalian calendar)에서 한해를 통틀어 그 표현들이 발
    견되고 있다는 사실로도 입증이 된다(위와 동일한 책). Herbert Thurston은 사빈 달
    력에 대해 설명하며 다음과 같이 말한다: "동방의 제7의 기간 혹은 주간이 소개됐
    을 때, Augustus의 시기에 시간의 새로운 분할의 날짜들을 가리키기 위해 '눈디나
    이'(nundinae, 로마 달력)에 동일한 방법으로 알파벳의 첫 다섯 문자를 사용했다.
    눈디나이를 가리키는 8개의 문자(A-H), 주간을 보여주는 7개의 문자(A-G)가 나란
    히 사용됐고, 그 안에 사실상 바위에 적힌 부분적인 달력들도 포함되어 지속됐다
    (Corpus Inscriptionum Latinarum 2nd ed., I, 220 참고, 주후 356년의 필로칼리아력
    에서도 이러한 특징이 발견된다; 위와 동일한 책, 256). 그리스도인들도 이러한 고
    안을 모방했는데, 그들의 달력에는 1월 1일부터 12월 31일까지 일곱 개의 문자들
    (A-G)이 반복적으로 순환되고 있다"(The Catholic Encyclopedia, 1911, "Dominical
    Letter"라는 단어를 보라).

28. A. Degrassi (각주 26), 103-104; 참고, CIL I2, 218; 하나는 폼페이에서 발견됐는데,
    이는 곧 주후 79년 이전이라는 것이다. CIL IV, 8863; 이 달력들은 또한 A. Degrassi
    에 의해 재현됐다. Inscriptiones Italiae, 1963, XIII, ns. 49, 52, 53, 55, 56.

(언제나 토요일[dies Saturni]로부터 시작되는) 해당 일들을 제공한다.

이것과 또 다른 지적들에 비추어 고고학자인 아틸리오 데그라시(Attilio Degrassi)는 그리스 로마금석학협회의 제3차 국제 회의(the Third International Congress of Greek and Roman Epigraphy)에서 다음과 같이 주장했다.

> 내가 확신 있게 주장하건데 이 행성 주간 제도는 … 일반적으로 믿고 있는 것처럼 단지 주후 1세기 전반에 알려져 일반적으로 사용된 것이 아니었다. 그것이 알려지고 일반적으로 사용되기 시작한 것은 **이미 아우구스투스 시대**[주전 27-주후 14년]의 첫 해였다. … 이 같은 사실은 놀라(Nola)의 달력이 발견된 이후 필연적으로 나타나게 된 결론이다.[29]

주후 1세기에 행성 주간 제도가 널리 사용되고 있었다는 것을 보여 주는 다음의 자료들은 매우 인상적이다. 그 단순한 목록들만으로도 충분히 우리의 연구 목적을 달성하게 해 줄 것이다. 푸테올리(Puteoli)에서 발견된 석판 달력(주후 1세기)은 세 개의 행성 요일의 이름과 날짜를 포함하고 있다: "머큐리(Mercuri, 수요일), 요비스(Jovis, 목요일), 베네리스(Veneris, 금요일)."[30] 기적을 행하는 사람으로 알려진 티아나이우스의 아폴로니우스(Apollonius of Tyana)는 전기 기록 작가인 필로스트라투스(Philostratus, 주후 170-245년경)에 따르면 주후 40-60년 사이에 인도를 여행했는데 그곳에서 인도의 현인 이아르카스(Iarchas)로부터 각각에 "일곱 개의 별들"의 이름이 붙은 일곱 개의 반지를 받았다. 그는 "일주일 중 그 이름에 해당하는 주(week)의 날에 그것들을 번갈아가며" 끼웠다.[31]

---

29.   A. Degrassi (각주 26), 104. (강조는 첨가됨).

30.   *CIL* X, part 1, 199 (No. 1605).

31.   Philostratus, *Life of Apollonius of Tyana* 3, 41, LCL I, 321, 323.

로마의 풍자가인 페트로니우스(Petronius, 주후 66년경에 죽음)는 소설 『프리말키오의 연회』(The banquet of Trimalchio)에서 한 개의 막대 달력을 묘사하고 있는데, 그것은 트리말키오가 그 문설주의 한편에는 숫자를 새겨 넣고, 다른 편에는 "일곱 별들의 모양"을 새겨 넣었던 것이었다. 날짜와 요일을 지시하기 위해서 각각의 구멍에 한 둥근 장식이 삽입됐다.[32] 로마의 병사요 작가인 섹스투스 율리우스 프론티누스(Sextus Julius Frontinus, 주후 35-103년경)는 그의 작품 『전략』(The Stratagems)에서 주후 70년에 발생한 예루살렘의 멸망을 언급하면서 이렇게 기록하고 있다: 베스파시아누스 황제가 "토성의 날에 유대인들을 공격했다. 그들에게 있어서 그날은 심각한 일이나 자신들을 좌절시키는 일이라면 무엇이든 하지 못하도록 금지한 날이다."[33]

폼페이(Pompeii)와 헤르쿨라네움(Herculaneum)에서는 양호한 상태로 보관되어 있는 일곱 개의 행성일의 신들에 대한 두 종류의 벽화가 발굴됐을 뿐만 아니라,[34] 주간의 행성일 신들의 목록들이 명확하게 나타내거나 혹은 특별한 날짜에 해당하는 요일에 행성의 이름을 기록한 거대한 암벽 명문(銘文)과 낙서들이 발굴됐다.[35] 예컨대, 두 줄로 된 벽의 비문은 이렇게

---

32. Petronius, *Satyricon* 30, *LCL*, 45.

33. Frontinus, *Strategemata* 2, 1, 17, *LCL*, 98; Dio Cassius의 설명은 더욱 유사하다: "그러므로 예루살렘이 토성의 날에 파괴됐으며, 그날은 심지어 현재 유대인들이 가장 숭배하는 날이다"(*Historia* 65, 7, *LCL*, 271).

34. 폼페이인들의 행성 신들의 그림의 선명한 복제본은 다음을 보라, Erasmo Pistolesi, Real Museo Borbonico, 1836, VII, 116-130, 삽화 27; 참고, "Le Pitture Antiche d'Ercolano," *Real Accademia de Archeologia*, III, 257-263; H. Roux Ainé, *Herculanum et Pompei: recueil général des peintures, bronzes, mosaiques*, 1862, 106-109; 참고, J. Hastings, *Encyclopaedia of Religion and Ethics*, 1928, "Sunday"라는 단어를 보라.

35. *CIL* I, part 1, 342; *CIL* IV, part 2, 515, no. 4182; 헤르쿨라네움(Herculaneum)에서는 한 벽에 헬라어로 "신들의 날"이라고 새겨져 있는데, 그 뒤로는 속격 형식으로 일곱 행성의 신들의 이름이 기록되어 있다. *CIL* IV, part 2, 582, no. 5202; 참고, *CIL* IV, 712, no. 6779; E. Schürer (각주 20), 27-28; R. L. Odom, *Sunday in Roman Paganism*,

쓰여 있다: "그 황제의 때 유월 초하루(Kalends, 고대 로마력의 초하룻날)의 9일 전[5월 24일] ⋯ 그날은 태양의 날이었다."[36] 이러한 증거들은 베수비우스 (Vesuvius)의 화산 폭발로 폼페이가 폐허가 된 주후 79년 이전에 행성 주간 제도가 광범위하게 사용됐다는 사실에 대한 모든 의심을 종식시킨다.

폐허가 된 티투스(Titus, 주후 79-81년)의 목욕탕 벽에서 발견된 한 그림 달력은 그 독창성으로 인해 언급할 가치가 있다. 정방형 틀 안의 윗쪽 열에는 일곱 행성의 신들의 그림들이 묘사되어 있다. 중앙에는 달들을 나타내는 황도 12궁이 있고, 양 옆으로는 날들의 숫자들이 묘사되어 있는데 오른쪽에 1일부터 15일까지, 왼쪽에 16일부터 30일까지 각각 나타나고 있다. 이러한 각각의 숫자들 옆에는 구멍들이 있었는데, 그 구멍들에는 월, 일, 그날의 행성 수호신을 가리키기 위해 둥근 장식이 삽입됐다. 공공 건물 안에 그것이 위치해 있었다는 사실은 그 제도가 일반적으로 널리 사용되고 있었음을 보여준다.[37]

유명한 헬레니즘의 전기 작가였던 플루타르크(Plutarch)는 질의응답 형태로 주후 100-125년 사이에 기록된 『심포지아』(Symposia)라는 제목의 논문에서 다음과 같은 질문을 제기한다: "왜 행성들의 이름을 가진 요일들이 행성의 순서에 따라서 정렬되지 않고 반대 순서로 정렬되고 있는가?"[38] 불행하게도 이 문답의 질문만 보존됐다. 하지만 그 질문 자체는 행성 주간 제도가 1세기 말까지 보편적으로 사용됐을 뿐만 아니라 분명히

1994, 88-94.

36. *CIL* IV, part 2, 717, no. 6338.

37. Attilio Degrassi, *Inscriptiones Italiae*, 1963, XIII, 308-309, 삽화 56; Troianus Marulli, *Sopra un'antica cappella cristiana, scoperta de fresco in Roma nelle terme di Tito*, 1813; I. A. Guattani, *Memorie enciclopediche per il* 1816, 153-154, 표 22; Antonius De Romanis, *Le Antiche camere esquiline*, 1822, 21, 59-60.

38. *Plutarch's Complete Works*, III, 230.

그때까지 대부분의 사람들은 당시 통용되고 있는 행성들에 대한 천문학상 순서와 행성 주간의 순서 사이에 나타난 차이점을 설명할 수 없었음을 암시해준다.[39]

그 이후의 세기에 행성 주간 제도가 폭넓게 사용됐다는 사실을 지지하기 위해서 더 많은 증거 자료들이 인용될 수 있다. 그러나 그렇게 할 경우 상당히 지체될 수 있기에 우리의 연구에 적절치 않다.[40] 위에서 간단하게 나열한 증거들은 행성 주간 제도가 잘 알려져 있었으며, 적어도 기독교 시대가 시작된 이래로 고대 로마에서 사용되고 있었음을 확실하게 보여준다.[41]

태양의 날의 위상이 높여짐

태양 숭배와 행성 주간 제도가 같은 시대에 존재했다는 사실은 태양 숭배의 발전과 더불어 태양에게 바쳐진 날이 더 중요하게 취급됐을 가능

---

39. 그 시기의 천문학 지심 체계(geocentric system)에 따르면, 행성의 순서는 다음과 같다: 토성, 목성, 화성, 태양, 금성, 수성, 달(앞에서부터 가장 먼 행성). 그러나 행성 주간에서 날들은 다음의 순서에 따라 이름이 지어졌다: 토성, 태양, 달, 화성, 수성, 목성, 금성; 관련 논의는 R. L. Odom (각주 35), 11-17을 참고하라.
40. R. L. Odom (각주 35), 54-124은 주후 3세기까지의 행성 주간 제도에 대한 증거들을 살펴보고 있다.
41. 몇 학자들도 이 결론을 공유한다; F. H. Colson (각주 20), 36: "위에서 논의된 증거들을 볼 때, 행성 주간 제도는 어떤 의미에서 폼페이가 파괴된 초기 시기에 제국에 이미 알려져 있었고, 대부분의 사람들은 (폼페이 파괴보다) 한 세기 더 일찍이 있었다고 생각할 것이다"; B. Botte, "Les Denominations du dimanche dans la tradition chrétienne," *Le Dimanche, Lex Oriandi* 39, 1965, 16: "Tibullus가 『애가』(*Elegy*)를 썼을 당시, 행성 주간 제도는 이미 하나의 관례처럼 사용됐다. 그러나 한편으로 이 연대 이전에 대한 어떠한 암시도 없다는 것, 반면 2세기부터 관련 암시들이 방대하게 발견된다는 것을 고려할 때, 그러한 변화가 기독교 시대가 시작되면서 일어났다는 것을 분명히 알 수 있다"; 참고, H. Dumain, "Dimanche," *DACL* IV, 911.

성을 시사해준다.[42] 이는 토성의 날이 가지고 있던 탁월한 지위와 명성이 태양의 날로 옮겨진 과정에 의해서 확증된다. 사실상 처음에 태양의 날은 "다른 날과 아무런 차이가 없는" 날이었다.[43] 왜냐하면 그날은 첫째였던 토성의 날 다음 날인 주(week)의 둘째 날이었기 때문이었다. 하지만 머지않아 태양의 날은 "가장 존경받는" 첫째 날의 위치를 차지하게 됐다.

어떤 종교적 관습들이 어떤 날과 연관되어 있다고 하더라도 그 관계와 관련된 명확한 정보가 부족하기 때문에 토성의 날을 희생하여 태양의 날의 위상을 높인 과정을 추적하기는 어렵다. 이것은 적어도 부분적으로는 로마인들의 종교에 대한 사회적·정치적 외부 견해에 기인하는 것인지도 모른다. 모나키노(V. Monachino)가 설명하는 것처럼, 종교는 "매주일 예배에 참석함으로써 표현되는 개인적 신앙심"으로 이해되지 않고 "정부와 신들 사이의 계약"으로 이해됐다.[44] 중요한 공적 종교 예식들은 원래 외부적 의식들을 이행함으로 종교성을 드러낸 귀족 정치가들이나 고위 성직자들에 의해 수행됐다.

---

42. F. H. Colson (각주 41), 75: "최고의 숭배 대상과 너무 밀접하게 연관이 되어 있는 종교는 그것이 태양과 동일시되지 않고서는 비-미트라교도들 조차도 태양의 날로 묘사하는 대상에게 특별한 경외를 바치지 않을 수는 없었을 것이다"

43. W. Rordorf, *Sunday*, 35: 본래 태양의 날은 행성 주간 제도에서 첫날 토성의 날 다음인 둘째 날이었다는 것에 주의해야 한다. 예를 들어, 몇몇 비석 달력들(흔히 *indices nundinarii*로 불림)에서는 주간의 날들이 수평으로 제시되어 있으며 이 역시 토성의 날로 시작하고 있다; 각주 28을 참고하라. 헤르쿨라네움에서 발견된 한 벽화에는 "신들의 날"(Days of the Gods)이라고 헬라어로 쓰여 있고, 이 역시 *"kronou* [토성의], *Heliou* [태양의] … 순으로 나열되어 있다"(*CIL* IV, part 2, 582, no. 5202). 폼페이에서도 라틴어로 *Saturni* [토성의]로 시작하고 있다(*CIL* IV, part 2, 712, no. 6779). W. Rordorf (*Sunday*, 35)는 이 점을 분명하게 강조한다: "그러나 행성 주간 제도에서 일요일이 언제나 순서적으로 두 번째 위치에 놓여있었다는 것을 강조하는 데 주저할 이유가 없다."

44. V. Monachino, *De persecutionibus in imperio Romano saec. I-VI et de polemica pagano-christiana saec, II-III*, Gregorian University, 1962, 147.

이는 사회적·종교적 목적을 위해 태양의 날이 누린 특혜를 축소하려는 것이 아니다. 콘스탄티누스 대제는 주후 321년 3월 3일과 7월 3일에 반포한 두 가지 법령에서 태양의 날을 "존경할 만한 날"(venerabilis), 혹은 "그 존경심으로 잘 알려진 날"(veneratione sui celebren)로 묘사함으로써,[45] 아서 웨이갈(Arthur Weigall)의 적절한 지적처럼, "그날을 전통적인 태양-축일로 생각하고 있었음"을 보여준다. 하지만 태양신에 대한 존경심이 이교도들로 하여금 일요일에 특별한 공적 태양 숭배 예식에 참여하도록 요구했던 것처럼 보이지는 않는다.[46] 이 문제는 『이교도들에게 보내는 변증』(To the Pagans, 주후 197년에 기록)에서 발견되는 테르툴리아누스의 진술에서 설명된다.[47] 테르툴리아누스는 그리스도인들이 "동쪽을 향하여 기도했고, 일요일을 축일로 만들었기" 때문에 태양 숭배자들이 됐다는 모욕에 대해 답하면서 다음과 같이 기록한다.

> 그렇다면 어떻게 되는가? 너희는 이것보다 덜 하단 말인가? 너희 중 많은

---

45. 전자의 첫 법령의 본문은 *Codex Justinianus* III, 12, 3에서, 후자는 *Codex Theodosianus* II, 8, 1에서 발견된다. 하나의 사회적 관습이 공공의 복지를 위태롭게 할 때, 안식의 날과 같이 그 관습을 법으로 제정하자는 요구가 생겨났다. 이로써 태양의 날에 대한 숭배가 이미 제대로 뿌리내린 하나의 전통이었다고 보는 것은 꽤나 가능성 있는 추측이다.

46. Arthur Weigall, *The Paganism in Our Christianity*, 1928, 236.

47. Eusebius (*The Life of Our Christianity*, 1928, 236)에 따르면, Constantine은 군인들을 포함해 그리스도인들로 하여금 "하나님의 교회의 예배에 참석"하라고 권고했다. 이교도 군인들에 대해 황제는 포괄적 기도문을 주어 야외 들판에서 암송하도록 명령했다(참조, Sozomen, *HE* 1, 8, 12). 제국의 명령은 전통적인 이교도 일요일 예배의 본보기가 될 수 없었는데, 이는 법의 제정 동기가 그리스도인들이었기 때문이다: "기록된 바 인류의 구주께서 성취하신 것을 … 기념하며"(*NPNF* 2nd, I, 544). 더욱이 콘스탄틴의 법은 공공의 활동을 제외하고는 농업이나 사적 활동들은 허용했다는 것을 주목할 필요가 있다. 이는 그 당시에도 일요일의 이교적 숭배가 유대인들이 안식일을 지키는 것과는 상당히 다른 개념이었다는 것을 보여준다.

이들도 마찬가지로 때때로 하늘의 물체들에 경배하는 척하면서 너희의 입
술을 태양이 떠오르는 곳으로 움직이지 않는가? 좌우간 태양을 주간의 달
력 안으로 끌어들인 장본인은 너희다. 그리고 너희는 전적으로 목욕을 삼
가거나 그것을 저녁까지 미루기 위해 혹은 휴식을 취하거나 연회를 베풀기
위해 전날[토요일]보다는 차라리 그날[태양의 날]을 일주일 중 가장 적합한
날로 선별했다.[48]

이 진술은 다음과 같은 중요한 정보들을 제공해준다: (1) 그것은 그 시
대에 그리스도인들과 이교도들 모두 동쪽을 향하여 기도하는 관습과 일
요일을 축일로 보내는 관습을 공유하고 있었음을 보여준다; (2) 그것은
로마인들이 행성 주간 제도를 채택했을 뿐만 아니라 토성의 날을 대신하
여 태양의 날을 휴식과 축제의 날로 이미 선택했음을 시사해준다; (3) 그
것은 이교도의 일요일 준수의 본질을 언급하고 있는데, 이는 본래 목욕을
삼가고 쉬면서 연회를 베푸는 것으로 특징지어진 사회적 축제였다.

고대 로마에서 태양의 날이 그러한 축제적 성격을 가지게 된 것은 언
제였는가? 그 시점을 정확하게 알려주는 분명한 암시들은 없다. 대 플리
니우스(Pliny, 주후 79년에 사망)는 『자연의 역사』(Natural History)에서, "이런 행성

---

48. Tertullian, *Ad Nationes* 1, 13, ANF III, 123. W. Rordorf (*Sunday*, 37)는 Tertullian이
태양의 날이 아닌 토성의 날을 언급한 것이며, 이는 그가 이후에 이교들이 채택한
안식일과 같은 유대인들의 규례에 대해 언급하고 있기 때문이라고 주장한다. 안타
깝게도 Rordorf는 Tertullian이 그리스도인들이 태양 숭배자라는 비난에 대응하려
고 했다는 사실을 깨닫지 못했다. 그와 같은 비난은 첫째, 이교도들로 하여금 태양
을 숭배하고 그날을 채택하는 것으로 자신들이 죄책감을 느끼게 만들고, 두 번째로
그들이 안식일과 같은 유대인 규례들을 받아들이고, 그로 인해 어떻게 그들의 전통
에서 멀어지고 있는가를 보여줌으로써 야기된 것이었다. 이 본문에 대한 분석은 본
서 저자의 이탈리안 논문의 445-449을 참고하라; F. A. Regan (*Dies Dominica*, 35)
은 Tertullian이 일요일을 언급하고 있다고 인정한다.

신들의 중앙에서 태양신이 움직이는데, 그 태양신의 위엄과 권능은 가장 위대하다. … 태양신은 영광스럽고 탁월하며, 모든 것을 보고 들으신다" 라고 기록했다.[49]

미트라의 신전들(Mithraea) 또는 이교 태양신 미트라의 성소가 발견된 곳에서 태양신은 행성 신들의 순열에서 우세한 위치를 차지한다. 보노니아(Boninia) 부조(浮彫) 뿐만 아니라[50] 미트라 신전들의 일곱 문들과 일곱 구체(球體: 둘 모두 로마의 해안 도시인 오스티아에서 발굴됨)에서[51] 태양신은 행성 신들 중에서 맨 앞이나 맨 뒤, 혹은 가장 높은 곳에 위치해 있다. 에피쿠로스파 철학자 켈수스(Celsus, 주후 140-180년경)도 유명한 일곱 문의 미트라교 사다리를 묘사한다. 그것은 회심한 영혼들이 올라가도록 한 것인데 토성에서 시작하여 우세한 태양에서 마쳐진다.[52] 태양의 날(dies Solis, 일요일)에 부여된 탁

---

49. Pliny the Elder, *Naturalis historia* 2, 4, *LCL*, 177.

50. 보노니아 부조에서 행성의 신들은 토럭톤(tauroctone, tauroctony: 미트라가 황소를 죽이는 장면을 묘사한 부조) 아치에 위치해 있으며, 그들은 오른쪽의 달(월요일)로부터 시계 방향으로 달리고, 그들 뒤로 화성(화요일)이 뒤따르고 … 왼쪽의 태양(일요일)으로 끝나고 있다; F. Cumont, *Textes et Monuments*, 1886-1889, II, 261; I, 119; 참고, L. A. Campbell (각주 50), 342.

51. Samuel Laechli, *Mithraism in Ostia*, 1967, 11, 13, 14, 38-45, 72-73. 일곱 개의 문에 대한 미트라의 신전(*Mithraeum*)은 주후 160-179년경, 반면 일곱 개의 구는 2세기 후반으로 연대가 추정된다. 전자의 경우, 태양의 '문'은 가장 길고 넓고, 반면 태양의 '구'는 짐작컨대 가장 마지막 것이다; Leroy A. Campbell, *Mithraic Iconography and Ideology*, 1968, 300-307, 사진 19, 20.

52. Origen, *Contra Celsum* 6, 21-22. Celsus는 역순으로 행성들을 나열시켜(토성, 금성, 목성, 수성, 화성, 달, 태양) 태양을 일곱 번째 자리에 배치시킨다. 미트라교의 도상 연구에서 주간의 날과 신의 배열은 다양할 수 있으나, 행성 신들의 순차적인 순서는 동일하게 유지되며 태양은 언제나 최고의 위치를 차지한다. Priscillian (주후 370년경)은 조금 다른 나열 방법을 제시하는데, 그래도 여전히 태양은 가장 높은 위치에 놓인다(*Tractatus* 1, 15). 브리게티오 부조(Brigetio relief)에는 행성의 신들이 토성에서 금성으로 행성 주간 제도의 순서에 따라 배열되어 있다; L. A. Campbell (각주 50), 삽화 33.

월한 지위는 쿠몬트(F. Cumont)가 주지하는 바와 같이 "일요일을 거룩한 날로 여기는 일반적인 인식에 확실하게 기여했다."[53]

이미 2세기 중반까지 태양의 날이 탁월한 지위를 가지게 됐다는 사실은 유명한 점성술사인 베티우스 발렌스(Vettius Valens)에 의해 분명하게 지적되고 있다. 주후 154년에서 174년 사이에 구성된 『명문집』(Anthology)에서[54] 발렌스는 주어진 어떤 탄생일의 요일을 찾아내는 방법을 설명하면서 이렇게 명확하게 진술한다: "요일과 관련된 행성들의 순서는 이렇다: 태양, 달, 화성, 수성, 목성, 금성, 토성."[55]

일요일이 가지는 탁월한 지위는 순교자 유스티노스의 『제1변증』(I Apology 67)에 나타난 언급에서도 역시 암시된다. 기독교 예배에 대한 간결

---

53. F. Cumont, *Astrology and Religion Among the Greeks and Romans*, 1912, 163; Cumont 는 언급한다: "한 주의 각 날, 곧 그 행성에 대한 거룩한 날은 어두운 곳에서부터 정해진 장소로 불러내어왔다. 그 위로 태양이 주재하는 일요일은 특히나 거룩했 다"(*The Mysteries of Mithra*, 1956, 167); 참고, *Textes* (각주 51) I, 119: "태양의 날(*dies Solis*)은 분명 미트라신의 숭배자들에게 가장 성스러운 날이었을 것이며, 그리스 도인들과 같이 그들도 안식일이 아닌 거룩한 일요일을 지켜야 했을 것이다"(참조, 325). Isidore of Seville는 일요일 예배가 태양의 날에 부여한 우월성에 대해 가장 잘 요약하고 있다: "신들은 로마인들이 각 별들에 이름을 바친 한 주의 각 날들을 배열 했다. 그들은 첫날을 태양의 날이라고 불렀는데, 이는 태양이 모든 별들의 통치자 이기 때문이다"(*Etymologiae* 5, 30, *PL* 82, 216).

54. 시기는 Otto Neugehauer과 Henry B. Van Hoesen의 *Greek Horoscopes*, 1959, 117에 밝혀진 내용에 기초하고 있다.

55. Vettius Valens, *Anthologiarum* 5, 10, ed. G. Kroll, 26. Rober L. Odom ("Vettius Valens and the Planetary Week," *AUSS* 3 [1965]: 110-137)은 Vettius Valens가 사 용한 달력체계원칙에 대한 날카로운 분석을 제시하며 "분명 이교도였던 Vettius Valens는 7일로 된 주를 사용하고 7일의 주(the seven-day week)가 태양의 날(일요 일)과 함께 시작되고 안식의 날(안식일)로 마무리된다고 여겼다"(134); H. Dumaine ("Dimanche" *DACL* IV 912)은 다른 근거들을 기반으로 동일한 견해를 변호하 고 있다; 참고, W. H. Roscher, "Planeten," *Allgemeines Lexikon der griech. und röm. Mythologies*, 1909, col. 2538.

한 설명에서 그는 어째서 "태양의 날"을 세 번씩이나 언급했을까? 그는 어째서 첫째 날 빛의 창조를 그리스도인들의 일요일 집회를 옹호하는 첫 번째 동기로 제시했는가? 분명한 것은 그날이 로마인들에 의해서 존경받고 있었기 때문이었다. 우리가 이미 제안했듯이, 기독교 예배를 이교 태양신의 날과 그 상징 모두와 관련시킴으로써 유스티노스가 목표로 했던 것은 황제로부터 기독교가 우호적인 평가를 받는 것이었다.

태양의 날이 주일(week) 중에서 첫 번째요 가장 중요한 날이 됐던 정확한 시점을 확증하기에는 분명 부족한 것이었지만, 그럼에도 위에서 언급한 몇 가지 내용은 그것이 2세기 초부터 광범위하게 시작된 일요일 예배의 발전과 공존해서 발생했음을 알려준다.

만일 널리 보급된 태양 숭배로 인해 태양의 날이 2세기 초에 로마 세계에서 토성의 날을 대신했다면, 보테(B. Botte)의 표현처럼 이렇게 질문할지도 모른다: "그리스도인들은 의로운 태양이신 그리스도의 탄생을 상징하는 날로 '나탈리스 인빅티'(*Natalis invicti* [12월 25일])를 채택한 것처럼 태양의 날을 기독교의 일요일(주일)로 채택했는가?"[56] 다시 말해, 그리스도인들이 안식일을 대신해 일요일 준수를 채택한 것은 로마 세계에서 토성의 날을 능가하는 태양의 날이 출현된 것과 같은 시점에서 이루어진 것이었으며, 그것과 관련되어 있었지 않았겠는가? 이 질문에 답하기 위해서 우리는 먼저 기독교 사상과 관례 속에서 나타난 태양 숭배에 대한 몇 가지 반응들을 간단히 살펴볼 것이다. 아울러 이교의 태양의 날이 그리스도인들로 하여금 일요일을 채택하도록 미친 특별한 영향력들을 집중적으로 살펴볼 것이다.

---

56. B. Botte (각주 41), 21.

태양 숭배에 대한 기독교의 반응들

그리스도인들은 자신들을 가리켜 태양신 숭배자들이라고 비난하는 것을 불쾌히 여길 뿐만 아니라 이를 부인한다(심지어는 황제의 제단에 한 움큼의 향을 가지고 경배하기보다는 차라리 끔찍한 순교의 길을 택하기도 했다). 하지만 자크타 혹스(Jacquetta Hawkes)가 잘 정리하고 있는 것처럼, "역사 속에서 너무도 자주 분명하게 나타나는 악의적인 풍자와 더불어, 그들은 한편으로 영웅적으로 투쟁했음에도 불구하고, 그들의 위치는 또 다른 것들로부터 침윤(浸潤)당했다."[57] 예를 들어, 테르툴리아누스는 한편으로 그리스도인들이 태양 숭배자들이라는 이교도들의 비난에 대해 강력하게 논박한 반면,[58] 다른 한편으로는 그리스도인들이 자신들의 공동체 내에서 이교의 축일을 거행해야 하는 이유를 장황하게 늘어놓고 있다.[59] 그리스도인들이 태양신과 점성술적 관례들을 존중하는 대중적인 분위기에 영향을 받았음은 교부들이 이것에 대해 자주 비난하는 글을 발표하고 있는 사실을 통해서 입

---

57. Jacquetta Hawkes, *Man and the Sun*, 1962, 199.

58. Tertullian은 그리스도인들이 일요일에 기뻐하는 것이 태양 숭배로부터 비롯됐다는 이교도의 비난을 강하게 거부한다(*Apology* 16, 1; *Ad Natione* 1, 13, 1-5, *ANF* III, 31, 122). Origen 역시 Celsus가 미트라교를 포함하여 이교도의 신비 종교에 기독교를 비유하는 것을 터무니없고 반박이나 반복할 가치조차 없는 것으로 여겼다(*Against Celsus* 1, 9; 6, 22, *ANF* IV, 399-400, 583).

59. Tertullian, *On Idolatry* 14 *ANF* III, 70: "어떻게 … 신도들 가운데서 그것들[즉, 이교의 축제들]을 기념하는 사악한 일을 행할 수 있는가! 빈번하게 찾아오는 농신제와 새해, 한겨울의 축제들, 마트로날리아(Matronalia) 축제들—선물이 오고 가는—의 새해 선물들—놀이로 소음이 가득한—과 만찬이 그들의 요란함과 함께하니, 그리스도인 자신들을 위해서는 조금의 엄숙함도 보이지 못하면서, 자신들의 종파에게는 더 나은 충절을 바치는도다!"

증된다.[60]

태양 숭배가 기독교 예식에 반영된 중요한 사례는 세 가지로 이해될 수 있는데, 이는 바로 그리스도-태양신에 대한 주제, 동쪽을 향하여 기도하는 것, 크리스마스의 날짜와 관련된 것이다.

그리스도-태양신

우리에게 전해져 내려오는 많은 이교의 화상(畵像)들 중 태양신 혹은 미트라는 머리 뒤편에 원반 모양이 첨부된 사람으로 그려진다.[61] 이러한 태양신의 이미지가 진정한 "의의 태양이신" 그리스도를 표현하는 초기 기독교 예술이나 문학 속에서도 사용됐다는 것은 잘 알려진 사실이다. 가

---

60. Jack Linsay (*Origin of Astrology,* 1972)는 20장 "이교도와 그리스도인들"(Pagan and Christians)에 초기 기독교에 대한 점성술적 신념의 영향에 대해 중요하고 간결한 분석을 담고 있다. Origen은 별들의 명령이 아니면 아무런 일도 일어날 수 없을 것이라고 믿는 그리스도인들에 대해 한탄한다(*Philocalia* 23). H. Dumain과 De Rossi 는 그리스도인들의 비석에 새겨진 문구들에 쓰인 행정주간 제도의 명칭들이 당시의 보편적인 미신을 보여주고 있다고 지적한다. 이는 언급된 날이 그날을 보호하는 별에 속해있다는 미신에 따른 것이었다("Dimanche" *DACL* IV, 872-875; 참고, E. Schürer [각주 20], 35-39). 교부들은 그와 같은 믿음에 반대한다. 브레시아의 주교 Philaster (주후 397년경)는 다음과 같은 당시의 지배적 신념을 이교라고 비난한다: "태양, 달의 날 등에 대한 명칭은 … 창조 시에 하나님께서 만드신 것이다…이교들, 즉 헬라인들이 그와 같은 명칭들을 확립시키고 인류의 운명이 하늘 별들에 달려 있다는 개념을 만들어냈다"(*Liber de haeresibus* 113, *PL* 12, 1257). Priscillian (주후 340-385년경)의 것으로 보이는 한 문서에서는 "자신들의 신성한 의식에서 태양, 달 등과 … 지옥이 마땅한 가증스러운 우상들인 하늘에 떠 있는 모든 무리들을 신으로 인정하고 숭배하"는 그리스도인들에 대해 절대적 혐오를 드러내고 있다(*Tractatus undecim, CSEL* 18, 14); 참고, Martin of Braga, *De correntione rusticorum* ed. C. W. Barlow, 1950, 189; Augustin, *In Psalmos* 61, 23, *CCL* 39, 792.

61. 상당히 많은 예들을 다음의 글에서 찾아볼 수 있다; F. Cumont, *Textes et monuments* II, 202, no. 29; 210, no. 38; 241, no. 73; 290, no. 145; 211, no. 169; 350, no. 248; 434, no. 379.

장 초기의 것으로 알려진 기독교 모자이크(주후 240년경)는 성 베드로의 제단 아래 있던 바티칸 공동묘지(소 영묘[*mausoleum*] 또는 율리[*Iulii*]의 무덤 내에 있음)에서 발견됐는데, 그 모자이크에서 그리스도께서는 휘날리는 망토를 두르고, T자 형태(십자가를 암시하는 것으로 생각됨) 안에서 일곱 광선이 비추고, 그것으로부터 머리의 뒤쪽에 후광을 두른 채 4두 이륜 마치를 타고 승천하는 태양신(*Helios*, '헬리오스')으로 묘사되고 있다.[62] 그리스도의 머리와 (5세기부터는) 다른 중요한 사람들의 머리 뒤에 그 그림과 동일한 것들을 갖춘 십자가와 더불어 태양-원반을 그리기 위해서는 수천 시간이 바쳐졌다.

　태양신 모티프는 기독교 예술가들이 그리스도를 묘사하기 위해서만 사용된 것이 아니라, 풍부한 태양신-상징 기호들에 매우 익숙해 있던 이교의 대중들에게 그리스도를 선포하기 위해 기독교 교사들에 의해서도 사용됐다. 많은 교부들이 이교의 상징들과 태양신에 대한 신념들을 발췌하여 재해석했고, 기독교 메시지를 가르치기 위해 그것들을 변증적으로 사용했다.[63] 그리스도께서 일찍부터 도상학(圖像學)과 문학 분야에서 무적

62.　참고, E. Kirschlbaum, *The Tomb of St. Peter and St. Paul*, 1959, 35과 그 다음; P. Testini, *Archaelogia Cristiana*, 1958, 167. 그 모자이크는 성 베드로의 성당 아래에서 최근의 발굴 작업을 통해 발견됐다(1954-1957); 참고, 무적의 태양신(*Sol Invictus*)으로 묘사된 그리스도의 예술적 재생산(F. Cumont [각주 61], I, 123, 표 6).

63.　Justin (*Dialogue* 121, *ANF* I, 109)은 태양 숭배자들과 그리스도인들의 헌신을 대조하는데, 그리스도인들은 "태양보다 더 뜨겁고 밝게 타오른다"는 그리스도의 말씀으로 인해 … "그분에 대한 믿음을 거부하게 될 때보다 더한 고통과 온갖 종류의 고문을 이제까지 겪고 있다." 사르디스의 주교 Melito (주후 190년경)의 것으로 추정되는 한 문헌에서는 그리스도와 태양을 분명한 병렬 구조로 대비시키고 있다: "태양이 별과 달과 함께 바다에서 씻는다면, 그리스도는 왜 요단강에서 씻으면 안 되겠는가? 하늘의 왕과 동쪽의 태양인 창조의 대표자 둘 모두 하데스에서 죽고 세상에서 다시 살아났으며, 이 유일한 태양은 하늘로부터 떠오른다"(*On Baptism*, ed. J. B. Pitra, *Anaelcta Sara Spicilegio Solemensi* 1884, 2, 5). Clement of Alexandria (주후 150-215년경)는 참 빛과 참 태양의 표현으로 그리스도의 상징에 대해 장황하게 설명하고, 하늘의 신에 대한 이교의 공통적 명칭을 그리스도에게 적용시킨다:

의 태양신(*Sol invictus*)과 관련됐다는 사실은 태양의 날 역시 의의 태양(*Sol iustitiae*)이신 그리스도를 예배하기 위해서 쉽게 채택될 수 있었을 가능성을 암시해주는 것이 아닌가? 태양신에게 분명히 바쳐진 그날에, 태양이신 그리스도께 예배를 드리는 것은 그리 복잡한 요구 조건들을 필요로 하지는 않았을 것이었다.

"παντεπόπτης"—모두를 내려다보는 유일한 자. Clement는 이교도들에게 그들의 점치는 의식을 버리고 진정한 태양과 빛(the true Sun and Light)이 되시는 그리스도에게 나아오라고 촉구한다(*Protrepticus* II, 114, 1, *GCS* 1, 80, 16; *Stromateis* 7, 3, 21, 6 *GCS* 3, 15, 28; *Paedagogue* 3, 8, 44, 1, *GCS*, 1, 262, 7). Origen (주후 185-254년)은 "의의 태양"이라는 명칭에 대해 동일한 호감을 드러낸다: "그리스도는 의의 태양이시며, 달, 즉 교회가 연합하면 그분의 빛으로 그곳이 가득 차게 될 것이다"(*In Numeros homilia* 23, 5, *GCS* 7, 217, 24; 참고, *In Leviticum homilia* 9, *GCS* 6, 438, 19). 카르타고의 주교 Cyprian (주후 339-397년)은 신도들에게 "부활의 기념으로 일출 시간에 기도를 하고 … 그리스도의 재림을 위해서는 일몰 때에 기도하라"고 권고한다(*De oratione* 35, *CSEL* 3, 292). 밀란의 주교였던 Ambrose (주후 339-397)는 널리 퍼진 태양 숭배에 대응하기 위해 종종 그리스도의 "*lumen verum et Sol iustitiae*" (true light and Sun of Justice, "의의 참된 빛이자 태양")과 "*Sol iniquitatis*" (Sun of iniquity, "불의의 태양")를 대조했다 (*In Psalmos* 118, *sermo* 19, 6 *CSEL* 62, 425, 4-5). A. J. Vermeulen (*The Semantic Development of Gloria in Early Christian Latin*, 1956, 170)은 그리스도인들이 배타적인 변증론적 태도를 택하지 않았으며, 대신 "그들은 특정 이교적 관습과 규례, 상(images)을 받아들였다. 그 안에서 이교적 내용들을 제거하고 그것을 기독교적 사상에 적용시킨 후로 그와 관련한 이의는 없었다." J. Daniélou (*Bible and Liturgy*, 299)도 비슷한 견해를 제시한다. Eusebius of Alexandria (주후 500년경)는 기록한다: "많은 이들이 태양을 놓고 예배하고 기도한다는 것을 알고 있다. 태양이 떠오를 때 그들은 기도하며 '우리에게 자비를 허락하소서'라고 말한다. 이는 태양 숭배자들뿐 아니라 이단자들도 마찬가지며, 나아가 믿음에서 출발한 그리스도인들도 이교자들 사이에 섞여있다"(*PG* 86, 453). 이 문제가 띠고 있는 걱정스러운 부분은 많은 그리스도인들이 태양을 숭배하는 것에 대한 교황 Leo the Great (주후 461년)의 격렬한 공격을 통해 암시되고 있다(*Sermon* 27, *In Nativitate Domini*, *PL* 54, 218). F. J. Döger (*Sol Salutis. Gebet und Gesang in christlichen Altertum. Mit besonderer Rücksicht auf die Ostung in Gebet und Liturgies*, 1925)은 특별히 20장과 21장에서 기독교 예배식에 태양 숭배가 미친 영향에 대한 광범위한 기록들을 제공하고 있다.

동쪽을 향하여 기도하는 것

그리스도인들이 기도를 드릴 때 지향할 새로운 방향으로 예루살렘이 위치해 있는 동쪽을 채택한 것은 초기 기독교 예배가 태양 숭배로부터 영향을 받았다는 중요한 암시를 부가적으로 제공해준다. (다니엘의 습관과 성전 헌납시 솔로몬이 드린 기도에 의해서 나타나고 있는 것처럼)[64] 유대인들은 예루살렘을 향해 기도하는 것을 기도의 유효성을 결정해주는 의무 조항과 같은 것으로 여겼다. 초기 그리스도인들이 그러한 습관을 계속 유지하고 있었다는 사실은 유대 기독교 분파 중 하나였던 에비온파에 의해 증명된다. 이레네우스의 보고에 따르면 그들은 "그곳에 하나님의 집이 있는 것처럼 예루살렘을 향해 기도했다."[65]

더 나아가 교부들은 기도하는 방향을 동쪽 지역으로 채택한 것을 정당화하기 위한 몇 가지 논거를 제시한다. 알렉산드리아의 클레멘스(주후 150-215년)의 설명에 따르면, "기도는 동쪽에서 떠오르는 태양을 바라보면서 드려져야 하는데" 그 이유는 동쪽이 "밤의 어둠을 몰아내는" 빛이 탄생하는 곳을 대표하기 때문이며, "고대 성전들이" 있던 방향이기 때문이라는 것이다.[66] 오리게네스(주후 185-254년)에게 있어서 동쪽은 빛의 근원이신 분에게로 시선을 돌리는 정신을 상징한다.[67] 다른 교부들도 그리스도인들이 하나님의 낙원과 그리스도의 오심을 스스로 일깨우도록 동쪽을 바라보면서 기도하기를 강력하게 권고했다.[68]

---

64. 단 6:11; 대하 6:34-35; 참고, *Jewish Encyclopedia*, 1907, "Prayer"이라는 단어를 보라.
65. Irenaeus, *Adversus haereses* 1, 26, *ANF* I, 352.
66. Clement of Alexandria, *Stromateis* 7, 7, 43, *GCS* 3, 32.
67. Origen, *De Oratione* 32, *GCS* 2, 400, 23.
68. *Apostolic Constitutions*, 2, 57, 2; 14에는 교회 건물과 신자들 모두 동방을 향해야 한다는 구체적인 지시 사항이 제시되어 있다. 게다가 신자들로 하여금 "동쪽의 고대

이전에 태양신을 섬겼었던 사람들은 그리스도인이 되고서 자신들을 유대인들과 분리해야 할 필요에 직면했을 때 예루살렘을 향해 기도하던 것을 분명히 포기했을 뿐만 아니라, 아마도 무의식적이었겠지만 태양이 떠오르는 방향으로 되돌아가서 그 의미를 기독교 메시지에 비추어 재해석했다. 이제 이런 의문이 생긴다. 기도하는 방향을 유대인들의 성전으로부터 태양이 떠오르는 곳으로 바꾼 것은 또한 예배의 날을 '유대의' 안식일로부터 태양의 날로 바꾼 것과 어떤 연관성이 있었는가? 기도 자체는 **주간 단위**(적어도 그렇게 해서는 안 됨)가 아닌 **매일**의 종교적 실천 의식이긴 하지만, 태양을 향한 매일의 기도 생활이 그리스도인들로 하여금 매주 태양의 날에 예배하도록 촉진할 수 있었지 않았을까? 더욱이 그리스도와 그의 부활이 떠오르는 태양과 연관성이 있다는 사실이 그리스도인들로 하여금 태양의 날에 떠오르는 "의의 태양"이신 분께 예배하도록 쉽게 유도할 수 있었지 않았을까?

테르툴리아누스에 따르면, 교양 있고 우호적인 이교도들은 동쪽을 향해 기도하는 그리스도인들의 관습과 일요일 준수를 서로 관련시키면서,

---

낙원을 기억하고 동쪽의 하늘로 승천하신, 곧 동쪽으로부터의 하나님께 기도하라"고 촉구한다(*ANF* VII, 42); 참고, *Didascalia* 2, 57, 3; Hippolytus, *De Antichristo* 59, *GCS* 1, 2, 39-40; 예루살렘의 주교였던 Cyril (주후 315-386년)은 침례 후보자들에게 악의 영역인 서쪽을 우선 향한 다음 "나는 사단, 당신과의 절교를 선언합니다"라고 말하도록 했다. 이후 그들은 "지옥과 함께 모든 고대의 유대(bonds)를 끊고 동쪽에 놓인 하나님의 천국이 당신 앞에 열려 있습니다"라고 말한다(*Catechesibus* 1, 9, *Monumenta eucharistia*, ed. J. Quasten, 2, 79). 어느 한 초기 기독교 시리아 저자는 말한다: "그러므로 사도들은 너희가 동쪽을 향해 기도해야 한다고 분명히 밝혔는데, 이는 '동쪽에서부터 비추는 빛이 서쪽에서도 보이듯이 인자의 오심도 그러할 것'이기 때문이다. 이로써 우리는 그분께서 불현듯 동쪽에서부터 나타나실 것이라는 것을 알 수 있다"(*Didascalie d'Addai* 2, 1, F. Dölger (각주 5), 72, n. 3을 보라); 참고, Basil, *De Spiritu Sancto* 27, 64, *PG* 32, 189; Gregory of Nyssa, *De oratione Domini* 5, *PG* 44, 1184; Augustine, *De sermone Domini in morte* 2, 5, 18, *PL* 34, 1277.

두 관습들을 그리스도인들의 태양 숭배에 대한 기본적인 증거로 제시했다. 테르툴리아누스는 바로 그 관습들을 이교도의 것이라고 하면서 그러한 기소를 부인했다. 하지만 고소자들과 반박자들 모두 두 관습들을 상호 연관시키면서 태양 숭배에 대한 기본적인 표시로 제시하고 있음에 주목하라.[69]

심지어는 이교도들에 의해서도 인정되고 있는 이 두 관습들 사이의 밀접한 연관성은 위에서 논의된 그 동일한 요소들로 인해 그리스도인들이 그것들을 동시에 채택할 수 있었을 가능성을 시사해준다. 이것은 또한 레간(F. A. Regan)이 동쪽을 향하여 기도하는 것에 대해 취급하고 있는 교부들의 문헌들을 광범위하게 분석한 후 도달한 결론이기도 하다. 그는 이렇게 기록하고 있다.

> 기도하는 동안 태양이 떠오르는 동쪽을 향해 몸을 돌리는 그리스도인들의 관습에 대한 연구로부터 이교도의 영향력에 대한 적절한 한 사례를 얻을 수 있을지도 모른다. … 안식일을 준수하던 것으로부터 주의 날을 경배하는 것으로 이행했기 때문에, 초기 그리스도인들은 제7일을 맨첫날로 대체했을 뿐만 아니라, 더 나아가 그들은 매일의 기도 시간에 예루살렘을 향하던 전통적인 유대인들의 관습을 바꾸었다.[70]

따라서 태양 숭배자들이 그리스도인들에게 미친 강력한 흡인력이 시사해 주는 것은 그러한 요소들이 **매일** 동쪽을 향해 기도하는 관습을 채택하도록 영향을 미쳤고, **매주** 예배하는 날로 태양의 날을 채택하도록 영향을 미쳤을 가능성이 있었다는 것이다.

---

69. 앞선 각주 48을 보라.

70. F. A. Regan, *Dies Dominica*, 196.

크리스마스의 날짜

크리스마스를 경축하기 위해서 12월 25일을 채택한 것은 아마도 태양 숭배가 기독교의 예식 달력에 영향을 미쳤음을 보여주는 가장 명확한 사례일 것이다. 무적의 태양신의 탄생일(*dies natalis Solis Invicti*)을 축하하는 이교의 축제가 그날에 개최됐다는 것은 잘 알려진 사실이다. 기독교 문헌들은 그러한 이교의 축일을 차용한 것을 솔직하게 받아들이고 있는가?[71] 그렇지 않은 것이 분명하다.[72] 이교의 축제일을 차용한 것으로 인정하는 것은

---

71. 필로칼리아력(주후 354년)에서 12월 25일은 *N[atalis] Invicti* (무적의 탄생일, the birthday of the invincible one)로 명칭되고 있다(*CIL* I, part 2, 236); Constantine 의 조카인 배교자, 또한 미트라 숭배자였던 Julian은 이교도 축제에 관해 다음과 같이 말한다: "한 해가 시작하기 전, 토성[12월]에서 이름을 딴 한 달의 끝에서 우리는 Helios [태양]을 기리며 가장 훌륭하고 재미있는 일들을 기념하네. 그 축제는 무적의 태양에게 바치는 것이며 … 통치의 신들이 주신 제물로 그들을 찬양하고 기념하네! 가장 위대하신 Helios는 스스로 모든 만물의 왕이 되시며 우리에게 이를 허락하신다네"(Julian, *The Orations of Julian, Hymn to King Helios* 155, *LCL*, 429); Franz Cumont, *Astrology and Religion Among Greeks and Romans*, 1960, 89: "매우 일반적 준수의 형식은 동지 이후에 날이 길어지고 '무적의' 별이 어둠과 싸워 다시 승리를 얻었을 때 12월 25일 '새로운 태양'의 탄생을 기념하는 것이다"; 12월 25일에 미트라교의 기념일에 대한 본문은 *CIL* I, 140을 참고하라; Gordon J. Laing (*Survival of Roman Religion*, 1931, 58-65)은 고대 로마 농신제 (12월 17-23일)의 관습 대부분이 크리스마스 기간으로 옮겨갔다는 설득력 있는 주장을 펼친다. G. Brumer (*Jahrbuch für Liturgiewissenschaft*, 1935, 178-179)와 K. Prumm (*Stimmen der Zeit*, 1939, 215)은 12월 25일 축제를 태양 숭배를 즐겨했던 것으로 유명한 황제 Aurelian (주후 270-275년)에게서 그 기원을 찾고 있다. 그 가설은 도나투스파 (Donatists)가 1월 6일을 준수하지 못한데 대한 Augustine의 견책에 (*PL* 38, 1033) 기반을 두고 있다. 그러나 이것이 당시 12월 25일이 이미 그리스도인들이 그리스도의 탄생을 기념했다는 것을 의미한다고 볼 수는 없다.

72. 예외의 경우가 있는데, 무명의 한 시리아 저자는 *Expositio in Evangelia of Bar-salibaeus* (주후 1171년)의 여백에 이렇게 적고 있다: "그러므로 왜 앞선 의식이 교부들에 의해 1월 6일에서 12월 25일로 이동됐는지에 대한 이유는 다음과 같다: 바

심지어는 그 의미를 충분히 재해석한 후에 그렇게 했다 할지라도 믿음을 공개적으로 배신하는 것과 동일한 것이 되고 만다. 교부들은 이것을 의도적으로 피하려 했다.

예를 들어, 아우구스티누스와 레오 대제는 크리스마스 때 그리스도의 탄생을 경배하는 것보다 오히려 태양을 경배했던 그리스도인들을 강하게 꾸짖었다.[73] 따라서 태양 숭배가 기독교 예식에 미친 영향에 대하여 연구하면서 우리가 발견할 수 있는 최상의 자료는 직접적인 가르침이 아니라 간접적인 가르침이라는 것을 깊이 명심해야 한다. 이 경고는 크리스마스의 날짜에 대한 연구뿐만 아니라 일요일의 기원에 대한 연구에도 역시 적용된다.

12월 25일이라는 날짜가 천문학적-알레고리적 관찰로부터 유래됐다고 주장하는 학자들은 거의 없다. 몇몇 교부들의 견해에 따르면 그리스도의 잉태와 고난 모두가 춘분인 3월 25일에 발생했다.[74] 그날로부터 마리아

로 그날, 즉 12월 25일에 일출(rising of the sun)에 대한 축제를 기념하는 것은 이교도들 가운데 매우 중요한 의식이었다. 더군다나 그날의 의식의 엄숙함을 더하기 위해 불을 밝히고, 그날에는 그리스도인들을 초대하기도 했다. 따라서 교부들은 그들이 그 관습을 친숙하게 여긴다고 본 것이며, 나아가 의회를 마련해 그날을 실제 죽음에서 일어나신 분(the true Rising)에 대한 축일로 정했다"(J. S. Assemanus, *Bibliotheca orientalis* 2, 164, P. Cotton 번역, *From Sabbath to Sunday*, 1933, 144-145).

73. Augustine (*Sermo in Nativitate Domini* 7, *PL* 38, 1007 and 1032)는 그리스도인들에게 크리스마스에 태양이 아닌 창조주를 예배하라고 명령한다; Leo the Great (각주 64)은 크리스마스에 그리스도의 탄생 대신 태양의 탄생을 기념하는 그리스도인들을 질책했다.

74. L. Duchesne (*Christian Worship: Its Origin and Evolution*, 1919, 260-261)는 하나의 가능성의 차원에서 그 가설을 제시한다. M. Righetti (*Manuale di Storia Liturgica*, 1955, II, 68-9)는 3월 25일이라는 날짜가 "역사적으로 근거를 발견할 수 없음에도 불구하고, 천문학적-알레고리적 생각에 기반하고 있었으며, 이는 즉 춘분에 세상이 창조됐다"는 의미라고 설명한다. 이 이론에 따르면, 동일한 날에 창초가 시작됐고, Augustine의 말처럼 그리스도께서 "붙잡혀 십자가형을 당했다"(*De trinitate* 4, 5, *PL*

의 임신 기간인 9개월을 계산하여, 그리스도의 탄생일이 12월 25일이 되는 것으로 추정됐다. 하지만 오스카 쿨만(O. Cullmann)의 정확한 관찰에 따르면, 이러한 계산들이 "주도권을 얻기는 거의 불가능하다."[75] 그 계산들은 오히려 이미 존재하고 있는 날짜와 관습을 정당화하기 위해 제안된 귀납적인 이론의 해석을 보여주는 것 같다. 융만(J. A. Jungmann)이 주장하듯이, 대다수의 학자들은 "12월 25일을 선택하게 된 진정한 동기가 그날에 화려하게 경축된 이교의 '무적의 태양신의 탄생'(*dies natalis Solis Invicti*) 축제에 있었다는 것을 점차로 분명하게" 인정했다.[76]

42, 894); 참고, Hippolytus는 *In Danielem commentarius* 4, 23에서 유사한 견해를 제시한다.

75. O. Cullmann, *The Early Church*, 1956, 29. Cullmann은 두 가지 요소 모두 "공현대축일(Epiphany, 1월 6일)로부터 그리스도 탄생의 축일을 분리시키고, 후자를 12월 25일로 이동시킨 데" 기여했다고 주장한다. 즉, 이는 "4세기 초반에 그리스도론의 교리적 발전"을 도모하고 12월 25일 태양-신을 기리기 위해 열린 이교도의 영향을 보여주는 것이다. 신학적으로 Cullmann은 교리에 관한 니케아 공의회에서 하나님의 아들이 탄생시기에 인간의 모습이 아니었다는 비난 이후로, 공현대축일로부터 탄생의 축제를 분리시키는 것이 불가피했다고 주장한다. 두 축일 모두 특히 동방에서는 1월 5-6일에 (탄생-침례로서) 기념됐는데, 이것에 반대할 만한 충분한 이유가 되는 것이 "신현 = 현현"(Epiphany = appearing)이라는 동일한 주제로 기념되는 날인 만큼 이설로 흔히 오해될 수 있기 때문이다. 이러한 이론적 설명이 기발한 생각이기는 하지만 특히 서방에서의 12월 25일 채택을 정당화시키지는 못한다. 사실상 두 축일의 분리에 대해 설명하기 위해서는 우선적으로 로마에서 그리스도인들이 이전에 1월 6일에 크리스마스를 기념한 적이 있는지를 입증해야 하는데, 이는 아직까지 밝혀지지 않은 부분이다.

76. Joseph A. Jungmann, *The Early Liturgy to the Time of Gregory the Great*, 1962, 147; L. Duchesne (각주 74), 26: "필로칼리안력의 12월 25일 아래 기록된 무적의 태양신(Natalis Invicti)의 축제에 기반해 … 로마 가톨릭이 미트라교와 경쟁하기 위해 12월 25일을 선택했다고 믿는 경향이 있다"; John Ferguson (*The Religions of the Roman Empire*, 1970, 239)도 동일한 견해를 밝힌다; 참고, Franz Cumont (각주 71), 89, (각주 51), I, 342: "분명하게 드러나는 것은 성탄의 기념은 12월 25일로 정해졌고, 이는 동지에 무적의 신의 재탄생을 기념했기 때문이라는 것이다. 이 날을 택함으로써 …

개스턴 할스베르게(Gaston H. Halsberghe)는 최근 논문인 "무적의 태양신 숭배 집단"(*The Cult of Sol Invictus*)에서 이미 인용했던 것과 유사한 내용으로 다음과 같이 결론 짓는다.

> 이 점과 관련해 우리가 참고했던 저자들은 '인빅티'가 탄생한(*Natalis Invicti*) 12월 25일에 무적의 태양신에게 경의를 표하기 위해 개최한 이교의 축제가 기독교의 크리스마스 축제에 영향을 미쳤음을 만장일치로 인정한다. 이러한 영향력으로 인해 그때까지 1월 6일에 동방 공현축일로 지켜져 왔던 그리스도의 탄생일이 12월 25일로 바뀌어지게 된 것으로 보인다. 다량의 빛과 횃불, 그리고 장식된 나뭇가지와 작은 나무 등이 동반된 태양신의 탄생 축제는 그 추종자들이 기독교로 개종한 후일지라도 계속해서 태양신 탄생의 축일을 경축하게 할 만큼 그 종교의 추종자들을 사로잡았다.[77]

(부활절-일요일의 경우에서처럼 크리스마스를 경축하는 문제에 있어서도) 로마 교회는 새로운 날짜를 채택하는 데 있어서 선구자가 됐을 뿐만 아니라 그것을 부추겼다. 사실상 그리스도인들이 12월 25일을 그리스도의 탄생일로 기념했다는 분명한 첫 번째 암시는 『354년의 기록계』(*Chronograph of 354*: 후지우스 디오니시우스 필로칼루스에 의해서 만들어진 달력)로 알려진 로마의 문서에서 발

기독교의 권위자들은 그들이 억압할 수 없었던 일부 이교의 관습들을 어떻게든 정제한 셈이다."

77.　Gaston H. Halsberghe (각주 6), 174; 참고, O. Cullmann (각주 75), 35: "1월 6일과 12월 25일 두 날짜의 선택은 두 날 모두 이교도의 축제날이었고 특히나 그 의미에 있어서 크리스마스의 기독교적 개념에 대한 출발점을 제공한다는 사실에 기반한 것이었다"; B. Botte도 다음의 글에서 동일한 견해를 밝힌다. *Les Origines de la Noël et de l'Épiphanie*, 1932, 14; 참고, C. Mohrmann, "Epiphania," *Revue des Sciences Philosophiques* (1937): 672.

견된다. 거기에는 다음과 같은 말이 있다: "1월 초하루의 8일 전에 [즉, 12월 25일] 예수께서 유대의 베들레헴에서 태어났다"(*VIII Kal. Jan. natus Christus in Betleem Judaeae*).[78] 로마 교회가 이러한 새로운 날짜를 도입하고 옹호했다는 것은 대부분의 학자들이 받아들이고 있는 사실이다. 예를 들어, 저명한 가톨릭 예배학자인 마리오 리케티(Mario Righetti)는 이렇게 기록한다.

> 화평이 이루어진 후, 로마 교회는 이교 대중들로 하여금 그 신앙을 받아들이기 용이하게 하기 위해서 어둠의 정복자인 '무적의 태양신' 미트라에 경의를 표하여 경축한 이교 축일로부터 그들이 돌아서도록 하기 위해, 12월 25일을 예수께서 이 세상에 탄생한 축일로 제정하는 것이 편리할 것이라는 사실을 발견했다.[79]

하지만 동방에서는 그리스도의 탄생과 침례가 1월 5일과 6일에 각각 기념됐다. 벨기에 베네딕토회의 학자인 보테(Botte)는 한 중요한 연구에서 그 날짜는 원래 이교 축일, 즉 빛의 탄생과 성장을 기념한 예수공현축일(Epiphany)에서 발전한 것이라고 결론지었다.[80] 로마 교회가 동방 교회들에게 12월 25일을 새로운 날짜로 받아들이도록 하는 것은 쉬운 과제는 아니

---

78. T. Mommsen, *Chronography of Philocalus of the Year* 354, 1850, 631: L. Duchesne (*Bulletin critique*, 1890, 41)는 그 달력이 336년으로 거슬러 올라간다고 밝히고 있는데, 이는 로마의 *Depositio martyrum*이 Sylvester (주후 335년)를 마지막 교황으로 언급하고 있는 로마의 *Depositium episcoporum*에 의한 4세기 달력 (Philocalian)에서 제시되고 있기 때문이다.
79. M. Righetti (각주 74), II, 67; 이 견해는 많은 곳에서 발견되는데, 참고로 다음의 글들을 보라: L. Duchesne (각주 76); O. Cullmann (각주 75), 30: "로마 교회는 의도적으로 이러한 이교적 속성의 숭배인 자신들의 빛의 축제와 그리스도 탄생의 축제를 대비시켰다."
80. B. Botte (각주 41), 14 이하; 앞선 각주 75를 참고하라.

었는데, 그 이유는 많은 동방교회들이 "1월 5-6일에 예수공현축일로서 그리스도의 탄생 축일을 지키던 옛 형태의 관습을 견고하게 유지하고 있었기 때문이었다."[81]

다양한 기독교 공동체가 로마가 도입한 크리스마스 날짜를 채택하게 된 과정을 추적하는 것은 우리의 즉각적인 능력을 넘어서는 것이 될 것이다. 그리스도의 탄생을 경축하기 위해서 12월 25일이라는 날짜를 채택한 것이 태양 숭배가 미친 영향뿐만 아니라 새로운 예식 제도를 장려하는 데 있어서 로마 교회가 발휘한 탁월한 지위를 설명해주는 부가적인 사례를 제공한다는 것을 주목하는 것만으로 충분할 것이다.

지금까지 우리가 고찰해본 세 가지의 사례들(그리스도-태양신 모티프, 동쪽을 향해 기도하는 풍습, 크리스마스의 날짜)은 태양 숭배가 기독교 사상과 예식에 영향을 미쳤다는 충분한 증거가 된다. 융만은 다음과 같이 기록하면서 그것을 잘 요약하고 있다: "기독교 사상은 고대 이교로부터 건질 수 있었던 것들을 파괴하지 않고 개조하여 좋은 목적에 사용될 수 있도록 기독교화 한 후 그것들을 흡수해 자신의 것으로 만들어 버렸다."[82]

이러한 결론들은 이교도의 태양의 날 숭배가 그리스도인들로 하여금 그 동일한 날을 예배일로 채택하도록 영향을 미쳤던 사실에 대한 더 직접적인 연구 조사를 당연한 것이 되게 해준다.

81. O. Cullmann (각주 75), 32; 로마의 크리스마스에 대한 반대와 확산에 대한 간결한 설명은 다음을 참고하라: M. Righetti (각주 74), II, 70과 그 다음.
82. Joseph A. Jungmann (각주 76), 151.

태양의 날과 일요일의 기원

기독교의 일요일과 이교도들이 존경하는 태양의 날 사이의 결합이 에우세비오스(주후 260-340년경) 시대 이전까지는 명확하게 나타나지 않는다. 비록 초기 교부들이 그리스도를 종종 "진정한 빛" "의의 태양" 등으로 언급하기는 하고 있지만[83] 태양의 날이 가지는 상징성을 가지고 일요일 준수를 정당화하려는 진지한 시도가 에우세비오스 이전에는 만들어지지 않았다. 이에 반해서 에우세비오스는 유대의 안식일이 기독교의 일요일로 대체됐음을 설명하기 위해서 빛과 태양, 태양의 날 등의 모티프를 몇 차례에 걸쳐서 명확하게 언급하고 있다. 예를 들어, 시편 91편 주석(*Commentary on Psalm 91*)에서 그는 이렇게 기록하고 있다.

> 말씀이신 그리스도께서는 새로운 협정으로 안식일의 의식을 **빛의 소생**으로 대체시켰다. 그분께서는 주의 구원의 날, 즉 **빛의 첫날**을 통해서 우리에게 참된 휴식의 한 전형을 주셨다. … 6일 후에 모임을 갖는 시간, 곧 첫째 날이자 **진정한 태양의 날**인 **이 빛의 날**에 우리는 거룩하고 영적인 안식일을 지킨다. … 우리는 안식일을 위해 규정된 모든 것들을 주의 날로 옮겼다. 그날은 보다 권위 있고 보다 고귀하게 여겨지는 수위의 날이며, 유대의 안식일보다 더 존경받는 날이기 때문이다. 사실상, 이 날은 하나님께서 "**빛이 있으라 하시매 빛이 있었던**" 이 세상 창조 때의 바로 그날이다. 이 날은 또한 **의의 태양**이신 분께서 우리의 영혼들을 위해 부활하신 날이기도 하다.[84]

---

83. 각주 63을 참고하라.

84. Eusebius, *Commentaria in Psalmos* 91, PG 23, 1169-1172; 참고, 각주 112.

일요일 준수에 대한 두 가지 기본 논거를 빛의 창조와 의의 태양이신 분의 부활을 기념하는 것으로 설명한 에우세비오스의 설명은[85] 히에로니무스(Jerome, 주후 342-420년경)에 의해서도 거의 문자 그대로 반복되고 있다. 그는 이렇게 설명한다: "만일 그날이 이교도들에 의해 태양의 날로 불리워진다면, 우리도 기꺼이 그것을 그 자체로 인정해야 하는데, 왜냐하면 그날은 **세상의 빛이 나타난 날**이며 **의의 태양이신 분이 부활하신 날**이기 때문이다."[86]

투린의 막시무스(Maximus of Turin, 주후 400-423년경)의 것으로 추정되는 한 설교에서 우리는 이 논거가 급격하게 진전되고 있음을 발견하게 된다. "태양의 날"이라는 바로 그 명칭은 그리스도의 부활에 대한 예언적인 선언으로 이해된다.

> 우리는 주님의 날을 존귀하고 신성한 날로 여긴다. 왜냐하면 그날에 구세주께서 떠오르는 태양처럼 악의 세계의 어둠을 정복하셨고, 부활의 영광을 비추셨기 때문이다. 이것이 바로 그 동일한 날을 이교도들이 태양의 날이라고 부르는 이유인데, 일찍이 의의 태양께서 그날에 부활하여 비추셨기 때문이다.[87]

---

85. Eusebius보다 훨씬 전에 Justin Martyr는 *I Apology* 67에서 (그렇게 명확하게는 아니지만) 똑같은 두 가지 논거에 대해 언급했다(본서 제7장을 보라).

86. Jerome, *In die dominica Paschae homilia CCL* 78, 550, 1, 52; 위와 동일한 부분, Augustine, *Contra Faustum* 18, 5; *Sermo* 226, *PL* 38, 1099에서 Augustine은 창조의 첫날 "하나님께서 가라사대 '빛이 있으라' 하시매 빛이 있었고 … 하나님께서 빛과 어두움을 나누사 … 빛을 낮이라 칭하시고 어두움을 밤이라 칭하셨기" 때문에 일요일은 빛의 날이라고 설명한다(창 1:2-5).

87. Maximus of Turin, *Homilia* 61, *PL* 57, 271; 브레시아의 주교 Gaudentius (주후 400년경, *Sermo* 9, *De evengelica lectione* 2, *PL* 20, 916; *De Exodo sermo* 1, *PL* 20, 845)는 주의 날이 안식일과의 관계에서 우선됐는데, 이는 그날에 의의 태양이 나타나 유대인들의 어둠을 없애고 이교도들의 얼음을 녹이며 태고의 질서로 세상을 회복시키

일요일 준수의 의미와 그 동기가 태양의 날에 대한 상징과 명백한 관련이 있음을 설명해주는 이러한 유사한 자료들은 일요일 제도가 상당히 정착된 시기 이후부터 나타나고 있다. 이러한 진술들이 후기에 인정된 사실들을 나타내주고 있다면, 그것들은 태양의 날이 일요일 준수의 기원에 미친 영향력을 확인하는 데 있어서 합법적으로 사용될 수 있는가? 또 다른 질문을 제기함으로 이 질문에 답하고자 한다. 즉, 콜슨(F. H. Colson)이 인지했듯이 "후대 그리스도인들의 기록들이 발견되지 않았더라도 초기의 그리스도인들이 그에 대해 말하고 생각했을" 가능성이 있지 않는가?[88]

밀라노 칙령(주후 313년)이 반포되기 이전에 그리스도인들은 이교의 비난과 영향력으로부터 자신들의 신념과 관습들을 변호할 수밖에 없는 비합법적인 소수들이었음을 잊지 말자. 우리가 주목했듯이, 테르툴리아누스는 비록 그리스도인들과 이교도들 모두에 의해서 지켜졌던 태양의 날에 대해 언급하고 있음에도 불구하고 표면적인 두 가지 이유로 인해 기독교의 일요일을 정당화하기 위해서 태양-상징을 사용하기를 피했다. 첫째는 그것이 그리스도인들은 태양신 숭배자들이라는 이교도들의 기소(그가 가장 불쾌하게 생각하는 기소 내용)를 지지해줄 것이기 때문이며, 두 번째는 이교 축일의 영향력이 그리스도인들에게 여전히 미치고 있음을 그가 알고 있었기 때문이었다.[89]

셨기 때문이라고 설명한다; Eusebius (*Life of Constantine* 4, 18, *NPNF* 2nd, I, 544)는 분명하게 다음과 같이 진술한다: "빛과 태양으로부터 그 이름을 얻은 주의 날"; 참고, Hilary of Poitiers, *Tractatus in Psalmos* 67, 6, *CSEL* 27, 280; Athansius, *Expositio in Psalmos* 67, 34, *PG* 27, 303; Ambrose, *Hexaemeron* 4, 2, 7, *Epistula* 44, *PL* 16, 1138.

88. F. H. Colson (각주 20), 94.

89. 각주 48과 58, 60을 참고하라.

　예를 들어, 그의 논고인 『우상 숭배에 대하여』(*On Idolatry*)에서 테르툴리아누스는 "형제들 중에서 그것들[즉, 이교 축일들]이 지켜지고 있으니 얼마나 사악한 일인가"라고 외치고 있다.[90] 그러므로 일요일 제도가 여전히 미숙한 관례로 존재했던 시대에 태양의 날을 기독교의 일요일과 연관시키려 했던 시도는 그것이 어떤 시도였든지 간에 여전히 이교의 영향을 받기 쉬운 상태에 있었던 그리스도인들에 의해서 쉽게 오해됐을 수 있었다. 게다가 이것은 이교도들의 기소들이 사실임을 시인하게 되는 것이지 않은가. 하지만 1세기 후 일요일 준수가 잘 정착됐을 때 교부들 중 적어도 몇몇은 주저하지 않고 기독교의 일요일을 "진정한 태양의 날"이라고 칭했다.[91] 이 명칭은 "새로운 변증 기술의 하나"로 여겨져서는 안 되고, 오히려 은연중에 인식됐었던 것에 대한 명백한 자백으로 여겨져야 한다.[92]

　심지어는 태양과 빛에 대한 성서적인 개념이 그리스도인들로 하여금 태양의 날과 그것의 상징성에 호의적으로 기울어지게 했을 가능성이 있지 않을까? 하나님을 참된 빛, 의의 태양으로 이해했던 풍부하고 오래된 전통이 유대교와 초기 기독교 내에 존재하고 있었던 것은 사실이다.[93] 예

---

90. Tertullian, *On Idolatry* 14, *ANF* III, 70: Martin of Braga (*De correctione rusticorum*, ed. C. W. Barlow, 1950, 189)는 다음과 같이 말하며 강하게 그리스도인들을 질책한다: "그러므로 그리스도의 믿음 안에서 침례를 받은 이가 그리스도께서 죽음에서 다시 살아나신 날인 주의 날에 예배를 드리는 대신 목성과 수성의 날을 숭배하다니 이 무슨 어리석은 행동인가 … 이들은 아무런 날도 가지고 있지 않으며 다만 간통자와 마법사들일 뿐이며 … 악함 속에서 죽은 자들이다."
91. 크리스마스의 경우에도 우리는 이것이 사실이라는 것을 알 수 있다. 다만 후에 그리스도인들은 이교의 한 축제로부터 빌려왔음을 분명히 인정하고자 했다; 각주 72를 보라.
92. F. A. Regan, *Dies Dominica*, 157에서 이러한 관점이 잘 설명되고 있다.
93. 예로 Justin Martyr (*Dialogue* 121, *ANF* I, 260)는 성경적 본문에 기초해 그리스도와 태양을 연관시킨다: "그분의 진리와 지혜의 말씀은 태양의 광선보다 더욱 열정적이며 더 많은 빛을 허락한다. … 이로써 성경도 동일하게 말한다. '그분의 이름은 태

를 들어, 말라기 선지자는 "의로운 해가 떠올라서 치료하는 광선을 발할" 것이라고 예언했다(4:2).[94] 침례 요한의 부친인 사가랴는 "돋는 해($\dot{\alpha}\nu\alpha\tau o\lambda\acute{\eta}$) 가 위로부터 우리에게 임하여 어두움과 죽음의 그늘에 앉은 자에게 비취" 겠다고 말하면서 그리스도의 오심을 선포했다(눅 1:78-79). 요한도 그의 복음서와 계시록에서 그리스도를 "사람들의 빛", "어둠에 비취는 빛",[95] "참빛",[96] "켜서 비취는 등불"이라고[97] 반복해서 묘사하고 있다. 심지어는 그리스도께서도 자신을 "세상의 빛"으로[98] 밝히고 있으며, 그를 따르는 자들에게 "빛의 아들"이[99] 되기 위해서 "빛을 믿으라"고 권고하고 있다. 새 땅에서는 "주 하나님께서 저희에게 비추시기 때문에" 햇빛이 쓸데없을 것이라는 보증으로 계시록은 종결되고 있다.[100]

하나님을 빛/태양과 결합시켰던 유대 그리스도인들의 전통과 특히 태양의 날에 태양을 존경했던 이교도의 전통, 이 두 전통은 기독교 공동체 내부에서 사상적 융합을 잘 만들어 낼 수 있었을 것이다. 이 사상적 융합이 진행되는 과정에서 이전에는 태양을 존중했었고, 이제는 유대의 안

양 위로 솟을 것이다'. 스가랴 또한 말하기를, '그의 이름은 동양이라.'"
94. 시 84:11에서는 태양의 칭호를 하나님 자신에게 적용하고 있다: "여호와 하나님께서는 해요 방패시라"; 시 72:17은 메시아에 대해 언급하면서 다음과 같이 말한다: "그의 이름이 영구함이여 그의 이름이 해와 같이 장구하리로다"; 참고, 사 9:2; 60:1-3, 19-20; 슥 3:8.
95. 요 1:4-5.
96. 요 1:9.
97. 요 5:35.
98. 요 8:12; 참고, 9:4-5.
99. 요 12:36.
100. 계 22:5. 환상의 시작부(inaugural vision)에서 요한은 그리스도의 얼굴이 "해가 힘 있게 비치는 것 같다"(계 1:16)고 묘사한다. 또한 그리스도께서 베드로, 야고보, 요한 앞에서 변형되셨을 때 "그의 얼굴은 해와 같이 빛나고 옷은 빛과 같이 희어졌다"(마 17:2)고 언급되어 있음에 주목하라. 자세한 내용과 논의를 위해서는 F. A. Regan, *Die Dominica*, 157-163을 보라.

식일로부터 자신들을 구별시킬 필요가 있었던 사람들이 자신들의 매주 예배를 위해 태양의 날을 채택하는 경향이 나타날 수 있었는데, 이는 태양의 날이 가진 상징적 의미가 기독교적 견해에 존재하고 있는 것을 잘 표현해 주었기 때문이다. 로마 사회 내에서는 전날인 토성의 날 대신 태양의 날이 가치 있는 날로 여겨졌기 때문에 태양의 날이 아마도 더 구체적으로 고려됐을 것이었다.[101]

하지만 분명하게 주장되어야 할 것은 그리스도인들의 태양의 날 도입이 이교의 무적의 태양신(Sol invictus) 숭배를 받아들이거나 혹은 그것을 조장하기 위한 것이 아니었다는 점이다(이는 테르툴리아누스의 단호한 부정이 암시해준다).[102] 그것보다는 오히려 그날에 하나님께서 빛을 창조하신 것과 의의 태양이신 그리스도께서 부활하신 것과 같은 하나님의 행위를 기념하기 위한 의도에서 도입된 것이다. 이 두 사건은 모두 태양의 날에 발생했을 뿐만 아니라 태양과 관련된 풍성한 상징적 의미를 통하여 효과적으로 공포될 수 있다고 그들은 인지했다.

우리가 이미 인용한 글을 통해서 에우세비오스는 이것을 잘 예증해주고 있는데, 그는 태양의 날을 언급하면서 이렇게 기록한다: "이 날은 하나님께서 '빛이 있으라 하시매 빛이 있었'던 이 세상 창조 때의 바로 그날이다. 이 날은 또한 의의 태양이신 분께서 우리의 영혼들을 위해 부활하신 날이기도 하다."[103] 빛이 창조된 것과 그리스도께서 부활하신 것을 태양의 날과 연관시키는 에우세비오스의 이 표현은 많은 그리스도인들이 오랫동

---

101. E. Lohse ("σάββατον," TDNT VII, 29, 각주 228)는 이 가능성을 인정한다: "하나의 기여 요소는 분명 주전 1세기부터 행성을 따라 이름 지어진 7일 주간이 헬라-로마 세계에서 점차 채택됐다는 사실이었다. 토성의 날은 일반적으로 불운한 날로 여겨졌는데, 반면 그 다음 날인 일요일은 특별히 좋은 날로 인식됐다."
102. 각주 58을 보라.
103. Eusebius, *Commentaris in Psalmos* 91, *PG* 23, 1169-1172.

안 암묵적으로 이해해오던 사실을 명확하게 표현한 것이다. 예를 들면, 우리가 주목해 보았듯이 거의 2세기 전에 순교자 유스티노스는 빛의 창조와 그리스도의 부활을 태양의 날과 함께 관련지었다.[104] 왜 그렇게 했는가? 아마도 이 세 가지(빛의 창조, 그리스도의 부활, 태양의 날)가 첫째 날의 태양-빛과의 연관성이라는 공통 분모를 공유하고 있었기 때문이었을 것이다.

그리스도의 부활이 어떻게 떠오르는 태양과 연관됐는가? 우리가 이미 언급했듯이 그것은 분명히 태양이 가지고 있는 상징적 의미로 하나님을 묘사했던 유대 그리스도인 전통이 존재하고 있었기 때문이다. 『트리포와의 대화』에서 유스티노스는 그리스도께서 "태양의 광선보다 더 열정적으로 빛을 제공하시는 분"이시라는[105] 것을 증명하기 위해서 몇 개의 구약 본문을 인용한다. 그리스도인들이 자신들의 메시지를 선포하기 위해서 제공한 효과적인 상징들 가운데서 발견한 일반적인 태양에 관한 신념들로 인해 이 주제는 확실하게 부각됐다. 예를 들면, 사르디스의 멜리토(Melito of Sardis, 주후 190년경)는 침례와 그리스도의 부활을 설명하기 위해서 태양과 별들이 대양 속에서 날마다 침례를 받으며 어둠이 물러가도록 그것들이 날마다 떠오른다는 일반적인 신념을 활용하고 있다.[106]

태양이 별들과 달과 함께 대양 속에서 그 자신을 씻고 있다면, 그리스도 역시 요단강에서 스스로를 씻어야 하지 않았을까? 하늘들의 왕이시며 창조의 주관자이시고, 동방의 태양이시며, 하데스(음부)의 죽음에서와 세상의

---

104. Justin, *I Apology* 67; 이 구절은 230-231에서 인용 및 논의되고 있다.

105. Justin, *Dialogue* 121, 각주 93을 보라.

106. Macrobius (*Saturnalia* 1, 9, 9)는 태양이 "동쪽에서는 날(the day)을 열고 서쪽에서 닫는다"고 말한다; Juvenal, *Satirae* 14, 280: "Herculeus는 바다 깊숙한 곳에서 으르렁대는 태양의 소리를 들었으며" "그 태양은 떠오를 때에 마치 붉게 달아오른 철이 물속에 담겨질 때와 같이 맹렬히 타오른다."

유한성 가운데서 나타나신 그분! 하늘로부터 떠오르신 유일한 태양이신 그분![107]

그리스도의 부활을 태양이 떠오르는 것으로 보는 시각에 대한 초기의 암시는 이그나티우스의 『마그네시아인들에게 보내는 서신』에서 나타난다. 그리스도처럼 살기로 우리가 결정을 내렸음을 언급하면서 그는 "그것으로(그것에 의해) 우리의 삶은 또한 그와 그의 죽음을 통하여 **일어났다**"(9:1)라고 덧붙인다. 여기에서 주목해야 할 것은 그 감독이 "죽은 자의 부활과 관련해 일반적으로 사용되는 동사(ἀνίστημι)가 아니라, 하늘의 물체들이 떠오르는 것에 일정하게 적용되는 동사(ἀνατέλλω)를 사용하고 있다는 것이다."[108] 이것을 우연의 일치로 여겨야 하는가? "그것은 불가능하다"고 보테(B. Botte)는 단호하게 대답한다. 그러면서 그는 한 가지 중요한 질문을 제기한다: "만일 그리스도의 부활이 떠오르는 별의 이미지로 진술되고 있는 것이라면, 이그나티우스가 일요일에 부과된 태양의 날이라는 명칭을 신중하게 암시하려고 의도했다고 생각하는 것은 경솔한 것일까?"[109]

그리스도의 부활을 묘사하기 위해서 일반적으로 태양이 떠오르는 것에 사용되는 동사를 채택한 것으로 보아 이그나티우스가 태양의 날을 언급하고 있다고 결론 내리는 것은 위험하다. 우리가 주목해 보았듯이 계속된 문맥의 주제는 선지자들에 대한 것인데, 그들은 분명 태양의 날을 준수하지 않았다. 하지만 이그나티우스가 그리스도의 부활을 태양이 뜨는

107. Melito of Sardis, *Fragment* VIIIb, 4, *SC* 123, 233; Zeno of Verona는 종종 기독교 가르침을 설명하기 위해 태양의 비유를 사용했다. 그는 개종자의 침례 의식을 태양이 바다에 담기는 모습으로, 태양이 솟아오르는 것을 믿는 이들에게 약속된 불멸의 영광과 비교했다(*Liber* II, 46, *PL* 11, 503A, 504).
108. F. H. Colson (각주 20), 92.
109. B. Botte (각주 41), 21.

것으로 간주하고 있다는 사실은 기독교 역사 초기에 그러한 사상들이 융합됐을 가능성을 시사해준다.

다시 말해, 일요일이 태양의 날이었고 그리스도의 부활이 "의의 태양"이 떠오르는 것으로 여겨졌기 때문에, 그리스도인들이 이 둘 사이의 관계를 결합시키기 위해서는 그리 복잡한 조치가 필요하지는 않았을 것이었다. 태양의 날이 가지는 상징적 의미는 그날에 발생한 하나님의 두 행위, 즉 첫 번째 빛의 창조와 "제2의 창조에서의 태양"의 부활(rising)과 적절하게 일치했다. 콜슨(F. H. Colson)은 합리적으로 다음과 같이 지적하고 있다.

> 이러한 일치는 하나님의 영께서 이 이교 제도 속에서 더 나은 어떤 것을 세상에 준비하고 계셨다는 하나의 증거로 여겨질 수 있었다. 사실상 독실한 개종자는 과거 이교도 시절에 소중하게 연관을 맺고 있던 어떤 것 위에 기독교적 해석을 덧붙일 수만 있다면 그보다 더 기쁜 일은 없었을 것이다.[110]

우리가 주목하듯이 이런 감정들은 후기 시대에 명확하게 표현되고 있다. 투린의 막시무스는 이교의 태양의 날을 "일찍이 부활하셔서 그날을 비추신" "의의 태양이신 분"을 예시하는 것으로 이해하고 있다.[111] 이와 유사하게 에우세비오스도 "구세주의 날은 … 그 명칭이 빛으로부터 유래하고 있으며, 태양으로부터 유래하고 있다"고 분명히 주장하고 있다.[112] 더욱 이른 문헌들 속에서는 이렇게 대담하게 시인하는 내용들이 발견되지 않는다. 다만 우리가 이미 언급했듯이 근래에 도입된 제도를 보호해야 할 필요성이 대두되자 교부들은 마지못해 일요일의 도입과 그 상징적 의미

---

110. F. H. Colson (각주 20), 93.

111. Maximus of Turin, *Homilia* 61, *PL* 57, 371.

112. Eusebius, *Life of Constantine* 4, 18, *NPNF* 2nd, I, 544.

의 채택이 만족할 만하게 설명될 수 있는 것임을 시인할 뿐이었다.

예를 들어, 오늘날 그리스도인들은 일반적으로 크리스마스 축제(날짜, 촛불, 트리, 선물 등)가 이교의 무적의 태양신 탄생(*Natalis Solis Invicti*) 축일에서 유래했다는 사실을 떳떳하게 인정한다. 왜 그런가? 의심할 것 없이 그렇게 인정할지라도 그리스도의 탄생 대신에 태양신 탄생을 기념하도록 그리스도인들이 부추김을 받지 않을 것이기 때문이다. 하지만 이교주의로부터 개종한 초기 그리스도인들의 경우는 전혀 달랐다. 그리스도의 탄생과 부활을 기념하기 위해서 이교의 날짜와 상징들을 차용한다는 것을 명확하게 인정하는 것은 많은 그리스도인들로 하여금 (실제로 나타났던 것처럼) 그들이 얼마 전에 포기했던 이교의 관습들로 쉽게 빠져들도록 조장할 수 있었다. 따라서 교부들이 적어도 초기에 예방 조처로 기독교의 일요일과 이교의 태양의 날 사이의 상호 의존성을 입증하기를 피하고자 했던 것은 근래에 "기독교화"된 이교의 축일이 "이교도화될" 위험성 때문이었다.

결론

이 장에서 우리는 태양의 날이 일요일 준수의 기원에 영향을 미치는 데 있어서 필요한 모든 요인들이 일요일 준수가 발생했을 때 이미 나타나고 있음을 발견했다.

2세기 초까지 고대 로마에서는 다양한 태양 숭배 예식들이 널리 퍼졌다. 이교주의로부터 기독교로 개종한 사람들의 마음과 관심을 끌었던 이 태양 숭배 예식들은 그리스도-태양신 주제의 발전과 동쪽을 향해 기도하는 습관의 도입, 그리고 12월 25일의 날짜의 도입 등에 의해 증명되고 있음을 우리는 발견했다. 성경에 존재하고 있는 하나님을 태양 및 빛과 연관시킨 풍부한 전통들이 그러한 사상의 융합을 조장하지는 않았을지라도 표면적으로 그것에 일조했다.

태양 숭배가 보급된 결과로서, 토성의 날 대신에 태양의 날이 중요하게 여겨짐에 따라 그리스도인들(스스로 유대의 안식일과 차별화시키고자 했던)은 그날에 적응했던 것 같다.[113] 하지만 나중에 다시 진술될 필요가 있긴 하겠지만, 이런 선택의 동기는 태양의 날에 태양신을 존경하고자 하는 그들의 열망에 의해서 유발된 것이 **아니라** 오히려 그 상징적 의미가 구원 역사의 두 가지 중요한 사건들인 창조와 부활을 적절하게 기념할 수 있었다는 사실에 의해서 유발된 것이었다: "세상의 빛이 나타난 것이 이 날이었고, 의의 태양이 부활하신 것도 이 날이다."[114] 게다가 태양의 날은 그리스도인들로 하여금 자신들에게 잘 알려졌던 효과적인 상징으로 이교 세계에 성경적 신비들을 설명하게 해 주었다.

지금까지 일요일 준수의 기원에 대한 우리의 연구는 유력한 두 가지 주요 요소들에 집중됐다. 첫 번째는 반유대주의로서, 그것은 안식일의 가치를 저하시키고 그것을 거절하도록 하는 데 광범위한 영향을 미쳤고 이로 인해 새로운 예배일의 창출이 절박하게 필요하게 됐다. 두 번째는 태

---

113. 몇몇 학자들은 이러한 결론을 지지한다: Franz Cumont (각주 53), 163: "일요일이 거룩한 날로 일반적으로 인식되게 된 것은 분명 태양의 날에 부여된 우월성에서 비롯됐을 것이다"; P. Cotton (각주 72), 130: "이교도들이 쓴 태양의 날(Sun-day)이 기독교의 일요일(Sun-day)을 예배를 위한 유일한 날이자 우월성을 지닌 날로 교회 안으로 끌어온데 영향을 미쳤다는 것은 분명한 사실이다"; 참고, F. H. Colson (각주 20), VI; O. Cullmann (각주 75)은 2세기 중반의 태양의 날과 부활 사이에 관련이 있다는 점을 인정한다: "2세기 중반부터 '일요일'이라는 용어는 앞선 '주의 날'을 위해 존재했다. 즉 그 말은 그리스도의 부활의 구속적 행동에 대한 그리스도인들의 생각이 이미 태양의 상징성과 관련이 되어 있었다는 것이다." 하지만 Cullmann은 "주의 날"이라는 명칭이 "Sunday"보다 이전의 것인지에 대해서는 입증하지 못했다.
114. Jerome, *In die dominica Paschae homilia*, CCL 78, 550, 1, 52.

양 숭배의 발전과 결과적으로 토성의 날을 대신해 태양의 날이 고양된 것인데, 이에 수반해서 그리스도인들은 분명하게 그날에 적응하게 되는 사건이 일어났다. 그 이유는 그것이 하나님의 중요한 행위들을 기념하도록 해주는 적절한 상징을 제공해주었기 때문이었다. 하지만 초기 기독교 문헌들에 나타난 일요일 준수의 신학적 동기에 대한 적절한 고려는 아직 주어지지 않았다. 그 신학적 동기들은 일요일의 기원에 대한 복잡한 문제에 대한 추가적인 통찰력을 제공해 주는 것들이기 때문에 이제 우리는 최종적인 결론을 내리기 전에 그것들에 주의를 돌려보고자 한다.

제9장
일요일의 신학

초대교회의 교부들이 일요일의 도입과 준수를 정당화하기 위해서 제기했던 기본적인 신학적 동기는 무엇이었는가? 그것들은 성서적-사도적 가르침들로부터 발전했는가, 아니면 안식일 준수자들로부터 제기된 반대 의견을 가라앉히기 위해서 논리적으로 이끌어 내어진 것들인가? 초기의 신학적 설명들은 일요일 준수에 대하여 유기적이고 긍정적인 견해를 반영하는가, 아니면 신학적 불확실성과 논쟁을 초래하고 있는가? 이러한 질문들은 일요일 예배를 정당화하기 위해 교부들이 제시하고 있는 신학적인 논거들을 살펴보는 동안에 우리가 유의해야 할 질문들이다. 바라건대 그러한 분석이 이 연구를 통해서 나타날 결론들에 대한 정당성을 판단할 가능성을 우리에게 줄 것이다.

초기 교부들의 문헌에 나타난 일요일 준수의 주요 동기들은 아마도 세 가지 주요 표제로 가장 잘 모아질 수 있을 것이다. 그 표제들은 부활, 창조, 그리고 제8일의 상징이다. 그 신학적인 견해들이 정적인 것이 아니라 역동적인 것이며, 시간의 추이에 따라 점진적으로 발전한 것임을 유의하면서 순서에 따라 그 표제들을 검토할 것이다.

부활

사도 시대에는 일요일에 부활을 기념하려는 주간 혹은 연례 제도를 만들고자 노력한 암시를 발견할 수 없었음을 제3장에서 우리는 이미 살펴보았다. 그럼에도 부활이 일요일 준수의 지배적인 논거가 됐음은 사실이다. 아마도 부활을 일요일의 **기원**의 논거로서 가장 명확하게 기술한 내용을 제공해준 것은 아우구스티누스(Augustine, 주후 354-430년)일 것이다. 그는 이렇게 기록하고 있다: "주의 날은 유대인들에게 선언된 것이 아니라 주님의 부활에 의해 그리스도인들에게 선언된 것이었으며 그 사건으로부터 그 축일이 기원됐다."[1] 또 다른 서신에서 이 힙포의 감독(아우구스티누스를 지칭—편주)은 다음과 같이 유사하게 주장한다: "주의 날은 부활에 대한 믿음에 의해 안식일에 우선하게 됐다."[2]

부활을 일요일 준수 기원의 **원인**으로 인정하는 이 간결하고도 명확한 인식은 오랜 기간 동안 신학적으로 숙고한 궁극적 결과다. 2세기 초에 부활은 일요일 준수의 첫 번째 동기 혹은 유일한 동기로 제시되지 않았다. 우리가 알고 있는 것처럼, 이그나티우스는 『마그네시아인들에게 보내는 서신』에서 "예수 그리스도를 따라 살았던 하나님의 선지자들"(8:2)에 관해 다루면서 그리스도의 부활을 넌지시 말했다. 그들은 "더 이상 안식일을 지키지 않고 주의 삶을 따라 사는 새로운 소망에 이르렀다. 그 위에서[혹은 그것에 의해서] 우리의 삶 역시 그의 죽음을 통하여 다시 일어났다"(9:1). 이 본문에서는 일요일 준수를 입증하는 데 있어서 부활이 가지는 가치를 오히려 소홀히 하고 있는데, 그리스도의 부활 언급이 간접적이며 또한 이미

1.　Augustine, *Epistula* 55, 23, 1, *CSEL*, 34, 194.

2.　Augustine, *Epistula* 36, 12, 14, *CSEL* 34, 4.

살펴본 것처럼 여기서 대조되고 있는 것이 날들이라기보다는 오히려 삶
의 방식들이기 때문이다.[3]

『바르나바스의 서신』(*Epistle of Barnabas*, 주후 135년경)에서 우리가 알게 된
것은 이 저자가 부활을 (일요일 준수 기원의) 두 가지 원인(reason) 중 두 번째
원인—중요하지만 결정적이지 않은—으로 언급하고 있다는 것이다. 첫 번
째 원인은 우리가 뒤에 계속해서 살펴볼 것인데 사실상 종말론적인 것이
다. 그가 "제8일"로 명명한 일요일은 마지막 때의 안식일의 연장이며, "새
로운 세상의 시작"을 상징한다(15:8).

두 번째 원인은 일요일이 "예수께서 **또한**(ἐν ᾧ καί) 죽음으로부터 일어
나신 날이며, 하늘로 승천하시는 자신을 보게 하신" 날이라는 데 있다
(15:9). 여기에서 예수의 부활은 정당성을 증명하는 부가적인 내용으로 제
시되는데, 그 이유는 아마도 부활이 일요일 준수의 주요 원인으로 아직은
여겨지지 않았기 때문이었을 것이다.[4]

순교자 유스티노스(주후 150년경)에게 있어서도 상황은 아주 유사하다.
바르나바스처럼 그도 유대교와 안식일에 대한 뿌리 깊은 적대감을 드러
내고 있다. 『변증서 I』(*I Apology*)에서 유스티노스는 바르나바스와 같이 부
활을 두 가지 원인 중 두 번째 원인으로 제시하고 있다.

> 일요일은 사실상 우리 모두가 공중 집회를 개최하는 날인데, 그 이유는 그
> 날이 하나님께서 암흑과 [최초의] 물질을 바꾸심으로 세상을 창조하신 첫째

---

3. 이 구절은 본서 제6장에서 논의되고 있다.
4. Barnabas는 안식일이 그 중심에 있는 유대교와 분리해야 하는 긴급한 상황이 일요
   일 기원의 물리적 요인이 됐다고 설명한다(218-219 참고). 반면 형식적인 차원의 이
   유는 여덟 번째 날이 내세론적 측면에 있어 새로운 세상의 시작을 의미하며, 그것
   은 현재 그리스도의 부활을 기념하는 것이다. 부활은 두 요인 가운데 후자의 경우
   로 여겨진다.

날이기 때문이다. 그리고 우리의 구주 예수 그리스도께서 그 동일한 날에 죽음으로부터 살아나셨기 때문이다.[5]

로르도르프(W. Rordorf)가 인정하고 있듯이, 유스티노스에게 있어서 "일요일 준수의 첫 번째 동기는 세상을 창조한 첫째 날을 기념하는 것이며, 이에 더해 예수의 부활은 오직 두 번째 동기가 될 뿐이다."[6] 일요일 예배가 발생하기 시작하던 바로 그 시대에 살았던 바르나바스와 유스티노스가 부활을 일요일 준수의 두 번째 동기로 제시하고 있는 것은 주목할 만한 가치가 있는데, 이는 분명 처음에 부활이 아직 근본적 동기로 이해되지 않았음을 보여주기 때문이다.

그럼에도 그리스도의 부활은 일요일 준수에 대한 주요 동기로 나타나기 시작했다. 몇몇 예식적인 관습들은 본질적으로 그 관습을 기념하기 위해서 도입된 것이 사실이었다. 예를 들어, 키프로스 사람들의 기록(주후 258년경으로 추정)에서 주의 만찬은 "비록 주님께서 저녁에 함께 나누셨지만 … 우리는 주님의 부활로 인해 그것을 아침에 거행한다."[7] 마찬가지로 테르툴리아누스에 따르면, "주의 날에 예배를 드리면서 금식하고 무릎을 꿇는 것은 불법적인 것"으로 간주됐다.[8] 비록 그가 이러한 관습들에 대한 명확한 동기를 제공해주고 있지는 않지만(의심할 것 없이 당대에 살았던 사람들은 잘

---

5. Justin, *I Apology* 67, 5-7, Falls, *Justin's Writings*, 106-7. Justin은 이 외에 다른 근거도 존재하는데, 우리가 살펴본 것처럼, 유대인들과 유대 그리스도인들에 대해 비판하면서, 할례와 관련한 제8일과 홍수로부터 살아났다는 여덟 명의 사람들에 기초해서 일요일 준수를 변호한다.

6. W. Rordorf, *Sunday*, 220.

7. Cyprian, *Epistola* 63, 15, *CSEL* 3, 2, 714; Jerome (*Commentarius in epsitola ad Galatos* 4, 10, *PL* 26, 404-405)은 부활의 상징을 매일의 성만찬 기념의 개념으로 확장시킨다.

8. Tertullian, *De corona* 3, 4, *ANF* III, 94.

이해하고 있었겠지만),[9] 다른 교부들은 이러한 것들이 그리스도의 부활을 기억하는 것을 돕기 위해 고안됐다고 분명하게 설명했다. 예컨대, 아우구스티누스는 일요일에 "금식하는 것은 중지됐고, 기도는 서서 드리게 됐는데, 그 이유는 그것이 부활에 대한 몸가짐이기 때문"이라고 명확하게 주장하고 있다.[10]

따라서 처음에 그리스도의 부활은 일요일 예배의 정당성을 증명하는 독점적이고 압도적인 명분으로 여겨진 것이 아니라 오히려 몇몇 예식적 관습들에 영감을 준 주된 이유로 나타났다.[11] 이제 우리는 그 외의 다른 신학적 동기들이 수행하는 역할을 평가할 필요가 있다.

창조

세상 창조의 기념일을 기념한다는 것은 일요일 준수를 변호하기 위하

---

9. Tertullian은 그의 논문 *On Prayer* 23, *ANF* III, 689에서 이유를 제시하고 있는데, 여기서 그는 "주의 부활의 날에", 그리고 "오순절 기간 동안"은 서서 기도하라고 충고한다. 이는 두 축일 모두 "환희(exultation)의 경험과 관련한 동일한 의식의 절차로 구별됐기 때문이다.

10. Augustine, *Epistola* 55, 28, *CSEL* 34, 202; 참고, *Epistola* 36, 2, *CSEL* 34, 32; Hilary of Poitiers 또한 *Praefatio in Psalmum* 12, *PL* 9, 239에서 동일한 이유를 제시하고 있다; Basil (*De Spiritu* 27, 66, *SC*, 236)은 일요일 예배에서 서 있는 자세가 부활을 기억하는 데 도움이 된다고 설명한다. 그러나 그러한 관습의 기원은 명확하지 않다고 진술한다; 참고, *Apostolic Constitutions* 2, 59, *ANF* VII, 423: "우리는 삼일 만에 살아나신 분을 기념하기 위해 일요일에 세 번 서서 기도를 한다."

11. 많은 교부들의 생각 속에 부활절-일요일과 주간 일요일이 다른 때에 동일한 구원 사건을 기념하는 하나의 기본적 축제로서 여겨졌다는 사실(본서 제6장 참고)은 다음의 가능성을 제시해준다. 즉, 이 둘 모두 2세기 초반 로마에서 동시에 고안된 것일 수 있다는 것이다.

여 교부들에 의해서 종종 제기된 하나의 구실이 된다. 위에서 주목해 보았듯이 유스티노스는 『변증서 I』(*I Apology* 67)에서 이것을 기독교의 일요일 집회의 주요 동기로 제시하고 있다: "일요일은 사실상 우리 모두가 공중 집회를 개최하는 날인데, 이는 그날이 하나님께서 암흑과 [최초의] 물질을 바꾸시므로 세상을 창조하신 첫째 날이기 때문이다."

앞서 이 구절을 논하면서 내린 결론은 유스티노스가 언급한 첫째 날의 빛 창조 개념이 태양의 날에서 유추되고 있음을 제안해주고 있는 것처럼 보인다. 하지만 그 진술은 본질적으로 첫째 날에 창조가 시작된 것이 그리스도인들의 매주일 모임을 정당화시켜주는 유효한 이유로서 이해됐음을 보여준다. 레간의 지적에 따르면, 『변증서 I』 67장에 나타나는 유스티노스의 창조 모티프는 "빛과 세상에 대한 최초의 단순한 창조 이야기를 설명하는 59장의 시작 부분에서부터 발전되고 있다."[12] 유스티노스에 따르면, 주간의 첫째 날에 창조가 시작된 것은 그리스도의 부활과 연관이 있는데, 이는 두 사건이 분명 같은 날에 발생했으며, 상징적인 의미에서 옛 창조의 시작과 새 창조의 시작을 나타내는 것으로서 서로 연결될 수 있었기 때문이다.

창조와 부활 사이의 연관성을 확립하고자 했던 유스티노스의 노력은 그만의 시도는 아니었다. 이미 살펴본 것처럼 에우세비오스와 히에로니무스의 증거 자료에서도 두 사건은 명확하게 서로 연결되어 있다.[13] 밀라노의 감독 암브로스(주후 339-397년경)도 일요일을 찬양하는 시에서 역시 이러한 가르침을 반향하고 있다. 그는 이렇게 말한다: "첫째 날에 신성한 삼위일체께서 세상을 창조하셨다. 아니, 그보다도 죽음을 정복하신 부활하

---

12.   F. A. Regan, *Dies Dominica*, 86.
13.   본서 제8장을 참고하라.

신 구세주께서 우리에게 해방을 주셨다."[14] 이러한 창조와 부활 사이의 연결은 알렉산드리아의 에우세비오스의 한 설교(주후 500년경)에서 더더욱 명료하게 나타난다.

> 거룩한 일요일은 주님을 기념하는 날이다. 그날은 주님께 속한(κυριακή) 것으로 불리는 데 모든 날들의 주(κύριος)가 되기 때문이다. … 주님께서 세상의 창조의 기초를 세우신 날이 그날이었고, 그 세상에 부활의 첫 열매들을 주신 것도 그 동일한 날이었다. … 그러므로 이 날은 세상 창조의 시작(ἀρχή)이요, 주간의 시작으로서 우리에게 모든 은혜의 원천이 된다. 이 날에 세 가지의 시작들을 포함하고 있기 때문에 그날은 삼위일체의 본질을 예시하고 있는 셈이다.[15]

첫째 날에 창조가 시작된 것을 일요일 준수를 정당화하는 유효한 동기로 제시할 뿐만 아니라 그것을 옹호하는 부가적인 교부들의 자료들이 더 인용될 수도 있다.[16] 이런 관점은 하나의 중요한 질문을 야기시킨다: 구

---

14. Britt은 그 찬가를 교황 Gregory the Great의 것으로 여기는 반면 J. Daniélou는 Ambrose의 것으로 본다(*Bible and Liturgy*, 249).

15. Eusebius of Alexandria, *De die Dominico*, PA 86, 416.

16. 일례로 Gregory of Nazianzus, *Oratio* 44 *In novam Dominicam*, PG 36, 612를 보라: "첫 창조가 주의 날(Lord's Day)에 시작된 것처럼(이는 일로부터 쉬고 나서 안식일이 7일 후에 오게 된다는 사실에 분명히 암시되어 있다), 두 번째 창조도 같은 날에 시작됐다"; Dionysius of Alexandria, *Analecta sacra spicilegio solemensi* 4, ed. J. B. Pitra, 1883, 421: "하나님께서는 스스로 일요일은 창조의 날이자 부활의 날로 정하셨다: 창조에 날에 그분은 어둠에서 빛을 나누시고 부활의 날에는 믿는 자와 믿지 않는 자를 나누셨다"; Ambrosiaster로 알려진 저자는 동일한 주제와 관련해 하나의 변형을 제시한다: "실제로 세상은 일요일에 창조됐으며, 이는 그날이 창조 이후의 날이며 다시 그날에 세상이 회복됐기 때문이다. … 동일한 날 그분은 부활하시고 창조도 하셨다"(*Liber quaestionum veteris et novi testamenti* 95, 2, CSEL 50, 167).

약성서와 유대적 사고에서 창조는 안식일에 대한 독점적인 특권으로 여겨졌음에도 불구하고 그리스도인들은 왜 일요일이 그것(창조)을 기념하는 것이라고 주장하게 됐는가? 초기 그리스도인들이 이 사실을 잘 이해하고 있었다는 사실은 토요일과 일요일 모두를 준수했던 사람들이 창조와 부활 사이를 분명하게 구분하고 있었다는 사실에 의해서 잘 예시된다. 예를 들자면 『사도헌장』(Apostolic Constitutions, 주후 380년경)에서는 그리스도인들이 안식일과 주의 날(Lord's day) 축일을 지킬 것을 명령하고 있다: "창조를 위하여는 안식일을, 부활을 위하여는 주의 날을 지켜라."[17]

창조를 기념하는 것이 안식일에서 일요일로 옮겨진 것은 아마도 안식일이 가지고 있던 신학적 존재 이유(raison d'être)를 없애버리기 위한 계산된 시도가 아니었겠는가? 창조의 완성을 기념하는 것으로 인해 안식일의 우월성을 옹호하고 있었던 안식일 준수자들의 견해를 억누르기 위해 창조를 일요일 준수의 동기로 돌린 것이 아니었는가? 이 같은 논쟁의 흔적들이 몇몇 자료들 안에서 반향되고 있다. 예를 들어, 『시리아어 다다스칼리아』(Syriac Didascalia, 주후 250년경)에는 논쟁적 어투가 매우 명확하게 나타난다.

그러므로 사람들 중에서 믿음을 가진 너희 사랑하는 형제들이여, 속박하는 것들로 구속되기를 바라지 말고, 성경이 "엿새 동안 하나님께서 모든 것들

---

17. *Apostolic Constitutions* 8, 33, 1, *ANF* VII, 495; 참고, 위와 동일한 책, 7, 36, 1, *ANF* VII, 474: "오 전능하신 하나님이시여, 당신께서 그리스도를 통해 세상을 창조하셨으며, 그것을 기념하여 안식일을 정하셨나이다. 이는 그날에 당신께서 우리를 일로부터 쉬게 하시고 당신의 법을 명상케 하려 하심이었나이다"; Ignatius, *Epistle to the Magnesians* 9, *ANF* I, 62: "그러나 육신의 휴식이 아닌 하나님의 창조 사역과 솜씨를 찬양하고 법을 묵상하며 영적 방식을 좇아 모두로 하여금 안식일을 지키게 하라."

을 만드시고 일곱째 날에 그 모든 일을 마치시며 그날을 거룩하게 하셨다"
고 말하고 있기 때문에 안식일이 주일의 첫날보다 앞서는 것이라고 말하는
것을 그치라.

　　우리는 이제 그대에게 묻는다. 어떤 것이 먼저인가 '알레프'(*Alef*: 히브리
어 알파벳 중 첫 번째—편주)인가 '타브'(*Tau*: 히브리어 알파벳 중 마지막—편주)인
가? 우리의 구주께서 "태초에 하나님께서 천지를 창조하셨다"고 모세에게
말씀하신 것처럼, 세상이 시작된 날이 더 위대하다.[18]

　　이 논쟁의 이슈는 명확하다. 적어도 몇몇 유대인 개종자들은 안식일
이 창조의 완성을 상징하는 날이었음을 기초로 해서 제7일 안식일의 우
월성을 주장했다. 한편 일요일 준수자들은 일요일이 창조의 날을 기념하
는 첫 번째 날이기 때문에 안식일보다 더 우월하다고 주장함으로 그러한
의견에 반박했다. 이런 논의는 아타나시우스의 작품 가운데 발견되지만
아마도 위조된 작품인 것으로 추정되는 『안식일과 할례에 대하여』(*On the
Sabbath and Circumcision*, 주후 296-373년경)라는 논고에서 더더욱 세련된 신학적

18.　*Syriac Didascalia* 26, ed. Connolly, 233; 안식일에 대한 일요일의 우월성을 증명하
　　려는 다른 흥미로운 논의들이 제시되고 있다. 예를 들어, 저자는 첫날인 일요일이
　　만들어 졌을 때, "제7일은 아직 알려지지 않았다. … 이미 창조되어 존재하는 것
　　과 아직 알려지지 않은 것, 그것이 존재하게 될 것인지에 대한 기대조차 없는 것 가
　　운데 어느 것이 더 위대한가?" 또 다른 논의는 첫 자녀에 대한 아버지의 축복의 경
　　우를 근거로 든다: "그대는 축복을 받은 막내들인가 아니면 첫째인가? 성경에 기록
　　된 바, 야곱은 첫째들 가운데 축복을 받을 것이라"; 또한 저자는 바르나바스서 6장
　　13절을 인용해 일요일의 우월성을 변호한다: "보라, 내가 처음 것을 마지막으로, 마
　　지막 것을 처음으로 만들 것이라"; 마태복음 20:16: "나중 된 자로서 먼저 되고 먼
　　저 된 자로서 나중 되리라"; 그는 다음의 견해를 언급하며 결론을 맺는다: 일요일은
　　"8(*ogdoad*, 제8)일로서 안식일보다 낫다"(Connolly, 234-236). 이와 같은 논쟁들의
　　다양성과 특이한 속성은 각각의 날의 우월성을 변호하기 위한 안식일과 일요일 준
　　수자들 사이에 여전히 논쟁이 계속되고 있음을 보여준다.

형태로 다시 나타난다. 저자는 창조의 기념일과 창조의 완성이라는 이원
성에 의하여 일요일의 우월성을 주장하기보다는 오히려 이 두 날을 연속
적인 두 창조의 상징으로서 묘사하고 있다.

> 안식일은 첫 창조의 마지막이자 주의 날은 옛 것을 새롭게 회복시킨 두 번
> 째 창조의 시작이었다. 이전에는 첫 번째 창조의 마지막을 기념하는 것으
> 로서 안식일을 준수해야 한다고 그분께서 규정하셨던 것과 동일하게, 이제
> 우리는 새로운 창조를 기념하는 것으로 주의 날을 지킨다. 사실상 그분께
> 서는 또 다른 것을 창조하신 것이 아니라 옛 창조를 새롭게 하신 것이고 그
> 가 시작하셨던 일을 완성하신 것이었다.[19]

여기에서 안식일과 일요일은 옛 창조와 새 창조의 상징들로서 묘하게
대조된다. 일요일의 우월성은 그리스도와 더불어 "종료된" 안식일로 기
념되는 첫 번째 창조와 대조되는 바, "끝이 없는 두 번째 창조"의 본질에
의해 확립된다. 더욱이 새 창조는 "옛 창조를 새롭게 회복한 것이었기" 때
문에 안식일과 그 의미를 합병한 것이었다. 이 세련되지만 인공적인 신학
구성에 의해, 안식일은 "이전 사람들(즉, 유대인들)로 하여금 창조의 끝과 시
작을 알게 하기 위해서 그들에게 제공된" 일시적인 제도가 되어버린다.[20]

안식일을 이렇게 첫 번째 창조의 마침과 두 번째 창조의 시작을 고지
하는 제도로 보는 것은 성경에서 완전히 이질적인 것이다. 예를 들어, 안
식일에 쉬심으로 "그의 모든 일을 마치셨던" 하나님께서, "그가 이루신
일에 완성이 필요하다고 말하기를 바라신다"고[21] 주장하는 것은 하나님의

---

19.   Athanasius, *De sabbatis et circumcisione* 4, PG 28, 133 BC.

20.   위와 동일한 부분.

21.   위와 동일한 부분.

안식(*otiositas*)의 실제적 의미를 잘못 이해한 것이다. 창조 이야기에서 하나님의 안식일의 쉼은 특별히 창조의 완성과 완전함을 상징하고 있다.[22]

몇몇 그리스도인들이 연속된 두 번의 창조와 같은 그러한 인공적이고 비성서적인 교리들을 고안하도록 만든 원인은 무엇이었을까? 『디다스칼리아』와 같은 문서에 기록된 실제 논쟁에 비추어 볼 때, 이런 영리한 변증적 논증은 안식일을 창조의 기념으로 삼는 것이 우월하다는 안식일 준수자들의 주장을 논박할 필요성 때문에 야기됐던 것으로 보인다.[23]

계속되는 논쟁에서, 첫째 날이 가지는 상징적 의미는 이교도들과 안식일을 지키는 그리스도인들 모두의 공격으로부터 새로운 예배일을 옹호하기 위한 효과적인 도구가 됐음이 분명하다. 그리스도인들은 태양의 날에 태양신을 존경하는 것이 아니라 오히려 첫째 날에 발생한 사건들인 빛

---

22. J. Daniélou, "Le Dimanche comme huitiéme jour," *Le Dimanche*, Lex Orandi 39, 1965, 62: "구약에서 … 제7일은 온전함을 뜻하는 표현이다"; Niels-Erik A. Andreasen, The Old Testament Sabbath SBL Dissertation Series 7, 1972, 196: "우리는 스스로 그것이 창조로 끝나는 안식(일로부터의 중지)이 아니라는 것을 되새겨야 한다. 대신 그것은 안식과 안식일 모두의 원인이 되는 끝이 난 창조 (the concluded creation)이다"; 전체, 완성, 완벽의 상징으로서의 안식일은 다음을 참고하라, Nicola Negretti, *Il Settimo Girono,* Analecta Biblica 55, 1973, 44-45, 57-58.

23. 창조 논쟁과 관련한 또 다른 변형은 첫째 날을 세상의 창조에 대한 기념일이 아니라 그리스도의 발생 (the generation of Christ)으로 해석하는 것이다. 이러한 견해는 Clement of Alexandria (주후 150-251년경)의 "제7일은 악을 쫓아냄으로써 태고의 날, 우리의 참된 안식을 준비한다"라는 진술에서 찾아볼 수 있다. 창조의 첫날은 알레고리적으로 "감추어진 것들을 비추는 말씀"으로 해석된다. 이는 그날에 "빛이 되시는 그분께서 모든 것 가운데 가장 먼저 계셨던 분이시"기 때문이다(*Stromateis* 6, 16, *GCS* 2, 501-2); Eusebius는 다음과 같은 설명을 비추어 이 개념을 만들어낸다. 즉, "그 말씀에 걸맞는 다른 창조물들이 없었기 때문에" 첫째 날에는 오직 빛만 창조됐다는 것이다(*Commentaria in Psalmos*, PG 23, 1173-1176). 오늘날 대부분의 그리스도인들이 삼위일체의 제1우위설처럼 거부하겠지만 첫날 말씀이 가진 발생적 개념은 안식일 준수에 대한 실행 가능 차원의 신학적 정당성을 마련하기 위한 기발한 하나의 시도로 보아야 한다.

의 창조와 의의 태양이신 분의 부활하심을 경축했다고 이교도들에게 설명할 수 있었다.

그날은 창조의 시작이자, 새 창조와 그리스도 세대의 시작을 기념하는 날이었기 때문에 그들은 안식일을 지키는 자들에게 첫째 날이 일곱째 날보다 우월하다는 것을 보여줄 수 있었다. 이것들이 일요일 준수를 정당화하기 위해 제안된 유일한 주장은 결코 아니었다. 제8일의 상징적 의미는 일요일이 안식일보다 우월하다는 것을 옹호해주는 또 다른 변증 방식을 제공했다. 이제 우리는 일요일의 도입에 대한 추가적인 정보를 얻기 위해서 이것들을 살펴볼 것이다.

제8일

첫째 날이 가지는 의미에 대한 고찰을 통해서 우리는 이미 초기 그리스도인들에게 있어서 수의 상징(numerical symbolism)이 얼마나 중요한지를 깨닫게 됐다. 이런 유형의 상징들이 근대 사상에서는 낯설지만 고대 기독교의 많은 사상가들을 사로잡으면서 초기 기독교 설교가들과 신학자들에게 실제적이면서도 심오한 논쟁들을 제공해 주었다. 안식일은 유대교 주(week) 체계의 제7일이었기 때문에, 나지안주스의 그레고리(Gregory of Nazianzus, 주후 329-389년)가 주장했던 것처럼 일요일은 "다음에 오는 날들과 관련해서는 제1일로, 그리고 이전의 날들과 관련해서는 제8일로" 간주될 수 있었다.[24] 우리가 곧 깨닫게 될 것이지만, 일요일을 후자인 제8일로 명명하는 것은 전자인 제1일로 명명하는 것보다 초기 5세기 동안의 기독교

---

24. Gregory of Nazianzus, *Oratio* 44 *in novam Dominicam, PG* 36, 612C-613A.

문헌에 더 자주 나타난다.

7일 주기의 일주일에서 제8일이 가지는 불합리성이 고대인들에게는 그렇게 고민거리가 되지는 않았던 것 같다. 이에 대한 설명이 널리 퍼져 있는 한 관례에 의해 제안되는데, 이탈리아와 같은 곳에서는 여전히 일반적인 관습에 따라, 주어진 날부터 다음 주의 같은 날까지 포괄적으로 계산하여 한 주를 계산하곤 한다. 이탈리아 사람들은 예를 들어 어떤 일요일에 만나서 다음 주 일요일에 만나자는 약속을 할 때 흔히 "나는 (오늘로부터) 일주일 후에 너를 만날 것이다"라고 말하기보다, 종종 "여덟 번째 날 오늘"(*oggi otto*)이라고 말한다. 이것이 여덟 번째 날인 이유는 두 일요일이 모두 계산되기 때문이다. 이와 동일한 원칙에 의해 로마인들은 자신들의 8일 주기를 '눈디눔'(제9일, *Nundinum-ninth day*)이라고 불렀다. 이러한 포괄적인 계산법이 그리스도인들에 의해 사용됐다는 증거들이 몇몇 교부들의 자료들에 암시된다. 예를 들어, 테르툴리아누스(주후 160-225년경)의 글에는, 이교도들은 동일한 명절을 일 년에 오직 한 번 거행하지만 그리스도인들은 "매 여덟 번째 날"(every eighth day)에 거행했다는 언급이 나오는데, 이는 매주 일요일을 가리킨다.[25]

일요일이 "이전의 날들과 관련해서" 제8일로 여겨질 수 있었다는 사실[26] 자체는 그러한 명칭이 왜 약 5세기까지 일요일을 명명하는 것으로

---

25. Tertullian, *On Odoltry* 14, ANF III, 70; *Syriac Didascalia* 26, Connolly, 236: "그러나 안식일 자체는 안식일까지 포함해 세어야 하는 것이므로, 그것은 곧 8[일]이 된다. 그러므로 제8일은 안식일뿐 아니라 한 주의 첫날보다도 낫다"; 그 숫자가 안식일에서 그 다음 안식일까지 날을 세는 것에서 비롯되는 경우, 제8일이 어떻게 일요일에도 적용될 수 있는지는 명확하지 않다; Justin, *Dialogue* 31, ANF I, 215: "그러나 모든 날들의 순환의 숫자에 따르면, 다른 모든 날들 가운데 여전히 첫날인 안식일 후의 첫날은 제8일로 불린다"; 참고, *Dialogue* 138.
26. 각주 24를 보라.

널리 퍼지게 됐는지에 대한 이유를 설명해 주지는 않는다. 그 명칭의 기원을 추적해내는 과제는 쉬운 것이 아닌데, 이는 콰큐아렐리(Quacquarelli)가 관찰한 것처럼 "제8은 교부들에게 계속적으로 새로운 사상의 내용들을 제공해 주었기" 때문이다.[27]

침례

로르도르프의 제안에 따르면 "침례가 일요일에 베풀어졌고 우리가 알기로 침례는 숫자 8을 연상하는 상징과 일찍부터 관계가 있었기 때문에 일요일은 숫자 8과 관련 있게 됐다."[28] 침례가 8일 만에 받는 할례와 물의 홍수로부터 구원받은 여덟 명의 사람들에 대한 예표를 성취하는 것으로 여겨지게 된 것은 사실이긴 하지만, 이러한 관련성이 4세기 이전의 교부들의 작품들 속에서 일반적으로 나타나는 것은 아니다. 우리가 알기로 그것을 명확하게 설명한 첫 번째 사람은 에우세비오스(주후 340년경)다.

> 제8일은 우리의 모든 죄악들이 정결케 되는 것으로 우리가 믿는 구세주께서 부활하신 주의 날이다. 이 날은 자녀들이 상징적으로는 할례를 받는 날이었지만, 실제로는 하나님에 의해 거듭난 모든 영혼들이 침례에 의해 깨끗케 되는 날이었다.[29]

이러한 침례의 부활에 대한 주제는 할례와 홍수 이야기에 대한 모형

---

27. A. Quacquarelli, *L'Ogdoade Cristiana e i suoi riflessi nella liturgia e nei monumenti*, 1973, 45.

28. W. Rordorf, *Sunday*, 277. 신약 속 예표론적 관계는 할례와 침례 사이에서 성립되지만, 제8일 그 자체로의 중요성에 대한 언급은 존재하지 않는다; 골 2:11-13; 참고, O. Cullmann, *Baptism in the New Testament*, 1950, 56 이하.

29. Eusebius, *Commentaries in Psalmos* 6, *PG* 23, 120A.

론에서 확립된 것으로 4세기의 몇몇 문헌들 속에서 다시 나타나고 있으며,[30] 그것은 8각형 모양을 한 기독교(가톨릭) 성수반(聖水盤)과 세례탕의 기원이 됐다. 하지만 다니엘루가 지적하는 것처럼 "이 점에서 우리는 그것과 일요일의 관계로부터 너무 멀리 와 버렸다."[31] 초기의 문헌들 속에서, 8일 만에 행하는 할례와 홍수로부터 구원받은 8명은 원래 일요일에 그리스도께서 부활하신 것을 예표하는 것으로 여겨진다. 예를 들어, 순교자 유스티노스(주후 100-165년경)는 방주 안의 여덟 사람들을, "영원히 능력을 가진 첫 사람으로서 죽음으로부터 일어난 그리스도께서 나타나신 제8일에 대한 상징"으로 해석한다.[32]

키프리아누스(주후 258년경)는 "여덟 번째 날, 즉 안식 후 첫날이 주님께서 부활하셔서 우리에게 생명을 주고 영적 할례를 제공해 주시는 날이 됐기 때문에" 어린이들이 고대의 관습인 할례와 일치하게 제8일에 침례를 받아야 한다는 제안을 단호하게 거절했다.[33] 이와 유사하게 오리게네스도(주후 185-254년경)도 제8일이 즉각적이고 전체적인 할례, 즉 침례를 통한 세상의 정화를 제공해준 그리스도의 부활을 상징하는 것으로 이해했다. 그는 이렇게 기록한다: "주 예수 그리스도의 제8일이 출현하기 전에는 모든

30. Ambrose (*Expositio Psalmi* 118, 2:1-3, *CSEL* 62, 4-5)는 할례에 관련된 8일이 첫 부활절에 시작된 영적 할례, 즉 침례의 상징이라고 가르친다; 참고, *De Abraham* 2, 11, 79, *CSEL* 32, 631; Bregory of Nyssa, *De octava, PA* 44, 608-609; Athanasius, *De sabbatis et circumsisione, PG* 28, 140C-141B; Chrysostom, *De circumsisione, PA* 50, 867D.

31. J. Daniélou (각주 22), 88.

32. Justin, *Dialogue* 128, *ANF* 1, 268; 참고, *Dialogue* 41, *ANF* 1, 215: "그들에게 언제나 8일째 아이에게 할례를 베풀라고 명령하는 그 할례의 명령은 참된 할례에 대한 하나의 모형으로, 이로써 우리는 안식일 후 첫날에 부활하신 분을 통해 기만과 부당함으로부터 할례를 받게 된다"; 참고, *Dialogue* 23.

33. Cyprian, *Carthaginense Concilium sub Sypriano tertium* 3, 3, 1, *PL* 3, 1054; 참고, *Epistola* 64 *CSEL* 3, 719.

세상이 불결했고 할례받지 못한 상태에 있었다. 하지만 부활의 제8일이 오자 우리는 즉시 그리스도의 할례에 의해 정결케 됐고, 장사됐다가 다시 살아나게 됐다."[34]

이 본문에서 할례는 일요일 침례 예식과 연관된 것이 아니라 정결케 하는 능력으로 추정된 부활 사건 그 자체와 연관된다. 더욱이 초기 교회에서 침례가 오직 일요일에만 거행되지는 않았다. 『세례에 관하여』에서 테르툴리아누스(주후 160-225년경)는 침례를 받는 가장 적당한 날로 유월절과 오순절을 추천하면서도, "매일이 주의 날이며, 어느 시간이든지 어느 때든지 침례를 받기에 적합하다"는 점 또한 인정하고 있다.[35]

우주적 주간

때로 "우주적 주간"으로 불리는 7일 창조 주간에 대해, 널리 보급된 천년왕국적-종말론적 사유로 종종 "제8일"이 일요일에 대한 명칭이 됐다는 식의 보다 그럴듯한 설명이 제기된다. 동시대의 유대 묵시 문학에서 세상이 지속되는 기간은 일반적으로 일곱 기간(혹은 천년)으로 세분화됐다. 그중 일곱 번째는 일반적으로 회복된 낙원에 해당된다.[36] 일곱 번째 기간

---

34. Origen, *Selecta in Psalmos* 118, *PG* 12, 1588.
35. Tertullian, *On Baptism* 19, *ANF* III, 678.
36. W. Rordorf (*Sunday*, 48-51)는 후기 유대인들의 종말론 관련 문헌에서 발견된 우주의 주간에 대한 당시의 지배적이었던 종말론적 해석들에 관한 실례가 되는 표와 간결한 요약을 제시하고 있다. 대개 (6천 년으로 계산되는) 현 시대 이후에 올 일곱 번째 천년으로 간주되는 종말론적 안식일은 다음의 세 가지 기본적인 변형에 따라 해석된다: (1) 낙원의 회복, (2) 새로운 시대 이전과 메시아 시대 이후의 적막의 텅 빈 시간, (3) 새로운 세상을 기념할 메시아의 과도의 시기. 이러한 서로 다른 해석들을 통해 우리는 후기 유대교와 신약 시기에 종말론적-천년왕국설과 관련한 문제들에 대한 열성적인 관심이 있었다는 것을 알 수 있다. F. A. Regan (*Dies Dominica*, 212): "신약 시대와 바로 그 이전 수 세기 동안 많은 이들은 천년에 대한 유대인들의 집착과 견해에 동조했다. 흔히 '메시아의 시대'(days of Messiah)라고 불린 메시아의

의 끝에 새로운 영원한 시대가 시작될 것인데, 그 시대는 그렇게 명명되지 않더라도 "제8일"로 기꺼이 여겨질 수 있었다. 이는 일곱 번째 기간 다음의 기간이었기 때문이었다.

이러한 견해들은 기독교 사회에서도 마찬가지로 보편화되어 있었다.[37] 예를 들어, 슬라브어로 된 『에녹의 비밀』(*Secrets of Enoch*: 1세기 말에 유대 그리스도인들에 의해서 삽입된 구약의 외서[apocryphon])에서, 우리는 7일 천년기 계획을 발견할 뿐만 아니라[38] 영원한 새 시대를 제일 처음 "제8일"로 분명하게 명명하는 것을 발견하게 된다.

> 그리고 내가 또한 제8일을 정했는데, 제8일은 나의 일 후에 창조된 첫 번째 날이 되어야 하고 처음 7일은 일곱 천년의 형태로 주기적으로 나타나야 하며, 제8천 년의 시작에 년, 월, 주, 일, 시가 없어 계산할 수 없는 무한한 시

도래는 '이 세상'에서 '장차 올 세상'으로의 이행뿐 아니라 '종말의 날'에 대한 개념을 아우르는 것이었으며, 그 관련 어휘에는 점을 찍어 표시를 해두었다"; 참고, J. L. McKenzie, "The Jewish World in New Testament Times," *A Catholic Commentary on the Holy Scriptures*, 1953, ed. 738-739; J. Bonsirven, *Judaisme Palestinien au temps des Jésus Christ*, 1935, 341-342.

37. 나중에 살펴보겠지만 동방의 전통에서 성경적 주간은 대개 영원에 대한 여덟째 날과는 달리 세상의 전체 기간을 나타내는 개념으로 해석됐다. 그러나 서방에서는 역사적으로 우주의 주간이 특정 시기의 연속을 뜻하는 것으로 이해됐다; 참고, Irenaeus, *Adversus haereses* 5, 28, 3; 5, 33, 2; Hippolytus, *In Danielem commentarius* 4, 23-24; Tertullian, *Adversus Marcionem* 4, 39; *De anima* 37; Je. Daniélou, "La typologie millénariste de la semaine dans le christiansme primitif," *Vigiliae christianae*, (1948): 1-16.

38. J. Quasten, *Patrology*, 1950, 1, 109을 보라. 천년을 세상에 대한 그리스도와 그의 성인들의 천년 통치로써 보는 당시의 지배적 해석은 계 20:1-2에 대한 잘못된 해석에서 비롯된 것이었다. 당시의 믿음은 "세상의 종말 전에 끼어있는 이 시기 동안에는 영적인 평화와 조화가 넘쳐날 것이다. … 이는 어떻게 그와 같은 이론이 기독교의 세상-날-주(world-day-week)의 표현과 일치하는지를 통해 쉽게 발견할 수 있다"(F. A. Regan, *Dies Dominica*, 214).

간이 있게 될 것이다.[39]

제8일을 새로운 영원한 세계의 전형으로 나타내는 이러한 종말론적 상징은 분명히 안식일로부터 벗어나고자 노력하고 있던 그리스도인들에게 호소한 것이었는데, 이 상징은 그들에게 일요일의 도입과 일요일 준수를 정당화하는 데 있어서 중요한 논증을 제공해 주었다. 『바르나바스의 서신』(주후 135년경)에서 이 어법을 사용한 첫 사례가 나타난다. 제8일에 의해 추구된 우주적 주간에 관한 이 에녹서의 가르침은 안식일을 거절하고 일요일 준수를 정당화하는 데 논쟁적으로 활용됐다.[40]

바르나바스는 6일 창조를 해석하면서 "주께는 하루가 천 년을 의미하기 때문에, 6천 년에 그분께서 모든 것들을 끝내실 것"(15:4)이라고 기록했다. 그의 설명에 따르면, 제7일은 "불법한 자들에 대한 통치를 끝내고 사악한 자들을 심판하며 해와 달과 별들을 변화시키고, 그런 후 제7일에 편하게 안식하게 될"(15:5) 그리스도의 재림의 때를 나타낸다는 것이다. 따라

---

39. 에녹서 33:7; *The Apocrypha and Pseudepigrapha of the Old Testament*, ed. R. H. Charles, 1913, II, 451. 그 주(week)의 천년왕국설 측면의 해석은 또 다른 구약외경인 희년서에서 비롯됐을 가능성이 있다. Mario Erbetta는 이 점에 대해서 다음과 같이 설명한다: "아담이 천 년까지 살지 못한 사실에 대해 희년서 4:30에서는 창 2:17("네가 먹는 날에는 정녕 죽으리라")의 예언이 사실상 성취된 것이라고 결론을 짓는다. 그러한 추론이 기독교 시대 이전에 이미 지상의 하루를 천 년과 동일하게 가정하기 위해 제기됐던 것은 사실이다. 이 땅에서의 한 주(week)인 7천 년이 창조로부터 6천 년 이후의 심판과 남은 천 년 동안의 안식으로 해석되는 것은 그다지 어려운 추론이 아니다"(*Gli Apocrifi del Nuovo Testamento*, 1969, III, 31, 각주 67); 참고, F. A. Regan, *Dies Dominica*, 215; P. Prigent (*Les Testimonia dans le christianisme primitif. L'Épître de Barnabe I-XVI et ses sources*, 1961, 65-71)는 제8일의 개념이 이미 유대인들의 종말론에 존재했었다고 주장한다.

40. F. A. Regan, *Dies Dominica*, 215: "『바르나바스의 서신』의 저자의 의존성은 상당히 분명해 보인다. 15:4에 있어서는 에녹2서 32:2-33에 상세한 설명이 제시되어 있다."

서 현재에는 안식일의 성화(sanctification)가 불가능하며, 오직 "불순종이 더이상 없고, 모든 것들이 주님에 의해서 새롭게 만들어지게 되는 때"인 미래 시대(일곱 번째 천 년)에 성취될 것이라고 그는 강조한다. 바르나바스는 현재 시대에는 안식일을 준수하는 것이 적합하지 않으며 그 대신에 정당한 제도로서 "제8일"을 제안하고자 하는 새로운 시도를 꾀하면서 다음과 같이 결론을 내린다.

> 또한 그분께서는 그들에게 말씀하셨다: "너희 월삭과 안식일을 내가 견딜수 없노라." 그분께서 말하고자 하는 것을 너희는 안다. 즉, 내가 받아들일수 있는 것은 현재의 안식일이 아니라, 내가 모든 것을 안식으로 이끌었던 그날에 내가 만들었던 것, 제8일의 시작, 즉 또 다른 세상의 시작에 내가 만들 바로 그것이다. 이것이 또한 우리가 제8일을 기쁨으로 준수하는 이유다. 그날에 예수께서 죽음으로부터 일어나셨으며 스스로 하늘로 올라가심을 나타내셨다.[41]

바르나바스가 일요일 준수를 정당화하기 위해서 차용한 이 우주적 종말론적 제8일의 상징은 대다수의 교부들에 의해서 계속적으로 반복됐고 상세하게 설명됐다. 이것은 우주적 주간으로 세상의 존속 기간을 고찰했던 전통이 널리 보급되어 있었음을 보여주는 것이다. 그러한 고찰은 "제8일"에 대한 선택을 쉽게 고무시킬 수 있었는데, 그 이유는 영원에 대한 상징으로서 그것이 일요일 준수에 대한 유효한 변증을 제공해 주었을 뿐만 아니라 안식일 준수자들과의 논쟁에 있어서도 효과적인 변명의 논증을

---

41. *The Epistle of Barnabas* 15:8-9, Edgar J. Goodspeed 번역, *The Apostolic Fathers*, 1950, 41.

제공해 주었기 때문이었다.[42] 사실상 새로운 영원한 세계에 대한 상징으로 제8일은 이 일시적인 세상에서 일천 년 기간의 왕국을 상징하는 제7일을 훨씬 능가하는 것이었다.

안식일의 연속

어떤 학자들은 안식일 예배가 일요일 시간까지 연장되어, 일요일이 '제8일'로 불리게 됐다고 제안한다.[43] 유대인의 계산법에 따르면 매주의 첫날은 토요일 저녁 일몰부터 시작된다. 그 시간에 거행된 예배라면 어떤

---

42. 유대 그리스도인들이 바로 그러한 유대인들의 종말론적 공동체에 속해 있었는데 (J. Daniélou [각주 22], 71), 그 무리는 달력과 관련한 추측에 굉장한 중요성을 부여하고 있었다. 이로써 왜 안식일 준수자들과 일요일 준수자들 사이의 논쟁에서 후자가 영원한 새로운 세상의 상징의 개념으로 제8일의 종말론적 가치를 이용했으며, 그것을 통해 어떻게 일요일이 안식일의 역할과 의미를 평가절하 시킬 수 있었는지 쉽게 이해하게 된다.

43. J. Daniélou (각주 22), 70; 이 구절은 아래에 인용되고 있다. 각주 45를 참고하라; Jean Gaillard, "Le Dimanche jour sacré," *Cahiers de la vie spirituelle* 76, 1947, 524: "본래 일요일은 유대인들의 전통적인 신성한 날을 대체하려는 어떠한 의도 없이 안식일에 대한 기독교의 보완적 개념이었다"; H. Riesenfeld ("Sabbat et jour du Seigneur," *New Testament Essays. Studies in Memory of T. W. Manson*, 1958, 210-217)는 처음에 그리스도인들은 토요일 저녁에 예배를 드렸고 후에 그 모임이 일요일 아침으로 바뀌었다; 참고, H. Leclerg, "Dimanche," *DACL*, col. 1523; C. F. D. Moule, *Worship in the New Testament*, 1961, 16. 유대인들 뿐 아니라 그리스도인들도 토요일 밤을 일요일에 해당하는 시간으로 여겼을 가능성이 있다. 예를 들어, Augustine은 부활절-일요일의 철야기도에 대해 언급하면서 다음과 같이 분명하게 진술한다: "그때 안식일로써의 저녁은 끝이 나고, 주의 날의 시작에 해당하는 밤이 시작됐다. 이는 주께서 부활의 영광으로 그날을 성별하셨기 때문이다. 그러므로 우리는 이제 주의 날의 시작(the beginning of the Lord's day)에 속하는 밤을 엄숙하게 기념한다"(*S. Guelf.* 5, 4, *Miscellanea Augustiniana* I, 460; 참고, *Epistola* 36, 28, *CSEL* 34, 57). C. S. Mosna (*Storia della domenica*, 46, 59)는 안식일 저녁이 그리스도인들이 모이기에는 더 선호되던 시간이었는데, 이는 그 시간이 안식일 이후였고 그때에 그리스도인들이 만나기가 편했기 때문이라고 설명한다.

것이든지 안식일 의식의 연속으로 여겨지기 쉬웠다. 그래서 토요일 밤에
예배드리기 위해서 모인 그리스도인들은 자신들의 예배가 안식일 예배가
연장된 것이었음을 나타내기 위해서 "제8일"이라는 명칭을 새로운 표현
으로 만들어낼 수 있었다. 바르나바스는 이런 가능성을 시사해주고 있다.
그가 제8일을 옹호하는 데 있어서 부활을 기념하는 것이기보다는 종말론
적 안식일의 연속으로서 제안하고 있음을 우리는 주목한 바 있다.

바르나바스는 제8일의 준수를 정당화하는 데 있어서 안식일을 폐지
하기 위해 이전에 제안했던 바로 그 종말론적 논거들을 사용하고 있기 때
문에 이는 분명 비합리적이다. 하지만 이러한 노력은 당시에 (숫자에 함축되
어 있는 것처럼) "제8일"이 안식일을 대체하는 것으로서가 아니라 안식일에
추가된 부분으로서 이해됐음을 시사해준다. "이것이 또한(διὸ καὶ) 우리가
제8일을 기쁨으로 준수하는 이유다"라고 말한 바르나바스의 말을 주목하
자. "또한"(also)이라는 수식어구가 제안하는 것은 안식일을 무력화시키려
는 노력들이 우세했음에도 불구하고 여전히 인정받았다는 것을 전제로
한다.[44] 그러므로 처음에 일요일이 "제8일"로 명명됐던 것은 다니엘루가
현실적으로 설명한 것처럼 다음과 같은 이유 때문이었을 가능성이 있다.

> 유대인들의 안식일처럼 제7일 안식일을 지켰던 유대 그리스도인들은, 안
> 식일이 지난 후 특별한 기독교 성만찬 예식과 더불어 그 유대의 예식을 연
> 장했다. 기독교 공동체는 이것을 안식일, 즉 제7일의 연속으로 여겼다. 그
> 러므로 비록 달력에서는 그것이 여전히 주일의 첫날이었음에도 불구하고,
> 그들이 그것을 제8일로 여겨야 했음은 아주 자연스러웠다. 그리고 안식일
> 이 유대교의 한 상징이 됐기 때문에, 그리스도인들이 유대교를 계승했다는

---

44. C. S. Mosna (*Storia della domenica*, 26)는 이 부분에서 유대계 그리스도인들이 자신
들의 예배를 정당화하기 위해 기울인 노력에 대해 인지하고 있다.

의식들은 이러한 생각을 확증하게끔 하는 데 틀림없이 기여했다.[45]

제8일의 우월성

안식일 준수자들 사이에서 그리고 교회와 회당 간의 논쟁이 점증되면서, 제8일은 안식일과 분리되기 시작했다. 제8일이 가지고 있는 풍부한 상징적 의미들은 기독교와 일요일의 우월성을 증명할 뿐만 아니라 본질적으로 유대교 및 그들의 안식일에 대한 성취, 대체 및 교체를 증명하기 위한 논쟁적인 주장으로 폭넓게 사용됐다. 이러한 목적을 달성하기 위해, 안식일을 훼손시키고 제8일을 증명할 수 있게 해주는 몇몇 신학적 변증 자료들(이른바 증거들)이 신구약 성서에서 탐구됐다. 바르나바스가 지적하는 것은 이러한 과정이 이미 시작됐다는 것이다. 그는 제8일에 대한 신학적인 정당성들을 찾고자 했을 뿐만 아니라, 다음과 같이 이사야 1:13 및 그 밖의 다른 내용들을 인용하여 안식일 준수를 무효화하고자 시도했다: "게다가 그분께서는 그들에게 말씀하신다: '너희 월삭과 안식일을 내가 견딜 수 없노라.' 그분께서 말하고자 하는 것을 너희는 안다. 내가 받아들일 수 있는 것은 현재의 안식일이 아니다"(15:8).

안식일을 희생하여 제8일의 우월성을 호소하려는 바르나바스의 최초의 노력은 새로운 증거들(testimonia)과 주장들을 가지고 이 가르침을 풍부하게 만든 몇몇 교부들에 의해서 계속 이어지게 된다. 예를 들면, 순교자 유스티노스(주후 100-165년경)는, "제8일은 제7일이 가지지 못했던 한 가지 분명한 신비스런 의미를 소유하고 있었음"을 설명하기 위해서 몇 가지 새로운 흥미로운 "증거들"을 성경으로부터 추론했다.[46]

8일 만에 할례를 행한 것과, 홍수로부터 여덟 사람이 구원을 받은 것,

---

45. J. Daniélou (각주 22), 70.

46. Justin, *Dialogue* 24, 1. Falls, *Justin's Writings*, 183.

그리고 아마도 모든 산들을 덮은 홍수의 수위가 15규빗(7 + 8)이었던 것 등을 유스티노스는 제8일 준수를 예표하는 것이자 그것의 정당성을 입증하는 것이라고 임의로 해석했다. 그러면서 또 다른 한편에서 그는 제7일을 유대인들의 불순종의 표로 격하시킨다. 이 같은 논제를 증명하기 위해서 유스티노스가 주장하는 것은 안식일이 모세 이전에는 준수되지 않았고, 하나님 자신도 그것을 지키지 않았으며, 구약성서에서 제사장들과 같은 몇몇 사람들은 합법적으로 안식일을 범했다는 것이다.[47]

이러한 "증거들"은 이 문제와 관련된 논쟁 속에서 교부들뿐만 아니라 심지어는 영지주의 분파들에 의해서도 활용됐던 표준 목록이 됐다. 이레네우스(주후 130-200년경)는 마르코시안(Marcosions)으로 알려진 영지주의 분파들 중의 한 그룹을 언급하는데, 그 그룹은 "제8일"(ogdoad)의 교리를 옹호하기 위해서 (이미 유스티노스에 의해서 사용된) 호수와 할례의 이야기로부터 논쟁을 이끌어 냈을 뿐만 아니라, 다윗이 여덟 번째 아들이었다는 것과 인간의 육체적 부분이 제8일에 창조됐다는 주장으로부터 논쟁을 이끌어 냈다. 이레네우스는 이렇게 논평한다: "한 마디로 말해서 저들은 성경에서 숫자 8을 언급하는 것이면 무엇이든지 제8일의 신비를 이행하는 것이라고 단언한다."[48]

사실상, 다니엘루가 지적하고 있듯이, "유대인들의 적들로 판결된" 영지주의자들은 "이 주제"[즉, 제8일]에 도취됐는데,[49] 그 이유는 그것으로 "유대인들의" 안식일을 제거해 버릴 수 있었기 때문이었다. 하지만 그들은 제8일에 대한 유대 그리스도인들의 종말론적 관점을 이 일곱 세상 너머

---

47. 안식일과 일요일에 대한 각각의 반대와 옹호에 대한 Justin의 논쟁은 226-227에서 논의되고 있다.

48. Irenaeus, *Adversus haereses* 1, 18, 3, *ANF* 1, 343.

49. J. Daniélou, *Bible and Liturgy*, 258; 참고, Irenaeus, *Adversus haereses* 1, 25, 1.

에 있는 종말론적이고 영적인 세상의 안식 및 영원이라는 관점과 더불어
도래할 영원한 왕국의 상징으로 대체시켰다. 그들은 확고한 천계(天界)인
여덟 번째 하늘에 의해 둘러싸인 일곱 하늘들과 관련된 피타고라스학파
의 개념을 그리스도인들이 제8일에 돌린 명성과 결합시킴으로써 이런 해
석을 발전시켰다.[50] 그러므로 영지주의자들에게 있어서 일요일은 "영적
인" 백성들에 의해서 여기 이 땅에서 성취할 수 있는 충만하고 완전한 삶
의 상징이 됐다. 알렉산드리아의 클레멘스(주후 150-215년경)에 의해 기록된
한 문서에서 데오도투스는 이 사실을 잘 설명해주고 있다: "영적인 사람
들의 안식은 주의(κυριακή) 날로 불리는 바 제8일인 주의(κυριακή) 날에 이루
어진다."[51] 여기에서 주의 날은 영적인 사람들의 영혼이 거하는 초월한 하
늘 왕국을 가리키기 위해서 제8일과 동일시된다.

---

50. J. Daniélou, *Bible and Liturgy*, 258: "그들[영지주의자들]의 환상은 점성술에서 빌려
온 것이었는데, 그로 인해 당시의 헬레니즘적 지역과 특히 신피타고라스학파에 그
개념들이 널리 퍼지게 됐다. 그 생각의 가장 기본은 우주의 창조자 (*cosmocratores*)
의 영역인 일곱 개의 행성 구와 운명의 신(*heimarmene*)의 압제 아래서 인간을 쥐고
있는 집정관들, 변함없는 별들과 하늘 너머의 불변과 안식의 장소를 대조하는 것이
다(Cumont, *Les Religions orientales dans le paganisme romain*, 162)." 이어 Daniélou
는 영지주의자들이 "기독교의 제8일의 최고의 존엄함과 행성 구들에 대한 피타고
라스적 관점을 어떻게 결합시켰는지에 대해 설명한다. 결과적으로 그 둘의 결합은
옥타브 개념을 만들어내는데, 이는 유대계 그리스도인들의 종말론에서 장래의 나
라가 아니라, 그 앞에서 인간이 오직 하찮은 존재가 되어 버리는 높은 곳의 어느 세
상을 의미한다"(위와 동일한 책, 259). Irenaeus는 Valentinian으로 알려진 영지주의
종파에 대한 중요한 한 가지 예를 제시하는데, 이들은 "그[데미우르고스]가 또한 세
개의 하늘을 만들었으니, 그들이 말하길 그가, 데미우르고스가 그 위에 존재한다
고 말한다. 이러한 이유로 그들은 그를 Hebdomas (7일, 일주일, 7의 왕국 등)로, 그
의 어머니를 Achamoth Ogdoads라고 칭하며 처음 불린 것과 최초의 Ogdoad의 수
를 Pleroma (특히 하나님의 존재에 관하여 온전한 상태)로 보존시킨다"(*Adversus
haereses* 1, 5, 2, *ANF* I, 322). 여기서 Ogdoad (제8)은 분명 하나님을 의미한다.

51. Clement of Alexandria, *Excerpia ex Theodoto* 63, 1, *SC* 23, 185; 참고, Origen, *Contra
Celsum* 6, 22; 특히 Irenaeus, *Adversus haereses* 1, 5, 3, *ANF* I, 323.

이러한 이단적인 영적 인식은 고대 기독교 사회에서 가장 자유주의적 사고를 가진 사람 중 하나인 알렉산드리아의 클레멘스에게 반영된다. "제 사장들은 스스로 정결케 한 후에 칠 일을 더 지냈고" 팔일 째 되는 날 속 죄제를 드린다는 에스겔 44:27의 내용을 주석하면서, 클레멘스는 중립적 인 입장에 서서 숫자 7과 8에 돌려진 보편적인 의미를 요약한다. 그의 설 명에 따르면 7은 세상의 일곱 시대나 일곱 하늘, 혹은 현재의 불안하고 죄 된 상태를 나타내며, 이와는 반대로 8은 미래 세계의 최상의 안식이나 초 월한 하늘 왕국 혹은 변함없고 죄 없는 상태를 상징한다는 것이다.[52]

이 혼합주의적 사고에도 불구하고, 클레멘스는 안식일의 상징인 숫자 7에 대한 적대 관계를 분명하게 드러내고 있다. 사실상 그는 7을 "근본이 없는 숫자"(a motherless and childless number)로 여겼지만, 이와는 반대로 숫자 8 은 존경받는 특성을 소유하고 있을 뿐만 아니라, 그것은 또한 주님께서 만드신 모든 사람들이 경축해야 할 주의 날로 여겼다.[53]

이제 기독교의 대세를 본다면, 우리는 일곱째 날과 여덟째 날이 우주 론적으로 보다는 종말론적으로 해석되고 있음을 주목하게 된다. 몇 가지 다른 실제적인 의미들이 또한 성경과 자연계(natural world)로부터 고안됐다. 이러한 모든 해석은 레간이 설명하는 것처럼 "안식일보다 주의 날이 우월 하며, 이 8일 안에서 제7일이 성취됐다는 것을 지적하기 위해" 고안된 분 명히 논쟁적인 기능을 가지고 있다.[54]

---

52. Clement of Alexandria, *Stromateis* 4, 25, 158, 4-159, 3.
53. 위와 동일한 책, 6, 16, 138.
54. F. A. Regan, *Dies Dominica*, 224; J. Daniélou (각주 22), 72, 73: "하늘의 세상, 장래의 나라의 개념으로 제8일에 대한 교리는 일요일 준수에 대한 정당성을 확보하기 위 해 만들어진 것이다. 이러한 생각을 기초로 구약에서 제8일과 관련된 본문들을 찾 아냈다. ⋯ 그것은 반유대적 비판의 한 측면으로 안식일을 거절하고 일요일을 드높 이기 위해 의도된 것이다. ⋯ 처음 그 대립은 그리스도인들과 유대인들 사이의 예

제7일을 심판과 오는 세계의 상징으로 해석하고 제8일을 영원한 축복으로 해석하면서 이레네우스는 바르나바스의 천년기적 도식을 다시 제안한다.[55] 유스티노스와 마찬가지로 그도 역시 안식일을 실존적인 의미, 즉 이 세상에서 사는 동안 하나님께 예배를 드리면서 인내하고 악을 삼가도록 주신 제도로 격하시켰다.[56]

배의 날에 관한 것이었다."
55. J. Daniélou (각주 22), 65: "Irenaeus는 일곱 번째 천년과 제8일의 개념에 상당한 영향을 미쳤다: '그리고 제7일에 그는 세상을 심판하실 것이다. 그리고 장차 도래할 시대인 제8일에 그분은 사람들에게 영원한 형벌과 생명의 판결을 내리실 것이다. 이것이 바로 시편에서 옥타브[8]가 언급된 이유다'(5, 28, 3)."
56. Irenaeus의 안식일에 대한 개념은 동일하지 않다. 일부 경우에 그는 Justin의 견해를 공유하고 있다. Justin은 "하나님에 대한 의와 사랑이 망각 속에 사라지고 이집트에서는 더 이상 존재하지 않게 됐기 때문에 안식일과 할례는 하나님께서 유대인들에게 '그들의 형벌 … 속박' 차원에서 주신 것"이라고 설명한다(*Adversus haereses* 4, 16, 3-4, *ANF* I, 481-2). Justin와 같이 Irenaeus의 글에서도 유대인과 유대 그리스도인들 사이의 갈등이 이러한 견해를 부추겼다. 그러나 그는 구약의 하나님의 악한 개념을 정당화하기 위해 안식일을 평가절하했던 영지주의자들의 역 오류에 봉착하게 됐다. 영지주의적 이원론을 반박하기 위해 그는 안식일이 인간성의 진보적 발달을 돕는 긍정적 기능이 있다고 변호한다: "그러므로 이들은 하나의 표상으로 주어진 것이었다. 그러나 그 표상들은 어느 한 현명한 예술가(a wise Artist)로부터 주어진 것이기 때문에 무의미한 것도 아니었고 아무런 목적이 없는 것도 아닌(neither unmeaning nor to no purpose) 식의 상징성을 지니고 있었다"(*Adversus haereses* 4, 16, 1, *ANF* I, 481). 이러한 기독교적 의미와 더불어 Irenaeus는 안식일에 종말론적 의미를 덧붙인다: "왕국의 때는 … 의로운 자들에 대한 진정한 안식일이며, 그 안에서 그들은 어떠한 세상일에도 속하지 않을 것이다. 대신 하나님께서 그들을 위해 준비하신 탁자를 가까운 곳에 두고 모든 종류의 음식들이 그들에게 제공될 것이다"(*Adversus haereses* 5, 33, 2, *ANF* I, 562; 참고, 같은 책에서 5, 30, 4; 4, 8, 2). 나중에 살펴보겠지만, Augustine은 일곱 번째 천년에 대한 물질주의적 해석을 처음에는 받아들였으나 후에는 거절했다. (교부들이 뒤를 이었던) Irenaeus의 안식일에 대한 영화(spiritualization)는 안식일의 가치를 높이려는 긍정적 노력이었다기보다는 하나님의 불변성을 보호하는 동시에 안식일 계명을 없애기 위한 교묘한 속임수에 해당한다.

오리게네스(주후 185-254년경)는 안식일을 영적 차원에 한정함으로 이레
네우스의 전통을 계속 유지했지만, 종말론적으로 해석했다는 점에서는
그와 달랐다. 칠 일을 이 세상 역사의 칠천 년으로 해석하던 서방의 전통
과는 반대로 동방의 전통을 견지하고 있던 오리게네스는 7이라는 숫자를
현재의 세상을 상징하는 것으로 보고, 제8일은 미래 세계를 상징하는 것
으로 이해한다: "부활의 능력을 포함하고 있는 숫자 8은 도래할 세계의
표상이 된다. 숫자 7이 현재의 세상을 상징하고 있는 것처럼 말이다."[57] 비
록 오리게네스가 이 두 날에 대한 논쟁을 철학적 영지주의 방식으로 접근
하고 있지만, 제7일을 훼손하고 그 대신에 제8일을 높이고자 하는 의도는
놓치지 않았다. 같은 주석 책에서 시편 118편을 주석하면서 그는 제7일을
물질과 더러운 행위 및 무할례의 표로 설명하고 있으며, 반면에 제8일은
그리스도의 부활에 의해서 제공된 새로운 할례로 말미암은 완전, 영성, 정
결의 상징으로 구별하고 있다.[58]

카르타고의 감독 키프리아누스(주후 258년경)는 과도한 알레고리주의(al-
legorism)나 천년왕국적인 고려 없이, 제8일을 안식일 준수와 할례 의식 모
두가 성취된 "안식일 후의 첫날이요 최상의 날"(id est post sabbatum primus et do-
minus)로 이해하고 있다. (그에 따르면) 제8일은 **상징적으로** 7보다 뛰어나고
(praecessit in imagine), 따라서 안식일에 대한 우월성과 안식일의 성취를 나타
낸다.[59]

57. Origen, *Selecta in Psalmos* 18, 164, *PG* 12, 1624.
58. 위와 동일한 책, 118, 1, *PG* 12, 1588; *In Exodum homiliae* 7, 5, *GCS* 29, 1920, Origen
은 다음과 같이 진술한다: "성경 말씀에 따라 하나님께서 주의 날에 만나를 내리시
고 안식일에는 중단하신 것이 확실하다면, 유대인들은 우리의 주의 날이 그들의 것
보다 우선되어야 한다는 것을 인정해야 한다."
59. Cyprian, *Epistola* 64, *CSEL* 3, 719; 참고, *Carthaginense Concilium sub Cypriano
tertium*, *PL* 3, 1053.

『시리아어 디다스칼리아』(Syriac Didascalia, 주후 250년경)에서 제8일은 기묘하게도 안식일부터 안식일까지 계산하여 산정된다: "안식일 그 자체는 그 안식일까지 계산되며 그것은 8[일]이 된다. 이런 식으로 8일이 이르게 되는데, 그날은 안식일이나 심지어는 주(week)의 첫날 그 이상이다."[60] (그 저자에 따르면) 안식일로부터 안식일까지 계산하여 산출된 제8일은 여전히 안식일이 되는데, 그 저자가 이 명칭(제8일)을 어떻게 일요일에 합법적으로 적용할 수 있었는지는 의심스럽다. 아마도 그는 스스로 자신의 불합리성을 잘 알고 있었던 것 같은데, 이는 일요일이 안식일보다 우월하다는 것을 주장하면서 예외적으로 첫째 날의 상징성을 이용하고 있기 때문이다. 그의 주장에 따르면, 실제로 첫째 날은 제7일 이전에 창조됐으며, 창조의 개시를 의미하고, 초태생을 구별하는 율법에 따라 구별된 것으로 보이며, "나중된 자로 먼저 되고 먼저 된 자로 나중 된다"는 말씀에 비추어 제7일의 지위를 대신 취하게 될 것으로 예언됐다.

게다가 『시리아어 디다스칼리아』에서는 안식일을 평가절하하기 위해 모세 이전의 족장들과 의로운 사람들이 안식일을 지키지 않았으며 하나님 자신도 안식일에 한가로이 쉬지 않으셨다는 전통적인 주장들을 역시 반복해서 제시하고 있다. 그런 후 바르나바스보다도 더 명확하고도 강한 어조로 다음과 같이 주장하면서 결론을 내린다: "그러므로 안식일은 일곱 번째 천년을 나타내는 [마지막] 안식의 한 전형이다. 하지만 우리 주님께서 오셨을 때 그 전형은 성취됐고 … 도움이 될 수 없는 그것은 파기됐다."[61]

포이티어스의 감독 힐라리(Hilary, Bishop of Poitiers, 주후 315-367년경)는 고전적인 사례를 들면서 제8일은 안식일의 연속이며 성취라는 입장을 명확하

---

60. *Syriac Didascalia* 26, ed. Connolly, 236.
61. 위와 동일한 책, 238; 각주 18을 보라.

게 설명한다. 그는 이렇게 기록하고 있다: "비록 그 안식일이라는 명칭과
그것에 대한 준수가 제7일을 위해서 확립된 것이긴 하지만, 우리 그리스
도인들은 주일(week)의 제8일에 완전한 안식일 절기를 지킨다. 그것은 또
한 첫날이기도 하다."[62] 나중에 그는 제15성가송(미사 중에 부르는 성가대의 응
창)을 "구약의 제7일의 연속이자 복음의 제8일"로 이해하고, "그것에 의해
우리가 거룩하고 영적인 것들에 이르게 된다"고 이해한다.[63]

　　오스트리아 펫타우의 감독 빅토리누스(Victorinus, Bishop of Pettau in Austria,
주후 304년경)는 짧은 논고인 『세상 창조에 관하여』(On the Creation of the World)
에서 제7일과 제8일의 의미에 특별한 주의를 기울인다. 그는 성경에 나오
는 모든 숫자 7을 찾아서 종합했는데, 그 숫자는 현재 세상의 존속 기간,
그리스도의 인성의 완성, 그리고 "그리스도께서 선민들과 더불어 통치하
실 때인 일곱 번째 천년"을 나타내는 것으로만 이해할 수 있다고 했다. 하
지만 그와는 반대로 그가 이해하고 있는 제8일은 "여섯 번째 시편"이라는
제목으로 제8일에 대해 공표한 내용에서 나타나는데, 그것은 "사실 미래
심판의 제8일이며, 일곱 부분으로 된 배열의 순서를 지나 일어날 것이다."
빅토리누스에 따르면, 모세가 "할례를 제8일이 지난 후 시행해서는 안 된
다"고 명령했을 때, 여호수아가 안식일에 "이스라엘 백성들로 하여금 여
리고 성을 돌라고 명령했을 때", 맛티아스가 "안티오쿠스의 장군을 살해
했을 때", 그리고 마침내 그리스도와 제자들에 의해서 안식일이 지켜지지
않았던 것은 이것이 열등한 것이기 때문이다.[64]

62.　Hilary, *Tractatus super Psalmos* 12, CSEL 22, 11.

63.　위와 동일한 책, CSEL 22, 14.

64.　Victorinus, *On the Creation of the World*, ANF VII, 342; Asterius of Amasa (*Homilia*
　　20, 8, *PG* 40, 444-449)는 숫자 8은 어떠한 시간 순환의 체계와도 관련이 없다는
　　근거를 들며 제8일의 우월성을 변호한다. 나아가 그는 다음과 같이 말한다: "8명의
　　사람들에게 홍수가 일어난 후, 그것이 그 민족의 첫 번째 부활이므로, 주님께서는

이처럼 기괴하고 불합리한 주장들을 가지고 안식일을 조직적으로 평가절하시키고 결과적으로 제8일을 고양시키게 만든 동기는 무엇이었는가? 이것이 더 이상 안식일을 거룩하게 여기지 못하게끔 그리스도인들을 강요하려고 계산된 시도였다는 것을 빅토리누스는 우리에게 명백하게 알려준다. 이러한 사실은 일요일을 옹호하고 안식일을 반대하기 위해서 고안된 터무니없는 주장들에 의해 나타나고 있을 뿐 아니라, 그리스도인들이 "안식일의 주인이신 그리스도께서 선지자들을 통해 '마음에 미워하시신다'(시 11:5을 지칭—편주)고 말씀하신 유대인들과 함께 안식일을 준수하는 것처럼 보이지" 않게 하기 위한 명령인, 안식일에 금식해야 한다는 특별한 명령에 의해서도 나타난다.[65]

밀라노의 감독 암브로스(주후 339-397년경)는 제7일과 제8일이 가지고 있는 상징에 대한 몇 가지 전통적인 해석들을 다시 제안하면서도, 동시에 그 논쟁에 자신만의 실제적인 주장을 더했다. 예를 들어, 그는 "안식일은 율법의 성화에 기초한 고대 경륜의 상징"이었지만, 제8일은 "그리스도 자신의 부활에 의해서 성결케 된" 새로운 경륜을 나타낸다고 주장한다.[66] 암브로스에게 있어서 기독교의 제8일은 여기 이 땅에서 시작되는데, 이는 "이 세상의 일곱 번째 세대가 끝났고, 이 세상 사람이 아닌 하늘의 사람을 만든 제8일의 은혜가 나타났기 때문이다."[67] 하지만 "예수께서 백성들을 위해서 부활을 통하여 획득하신" 제8일의 완전한 안식은 "이 땅에서 발견되는 것이 아니라 하늘에서 발견되는 것"이라고 암브로스는 말한다.[68]

죽은 자들의 부활을 제8일에 시작하셨다."
65. Victorinus, 각주 64를 보라.
66. Ambrose, *Explanatio Psalmi* 47, CSEL 64, 347; 참고, *Epistola* 26, 8, PL 16, 1088: "그러므로 제7일은 수수께끼에 해당하며, 제8일은 부활에 해당된다."
67. Ambrose, 위와 동일한 책, 1140.
68. Ambrose, 위와 동일한 책, 1139.

『호론티우스에게 보내는 서신』(*Letter to Horontius*)에서 암브로스는 제8일의 우월성을 증명하기 위하여 자연적 탄생과 초자연적 탄생이라는 유비를 사용한다. 일곱 달 만에 탄생한 아이는 곤경에 처해질 것이다. 그러나 제8일에 거듭난 자녀들은 하늘의 왕국을 얻을 것이라고 한다.[69] 이렇게 말한 후 암브로스는 제7일에는 그 "이름"(name)이 발견되지만 제8일에는 성령의 "열매"가 발견된다는 비밀스러운 말을 한다.[70] 할례 예식뿐만 아니라 "일곱에게나 여덟에게 나눠 줄지어다"라는 전도서 11:2과 "이 날은 여호와의 정하신 것이라"는 시편 118:24의 말씀 등과 같은 구약성서의 구절들을 제8일에 대한 예언과 예시로 또 다시 해석하고 있다.[71]

이전의 교부들과 마찬가지로 암브로스도 역시 "하나님께서 사전에 다른 한 날을 정해놓으셨는데 … 그 이유는 유대인들이 자신들의 하나님의 명령들을 경멸이 여기고 거절했기 때문이었다"고 믿는다.[72] 따라서 그리스도인들은 완성된 일곱 번째 시대의 세계를 상징하는 제7일을 뒤로 하고, 구약성서에 예시됐고, 그리스도의 부활에 의해서 개시됐으며, 안식일을 성취하고 대신하는 것을 나타내는 제8일의 은혜 가운데로 들어간다고 강조한다.[73]

암브로스와 동시대에 살았던 히에로니무스(주후 342-420년경)도 마찬가지로 제7일과 제8일 속에서 율법 시대로부터 복음 시대로 이행하는 상징을 발견한다: "7이라는 숫자가 성취됨으로서 이제 우리는 8을 통하여 복

---

69. Ambrose, 위와 동일한 책, 1137.
70. Ambrose, 위와 동일한 책, 1137: "성령의 덕으로 인한 일곱째 날의 가치는 대단하다. 그러나 동일한 영이 일곱째 날의 이름을 짓고 여덟째 날은 성별해 놓았다. 그 안에 그 이름이 있고, 그 안에 그 열매가 있다(In that is the name, in this is the fruit)."
71. Ambrose, 위와 동일한 책, 1137-1138.
72. Ambrose, 위와 동일한 책, 1139.
73. Ambrose, 위와 동일한 책, 1140-1141.

음에 이르게 된다."[74] 그러므로 히에로니무스에게 있어서 안식일을 지키는 것은 퇴보의 표가 되는데, 이는 "안식일을 지킴으로써 유대인들은 일곱 번째 세계가 주어졌지만, 주의 날의 부활을 부인함으로써 여덟 번째 세계는 주어지지 않았기"(전 11:2을 암시) 때문이다.[75]

아우구스티누스(Augustine, 주후 354-430년)는 아마도 서방의 교부들 중에서 제7일과 제8일 모두를 종말론적이고 신비적으로 해석하기 위해 가장 사변적인 추론을 한 사람일 것이다. 이 주제를 다루면서 그는 심오한 영적 통찰력을 가지고 비교적 논쟁 없이 독자들을 사로잡지만, 안식일은 여전히 제8일 속에서 성취될 일시적이고 종속적인 역할을 유지하고 있다. 아우구스티누스에 따르면 그리스도께서 부활하시기 전에 제8일의 신비는 "거룩한 선조들에게 감춰지지 않았다. … 그러나 그것은 통제됐고 숨겨졌으며 오직 안식일의 준수로서만 가르쳐졌다."[76] 그의 전임자들과 마찬가지로 그도 할례나 홍수의 침례적인 상징들 속에서 제8일의 예시를 발견한다. 홍수로부터 구원함을 받은 여덟 사람들을 제8일과 명백하게 연관시키면서 아우구스티누스는 말하기를 그것들은 "마치 언어의 다양성에 의해 나타나는 것과 같이 다른 표징들에 의해 다른 방법들로 나타나게 되는 동일한 것들"이라고 했다.[77]

폴리엣(C. Folliet)이 잘 주장하고 있는 것처럼, 제8일에 대한 아우구스티누스의 가르침은 안식일과 분리할 수 없다.[78] 이레네우스, 힙폴리투스, 테

---

74. Jerome, *Commentarius in Ecclesiastem* 11, 2, *PL* 23, 1157.

75. Jerome, 위와 동일한 부분.

76. Augustine, *Epistola* 55, 23, *CSEL* 34, 194.

77. Augustine, *Sermo* 94, Biblioteca Nova ed. May, 183.

78. C. Folliet, "La Typologies du sabbat chez saint Augustine," *Revue des Études Augustiniennes* 2 (1956): 371-390.

르툴리아누스, 빅토리아누스 등 서방의 천년왕국 사상에 따라,[79] 그는 창조 주간이 이 세상 역사의 일곱 시대를 의미하는 것으로 해석하면서, 그 일곱 시대 다음에는 제8일인 새로운 영원한 시대가 온다고 해석한다. 처음에 아우구스티누스는 제7일과 제8일이 가지는 종말론적 의미의 차이를 분명하게 구분했다. 예를 들어, 그는 이렇게 기록하고 있다: "제8일은 시대의 끝에 있을 새 생명, 제7일은 이 땅에 남아 있는 성도들의 미래를 의미한다."[80] 나중에는 진지하고도 성숙된 연구 결과를 통해 아우구스티누스는 일곱 번째 천년을 이 세상에서 성도들이 누리는 육체적 시간으로 이해하는 일반적인 물질적 이해를 거절하면서 일곱째 날의 안식을 영원한 여덟 번째 안식과 통합시켰다.[81]

---

79. Irenaeus와 관련해서는 각주 56을 참고하라; Victorinus는 각주 64를 보라; Tertullian (*Adversus Marcionem*, 3, 24; 4, 39)은 천년을 하나님께서 다시 지으시는 새로운 예루살렘 성내 지상에서의 천년에 해당하는 일반적인 기간으로 해석한다; Hippolytus (*In Danielem commentarius* 4, 23-4)는 그리스도의 재림의 정확한 날을 추측하며 7년 제도를 만들어낸다.

80. Augustine, *Sermo* 80, *PL* 38, 1197; 이 설교문에서 Augustine은 이미 지나간 아담부터 그리스도까지의 다섯 시기를 열거한다. 이어 그는 설명한다: "주님의 오심과 함께 현재 우리가 살고 있는 시대는 여섯 번째 시대가 된다. … 이 시기가 지나면 안식일과 온전한 성도들이 도래할 것이다. … 우리는 최초의 인간이 잃었던 영생과 축복으로 돌아가게 될 것이다. 그리고 옥타브[8]는 하나님의 자녀들에 대한 수수께끼들을 풀어낼 것이다." Augustine에 따르면, 종말론적 제7일과 제8일의 기본적인 차이는 질적이다: "하나는 제7일이 의미하는 것으로 여전히 시간 가운데 있는 동안 주님 안에서 안식을 누리는 것이다. 다른 하나는 시간의 장인(Artisan of time)과 더불어 모든 시간을 초월해 영원히 안식하는 것이며, 이것이 제8일이 뜻하는 안식의 개념이다"(*Sermo* 94, *Biblioteca Nova*, ed. Mai, 184); 그는 또한 *Epistola* 55, 23, *CSEL* 34, 194에서 제8일을 부활의 계시로 표현한다: "주의 부활 이전, 거룩한 선조들 또한 부활을 의미하는 옥타브[8]의 신비를 발견할 수 있었을 뿐 아니라 예언의 영이 그들과 함께 했음에도 불구하고, 안식일 준수로 인해 그 신비는 보류되어 다른 곳에 감춰져 있었다."

81. Augustine, *City of God* 20, 7: "나는 또한 이 개념을 일찍이 품고 있었다. 그러나 사

하지만 아우구스티누스에게 있어서 제8일은 이러한 종말론적 안식일의 역사적 연속이자 정점을 의미하는 것일 뿐만 아니라, 내면 세계의 평화를 향해 나아가는 영혼들의 신비스러운 과정을 의미한다. 이 경우에 "그리스도인들이 모든 노예적인 수고, 즉 모든 죄악을 멀리하여 영적으로 준수하는" 안식일은 "선한 양심이 가지는 영적인 평안과 고요"를 상징하며, 반면 제8일은 성도들이 고대하는 더 위대한 영원한 평화를 나타낸다.[82] 이와 같이 아우구스티누스에게 있어서 제8일은 역사적인 시각과 내면적인 실체 모두로서 안식일의 성취를 의미하는 전형이었다.

고대 라틴 교회 최후의 대학자인 대교황 그레고리우스(Pope Gregory the Great, 주후 540-604년경)는 제8일의 상징성을 사용하여 안식일에 대한 일요일의 우월성을 증명하기 위해 논리적이고도 실제적으로 노력한 마지막 실례가 아닐까 싶다. 이 교황은 분명한 어조로 안식일에 일을 하지 말아야 한다고 주장하면서 안식일을 지키는 몇몇 그리스도인들을 공공연하게 비난했다. 그는 한 편지에서 이렇게 기록했다.

우리들 중 타락한 영을 가진 몇몇 사람들이 안식일에는 어떤 일도 해서는

실상 그들은 주장하기를, 부활한 자들은 그들의 여생을 아무런 제약이 없는 물질적 축제 속에서 보내게 될 것인데, 그곳에는 먹고 마실 것이 풍족하고, 그와 같은 공급에는 절제의 경계란 없으며, 신뢰성의 한계 또한 초월하는 곳이다. 그러나 이와 같은 주장을 믿는 자들은 물질주의자들뿐이다"(trans. Henry Bettenson, ed. David Knowles, 1972, 907). Augustine은 일곱 번째 천년에 대한 개념을 완전히 거부하지는 않지만, 제7일과 제8일의 안식을 결합시킨다: "중요한 것은 제7일이 우리의 안식일이 될 것이며, 그 끝은 저녁이 아니라 주의 날, 즉 영원히 지속될 제8일이 될 것이다"(*City of God*, 22, 30, Henry Bettenson 번역, 1091).

82. Augustine, *In Johannis evengelium tractatus* 20, 2, PL 35, 1556; 참고, *Enarratio in Psalmos* 91, 2, PL 37, 1172: "양심이 선한 자는 평온하다. 그런데 이 평온함이 바로 마음의 안식일이다."

안 된다고 주장하면서 거룩한 신앙과 반대되는 타락한 교리의 씨를 뿌렸다
는 것이 내게 보고됐다. 이들이 적그리스도의 설교자들이라는 말 외에 내
가 그런 자들에 대해 무엇을 말하겠는가? … 안식일에 대해 기록된 말씀들
을 우리가 영적인 방법으로 받아들이고 영적으로 준수하는 이유는 이것이
다. 안식일은 안식을 의미하는데 우리에게는 참된 안식일이 되신 바로 구
세주, 주 예수 그리스도가 계시기 때문이다.[83]

제8일을 지지해주는 증거를 제시하기 위해서 그레고리우스는 "일곱
에게나 여덟에게 나눠 줄지어다"라는 전도서 11:2에 나타난 전통적 명령
을 언급한다. "예수께서 참으로 주의 날에 부활했는데, 그날은 제7일 안식
일 다음에 오는 날이기 때문에 창조로부터 여덟 번째가 되는 날"이라고
설명하면서, 그레고리우스는 이 성경 구절을 그리스도의 부활의 날에 대
한 예시로 해석한다.[84] 그는 욥이 자신의 아들과 딸들에 대한 잔치가 끝난
후 여덟 번째 날에 일곱 번제를 드린 것을 제8일을 예시해주는 구약성서
의 또 다른 증거로 제시한다. 그의 설명에 따르면 "그 이야기가 진정으로
지적하고 있는 바는, 축복받은 욥이 제8일에 번제를 드린 것은 부활의 신
비를 경축하고 있는 것이었으며 … 부활의 희망을 가지고 주님을 섬기는
것이었다."[85]

그레고리우스는 또한 그리스도인들의 삶이 그리스도의 삶 자체를 반
영하고 있는 것으로 이해하면서, 제7일과 제8일이 가지는 종말론적 해석
을 새롭고 흥미롭게 소개한다.

---

83. Gregory the Great, *Epistola* 13, 6, 1, *PL* 71, 1253.

84. Gregory the Great, *Moralium* 35, 8, 17, *PL* 76, 759.

85. Gregory the Great, *Moralium* 1, 8, 12, *PL* 75, 759.

놀라운 구세주께서 자신 안에서 경험하셨던 것들은 진실로 우리 안에서 일어날 경험들을 나타낸다. 그래서 그분처럼 우리도 여섯째 날에는 슬픔을 경험하고, 일곱째 날에는 안식을 경험하며, 여덟째 날에는 영광을 경험하게 될 것이다.

따라서 여섯째 날은 "슬픔과 고통으로 특징지어진" 현재의 삶을 나타낸다. 안식일은 "육체로부터 자유롭게 해방된 영혼이 쉼을 얻게 되는" 때 무덤에서 휴식하는 것을 의미한다. 제8일은 "죽음으로부터 살아나는 육체적인 부활과 영혼이 육체와 다시 영광스럽게 연합함으로 얻게 되는 기쁨"을 상징한다. 결과적으로 그레고리우스는 태양의 날에 숨겨져 있는 암시를 가지고 결론을 내린다: "제8일이 안식일 후에 이르러오는 빛을 통하여 광대한 영원의 세계를 우리에게 열어놓는다."[86]

이상의 증거 자료들은 제8일이 가지는 풍부한 상징들의 (안식일과의) 연속성을 보여준다. 이에 대한 주된 목적은 본질적으로 일요일을 통해 안식일이 성취됐을 뿐만 아니라 일요일에 의하여 안식일이 연속됐음을 증명하는 데 있었던 것으로 보인다. 우리가 살펴보았던 것처럼 후험적인 주장들이 광범위한 영역, 곧 성경, 역법(曆法), 자연적 세계 등으로부터 추론됐는데, 그러한 추론들은 제7일, 안식일보다 제8일, 일요일이 더 우월하다는 사실을 증명하기 위한 것들이었다.

제8일이 일요일로부터 분리됨

4세기가 시작되면서 제8일의 숫자적 상징성은 점차적으로 일요일로부터 분리됐고, 그 상징적 의미가 논쟁을 위한 증거 자료로보다는 교훈적

---

86. Gregory the Great, *Homiliarum in Ezechielem* 2, 4, 2, *PL* 76, 973-974.

수단으로서 사용되는 새로운 경향이 나타났다. 이는 한편으로 그리스도
인들 중에서 종말론적 기대감을 유지하면서 물질적인 사물에 현혹되지
않도록 하기 위해 활용됐으며, 다른 한편으로는, 다니엘루가 잘 관찰한 대
로, "8이라는 숫자는 구약성서의 본문들과 부활 사건 사이의 연관성을 입
증해주고, 이러한 구절들 속에서 부활의 예언들을 발견할 수 있도록" 해
주기 때문에 부활 자체에 대한 상징으로 사용됐다.[87] 이 새로운 경향은 특
히 동방 지역에서 두드러지게 나타났다. 예컨대, 동방 갑바도기아 교부들
은 제8일의 상징들을 장황하게 언급하면서도, 일요일에 그 명칭과 의미를
적용하기를 피하는 것 같다.[88] 그들은 오히려 그 상징들이 현재의 삶에 있
어서 제8일의 종말론적 의미가 함축된 것에 관심을 기울였다.

가이사랴의 감독 바실(Basil, 주후 330-379년경)은 "제8일이 7일의 시간을
벗어난 것"이라고 말하면서 그것이 "미래의 삶"을 상징하는 것으로 여긴
다.[89] 하지만 그는 다가오는 미래 세계에 대한 의미를 확립하기 위해서
"8"보다는 "1"이라는 숫자를 더 선호했다. 그는 매주 계속 돌아오는 그 첫
날은 시작도 없고 끝도 없는 영원을 상징하는 것이라고 주장하면서, 헬레
니즘의 '모나드'(monad) 사상을 본질적인 창조의 날로부터 끌어낸 성서의

---

87. J. Daniélou (각주 22), 87; 참고, 동일 저자, *Bible and Liturgy*, 264.
88. 일요일이 안식일의 연속이 아닌 그날을 대체하는 날, 즉 새로운 안식일로 여겨지기
시작했다는 사실을 고려할 때, 일요일에 종말론적 상징성을 적용하는 경우의 가능
성은 한계가 있다. 이는 그것이 여전히 대체적 개념이 아닌 안식일의 연속적 개념
을 내포하고 있기 때문이다. Eusebius는 명확하게 "이동"(transference)의 개념에 대
해 설명한다: "안식일과 관련되어 규정되어 있는 모든 것을 우리는 주의 날로 이동
시켰다. 그 이유는 주의 날이야말로 가장 중요하고 우월한 날이며, 유대인들의 안
식일보다 더욱 가치 있는 유일한 날이기 때문이다"(*Commentaria in Psalmos* 91, *PG*
23, 1172).
89. Basil, *In Hexaemeron* 2, 8, *SC*, 177; 참고, *PG* 29, 52B; *De Spiritu Sancto* 27, *SC*, 236-
237.

"1"(μία)과 연결시키면서 숫자 "1"을 강조했다.[90] 바실에 따르면, 숫자 "1"과 "8" 모두에 의해서 표현되는 이러한 의미 때문에 "교회는 성도들에게 일 요일에 서서 기도문을 암송하도록 가르치는데, 이는 영원한 삶을 계속적으로 상기하고 그렇게 함으로 우리는 그 영생에 도달하기 위한 필수적인 수단을 소홀히 하지 않게 할 것"이라는 뜻이다.[91] 제8의 의미를 일요일에 서서 기도하는 것과 연관시킨 것은 유일한 설명일 것이다. 우리는 이 설명을 지지하는 사람이 없음을 보게 될 것이다.

바실과 동시대 사람인 나지안주스의 그레고리(Gregory of Nazianzus, 주후 329-389년)도 제8일의 개념을 가지고 "도래하는 삶에 적용"시키는데, 이는 일요일 준수를 장려하기 위해서라기보다는 오히려 "이 지상에서 사는 동안에 선행을 행하도록" 권고하기 위해서다.[92] 이러한 경향은 다른 갑바도기아인이었던 바실의 동생 닛사의 그레고리(Gregory of Nyssa, 주후 330-395년)에 의해서 더욱더 분명하게 진술된다. 닛사의 그레고리가 『제8일에 대하여』(On the Ogdoad)라는 논고를 기록했지만, 레간(F. A. Regan)의 진술에 따르면, 거기에 "주님의 날에 대해서는 단 한 번도 언급되지 않는다."[93] 닛사의 그

---

90. Basil, *In Hexaemeron* 2, 8, SC, 180: "왜 그[모세]는 이 날을 첫째(the first)라고 하지 않고 1(one)이라고 했는가? ⋯ 그 주 자체는 하루로 이루어져 있고 그것을 기반으로 7번 회전하는 것이다. 이것이 그 자체에서 시작해서 끝마치는(beginning and ending with itself) 참 순환 주기다. 이로써 시간의 원리가 왜 첫째 날이 아니고 하루(one day)로 불렸는지에 대한 의문이 풀리게 된다"; *De Spiritu Sancto* 27, SC, 236: "저녁이 있고 아침이 있어, 마치 그것이 규칙적으로 다시 시작되는 것처럼 하루(one day)가 된다."

91. Basil, *De Spiritu Sancto* 27, SC, 237.

92. Gregory of Nazianzus, *Oratio* 44, *In novam Dominicam*, PA 36, 612.

93. F. A. Regan, *Dies Dominica*, 240; J. Daniélou (각주 22), 80-81: "Basil이 일요일에 대한 제8일이라는 낡은 명칭을 유지하기 위해 기울인 노력은 아무런 결실도 맺지 못할 것이다. 일요일에 붙여진 종말론적 상징만이 남게 될 것이다. ⋯ 이것이 우리가 이러한 태도의 전형을 보여주는 **Gregory of Nyssa**에게서 발견하게 되는 것이다.

레고리는 철학자였기 때문에 플라톤적 철학 용어를 사용하여 제8의 개념을 "확대하거나 축소할 수 없으며", "변경되거나 변화될 수 없는" 미래 시대를 의미하는 것으로 규정한다.[94] 그는 또한 신비주의자였기 때문에 제8일을 "내면적인 삶이 지향하는 미래 시대"로 여겼다.[95] 팔복 중 여덟 번째에 대한 주석에서 그는 제8일이 "죄로 얼룩진 인간 본성을 정화시키기 위해 돌이키고, … 유한한 세속적인 삶을 상징하는 죽을 수밖에 없는 육체의 껍질을 벗어 던져버리는 것"을 의미하는 것이라고 신비주의적으로 설명하면서, 특히 구약성서의 정결 예식과 할례 예식 속에서 제8일의 의미를 찾아냈다.[96]

그러므로 그레고리는 숫자 "8"의 의미를 통해서 안식일을 대신해 일요일을 준수하도록 권고하기 위한 논쟁적인 주장을 발견한 것이 아니라 여기 이 땅에서 이미 시작된 영원한 영적인 삶의 상징을 발견했다. 그가 숫자 8과 일요일 준수 사이의 어떠한 연관성도 회피한 것은 아마도 안식일과 일요일이 적대자(antagonists)가 아니라 동지(brothers)라는 (동방에서 널리 퍼져 있는) 견해로 설명될 것이다: "너희는 어떤 눈으로 주의 날을 바라보는가? 너희가 안식일을 욕되게 했는가? 이 두 날이 서로 동지이며 너희가 한 날을 해하면 다른 날 역시 공격하는 것이라는 사실을 모르는 것은 아닌가?"[97]

제8일을 일요일 예배의 준수로 이해하는 것으로부터 종말론적 의미를 분리시킨 갑바도기아 교부들의 입장은 콘스탄티노플의 감독이었던 요

　　Hexaemeron에서 그는 일요일에 대한 아무런 암시도 제시하지 않는다."
94. Gregory of Nyssa, De octava, PG 44, 609 B-C.
95. Gregory of Nyssa, In Psalmos 2, 8, PG 44, 504D-505A.
96. Gregory of Nyssa, De beatitudinibus, Oratio 8, PG 44, 1292 A-D.
97. Gregory of Nyssa, Adversus eos qui castigationes aegre ferunt, PG 46, 309.

한 크리소스토모스(John Chrysostom, 주후 347-407년경)가 진술한 한 놀라운 진술에 의해서도 지지된다. 크리소스토모스는 두 번째 『회환집』(*Treatise on Compunction*)에 깜짝 놀랄 만한 진술을 남겼다.

> 그렇다면 제8일이란 지푸라기처럼 태우고 권세 있는 자들을 몹시 떨게 만드는 위대하고도 확실한 주의 날 이외에 그 무엇이겠는가? 성경은 그것을 신분이 변화되고 미래의 삶이 시작되는 것을 가리키는 여덟 번째 날로 부른다. 사실 현실의 삶은 첫째 날로 시작해서 일곱째 날로 끝나고, 이 동일한 단위가 계속해서 반복되는 주(week)만이 있을 뿐이다. 이것 때문에 아무도 주의 날을 여덟째 날이라고 부르지 않고 오직 첫째 날이라고 부를 뿐이다. 사실 7일 주기는 8이라는 숫자로 확장되지 않는다. 그러나 이 모든 것들이 마지막에 이르고 완전히 해체되어 버릴 때, 제8일의 과정이 나타나게 될 것이다.[98]

크리소스토모스의 이 진술은 제8일에 대한 가장 발전된 종말론적 해석을 제시해주고 있는데, 여기서 일요일 준수의 탄생과 발전을 동반하여 일어났던 변천사(vicissitudes)를 어느 정도 요약해주고 있다. 안식일보다도 일요일이 정당하고 우월한 것임을 정당화하기 위해 바르나바스에 의해 처음 사용됐고, 나중에 몇몇 교부들에 의해서 계속 사용되어 온 "제8일"이라는 명칭과 고유한 본질적인 종말론적 의미는 그러한 존재 이유가 사라지자 이제는 공식적으로 명확하게 거부됐다.[99] 제8일은 오직 도래하는

---

98. John Chrysostom, *De compunctione* 2, 4, *PG* 47, 415 (강조는 첨가됨).
99. J. Daniélou (*Bible and Liturgy*, 275)는 이 발전을 인정하고 있다: "Chrysostom의 본문은 제8일에 대한 종말론적 해석에 대한 최극단의 관점을 보여주고 있는데, 이는 주의 날에 대한 그 명칭을 공식적으로 거부하고 장래에 올 날과 관련해 그 의미에 대한 판단을 보류하고 있기 때문이다."

세대와 부활을 상징하는 것으로서만 계속 활용되고 있을 뿐이다. 숫자 8이나 15(7 + 8)를 포함하고 있는 구약성서의 본문들을 찾고자 하는 시도는 계속되고 있지만, 이제는 "제7일이 가지고 있지 않은 더 신비스러운 의미를 제8일이 소유하고 있다"는 사실을 증명하기 위한 시도가 아니라[100] 오히려 (그리스도의 부활이든, 침례의 부활이든, 종말론적 부활이든지 간에) 부활 사건이 선지자들에 의해 이미 예시됐고, 예언됐음을 증명하려는 시도다.[101]

초기 기독교 사회에서 사용된 "제8일"에 대한 이 짧은 조사를 통해서 일요일의 기원과 관련한 몇 가지 중요한 결론들이 분명하게 드러난다. 우선, 제8일에 대한 표상학(typology)이 특별히 『바르나바스의 서신』, 『트리포와의 대화』 등과 같은 반유대적 논쟁들을 다룬 작품들 속에서 처음 나타난다는 사실과 이것이 안식일에 대한 일요일의 우월성을 변증하기 위한 고안책으로 폭넓게 사용됐다는 사실은 무엇보다도 일요일 예배가 논쟁의 여지가 없는 사도적 제도로서가 아닌 논쟁적인 혁신으로서 등장했음을 시사한다. 이 논쟁은 분명 새로운 예배일을 받아들이기를 거절했던 소수의 안식일 준수자들(대부분 유대 그리스도인들)에 의해 초래됐다. 그런 논쟁은 오직 유대 그리스도인들/유대인들과의 논쟁에서만 의미가 있었고, 이는 제7일보다 제8일이 종말론적인 우월성을 가지고 있다는 추측에 의해 표현됐다. 안식일과 우주적 주일 제도가 중요한 역할을 했던 그런 집단에서, 새로운 예배일에 대한 반대가 너무 강력했기 때문에, 안식일 준수자들의 주장을 논박하기 위해 제8일에 관한 변증적 논제들이 개발됐던 것이다.

제7일보다 제8일이 우월하다는 것을 증명하기 위해 예언 문학, 성경, 철학, 자연계 등 광범위한 분야에서 논증들이 이끌어내졌다는 사실 또한 일요일 준수의 정당성이 안식일을 준수하는 몇몇 중요한 기독교 집단들

---

100. Justin, *Dialogue* 24, 1.

101. 본문은 J. Daniélou (각주 22), 87-88을 보라.

로부터 계속해서 도전받고 있었음을 전제하고 있다.[102] 하지만 이 두 날을 둘러싼 논쟁에서 제8일에 대한 상징적 의미는 효과적인 변증적 고안책으로 제시되고 있는 것처럼 보이는데, 이는 그것이 몇 가지 이유에서 일요일을 정당화시켜줄 수 있었기 때문이었다. 일요일은 종말론적 제8일로 제시됐기 때문에 유대인들과 종말론적 유대 그리스도인 단체들에 있어서 단지 일곱 번째 세속적 천년기를 의미했던 안식일보다 우월한 새로운 세계에 대한 상징으로 옹호될 수 있었다.

영지주의적인 제8일로서, 일요일은 영적인 존재들이 천상계를 초월하는 영원한 세계에서 누리는 안식을 의미할 수 있었는데, 그 세계는 이 유한한 세상의 일곱(sevenness)의 의미를 초월한 것이었다. 교부들은 구약의 몇몇 내용들(8일 만에 받는 할례, 홍수로부터 구원받은 여덟 영혼들, 모든 산을 뒤덮은 15 규빗[7 + 8]의 물, 시편 6장과 12장의 타이틀에 나타나는 "제8일을 위하여"라는 표현들, 열다섯 개[7 + 8]의 이어지는 시편들, 전도서 11:2에 나오는 "일곱에게나 여덟에게 나눠 줄지라"는 표현 등등) 속에서 8이라는 성서적인 숫자를 발견하면서 일요일은 권위 있게 구약의 "예언들"로 거슬러 올라갈 수 있었다. 그러한 "예언적" 권위를 부여함으로써 제8일은 안식일에 의해서 예표된 율법에 의한 통치가 성취되고, 일요일에 의해서 구현된 것으로 여겨지는 은혜의 왕국이 시작됐음을 "정당하게" 나타낼 수 있었다. 이러한 관점은 히에로니무스의 다음의 말에서 매우 잘 묘사됐다: "숫자 7이 성취됐으므로, 이제 우리는 숫자 8을

---

102. 안식일을 지키는 그리스도인들이 초기 기독교에 존재했다는 것은 근래 연구에서 대체로 무시되어 왔다. 이로 인해 일요일 준수가 모든 그리스도인들에게 이견 없이 바로 채택됐다는 잘못된 인상을 만들어냈다. 이러한 관점을 바로잡기 위해 필요한 것은 초기 기독교 내에서 안식일을 지키는 관례가 지속됐음을 직-간접적으로 증명해줄 교부들의 모든 문헌들을 포괄적으로 분석하는 것이다. 향후에 이 연구를 하는 것이 현 저자의 소망이기도 하다.

통하여 복음에 이르게 된다."[103]

초기의 그리스도인들에 의해서 만들어진 "제8일"이라는 명칭은 일요일의 **기원**과 **방법**을 어느 정도 예시해주고 있는 것으로 보인다. 아마도 일요일 예배는 원래 토요일 저녁에 거행된 "안식일 예배의 연장으로" 시작됐을 가능성이 있다.[104] 나중에 그리스도인들이 자신들을 유대인들과 차별화할 필요가 존재하게 되자, 예배가 토요일 저녁에서 일요일 오전으로 옮겨진 것으로 보인다.[105] 이러한 변경을 입증할 수 있는 자료는 없지만, 일요일 예배의 도입이 논쟁을 야기시켰다는 사실을 통해 이를 알 수 있다. 특히 안식일보다 일요일이 우월하다는 것을 증명하기 위해서 묵시적 자료, 영지주의적 자료, 성서적 자료로부터 발전된 제8일의 상징적 의미를 논쟁적인 용도로 사용했다는 것에 의해 증명된다. 또한 안식일-일요일 논쟁이 진정되자, 제8일의 명칭과 의미가 일요일과 분리되어 오로지 그리스도의 부활에 대한 상징으로서만 계속 활용됐다는 사실에서 우리는 두 날에 대한 논쟁의 존재를 보여주는 간접적인 증거를 확인했다.[106]

---

103. Jerome, *Commentarius in Ecclesiastem* 11, 2, *PL* 23, 1157.
104. H. Risenfeld (각주 43), 213.
105. 위의 각주 43을 보라; Louis Duchesne, *Origines du culte chrétien*, 1920, 48: "일요일은 애초에 안식일과 병치되어 있었다. 교회와 회당 사이의 간격이 넓어지면서 안식일은 그날이 결국에는 완벽히 무시될 때까지 중요성을 잃어갔다."
106. J. Danièlou (fn. 22), 89는 이 발전에 주목한다: "제8일 주제는 … 점차적으로 일요일에서 분리되어, 일요일이 더 이상 유대교의 제7일과 반대되지 않을 때, 전례적 뿌리를 잃게 된다."

결론

일요일 준수와 관련된 초기 기독교인들의 다양한 동기들에 대한 간단한 연구를 통해 우리는 새로운 예배일이 논쟁적이고도 불확실한 환경 가운데 도입됐다는 사실을 돌아보게 됐다. 우리가 알게 된 것처럼, 일요일 준수의 주요 이유로 제시됐던 부활 기념이라는 의미는 본래 부차적인 역할만을 하고 있었을 뿐이었다. 반대로 첫째 날과 여덟째 날의 상징적 의미에 중점을 둔 해석들은 일요일 준수가 도입되면서 발생한 논쟁 상황을 보여준다. 유대인들 및 저들의 안식일과 분리되어야만 하는 절박한 상황이 발생했기 때문에 이방 그리스도인들은 존경할 만한 태양의 날(현대의 일요일—편주)을 도입했는데 이는 그날이 빛의 창조와 의의 태양이신 분의 부활과 같은 중요한 신적 사건들을 기념하기 위해 가장 적절한 시간과 상징성을 제공해 주었기 때문이다.

이 새로운 제도로 인해 안식일의 신성성과 초월성을 계속 옹호했던 사람들과 논쟁이 발생했다. 그러한 반대를 묵살하기 위해서, 첫째 날과 제8일의 상징성이 소개됐고 광범위하게 활용됐음을 우리는 알게 됐는데, 이는 그 상징성들이 가치 있는 변증적 논증들을 제공하여 일요일의 정당성과 우월성을 변호할 수 있도록 해 주었기 때문이다. 첫째 날로서 일요일은 첫 번째 창조뿐만 아니라 그리스도의 부활에 의해 시작된 두 번째 창조의 기념일로 경축됐기 때문에 안식일보다 우월한 날로 주장될 수 있었다. 다른 한편으로 제7일은 단지 창조의 완성을 기념하는 것으로 주장됐다. 제8일로서 일요일은 일시적이며 종말론적으로 안식일의 연속, 성취, 대체라고 주장될 수 있었다.

초기 기독교 사회 내에서 정착된 일요일 신학에 대한 이 연구를 정리하면서 우리는 이 장의 시작에서 제기했던 문제를 다시 물을 필요가 있다. 즉, 일요일 준수를 정당화하는 초기의 신학적인 변명들은 성서적이고 사도적인 교훈을 반영하는가, 아니면 널리 퍼진 환경에 따른 후험적인 논증을 반영하는가? 첫째 날과 여덟째 날의 숫자 상징으로부터 발전한 다양한 논증의 전통성 여부를 시험하기 위해서 우리는 시간을 소비할 필요가 없다. 아울러 제8일이 제7일보다 더 존경받는 날이라는 것을 증명하기 위해 구약성서로부터 발췌한 엉뚱한 증거들을 검토할 필요도 없다. 일요일을 준수하는 그리스도인들이 초기에는 널리 보급됐던 "제8일"이라는 명칭을 이미 오래 전에 무시했을 뿐만 아니라 빛의 창조, 새로운 세계, 팔일 만에 받는 할례, 정결케 되는 제8일, 홍수로부터 구원받은 여덟 명의 영혼들, 전도서 11:2, 시편 6편 및 다른 시편들의 표제 등과 같은 내용들에 기초한 모든 논증들을 이미 오래 전에 무시했다는 사실은 그러한 논증들이 건전한 성서 주해와 신학에 의해 보증되지 않는다는 점을 암묵적으로 보여준다.

시간이 지나면서 일요일 준수에 대한 가장 주도적인 논거가 됐던 부활의 동기는 어떠한가? 이것은 안식일보다 일요일에 예배를 드리는 것을 효과적으로 정당화해주고 있는가? 이 물음과 관련해서는 다음 장의 결론 부분에서 역점을 두고 다룰 것이다. 또한 다음 장에서 우리는 일요일의 기원을 돌이켜 보며 현재 일요일 준수의 절박한 문제에 대한 초기 기독교의 일요일 신학의 함의를 살펴볼 것이다.

제10장
회고와 전망

본 연구의 서론에서 우리는 몇 가지 중요한 질문들을 제기했다. 일요일 준수에 대한 성서적·역사적 동기들은 무엇이었는가? 일요일은 안식일의 정당한 대체일로 받아들여질 수 있는가? 넷째 계명이 일요일 준수를 명하는 데 적합하게 적용될 수 있는가? 일요일은 주님께서 제정하신 **거룩한 안식의 날**이라기보다는 주님께 대한 **예배의 시간**으로 여겨져야 하는가? 이러한 질문들에 답하기 위해서 먼저 우리는, 이런 질문들과 관련해서 일요일에 대해 만연해진 잘못된 인식들로 인해 발생한 절박한 문제들을 해결하는 데 필요한 정당한 신학적 기준들을 명확하게 세우려면 이 축일이 가지고 있는 성서적 기초와 역사적 기원을 확인하고 조사하는 일이 절대적으로 필요하다고 언급한 바 있다. 대다수의 그리스도인들은 주의 날과 관련한 어떤 검증 작업이 최초기 기독교의 역사적 발전을 염두에 둔 성서적 권위에 기초해야 한다는 확신으로 정당화된다고 믿는다.

이제 이 역사적 연구를 마무리하면서 우리는 연구의 결과를 요약하고 오늘날 직면한 긴박한 문제들의 함의를 고찰해보고자 한다. 현재까지의 연구 과정에서 나타난 결론들은 정직하고 객관적인 결과를 얻기 위한 나름의 노력이 깃든 결실이 분명하지만, 증거 자료들에 대한 개인적인 해석에 필연적으로 의존한 결과라는 것 또한 사실이다. 증거 자료들이 여전히 더 연구되어야 한다는 점을 우리는 잘 알고 있다. 따라서 비평가들의 비평을 견뎌내도록 결국 그러한 결론들이 정당한 것인지를 확인하고 조사해야 한다. 그럼에도 한 가지 분명한 사실은 우리가 내린 결론들이 활용 가능한 자료들을 이해하고 해석하기 위해 진지하게 노력한 결과를 보여주고 있다는 것이다. 독자들은 지금까지 진술한 모든 내용들 속에서 우리가 지금 제안하려 하는 모든 결론적 진술에 대한 광범위한 논지와 정밀한 논거들을 발견할 수 있을 것이다.

우선, 복음서에 기록된 풍부한 안식일 관련 자료 분석을 통해 나타난 바에 따르면, 안식일은 유대교 집단과 초기 기독교 집단 모두에 의해서 매우 중시됐다. 어떤 사람들이 주장하는 것처럼 그리스도께서는 초기 그리스도인들을 위해서 새로운 예배일을 개척하고자 안식일 계명을 "무의미하게 하거나", "폐지시켰다"기보다는[1] 오히려 그 안식일이 가지고 있는 메시아적 표상을 성취함으로써 그날의 의미와 기능을 풍부하게 하셨음을 복음서가 증명해주고 있다는 사실을 우리는 살펴보았다. 예수께서는 안식일의 시간에 약속된 해방의 경험을 성취시키는 것(눅 4:18-21)이 당신의 사명임을 선언하심으로써 안식일의 의미와 기능을 풍부하게 하셨을 뿐만 아니라, 안식일 개혁 프로그램을 통해서도 그렇게 하셨다. 당시에 보편적으로 편만해 있던 랍비들의 엄격한 제한 규정과는 반대로 주님께서는 구속 사역의 관점에서 안식일의 진정한 의미를 나타내기 위해서 안식일에 신중하게 활동하셨는데, 특별히 다른 사람들을 위한 친절과 자비를 보여

---

1.   W. Rordorf, *Sunday*, 70; 초기 기독교인들에 대해 언급하면서 Rordorf는 다음과 같이 단호하게 진술한다: "그들은 이 계명이 성취됐고 그것이 예수 안에서 폐지됐다고 이해하게 됐다"(위와 동일한 책, 298).

줌으로써 그날에 하나님께로부터 받은 구원의 복을 기념하도록 하셨다.

안식일이 구속의 복에 대한 영원한 상징이 되도록 하기 위해서, 그리스도께서는 자신의 안식일 봉사를 제사장들의 봉사와 동일한 것으로 여겼음을 우리는 살펴보았다. 당시 제사장들이 안식일에 성전에서 일하는 것은 안식일이 가지고 있는 구속적 기능에 따라서 합법적인 것으로 인정됐다. 이와 같이 참된 성전이요 제사장 되신 그리스도께서 안식일에 그의 구원의 봉사를 위해 노력하심으로(막 3:4-5; 마 12:1-14; 요 5:17; 7:23; 9:4), "사탄에게 매인 바"(눅 13:16)됐던 죄인들은 안식일에 구속을 경험하게 됐고, 그로 인해 안식일을 구속의 기념일로 기억하게 됐다. 복음서에서는 그리스도께서 안식일에 대해 선언하신 것과 그날에 병자들을 치료하신 활동들과 관련된 내용들을 기록하고 있으며, 히브리서 4장에서는 안식일이 모든 신자들이 믿음으로 얻게 되는 구원의 축복을 상징하고 있음을 나타내주는 것이라고 설명하고 있는데, 이런 내용들은 사도 시대의 기독교 공동체가 안식일의 의미와 기능을 예수께서 보여주신 것과 같은 발전된 개념으로 이해하고 있었다는 것을 지적해 주는 것이었음을 우리는 알게 됐다.

하지만 우리의 연구 목적은 초기 그리스도인들이 안식일 신학을 어떻게 발전시켰는지 혹은 그들이 안식일을 어떻게 지켰는지를 추적하고자 하는 것이 아니었다. 그것보다는 오히려 일요일 준수의 역사적 기원이 무엇인지를 확인하고자 하는 것이었다. 그럼에도 일요일 준수의 흔적을 찾기 위해서 초기 예루살렘 공동체와 관련된 성서적·역사적 자료를 조사하면서, 우리는 기독교의 모교회인 예루살렘 교회의 교인들과 지도자들이 대부분 안식일 준수와 같은 유대교적 종교 의식들을 신실하게 신봉하는 유대인 개종자들이었다는 당연한 증거들을 발견했다. 한 가지 설득력 있는 증거가 초기 예루살렘 기독교 공동체로부터 직접적으로 유래한 나사렛파에 의해 제공됐다. 우리가 알게 된 바에 따르면, 나사렛파는 주후 70

년 이후에도 자신들을 구별하는 표로서 안식일 준수를 계속 유지했는데, 이는 팔레스타인에 거주하던 초기 유대 그리스도인들에게 있어서는 안식일이 일요일로 바뀌지 않았음을 증명해준다.

우리는 사도 시대에 일요일을 준수한 증거로 일반적으로 제시되고 있는 신약성서의 세 구절(고전 16:1-2; 행 20:7-11; 계 1:10)들을 주의 깊게 살펴보았다. 하지만 그것들은 일요일 예배의 관습을 입증할 만한 아무런 징후도 제공해 주지 않는다는 것을 우리는 알게 됐다. 일요일을 명백하게 언급한 첫 문헌은 『바르나바스의 서신』(15장)인데, 그곳에서도 여전히 일요일 준수는 소심하게 언급될 뿐이었다. 그 저자는 집회나 성만찬 예식의 진행과 같은 것은 언급하지 않은 채, 단지 그날이 부활을 기념하기 위해 하나가 된 종말론적 안식일의 연장을 나타내주는 것이기 때문에, 그리스도인들은 제8일을 기쁨 가운데서 지냈다(ἄγομεν)고만 언급하고 있다. 바르나바스는 하드리아누스 황제가 특별히 안식일 준수를 포함한 유대인들의 종교적인 관습들을 불법으로 간주하고 유대인들에 대한 혹독하고도 억압적인 정책들을 도입했던 매우 중요한 시기에 살았기 때문에 우리는 일요일 준수가 그 시기에 처음으로 나타나게 된 것이 아닌가 하는 점을 살펴보았다.

그 시기에 많은 그리스도인들은 외부적인 압력과 내부적인 필요에 의해 유대인들과의 관계를 단절시키려고 매우 급진적으로 노력했음을 우리는 발견하게 됐다. 외부적으로는, 유대인들과 로마 제국 사이의 대립 관계로 인해 그리스도인들은 유대인들을 목표로 했던 억압적이고, 보응적인 조처들(재정적, 군사적, 정치적, 문학적)로부터 피해를 보지 않도록 하기 위해서 자신들의 새로운 정체성을 개발해야 할 필요가 있었으며, 내부적으로는, 몇몇 모세의 규례들에 대한 문자적 준수를 고집했던 회당과 유대 그리스도인들의 영향으로 인해 그리스도인들은 유대인들과의 인연을 끊고자 결심하게 됐다. 이처럼 새로운 정체성을 개발하기 위해서 많은 그리스도인들은 한 백성이었던 유대인들을 향한 부정적인 태도를 취했을 뿐만 아니라, 유월절, 안식일과 같은 특징적인 유대교의 관습들을 부활절-일요일, 매주 일요일 등으로 바꾸게 됐다. 이러한 그리스도인들의 행동으로 인해 로마 당국자들은 분명히 그리스도인들이 유대교와 연관 관계를 가지지 않은 자들이며, 흠잡을 데 없는 제국의 국민들이라고 인식하게 됐을 것이었다.

　우리의 연구가 진행되는 과정에서 이러한 가설을 입증해 주는 몇몇 징후들을 발견했다. 예를 들어, 우리가 살펴본 것처럼 "차별에 대한 반유대주의"로 일컬어지는 대부분의 "기독교" 문헌들이 바르나바스와 더불어 시작됐다. 이것은 유대의 역사와 안식일과 같은 규례들이 가지고 있던 의미와 기능을 부정적으로 재해석했다. 몇 가지 방법으로 안식일에 대한 평가절하가 이루어졌음을 우리는 보았다. 바르나바스처럼 많은 그리스도인들은 안식일 계명에 들어 있는 모든 일시적인 의미와 의무 사항을 제거해 버렸고, 대신 제8일과 같은 일요일의 상징성을 우월하게 생각하기 시작했다. 제8일은 8이라는 숫자가 등장하는 구약성서의 몇몇 인용문들로부터 임의로 추출됐으며, 그것은 영원한 새로운 세상, 우주를 초월한 세계에서 누리는 영적인 안식, 완전과 영성, 은혜의 기독교 세대, 그리스도와 믿는 자들의 부활 등 다양한 의미로 해석됐다. 이처럼 제8일의 의미를 찬양했던 것과는 대조적으로, 제7일로서 안식일은 현재적 시대의 끝, 일시적인 이 세상, 죄악과 물질세계, 율법의 세대, 무덤에서의 휴식 등을 의미하는 것으로 격하됐다. 이레네우스, 테르툴리아누스, 오리게네스 등과 같은 몇몇 교부들은 하나님의 본성과 율법이 가지고 있는 일관성을 보호하기 위해 노력했고, 안식일을 교회적이고 영적인 상징(즉, 전 생애 동안에 하나님을 섬기는 인내와 죄를 삼가는 것)으로 계속 존속시키고자 했지만, 그와 동시에 그 문자적인 의무는 부인했다. 디다스칼리아(*Didascalia*)에서 나타나는 것처럼, 다른 사람들은 창조를 기념하는 것으로서의 안식일의 가치를 박탈하고 대신 일요일을 그 옛 창조에 대한 새로운 회복의 상징이요 기념일로 만들었다. 그리고 유스티노스와 같은 또 다른 사람들은 가장 급진적인 입장을 취했는데, 그들은 안식일을 유대인들의 사악함으로 인해 그들에게 내려진 하나님의 영벌의 표로 격하시켰다. 이러한 서로 다른 해석들을 통해서 간파할 수 있는 것은 일요일 준수가 안식일을 대신하게 된 것을 정당화하기 위한 일반적인 이해 관계로 인해 안식일이 무효화됐다는 사실이다. 이러한 논쟁적이고 때로는 불합리한 논증들은 안식일을 희생시킨 대가로 일요일을 정당화하거나 높이기 위해 고안된 것들이었으며, 유대교와 단절할 수밖에 없던 상황으로 인해 일요일 준수가 논쟁적인 분위기에서 도입된 것이었다는 우리의 가설을 입증해준다.

우리의 연구 과정에서, 유대교와 유대교의 특징적인 절기들과의 분리가 처음 발생하여 점차 심화된 곳은 로마 교회였음을 시사해주는 몇몇 부수적인 요소들이 나타났다. 예를 들어, 로마 내에서의 대부분의 그리스도인 개종자들은 이교 혈통을 가진 사람들이었으며, 저들은 동방에서 개종한 자들보다도 빨리 유대인들과의 차별화를 경험했다. 로마 제국이 유대인들에 대해서 취했던 억압적인 조처들은 특별히 제국의 수도였던 로마에서 더 피부에 와 닿았는데, 그것으로 인해 로마 교회를 구성한 유력한 이방인 신자들은 대부분의 그리스도인들에 의해서 여전히 준수됐던 유월절과 안식일과 같은 유대교적 특징을 가진 절기들의 날짜와 준수 방법들을 바꿈으로써 유대교와의 차별성을 로마 당국자들에게 확인시키고자 노력했다. 로마 교회가 두 축일들에 대해 명확한 입장을 취했다는 사실을 우리는 살펴보았다. 이레네우스가 식스투스 감독에게 보낸 문헌과 주후 135년경에 유월절 논쟁의 기원과 관련된 에피파니우스의 진술이 시사해

주는 바에 의하면, 14일주의자들의 유월절은 하드리아누스 황제 시대에
분명하게 부활절-일요일로 대체됐다. 그 자료들은 로마의 감독이 부활절-
일요일을 선도하고 옹호하는 역할을 했다고 분명하게 설명하는데, 그렇
게 한 것은 후에 콘스탄티누스에 의해 주장된 것처럼 "맹세를 저버린 유
대인들의 행위에 참여하는 것"을 피하고자 함이었다. 부활절-일요일과 매
주일 일요일 사이에 밀접한 연관성이 존재한다는 사실(대부분의 교부들은 매
주일 일요일을 부활절-일요일의 확장으로 이해했음)은 그 두 축일이 모두 반유대적
동기에 의해 동일한 시기에 로마에서 시작됐음을 믿도록 해 주는 논거를
제공해준다. 로마 교회가 유대인들을 경멸한다는 사실을 보여주기 위해
서 안식일에 금식(일 년마다 거행하는 거룩한 토요일 금식의 확장으로 2세기 초에 시작
된 것이 분명한 한 관습)하도록 엄격하게 강요한 사실에서 이러한 결론을 지지
할 만한 근거를 우리는 발견했다. 이와 마찬가지로 로마 교회는 유대인들
과 더불어 안식일을 지키는 것으로 보여지기를 피하고자 그날에 성만찬
예식을 거행하는 것과 집회로 모이는 것을 금지했다. 더욱이 2세기에는
로마 교회의 감독만이 다른 모든 지역에 있는 기독교회에 영향력을 행사
하는 교회적 권위를 가지고 새로운 관습이나 규례들을 받아들이도록 권
한을 행사했다는 사실을 우리는 알게 됐다(그렇지만 몇몇 교회들은 그의 교훈을
따르지 않았다).

　하지만 유대인들의 안식일과 대조하여 새로운 기독교의 예배일로서
일요일을 선택한 특별한 이유는 반유대주의로 인해서가 아니라 다른 요
소들로 인해서 나타나게 됐다. 반유대주의는 안식일의 가치를 저하시키
고 부인하도록 하는 원인이 됐고, 그로 인해 새로운 예배일을 찾고자 하
는 필요성을 창출하게 하는 원인이 됐지만, 일요일을 특별히 선택한 이유
는 다른 곳에서 나타나고 있음을 우리는 발견하게 됐다. 2세기 초 태양 숭
배가 널리 보급되어 태양의 날에 대한 의식이 진보하게 됐고 그로 인해

일주일 중 첫날의 지위(그 입장은 원래 토성의 날이 가지고 있었다)에 영향을 주었는데, 이러한 요소 때문에 이교로부터 개종한 그리스도인들은 태양의 날을 받아들이게 됐다. 하지만 태양의 날을 선택한 동기는 그날에 태양신을 존경하고자 하는 열망에 있지 않았고 오히려 다음의 두 다른 요소들에 있었다. 첫 번째 요소는 하나님을 태양과 빛과 연관시키는 유대 그리스도인들의 풍부한 전통 속에 있었는데, 그 전통 때문에 그리스도인들은 태양의 날과 그 상징적 의미에 대해 호의적인 경향을 나타내기 쉬웠다. 또 다른 요소로, 그리스도인들은 존경할 만한 태양의 날이 창조와 부활이라는 구속사의 두 근본적인 사건들을 이교 세계에 효과적으로 소개할 수 있는 적합한 상징을 제공해주었음을 아마도 자연스럽게 실감했을 것이었다: "이날에 세상의 빛 되신 분이 나타나셨고 의의 태양이신 분이 부활하셨다."[2]

게다가 일요일은 창조의 완성에 대한 기념일인 안식일과 대조해서 창조의 시작과 새로운 창조의 시작으로 이해되는 그리스도의 부활을 적절하게 기념했다. 원래는 일요일 준수에 대한 유일하고도 유력한 동기로 여겨지지 않았던 부활 모티프는 이제 서서히 일요일 예배를 확증하는 압도적인 논거가 됐다. 결국 일요일이 선택된 것은 그날이 제7일 안식일에 이어서 오는 제8일이 되면서 일시적이고 종말론적인 안식일을 연장하고, 완성하며, 안식일을 대체하는 날로 표현될 수 있기 때문이었다.

그래서 이 연구로부터 분명하게 드러나는 그림은 일요일의 기원이 유대교적인 요소, 이교적인 요소, 기독교적인 요소의 상호 작용에서 기인했다는 것이다. 우리가 보았듯이 유대교는 일요일의 기원에 부정적으로도 기여했으며 긍정적으로도 기여했다. 부정적인 국면은 그리스도인들을 향한 유대인들의 적대감뿐만 아니라 반역을 일으키는 유대인들에 대한 로

---

2.   Jerome, *In die dominicae Paschae homilia*, CLL 78, 550, 1, 52.

마 당국의 억압적인 조처들에 의해서 대표되는데, 이 두 요소로 인해 그리스도인들은 유대교로부터 급진적으로 분리되어야 할 필요성에 직면했다. 이러한 차별화에 대한 필요성은 그리스도인들로 하여금 안식일을 포기하고 새로운 예배일을 필요로 하게 하는 결정적인 요소가 됐다. 일요일의 기원에 미친 유대교의 긍정적인 기여는 아마도 유대교 분파의 희년 달력에서 유래한 일요일에 대한 심리적 태도 및 특히 우주적 주간에 대한 유대교의 예언적 고찰과 같은 데서 찾을 수 있다. 특별히 후자는 유대교 집단과 유대 그리스도인 집단에서 일요일을 선택한 것을 옹호해줄 가능성이 있는데, 일요일은 새로운 영원한 세계를 의미하는 종말론적 제8일로서 안식일에 의해 상징화된 현세의 일곱 번째 천년보다 우월한 것으로 보일 수 있었기 때문이었다.

　이교주의는 이전에 태양의 날과 태양 숭배를 알고 있었던 이방인 그리스도인들에게 존경할 만한 태양의 날을 새로운 예배일로 도입할 수 있는 가능성을 제안해 주었는데, 이는 태양의 날이 가지고 있는 풍부한 상징적 의미들이 "그날에 빛을 어둠으로부터 이끌어 내셨고 부활의 날에 신앙을 불신으로부터 분리해 내신" 참된 의의 태양이신 분께 경배하도록 이끄는 힘이 있었기 때문이었다.[3] 결국 기독교는 일요일이 창조의 개시, 그리스도의 부활, 도래할 새로운 세계에 대한 종말론적 희망 등과 같은 중요한 사건들을 기념하는 것이라고 가르침으로 일요일 준수에 대한 신학적인 정당성을 부여해 주었다. 그러므로 유대교적, 이교적, 기독교적 요소들은 그 유래가 서로 달랐음에도 불구하고 함께 융합되어 많은 유대인 개종자들과 이방인 개종자들의 긴박한 필요를 만족시킬 수 있는 한 제도를 만들어냈다.

---

3. Dionyius of Alexandria, in *Analecta sacra spicilegio solemensi* 4, ed. J. B. Pitra, 1883, 421.

이러한 결론에 비추어, 우리는 이제 처음에 제기했던 일요일 준수의 신학적인 합법성과 그것이 오늘날 그리스도인들에게 타당한 것인지와 관련된 질문들에 대해 살펴볼 때가 됐다. 안식일을 대신하여 일요일 준수를 도입한 것은 그리스도의 권위나 사도들의 권위에 의해 초기 예루살렘 교회에서 발생한 것이 아니라 수십 년 후에 아마도 로마 교회에서 외부적인 환경들로 말미암아 발생했던 것임을 우리의 연구는 보여주었다.

사실상 초기의 신학적인 변증들은 성서와 사도들의 고유한 가르침을 반영하고 있다기보다는 오히려 다른 논쟁적 변론들을 반영하고 있다. 안식일보다도 일요일이 더 합법적이고 우월하다는 것을 증명하기 위해서 구약성경(숫자 8과 1에 대한 언급들)으로부터 이끌어 낸 성서적 증거들(testimonia)조차도 대부분은 성서 해석상 부당한 기준에 근거한 것들이었으며, 따라서 그것들은 점차 사라지게 됐다. 솔직히 말하자면 이것은 일요일 준수가 성서신학 및/또는 사도적 권위에 기초한 것이 아니라, 우리가 이 연구에서 확인하려고 노력한 바, 후대의 기여 요인들에 기초했다는 것을 의미한다.

(이탈리아어 논문 4장에서 우리가 볼 수 있듯)[4] 일요일 예배와 휴식이 단지 유대의 안식일을 **점진적으로** 모방한 것에 불과했다는 것은 주목할 만한 가치가 있다. 육체적인 휴식을 포함한 안식일 계명을 일요일에 완전하게 적용한 것은 사실 5세기에서 6세기에 이르러서였다.[5] 이것은 일요일이 예배

---

4.   이 장은 "Jewish Patterns for the Christian Sunday"라는 제목으로 되어 있는데, 여기서 기본적으로 안식일/일요일의 예배와 안식의 구조를 비교하고 있다. 두 날 사이에 존재하는 수많은 유사성을 통해—물론 개조나 변화가 있기는 했지만—일요일이 안식일을 본떠 점차 구조화됐다는 것을 알 수 있다. 시간과 공간의 제약으로 인해 본 연구에서 이 부분을 포함시키지는 않을 것이다.

5.   Tertullian의 *De oratione* 23에서는 더 이른 시기의 기록들을 찾아볼 수 있다; *Syriac Didascalia* 13 ; *Eusebius, Commentaria in Psalmos* 91, *PG* 23, 1169C. Ephraem Syrus

와 휴식의 날이 된 것은 사도들의 교훈에 의하여 이루어진 것이 아니라 특별히 로마 교회가 행사한 교회적 권위에 의해 이루어진 것이라는 우리의 주장을 확증해준다. 과거에는 이러한 설명이 가톨릭 신학자들과 역사가들에 의해 틀림없는 사실로 인정됐다. 예를 들어, 토마스 아퀴나스(Thomas Aquinas)는 다음과 같이 명확하게 진술한다: "새로운 율법 안에서 주의 날을 준수하는 것이 안식일을 준수하는 것을 대신하게 됐는데, 그것은 가르침에 의해서가 아니라 교회의 제도와 그리스도인들의 관습에 의해서 이루어졌다."[6]

빈센트 켈리(Vincent J. Kelly)는 미국 가톨릭 대학에 제출한 논문에서 그와 유사하게 다음과 같이 단언한다.

> 게다가 몇몇 신학자들은 하나님께서 새로운 율법 안에서 일요일을 예배일로 결정하셨다고 믿게 됐다. 하나님께서 스스로 명백하게 안식일을 일요일로 대체시키셨다는 것이다. 그러나 이 이론은 이제 완전히 무너졌다. 오늘

(각주 18)를 시작으로 안식일과 일요일의 동일시는 명백해졌다. Jerome (각주 2) (주후 342-420년경)은 유대인들의 안식일 준수와 그리스도인들의 일요일 준수를 비교한다: "그들[유대인들]은 안식일에 아무런 예배를 드리지 않는다. 우리도 주의 날에 그렇게 하지 않는다"; 참고, Pseudo-Jerome (Jerome이라는 가명의 저자), *Epistola* 3, *PL* 33, 225; Caesarius of Arles (주후 470-542년경)는 "*quanto magis*-얼마나 더 많이"라는 문구를 쓰는데, 이는 후에도 반복적으로 등장한다: "그 가련한 유대인들은 세상 모든 일을 삼갈 정도로 많은 헌신을 하며 안식일을 지킨다. 그리스도인들은 주의 날에 얼마나 더 많은 헌신으로 하나님께만 온전히 자신들을 바쳐야 하겠는가"(*Sermo* 13, 3-4, *CCSL* 103, 1, 68); Martin of Braga (*De correctione rusticorum* 18)은 일요일에 금지된 농사일들을 상세히 규정한다. 일요일 휴식에 대한 세밀한 사항들에 대한 연구는 다음을 보라. M. Zalba, "De conceptu operis," *Periodica* 52 (1963): 124-163; H. Huber, *Geist und Buchstabe der Sonntagsruhe*, 1958, 117-118; W. Rordorf, *Sunday*, 167-173.

6. Thomas Aquinas, *Summa Theologica*, 1947, II, Q. 122 글 4, 1702.

날 일반적으로 받아들여지는 것에 의하면, 하나님께서는 단지 교회가 거룩한 날로서 적절하게 여기는 날을 제정하도록 권세를 주셨다. 교회는 한 주의 첫날인 일요일을 선택했고, 시간이 지나면서 다른 날들을 거룩한 날들로서 추가했다.[7]

일요일 준수를 제정한 책임이 본질적으로 로마 교회에 있다는 이러한 전통적인 주장은 최근의 가톨릭 학자들과 개신교 학자들에 의해서 받아들여지지는 않고 있지만, 우리의 연구를 통해서 충분히 입증됐다. 이 같은 결론은 일요일 준수의 신학적 합법성 및 타당성에 어떤 영향을 주게 되는가? '오직 성경으로'(sola Scriptura)라는 개혁주의 원칙에 입각해서 자신들의 신념과 신앙 행위를 규정하는 사람들이 성경의 권위에 입각한 것이 아니라 교회의 전통에 입각해서 일요일을 주의 날로 준수한다는 것은 매우 역설적인 상황이 아닐 수 없다. 존 길머리 쉐아(John Gilmary Shea)가 잘 설명하고 있는 것처럼, "[로마] 교회의 권위를 버린 개신교주의는 일요일 준수에 대한 합리적인 이유를 가지지 않는다. 그러므로 논리적으로는 안식일인 토요일을 지켜야 한다."[8]

---

7. Vincent J. Kelly, *Forbidden Sunday and Feast-Day Occupations*, Catholic University of America Press, 1943, 2; 교황 John XXIII, *Mater et Magistra*, William J. Gibbons 번역, 1961, 76, "가톨릭 교회는 수 세기 동안 그리스도인들이 일요일에 안식의 날을 지키고 성만찬 희생 의식에 참석하라는 명령을 내렸다"; John Gilmary Shea, "The Observance of Sunday and Civil Laws for Its Enforcement," *The American Catholic Quarterly Review* 8 (Jan. 1883): 139: "전능하신 하나님에 대한 의무적 공공 예배를 위해 구별된 한 주의 날로서 일요일은 모든 비천한 일들과 무역, 세속적 여가를 멈추고, 대신 헌신의 활동들로 성별되어야 한다. 이날은 전적으로 가톨릭 교회의 하나의 창조물이다"; Martin J. Scott, *Things Catholics Are Asked About*, 1927, 136: "이제 교회는 … 하나님의 권한으로 일요일을 예배의 날로 도입했다"

8. John Gilmary Shea (각주 7), 152.

하지만 전통적으로 안식일 계명의 권위에 입각해서 일요일을 준수해야 한다고 명령해 왔던 로마 가톨릭교회 내에도 딜레마는 존재한다. 예를 들어, 교황 요한 23세(Pope John XXIII)는 회칙 '마테르 에트 마기스트라'(*Mater et Magistra*, 1961)에서 일요일 준수에 대한 사회적·종교적 의미를 강조하는 데 있어서 분명히 안식일 계명에 호소했다. 그는 이렇게 진술하고 있다.

> 하나님께서 창조의 행위와 더불어 인간을 당신의 형상으로 만들기 위하여 영혼에게 호흡을 주심으로 인해 인간에게 부여된 존엄을 지키고자, 교회는 제3계명을 주장하기를 게을리 해서는 안 된다. 그 계명은 "안식일을 기억하여 거룩히 지키라"는 것인데, 모든 인간은 이것을 주의 깊이 준수해야 한다.[9]

안식일 계명을 기초로 해서 일요일 준수를 정당화하는 이러한 변증은 중대한 신학적 질문들을 야기시킨다: 안식일이 "예수 안에서 성취되어 **폐지됐다**"고 주장하면서[10] 동시에 그 동일한 안식일 계명에 호소함으로 일요일을 준수하도록 명령하는 것이 어떻게 가능한가? 더욱이, 제1일이 아닌 제7일을 거룩하게 지키라고 명령하는 제4계명(가톨릭의 계산에 따르면 제3

---

9. 교황 요한 23세 (각주 7), 76; John A. Mchugh and Charles J. Callan 번역, *Catechism of the Council of Trent for Parish Priests*, 1958, 404: "'주께서 말씀하시기를 너나 네 아들이나 네 딸이나 네 남종이나 네 여종이나 네 육축이나 네 문 안에 유하는 객이라도 아무 일도 하지 말라'(출 20:10). 이 말씀이 우리에게 우선으로 가르치고자 하는 바는 하나님에 대한 예배를 방해하는 것은 무엇이든 피하라는 것이다." 교리문답서는 그리스도인들에게 일요일에 어떠한 일들이 금지됐고, 또한 어떤 행동을 취해야 할 것인지를 안식일 계명에 비추어 설명하고 있다.

10. W. Rordorf, *Sunday*, 298.

계명)을 어떻게 일요일에 정당하게 적용할 수 있을까? 이러한 딜레마를 의식한 모스나(C. S. Mosna)는 자신의 학위 논문의 결론적 진술에서 다음과 같이 제안한다: "고대 안식일 계명에서 일요일 휴식의 근거를 찾고자 하는 일은 포기하는 것이 더 나을 것이다."[11]

그렇다면 일요일 휴식은 어떤 근거에서 옹호될 수 있는가? 교회가 "전 제국 내에서 일요일을 휴식의 날로 만들고자 한 콘스탄티누스 황제의 결정에 영향을 끼쳤는데, 이는 분명 주의 날을 다른 날들보다 우월한 날로 만들고자 함이었다"는 사실에서 모스나는 "근본적인 이유"를 찾으려 했다. 따라서 교회는 "인간이 매 일곱째 날마다 일을 쉬도록 주어진 날의 명분(honor)을 주장할 수 있다"고 모스나는 주장한다.[12] 이러한 설명은 일요일 준수가 "순전히 가톨릭교회에 의해 만들어진 것"이라는 전통적 주장과 조화를 잘 이룬다.[13] 그러나 만일 일요일 휴식이 교회적-제국적 제도라면, 그것이 어떻게 신적인 계명으로서 그리스도인들에게 명령될 수 있단 말인가? 이것은 신학자들이 오늘날 그리스도인들을 위해 주의 날이 가지는 의미와 기능을 재평가할 수 있도록 하는 어떤 유효한 근거를 제공해 줄 수 있는가? 적절한 신학적인 근거 없이 단순히 교회의 권위를 주장하는 것만으로는 만연한 주의 날에 대한 그릇된 인식에 대처하기 어렵다.

어떤 사람들은 일요일 휴식에 대한 신학적 정당화가 예배의 요구에 의해 제공된다고 주장한다. 예를 들어, 모스나에 따르면, "일요일 휴식을 지지하는 본질적인 신학적 동기는 이것이 주의 날의 예배를 위한 물질적

---

11. C. S. Mosna, *Storia della domenica*, 367; W. Rordorf, *Sunday*, 298: "그러므로 만일 우리가 가능한 한 일요일의 신성함의 근거를 안식일 계명에 두어서는 안 된다면, 오히려 그것이 더 좋지 않을지에 대해 물어야 한다."

12. C. S. Mosna, *Storia della domenica*, 366-367.

13. John Gilmary Shea (각주 7), 139.

시간을 제공하고 예배의 상황을 좋게 만들기 위해 절대적으로 필요하다
는 데 있다."[14] 일을 중지하는 것이 예배의 전제라는 것은 자명한 진리다.
그러나 그리스도인이 단지 예배의 의무를 이행하기 위해 주의 날에 휴식
하는 것인가? 이것이 유일한 이유라면, 단체 혹은 개인이 실질적으로 예
배를 드리는 데 소요되는 시간이 기껏해야 한 시간 혹은 두 시간밖에 되
지 않는데, 왜 하루 종일 일을 쉬어야 한다고 고집하는가? 다시 말해, 일
요일 예배가 마친 후 남는 자유로운 시간이 신학적으로 큰 의미가 없는
시간이라면, 일요일 전체 시간에 일하지 말고 지내라고 요구하는 것이 정
당한지 묻지 않을 수 없다.

　게으름이 모든 악습의 시작이라는 사실에 비추어 본다면, 일요일 예
배가 마친 후 그리스도인들로 하여금 자신들의 개인적인 일터로 돌아가
도록 권고하거나, 의미 있는 활동에 종사하도록 권고하는 것이 더욱더 적
절한 것이 아니겠는가? 더욱이 휴식을 취하는 이유가 단지 교회 예배에
참석하는 것을 보장하기 위한 것일 뿐이라면, 이미 주 5일의 노동은 예배
의 의무를 이행하기 위해 충분한 시간을 제공해 주는 것이 아닌가? 따라
서, 일요일 휴식의 개념은 현대인에게는 전혀 부적절한 것이며 시대착오
적인 것이 아닌가?

　만일 그렇다면, 일요일은 **주님께 대한 거룩한 휴식의 날**(the hold day of rest to
the Lord)이라기보다는 **예배의 시간**(hour of worship)으로 여겨져야 한다고 결론
지어야 할까? 몇몇 그리스도 교회들은 이러한 방향으로 움직이고 있는
것이 사실이다. 예를 들어, 모스나가 표현했듯이 가톨릭교회는 "토요일
저녁에 일요일 미사를 드리는 관습을 마지못해 도입하고 있다."[15] 모스나
의 주장에 따르면 "그러한 관례는 그리스도인으로서 자신들의 작업 일정

14.　C. S. Mosna, *Storia della domenica*, 367.

15.　위와 동일한 책, 365.

상 자유롭지 못하지만 일요일 성체 예식에 참여할 권리를 가진 노동자들에게 일요일의 축복을 제공하기 위해서 … 장려된 것이다."[16]

하지만 어쩔 수 없는 의무 사항들에 의해 일요일에 미사를 드리기 곤란한 가톨릭 교인들뿐 아니라 볼로냐의 대주교에 의해 분명히 주장된 것처럼, "스키를 타는 사람들, 사냥꾼들, 휴가 중인 사람들, 여행자들 및 기타 사람들은 일반적으로 일요일에, 교회에서 미사가 거행되지 않는 시간에 집을 떠나 교회가 너무 멀거나 교회가 아예 없는 곳으로 여행을 떠나는 사람들"을 위해서 토요일 저녁에 일요일 미사를 드리는 것이 허락된다.[17]

이렇게 일요일의 특권이 토요일 저녁까지로 확대됐다는 사실은 이 같은 상황이 더 복잡하게 발전될 가능성이 있음을 시사해준다. 예를 들자면, 마르티노 모르간티(Martino Morganti)는 "이 확장이 이미 모든 사람을 수용하

---

16. 위와 동일한 부분.
17. *La Civiltá Cattolica* 115 (1964): 511; *La Civiltá* 동일한 호(issue)에서 *Cattolica*는 1964년 6월 12일, 바티칸 라디오의 공식 발표에서 일요일 미사를 토요일 밤으로 앞당기기 위한 다음의 이유를 제시했다고 기록한다: "이러한 인정을 하게 된 사려들 가운데, 우리는 소위 주말 여행, 스키 등이 어느 때보다 증가하고 있다는 사실을 고려했다. 이는 여행을 떠났다 돌아오는 여정이 기념일의 규례를 준수하는 것을 가장 어렵게 만들고 있기 때문이다"(94). 언급된 또 다른 이유는 사제들의 부족으로 어느 지역에서는 일요일 미사가 불가능해 질 수 있다는 것이다. 일부 교부들은 두 번째 바티칸 공의회 동안에 토요일 밤 미사를 일요일의 법적 시간 내로 옮기기 위해 일출과 일몰을 기반으로 거룩한 날을 지정하도록 건의했다. 또한 그리스도인들이 일요일에 주간의 의무를 완수하기 위해서는 미사를 드리지 않아도 된다고 했다. 전례(Liturgy) 위원회는 일요일 미사를 토요일 밤으로 앞당기자는 제안에 대해 "심각한 고려사항"(*serio considerata est*)이라고 표현했는데, 이후 심의회에서는 그날에 대한 계산과 주간 일요일 미사의 구성에 관한 의문들이 언급됐다(*Schema Constitutionis de Sacra Liturgia, Emendationes*, IX, 11). 공의회에서 승인된 법령, *Orientalium Ecclesiarum*에서는 다음과 같이 기록되어 있다: "그 규례를 준수하기 위한 적절한 시간은 전날 일몰에서부터 일요일, 혹은 축제의 날이 끝나는 시점까지로 한다"(각주 15).

기에 충분하지 않은데 … 그 이유는 토요일 저녁이 이미 완전한 주말이
되어서 그날에 많은 사람들이 도시를 떠나 이동하고 있기 때문이다"고 지
적했다.[18] 근무 일수가 계속적으로 줄어들고 있기 때문에, 미래에 가톨릭
교회는 휴가 중에 있는 많은 사람들을 섬기려는 열의로 심지어 금요일 저
녁에도 일요일 미사에 참여하게끔 하게 될 것이라고 예견하는 것도 가능
한 것 같다. 몇몇 급진적인 가톨릭 신학자들은 이러한 변화를 불쾌하게
여기는데, 마르텐스(Th. Maertens)의 설명에 의하면 그 이유는 다음과 같다.

> 일요일의 이동(sliding, *scivolamento*) 문제는 신학적·역사적·전통적 원칙에 입
> 각해서는 해결할 수 없고 … 그리스도의 뜻과 현대 세계의 상황이라는 두
> 극단적 요소를 함께 고려한 목회적인 판단에 입각해서 해결해야만 한다.
> 우리에게 드러난 사실은 복음과 전통이 실제적인 주의 날에 대해 상술하지
> 않고 있다는 것이다."[19]

---

18. Martino Morganti, "La Messa domenicale anticipata al sabato," in *La Domenica, Liturgica-Nuova Serie*, 1968, 217.

19. Th. Maertens, *Paroisse et Liturgie* 49 (1967): 193; 참고, 같은 책 46 (1964): 586; 다른 가톨릭 신학자들은 일요일 미사가 토요일 밤으로 연장된 것으로 생각하지 않는다. 예를 들어, P. Falsioni는 이러한 인정을 "일요일에 대한 죽음 증서"라고 표현하며 끊임없이 비난한다(*Rivista Pastorale Liturgica* 1967): 311, 299, 97, 98; (1966): 549-551. 일요일 미사 의식의 정당성은 수많은 가톨릭 연구에서 이의가 제기되고 있다. 일부는 그것의 성경적-신학적 기반에 대해 도전하고 있으며, 다른 이들은 그 계율의 의무적 속성과 그리스도인들의 자유를 조화시키는 데 있어서의 연관성과 어려움에 대해 의문을 제기한다. 또한 그 규례로부터 생겨나는 형식주의를 비난하는 무리들도 있다. *Lumiére et Vie* 58 (1962)와 *La Maison-Dieu* 83 (1965)에서는 다양한 논의와 해결책들에 대한 탁월한 조사가 진행되고 있다; 참고, 위와 같은 책 124 (1975). 2차 바티칸 공의회의 전례 위원회(Liturgy of the II Vatican Council)에서 안식일 집회와 성만찬 기념식 참여 사이에 대해 제시한 구분을 기반으로, Morganti는 흥미로운 해법을 제안한다. 그는 일요일 모임이 변경될 수 없고 반드시 일요일에 이루어져야 한다고 주장한다. 타당한 근거로 참석할 수 없는 신자들은 예배에는

간단히 말해서 이러한 해석은 주의 날에 교회 예배에 참석해야 하는
의무 규정을 격하시키는 것일 뿐만 아니라 심지어는 현대 그리스도인들
의 사회적·오락적 우선권을 수용하기 위해서 기대하는 가능성까지 옹호
하는 것이다. 주의 날을 예배의 시간으로서 보는 이러한 견해는 그 시간
에 일상적인 일들을 포기함으로써 안식일의 성화를 성취하게 된다는 성
서적 가르침을 정확하게 반영하고 있는가? 전혀 그렇지 않다. 그렇다면
일요일은 성서적 안식일 신학과 의무 규정들에 의해 구체화된 것과 다른
것으로 이해해야 할까? 일요일 준수의 역사적 기원과 최초의 신학적인
기초에 대한 우리의 연구에 비추어 볼 때 전혀 '그렇지 않다'. 일요일은 시
간의 성화를 요하는 하나님의 명령으로서 생겨난 것이 아니라 안식일을
지키는 유대인들과 차별화하기 위해 고안된 교회 제도로서 생겨났다. 바
로 이 원시적인 일요일 신학에서는 일요일에 노동으로부터 **완전히** 휴식
하도록 요구하지 않았다. 로르도르프에 의해서 주장됐듯이, "2세기에 접

참석할 수 있으나 성만찬식은 예외가 된다. 그러나 참석하지 못한 사람들은 이 주
간 동안(각주 18, 223-224)에 성만찬 기념식에 참여함으로써 후자의 경우를 준수할
수 있다. 적어도 이와 같은 개발은 집회와 성만찬 사이의 뚜렷한 양분(dichotomy)
을 만들어내고, 집회에 참석하지 못한 자들과 성만찬 참여의 의무를 이동시키는 것
을 정당화하기 위한 교묘한 근거를 제공한 셈이다. 그렇다면 '일요일 규례에 대해
무엇이 남았는가'라는 의문이 생길 수 있다. 주목할 만한 사항이 한 가지 있는데,
역으로 칼빈주의자였던 W. Rordorf는 주의 만찬이 바로 일요일 예배의 존재 이유
(*raison d'etre*)라고 주장한다: "우리가 일요일에 주의 만찬을 전혀 기념하지 않는다
면, 우리에게는 기본적으로 일요일을 '주의 날'(또는 *dimanche domenica*)이라고 부
를 만한 아무런 근거가 없다. 이는 그날을 주의 날로 만들어야 할 그것, 즉, 주의 만
찬이 결핍되기 때문이다"(*Sunday*, 305-6). Rordorf의 주장은 그가 주의 만찬이 애초
에 일요일에만 기념됐고, 그러므로 그것이 일요일 예배의 핵심이라고 본 견해에서
비롯된 것이다. 실제로 성만찬이 후에 일요일 예배의 필수적 요소가 된 것은 사실
이지만, 우리가 살펴본 바와 같이 신약에서의 경우와는 다르다. 이 의식은 당시 **정
해지지 않은 때에**(at indeterminate times) 저녁 식사의 맥락에서 기념됐을 것이다.

어들기까지, 우리가 연구한 문헌들 속에서는 그리스도인들이 일요일을 어떤 종류의 노동 금지와 같은 것으로 명시했다는 암시를 조금도 발견할 수 없다."[20] 나중에 점차로 일요일 준수의 주된 논거가 됐던 그리스도의 부활은 원래 예배를 위한 일반적인 집회에 의해 기념되어(Justine, *I Apology* 67)졌지, 그날 전체를 휴식함으로 기념된 것이 아니었다.

하지만 그리스도의 부활을 기념한다는 논조가 일요일이 하나님께 예배하고 인간에게 봉사하기 위한 시간으로 성별된 것임을 입증하는 타당한 이유가 되는 것이 아닌가? 이것은 주목할 만한 동인으로 여겨지긴 하지만, 그럼에도 그것은 완전히 주관적인 해석에 기초했을 뿐이다. 그 동일한 논거에 의하여 누구든지 목요일, 금요일, 혹은 토요일이 휴식의 날로서 가치를 가진다고 주장할 수 있는데, 그 이유는 그리스도에 대한 배반, 그리스도의 죽음, 그리스도의 장사지냄 등의 사건들이 그런 날에 각각 발생했기 때문이다. 그러나 그리스도의 생애에 나타난 중요한 사건들과 관련된 날들이 매주일 노동을 삼감으로써 준수된다는 주장이 어디에 나타나는가? 예를 들어, 우리가 살펴본 바에 따르면, 신약성서에서는 그리스도의 부활이 매우 강조되고 있음에도 불구하고, 그 사건이 한 특별한 시간에 기념되어야 한다는 것을 시사해주는 암시는 전혀 없다. 점차로 일요일 준수의 핵심 예식이 됐던 주의 만찬은 원래 **정해지지 않은**(indeterminate) 시간에 거행됐으며, 그리스도의 부활이 아닌 그리스도의 죽음과 재림(parousia)을 기념하는 것이었다. 바울의 가르침에 따르면, 믿는 자는 침례를 받은 후 "새 생명"으로 그리스도의 부활을 실존적으로 존중해야 한다(롬 6:4; 골 2:12-13).

부활이 일요일 준수에 대한 주된 논거로 거론됐던 후대의 시기에도,

---

20. W. Rordorf, *Sunday*, 157; 각주 5 참고.

부활 사건을 주일의 완전한 휴식에 대한 신학적인 기초로 만들고자 하는
시도는 이루어지지 않았다. 그와는 대조적으로 그러한 호소는 안식일 계
명에 들어있었다. 한 실례를 인용하면서 에프라임 쉬루스(Ephraem Syrus, 주
후 350년경)는 안식일 계명에 호소해 일요일에 휴식을 취하도록 그리스도
인들을 권고한다: "그 율법이 명하는 바에 따르면 노예와 짐승들에게도
쉼이 주어져야 하는데, 이는 노예들과 여종들과 노동자들이 노동을 멈추
도록 하기 위함이다."[21] 에프라임이 언급한 율법은 분명히 안식일에 대한
율법이었는데 이는 트라키아(Thracian) 사람인 레오 황제(the Emperor Leo) 이
전에는 어떤 제국도 일요일에 농사일을 금지한 일이 없기 때문이다.[22]

일요일이 휴식일이 된 것은 역사적 기원과 신학적 의미에 기초한 것
이 아니라 오히려 안식일이 가지고 있던 특권들을 점차적으로 흡수하면
서 이루어졌다는 사실을 통해서 볼 때, 일요일 휴식 명령에 대한 타당한
신학적인 기초를 고안하는 것은 실제로 불가능하다. 이러한 딜레마를 해
결하기 위해서 어떤 사람들은 쉼을 예배와 완전히 분리시켜 버린다. 그래
서 일요일은 오직 **예배를 드리는 시간**으로서만 존속된다. 이러한 해법에
우호적인 로르도르프는 "이것이 실제로 휴식일과 예배일을 조화시키기
위한 이상적인 해결점인지" 묻는다.[23] 그는 일요일에, 그리스도인들이 주
의 만찬에 참여하고 하나님의 말씀에 대한 설교를 듣기 위해 함께 모일
때 성취되는 예배의 기능만을 부여하기를 더 선호한다. 그리스도인들은
저들의 예배 의무를 이행하기만 하면 그 휴식일의 나머지 시간엔 어떤 종
류의 일이나 합법적 활동에 종사하더라도 부담을 느낄 필요가 없다는 것

21. Ephraem Syrus, *Hymni et sermones*, ed. T. J. Lamy, T, 1882, 543-544; 각주 5 참고.
22. 트라키아인 Leo는 안식일을 구별해 숭배하는 유대인들에게 호소하며 일요일의 농
    사 금지를 옹호했다. 참고, T. Zahn, *Geschichte des Sonntag*, 1878, 77, 각주 44.
23. W. Rordorf, *Sunday*, 299.

이다.

　이러한 제안은 우리 시대에 일요일 준수와 관련된 문제들을 해결하거나 혹은 완화시키는 데 도움이 되는가? 이러한 제안은 대부분의 그리스도인들이 돈을 벌거나 오락을 추구하는 일에 일요일의 시간을 활용하는 것을 합리화시켜줄 수 있는 어떤 정당성을 제공해 주지 않는가? 이것이 일요일 준수와 관련된 모든 것인가? 휴식을 일요일 예배의 비본질적인 것으로 여기면서 예배와 휴식을 분리시키는 것은 그날을 매주일의 예배의 **시간**으로서 성별하는 것이 아니라 하나님께 존경을 드리는 것 이외의 일들을 **하루종일** 중지하여 성별하라고 명하는 성서 계명의 의미를 잘못 이해한 것이다. 의심할 것 없이, 어떤 그리스도인들은 일요일 준수를 단지 예배의 시간으로 평가절하시키는 것을 받아들이지 않는다. 그러나 본 연구를 통해 나타난 바에 따르면, 일요일 준수가 발생하게 된 역사적 배경과 신학적 기초 안에서는 일요일 전체의 시간을 주님을 위해 성별하도록 권고했다는 사실을 찾아볼 수 없다.

　이러한 곤경을 벗어날 길은 있는가? 우리가 진술한 제안이 어떤 사람들에게 처음에는 급진적인 것으로 여겨질 수도 있겠지만, 그리스도인들이 일반적으로 그 제안을 받아들인다면, 주의 날에 드리는 예배와 나머지 내용 모두에 활력을 불어넣을 수 있을 것이다. 우리의 연구에 따르면, 일요일 준수 규례에는 그 시간 전체가 주님께 성별됐다는 것을 정당화하기 위한 성서적 권위와 신학적인 기초가 부족하다. 그러한 이유 때문에 성경과 사도들이 가르친 제7일 안식일의 의미와 의무 규정들을 이해하고 체험하도록 그리스도인들을 교육시킨다면 그 같은 목적은 보다 쉽게 성취될 수 있을 것이다. 우리가 여기서 제안하는 것은 주님 스스로 거절했던 랍비들의 안식일 준수 방식(*sic et simpliciter*)을 재현하는 것이 아니라 기독교의 시대에 하나님께서 거룩하게 하신 날인 안식일을 만드는 영원한 해석학적 범주들을 재발견하고 회복하는 것이다.

우리는 여기에서 구속사에 나타난 안식일 주제의 신학적 발전과 그것이 가지고 있는 현대 기독교와의 관련성을 다 살펴볼 수는 없다. 결론적 진술에서 우리가 가장 강력하게 강조할 수 있는 것은 안식일과 일요일 사이에 존재하는 기본적인 차이다. 우리가 살펴보았듯이 일요일 제정의 목적은 예배 의무를 이행하는 것에 있는 반면, 안식일 제정의 목적은 시간을 성별하는 것에 있다. 안식일 계명의 주된 관심과 의무 조항은 인간이 이 날에 쉬어야 한다는 데 있다(출 20:10; 34:21). 안식일 안식에 포함된 것은 무엇인가? 그것이 단지 비활동적이고 노동을 삼가는 것만을 포함하고 있었다면 그러한 혜택이 가지는 가치가 무엇인지 묻게 될 것이다. 어떤 의미 있는 활동을 다시 시작하기 위해서 안식일 시간이 지나가기를 마냥 기다리면서 아무것도 하지 않는 것보다 더 무료한 것이 또 있겠는가?

하지만 안식일 계명에서 '쉼'은 의미를 가지고 있다. 그것은 그저 좋은 시간으로 규정된 것이 아니라, "큰 안식일이니 여호와께 거룩한" 시간으로 규정된 것이다(출 31:15; 16:23, 25; 35:2; 레 23:3). 안식일이 비록 인류에게 주어진 것이었지만(출 16:29; 31:14; 막 2:27), 그럼에도 그것은 여호와께 속했다(출 16:23, 25; 20:10; 31:15; 레 3:3). 하나님께서는 그날을 "나의 안식일"이라고[24] 반복해서 말씀하셨는데, 이는 분명히 그가 "쉬셨고 … 복주셨으며 … 그것을 거룩하게 하셨기" 때문이었다(창 2:2-3). 하나님의 임재와 축복에 대한 이 특별한 표현은 안식일의 거룩성이 가지고 있는 기초와 본질을 구성하는 것이다. 그래서 안식일의 안식은 모든 바람과 열망들이 무제한적으로 성취될 수 있는 시간에 경험하는 자기중심적 휴양이 아니라, 한 개인이 하나님과 동료 인간들을 위해 자유롭게 되고 그 자유로부터 진정한 생기

---

24.   출 31:13; 레 19:3, 30; 사 56:4; 58:13; 겔 20:12; 22:26; 23:38; 44:24; 느 9:14.

를 회복하도록 노동의 의무로부터 자유롭게 되는 시간에 경험하는 하나
님 중심적 안식이다.

안식일의 쉼이 제공하는 육체적인 쉼은 창조와 구속의 기념일에 포함
된 하나님의 완전한 축복을 경험하기 위해서 필요한 예비적 준비로 여겨
진다. 안식일에 대한 주제들은 다음과 같은 구속의 역사가 드러나면서 상
세히 설명되고 완성된다: 창조(창 2:2-3; 출 20:11; 31:17), 해방(신 5:15; 15:12-18; 레
25:2-54), 언약-성별(출 31:13, 14, 17; 겔 20:20), 구속(눅 4:18-21; 13:12, 16; 요 5:17; 7:23;
마 11:28; 12:5-6; 히 4:2, 3, 7), 그리고 종말론적 회복(사 66:23; 히 4:11). 하나님의
구원의 활동들을 상기하고 기념함으로써, 안식일은 신자들에게 완전한
구속의 축복을 받아들이고 경험하는ㄹ 기회를 제공해준다. 그들의 일상
을 벗어나서 창조자요 구속자인 하나님께 24시간 전체를 바치는 신자들
은 카를 바르트(Karl Barth)의 표현처럼 "하나님께서 제공해 주시는 구속에
의식적으로 참여하게" 된다.[25] 다시 말해, 안식일에 인간의 **일을 멈추는 것**
은 하나님의 은혜로 말미암는 **구원의 경험**을 나타낸다. 그것은 자신의 구
원을 애써 성취하고자 노력하는 인간의 시도를 포기함을 표현하는 것이
며, 하나님을 우리의 구원의 계획자시며 완성자로 고백하는 것이다.[26]

크리소스토모스는 다음과 같이 당시의 그리스도인들을 꾸짖었다: "그
대들은 영적인 설교들을 듣도록 성별되고 신성화된 이 날을 그대들의 세
속적 관심사와 관련된 이익을 위해 스스로 전유하고 있다."[27] 이 같은 경

---

25. K. Barth, *Church Dogmaticis*, 1961, III, 50.

26. Calvin은 안식일 안식의 의미를 강조하며 다음과 같이 말한다: "일곱째 날의 안식
   아래서 거룩한 법은 이스라엘 백성들에게 영적 형태의 쉼을 주려는 것이었다. 또한
   이러한 쉼을 통해 믿는 자들은 그들의 일을 멈추고 하나님께서 그들 가운데 일하
   시도록 해야 하는 것이었다. … 우리는 하나님께서 우리 안에서 일하시기를 원하실
   수 있도록 하기 위해 온전히 안식을 취해야만 한다"(*Institutes*, 1972, 339-340).

27. Chrysostom, *De baptismo christi homilia* 1, *Pa* 49, 364.

고는 특별히 오늘날에도 적용될 수 있는데, 시간과 돈이 훨씬 더 유용해짐에 따라, 그리스도인들은 안식일의 신성성에 의문을 제기하도록 유혹받고 있으며 안식일의 의무를 합리적으로 제거하려고 노력하기 때문이다. 많은 사람들이 시간을 오로지 이기심을 충족시키기 위해서만 사용하고 있는 오늘, 이러한 소비 사회에서 안식일 준수의 의무와 축복을 재발견하는 것이야말로 현대인들의 만족할 줄 모르는 탐욕과 이기심을 제어하는 제동 장치 또는 보호막이 될 수 있을 것이다. 안식일에 하나님의 영광과 동료 인간에 대한 봉사에 헌신하면서 자신의 노동과 관심사로부터 스스로를 분리시킬 수 있는 그리스도인들은 하나님의 은혜가 자기중심적 삶으로부터 자신을 어떻게 구원했는지를 분명히 보여줄 뿐만 아니라 그가 진정으로 하나님과 사람들을 사랑할 수 있었음을 보여주게 된다.

안식일에 안식하는 것은 하나님께 대한 우리의 완전한 헌신을 표현한다. 우리의 삶은 일정량의 시간으로 이루어져 있는데, 그것을 사용하는 우리의 방법은 우리의 관심이 어디에 있는지를 보여준다. 우리는 대수롭지 않게 느끼는 것들을 위해서는 시간을 허비하지 않지만, 좋아하는 것들을 위해서는 시간을 할애한다. 영혼의 안식 속에서 보이지 않는 하나님을 만나기 위해 제7일에 물질적 세상으로부터 물러날 수 있다는 사실은 하나님에 대한 전적인 사랑을 의미한다. 마시(P. Massi)가 잘 표현한 것처럼, "유대인들에게 있어서 쉼은 전례(典禮)의 한 형태로서 예배 행위 중 하나였다. 이것은 우리로 하여금 쉼의 전례를 규정하기 위해 일련의 의식적 명령들이 발전됐던 이유를 납득할 수 있도록 해준다."[28] 듀발(A. M. Dubarle)의 지적에 따르면 첫 과일들과 초태생의 짐승들을 번제로 드리는 것은 그 이후에 나는 모든 것들을 세속적으로 자유롭게 사용하게끔 하는 것을 의미했지

---

28. P. Massi, *La Domenica*, 1967, 366.

만, 시간의 경우에 상황은 반대였다: "주일(week)의 마지막 날에 성취되는 시간을 드리는 것은 물질적 소유물을 제물로 드릴 때 첫 번째 것을 드리는 것과는 달리 전체의 시간을 성별하는 것을 의미했다. 그날은 하나님을 만나는 날이었기 때문이었다."[29]

안식일의 시간을 하나님께 성별한다는 것은 실질적으로 무엇을 포함하는가? 그리스도의 시대에 일반적으로 알려진 랍비들의 제한 규정들을 피상적으로 읽어보면 안식일은 상당히 엄격한 무(無) 활동의 날이었다는 인상을 받을지 모르겠다. 하지만 경건한 유대인들은 안식일 시간에 토라 연구, 기도, 명상, 자비를 베푸는 활동 등에 헌신적으로 종사했다. 종교적인 예배들이 금요일 저녁과 안식일 아침, 안식일 오후에 회당에서 거행됐는데, 그 예배에서는 율법과 선지서들이 낭독됐고, 그것들에 대한 해석이 이루어졌다. 게다가 우리가 발견한 바, 예수께서는 안식일 시간을 하나님께 성별하는 방법에 대한 탁월한 실례들을 제공해주셨다. 그분께서는 안식일 시간을 이용하셔서 하나님의 말씀을 듣고, 선포하셨다: "예수께서 … 안식일에 자기 규례대로 회당에 들어가사 성경을 읽으려고 서시매 … 안식일에 가르치시매 저희가 그 가르치심에 놀라니"(눅 4:16, 31, 32; 13:10 참고). 더욱이 예수께서는 사람들의 육체적·영적 필요를 채워주기 위하여 안식일에 그분의 구속 사역을 더 강화하셨는데 이는 그날이 그에게 오는 모든 사람들에게 베풀어진 구속-안식에 대한 가장 적합한 기념일이 되도록 하고자 하심이었다(마 11:28). 그래서 그리스도의 실례에 따르면, 오늘날 그리스도인들에게 있어서 안식일은 하나님께 예배를 드리고 불쌍한 동료 인간들에게 온정어린 우정과 봉사를 제공함으로 구원의 축복을 경험하는 시간이다.

---

29. A. M. Dubarle, "La Signification religieuse du sabbat dans la Bible," *Le Dimanche*, *Lex Orandi* 39, 1965, 52.

이 우주적 시대에 안식일 준수는 현대인들을 위한 우주적인 믿음을 적절하게 표현할 수 있는 것이다. 그 우주적인 믿음이란 창조와 구속 및 마지막 회복을 포함하고 하나로 묶는 믿음이며, 과거와 현재와 미래를 하나로 묶는 믿음이다. 아울러 인간과 자연과 신, 이 세상과 도래할 세계를 하나로 묶는 믿음이다. 그 믿음은 또한 시간의 한 부분을 하나님께 성별함으로 모든 피조물들과 인간의 삶에 대한 하나님의 주권을 인정하는 믿음이고, 시간과 영원 속에서 신자의 진정한 운명을 실현시키는 믿음이며, 주의 날을 휴일(*holiday*)이 아니라 하나님의 **거룩한 날**(*holy day*)로 여기는 믿음이다.

부록:

바울과 안식일

부록:
바울과 안식일

김덕원 옮김

안식일-일요일 논쟁에서 바울이 구약의 안식일을 더 이상 지켜야 할 것으로 여기지 않은 것으로 간주되는—특히 이방 그리스도인들에게 있어서—세 개의 바울서신 본문이 전통적으로 인용되어 왔다(골 2:14-17; 갈 4:8-11; 롬 14:5-6). 세 가지 참조점 중 골로새서 2:14-17은 다른 두 본문보다도 더 더욱 광범위하게 인용되는데, 이는 이 구절이 그리스도께서 십자가에 무언가를 못 박으셨음을 명시적으로 말하고, "안식일"(2:16)과 같은 몇 가지 사항과 관련된 규정(*dogmata*)에 주의를 기울이지 말라고 경고하기 때문이다. 이 진술에 부여된 중요도를 염두에 두고 갈라디아서 4:8-11과 로마서 14장에서 제공하는 정보들을 무시하지 않은 채 주로 골로새서 2:14-17을 탐구하는 데 집중함으로써 안식일에 대한 바울의 태도를 조사하고자 한다.

골로새서 2:16-17에 대한 전통적인 해석

골로새서 2:16-17의 해석사를 간략하게 살펴보면 안식일이 그리스도에 의해 십자가에서 폐지된 유대 제도로서 매우 일관되게 해설돼 왔다는 것을 알게 될 것이다. 이레네우스(Irenaeus)의 것으로 추정되는 단편에서 골로새서 2:16은 그리스도인들로 하여금 "주를 기쁘시게 하지 않는" "절기와 금식"으로부터 멀리하도록 하는 데 인용됐다.[1]

테르툴리아누스(Tertullian)는 이 구절을 사용하여 율법이 다른 신에게서 나온 것이 아니라 몸(body)인 그리스도에게 속한 그림자라는 마르키온(Marcion)에 반대한다: "마르키온아, 이제 말해 보거라. 당신은 바울의 말을 어떻게 생각하는가? '먹고 마시는 것과 절기나 초하루나 안식일을 이유로 누구든지 너희를 비판하지 못하게 하라. 이것들은 장래 일의 그림자이나 몸은 그리스도의 것이니라'(골 2:16). 우리는 (언급한 것) 이상으로 율법을 다루지 않는다. 바울은 여기서 심지어 그림자에서 본체—즉, 실체에 대한 표상적인 유형은 그리스도시다—로 넘어감으로써 **그것이 어떻게 폐지됐는지를 명확하게 가르치지 않았는가!**"[2]

테르툴리아누스는 자신의 의도가 율법 문제를 논하는 데 있지 않다고 공개적으로 말했지만, 추가 발언에서 자신의 본문 이해를 명시하고 있다: "여기서[골 2:16] 바울은 그것[율법]이 어떻게 폐하여졌는지 분명히 가르치고 있다."

아우구스티누스(Augustine)는 이 전통을 이어가며, 골로새서 2:16-17을 안식일에 더욱 구체적으로 적용했다. 그는 "그[그리스도]가 그림자를 제거

---

1.   Irenaeus, *Fragments from the Lost Writings of Irenaeus* 38, ANF I, 575.
2.   Tertullian, *Against Marcion* 5, 19, ANF III, 471, 472 (강조는 첨가됨).

하셨기" 때문에 안식일을 어겼을 때에도 죄가 되지 않는다는 것을 보여주기 위해 그 구절을 인용했다.[3]

　　루터(Luther)는 골로새서 2:16-17에 관한 전통을 이어받았다: "여기서 바울은 안식일을 지목하여 폐하면서 지나간 그림자라고 불렀는데, 이는 몸 곧 그리스도께서 친히 오셨기 때문이다."[4] 칼뱅(Calvin)도 마찬가지로 골로새서 2:16을 "그리스도께서 죽으심으로 … 의식을 폐지"하신 것으로 이해했다.[5] 그는 "그리스도인이 준수 의무로부터 해방된 이유는, 그리스도께서 아직, 어떤 면에서 부재하실 때, 그들[의식]이 **그림자**로 역할 했기 때문"이라고 설명한다.[6] 칼뱅은 날을 구별하는 것이 "유대인에게 합당하기에 이들은 지정한 날을 다른 날과 구별하여 엄격히 지키려 했다. 그러나 그리스도인들 사이에서는 그러한 구분이 없어졌다"라고 주장했다.[7]

3.　Augustine, *Sermons on New Testament Lessons* 86, 3, *NPNF* 1st, VI, 515, 516: "주님은 안식일을 범하셨다. 하지만 그것이 죄가 되지는 않았다. 내가 말한 바 '그분이 안식일을 범한다'는 것은 무엇인가? 그분, 곧 빛이 오셔서 그림자를 제거하셨다. 안식일은 주 하나님께서 명령하셨고, 또한 그 율법이 주어졌을 때 아버지와 함께 계셨던 그리스도께서 친히 명령하셨는데, 그것은 그분이 명령하셨지만 장차 올 일의 그림자였다: '먹고 마시는 것과 절기나 초하루나 안식일을 이유로 누구든지 너희를 비판하지 못하게 하라. 이것들은 장래 일의 그림자이나 몸은 그리스도의 것이니라.' 이것들이 가리키고 있는 분이 오셨다. 우리가 어째서 그림자로 인해 즐거워 해야 하는가?"

4.　Martin Luther, "Wider die himmlischen Propheten," in his *Sämmtliche Schriften*, ed. by Johann Georg Walch, 1890, vol. XX, col. 148. In vol. IX, col. 375. 우리는 유사한 진술을 발견한다: "신약은 그리스도인에게 매일이 축제라고 말한다. … 그렇기에 바울은 때때로 그리스도인들이 어떤 날에도 속박되어 있지 않다는 것을 주지시킨다(갈 4:10-11). 골 2:16-17에서도 마찬가지다. 이제 우리는 안식일이 폐하여 백성이 안식일에서 자유하게 됐음을 볼 수 있다."

5.　John Calvin, *Commentaries on the Epistles of Paul the Apostle to the Philippians, Colossians, and Thessalonians*, trans. John Pringle, 1948, 191.

6.　Ibid., 192.

7.　Loc. cit.

골로새서 구절에서 안식일을 십자가에서 그리스도에 의해 폐지된 유대인의 과거 의식의 그림자로 보는 이 해석은 우리 시대에 가장 지배적인 해석으로 전해내려왔다. 몇몇 중요한 학자들의 언급만으로도 이 사실을 입증하기에 충분하다.

예를 들어, 다니엘루(J. Daniélou)는 다음과 같이 선언한다: "성 바울은 안식일의 종말을 선포했다(롬 14:6). 안식일이 조금씩 없어지는 것이라면, 이는 그것이 잠정적인 제도요 장차 올 세상의 모형에 불과하기 때문이다. 이제 약속된 세상이 왔으니, 모형은 그냥 사라지면 된다: "그러므로 먹고 마시는 것과 절기나 초하루나 안식일을 이유로 누구든지 너희를 비판하지 못하게 하라. 이것들은 장래 일의 그림자이나 몸은 그리스도의 것이니라"(골 2:16)."[8]

니콜(W. Robertson Nicoll)은 유사하게 골로새서의 "명백한 가르침"은 "유대인의 안식일 의무가 제사와 할례와 같이 사라졌다"는 것이라고 주장한다.[9] 쥬윗(Paul K. Jewett)도 마찬가지로 "바울의 진술[골 2:16]은 개종자들에게 구약의 일곱째 날 안식일 규례를 지킬 의무가 없다고 가르쳤다는 것을 보여주는 실증에 가깝다"고 말했다.[10] 모스나(C. S. Mosna)는 비슷한 맥락에서

8. J. Danièlou, *Bible and Liturgy*, 228; Merrill F. linger, "The Significance of the Sabbath," *Bibliotheca Sacra* 123 (1966): 57, "율법주의적인 모세 언약의 독특하고 지배적인 특징인 월삭(new moon)과 안식일을 지키는 것—그리스도를 가르치는 교육 자료—은 은혜의 복음과 전적으로 반대된다고 선언되어 있다(골 2:16-17; 갈 4:9-10; 히 4:4). 이는 그리스도께서 오셔서 그분의 놀라운 구원을 우리에게 주셨기 때문이다."

9. W. Robertson Nicoll, *The Epistle to the Colossians*, The Expositor's Bible, 1908, 231; A. S. Peake, *The Epistle to the Colossians*, The Expositor's Greek Testament, 1942, 531에서 골 2:17에 대해 비슷하게 말한다: "안식일은 다른 날들과 동등한 입장에 있고, 따라서 바울은 그리스도인이 안식일을 지키지 않는 것에 대해 책망받아서는 안 된다는 원칙을 고수한다."

10. P. K. Jewett, *The Lord's Day*, 45, fn. 20; William Hendriksen, *Exposition of Colossians*

다음과 같이 결론짓는다: "이 본문[골 2:16-17]에 따르면 ⋯ 골로새인들은 안식일 계명을 받아들임으로 자유를 잃을 위험에 처해있으니 ⋯ 율법 규정 중 안식일도 폐지되어야 했다."[11]

로르도르프(W. Rordorf)의 해석도 본질적으로 동일하다. 갈라디아서와 골로새서에 근거하여 그는 안식일에 대한 바울의 태도를 다음과 같은 용어로 정의했다: "이방 기독교인들과 관련하여 그[바울]는 구약 율법에 대한 그 어떤 동경하는 시선도 절대 받아들이지 않는다: 그들은 율법의 준수에서 자유롭다. ⋯ 특히 유대 안식일 준수에 관해서는 전혀 의심의 여지가 없다."[12]

이러한 증언 표본은 골로새서 2:16-17이 기독교 역사 전반에 걸쳐 매우 일관되게 해석된 바, 바울이 안식일을 그리스도에 의해 성취된 구약의 모형론적 제도로 간주했고 더 이상 그리스도인을 구속하지 않는다는 의

---

and Philemon, New Testament Commentary, 1965, 124는 다음과 같은 수사학적 질문을 제기함으로써 본문을 주석한다: "영원한 안식을 가져오시는 분께서 모든 사람으로 하여금 자기에게 나오라고 권면하실 때(마 11:28, 29; 참조, 히 4:8, 14), 이방 세계에서 돌이킨 자들(converts)에게 유대 안식일 준수를 부과하는 것이 얼마나 정당화되겠는가?" 이 주장은, 본서 제2장에서 살펴보았듯이, 그리스도께서 안식일에 대한 메시아적 모형론을 성취하심으로써 그날을 구원의 복을 기념하기에 적합하게 만들어 안식일의 기능을 매년 행하지 않고 이를 풍성하게 하셨기에 설득력이 없다. 또한 안식일이 '유대적'이라면 유월절이나 부활절, 오순절도 마찬가지라는 점에 주목하라. 하지만 이 절기들은 이방 그리스도인들에 의해 날짜들이 변경된 이후에 모두 받아들여진 것이 아닌가? 저들의 성취를 표현하기 위해 새로운 날짜가 필요했는가?

11. C. S. Mosna, *Storia della domenica*, 182, 184.

12. W. Rordorf, Sunday, 138; 참조, 또한 그의 논문, "Le Dimanche, jour du culte et jour du repos dans l'èglise primitive," *Lex Orandi* 39, 1965, 109에서 이렇게 이야기한다: "문자적인 안식일 준수는 ⋯ 오로지 도래할 것의 그림자일 뿐이다. 그 성취는 이제 예수 그리스도의 인격 안에서 나타난다(골 2:17)"; 동일한 견해가 P. Massi, *La Domenica*, 22–23에 나타난다.

미로 이해됐음을 보여준다. 이 해석은 역사에 의해 '신성시'(hallowed)됐기에, 골로새서 및 관련된 구절들을 비판적으로 새롭게 검토하는 것은 못마땅한 일로 보일지도 모른다. 그러나 이것은 그간 이어져 내려온 해석의 타당성을 입증하기 위해 제공되어야 할 과업이다.

특히 골로새서 2:14-17의 중요한 구절에 비추어 (일반적인 유대 절기뿐만 아니라) 안식일에 대한 바울의 이해를 확인하려면 몇 가지 질문을 고려할 필요가 있다. 거룩한 날들 준수에 관한 경고는 바울이 논박하는 "골로새의 이단"의 한 측면에 불과하기에, 우리는 먼저 골로새 교회 신자들을 "실격시킬 수"(disqualify, 2:18: 개역개정에는 '정죄'로 표현—역주) 있었던 거짓 가르침의 기본적인 본질이 무엇인지 확인할 필요가 있다. 거짓 교사들은 모세의 율법 규례를 엄격하게 준수하는 것만을 옹호했는가? 이것은 하나님께서 그리스도를 통해 "제거하고 십자가에 못 박으신"(2:14) "기록물"(cheirographon: 개역성경에서는 법'조문'—역주)과 동일시되어야 하는가? 이것을, 바울이 안식일과 같은 거룩한 날의 준수를 "십자가에 못 박힌" 모세의 율법으로 보았다는 구절로부터 정당하게 추론해낼 수 있는가? 바울은 그리스도인들이 거룩한 날을 지킬 모든 의무에서 해방되어야 한다고 주장했는가? 우리는 첫째, '골로새 이단'의 본질, 둘째, 십자가에 못 박힌 것이 무엇인지, 마지막으로 안식일과 거룩한 날에 대한 바울의 태도를 간략하게 살펴봄으로써 이러한 질문에 대답해보고자 한다.

골로새 이단

골로새 이단의 종교적-역사적 배경을 확립하는 것은 "영지주의적 유대교"와 "헬레니즘적 혼합주의"에서 일치를 찾는 것, 즉 "전통"(paradosis,

2:8), "충만"(*pleroma*, 2:9, 10), "철학"(*philosophia*, 2:8), "먹고 마시는 것"(*brosei, posei*, 2:16), "통치자들과 권세들"(*archai, exousiai*, 2:15), "세상의 요소들"(*stoicheia tou kosmou*, 2:8, 20)과 같은 개념에 대한 비밀스러운 암시만큼이나 쉬운 일이 아니다.[13] 사실 이 두 가지 모두 골로새의 영지주의 파생을 정의하기 위해 주석가들에 의해 동일하게 사용된다. 그러나 우리의 연구 목적을 위해서는 골로새 "철학"(2:8)의 이데올로기적 기원에 관한 논쟁에 빠져들 필요가 없다. 바울이 신자들에 대한 훈계의 맥락에서 2장의 짧은 인용문과 표어를 기초로 하여 그 가르침의 주요 개요를 재구성하는 것으로 충분할 것이다.

바울이 골로새서에서 논박한 거짓 가르침의 특징은 **신학적**(*theological*) 오류와 **실천적**(*practical*) 오류다. 신학적으로 볼 때, 골로새의 "철학"(2:8)은 인간의 충성을 놓고서 그리스도와 경쟁 관계에 있었다. 바울에 따르면, 그

---

13. 골로새의 이단을 '영지주의 유대교'로 정의하는 해석가들은 다음과 같다: Jacques Dupont, *Gnosis: La Connaissance religieuse dans les èpêtres de S. Paul*, 1949, 256, 489-493; E. Percy, *Die Problem der Kolsser und Epheserbriefe*, 1946, 137-178; Joseph B. Lightfoot, *St. Paul's Epistle to the Colossians and to Philemon*, 1879, 73-113; Stanislas Lyonnet, "Paul's Adversaries in Colossae," in *Conflict at Colossae*, ed. Fred O. Francis and Wayne A. Meeks, *SBL Sources for Biblical Study* 4, 1973, 147-162. 반면 Günhter Bornkamm, "The Heresy of Colossians," in *Conflict at Colossae*, 126은 다음과 같이 단정적으로 말한다: "하지만 한 가지 점에 있어서는 의심의 여지가 없어 보인다: 세상의 원소(elements)에 대한 골로새의 교리는 고대 신화론과 동방의 영체-신학(Aeon-theology)의 사변에 속하는 것으로, 헬레니즘 혼합주의 안에 넓고도 활발하게 퍼져 있다." 참조, Ernst Lohmeyer, *Der Brief an die Kolosser*, 1930, 3f.; M. Dibelius, *An die Kolosser, Epheser, An Philemon*, 1953, excursus on 2:8 and 2:23. 다른 이들은 골로새 이단을 유대와 헬레니즘 원소에 관한 혼합주의로 해석한다; Edward Lohse, *A Commentary on the Epistles to the Colossian and to Philemon*, 1971, 115-116; Norbert Hugede, *Commentaire de l'Èpître aux Colossiens*, 9, 143; W. Rordorf, *Sunday*, 136을 보라: "사실 우리는 유대-기독교 자료가 헬레니즘 및 동방에서 유래한 자료와 불가분 얽힌 혼합주의 전통의 전체적인 흐름 위에 있을 가능성을 다룬다." 참조, Handley C. G. Moule, *Colossian Studies*, 1898은 이 이단을 "영지주의의 넓은 개념에 포함되는, 유대교와 영지주의의 혼합"으로 정의한다.

철학의 권위의 원천은 인간이 만든 "전통"(paradosis, 2:8)이었으며, 그 목적
은 진정한 "지혜"(sophia, 2:3, 23), "지식"(gnosis, 2:2, 3; 3:10), "이해"(sunesis, 1:9; 2:2)
를 전하는 데 있었다. 그러한 지식을 얻기 위해 그리스도인들은 세계의
주권자들(2:10, 15)과 "세상의 요소들"(ta stoicheia tou kosmou, 2:8, 18, 20)을 섬겨야
했다.

　바울이 "세상의 요소들"이라는 어구로 정확히 무엇을 의미했는지는
여전히 많은 논란이 있다. 어떤 사람들은 '스토이케이아'(stoicheia)를 유대
교와 이교(paganism)에서 기본적인 형태로 존재했던 "이 세상에 속한 하나
님에 관한 기초적인 가르침"으로 해석한다.[14] 다른 사람들은 그것을 "이
세상의 기본 요소", 특히 만물을 구성하는 땅, 물, 공기, 불로 간주한다.[15]
그러나 대부분의 현대 주석가들은 '스토이케이아'(stoicheia)를 인격화한 해
석을 채택하여(특히, 갈 4:3, 9; 참조, 3:19), 천사 같은 율법의 중재자(행 7:53; 갈

---

14. 참고, J. B. Lightfoot (fn. 13), 178; E. de W. Burton, *Critical and Exegetical Commentary on the Epistles to the Ephesians and to the Colossians*, ICC 35, 1897, 247; C. F. D. Moule, *The Epistles of Paul the Apostle to the Colossians and to Philemon*, 1958, 92; W. M. L. DeWette, *Kurze Erklii rung der Brief an die Kolosser, an Philemon, an die Epheser und Philipper*, 1847, 44; H. A. W. Meyer, *Critical and Exegetical Handbook to the Epistle to the Galatians*, 1884, 219-220. 이 관점은 Tertullian, Jerome, Luther, Calvin의 주해 전통을 따르고 있다. 참조와 논의를 위해서는 Herold Weiss, "The Law in the Epistle to the Colossians," *The Catholic Biblical Quarterly* 34 (1972): 294-295을 보라. A. J. Banstra는 법(law)과 세상의 요소들에 관한 (1964년에 출판된) 박사논문에서 *stoicheja tou kosmou*가 이 세상에서 사람을 지배하는 법과 육체의 힘을 가리킨다고 주장했다. 참조, Blinzer, in *Studiorum Paulinorum Con gressus Internationalis*, 1961-63, II, 429-443.
15. Gerhard Delling, "stoicheion," *TDNT* VII, 684은 이것이 보통 사람들의 공통된 이해였다고 설명한다. 따라서 그는 이것을 "이 세상을 존재하게 하는 것, 인간 존재를 구성하는 것"으로 정의했다. 이에 따르면 바울은 기독교 이전의(pre-Christian) 종교에서 인류를 노예로 삼았던 약하고 무력한 요소들을 언급했었을 것이다.

3:19; 히 2:2)나 인류의 운명을 주관하는 이교의 신들과 동일시한다.[16] 이러한 우주적 정사와 권세로부터 보호를 얻기 위해, 골로새의 "철학자들"은 그리스도인들에게 천사의 권세를 숭배하고(2:15, 18, 19, 23) 의례적이고 금욕적인 관습(2:11, 14, 16, 17, 21, 22)을 따르도록 촉구했다. 그 과정을 통해 사람은 신성한 "충만함"(pleroma)에 접근하고 참여할 수 있게 됐다(2:9, 10; 참조, 1:19). 이때 **신학적**(theological) 오류는 기본적으로 머리이신 그분의 자리에 열등한 천사 중재자를 위치시키는 데 있었다(2:9, 10, 18, 19).

이러한 **신학적** 사변의 실천적 결과로 엄격한 금욕주의와 의식주의에 대한 고집이 뒤따랐다. 이것들은 "육체의 몸을 벗기는 것"(2:11, 세상에서 멀어지는 것을 의미),[17] 몸에 대한 가혹한 대우(2:23), 특정 종류의 음식과 음료를 맛보거나 만지는 것에 대한 금지(2:16, 21), 신성한 날과 시기—절기, 초하루, 안식일—을 신중하게 준수하는 것(2:16)으로 구성되어 있다. 아마도 그리스도인들은 이러한 금욕적인 행위에 복종함으로써 그리스도에 대한 믿음을 포기하는 것이 아니라 더 많이 보호받고 신성한 충만함에 완전히 이를 수 있다고 확신하게 됐을 것이다. 이것은 바울이 "세상의 요소들을 따라" 사는 것과 "그리스도를 따라" 사는 것(2:8) 사이를 구분한 것 및 성육신하신

---

16. *stoicheia*에 대한 인격화된 해석을 지지하는 골로새서/갈라디아서 주석가들 가운데는 다음과 같은 사람들이 있다: Norbert Hugedè, A. B. Caird, F. F. Bruce, E. F. Scott, E. Lohse, H. Schlier, M. Dibelius, Beare, Conzelmann, C. Toussaint. 특히 다음을 보라. R. K. Bultmann, *Theology of the New Testament*, 1951, I, 173; H. Schlier, *Principalities and Powers in the New Testament*, 1961; D. E. H. Whitely, *The Theology of St. Paul*, 1964, 25.

17. 이 어구는 입문자가 입교 의식에서 자신의 옷을 벗고 정결 세정식을 할 때 나타나는 신비주의 의식의 실행을 암시한다. 관련 본문과 논의를 위해서는 Lohse (fn. 13), 102을 보라. 할례를 참 입교 의식으로 주장한 "철학자들"에 대한 바울의 대답은 할례가 육체적인 것이 아니라 메타포적인 것, 곧 옛 삶을 버리는 것을 의미한다는 것이다(참조, 롬 2:28-29; 빌 3:3; 엡 2:11).

그리스도의 우월성에 대한 주장에서 추론할 수 있다. 곧, "그 안에는 신성의 모든 충만이 육체로 거하시고"(2:9), 그러므로 그리스도인은 세상의 요소들을 통해서가 아니라 "모든 규율과 권위의 머리"(2:10; 참조, 1:15-20; 3:3)이신 그리스도를 통해 생명의 "충만함"(pleroma)을 얻는다.

이 간략한 개요에 기초하여, 우리는 이미 안식일이 율법 의무에 대한 직접적인 논의 맥락에서가 아니라, 골로새의 "철학자들"이 주장한 혼합주의적인 믿음과 실천(구약으로부터 가져온 요소들을 통합시켜 분명 저들의 금욕주의 원칙에 대한 정당성을 제공하는 믿음과 실천)의 맥락에서[18] 언급됐다는 것을 확인할 수 있다. 우리는 저 교사들이 어떤 식으로 안식일 준수를 장려했는지 알 수 없지만 "규정"(regulations)에 대한 엄격한 준수를 강조했다는 것에 기초하여 볼 때, 안식일은 가장 엄격하고도 미신적인 방식으로 지켜져야 했던 것 같다. 나중에 논의하겠지만, 실제로 토성의 날과 관련된 점성술적 믿음이 안식일 준수를 더욱 미신적인 것으로 만들었을 가능성이 있다.

그렇다면 일반적으로 인정되는 바와 같이 골로새서에서 바울이 유대교적 또는 유대-기독교적 율법주의의 일반적인 유형이 아니라, 오히려 다른 유대교적 요소들 가운데 포함된 혼합주의적인 "철학"을 반박하고 있는 것이라면,[19] 안식일에 대한 바울의 기본 태도를 정의하기 위해 이 구절

18. A. B. Caird, *Paul's Letters from Prison*, 1976, 198은 골로새의 거짓 교사들에 의해 옹호된 금욕적 추구 사항들이 "유대교 정신(mentality)에 이질적이며, … 바울은 그것을 유대교의 분파로 다루지만, 저 금욕주의 원칙들을 정당화하기 위해 구약에 의존했던 이방 기독교인들에 의해 합쳐졌을 것"이라는 사실을 지적한다.
19. 위(각주 13)에서 언급한 해석자들 외에 몇몇 저자들은 골로새 이단의 혼합주의적 성질을 인정했다. E. F. Scott, *The Epistles of Paul to the Colossians, to Philemon and to the Ephesians*, 1948, 51을 보라: "그가 언급한 일부 관행들은 분명 유대적인데, 다른 관행들은 분명 이교적 기원을 가지고 있는 것처럼 보인다"; A. B. Caird (fn. 18), 160-163; H. A. A. Kennedy, "Two Exegetical Notes on St. Paul," *The Expository Times* 28 (1916-1917): 303; Charles R. Erdman, *The Epistles of Paul to the Colossians*

을 사용하는 것이 합당한가? 왜곡된 종교적 의식 사용에 대한 바울의 비판은 모든 그리스도인들이 그 의무로부터 해방되어야 한다는 결론의 타당한 근거가 되는가? 더 중요한 것은, 골로새서 2:16-17은 실제로 바울이 그리스도인들에게 더 이상 어떤 거룩한 날도 지킬 의무가 없다고 생각하고서 가르쳤음을 암시하는가? 이러한 질문을 살펴보기 전에 우리는 골로새 이단에 대한 바울의 논박에 있어 율법이 어떤 역할을 하는지 확인해야 한다. 예컨대, 바울이 하나님께서 "제하여 버리고 십자가에 못 박은"(2:14) "기록물"(cheirographon)에 대해 말할 때 그것은 도덕법 및/또는 의식법을 가리키는 것인가? 이것을 명확히 하는 것은 십자가에 못 박힌 것에 안식일이 들어간다고 바울이 생각했는지 여부를 확인하는 데 도움이 될 것이다.

십자가에 못 박힌 것은 무엇인가?

골로새서 2:14에서 법과 관련된 언어("법조문으로 쓴 증서를 지우시고 제하여 버리사"[개역개정]—역주)를 이해하기 위해서는 우선 골로새서의 "철학"과 맞서기 위해 앞선 구절들에서 바울이 제기한 주장을 파악하는 것이 필요하다. 거짓 교사들은 그리스도인들이 신성의 온전함과 완전함에 참여하는 데 도움을 준다고 추정되는 세상 존재들의 보호를 구하기 위해 "규정"(dogmata)의 준수가 필요하다고 믿도록 "기만"(2:4)하고 있었다. 이 가르

---

and to Phileinon, 1929, 73: "골로새 이단은 본질적으로 유대적이다. 하지만 동방의 신비주의의 요소들을 가지고 있었음은 의심의 여지가 없다"; William Hendriksen (fn. 10), 123-124; Herold Weiss (fn. 14), 304: "이러한 관습들은 종교 혼합주의의 표현이다." Ralph P. Martin, *Colossians, and Philemon*, New Century Bible, 1974, 90-91; Charles Masson, *L'Epitre de St. Paul aux Colossiens*, 1950, 130-134.

침에 반대하기 위해 바울은 두 가지 중요한 진리를 강조한다. 먼저, 그는 골로새인들에게 그리스도 안에, 그리고 그분 안에만 "신성의 모든 충만이 육체로 거하시며"(2:9), 따라서 존재하는 다른 모든 형태의 권세들은 "만물의 머리이신"(2:10) 그에게 종속된다는 것을 상기시킨다. 둘째, 바울은 그리스도께서 "신성의 충만함"(2:9)을 소유하실 뿐만 아니라 완전한 "구속"과 "죄 사함"을 제공하시기 때문에, 신자가 "생명의 충만함"(2:10)에 이를 수 있는 것은 오직 그리스도 안에서와 그리스도를 통해서만 가능함을 재확인시켜준다.

그리스도께서 어떻게 신자에게 "완전"(1:28; 4:12)과 "충만"(1:19; 2:9)을 확장시켜 주셨는가를 설명하기 위해, 웨이스(Herold Weiss)가 설득력 있게 보여주었듯이, 바울은 "율법에 의지하는 것이 아니라 세례를 받는다"고 말한다.[20] 바울의 복음 선포에서 율법의 의미에 대한 설명이 항상 필수적으로 나타나기에 저 구절은 의미심장한 변화를 보여준다. 그리고 골로새서 2장 전체에 "'율법'(nomos)이라는 용어가 … 논쟁에서 빠져있다"는[21] 사실은, 우리가 앞서 말한 것을 확증한다. 즉, 골로새 이단은 일반적인 유대 율법주의에 근거한 것이 아니라 그리스도의 구원의 완전함을 훼손시킨 비정상적 (혼합주의적) 유형의 금욕적이고 제의적인 규정(dogmata)에 근거한 것이다.

그러한 거짓 가르침과 싸우기 위해 바울은 십자가에 못 박히시고 부활하시고 승천하신 그리스도의 중심성을 찬양하기로 선택했으며, 그리스

---

20. Herold Weiss (fn. 14), 305.

21. E. Lohse (fn. 13), 116; Weiss (fn. 14), 307은 비슷하게 강조한다: "나는 … 시작부에서 말했던 바를 반복하고자 한다. 곧, 서신 전체에 율법이라는 단어는 전혀 나오지 않는다. 게다가 바울이 복음을 전할 때 피할 수 없는 것처럼 보이는 바 율법에 대한 전체적인 의미 설명이 전혀 나오지 않는다."

도인의 완전함은 세례를 통한 그리스도의 죽음과 부활의 유익을 그리스
도인에게 확장시키는 하나님의 사역이라는 것을 설명했다(2:11-13). 세례의
유익은 "우리의 모든 허물"(2:13; 1:14; 3:13)의 용서로 구체적으로 제시되며,
그 결과 그리스도 안에서 "살아 있게"(2:13) 된다. 십자가에서 그리스도에
의해 성취되고, 그리스도인에게 침례를 통해 확장된 하나님의 용서의 충
만함을 재확인하는 것은, 확실하게 "규정"에 복종함으로써 완전에 도달
하려고 노력하는 사람들에 대한 바울의 기본적인 대답이 된다. (이미 2:13에
서 언급된) 하나님의 용서의 확실성과 충만함을 강조하기 위해 바울은 2:14
에서 법적 메타포, 즉 심판관이신 하나님께서 "기록물"(*cheirographon*)을 …
십자가에 못 박고 … 제거하셨다"고 말한다.

바울에게 '케이로그라폰'(*cheirographon*: 고대에 "서면 계약" 또는 "채무 증서"의
의미로 사용된 용어)은 무엇을 의미했을까?[22] 그는 모세의 율법과 그 규례(*tois
dogmasin*)를 가리켜 하나님께서 십자가에 못 박았다고 선언한 것일까? 만
약 이 해석을 받아들인다면, 십자가에 못 박힌 규례에 안식일이 포함될
수 있는 타당한 가능성이 존재한다. 실제로 이러한 견해를 피력하는 몇몇
사람들이 있다.[23]

문법적인 어려움 외에도,[24] 허비(J. Huby)는 "바울이 하나님을 '거룩
한'(롬 7:6) 모세의 율법을 십자가에 못 박는 분으로 표현한 것 같지는 않

---

22. 참조, Moulton-Milligan, *The Vocabulary of the Greek Testament*, 1929, 687.

23. F. Prat, *The Theology of St. Paul*, 1927, II, 228-229은 이 견해를 단호하게 옹호한다. C.
Masson (fn. 19), 127은 이런 입장을 옹호하는 사람으로서 Oltremare, Abbott, Haupt,
Kittel을 언급한다.

24. 이 해석을 정당화하기 위해 *cheorographon tois dogmasin*라는 어구는 "조항으로 구
성된 문서"라고 번역되어야 한다. 그러나 Charles Masson (fn. 19), 128, fn. 1은 "그
구조를 문법적으로 정당화하는 것은 매우 논란의 여지가 있다. … 문서가 '조항으
로 구성됐다'는 것을 의미하기 위해서는 전치사 *en*(참조, 11절)에 통제를 받아야 한
다."

다"고 말했다.[25] 게다가 이 견해는 하나님의 용서의 충만함을 증명하기 위해 의도된 바울의 주장을 더하는 것이 아니라 훼손한다. 도덕 및/또는 의식적인 법을 없애는 것이 그리스도인들에게 하나님의 용서에 대한 확신을 줄 수 있는가? 그렇지도 않다. 그것은 인류를 도덕적 원칙 없이 내버려둘 뿐이다. 죄의식은 법을 파괴함으로써 제거되지 않는다.

대부분의 주석가들은 '케이로그라폰'을 우리의 허물에서 비롯된 "부채 증명서" 또는 인류 정죄에 사용되는 "죄의 기록이 담긴 책"으로 해석한다.[26] 실질적으로 유사한 두 표현은 랍비 문학과 묵시 문학에서 뒷받침

---

25. J. Huby, *Saint Paul: les Épîtres de la captivite*, 1947, 73. Charles Masson (fn. 19), 128은, Schlatter, Huby, Percy를 향해 "그리스도와 함께 십자가에 못 박힌 율법 개념은 바울에게 상상할 수 없었을 것이다"라고 언급한다.

26. Charles Masson (fn. 19), 128은 "Schlatter, Dibelius, Lohmeyer, Percy와 더불어 *chirograph*가 우리의 범죄로 기인한 빚을 인정하는 증서라는 것을 인정해야 한다"고 주장한다. 이 이미지는 랍비적인 개념에서 유래했다: 하나님—또는 그의 천사들—께서는 사람의 선하고 악한 행동에 대한 기록을 책에 써넣으셨다. 오늘날에도 신년을 시작하는 10일간의 참회 기도인 '아비누 말케누'(Abinu Malkenu)에서 유대인들은 이렇게 말한다: "당신의 크신 자비에 근거하여 우리를 고발하는 모든 문서를 지워주시기를!"(Dibelius, Lohmeyer, 116, n. 1, Str. Billerbeck). 이 견해는 역사적으로 다음 학자들에 의해 지지됐다. Origen, *In Genesim homilia* 13, *PG* 12. 235; Augustine (quotes Chrysostom) *Contra Julianum* 1, 6, 26, *PL* 44, 658; *Super Epistola ad Colossenses* 2, lectio III. G. R. Beasley-Murray, "The Second Chapter of Colossians," *Review and Expositor* 70 (1973): 471: "'결속'(bond)은 서명된 부채 증명서인 I.O.U.다. 이것이 율법을 받아들이는 유대인들에게 적용된다면, 이는 또한 하나님의 뜻을 아는 것에 대한 의무를 인정하는 이방인에게도 적용된다. 이것은, Moule의 사실적인 재서술(picturesque paraphrase)에서, '서명된 인류로서 나는 하나님의 뜻에 대한 순종에 빚졌다'라는 것을 의미한다. 유대적 그리고 유대-기독교적 자료에서 *cheirographon*의 용례 연구는 이 용어가 "하늘의 책"(celestial book)에 있는 죄의 기록을 설명하는 데 사용됐음을 명확히 하는 데 도움이 된다. 이 해석에 대한 최초의 암시(inkling)는 50년 전에 P. Batiffol, *Les Odes de Salomon*, 1911, 81-85에 나온다. J. Danièlou는 『진리의 복음』(*Gospel of Truth*)에서 Batiffol의 제안을 확인했다. A. J. Banstra (fn. 14), 159은 *cheirographon*이 죄가 기록된 책이 틀림없다는 사

될 수 있다. 로제(E. Lohse)가 말했듯이 "유대교에서는 인간과 하나님의 관계를 종종 채무자와 채권자 관계로 묘사한다."[27] 예를 들어, 한 랍비는 이렇게 말했다: "사람이 죄를 지을 때, 하나님은 죽음의 빚을 기록한다. 만약 그 사람이 회개하면 빚이 탕감된다(즉, 무효라고 선언된다). 만약 그가 회개하지 않으면, 기록된 것은 진실(유효)하게 남는다."[28]

『엘리야의 묵시록』(Apocalypse of Elijah)에는 분명 '케이로그라폰'이라고 불리는 책을 들고 있는 천사가 묘사되는데, 거기에 예언자의 죄가 기록되어 있다.[29] 이와 유사한 예들에 근거하여, '케이로그라폰'은 "죄-부채 증서" 또는 "죄가 기록된 책"이지만 모세의 율법은 아니라는 것이 분명한데, 왜냐하면 모세의 율법은 웨이스(Weiss)가 지적한 것처럼, "[죄를 기록한— 역주] 기록의 책이 아니기" 때문이다.[30]

바울이 이 대담한 메타포로 말하고 있는 것은 하나님께서 죄를 기억하는 도구인 (어떤 의미에서 인류의 죄를 나타내는) '케이로그라폰'이 그리스도의

실을 재확인했다.

27. E. Lohse (fn. 13), P. 108.

28. *Tanhuma Midrash* 140b; 참조, SB III, 628.

29. 본문과 논의에 대해서는, A. J. Banstra (fn. 14), 159-160을 보라. 그러나 Banstra는 사람의 죄를 기록한 책이 그리스도께서 십자가에서 자기 위에 못 박으신 인류의 육체라고 주장한다. 『진리의 복음』(Gospel of Truth)은 이 견해를 지지한다: "이러한 이유로 예수께서 나타나셔서 이 책을 직접 취하셨다. 그분은 나무 십자가에 못 박히셨고, 십자가에 아버지의 명(diatagma)을 붙이셨다"(Edgar Hennecke, *New Testament Apocrypha*, 1963, I, 237). cheirographon을 그리스도께서 십자가에 못 박으신 인류의 육체와 동일시한 것은 O.A. Blanchette, "Does the Chierographon of Col. 2:14 Represent Christ Himself?" *Catholic Biblical Quarterly* 23 (1961): 306-312에서 처음으로 제안됐다.

30. Herold Weiss (fn. 14), 302: "내 생각에 cheirographon은 실제로 엘리야의 묵시록에서 제공되는 맥락의 관점에서 해석되어야 하는 것 같다. 거기에서 죄에 대한 기록이 들어있는 책은 인류를 정죄하는 데 사용된다. 이는 cheirographon을, [죄의] 기록의 책이 아닌, 모세의 율법과 동일시하는 것이 옳지 않음을 의미한다."

몸을 통해 "지워지고", "제거되고", "십자가에 못 박혔다"는 것이다. 이 도구의 법적 근거는 "구속력 있는 법령(tois dogmasin)"(2:14)이지만, 하나님께서 십자가에서 파괴하신 것은 우리를 죄에 얽매는 **법적 근거(**[율]법)가 아니라 우리의 죄에 대한 **기록물**(written record)이었다.[31] 죄의 기록을 파기하심으로써 하나님은 용서받은 자들을 다시 고발할 가능성을 제거하셨다.[32]

이 견해는 또한 "그가 이것을 가운데에서 제거했으니"(kai auto erken ek tou mesou, 2:14)라는 어구에 의해 뒷받침된다. "가운데"는 고발하는 증인이 법정이나 집회의 중앙에서 차지하는 위치였다.[33] 골로새서의 문맥에서 고

---

31. 일부 학자들은 cheirographon tois dogmasin라는 어구를 "법적 요구를 동반한 법"으로 해석한다. 이를 지지하기 위해 비슷한 엡 2:15이 인용된다: "규정[법조문—개역]으로 된 계명의 율법을(ton nomon ton entolon en dogmasin) 폐하시고." 그러나 둘 사이의 유사성은 단지 그렇게 보일 뿐이다. 먼저, 에베소서에 나타나는 "계명의 율법"이라는 어구는 골로새서에서 발견되지 않는다. 둘째, 에베소서의 en dogmasin라는 어구에서는 여격이 전치사 en에 의해 통제되며 따라서 율법이 "규정으로"(in regulation) 제시됨을 표현한다. 그런 전치사는 골로새서에 나오지 않는다. 마지막으로 배경이 상당히 다르다. 에베소서에서 다루고 있는 문제는 그리스도께서 유대인과 이방인들을 분리시킨 것을 어떻게 제거하셨는지이지만, 골로새서는 그리스도께서 어떻게 완전한 용서를 제공하셨는지에 관한 것이다. 에베소서의 그리스도께서는 "[둘 사이를] 나누고 있는 적개심의 벽"(2:14: 이방인의 뜰과 성소를 나누는 벽에 대한 언급일 수 있음, 참조, Josephus, *Jewish Wars* 5, 5, 2; 6, 2, 4)을 허무심으로써 성취하셨고, "규정으로 된 계명의 율법을 폐하심으로써"(2:15) 성취하셨다. 골로새서에서 그분은 "규정으로 인해 우리를 거스르는 우리의 죄의 기록물"을 완전히 파괴함으로써 그렇게 하신다. E. Lohse (fn. 13), 109은 바르게 지적했다: "'규정으로 인해'라는 어구는 우리를 거스르는 증서의 증거에 대한 **법적 근거**에 특별한 주의를 환기시키기 위해 강조의 위치인 첫 번째 자리에 온다"(강조는 첨가됨). 헬레니즘 유대교에서 하나님의 계명은 종종 "**규정**"(regulations)으로 불렸다: 마카비3서 1:3, "조상의 계명(dogmaton); 참조, 마카비4서 10:2; Josephus, *Antiquities* 15, 136; *Contra Apionem* 1, 42.

32. 사 43:25에는 비슷한 약속이 있다: "나 곧 나는 나를 위하여 네 허물을 도말하는 자니 네 죄를 기억하지 아니하리라."

33. "가운데"의 법적 위치는 막 3:3; 9:36; 행 4:7과 같은 신약 본문에 나온다. 이 표현

발하는 증인은 그리스도 안에 있는 하나님께서 지우시고 법정에서 제거하신 '케이로그라폰'이다. 우리는 이 강력한 메타포를 통해, 바울이 십자가에서 그리스도를 통해 제공된 하나님의 용서의 완전성을 재확인하고 있음을 놓칠 수 없다. 우리 죄의 증거를 없애버리심으로써, 하나님은 또한 "정사와 권세를 무장해제"(2:15) 시키셨는데, 이는 저들이 더 이상 형제들을 고발하는 자로 기능할 수 없기 때문이다(계 12:10). 그러므로 그리스도인들은 불완전함을 느끼거나 "규정"(dogmata)을 통해 신성의 충만함(Pleroma)에 참여하려고 할 필요가 없다. 세례를 통해 죽고 그리스도와 함께 살아난 사람들은 이제 구속과 용서의 확신 속에서 살아갈 수 있다. 그러므로 세상의 정사(권력)와 권세가 더 이상 그들에게 관심을 둘 이유가 없다.

웨이스(Weiss)가 언급한 것처럼, 우리는 이 전체 논의에서 율법이 "아무런 역할을 하지 않는다"는 것을 보았다.[34] 그러므로 안식일이나 다른 구약 규례에 대한 언급을 '케이로그라폰'으로 읽으려는 시도는 전혀 타당하지 않다. 십자가에 못 박힌 문서에는 도덕법이나 의례법이 아니라 우리 죄에 대한 기록이 들어있었다. 오늘날에도, 죄에 대한 기억이 우리 안에 불완전함을 불러일으킬 수 있다는 것은 사실이 아닌가? 바울에 따르면, 이러한 불완전한 느낌(sense of inadequacy)의 해결책은 "규정"(dogmata) 체계에 복종하는 것이 아니라, 하나님께서 십자가 위에서 우리 죄를 도말하시고 우리에게 완전한 용서를 주셨다는 사실을 받아들이는 것이다. 그렇다면 골로새서 2:14은 복음의 본질—하나님께서 우리 죄에 대한 죄책감과 기록을 십

은 그리스의 법정 문서에서 반복적으로 나온다; Norbert Hugedè (fn. 13), 140의 논의를 보라.

34. Herold Weiss (fn. 14), 311, fn. 10. Weiss는 또한 이렇게 말한다: "사실 이 편지는, 모든 지점에서 모세 율법 문제를 가지고 유대인과 이방 기독교인 사이에 갈등이 있었을 바울서신의 환경과는 상당히 동떨어진 곳에 놓여 있다"(loc. cit.).

자가에 못 박으셨다는 기쁜 소식—을 재확인하고 있으며, 율법과 안식일에 대해서는 아무 말도 하지 않는다고 결론 내릴 수 있다.

안식일에 대한 바울의 태도

그리스도의 우월성과 구속의 충만함을 재확인함으로써 골로새 "철학"의 사변적인 **지식**을 반박한 바울은(8-15절), 이제 그들의 종교적 관습의 특정 특징을 노골적으로 다루면서 **실천적인** 결과에 눈을 돌린다: "그러므로 먹고 마시는 것과 절기나 초하루나 안식일을 이유로 누구든지 너희를 비판하지 못하게 하라. 이것들은 장래 일의 그림자이나 몸은 그리스도의 것이니라"(16-17절).

이 훈계에서 안식일이 "장차 올 일의 그림자"인 종교 행위 중 하나로 지목됐다는 이유로 다음과 같은 결론이 일반적으로 내려졌다: "여기서 바울은 안식일을 지명하여 폐지하고 지나간 그림자로 불렀는데, 이는 몸, 곧 그리스도 자신이 오셨기 때문이다."[35] 이 전통적인 해석의 타당성을 검증하기 위해서는 몇 가지 질문을 다루어야 한다. (안식일을 포함하여?) 이 엄격한 집단에 의해 주창된 관습은 모세의 규정으로 간주되어야 하는가? 아니면, 혼합주의 이데올로기에서 파생된 지나친 금욕주의의 가르침으로 간주되어야 하는가? 바울은 음식/음료를 금하고 거룩한 날/시기의 사용을 정죄하고 있는가? 아니면, 이것을 잘못 사용하는 것에 대해 경고하고 있는가? 거짓 교사들은 어떤 안식일 준수를 옹호했는가? 안식일과 유대교의 절기 전반에 대한 바울의 기본적인 태도는 무엇이었나?

---

35. 위의 각주 4를 보라.

규례/규정의 성격

"먹고 마시는 것과 절기나 초하루나 안식일"에 관한 규례는 전적으로 모세의 율법에만 속하는가? "절기나 초하루나 안식일" 준수에 대한 언급은 거짓 교사들이 가르침 중 일부를 구약에서 가져왔음을 분명히 보여주지만 "먹고 마시는 것"에 관한 금지는 동일한 출처에서 추론해내기 어렵다. '브로시스'(brosis)와 '포시스'(posis)라는 용어는 (종종 부정확하게 번역되듯이) "음식"(broma)과 '음료'(poma)가 아니라 "먹고 마시는" 행위(act)를 나타낸다.[36] 따라서 렌스키(R. C. H. Lenski)가 지적한 바와 같이 "음식과 음료의 적절성/부적절성, 무엇이 깨끗하고 무엇이 부정한지에 관한 것이지만, 언제 먹고 마시고 금식할 것인가는 배제한다."[37] 이러한 음식물 제한은 금욕주의적인 계획(program)을 고려하지 않고 단지 '정결한 음식과 부정한 음식을 구별하는 것'에 불과하기 때문에 레위기 율법까지 거슬러 올라갈 수 없다. 더욱이 모세 율법은 특별한 서원 때문에 술을 마시지 않는 나실인(Nazirites)과 레갑인(Rechabites)의 경우를 제외하고는 술에 관해 침묵한다.[38] 그

---

36. "음식/먹는 것"(broma/brosis)에 대해서는, Johannes Behm, *TDNT* I, 642–645을 참조하라; "음료/마시는 것"(poma/posis)에 대해서는 Leonhard Goppelt, *TDNT* VI, 145–148을 참조하라.

37. R. C. H. Lenski, *The Interpretation of St. Paul's Epistles to the Thessalonians, to Timothy, to Titus and to Philemon*, 1946, 123. Norbert Hugedè (fn. 13), 143은 비슷하게 말한다: "그러면 이는 레 11장이 이야기하는 정한 음식과 부정한 음식을 구분하는 문제가 아니고, 이교 금욕주의자들의 관습에 따라 금식하는 관행에 관한 문제다"; A. S. Peake (fn. 9), 530: "이 문제는 적법한 음식과 불법적인 음식 사이에 있는 것이 아니라, 먹고 마시는 것과 절제하는 것 사이에 있다. 그는 의식적 정결함보다도 금욕주의의 문제를 염두에 두고 있다."

38. 나실인 서원에는 모든 포도 제품을 멀리하는 것이 포함되어 있었다(민 6:2-4). 하지만 이것은 일시적이고 자발적인 서약이었다. 사무엘(삼상 1:11)이나 세례 요한(눅 1:15)과 같은 일부 사람들은 평생 나실인으로 살았다. 그러나 자발적으로 평생 나실

러나 그러한 예외적인 경우에는 법의 일반 조항과는 확연히 구별되는 자체 규율이 있었다.

골로새서 2:16에 언급된 음식물 제한이 모세의 율법에 속하지 않는다는 사실은 21절에서 "철학"의 지지자들이 (음식을 먹는 것과 관련하여) 부과한 금지령에 더 잘 나타난다: "손대지 말고, 맛보지 말고, 만지지 말라." 이러한 금욕적인 금지 사항은 "자의적 숭배와 겸손과 몸을 괴롭게 하는 데"(2:23) 조장하기 위해 고안된 것으로서 규범적인 유대교 가르침과는 이질적이다.

보통 그러한 금욕주의는 더 높은 차원의 신성함을 얻기 위해 세상의 물질적인 부분과 인간의 신체를 멸시하는 삶에 대한 이원론적 개념에서 비롯된다. 완전히 전체론적인 히브리 인간관에서는 그러한 이원론적인 관점의 흔적을 찾아볼 수 없다.

바울 시대에 이러한 형태의 금욕주의가 교회 내에서 발전하고 있었다는 조짐들이 있다. 로마서 14장에서 바울은 (골로새서와 유사하게) 절기의 준수뿐 아니라 고기와 포도주 금지(14:2, 21)를 주장하는 금욕주의적인 무리가 야기한 불화를 다룬다. 바울이 디모데에게 "결혼을 금하고 하나님이 감사함으로 받도록 지으신 음식을 멀리하라고 명하는 자들"(딤전 4:3)에 대하여 경고한 것을 보면 골로새 교회에도 비슷한 무리가 있었을 것이다.

이 금욕적 가르침은 주로 종파적 유대교나 이교도 금욕주의의 영향을 받은 것인가? 우리는 채식주의 체제가 (1) 테라페우타이(Therapeutae)와 아마도 에세네파(Essenes)와 같은 유대 종파, (2) 엔크라테스파(Encratites), 에비온파(Ebionites), 마르키온파(Marcionites)와 같은 영지주의 종파, (3) 오르페우

인이 된 사람에 대한 기록은 존재하지 않는다. 영속적인 서약은, 자식을 대신하여, 부모에 의해 거행됐다. 레갑인들은 천막에서 유목 생활을 했고, 포도주 및 모든 독주를 멀리했다(렘 35:1-19).

스 신비주의(Orphic mysteries), 피타고라스파(Pythagoreans), 신-플라톤파(Neo-platonists)와 같은 이교도 학파들에 의해 촉진됐다는 것을 알고 있기에 그 질문에 단정적으로 답하기는 어렵다.[39]

예를 들어, 필로스트라토스(Philostratus, 주후 220년경)는 신-피타고라스파 철학자 티아나의 아폴로니우스(Apollonius of Tyana, 주후 98년경 사망)가 "육식은 불결하고 정신을 더럽게 한다는 이유로 먹기를 거부했다. 그는 땅의 모든 열매가 깨끗하다 하면서 말린 과일과 채소만 먹었다"라고[40] 기록했다. (주님의 형제 야고보도 주목할 만한데, 헤게시포스[Hegesippus]에 따르면, "그는 어머니 뱃속에서부터 거룩하게 자라, 포도주나 독한 술을 마시지 않았고 고기도 먹지 않았다.")[41]

이교도는 금욕과 금식을 실천하는 다양한 이유를 가지고 있었다. 예를 들어, 금식은 신의 계시를 받을 수 있도록 사람을 준비시킨다고 믿었다.[42] 이들은 영혼의 윤회에 대한 믿음을 가지고 동물 고기를 먹는 것을 '카니발리즘'(cannibalism: 식인 풍습—역주)의 한 형태로 간주했기에 동물 고기를 먹지 못하게 했다. 다른 이들은 이원론적 세계관을 통해 금욕주의로 이끌렸다.[43] 골로새서의 "철학"의 경우, 음식물 금기와 성스러운 시간의 준수는 분명히 "세상의 요소들"(2:20, 18)에 대한 복종과 숭배의 표현으로 간주됐다.

일부 학자들은 골로새의 거짓 가르침을 쿰란 공동체에서 파생된 것으

---

39. 이와 관련한 본문과 논의를 위해서는, G. Bornkamm, "lakanon," *TDNT* IV, 67을 보라.
40. *Vita Apollonii* 1, 8; 참조, Apuleius, *Metamorph.* 11, 28: "모든 동물의 고기를 삼가라."
41. Eusebius, *HE* 2, 23, 5, *NPNF* 2nd, I, 125에서 인용함.
42. 참조, J. Behm, "nestis" *TDNT* IV, 297: "그리스인과 로마인은 절제(abstention)가 황홀한 계시를 받게 해준다는 사실을 알고 있었다." 해당 자료와 논의를 다루는 이 논문을 보라.
43. G. Bornkamm (fn. 39), 66에 참고 사항이 나온다.

로 간주한다. 그들은 음식물 규칙, 절기 일정, 천사 숭배에 대한 강조가 쿰
란 종파의 관습과 완전히 일치한다는 사실을 지적했다.[44] 그러나 로제(E.
Lohse)가 올바르게 지적한 것처럼 골로새의 "철학"은 "쿰란 공동체가 옹호
하는 율법에 대한 급진적 이해의 흔적을 드러내지 않는다. '율법'(nomos)이
라는 용어는 골로새인들이 관여된 논쟁에서 어쨌든 빠져있다."[45] 대부분
의 학자들이 내린 가장 그럴듯한 결론은 골로새의 거짓 가르침과 관습이
이교도와 유대교 요소를 모두 포함하는 혼합주의적 성격을 띠고 있다는
것이다. 구약은 그들의 혼합주의적 믿음과 관습에 대한 정당성을 제공하
기 위해 사용된 것으로 보인다.[46]

만약 이 결론이 옳다면 (우리에게는 거의 논쟁의 여지가 없어 보이지만), 안식일
과 절기에 대한 바울의 언급은 그가 반대하고 있는 이교도, 금욕주의 및
혼합주의적 관습의 맥락에서 이해되어야 한다. 이 경우에, 안식일과 같은
제도의 왜곡된 사용에 대해 말하는 것은 무엇이든 계명 그 자체의 타당성
에 이의를 제기하는 데 합법적으로 사용될 수 없다. 계율 오용을 비난함
으로 계율 자체가 무효화되는 것이 아니다. 그러나 안식일에 대한 바울의
태도에 더 직접적으로 초점을 맞추기 전에 우리는 골로새서 2:16-17에서
실제로 정죄되고 있는 것이 무엇인지 확인할 필요가 있다. 관습(practices)인
가, 원칙(principle)인가?

---

44. 이 견해에 대한 옹호자들은 다음과 같다. Stanislas Lyonnet (fn. 13), 147-153; W.
    D. Davies, "Paul and the Dead Sea Scrolls: Flesh and Spirit," in *The Scrolls and the
    New Testament*, 1957, 167f.; Pierre Benoit, "Qumran et le Nouveau Testament," *NTS*
    7 (1960-61): 287. 쿰란의 가르침과의 관계를 다루는 더욱 균형 있는 평가는, E.
    Yamauchi, "Sectarian Parallels: Qumran and Colosse," *Bibliotheca Sacra* 121, 1 (1964):
    141-152을 보라.
45. E. Lohse (fn. 13), 116.
46. 위의 각주 18, 19를 보라.

관습인가, 원칙인가?

바울은 골로새의 거짓 교사들이 조장하는 다섯 가지 금욕적 제의 관습(먹기, 마시기, 절기, 초하루, 안식일)을 공식적으로 정죄했는가? 이러한 관습들이 그리스도의 구속의 완전성을 훼손하고 있다는 사실을 고려할 때, 우리는 바울이 그러한 행위를 노골적으로 정죄한다고 예상할 것이다. 그러나 이것이 바울이 한 일인가?

먼저 바울이 사용한 동사를 생각해보자: "아무도 계속 너희를 판단하지 못하게 하라"(*me ouk tis umas krineto*). 여기서 동사는 중립적인 것으로 "정죄하다"는 의미가 아니라 승인 또는 비승인 여부를 "판단하다"를 의미한다.[47] 바울은 비슷한 문제를 다루며 로마서에서 같은 동사를 반복해서 사용했다: "먹지 않는 자는 먹는 자를 판단하지 말라(*me krineto*)"(14:3). "어떤 사람은 이 날을 저 날보다 낫게 판단하고(*krinei*) 어떤 사람은 모든 날을 같게 판단한다(*krinei*)"(14:5). 동사 '크리노'(*krino*)의 일반적인 용법에 따른 의미는 "정죄하다"가 아니라 "의견을 표현하다", "결정하다", "판단하다"이다. 참고로 여기 사용된 동사는 바울이 이 문제에 대해 상당히 관대하다는 것을 나타낸다. 그는 특정한 관습을 정죄한 것이 아니라, 단순히 누구도 그것을 지키도록 강요받아서는 안 된다고 주장했다. 에드먼(Charles R. Erdman)이 말했듯이, 바울은 "모든 그리스도인에게 결정을 맡긴다."[48]

윌리엄스(A. Lukyn Williams)는 이 중요한 사실에 주목하며 다음과 같이 말했다: "성 바울은 음식물 관련 율법과 절기의 준수를 금지하는 것보다 훨씬 넓은 관점을 가지고 있음에 주목하라. 그는 그 문제를 개인에게 맡

---

47. 참조, R. C. H. Lenski (fn. 37) 122; A. S. Peake (fn. 9), 530.
48. Charles R. Erdman (fn. 19), 73.

긴다. 그가 말하고 있는 바는 그것들에 대한 준수(또는, 넌지시, 준수하지 않음)가 골로새 사람들을 판단할 근거가 되지 않는다는 것이다."[49]

그러므로 우리는 16절의 경고가 안식일, 절기, 음식물에 관한 법 자체에 대한 것이 아니라, 오히려 이러한 관습을 그리스도인의 완전성에 필수 불가결한 보조물로서, 그리고 "세상의 요소들"로부터 오는 보호에 필요한 것으로서 부추기며, 이로써 그리스도의 완전성을 부정하는 자들에 대한 것이라고 결론을 내릴 수 있다.[50] 바울이 이러한 의식들을 무가치하다고 선언할 의도가 전혀 없었다는 사실은 17절에 더 나와 있다: "이것들은 장래 일의 그림자이나 몸은 그리스도의 것이니라." 구약의 거룩한 날들을 "장래 일의 그림자"(skia ton mellonton)로 인정함으로써 바울은 "안식일을 지목하여 폐지하고 그것을 지나간 그림자라고 칭할" 수 없었을 것이다.[51] 스콧(E. F. Scott)은 적절하게 설명했다: "유대인이었던 바울은 유대교의 가장 신성한 규례가 가치 없는 그림자라는 것을 인정할 수 없었다. 그의 생각은 오히려 일종의 그림-언어로 모든 의식에서 위대한 완성을 가리키는 가치를 발견했던 히브리서 기자의 생각과 같았다(예, 안식일은 하나님의 완전한 안식을 상징함, 히 4:11).[52]

그러나 몇몇 주석가들은 바울이 구약의 거룩한 날 준수와 혼합주의적 성격의 금욕 행위를 예언적 의미와 기능을 가진 "그림자"로 어떻게 볼 수

49. A. Lukyn Williams, *The Epistles of Paul the Apostle to the Colossians and to Philemon*, 1928, 102.
50. Ralph P. Martin (fn. 19), 90: "근본 원칙에 주목해야 한다. 바울은 신성한 날과 시기의 준수를 비난하는 것이 아니다. … 여기서 바울의 마음을 움직였던 것은, 골로새 교회에서 거룩한 절기 준수가, 별의 궤적을 가리키고 달력을 조절하는 천체의 힘(astral powers)인 '세상의 요소들'을 인정하고 옹호하는 예배의 일부가 될 때의 잘못된 동기와 관련된다. 그래서 그들을 진정시킬 필요가 있었다."
51. 위의 각주 4를 보라.
52. E. F. Scott (fn. 19), 52.

있었는지 알 수 없었기에, "그림자"라는 단어에 임의로 "오직" 혹은 "기껏해야"라는 수식어를 추가하여 딜레마를 해결하려고 시도했고, 결과적으로 "그림자"라는 단어를 폄하하게끔 했다.[53] 또한 동사 "그림자이다(estin)"는 "그림자였다(en)"로 해석되거나 번역되어 그리스도의 오심으로 그것들의 기능이 완전히 중단됐음을 암시하게 됐다.[54] 이러한 해석을 정당화하기 위해 일부 사람들은 바울이 불확실한 기원의 음식법을 "장래 일의 그림자"로 볼 수 없었다고 주장했다. 이는 "장래 일의 그림자"라기보다 기독교의 과거 그림자였고, 지금은 더 이상 유효하지 않다는 말이다.[55] 이러한 해석은 그것들이 그리스도의 오심 이전에만 합법적인 기능을 수행할 수 있었고, 이후에는 그렇지 않다는 것을 의미하는데, 이는 물론 사실이 아니다. 어떻게 미신적인 음식물에 관한 금기가 한때는 하나님께 받아들여졌다가 나중에는 거부될 수 있었겠는가?

가장 그럴듯한 결론은 바울이 이러한 의식들의 기원, 형식 또는 합법성에 대해 논쟁한 것이 아니라, 저 의식들의 가치를 인정하고 있다는 것인데, 이는 그가 그것들을 고귀하고 진실한—비록 잘못 이해하긴 했지만—영적 열망의 표현으로 인식했기 때문이다. 그러나 바울은 대조적 의미로 "그림자—몸"을 사용하여 이 의례를 그리스도에 대한 올바른 관점을

---

53. 참조, RSV; R. C. H. Lenski (fn. 37), 125: "이것들은 기껏해야 그림자일 뿐이다."
54. 예, A. B. Caird (fn. 18), 198은 "RSV의 번역, '장차올 것'은 정확하지 않다. 왜냐하면 성취될 것이 여전히 미래에 속한 것이라면, 그림자는 아직 대체되지 않았을 것이기 때문이다."라고 주장한다. A. Lukyn Williams (fn. 49), 104은 이렇게 말한다: "en['이 었다']는 그것들이 실제로 완전히 중단됐음을 암시했을 것이다. 그러나 물론 그렇지 않았다." Handley C. G. Moule, *Colossian Studies*, n.d., 175은 이렇게 지적한다: "esti['이다']는 위치에 의해 아주 약간 강조된다. 나는 이것이 '참으로'(indeed)를 의미하는 것으로 표현한다." 그는 지나가는 말로, 절기들의 실제 장소와 가치를 '그림자'로 인정한다.
55. 이 주장은 Norbert Hugedé (fn. 13), 145에 의해 진행됐다.

위해 자리하게 하려고 했다.[56]

　이러한 관점에서 바울은 거룩한 날의 준수뿐 아니라 음식물에 대한 가책이 그림자로 작용하여 그리스도인들이 다가올 세상의 현실을 대비할 수 있다고 본다.[57] 구약의 절기에는 그리스도인들을 위한 메시지가 있다. 예컨대, (오늘날 우리가 부활절이라고 부르는) '유월절'은 그리스도의 속죄 희생을 기념하고 그분의 오심을 선포한다(막 14:25; 고전 11:26). 무교병은 "순전함과 진실함"(고전 5:8)을, 오순절은 성령의 부으심(행 2:4)을, 우리가 보았듯이 안식일은 하나님의 백성들의 영원한 안식을 미리 맛보는 구원의 축복이다.[58] 그러나 바울은 그림자가 "몸"(17절)과 "머리"(19절)이신 그리스도의 실재를 대신해서는 안 된다고 경고한다. 바클레이(William Barclay)는 다음과 같이 바울의 생각을 적절하게 표현했다: "그[바울]는 … 특정한 종류의 음식과 음료를 먹고 마시고 다른 것들을 삼가는 것에 기초한 종교, 안식일 등에 기초한 종교는, 진정한 종교의 그림자에 불과하다; 진정한 종교는 그리스도와의 교제이기 때문이다.[59]

---

56. Plato (참조, Republic 7, 514 a-517a; 10; 596; Timeus 46c; 71b)에서 유래한 "그림자-몸"의 대조가 골로새 철학자들에 의해 채택되어, "충만한 실체"(pleroma)는 "그림자", 곧 천사와 세상의 요소들을 숭배함으로써만 성취될 수 있음을 가르치는 데 사용됐을 가능성이 있다. 만일 그렇다면, 바울은 그 대조를 기독론적으로 비틂으로써 저들의 가르침에 대답했던 것이다.

57. 바울이 롬 14장에서 음식과 관련한 금지 사항을 정죄하기보다 오히려 "주를 위하여"(in honor of the Lord, 14:6) 지키도록 권면했다는 사실은 바울이 거기에서 긍정적인 기능을 인지하고 있음을 보여준다.

58. J. B. Lightfoot, Saint Paul's Epistles to the Colossians and to Philemon, 1879, 195에서 이렇게 말한다: "실체(reality), 대형(antitype)은 각각의 경우에 기독교의 제도(dispensation)에서 발견된다. 그렇게 유월절은 속죄 희생을, 무교병은 참된 신자의 정결함과 진정함을, 오순절은 첫 열매를 거두는 것을, 안식일은 하나님의 백성의 쉼을 모형으로 한다."

59. William Barclay, The Letters to the Philippians, Colossians and Thessalonians, 1959, 175.

우리는 이 우선순위에 대한 왜곡된 인식에 눈살을 찌푸리지만, 이 문제는 끊임없이 기독교를 괴롭혀 왔다. 너무나도 자주, 종교는 지켜야 할 의식과 규칙으로 만들어졌다. 바울이 말하길 "이러한 것들은 자의적 숭배와 겸손과 몸을 괴롭게 하는 데는 지혜 있는 모양이나 오직 육체 따르는 것을 금하는 데는 조금도 유익이 없느니라"(골 2:23)고 설명한다. 어떤 율법적 경건의 일도 그리스도인을 "그 육신의 생각을 따라 헛되이 과장"(2:18)된 "육체"의 포로로 만들 수 있다. 바울이 금욕주의적이고 숭배적인 율법주의에 대해 제안한 해결책은 다음과 같다: "위의 것을 찾으라, 거기는 그리스도께서 하나님 우편에 앉아 계시느니라. 위의 것을 생각하고 땅의 것을 생각하지 말라. 이는 너희가 죽었고 너희 생명이 그리스도와 함께 하나님 안에 감추어졌음이라(3:1-3)"

그러므로 우리는 골로새서 2:16에서 바울이 음식과 음료의 금욕 또는 안식일과 같은 거룩한 날의 사용을 비난하는 것이 아니라, 그들의 의례와 관련된 그릇된 동기를 정죄하고 있다고 결론지었다. 바울이 공격했던 것은 이러한 관습들을 구원을 보조하는 수단으로, 그리고 "세상의 요소들"로부터 보호를 얻기 위한 수단으로 조장하는 것이었다.

골로새서 2:16의 안식일

거짓 교사들이 규정한 신성한 시간은 "절기나 초하루나 안식일"(*eortes he neomenia he sabbaton*, 2:16)로 언급된다. 주석가들의 일치된 의견은 이 세 단어가 논리적이고 점진적인 순서(연간, 월간, 주간)를 나타낸다는 것과 또한 신성한 시간을 빠짐없이 열거한다는 것에 있다. 이러한 관점은 이 용어들이 유사하게 혹은 역순으로 칠십인역에서 5회, 다른 문헌에서 여러 차례 등장했던 것으로 입증된다.[60] 그러나 이사야 1:13-14에 예외적으로 "월삭"(new moon)이 중간이 아니라 열거 시작 부분에서 발견되는데, 그렇다고 예외가 일반적인 용법을 무효화하는 것은 아니다.

『제칠일안식일예수재림 성경주석』(The Seventh-day Adventist Bible Commentary)은 '사바톤'(sabbaton: 통상 "안식일"로 번역)을 주간 안식일이 아닌 연례 의식으로서의 안식 날에 대한 언급으로 해석한다(레 23:6-8, 15, 16, 21, 24, 25, 27, 28, 37, 38). 실제로 히브리어로 안식일(Sabbath)과 속죄일(Day of Atonement)은 모두 "엄숙한 안식일"을 의미하는 복합적 표현인 '샤바트 샤바톤'(shabbath shabbathon)으로 지칭된다(출 31:15; 35:2; 레 23:3, 32; 16:31). 그러나 칠십인역에서 저 어구는 골로새서 2:16에 나오는 단순한 '사바톤'(sabbaton)과는 다른 그리스어 복합어 표현 '사바타 사바톤'(sabbata sabbaton)으로 표현된다. 그러므로 이 것들이 **결코**, 단순히 '사바타'(sabbata: '사바톤'의 복수형—편주)로 지칭되지 **않기에** (골로새서의) '사바톤'을 속죄일이나 다른 의식적인 안식 날에 대한 언급으로 해석하는 것은 언어학적으로 불가능하다.

그러나 위에서 인용한 주석은 '사바톤'(sabbaton)이라는 단어의 문법적, 언어적 사용에 대한 해석이 아니라 골로새서 2:17의 "그림자"와 관련된 안식일에 대한 신학적 해석을 다루고 있다. 즉, 이 주석에서는 주장하기를, "매주의 안식일(weekly Sabbath)은 지구 역사의 시작에 있었던 사건을 기념하는 것이다. … 따라서 바울이 그리스도를 가리키는 그림자라고 선언했던 "안식 날들"(sabbath days)은 매주의 안식일을 가리킬 수 없으며 … 그리스도와 그분의 나라 안에서 실현되는 의례적인 안식의 날을 가리키는 것이 틀림없다."[61]

---

60. 참조, 칠십인역 대하 2:4; 31:3; 느 10:33; 겔 45:17; 호 2:11;. 또한 Jub. 1:14; Jos. Ber. 3:11; Justin, Dialogue 8:4을 보라.

61. The Seventh-day Adventist Bible Commentary, 1957, VII, 205-206

언어적, 문맥적 증거가 아닌 신학적 추정에 의해서만 단어의 의미를 결정하는 것은 성서 해석학 규범에 위배된다. 더욱이 저 주석이 안식일에 대해 제공하는 신학적 해석조차도 정당화하기 어렵다. 이는 안식일이 합법적으로 현재와 미래의 구원의 축복에 대한 "그림자" 또는 적절한 상징으로 간주될 수 있음을 우리가 확인했기 때문이다.[62]

더욱이 우리는 "그림자"라는 용어가 폄하적인 의미로 사용된 것이 아니라, 또한 그 기능을 멈춘 쓸모없는 의식들에 대한 표지로서 사용된 것이 아니라, "그리스도의 몸"과의 관계에서 그것들의 역할을 한정하기 위해 사용됐다는 사실을 확인했다. "연례 안식의 날들"에 반대하는 또 다른 중요한 표식은 연례 안식의 날들이 이미 "절기"(*eortes*)라는 단어에 포함되고 만일 '사바톤'(*sabbaton*)이 절기의 의미를 전한다면 불필요하게 반복된다는 사실에 있다. 이러한 표식들은 골로새서 2:16에 사용된 '사바톤'이 연례적인 안식의 날들을 나타낼 수 없음을 확고하게 시사한다.

복수형인 '사바타'(*sabbata*)는 일곱째 날인 안식일만을 가리키는가? 복수형이 세 가지 의미 즉, (1) 여러 안식일(LXX 스 46:3; 사 1:13; 행 17:2), (2) (복수임에도 불구하고) 하나의 안식일(LXX 출 20:11; 막 1:21; 2:23–24; 3:2–4), (3) 일주일 내내(참조, LXX에 있는 시편 제목, 시 23:1; 47:1; 93:1; 막 16:2; 눅 24:1; 행 20:7)로 사용된다는 사실로 인해 골로새의 몇몇 사람들은 이 용어가 일곱째 날 안식일만을 가리키는 것이 아니라 "주중" 또한 의미한다고 생각하게 됐다.[63]

---

62. 본서 제2장을 보라.

63. Norbert Hugedé (fn. 13), 144: "A. Bailly는 자신의 사전(dictionary)에서, 단수 '사바톤'(*sabbaton*)이 성경의 쉬는 날(the day of rest)을 가리킨다면(복수 '사바타'[*sabbata*] 역시도 이 의미를 가끔 가리킬 수 있음), 복수형 '타 사바타'(*ta sabbata*)는 특히 그 주(week)를 가리키는 데 사용되는 표현이라고 주장하는 데 애를 쓴다 (*Anthologie*, V. 160). 저자는 이 단어가 그러한 의미로 사용되는 신약 본문들을 언급한다: 마 28:1: 주(week)의 첫 번째 날(*eis mian sabbaton*); 참조, 막 6:12; 눅 24:1;

이 견해는 (골로새서에서) 나열된 어구가 연간, 월간, 주간 절기를 시사하기 때문에 고려할 만한 가치가 있다. 더욱이 갈라디아서 4:10(참조, 롬 14:5)에서 바울이 "날과 달과 절기와 해"를 준수하는, 골로새서와 놀랍도록 유사한 거짓 가르침에 반대한다는 사실—이 목록은 "날들"(hemeras: 복수형)로 시작한다—은 골로새서의 "안식의 날들"(sabbaths)이 안식일 외에도 다른 날을 포함한다고 생각할 만한 이유를 제공한다. 이때 바울은 일반적으로 매년, 매월, 매주의 거룩한 날(안식일 포함)을 지키는 것에 대해 경고하는 셈이 된다. 이 해석은 "먹고 마시는 것"과 신성한 시간의 준수 사이의 병치에 의해서도 뒷받침된다. 로마서 14:2, 5에는 먹는 것—먹지 않는 것—과 날들을 지키는 것 사이에 동일한 상관관계가 제시되어 있다. 그러므로 로마서와 갈라디아서의 "날들"(days)과 골로새서의 "안식의 날들"(sabbaths)은 서로 관련되어 있을 가능성이 있으며, 여기에는 안식일 외에 금식이나 음식물 금기로 특징지어지는 다른 요일도 포함된다.

유대인뿐만 아니라 초기 그리스도인들도 정해진 날에 금식했다는 것은 잘 알려진 사실이다.[64] 당파적인 유대교에서는 금식이 훨씬 더 엄격하게 이루어졌다. 사독 문서(Zadokite Document)에서 금식의 준수는 거룩한 날의 준수와 함께 규정되어 있음을 주목하라: "'다메섹 땅'에서 새 언약에 들어온 사람들이 본래 정한 관습에 따라 안식일, 절기, 금식을 세세하게 지키라"(CD 6:18). 그러나 우리는 유대교과 최초기 기독교인 모두에게 안식

요 20:1, 19; 행 20:7. 그러므로 우리는, 우리가 서 있고 우리를 인도하는 헬레니즘적 배경을 염두에 두지 않은 채, 이 단어 자체가 십계명에서 창조와 출애굽 기념으로 지시된 안식일(Sabbath day)과 매우 적은 관련성을 가진다는 것을 알 수 있다. 복수형 '사바타'의 세 가지 용례에 대해서는, E. Lohse, *TDNT* VII, 7, 20의 상세한 설명을 보라.

64. *Didache* (8:1)에서는 그리스도인들에게 주(week)의 두 번째 날과 다섯 번째 날에 위선자들과 더불어 금식하지 말고, 네 번째 날과 여섯 번째 날에 하라고 훈계한다.

일의 금식이 허락되지 않았다는 것을 알고 있다.[65] 이것은 어떤 사람들이
믿는 것처럼, 골로새서와 로마서에서 말하는 바, 음식을 멀리하는 것이
"날들"(days) 및 "안식의 날들"(sabbaths)과 정당하게 관련될 수 있다면,[66] 후
자는 '일곱째 날로서의 안식일을 직접 가리키는 것이 아니라 오히려 주중
특정한 금식일'을 가리키는 것일 수 있다.

골로새서의 "안식의 날들"(sabbaths)이 안식일을 가리키거나 포함한다
고 가정할 때 고려해야 할 질문은 다음과 같다. 거짓 교사들은 어떤 종류
의 안식일 준수를 옹호했는가? 골로새서에서 제공하고 있는 자료는 이
질문에 확실히 대답하기에는 너무 빈약하다. 그러나 저 이단의 성격은 우
리로 하여금 몇 가지 기본적인 결론을 도출할 수 있게 해준다. 음식물 관
련 규칙 준수에 대한 엄격한 강조는 의심의 여지없이 안식일 준수에도 영
향을 미쳤을 것이다. "세상의 요소들"에 대한 숭배는 또한 안식일과 신성
한 시간의 준수에 영향을 미쳤을 것인데, 이는 일반적으로 별들의 힘(astral
powers)이 달력과 인간의 삶을 모두 통제한다고 믿었기 때문이다.

보른캄(Günther Bornkamm)은 이와 관련하여 다음과 같이 설명한다: "바
울은 초하루와 안식일(골 2:16), 날과 달과 절기와 해(갈 4:10), 즉 각각의 경
우 구원의 역사의 표식이 아닌 자연의 주기적 순환의 표식 아래 있는, 곧
별들의 움직임에 따른 날과 시기를 언급한다. 따라서 '스토이케이아 투
코스무'(stoicheia tou kosmou, "세상의 요소들")는 이에 대한 내용과 의미를 제공한

---

65. 유대인과 초기 그리스도인들의 금식에 대해서는 본서 제6장을 보라.
66. W. Rordorf, *Sunday*, 137: "'날들의 준수'가 무엇을 의미하는지는 분명하지 않다.
이 어구가 음식을 금하는 맥락에서 나타나기에, 우리는 그것을 일종의 금식 날의
관점에서 생각해 볼 수 있다."; 유사한 견해는 다음과 같은 작품들에 나온다. M.
J. Lagrange, *L'Épître aux Romains*, 1950, 325; Joseph Huby, *Saint Paul*, Épître aux
Romains, 1957, 455-456; James Denney, *Romans*, The Expositor's Greek Testament,
1961, 702.

다."[67]

골로새 이단에 따르면 안식일은 창조, 택하심 또는 구속의 표징이 아니라, 로제(Eduard Lohse)가 지적한대로, "별들의 궤적을 지시하고 달력의 질서를 세세하게 규정하는 '세상의 요소들'을 위한 것"이다.[68] 이 점성술적 미신은 헬레니즘 단체뿐만 아니라 유대교에도 널리 퍼져있음을 기억하라. 예컨대, 쿰란 공동체는 천사들 사이의 관계, 별들의 힘, 신성한 시간의 엄격한 준수에 대해 추측했다.[69]

엘카사이파(Elchasaites)라는 유대-기독교 분파(주후 100년경)는 별들의 힘에 대한 숭배가 안식일 준수에 어떻게 영향을 미쳤는지에 대한 또 다른 예를 제공한다. 히폴리투스(Hippolytus)는 다음과 같이 기록했다: "엘카사이(Elchasai)는 이렇게 말한다: '불경하고도 사악한 별들이 있다. … 날들의 힘, 이 별들의 주권(sovereignty)을 조심하라. 이것들이 통치하는 동안에는 어떤 일도 시작하지 말라. 이 별들의 권세가 미치는 날들 동안에는 남자나 여자에게 세례를 베풀지 말라. 그들 가운데 (나타난) 달이 하늘을 운행하며 그

---

67. Günter Bornkamm (fn. 13), 131.
68. Eduard Lohse (fn. 13), 115.
69. 쿰란의 제1동굴과 제4동굴에서 발견된 희년서 단편에는 모든 종류의 천사가 창조의 첫째 날에 하늘/땅과 함께 창조됐다는 것뿐 아니라 달력을 드러내어 밝히고 (revealed) 일, 월, 안식일을 지키도록 사람들에게 황도대(Zodiac)의 표식을 알려준 것이 바로 천사라는 사실이 기록돼 있다(희년서 5장). 이에 따르면 날들을 적절하고 정확하게 준수하는 것은 최고로 중요하다. 이스라엘에게 닥친 모든 불운은 달력과 절기를 태만히 대했기 때문이다. 갈 4:10 및 골 2:16과 유사한 절기, 달, 안식일, 해에 관한 언급들은 예컨대 희년서 6:32-38; 23:19에 나타난다. 사독 문서는 이렇게 말한다: "그분의 계명들을 붙드는 자들과 함께—하나님은 선하고 영원한 그분의 언약을 이스라엘과 맺으시고 그들이 통상 잘못 행한 일들과 관련한 숨은 것들을 그들에게 드러내신다—심지어 그분의 거룩한 안식일, 그분의 영광스러운 절기, 그분의 의로운 규례, 그분의 진리의 길, 그분의 뜻의 목적대로 사람이 행한다면 살게 될 것이다"(CD 3:1; 6:18-19; 강조는 첨가됨).

들 가운데 움직일 때 말이다. … 그러나 또한 **안식일을 존중하라. 그 날은
별들의 (권세를) 지배하는 날들 중 하나기 때문이다.**"[70]

유대인과 관련한 후기 기독교 논쟁에서 우리는 안식일과 같은 신성한
날의 준수에 대한 별들의 영향을 다루는 또 다른 증거를 발견한다. 예를
들어, 『디오그네투스에게 보내는 편지』(Epistle to Diognetus)에는 다음과 같은
신랄한 책망이 나타난다: "그러나 그들[즉, 유대인들]의 고기에 대한 염려,
안식일에 대한 미신, 할례에 대한 자랑, 초하루와 금식에 대한 환상은 우
스꽝스럽고 주목할 가치가 없다―나는 이와 관련해 당신이 나에게서 어
떤 것도 배울 필요가 없다고 생각한다."[71]

『베드로의 설교』(Preaching of Peter)의 일부에는 다음과 같은 직설적인 경
고가 담겨있다: "유대인들처럼 그를 경배하지 마십시오. 홀로 하나님을
알고 있다고 하는 그들은 그를 알지 못하며, 천사들과 천사장들과 달
(moon)과 월(month)을 섬깁니다: 만일 달이 보이지 않으면, 첫 번째 안식일
이라고 불리는 날을 기념하지 않고, 또한 월삭, 무교절, 초막절, 대속죄일
을 기념하지 않습니다."[72]

---

70. Hippolytus, *The Refutation of all Heresies* 9, 11, *ANF* V, 133; 참조, Epiphanius, *Adversus Haereses* 29, 8, 5. Cerinthus (Filastrius, *Haereses* 36, *CSEL* 38, 19), Desitheus of Samaria (Origen, *De Principiis* 4, 3, 2), Simonians (Ps.-Clement, *Homilia* 2, 35, 3), Hypsistarians (Gregory Nazianzius, *Oratio* 18, 5, *PG* 35, 991)이 말하는, 안식일 준수의 기반이 되는 별과 관련된, 유사한 미신들; 참조, E. Lohse, "sabbata," *TDNT* VII, 33.
71. *The Epistle to Dionetus* 4, *ANF* 1, 26.
72. *The Preaching of Peter*; Clement of Alexandria, *Stromateis* 6, 5, 41, 2, trans. M. R. James, The Apocryphal New Testament, 1924, 17에서 인용함. Aristides는 Apology 14 (Syriac)에서 이렇게 쓴다: "그들[즉, 유대인들]은 자신들이 하나님을 섬기고 있다고 생각하고 있다. 그렇지만 그들의 준수 방식에 따르면 그들의 섬김은 하나님이 아닌 천사를 향하고 있다. 마치 그들이 안식일, 월삭, 무교절, 큰 금식을 기념할 때, 그리고 금식, 할례, 고기의 정화를 행할 때, 그들은 완전하게 지키지 않았다"(*ANF*

우리가 이미 알고 있듯이[73] 이교도 세계에서 토요일은 토성과 관련이 있기 때문에 불길한 날로 여겨졌다. 별과 관련된 미신(astral superstitions)이 유대인과 이교도의 절기 준수에 영향을 미쳤다는 사실을 고려할 때, 골로새의 금욕적인 교사들—세상의 요소들에 대한 숭배를 장려했던 것으로 알려진—이 옹호했던 안식일 준수가 엄격하고 미신적인 형태였을 것이라고 가정하는 것은 가능하다. 그러한 형태의 안식일 준수에 대한 바울의 경고는 적절할 뿐만 아니라 바람직한 것이었다. 하지만 이 경우에 바울은 안식일 준수라는 원칙이 아닌, 안식일에 대한 왜곡을 공격하고 있는 것이다. 즉, 우리는 바울이 안식일 준수 **형태**(form)가 아닌 왜곡된 **기능**(function)에 대해 훈계하고 있음에 주의해야 한다.

(롬 14:5에도 언급된 바와 같이) 그리스도인이 절기와 시기에 따라 먹고 마시는 **방식**은 존중되어야 할 개인적인 확신의 문제이지만, 이를 준수하는 동기(motivation)는 개인적인 입장의 문제가 아니다. 이러한 준수는 그리스도에 속한 본질을 가리키는 그림자로 남아 있어야 하며 결코 실재를 대신해서는 안 된다. 그러므로 바울이 반대하는 것은 신성한 시간을 준수하는 **형식**(form)이나 **방식**(manner)이 아니라 구원의 근거를 오염시키는, 왜곡된 **기능**(function)과 **동기**(motivations)다. 이제 우리가 고려할 다른 두 유사한 구절(롬 14:5-6; 갈 4:8-11)이 제공하는 정보는 이 결론을 뒷받침한다.

로마서와 갈라디아서의 안식일

로마의 광신적인(이단적인) 금욕 집단은, 골로새의 금욕 집단과 눈에 띄게 유사하게, 엄격한 채식주의, 포도주 금주, 절기 준수를 옹호했다(롬 14:1-

---

X, 276). 참조, 또한 Origen, *Contra Celsum* 1, 26.
73. 본서 제6장과 제8장을 보라.

10, 21). 앞서 우리는 바울이 (골 2:16에서와 같이) 먹는 것과 먹지 않는 것을 날의 준수와 연관 짓고 있다고 제안했다. 만약 이 해석이 옳다면 "로마서 14:5-6에 언급된 날은 안식일을 포함하기 어려운데, 이는 우리가 아는 바, 안식일은 금식의 날이 아니라 잔치의 날로 간주됐기 때문이다."[74]

로마에서의 문제는 골로새나 갈라디아에서보다 덜 심각했던 것 같다. 로마 교회의 금욕주의적인 교사들은 아마도 영향력이 덜한 소수였을 것이고, "십자가의 중심성을 겨냥한 의식주의적(ceremonialism) 선전가"는 아니었을 것이다.[75] 이것은 바울의 관용적이고 절제된 언어에 나타난다: "어떤 사람은 이 날을 저 날보다 낫게 여기고, 어떤 사람은 모든 날을 같게 여기나니 각각 자기 마음으로 확정할지니라. 날을 중히 여기는 자도 주를 위하여 중히 여기고 먹는 자도 주를 위하여 먹으니 이는 하나님께 감사함이요 먹지 않는 자도 주를 위하여 먹지 아니하며 하나님께 감사하느니라 (14:5-6)."

자신의 신념에 따라 행동하고 음식물과 날에 관한 문제에 다른 관점을 존중하는 원칙(롬 14:3, 10, 13-16, 19-21)은 믿음에 의한 칭의 원칙과는 달리 로마서에서 분명히 두드러진다. 후자에 대해 바울은 단호하게 타협을 거부했지만, 전자에 대해서는 개인의 양심을 궁극적 권위로 인정했다. 이 명백한 차이를 어떻게 설명할 수 있는가?

이에 대한 대답은 구원에 필수적인 것과 불필요한 것에 대한 바울의 이해에 놓여 있다. 예수 그리스도를 믿는 믿음이 구원의 근거라는 사실은 바울에게 있어서 의심의 여지가 없고 본질적인 원칙이다(참조. 롬 3:22, 26, 27, 28, 31; 4:3, 13, 22-25; 5:1). 그러나 믿음은 각 사람마다 경험하고 표현하는

---

74. 위에 각주 65를 보라.
75. John Murray, *The Epistle to the Romans*, 1965, 173 [= 『로마서 주석』, 아바서원, 2017].

것이 다르기 때문에 믿음을 실천하는 방식은 (그렇게) 중요하지 않다. 바울은 "모든 사람이 자기 마음에 확신을 가지라"(14:6)고 가르쳤다. 날이나 음식에 관한 규칙의 정당성을 판단하는 데 바울이 반복적으로 제시한 기본 원칙은 주님께 영광을 돌리려는 신실한 열망으로 동기 부여되어야 한다는 것이다("주님을 중히 여기라"[kurio fronei], 14:6, 7, 18; 참조, 고전 16:24).

이 원칙에 근거하여 우리는 바울이 안식일 준수의 포기를 옹호할 수 있었을지 물을 수 있다. 바울이 "관례대로"(행 17:2) 안식일에 회당에서 "유대인과 그리스인"을 만났을 때, 그러한 관습이 주님을 영화롭게 하는 데 방해가 된다고 여겼다고 생각하기는 어렵다(행 18:4). 로르도르프(W. Rordorf)는 바울이 이중적 입장을 취했다고 주장했다. 곧, 바울이 "약한" 유대교 그리스도인들에게는 **안식일을 포함한 율법을 지킬 수 있는 자유**를 주고, 다른 한편으로 "강한" 이방 그리스도인들에게는 **"모든 율법"**, 특히 **안식일의 준수로부터 완전히 "자유로울 수 있게 해주었다."**[76]

이 결론이 로마서 14장에서 정당하게 도출될 수 있을까? 음식과 절기에 대한 "약한" 사람과 "강한" 사람 사이의 갈등은 모세의 율법과 (만약 관련된다면) 아주 멀리 떨어져 있다. "채소만 먹고"(14:2), 포도주를 마시지 않으며(14:21) "어느 날은 다른 날보다 [금식하기가] 더 낫다고 여기"(14:5)는 "약자"가 구약을 확신의 근거로 삼는다고 주장할 수 없다. 모세의 율법은 엄격한 채식주의, 완전한 포도주 금주, 금식 날에 대한 선호 등을 규정하지 않는다.[77]

"무엇이든 먹을 수 있다고 믿으며"(14:2), "모든 날을 동일하게 여기는" "강한 사람"도 마찬가지로 모세의 율법으로부터의 자유를 주장하는 것이

---

76. W. Rordorf, *Sunday*, 138.
77. 위의 각주 38을 보라.

아니라 분파적인 유대교에서 비롯됐을 금욕주의적 믿음으로부터의 자유를 주장하는 것이다.[78] 이 모든 논의는 율법 준수의 자유 대 준수하지 않아도 될 자유에 관한 것이 아니라, 신의 가르침이 아닌, 인간의 관습과 미신에 의해 지배되는 "비본질적인" 양심의 가책에 관한 것이다. 이러한 다양한 신념과 관습이 복음의 본질을 훼손하지 않았기 때문에 바울은 이 문제에 대해 상호 인내와 존중을 권했던 것이다.

갈라디아서의 상황은 근본적으로 다르다. 여기서 바울은 스스로 할례를 받고(갈 6:12; 5:2), "날과 달과 절기와 해를 지키기"(4:10) 시작한 이방인 그리스도인들을 강력하게 책망하고 있다. 바울은 이러한 관습을 가리켜 그들이 "요소들[자연/원소]의 영들"(elemental spirits, stoikeia, 4:8-9)—인류의 운명을 좌우하는 우주적 힘—의 노예로 회귀한 것으로 정의한다. 갈라디아서 4:8-11의 논쟁은 골로새서 2:8-23의 논쟁과 매우 유사하다. 두 곳 모두에서 미신적인, 신성한 시간 준수는 "요소들"의 노예로 묘사된다. 그러나 "거짓 교사들"에 대한 책망은 갈라디아서에서 더 강력하다. 그들은 "다른 복음"을 가르치고 있었기 때문에 "저주받은"(1:8, 9) 것으로 간주됐다. 칭의와 구원을 받기 위해서는 날과 시기를 지키는 것이 필요하다는 가르침은 복음의 핵심을 왜곡시켰다(5:4).

갈라디아서에서 안식일이 언급됐는지 여부는 "날들"(hemerai, 4:10)이라는 단어의 해석에 달려있다. 일부 비평가들은 "안식의 날들"(sabbaths)이 명시적으로 언급된 골로새서 2:16의 병행 구절에 근거하여 "그 '날들'(days)

---

78. 롬 14:14에서 구별하고 있는 정결한 음식과 부정한 음식이 레 11장의 것과 다르다는 점에 주목하라. 레 11장의 부정한 음식은 칠십인역에서 *akathartos*라는 단어로 지칭된다. 이는 "부정한"(impure)을 의미한다. 하지만 로마서에서 사용된 용어는 "공동"(common)을 의미하는 *koinos*다. 논쟁은 분명히, 그 자체로서 먹기에는 합당했지만, 우상 숭배와 결부됐기에(참조, 고전 8:13), 일부 사람들에 의해 먹기에 적절하지 않은 *koinos*로 간주된 고기에 관한 것이었다.

에는 분명히 안식일까지도 포함된다"고 주장한다.[79] 우리는 이 가능성을 부정하지 않지만, 골로새서에서 사용된 복수형 "안식의 날들"(sabbaths)은 안식일뿐만 아니라 일주일 전체를 가리키는 일반적인 명칭이라는 것을 앞에서 확인했다. 따라서 갈라디아서의 "날들"이라는 복수형 단어는 골로새서의 "안식의 날들"(sabbaths)이 "주간의 날들"(week-days)이며 그 반대가 아니라는 사실을 잘 나타낼 수 있을 것이다.

갈라디아인들이 지킨 "날들"(days)의 일부에 안식일이 속한다고 가정한다면[80] 다음과 같은 문제를 살펴보아야 한다. 안식일과 절기를 준수하게 된 동기는 무엇인가? 바울은 안식일과 절기의 준수를 명하는 성서의 교훈을 반대하는가? 아니면, 이러한 종교적 관습을 왜곡되게 사용하는 것을 비난하는가?

갈라디아인들이 유대교 절기를 지킨 것은 별들의 영향에 대한 미신적 믿음에서 비롯됐다는 데 일반적으로 동의한다. 이는 이러한 관습을 받아들이는 것이 요소들의 영들과 악귀에게 종속됐던 이전의 이교도로 돌아가는 것과 같다는 바울의 주장에 의해 암시된다. 로르도르프가 적절하게 기술한 바와 같이, 갈라디아인들은 이교도 배경 때문에 "유대인들의 특정 날과 시기에 대한 특별한 관심에서 별과 자연의 힘에 대한 종교적 숭배 외에는 아무것도 식별할 수 없었다."[81]

---

79. C. S. Mosna, *Storia della domenica*, 183. Cf. H. Schlier, *Der Brief an die Galater*, 1962, 204-207; 하지만 그는 "날들"이 더 넓은 의미를 가질 수 있다는 것을 인정한다. W. Rordorf, *Sunday*, 131; "10절의 '날들'(*hemera*)이라는 단어가 매주 반복되는 안식일을 가리키고 있는 것이 분명하다."

80. 이는 특히 갈라디아 사람들이 스스로 할례를 받고 모든 측면에서 유대인이 됐다는 사실을 염두에 둘 때 전적으로 가능한 이야기다.

81. W. Rordorf, *Sunday*, 133; 안식일과 관련한 점성술적(astral: 별과 관련한) 미신에 대해서는 위의 각주 70, 71, 72를 보라.

우리가 이미 살펴본 바와 같이, 이교도 세계에서 유대인의 안식일 준수는 종종 토성의 악한 영향을 받았다는 사실이 이러한 오해를 발전시키는 데 기여했을 수 있다. 따라서 갈라디아인들이 실행한 모든 안식일 준수는 성서 교훈에 대한 미신적인 오해에서 비롯된 것으로 보인다.

그러나 바울의 관심은 이러한 안식일 준수에 내재된 미신적 사상을 폭로하는 데 있는 것이 아니라 갈라디아서의 거짓 교사들이 고안한 구원의 체계 전체에 도전하는 데 있었다. 저들은 칭의와 하나님의 받아주심을 할례와 날/기간의 준수와 같은 것으로 조건지음으로써 갈라디아인들로 하여금 구원을 인간의 성취에 의존하게 만들고 있었다. 바울에게 이것은 복음을 배반한 것이었다: "율법 안에서 의롭다 함을 얻으려 하는 너희는 그리스도에게서 끊어지고 은혜에서 떨어진 자로다"(갈 5:4).

바울의 날과 기간의 준수에 대한 비난은 이런 맥락에서 이해되어야 한다. 날/기간 준수의 동기가 예수 그리스도를 믿음으로 말미암는 칭의의 핵심 원리를 훼손하지 않았다면, 바울은 일부 개념이 구약의 가르침과 어울리지 않더라도 (롬 14장에서 하는 것처럼) 관용과 존중만을 권장했을 것이다. 그러나 저 관습의 동기가 교리적 확신에 의한 구원의 근거를 오염시켰기 때문에, 바울은 주저함 없이 이를 거부했다. 골로새서에서와 같이 갈라디아서에서도 바울이 반대하고 있는 것은 안식일-준수의 원칙이 아니라, 오히려 신적 은총이 아닌 인간의 성취에 의한 구원을 촉진하기 위해 고안된 제의의 왜곡된 사용이었다.

결론

바울이 안식일을 구약의 의식적인(ceremonial) 그림자로서 배척한 증거로 통상 인용되는 바울의 세 본문에 대한 우리의 분석은 그러한 해석이 여러 면에서 적절하지 않음을 보여주었다. 첫째로, 세 본문 모두에서 바울은 안식일 계명이 기독교 시대에 여전히 구속력이 있는지 여부를 논하기보다. 오히려 복잡한 금욕주의적 행위와 제의 행위에 반대하는데, 이는 (특히 골로새서와 갈라디아서에서) 예수 그리스도를 믿음으로 말미암는 칭의의 핵심 원리를 훼손하고 있기 때문이다.

둘째, 미신적인 형태의 안식일-준수가 바울이 고발한 이단 가르침의 일부였을 수 있다는 사실은 계율 **자체가** 정죄된 것이 아니라 **왜곡된** 계율이 정죄되고 있는 것이기에, 계율의 구속력이 무효화되지 않는다. 성경 계율의 오용에 대한 책망이 계율 자체의 폐기로 해석되는 것은 정당하지 않다.

셋째, 바울이 인간의 관습에 따른 음식과 날의 차이(롬 14:3-6)에 대해서도 관용과 존중을 권했다는 사실은 안식일 계명을 부인하고 대신 일요일 준수를 채택하도록 촉구하기에는 "날들"에 대한 문제에 있어서 너무 관대했음을 보여준다. 만일 그렇게 했다면, 바울은 반대에 부딪혀 안식일 옹호자들과의 끝없는 논쟁에 휘말렸을 것이다. 그러한 논쟁의 흔적이 전혀 없다는 것은 아마도 안식일 제도에 대한 바울의 존중을 보여주는 가장 확실한 증거일 것이다.

따라서 최종적 분석에 있어서 안식일에 대한 바울의 태도는 안식일-준수가 포함될 수 있는 이단적이고 미신적인 날들 준수에 대한 비난에 근거해서가 아니라 오히려 율법에 대한 그의 전반적인 태도에 근거하여 결정되어야 한다. "거룩하고 의로우며 선한"(롬 7:12; 참조, 3:31; 7:14, 22) 가르침의 체계로서의 율법 개념과 바울이 강력하게 거부한 바 그리스도를 떠난 구원의 체계로서의 율법을 구별하지 못한다면 분명 바울의 안식일 개념에 대해 많은 오해를 낳게 될 것이다.

바울이 그리스도인들에게 여전히 가치가 있었던 구약의 제도를 존중했다는 것은 의심의 여지가 없다. 예컨대, 우리는 그가 "유대인과 그리스인"과 함께 안식일에 예배했고(행 18:4, 19; 17:1, 10, 17), 빌립보에서 "무교절"을 보냈으며(행 20:16), "가능하면, 오순절에 예루살렘에 가겠다"고 말했고(행 20:16), 겐그리아에서 스스로 나실인 서원을 행했으며(행 18:18), 성전에서 자신을 정결하게 하여 "율법을 지키며 살았다"는 것을 증명했고(행 21:24), 디모데에게 할례를 베풀었다(행 16:3)는 것을 보았다. 그렇지만 이러한 행위나 이와 유사한 행위가 구원의 근거로 제시될 때마다 그 행위의 왜곡된 기능을 단호하게 비난했다. 그러므로 우리는 바울이 안식일을 구원의 수단으로서 거부하면서 그리스도에게 속한 실체를 가리키는 그림자로서 받아들였다고 이야기할 수 있다.

ANF	*The Ante-Nicene Fathers.* 10 vols. Grand Rapids, Mich.: Wm . B. Eerdmans, 1973 reprint
NPNF	*Nicene and Post-Nicene Fathers.* First and Second Series. Grand Rapids, Mich.: Wm . Eerdmans, 1971 reprint.
AUSS	*Andrews University Serminary Studies.* Berrien Springs, Michigan.
BZNW	Beiheft zur Zeitschrift fur die neutestamentliche Wissen-schaft, Berlin.
CCL	*Corpus Christianorum. Series Latina.* Turnholti: Typogrphi Brepols Editores Pontificii, 1953ff.
CD	*Damascus Document.*
CIL	*Corpus Inscriptinum Lainorum,* ed. A. Reimer. Berlin : apud G. Reimerum, 1863-1893.
CSCO	*Corpus Scriptorum Christionorum Orientalium.* Louvain: Secretariat du Corpus SCO.
CSEL	*Corpus Scriptorum Ecclesiasticorum Latinorum.* Vienne: C. Geroldi filium, 1866ff
DACL	*Dictionnaire d'archeologie chretienne et de liturgie,* ed. F. Cabrol and H. Leclercq. Paris : Letouzey et Ane, 1907ff.
EIT	*Enciclopedia Italiana Treccani.* Milano Roma, 1922ff.
GCS	*Die griechischen christlichen Schriftsteller der ersten drei Jahrhunderte.* Berlin: Akademie-Verlag, 1877ff
HE	*Historia Ecclesiastica.*

JBL   *Journal of Biblical Literature*. Philadelphia.

LCL   Loeb Classical Library.

MANSI   *Sacrorum Conciliorum Nova et Amplissima Collectio,* ed. F. Joannes Dominicus Mansi. Graz, Austria: Akademische Druck U. Verlagsanstalt, 1960-1961.

NST   *New Testamant Studies.* Cambridge.

PG   *Patrologie cursus completus, Series Graeca,* ed J. P. Migne. Paris : J-P. Migne Editorem, 1857ff

PL   *Patrologie cursus completus, Series Latina, ed* J. P. Migne. Paris : Garnier Fratres et J.-P. Migne,1844ff

PS   *Patrologia Syriaca SS. Patrum, Dactorum, Scriptorumque Catholocorum,* ed. R. Graffin. Paris : Firmin-Didiot et socii, 1894ff

SC   *Sources Chretiennes.* Collction directed by H. de Lubac and J. Danielou. Paris : Editions du Cerf, 1943ff.

SB   *Kommentar zum Neuen Testament aus Talmud und Midrasch,* ed. H. L. Strack and P. Billebeck. Munich: Beck, 1922ff.

TDNT   *Theological Dictionary of the New Testament,* eds. G. Kittel and trans. by G. W. Bromiley. Grand Rapids: Wm.B. Eerdmans Publishing Company, 1964ff.

TU   Texte und Untersuchungen zur Geschichte der altchristlichen Literatur,found by O.von Gebhardt and A. Harnack, Leipzig, 1822f

VT   *Vetus Tsetamentum.* Leiden.

참고 문헌

일차자료
1. 성경

Novum Testamentum Graece. Erwin Nestle and Kurt Aland, eds. Stuttgart : Wurtt.
Bibelanstalt, 1960
The Holy Bible. Revised Standard Version. Grand Rapids, Mich : Zondervan
Publishing House, 1952.

2. 교부
Aphrahates. *Homilia 13. TU 3,3-4.*
Augustine. *De Civitate Dei. CCL* 47, 48, eds. B. Dombart and A. Kalb, 1955; *PL 41,*
14-803
————. *De dcem plagis et decem praeceptis. PL 38,* 67-91.
————. *Confessiones. PL 32, 662-867.*
————. *Contra Faustum.* CSEL 25, 1, ed. I. Zycha, 1894.
————. *Enarratio in Psalmos. CCL* 38, 39, 40, eds. E. Dekkers and I. Fraipoint,
1956; *PL 36-37.*
————. *Epistola 36.* CSEL 34, ed. A. Goldbacher, 1987, part II, pp.31-62. *PL 33,*
136-151
————. *Epistola 55.* CSEL 34, ed. A. Goldbacher. 1897, part II, 169-213; *PL 33,*
204-223.
————. *De Genesi ad litteram.* CSEL 28, I, ed. I. Zycha1894.
————. *In Johannis Eangeliim Tractatus. CCL* 36, ed. R. Willelms, 1954.
————. *Sermones. PL* 38.
————. *De Sermone Domini in monte. PL 34,* 1230-1308.
————. *De Trinitate 4. PL 42,* 886-912.
Ambrosiaster. *Liber quaestionum eteris et novi testamenti.* CSEL 50, ed A. Souter,
1908.
————. *Commentaria in XII Epistolas Beati Pauli. PL* 17, 47-538. Ambrose.
Explanatio super Psalmos 12, 37, 47. *CSEL* 64, ed. M.Petschenig, 1919.
————. *Epistola 26. PL* 16, 1086-1090.
————. *Epostola 44. PL* 16, 1184-1194.
————. *Explanatio Psalmi 47.* CSEL 64, ed. M. Petschenig, 1919, pp.346-361.
————. *Expositio de psalmo 118.* CSEL 62, ed. M. Petschenig, 1919.
————. *Expositio Evangelii secundum Lucam. CCL* 14, ed. M. Adriaen, 1957.

Athanasius. *Epistolae heortasticae. PG* 26, 1339-1350.

――――. *Expositil in Psalmum 91. PG* 27, 403-406.

――――. *Homilia de semente* (doubtful). *PG* 28, 143-168.

――――. *De Sabbatis et circumcisione* (doubtful). *PG 28,* 133-142.

――――. *Epistolae Festales. PG* 26, 1351-1442.

Pseudo-Barnabas. *Epistola.* Guido Bosio, ed. I *Padri Apostolici.* Corona Patrum
Salesiana. Turin : S. E. I., 1940; Edgar Goodspeed. *The Apostolic Fathers.*
New York : Haeper and Brothers, 1950; J. B. Lightfoot. *The Apostolic
Fathers.* Vol. I. London : Macmillan Company, 1885; J. A. Kleist. *The Epistle
of Barnabas.* Ancient Christian Writers, Vol. VI. Westminster, Maryland
; Newman Press, 1948 ; P. Prigent. *Les Testimonia dans le Christianisme
primitif : lEpitre de Barnabe I-XVI et ses sources.* Paris : Librarie Lecoffre,
1961; by the same author, *Epitre de Barnabe.* Paris : Editions du Cerf, 1971;
F. X. GLIMM, J.M.-F. Marique, G. G. Walsh, trans. *The Apostolic Fathers.*
The Fathers of the Church. New YORK : Cima Publishing Co., 1947; A.
Harneck, O. Gerhard, O. Zahn, eds. *Patrum Apostolicorum Opera.* Part
I, ed. 2. Leipzig: J. C. Hinzichs, 1876; F. X. Funk. Patres Apostolici. Vol. I.
Tubingen : H. Laupp, 1901. Basil. *Homilia III in Hexameron. PG* 29, 52-76.

――――. *Epistolae. PG* 32, 219-1114.

――――. *De Spiritu Sancto. PG* 32, 67-218; *SC* 17, ed. B. Pruche, 1945.

Cassian John. *Institutiones coenobiticae. SC* 109, ed. J. C. Guy, 1965; NPNF 2nd, XI,
161-641.

Caesarius of Arles. Sermones. CCL 103, ed. G. Morin, 1953.

Chronicon Paschale. PG 92, 9-1160.

Cyprian. *Epistolae. CSLE* 3, ed. G. Hartel, 1871, part II, pp.30-842.

――――. *De Dominica oratione. CSEL* 3, ed. G. Hartel, 1871, PART. I, pp.267-294.

――――. *Carthaginens Concilium sub Cypriano tertium. PL* 3, 1047-1056.

――――. *De pascha computus.* (Doubful) CSEL 3, 3, ed. W. Hartel, 1871, 248-271; G.
Ogg, The Pseudo-Cyprianic De Pascha Computus, London, 1955.

Cycil of Jerusalem. Catechese. *PG* 33, 331-366; J. QUASTEN. "S. Cyrilli Catecheses
mystagogicae," *Florilegium Patristicum* 7 (1935): 69-111.

Clement of Alexandria. *Excerpta ex Theodoto. SC* 23, ed. F. Sagnard, 1948; *PG* 9,
681-696.

――――. *Fragment in Chronocon Paschale.* L. Dindorf, ed. Bonn: Ed. Weber, 1832,
Vol. I, 14f.; *PG* 92, 82f.

――――. *Paedagogus. GCS* 12, ed. O. Stahlin, 1936, 87-340.

————. *Protrepticus. SC* 2. ed. C. Mondesert 1967; *GCS* I, ed. Otto Stahlin, 1960, 80f.; *PG* 9, 729-776.

————. *Stromateis PG* 8, 685-1382; *PG* 9, 9-602; GCS 2, ed. Otto Stahlin, 1960, 389.

Clement of Rome. *Epistola I ad Corinthios. PG* 1, 202-328; F.X. Glimm, J.M. F. Marique, G.G. Walsh, trans, *The Apostolic Fathers.* The Fathers of Church. New York : Cima Publishing Co., 1947.

Pseudo-Clemenetines. *Homilies and Recongnitions. GCS* 41 and 51, eds. B. Rehm-F. Paschke, 1953, 1965; *ANF* VIII, 73-212.

Commodianus. *Carmen Apologeticum, CSEL* 15, ed. B. Dombart, 1887, 115-188; *CCL* 128, ed. Iosephi Martin, 1960, 73-113; *PL* 5, 202-262.

Chrysostom. *Orationes VIII adversus judaeos. PG* 48, 843-944,

————. *De baptismo Christi. PG* 49, 363-372.

————. *Sermones IX in Genesim, PG* 54, 591-630.

————. *De compunctione. PG* 47, 411-422.

————. *De Christi divinitate. PG* 48, 803-812.

Pseudo-Chrysostom. *Homilia Paschalis. SC* 48, ed. F.Floery and P. Nautin, 1957.

Diognetus. *Epistola. SC* 33, ed. H. I. Marrou, 1965; *ANF* I, 25-32

Dionsysius of Alexandria. *Epistola ad Basilidem Episcopum. PG* 10, 1271-1290.

Ephraem Syrus. *Sermo ad nocturnum dominicae resurrectionis.* T.J. Lamy, ed. *Sancti Ephraem Syri Hymni et Sermones.* 4 vols. Paris : Mechliniae, H. Dessain, 1882-1902, 1: 542-544.

Egeria. *Peregrinatio. SC* 21, ed. H. Petre, 1948; *CCL* 175, ed. E. Franceschini and R. Weber, 1958. Epiphanius, *Adversus octoginta haereses. PG* 41, 173-1199; *PG* 42, 9-883.

————. *Expositio fidei. PG* 42, 773-832.

Pseudo-Eusebius of Alexandria. *PG* 86, 314-462.

————. *De die Dominico. PG* 86, 415-422.

Eusebius of Caesarea. *Historia ecclesiastica. SC* 31, 41, 55, 73, ed. Gustave Bardy, 1952, 1967; Giuseppe del Ton, ed. *Storia ecclesiastica e i Martiri della Palestina.* Rome : Desclee and Co., Editori Pontifici, 1964; Kirsopp Lake, trans. The *Ecclesiastical History.* Loeb Classical Library. Cambridge, Mass.: Harvard University Press, 1926-1949.

————. *Vita Constantini. PG* 20, 908-1230; *GCS* I, 124, ed. Ivar A. Heikel, 1903; *NPNE* 2nd, 1, 481-560.

————. *Commentaria in Psalmos. PG* 23, 11-1396.

————. *Demonstratio evangelica. PG* 22, 9-794.

————. *De solemnitate Paschali. PG* 24, 694-706.

Filastrius. *Liber de haeresibus. PL* 12, 1049-1302; *GCL* 9, ed. F. Heylen, 1957.

Gaudentius of Brescia. *Tractatus vel sermones. PL* 20, 843-1008.

Gregory the Great. *Epistola* 13. *PL* 77, 1253-1254.

————. *Moralium. PL* 75 and 76, 9-786.

————. *Homilaiarum in Ezechielem* 2. *PL* 76, 973-983.

Gregorius of Nazianzus. *Oratio 41 in Pentecoste. PG* 36, 432f.

————. *Oratio 44, In novam Dominicam. PG* 36, 612f.

Gregory of Nyssa. De castigatione. *PG* 46, 309-316.

————. *De oratione Dominica. PG* 44, 1120-1193

————. *In Psalmos. PG* 44, 504-508.

————. *De beatitudinibus, Oratio* 8. *PG* 44, 1130-1193

————. *In Psalmos. De octava. PG* 44, 608-616.

————. *Testimonia adversus Judaeos. PG* 46, 193-234.

————. *Adversos eos qui castigationes aegre ferunt. PG* 46, 307-316.

Hermas. *Pastor. SC* 53, ed. R. Joly, 1958; F. X. Glimm, J. M.-F. Marique, G. G. Walsh, trans. *The Apostolic Fathers.* New York :Cima Publishing Co., 1947.

Hilary of Poitiers. *Tractatus super Psalmos. CESL*22, ed. A. Zingerle, 1891; *PL* 9, 231-889.

Hippolytus. *In Danielem commentarius, SC* 14, ed. M. Lefevre, 1947; GCS 1, ed . G. N. Bonwetsch, 1897.

————. *De Antichristo, GCS* 1, 2, ed. Hans Achelis, 1897.

Humbert, S. R. E. Cardinal. *Adversus Graecorum calumnais. PL* 143, 935-938.

Ignatius of Antinoch, *Epistola ad Magnesios, SC* 10, ed. P. Th. Camelot, 1951, 94ff.; *Codex Mediceus Laurentius,* Photocopy reproduction, plate 1 in chapter III; *Codex Caiensis 395*(Cambridge), photocopy reproduction plate2, chapter III; Issac Voss, ed. *Epistolae Genuinae S. Ignatii Martyris.* Amesterdam : I, Baleu, 1646; Edgar J.

Goodspeed. *The Apostolic Fathers.* New York: Harper and Brothers, 1950; Theodor Zahn, ed. *Ignatii et Polycarpi Epistulae Martyria Fragmenta.* Leipzig : J. C. Hinrichs, 1876; J. B. Lightfoot. *The Apostolic Fathers.* Vol. I. London: Macmillan Company 1885; James Ussher, ed. *Polycarpi et Ignatii Epistolae.* Oxford: University Press, 1644; Johannes Pearson and Thomas Smith, eds. *S. Ignatii Epistolae Genuinae.* Oxford: Theatro Sheldoniano, 1709; C. J. Hefele, ed. *Patrum Apostolicorum Opera.* Tubingen: Henrici Laupp,

1847; William Cureton, ed. *Corpus Ignatianum*, London : Francis and John Rivington, 1947; F. X. Glimm, J.M.F.-Maeique and G.G. Walsh, trans. *The Apostolic Fathers*. The Fathers of the Church. New York: Cima Publishing Co., 1947.

Pseudo-Igatius. *Ad Philadelphenses, Ad Manesios*. PG 5, 813-940, 758-778; *ANF* 1, 59-79.

Innocent I. *Epistolae, PL* 20, 463-686.

Irenaeus. *Adversus haerses*. SC 100, ed. A. Rousseau, 1965; *PG* 7 part 1, 433-1224; *PG* 7, part 2, 1118-1226; *ANF* 1:315-567.

―――. *Fragmentum VII, PG* 7, part2, 1233; *Fragment from the Lost Writings of Irenaeus VII, ANF* 1: 567-570.

―――. *Epideixis. SC* 62, ed. L. M. Froidevaux, 1959.

Jerome. *In die dominica Pashae. CCL* 78, ed. D.G. Morin, 1958, 545-551.

―――. *Epistolae. PL* 22, 324-1024.

―――. *Epistola 108, Vita Paulae. PL* 22, 878-906; *CSEL* 55, ed. Isidorus Hilberg, 1912, 306-351.

―――. Commentarius in Ecclesiastem. CCL 72, ed. M. Adriaen, 1959, 248-361.

―――. *Commentarius in Isaiam. PL* 24, 9-678.

―――. *Commemtarius in Epistolam ad Galatas. PL* 26, 331-466.

―――. *De viris illustribus. NPNF* 2nd, III, 359-384.

Pseudo-Jerome. *Epistola 39. PL* 30, 224-226.

Justin Martyr. I *Apologia*. E.J. Goodspeed, ed. Die altesten Aplogeten. Gottingen: Vandenhoeck and Ruprecht, 1914; *Writings df Justin Martyr*. T.B. Falls, trans. New York: Christian Heritage, 1948, 33-110.

―――. *Dialogus cum Tryphone. PG* 6, 471-802. E. Goodspeed, *op. cit.*, 90-267; tT.B. Falls, *op. cit.*, 139-336.

Leo the Great. *Sermones, Epistolae. PL* 54, 117-1254; *SC* 22, ed. D.R. Dolle, 1961,

Liber Pontificalis. Ed. L.M. Duchesne. Paris : E. de Boccard, 1955-1957.

Martin of Braga. *De correctione rusticorum*. C.W.Barlow, ed. *Iberian Fathers*. WASHINGTON, D.C.: Catholic University df America, 1969. Maximus of Turin. *Sermones de tempore. CCL* 23, ed. A. Mutzenbecher, 1962; *PL* 57, 529-642.

Melito of Sardis. *Homilia de Pascha*. C. Bonner, ed. *The Homily on the Passion by Melito Bishop of Sardes*. Studies and documents 12. London: Christophers; Philadelphia: University of Pennsylvania Press, 1940; B, Lohse, ed. Die Passa-Homilie des Bishofs Meliton von Sardes. Textus minores 24. Leipzig

: E.J. Brill, 1958; Gerald F. Hawthorne.

"A New English Translation of melito's Pascal Hamily," in Current *Issues in Biblical and Patristic Interpretation,* ed. G.F. Hawthonrne.

Grand Rapids, Mich.: William B. Eerdman's Publishing Company, 1975.

―――. *De batismo* (fragment) J.B. Pitra, ed. *Analecta sacra spicilegio solesmensi,* 1884, II, 3-5.

Origen. *Contra Celsum. GCS* 1, ed. P. Koetscou, 1959; *PG* 11, 637-1632; H. Cadwick, trans. Cambridge : University Press, 1953.

―――. *In Exodum homilae 7, 5. SC* 16, ed. P. Frotier, 1947; GCS 29, ed. W. A. Baehrens, 1920.

―――. *De oratione. GCS* 2, ed. P. Koetschau, 1959.

―――. *Philocalia,* ed. A. Robinson. Canbridge : University Press , 1893.

―――. *Selecta in Psalmos 118. PG* 12, 1586-1630.

―――. *In Leviticum homilae 9. GCS* 30, ed. W. A . Baehrens, 1921.

―――. *In Numeros homiliae 23,4. PG* 12, 746-755; GCS 30, ed. W.A. Baehrens, 1921.

―――. *Selecta in primum librum Regum, PG* 12, 1031-1052.

Peter of Alexandria. *Fragment in Chronicon paschale.* L. Dindorf, ed. Pseudo-Peter of Alexandria. *Fragment in Cronicon paschale.* L. Dindorf, ed.

Pseudo-Peter of Alexandria. *Fragmenta einer Schrift des Martyrerbischofs* Bonn: E. Weber, 1832; *PG* 92, 70f.

Petrus von Alexandrien. C. Schmidt, ed. Texte und Untersuchungen 20,46. Leipzig: J.C. Hinrichs, 1901; W. E. Crim.

"Texts Attributed to Peter of Alexandrien, edited and translates."

Journal of Theological Syudies 4 (1902-193): 387-397.

Martyrdom of Polycarp. SC 10, ed. P.T. Camelot, 1951; J.B. Lightfoot. *The Apostolix Fathers.* Vol. 2, sect. 2. London : Macmillan and Co., 1885, PP. 905-935.

Possidius. *Vita S. Augustini. PL* 32, 33-64.

Priscillian. *Tractatus undecimm. CSEL* 18, ed. G. Schepss, 1889, 103-106.

―――. *Tractatus 1. CSEL 18,* ed . G, Schepss, 1889, pp .3-33.

Socrates. *Historia ecclesiastica, PG* 67, 30-842; *NPNF* 2nd Series, 2:1-178.

Sozomen. *Historia ecclesiastica. PG* 67, 843-1130; *NPNF* 2nd Series, 2:237-427.

Tatian. *Oratio adversus Graecos. PG* 6, 803-890.

Theophilus of Antioch. *Libri tres ad Autolycum. PG* 6, 1023-1175; *SC* 20, ed. P. Bardy and J. Sender, 1967.

Theodoret. *Haereticarum fabularum compendium. PG* 83, 355-556.

————. *Historia Ecclesiastica. PG* 82, 882-1280; *NPNF* 2nd, III, 1-348.

Tertullian. *Ad Nationes. CCL* 1, ed. J.G.Ph. Borleffs, 1954, 11-75; *ANF* 3, 109-147.

————. *Apologrticum. CCL* 1, ed. E. Dekkers, 1954, 77-171; *ANF* 3, 17-55.

————. *De spectaculis. CCL* 1, ed. E. Dekkers, 1954, 225-253; *ANF* 3, 79-91.

————. *De roatione. CCL* 1, ed. G.F. Diercks, 1954, 255-274; *ANF* 3, 681-191.

————. *De baptismo, CCL* 1,ed. J.G.H. BORLEFFS, 1954, pp 276-295; *ANF* 3, 669-679.

————. *De anima. CCL* 2, ed. J. H. Waszink, 1954, PP. 780-869; *ANF* 3, 181-235.

————. *De corona. CCL* 2, ed. Aem. Kroymann, 1954, 1039-1065; *ANF* 3, 93-103.

————. *De idolatria. CCL* 2, eds. R. Reifferschiol et G. Wissowa, 1954, 1101-1124; *ANF* 3, 61-76.

————. *De ieiunio adversus psychicos. CCL* 2, eds. A. Keifferscheid et G. Wissowa, 1954, 1257-127; *ANF* 4, 102-115.

————. *Adversus Judaeos. CCL* 2, ed. Aem. Kroymann, 1954, pp 1339-1396; *ANF* 3, 151-173.

————. *Adversus Marcionem. CCL* 1, ed. Aem. Kroymann, 1954, 440-726; *ANF* 3, 271-474.

————. *De praescriptione haereticorum. CCL* 1, ed. R.R. Refoule, 1954, 185-224; *ANF* III, 243-268.

Victorinus of Pettau. *De fabrica mundi. PL* 5, 301-316; *CSEL* 49, ed. I. Haussleiter, 1916, 3-9; *ANF* 7, 341-343.

3. 교회 규례

Constitutiones Apostolorum. F. X. Funk, ed. *Didascaliae et Constituiones Apostolorum.* Paderborn: In Libraria Ferdinandi Schoeningh, 1905; G. Horner, ed. *The Statutes of the Apostles or Canones Ecclenesiastici.* London: William and Norgate, 1904; *ANF* VII, 387-508. *Ddiache.* F.X Glimm, J.M.-F. Marique G.C. Walsh, trans *The Apostolic Fathers.* The Fathers of the church. New York: Cima Publ Co., 1947; J. P. Audet. *La Didache. Instructions des Apotres.* Paris: J. Gabalda et Cie, 1958; Stanislaus Giet. L'Enigme de la Didache Paris: Ophys, 1970; Kirsopp Lake. *The Apostolic Fathers.* Loeb Classical Library. New York ; Putnam, 1919-1949; Edgar Goodspeed.

The Apostolic Fathers. New York: Harper & Brothers, 1950.

Didascalia Apostolorum (Syriac). F. X. Funk, ed. Didascliae et Constitutiones Apostolorum. Paderborn: In Libraria Ferdinandi Schoeningh, 1905; R.

Hugh-Connly, ed. *Didascalia Apostolorum. The Syriac Version Translated and Accompanied by the Verona Latin Fragments*. Oxford: Clarendon Press, 1929.

4. 공의회

Niceaea. The decree on the celebration of Easter was found and edited by J.B. Pitra, *Juris ecclesiastici Graecorum historia et monumenta*. I. Rome: 1864, 435-436, translated and cited by G. Dumeige. *Histoiredes Conciles Oecumeniques*. Paris: Editions de L'Orante, 1963, 1:259-260; Socrates. *Historia ecclesastica* 1, 9.

———. *Epistola Constantini ad Ecclsiam post Concilium Nicaenum II. PL* 8, 501; cf. *De Vita Costanini* 3.18. *PG* 20, 1073-1076; J.C. Hefele *A History of the Councils of the Church from Original Sources*. Edinburgh: T. and T Clark, 1894, 1:322-323; Theodoret. *Historia ecclesiastica* 1, 10, *NPNF* 2nd Series, 3:33-159.

Concilium Illiberritanum (Eliberitanum) (300-302 or 306-313) Can. 26. Friedrich Lauchert, ed. *Die Danones der wichtigsten altkirchlichen Concilien, nebst den apostolischen Kanones*. Frankfurt: Minerva, 1961; *MANSI* 2:10.

Councilium Laodicenum(ca . 360), F. Lauchery, ed. Die Kanones der wichtigsten altkirchlichen Concilien, nebst den apostolischen Kanones. Frankfurt: Minerva, 1961; MANSI 2: 563-594.

5. 법

Codex Justiniani. P. Krueger, ed. *Codex Iustinianus: Codex Juris civilis* II. Berlin : Apud Weidmannos, 1997.

Codex Theodosianus. Th. Mammsen, ed. *Teodosiani libri 16 cum constitutionibus Sirmondianis* 5, 2. Berlin: Societas Regia Scientiarum, 1905.

6. 기독교 비문

Inscriptiones christianae urbis Romae septimo saeculo antiquiores. Ed., G. B. Rossi. Rome: Giuseppe Gatti, 1861f.

Chronographia anmi 354 A.D., in Theodor Mommsen, ed. *Chronica Minora saec. IV, V, VI, VII*. Berlin: n.d 1892, 1:13-196.

Corpus Inscriptionum Latinorum. Ed. G. Reimer. Berlin : G. Reimerum, 1863-1893

Cohen, H. *Description historique des minnaies frappees sous lempire romain*, 2.vols. Paris: M. Rollin, 1859-1860.

Inscriptiones latinae christianae veters. Ernestus Diehl, ed. Berlin: Apud Wiedmannos, 1925.

Inscriptiones Italiae. Vol. XIII. Attilio Degrassi, ed. Rome: Istituto Poligrafico dello Stato, 1963.

7.외경/위경
a. 구약 외경/위경

The Ascension of Isaiah. Edger Hennecke and W. Schneemelcherm eds. and trans. *New Testament Apocrypha* PhIiadelphia: Westminister Press, 1963-1964, 2: 642-662. (Hereafter cited sa Hennecke, *NT Apocrypha*).

Assumptio Moysis. R.H. Charles, ed. *The Apocyrpha and Pseudoepigrapha of the Pld Testament in English.* Oxford: Clarendon Press, 1913, Vol. 2, 407ff. (Hereafter cited sa Charles, *Apocrypha).*

Enoch. Chalses, *Apocrypha*, II, 163f.

IV Esdrae. Charles, *Apocrypha,* II, 542-624.

Jubilees. Charles, *Apocrypha,* II, 1-81.

Vita Adami et Evae. Charles, *Apocrypha,* II, 123-154.

b. 신약 외경

The Gospel of the Hebrews. Henneckem *NT Apocrypha I,* 158-165.

The Gospel of Peter. Hennecks, *NT Apocrypha I,* 179-187.

The Gospel of Thomas. Hennecks, *NT Apocrypha I,* 278-306.

The Kerygma Petrou, Hennecks, *NT Apocrypha II,* 94-101; cf. M.F. James, *The Apocryphal New Testament.* Oxford: The Clarendon Press, 1924, 16-19.

The Kerygma Petrou, Hennecks, *NT Apocrypha II,* 102-127.

The Protoevangelium of James. Hennecke, *NT Apocrypha I,* 370-387.

Epistola Apostolorum. Hennecks, *NT Apocrypha I,* 189-226.

Apocalypse of Paul. Hennecks, *NT Apocrypha II,* 755-797.

The Acts of John. Hennecks, *NT Apocrypha II,* 188-258.

The Acts of Peter. Hennecks, *NT Apocrypha II,* 259-321; cf. L. Vaganay, *L'Evangeile de Pierre.* Etudes bibliques. Paris: Bloud et Gay, 1930.

8. 유대/로마 문헌

Philo Judaeus. *De Decalogo; De migratione Abrahami; De opificio mundi; De specialibus legibus; de vita contemplativa;* Roger Arnaldez, Jean Poilloux and Claude Mondesert. Philo Judaeus: Oeuvres. 32 vols.; Paris: Editions du

Cerf, 1961f.; cf. F. H. Colson and G. H. Whitaker, trans. *Philo. LCL* 10 vols. New York: G. P. Putman's Sons, 1929-1962.

Flavius Josephus. *Antiquitates Judaicae; De bello judaico; Contra Apionem*; Benedictus Niese, ed. *Flavii Iosephi opera*. 7 vols. Berlin: Apud Weidmannos, 1955; H. S. J. Thackeray, trans. *Josephus, with an English translation*: LCL 9 vols. New York: G. P. Putman's Sons, 1926-1965.

Talmud. I. Epstein, ed. *Hebrew-English edition of the Babylonian Talmud*. 6 vols. London: Soncino Press, 1960f.; Moise Schweb, ed. and trans. *Le Talmud de Jerusalem*. 6 vols. Paris: Maisonneuve, 1960f.

Dio Cassius. *Historia romana*. Earnest Cary, trans. *Dio's Roman History. LCL* 9 vils. Cambridge, Mass.: Harvard university Press, 1961f.

Cicero. Pro Flacco. Louis E. Lord, trans. *the Speeches. LCL*. Cambridge, Mass.: Harvard University Press, 1946.

———. *De senectute*. William A. Falconer, trans. *De senectute. De anicitia. De divinatione. LCL*. Cambridge, Mass.: harvard University Press, 1946.

Frontinus. *Stratagemata*. Charles E. Bennet, trans. *The Stratagems, and the aqueducts of Rome. LCL*. Cambridge, Mass.: Harvard University Press, 1961.

Horace, *Sermones*. H. Rushton Fairclough, trans. *Satires, Epistles, and Ars poetica. LCL*. Cambridge, Mass.: harvard university Press, 1942.

Julianus Apostata. *Oratio Iuliani*. W. C. Wright, trans. *The Works of the emperor Julian. LCL*. 3 vols. New York: Macmilan Co., 1930.

Juvenal, *Satirae*. G. G. Ramsay, trans. *Juvenal and Persius. LCL*. Cambridge, Mass.: harvard University Press, 1950.

Martial, *Epigrammata*. Walter C. A. Ker, trans. *Epigrams*. New York: G. P. Putman's Sons, 1930.

Ovid, *Ars Amatoria. Remedia Amoris*. J. H. Mozley trans. *The Art of Love and Other Poems. LCL*. Cambridge, Mass.: harvard University Press, 1962.

Petronius, *satyricon*. Trans. Michael Heseltime. *LCL*. Cambridge, Mass.: Harvard University Press, 1939.

Philostratus, Flavius. *the Life of appolonius of Tyana*. Trans. F. C. Conybeare, *LCL*. New York: G. P. Putman's sons, 1927.

Pliny the Elder. *Naturalis hustoria*. Trans. H. Rackham. *LCL*. Cambridge, Mass.: Harvard University Press, 1938.

Plutarchus. *Vitae*. Bernadotte Perrin, trans. *Plutarch's Lives. LCL*. Cambridge, Mass.: Harvard University Press, 1959f.

————. *De superstitiones*. Frank Cole Babbitt, trans. *Plutarch's Moralia. LCL.* Cambridge, Mass.: Harvard University Press, 1949.

Propertius. *Elegiae*. H. E. Butler, trans. *Propertius.* New York: G. P. Putman's sons, 1929.

Quintillianus Marcus Fabius. *Institutio oratoria*. H. E. Butler, trans. *The Institutio oratoria of Quintilian. LCL.* 4 vols. Cambridge, Mass.: Harvard University Press, 1958-1960.

Spartianus Aelius. *Hadrianus.* David magie, trans. *the Scriptores hustoriae augustae. LCL.* vol. 1. New York: G. P. Putman's sons, 1921.

Suetonius Tranquillus, C. *De vita Caesarum.* J. C. Rolfe, trans. *Suetonius. LCL.* 2 vols. Cambridge, Mass.: harvard University Press, 1935-1939.

Tacitus. *Annales. Historiae.* Clifford H. Moore, trans. *the Histories. The Annals. LCL* 4 vols. cambridge, Mass.: Harvard University Press, 1937.

Tibullus. *Carmina.* J. P. Postgate, trans. *Catullus, tibullus, and Perviglium Veneris. LCL.* New York: G. P. Putman's sons, 1928.

Varro Marcus Terentius. *De re rustica.* Georgius Goetz, trans. *M. Terenti Varroni Rerum rusticarum libri tres.* Leipzig: B. G. Teubneri, 1912.

이차자료

Andreasen, N. E. A. *The Old Testament Sabbath.* SBL Dissertation Series 7, 1972.

Andrews, J. N. *History of the Sabbath and First Day of the Week.* Battle Creek: Review and Herald, 1887.

Bacchiocchi, S. *Anti-Judaism and the Origin of Sunday.* [Fifth chapter of Italian dissertation). Rome: The Pontifical Groegorian University Press, 1975.

————. "Un esame dei testi Biblici e patristici allo scopo d'accertare il tempo e le cause del sorgere della domenica come giorno del Signore." Unpublished doctoral dissertation, Pontifical Gregorian University, rome, 1974.

Barack, Nathan A. *A History of the Sabbath.* New York: Jonathan David, 1965.

Beare, F. W. "The Sabbath Was Made for Man?" *Journal of Biblical Literature* 79 (1960): 130-136.

Behm, J. "χλάω" in *Theological Dictionary of the New Testament*, ed. G. Kittel. Grand Rapids, Mich.: Wm. B. Eerdmans Publishing Company, 1965, III, 726-743.

Betz, Otto. Revi ew of W. Rordorf, *Der Sonntag. Journal of biblical Literature* 83 (1964): 81-83.

Bishai, W. "Sabbath Observance from Coptic Sources." *Andrews University Seminary Studies* 1 (1963): 25-31.

Bonet Lach, R. N. *De Sanctificatione festorum in Ecclesia Catholica a Primordiis ad saec. VI inclusive.* Gerona: Ripoll, 1945.

Botte, B. "Les Dénominations du dimanche dans la tradition chrétienne" in *Le Dimanche,* Lex Orandi 30. Paris: Editions du Cerf, 1965. 7-28.

Bultmann, R. K. *Die Geschichte der Synoptischen Tradition.* Göttingen: Vandenhoeck & Ruprecht, 1958.

Bruce, F. F. *Commentary on the Book of Acts.* London: Tyndale Press, 1954.

Cadet, J. "Tepos dominical et loisir humain." *La Maison-Dieu* 83 (1965): 71-97.

Cellenwaert, C. "La Synaxe eucharistique à Jérusalem, berceau du dimanche." *Ephemerides Theological Lovanienses* 15 (1938): 34-73.

Carrington, P. The Primitive Christian Callendar: *A Study in the Making of the Marcan Gospel.* Cambridge: University Press, 1952.

Catinat, J. "L'Enseignement de Jesus sur le sabbat." *Année théologique* 9 (1948): 234-341.

Chirat, H. "Le Dimanche dans I'antiquité chrétienne," in *Etudes de pastorale liturgique,* Lex Orandi 1. Paris: Editions du Cerf, 1994. 127-148.

Colson, F. H. *The Week.* Cambridge: University Press, 1926.

Congar, Y. "Presentation simple de I'idee essentielle du dimanche." *La Maison-Dieu* 13 (1948): 133-135.

Cotton, P. *From Sabbath to Sunday.* Bethlehem, Pa.: Times Publishing Co., 1933.

Cox, R. *The Literature of the Sabbath Question.* 2 vols. Edinburgh: Maclachlan & Stewart, 1865.

Cullmann. O. *Early christian Worship.* London: SCM Press Ltd., 1966.

———. "Sabbat und Sonntag nach dem Johannesevangelium. Eos arti, John 5:17." *In memoriam E. Lohmeyer,* ed. W. Schmauch. Stuttgart: Evang. Verlagswerk, 1951, 127-131.

Cumont, Franz. *The Mysteries of Mithra.* Chicago: Open Court Publishing Co., 1910.

———. Oriental Religions in Roman Paganism. New York: Dover Publications, 1956.

———. Textes et monuments figurés relatifs aux mystères de Mithra. 2 vols. Brussels: H. Lamertin, 1896-1899.

Dacquino, Pietro. "Dal Sabato Ebraico alla Domenica Cristiana," in *La Domenica,* Liturgica Nuova Serie 6. Padova: Grafiche Messaggero di S. Antonio, 1968,

43-70.

Daniélou, J. "Le Dimanche comme huitieme jour" in *Le Dimanche*. Lex Orandi 39. Paris: Les Editions du Cerf, 1965, 61-89.

———. *Bible and Liturgy*. South Bend, Ind.: University of Notre Dame Press, 1956.

———. "La Typologie millenariste de la semaine dans le christianisme primitif." *Vig. Christ*. 2 (1948): 1-16.

Deissman, A. "Lord's Day" in *Encyclopaedia Biblica*. New York: The Macmillan Company, 1899-1913. 3:2813-2816.

Dekkers, E. "L'Eglise ancienne a-t-elle connu la messe du soir?" *Miscellanea liturgica in honorem L. C. Mohlberg* I (1948): 233-257.

Delhay, Ph.-J. L. Lecat. "Dimanche et sabbat." *Melanges de Science Religieuse* (1966): 3-14 and 73-93.

Dix, G. *The Shape of the Liturgy*. London: Dacre Press, 1945.

Dolger, F. J. *Sol salutis, Gebet und Gesang in Christlichen altertum. Mit besonder Rucksicht auf die Ostung in Gebet und Liturgie*. Munster: Verlag der Aschendorffschen Verlags-buchhandlung, 1925.

———. "Die Planetenwoche der griechisch-romischen Antike und der christliche Sonntag." *Antike und Christentum* 6 (1941): 202-238.

Dubarele, A. M. "La Signification religieuse du sabbat dans la Bible," in *Le Dimanche, Lex Orandi* 39. Paris: Les Editions du Cerf, 1965, 43-59.

Dublancy, E. "Dimanche" in *Dictionnaire de Théologie Catholique* 4, 1. Paris: Letouzey et Ane, 1911, 1308-1348.

Duchesne, Louis. *Origines du culte chrétien*. 5th ed. Paris: A. Fontemoing, 1920.

Dugmore, C. W. *The Influence of the Synagogue upon the divine Office*. London: Oxford University Press, 1944.

———. "Lord's Day and Easter." *Neotestamentica et Patristica in honorem sexagenarii O. Cullmann*. Leiden: E. J. Brill, 1962, 272-281.

Dumaine, H. "Dimanche," in *Dictionnaire d'archéologie chrétienne et de liturgie*. Paris: Letouzey et Ané, 1921. 4:858-994.

———. *Le Dimanche chrétien, ses origines, ses principaux caractères*. Brussels: Soc. d'études religieuse, 1922.

Duval, J. "La Doctrine de I'Eglise sur le travail dominical et son évolution." *La Maison-Dieu* 83 (1965): 106ff.

Foerster, W. "κυβιακός," in *Theological Dictionary of the New Testament*, ed. G. Kittel. Grand Rapids, Mich.: Wm B. Eerdmans Publishing Company, 1965. 3:1095-1096.

Förster, G. "Die christliche Sonntagsfeier bis auf Konstantin den Grossen." *Deutsche Zeitschrift für Kirchenrecht* 29 (1906): 100-113.

―――. "Römish rechtliche Grundlagen der Sonntagsruhe." *Deutsche Zeitschrift für Kirchenrecht* 20 (1910-1911): 211-217.

Froger, Jacques. "Histoire du dimanche." *Vie Spirituelle* 76 (1947): 502-522

Gaillard, J. "Le Dimanche, jour sacré." *Vie Spirituelle* 76 (1947): 520ff.

―――. "Où en est la théologie du dimanche?" *La Maison-Dieu* 83 (1965): 7-32.

Geraty, L. "The Pascha and the Origin of Sunday Observance." *Andrews University Seminary Studies* 3 (1965): 85-96.

Goguel, M. "Notes d'histoire évangélique. Appendix 1: Le dimanche et la résurrection au troisième jour." *Revue de l'histoire des religions* 74 (1916): 29ff.

Goudoever, J. Van. *Biblical Calendars.* Leiden: E. J. Brill, 1959.

Grelot, P. "Du sabbat juif au dimanche chretien." *La Maison-Dieu* 123, 124 (1975): 79-107 and 14-54.

―――. *S. Ambrogio e la cura pastorale a Milano nel secolo IV.* Milan: Centro Ambrosiano, 1973.

Guy, Fritz. "The Lord's Day in the Letter of Ignatius to the Magnesians." *Andrews University Seminary Studies* 2 (1964): 1-17.

Halsberghe, Gaston H. *The Cult of Sol Invictus. Etudes préliminaires aux religions orientales dans L'empire romain.* Leiden: E. J. Brill, 1972.

Hahn, Ferdinand. *The Worship of the Early Church.* Phuladelphia: Fortress Press, 1973.

Haynes, C. B. *From Sabbath to Sunday.* Washington, D.C.: Review and Herald, 1928.

Henke, O. "Zur Geschichte der Lehre von Sonntagsfeier." *Theologuische Sutdien und Kritiken* 59 (1886): 597-664.

Heschel, A. J. *The Sabbath, Its Meaning for Modern Man.* New York: Rarrar, Straus and Young, 1951.

Hessey, J. A. *Sunday, Its Origin, History and Present Obligation.* London: Murray, 1860.

Hild, J. P. "La Mystique du dimanche." *La Maison-Dieu* 9 (1947): 7-37.

―――. *Dimanche et vie pascale.* Turnhout: 1949.

―――. "Jour d'espérance et d'attente," *Vie Spirituelle* 76 (1947): 592-613. (The issue is entitled Le Huitième Jour).

Hilgert, E. "The Jubilees Calendar and the Origin of Sunday Observance." *Andrews*

University Seminary Studies 1 (1963): 44-61.

Hruby, Kurt. "La Célébration du sabbat d'après les sources juives." *Orient Syrien* 7 (1962): 435-462; continuation in Orient Syrien 8 (1963): 55-79.

Huber, H. *Geist und Buchstabe der Sonntagsruhe, Eine historisch-theologische Untersuchung über das Verbot der knechtlichen Arbeit von der Urkirche bis auf Thomas von Aquin.* Studia Theologiae moralis et pastoralis, 4. Salzburg: O. Muller, 1958.

Jensen, Fred B. "An Unvestigation of the Influence of Anti-Judaism Affecting the Rise of Sunday in the Christian Tradition." M.A. thesis, SDA Theological Seminary, Washington, D.C., 1948.

Jeremias, J. *Die Abendmahlsworte Jesu.* Göttengen: Vandenhoeck and Ruprecht, 1960.

────. "πάσχα" in *Theological Dictionary of the New Testament*, ed. G. Kittel. Grand Rapids, Mich.: Wm. B. Eerdmans Publishing Company, 1968. 5:896-904.

Jewett, P. K. *The Lord's Day. A Theological Guide to the Christian Day of Worship.* Grand Rapids, Mich.: William Eerdman Publishing company, 1972.

Jungmann, J. A. "Beginnt die christliche Woche mit Sonntag?" *Zeitschrift für Theologie und Kirche* 55 (1931): 605-621.

────. "Um den christlichen Sonntag." *Stimmen der Zeit* 159 (1956-1957): 177-183.

────. *The Early Liturgy: To the Time of Gregory the Great.* South Bend, Ind.: University of Notre Dame Press, 1962.

Kraft, R. A. "Some Notes on Sabbath Observance in Early Christianity." *Andrews University Seminary Studies* 3 (1965): 18-33.

Lesetre, H. "Sabbat," in *Dictionnaire de la Bible*, ed. F. G. Vigouroux. Paris: Letouzey et Ané, 18895-1912, 5:130ff.

Lewis, R. B. "Ignatius and the 'Lord's Day.'" *Andrews University Seminary Studies* 6 (1968): 46-59.

Lohse, E. "σάββατον," in *Theological Dictionary of the New Testament*, ed. G. Kittel. Grand Rapids, Mich.: Wm. B. Eerdmans Publishing Company, 1968. 7:1-35.

────. "πεντηκοστή" in *Theological Dictionary of the New Testament*, ed. G. Kittel. Grand Rapids, Mich.: Wm. B. Eerdmans Publishing Company, 1968. 6:44-53.

────. "Jesu Worte über den Sabbat," in *Judentum-Urchristentum-Kirche. Festschrift für J. Jeremias zum* 60. Geburtstag, Beiheft zur Zeitschrift für die alttestamentliche Wissenschaft 26 (1960): 9-89.

Martin, R. P. *Worship in the Early Church*. Grand Rapids, Mich.: William B. Eerdmans Publishing company, 1974.

McArthur, A. A. *The Evolution of the Christian Year*. London: SCM Press, 1953.

Maertens, Th. *Guide for the christian Assembly: A Background Book of the Mass Day by Day*. Bruges: Biblica, 1965.

McCasland, S. V. "The Origin of the Lord's Day." *Journal of Biblical Literature* 49 (1930): 65-82.

McReavy, L. L. "The Sunday Repose from Labour." *Ephemerides Theol. Lovan* 12 (1935): 291-323.

Martimort, A. G. "Dimanche, assemblée et paroisse." La Maison-Dieu 56 (1958): 55-84.

Massi, P. *La Domenica nella storia della salvezza*. Napoli: M. D'Auria Editore Pontificio, 1967.

McConnell, R. S. *Law and Prophecy in Matthews Gospel*. Doctoral dissertation. Basel: Friedrich Reinhardt Kommissionsverlag, 1969.

Miguelangel de Espinal. "Noción histórico-doctrinal." *Archivio Theologico Granadino* 21 (1958): 5-197.

Mohrmann, C, "Le Conflit pascal au II siècle." *Vigiliae christianae* 16 (1962): 154-171.

Monachino, V. *La Cura pastorale a Milano, Cartagine e Roma nel sec. IV*. Analecta Gregoriana 41. Roma: Pontificia Università Gregoriana, 1947.

Mosna, S. C. *Storia della domenica dalle origini fino agli inizi del V Secolo*. analecta Gregoriana 170. Roma: Pontificia Università Gregoriana, 1969.

Nedbal, J. "Sabbat und Sonntag im Neuen Testament." Unpublished dissertation, University of Vienne, 1956.

Odom, R. L. *Sunday in Roman Paganism*. Washington, D.C.: Review and Herald Publishing House, 1944.

Oesterley, W. O. E. *The Jewish Background of the Christian Liturgy*. Oxford: University Press, 1925.

Parkes, James. *The Conflict of the Church and Synagogue*. London: soncino Press, 1934.

Porter, H. B. *The Day of Light: The Biblical and Liturgical Meaning of Sunday*. Studies in Ministry and Worship 16. Greenwich, Conn.: Seabury Press, 1960.

Powell, B. "Lord's Day," in *Cyclopedia of Biblical Literature*, ed. John Kitto. New

York: M. H. Newman, 1845-1853.

Regan, F. A. "Dies Dominica and Dies Solis. the Beginning of the Lord's Day in christian Antiquity." Unpublished doctoral dissertation, Catholic University of america, Washington, D.C.: 1961. (Only chapter 4, "The Day of the Sun" is published).

Ricciotti, Giuseppe. *Gli Atti degli Apostoli*. roma: Colletti Editore, 1952.

Riessenfeld, H. "Sabbat et jour du Seigneur," in *New Testament Essays. Studies in Memory of T. W, Manson*. Manchester: University Press, 1959. 210-218.

————. "the Sabbath and the Lord's Day," in *The gospel Tradition: Essays by H. Riesenfeld*. Oxford: Oxford University Press, 1970. 111-137.

Righetti, Mario. *Storia Liturgica*, 3 vols. Milano: Editrice Ancora, 1955.

Rordorf, W. Sunday, *The History of the Day of Rest and Worship in the Earliest Centuries of the Christian Church*. Philadelphia, Pa.: Westminster Press, 1968.

————. *Sabbat et dimanche dans l'Eglise ancienne*. Collection of Texts. Neuchâtel: Delachaux et Niestlé Editeurs, 1972.

————. "Der Sonntag als Gottesdienst und Ruhetag im ältesten Christentum." *Zeitschrift für Evangelische Ethik* 7 (1963): 213-224.

————. "Zum Ursprung des Osterfestes am Sonntag." *Theologische Zeitschrift* 18 (1962): 167-189.

————. "Le Dimanche, jour de culte et jour du repos dans I'Eglise primitive," in *Le Dimanche. Lex Orandi* 39. Paris: Les Editions du Cerf, 1965, 91-111.

Schrenk, G. "Sabbat oder Sonntag?" *Judaica* 2 91946): 169-183.

Schürer, E. "Die Siebentägige Woche in Gebrauche der christlichen Kirche der ersten Jahrhunderte." *Zeitschrift für die Neutestamentliche Wissenschaft* 6 (1905): 1-66.

Shea, W. H. "The Sabbath in the Epistle of Barnabas." *Andrews University Seminary Studies* 4 (1966): 149-175.

Shepherd, M. H. "Lord's Supper" in the *Interpreter's Dictionary of the Bible*. New York: Abingdon, 1962. 3:158-162.

Steuart, Don Benedict. *The Development of Christian Worship*. New York: Longmans & Green, 1953.

Stott, W. "A Note on the Word kyriake in Rev. 1:10." *New Testament Studies* 12 (1965): 70-75.

————. "The theology of the Christian Sunday in the Early Church." Unpublished dissertation, Oxford University, 1966.

Strand, K. H. "Another Look at the Lord's Day in the Early Church and in Rev. 1:10." *New testament Studies* 13 (1967): 174-180.

————. *Three Essays on Early Church History, with Emphasis on the Roman Province of Asia*. Ann Arbor, Mich.: Braun-Brumfield, 1967.

————. *Eassays on the Sabbath in Early christianity, with a Source Collection on the Sabbath Fast*. Ann Arbor, Mich.: Braun-Brumfield, 1972.

Straw, W. E. *Origin of Sunday Observance in the Christian Church*, Washington, D.C.: review and Herald, 1940.

Testa, E. *Le Grotte dei Misteri Giudeo-Christiani*. Studi Biblici Francescani, Liber Annus 14. Jerusalem: Tipografia dei PP. Francescani, 1962.

Thibaut, J. B. (des Augustins de I'Assumption). *La Liturgie romaine*, Paris: Rue Bayard, 1964.

Tillard, J. M. R. "Le Dimanche, jour d'alliance." *Sciences Religieuse* 16 (1964): 225-250.

Torkelson, T. R. "An Investigation into the Usage and Significance of the Greek Adjective Kyriakos during the First Four Centuries of the christian Era." Unpublished Master's thesis, SDA Theological Seminary, Washington, D.C., 1946.

Tremel, Y. B. "Du Sabbat au jour du seigneur." *Lumière et Vie* (1963): 29-49.

Vander Pierre, A. "Le Dimanche." *Collect. Mechlin* 25 (1955): 21-27.

Vaucher, Alfred F. *Le Jour seigneurial. Collonges-sous-Salève*, France: Imprimerie Fides, 1970.

Vereecke, L. "Repos du dimanche et oeuvres serviles." *Lumière et Vie* (1962): 50-74

Verheul, A. "Du sabbat an Jour du Seigneur." *Questiones Liturgiques et paroissiales* (1970): 3-37.

Vuilleumier, J. *Le Jour du repos à travers les âges*. Dammarie-les-Lys: Le Signes des Temps, 1936.

White, N. G. "Lord's Day" in *A Dictionary of the Bible*, ed. J. Hastings. New York: C. Scribner's Sons, 1899ff. 3:2813-2816.

Yost, F. H. *The Early Christian Sabbath*. Mountain View, California: Pacific Press, 1947.

Zahn, Th. *Geschichte des Sonntags, vornehmlich in der alten Kirche*. Hannover: Verlag von Carl Meyer, 1878.